Sauter/Schweyer/Waldner/Röseler

Der eingetragene Verein

Der eingetragene Verein

Eine gemeinverständliche Erläuterung des Vereinsrechts unter besonderer Berücksichtigung der neuesten Rechtsprechung

begründet von

Eugen Sauter †

Justizoberinspektor in München

von der 7. bis zur 14. Aufl.
fortgeführt von

Gerhard Schweyer

Richter am Bayer. Obersten Landesgericht a. D.,
zuvor Vorstand des Registergerichts München

nun bearbeitet von

Dr. Wolfram Waldner

Notar in Stadtsteinach, Lehrbeauftragter an der Universität Bayreuth

und

Diana Röseler

Rechtsanwältin in Treuen/Vogtl.

15., neubearbeitete Auflage

C.H.BECK'SCHE VERLAGSBUCHHANDLUNG
MÜNCHEN 1994

Die Deutsche Bibliothek – CIP-Einheitsaufnahme

Sauter, Eugen:
Der eingetragene Verein : eine gemeinverständliche Erläuterung des Vereinsrechts unter besonderer Berücksichtigung der neuesten Rechtsprechung / begr. von Eugen Sauter. Von der 7. bis zur 14. Aufl. fortgef. von Gerhard Schweyer. Nun bearb. von Wolfram Waldner und Diana Röseler. – 15., neubearb. Aufl.
– München : Beck, 1994
ISBN 3 406 38092 1
NE: Waldner, Wolfram [Bearb.]

ISBN 3 406 38092 1

Gesamtherstellung: C. H. Beck'sche Buchdruckerei, Nördlingen

Vorwort zur 15. Auflage

Seit über sechs Jahrzehnten hat das Erläuterungsbuch von Sauter/Schweyer Rechtsprechung und Literatur zum Vereinsrecht maßgeblich beeinflußt. Die Fortführung eines solchen Werkes ist eine verantwortungsvolle Aufgabe. Wir haben sie in der Hoffnung übernommen, daß das Buch auch künftig eine Hilfe für die Vereinspraxis sein wird.

Die letzten Jahre seit dem Erscheinen der 14. Auflage brachten nicht nur eine Fülle von Gerichtsentscheidungen zum Vereinsrecht; auch in der monographischen Literatur ist dieses Rechtsgebiet offenbar wieder „im Kommen", wie die beträchtliche Zahl neuer Dissertationen zeigt. Sowohl die Judikatur als auch die Beiträge im Schrifttum waren Anlaß, bisherige Auffassungen zu überprüfen, zu ergänzen und auch zu ändern. Ältere Rechtsprechung ist – getreu dem Untertitel des Werks – behutsam abgeschichtet worden, wo sie weniger wichtig oder heute nur noch schwer zugänglich erschien. Andere Abschnitte sind erweitert und vertieft worden; neu ist ein Kapitel mit steuerrechtlichen Hinweisen.

Es ist uns eine aufrichtige Verpflichtung, Herrn Gerhard Schweyer für die Begleitung des Entstehens dieser Neubearbeitung herzlich zu danken, für die Weitergabe seines profunden Wissens, für seinen wertvollen fachlichen Rat und für sein nie erlahmendes Interesse an unserer Arbeit. Kaum ein Abschnitt ist unverändert geblieben. Dennoch hoffen wir, daß der Charakter des Schweyer'schen Buches erhalten geblieben ist.

Stadtsteinach und Treuen/Vogtl., im November 1993

Wolfram Waldner
Diana Röseler

Inhaltsverzeichnis

Abkürzungs- und Literaturverzeichnis

a. A.	anderer Ansicht
aaO	am angegebenen Ort (bezieht sich stets auf die zuletzt angegebene Fundstelle)
abl.	ablehnend
Abs.	Absatz
AcP	Archiv für die civilistische Praxis (Band u. Seite)
a. E.	am Ende
a. F.	alte Fassung
AG	Aktiengesellschaft oder Ausführungsgesetz oder Amtsgericht
AGBG	Gesetz zur Regelung des Rechts der Allgemeinen Geschäftsbedingungen (AGB-Gesetz)
AgrarR	Agrarrecht (Zeitschrift, Jahr u. Seite)
AK-BGB	Kommentar zum BGB. Reihe Alternativkommentare, Neuwied/Darmstadt 1987, Bearbeiter: Ott
AktG	Aktiengesetz vom 6. 9. 1965
Albrecht	Das Spannungsverhältnis zwischen dem privaten und öffentlichen Vereinsrecht, München 1989
Altenhoff-Busch-Kampmann	Kommentar zum Rechtsberatungsgesetz, 8. Aufl. Münster 1987
Anm.	Anmerkung
AnwBl.	Anwaltsblatt (Jahr und Seite)
AO	Abgabenordnung v. 16. 3. 1976 (BGBl. I S. 613)
AöR	Archiv für öffentliches Recht (Band u. Seite)
AP	Arbeitsrechtliche Praxis, Nachschlagewerk des Bundesarbeitsgerichts (Gesetzesstelle und Nummer der Entscheidung)
Art.	Artikel
AV	Allgemeine Verfügung
BAG	Bundesarbeitsgericht
BAGE	Entscheidungen des Bundesarbeitsgerichts (Band und Seite)
Bassenge-Herbst	FGG/RPflG, Kommentar, Heidelberg-Karlsruhe, 5. Aufl. 1990
Baumbach-Duden-Hopt	Handelsgesetzbuch, Kurzkommentar, 28. Aufl. München 1989
Baumbach-Hueck	Aktiengesetz, Kurzkommentar, 13. Aufl. München 1968, Ergänzungsband 1970
Baumbach-Hueck	GmbH-Gesetz, Kurzkommentar, 15. Aufl. München 1988
BayAGGVG	Bayerisches Ausführungsgesetz zum Gerichtsverfassungsgesetz
BayBSVJu	Bereinigte Sammlung der bayerischen Justizverwaltungsvorschriften
BayJMBl.	Justizministerialblatt für das Land Bayern (Jahr u. Seite)
BayNotV	Mitteilungen des Bayerischen Notarvereins (Jahr u. Seite)
BayObLG	Bayerisches Oberstes Landesgericht
BayObLGZ	Entscheidungen des Bayerischen Obersten Landesgerichts in Zivilsachen (bis 1934 Band u. Seite, ab 1948 Jahr u. Seite)
BayRpflZ	Zeitschrift für Rechtspflege in Bayern
BayVBl.	Bayer. Verwaltungsblätter (Zeitschrift, Jahr u. Seite)
BB	Der Betriebs-Berater (Zeitschrift, Jahr u. Seite)

Bd.	Band
Bem.	Bemerkung
Betrieb	Der Betrieb (Zeitschrift, Jahr u. Seite)
BetrVG	Betriebsverfassungsgesetz
BetrAVG	Gesetz zur Verbesserung der betrieblichen Altersversorgung vom 19. 12. 1974 (BGBl. I S. 3610)
BezG	Bezirksgericht
BeurkG	Beurkundungsgesetz
BFH	Bundesfinanzhof
BGB	Bürgerliches Gesetzbuch
BGBl.	Bundesgesetzblatt, mit I = Teil I, mit II = Teil II, mit III = Teil III
BGH	Bundesgerichtshof
BGHSt	Entscheidungen des Bundesgerichtshofs in Strafsachen (Band u. Seite)
BGHZ	Entscheidungen des Bundesgerichtshofs in Zivilsachen (Band u. Seite)
BlGenW	Blätter für Genossenschaftswesen (Jahr u. Seite)
BNotO	Bundesnotarordnung
Bode	Recht der Ordnungswidrigkeiten, München 1969
Böhle-Stamschräder-Kilger	Konkursordnung, Kurzkommentar, 15. Aufl. München 1987
BReg.	Beschwerderegister
BStBl.	Bundessteuerblatt
Buchst.	Buchstabe
Bumiller-Winkler	Freiwillige Gerichtsbarkeit, Kurzkommentar, 5. Aufl. München 1992
Burhoff	Vereinsrecht, Herne/Berlin 1989
BVerfG	Bundesverfassungsgericht
BVerfGE	Entscheidungen des Bundesverfassungsgerichts (Band u. Seite)
BVerwG	Bundesverwaltungsgericht
BWNotZ	Zeitschrift für das Notariat in Baden-Württemberg (Jahr und Seite)
DGVZ	Deutsche Gerichtsvollzieher-Zeitung (Jahr u. Seite)
DFG	Deutsche Freiwillige Gerichtsbarkeit (Jahr u. Seite)
Die AG	Die Aktiengesellschaft, Zeitschrift (Jahr u. Seite)
Diss	Dissertation, Universität, Jahr
DJ	Deutsche Justiz (Jahr u. Seite)
DJZ	Deutsche Juristen-Zeitung; (Jahr u. Spalte)
DNotV	Zeitschrift des Deutschen Notarvereins (Jahr u. Seite)
DNotZ	Deutsche Notar-Zeitschrift (Jahr u. Seite)
DÖV	Die Öffentliche Verwaltung (Jahr u. Seite)
DR	Deutsches Recht (Jahr u. Seite)
DRiZ	Deutsche Richterzeitung (Jahr u. Seite)
Drobnig-Becker-Remien	Verschmelzung und Koordinierung von Verbänden, Tübingen 1991
DVBl.	Deutsches Verwaltungsblatt (Zeitschrift, Jahr u. Seite)
DVO	Durchführungsverordnung
DtZ	Deutsch-deutsche Rechtszeitschrift (Jahr u. Seite)
DWW	Deutsche Wohnungswirtschaft (Zeitschrift, Jahr u. Seite)
EGBGB	Einführungsgesetz zum Bürgerlichen Gesetzbuch
Enneccerus-Nipperdey	Enneccerus-Kipp-Wolf, Lehrbuch des bürgerlichen Rechts, 15. Aufl. 1959; Bearbeiter: Nipperdey
Entschl.	Entschließung

Erman	Handkommentar zum Bürgerlichen Gesetzbuch 9. Aufl. 1993; Berabeiter: Westermann
Ernst	Die Ausübung der Vereinsgewalt, Diss. Köln 1969
EVertr.	Vertrag zwischen der Bundesrepublik Deutschland und der Deutschen Demokratischen Republik über die Herstellung der Einheit Deutschlands (Einigungsvertrag) vom 31. 8. 1990
FamRZ	Zeitschrift für das gesamte Familienrecht (Jahr, Seite)
FGG	Gesetz über die Angelegenheiten der freiwilligen Gerichtsbarkeit
Fischer	Der Ausschluß aus dem Verein, Göttingen 1985
Fn.	Fußnote
FS	Festschrift
Gadow-Heinichen	Großkommentar zum Aktiengesetz vom 30. 1. 1937, 3. Aufl. 1973
GBO	Grundbuchordnung
Gen.	Genossenschaft
GenG	Gesetz, betr. die Erwerbs- und Wirtschaftsgenossenschaften
GewA	Gewerbearchiv (Jahr u. Seite)
GG	Grundgesetz für die Bundesrepublik Deutschland
GmbH	Gesellschaft mit beschränkter Haftung
GmbHG	Gesetz, betr. die Gesellschaften mit beschränkter Haftung
GmbHRdsch.	Rundschau für GmbH (Jahr u. Seite)
Gruch.	Beiträge zur Erläuterung des Deutschen Rechts, begründet von Gruchot (Band u. Seite)
GRUR	Gewerblicher Rechtsschutz und Urheberrecht (Zeitschrift, Jahr u. Seite)
GVG	Gerichtsverfassungsgesetz
GWB	Gesetz gegen Wettbewerbsbeschränkungen
Hachenburg	Kommentar zum GmbH-Gesetz 7. Aufl. 1975/84; 8. Aufl. (bisher §§ 1–34, 45–64) 1990/2
HansRGZ	Hanseatische Rechts- und Gerichtszeitung (Jahr u. Seite)
HansJVBl	Hanseatisches Justizverwaltungsblatt (Jahr u. Seite)
Hemmerich	Möglichkeiten und Grenzen wirtschaftlicher Betätigung von Idealvereinen, Heidelberg 1982
HGB	Handelsgesetzbuch
h. M.	herrschende Meinung
Hoelder	Kommentar zum Allgemeinen Teil des Bürgerlichen Gesetzbuchs, 1900
Horber-Demharter	Grundbuchordnung, Kurzkommentar, 20. Aufl. München 1993
HRR	Höchstrichterliche Rechtsprechung (Jahr u. Nummer)
HRV	Handelsregisterverfügung
Hüffer	Verein und Gesellschaft, 1977
i. d. F.	in der Fassung
Jaeger	Kommentar zur Konkursordnung 9. Aufl. 1977/1990
Jansen	Freiwillige Gerichtsbarkeit, Großkommentar, 2. Aufl. Berlin 1969/1971
JDR	Jahrbuch des Deutschen Rechts (Band u. Gesetzesstelle)
JFG	Jahrbuch für Entscheidungen in Angelegenheiten der freiwilligen Gerichtsbarkeit und des Grundbuchrechts (Band u. Seite)
JherJ	Jherings Jahrbücher für die Dogmatik des bürgerlichen Rechts (Band u. Seite)

JMBlNRW . . . . Justizministerialblatt für das Land Nordrhein-Westfalen (Jahr u. Seite)
JMBl./Saar . . . . Justizministerialblatt des Saarlandes (Jahr u. Seite)
JR . . . . Juristische Rundschau (Jahr u. Seite)
JurA . . . . Juristische Analysen (Jahr u. Seite)
JurBüro . . . . Das juristische Büro (Zeitschrift, Jahr u. Spalte)
JuS . . . . Juristische Schulung (Zeitschrift, Jahr u. Seite)
Justiz . . . . Die Justiz, Amtsblatt des Justizministeriums Baden-Württemberg (Jahr u. Seite)
JVBl. . . . . Justizverwaltungsblatt (ab 1957 in neuer Folge)
JW . . . . Juristische Wochenschrift (Jahr u. Seite)
JZ . . . . Juristenzeitung (Jahr u. Seite)

K-L-B-R . . . . Kurzbezeichnung für Korintenberg-Lappe-Bengel-Reimann, Kostenordnung, Kommentar, 12. Aufl. 1991
Keidel-Kuntze-Winkler Freiwillige Gerichtsbarkeit, Kommentar, Teil A: 13. Aufl. München 1992, Teil B: 12. Aufl. München 1986
Keidel-Schmatz-Stöber Registerrecht, 5. Aufl. München 1991
KG . . . . Kammergericht, Kommanditgesellschaft
KGaA . . . . Kommanditgesellschaft auf Aktien
KGJ . . . . Jahrbuch für Entscheidungen des Kammergerichts (Band, Abteilung A, Seite)
KO . . . . Konkursordnung
Korintenberg-Lappe-Bengel-Reimann . . . . . Kostenordnung, Kommentar, 12. Aufl. 1991
KostO . . . . Gesetz über die Kosten in Angelegenheiten der freiwilligen Gerichtsbarkeit (Kostenordnung)
KostRsp . . . . Kostenrechtsprechung; Nachschlagewerk wichtiger Kostenentscheidungen mit kritischen Anmerkungen von Tschischgale u. a., Köln 1961 ff.
KostVfG . . . . Kostenverfügung
Krakenberger . . . . Kommentar zum Genossenschaftsgesetz, 1932
KTS . . . . Zeitschrift für Konkurs-, Treuhand- und Schiedsgerichtswesen (Jahr u. Seite)

Lang-Weidmüller . . . . Genossenschaftsgesetz, Kommentar, 32. Aufl. 1988
LG . . . . Landgericht
LM . . . . Das Nachschlagewerk des Bundesgerichtshofs in Zivilsachen, herausgegeben von Lindenmaier und Möhring (Gesetzesstelle und Nummer der Entscheidung)
LS . . . . nur mit dem Leitsatz abgedruckt
LVG . . . . Landesverwaltungsgericht
LZ . . . . Leipziger Zeitschrift für Deutsches Recht (Jahr u. Seite)

MDR . . . . Monatsschrift für Deutsches Recht (Jahr u. Seite)
Meyer-Cording . . . . . Die Vereinsstrafe, Tübingen 1957
Meyer-Meulenbergh-Beuthien . . . . Genossenschaftsgesetz, Kurzkommentar, 12. Aufl. München 1983
Michel-Weber-Gries . . Rabattgesetz, 2. Aufl. München 1957
MittBayNot . . . . Mitteilungen des bayerischen Notarvereins und der Notarkasse (Jahr u. Seite)
MittRhNotK . . . . Mitteilungen der Rheinischen Notarkammer (Jahr u. Seite)
MünchKomm . . . . . . Münchener Kommentar zum Bürgerlichen Gesetzbuch, 3. Aufl. München 1993, Bearbeiter: Reuter
Mummenhoff . . . . . . Gründungssysteme und Rechtsfähigkeit, Köln 1979

Nachw. . . . . Nachweise einschlägiger Rechtsprechung und/oder Literatur

NdsRpfl.	Niedersächsische Rechtspflege (Jahr u. Seite)
NJ	Neue Justiz (Jahr u. Seite)
NJW	Neue Juristische Wochenschrift (Jahr u. Seite)
NJW-RR	NJW-Rechtsprechungs-Report Zivilrecht (Jahr und Seite)
NVwZ	Neue Zeitschrift für Verwaltungsrecht (Jahr u. Seite)
Obermüller-Werner-Winden	Die Hauptversammlung der Aktiengesellschaft, 3. Aufl. 1967
Obermüller-Werner-Winden (L)	Leitfaden für die Hauptversammlung der Aktiengesellschaft, 2. Aufl. 1964
Oertmann	Kommentar zum Bürgerlichen Gesetzbuch Bd. I 3. Aufl. 1927
OHG	Offene Handelsgesellschaft
OLG	Oberlandesgericht
OLGZ	Entscheidungen der Oberlandesgerichte in Zivilsachen (ab 1965; Jahr u. Seite)
OVG	Oberverwaltungsgericht
Palandt	Bürgerliches Gesetzbuch, Kurzkommentar, 52. Aufl. München 1993, Bearbeiter: Heinrichs
Planck	Kommentar zum Bürgerlichen Gesetzbuch, 4. Aufl. 1913, Bearbeiter: Knoke
RabG	Gesetz über Preisnachlässe (Rabattgesetz)
RAG	Reichsarbeitsgericht
RBerG	Rechtsberatungsgesetz
R-D	Kurzbezeichnung für Reichert-Dannecker
RdJ, RdJB	Recht der Jugend und des Bildungswesens (Zeitschrift, Jahr u. Seite)
RdL	Recht der Landwirtschaft (Jahr u. Seite)
Rdnr.	Randnummer
Recht	Zeitschrift „Das Recht" (Jahr und Nummer der Entscheidung)
Reichert-Dannecker	Handbuch des Vereins- und Verbandsrechts, 5. Aufl. Neuwied 1993
RG	Reichsgericht
RGBl.	Reichsgesetzblatt
RGRK	Das Bürgerliche Gesetzbuch, Kommentar, herausgegeben von Mitgliedern des Bundesgerichtshofs, 12. Aufl. 1974/82; Bearbeiter: Steffen
RGZ	Entscheidungen des Reichsgerichts in Zivilsachen (Band u. Seite)
RJA	Entscheidungen in Angelegenheiten der freiwilligen Gerichtsbarkeit, zusammengestellt im Reichs-Justizamte (Band u. Seite)
Rittner	Die werdende juristische Person, Tübingen 1973
Rohs-Wedewer	Kostenordnung, Kommentar, Loseblattausgabe, 3. Aufl. mit Ergänzungslieferungen
Rosenberg-Schwab-Gottwald	Zivilprozeßrecht, 15. Aufl. München 1993
Rpfleger	Der Deutsche Rechtspfleger (Jahr u. Seite)
RPflG	Rechtspflegergesetz v. 5. 11. 1969
RsprOLG	Sammlung der Rechtsprechung der Oberlandesgerichte (Band und Seite)
Schaible	Der Gesamtverein und seine vereinsmäßig organisierten Untergliederungen, Baden-Baden 1992

SchlHAnz.	Schleswig-Holsteinische Anzeigen (Jahr u. Seite)
Schlünder	AGB-Gesetz, 2. Aufl. München 1992
Schnorr	Öffentliches Vereinsrecht. Kommentar zum Vereinsgesetz, Köln 1965
Scholz	Kommentar zum GmbH-Gesetz, 7. Aufl. 1986/8, 8. Aufl. 1992 (bisher §§ 1–44)
Schwab-Walter	Schiedsgerichtsbarkeit, Kommentar, 4. Aufl. München 1990
SeuffArch.	Seuffert's Archiv für Entscheidungen der obersten Gerichte in den Deutschen Staaten (Band u. Nummer)
SJZ	Süddeutsche Juristenzeitung
Soergel	Kommentar zum Bürgerlichen Gesetzbuch, begründet von Soergel, neu herausgegeben von Siebert, 12. Aufl. 1988, Bearbeiter: Hadding
Staudinger	Kommentar zum Bürgerlichen Gesetzbuch, 12. Aufl. 1978/1980, Bearbeiter: Coing
StBerG	Steuerberatungsgesetz
Stein-Jonas	Kommentar zur Zivilprozeßordnung, 20. Aufl. 1977–1989
StGB	Strafgesetzbuch
Stöber	Vereinsrecht, 6. Aufl. 1992
Stoltenberg	Bestand, Umwandlung und Verschmelzung konzessionierter Vereine, Frankfurt/Main 1989
Thomas-Putzo	Zivilprozeßordnung, 18. Aufl. München 1993
v. Tuhr	Der Allgemeine Teil des Deutschen Bürgerlichen Rechts, 1. Bd., Berlin 1957
UWG	Gesetz gegen den unlauteren Wettbewerb
VAG	Gesetz über die Beaufsichtigung der privaten Versicherungsunternehmen und Bausparkassen (Versicherungsaufsichtsgesetz)
VereinsG	Gesetz zur Regelung des öffentlichen Vereinsrechts (Vereinsgesetz)
VersR	Versicherungsrecht, Juristische Rundschau für die Individualversicherung (Jahr u. Seite)
VG	Verwaltungsgericht
VGH	Verwaltungsgerichtshof
vgl.	vergleiche
VO	Verordnung
Vollmer	Satzungsmäßige Schiedsklauseln, Bad Homburg v. d. H. 1970
VVaG	Versicherungsverein auf Gegenseitigkeit
VwGO	Verwaltungsgerichtsordnung
Waldner	Die Kostenordnung für Anfänger, 3. Aufl. München 1993
Warn.	Warneyer, Die Rechtsprechung des Reichsgerichts (Jahr u. Nummer)
WEG	Gesetz über das Wohnungseigentum und das Dauerwohnrecht v. 15. 3. 1951
WM	Wohnungswirtschaft und Mietrecht (Zeitschrift, Jahr u. Seite)
WPM	Wertpapier-Mitteilungen Teil IV B (Jahr u. Seite)
WRP	Wettbewerb in Recht und Praxis (Zeitschrift, Jahr u. Seite)
WRV	Weimarer Reichsverfassung (Verfassung des Deutschen Reichs v. 11. 8. 1919)
WuW	Wirtschaft und Wettbewerb (Zeitschrift, Jahr u. Seite)
WZG	Warenzeichengesetz
ZAnwKBreslau	Zeitschrift der Anwaltskammer im Oberlandesgerichtsbezirk Breslau (Jahr u. Seite)

ZBlFG . . . . Zentralblatt für freiwillige Gerichtsbarkeit, Notariat und Zwangsversteigerung (Jahr u. Seite)
ZBlJR . . . . Zentralblatt für Jugendrecht und Jugendwohlfahrt (Jahr u. Seite)
ZGB . . . . Zivilgesetzbuch der DDR v. 19. 6. 1975
ZgGenW . . . . Zeitschrift für das gesamte Genossenschaftswesen (Jahr u. Seite)
ZHR . . . . Zeitschrift für das gesamte Handels- und Wirtschaftsrecht (Jahr u. Seite)
ZIP . . . . Zeitschrift für Wirtschaftsrecht (Jahr u. Seite)
ZMR . . . . Zeitschrift für Miet- und Raumrecht (Jahr u. Seite)
Zöller . . . . Kommentar zur ZPO, 18. Aufl. Köln 1993
Zöllner . . . . Die Schranken mitgliedschaftlicher Stimmrechtsmacht bei den privatrechtlichen Personenverbänden, München 1963
ZGR . . . . Zeitschrift für Unternehmens- und Gesellschaftsrecht (Jahr u. Seite)
ZPO . . . . Zivilprozeßordnung
ZRP . . . . Zeitschrift für Rechtspolitik (Jahr u. Seite)
ZZP . . . . Zeitschrift für Zivilprozeß (Band u. Seite)

Erster Teil
Darstellung des Vereinsrechts

I. Der Begriff des Vereins und die Bedeutung der Rechtsfähigkeit für ihn

Der Begriff des Vereins

Das Bürgerliche Gesetzbuch enthält keine Aussage darüber, was unter 1
einem Verein zu verstehen ist, sondern setzt diesen Begriff voraus. Nach der Rechtsprechung des Reichsgerichts[1] ist ein Verein ein auf eine gewisse Dauer angelegter, **körperschaftlich organisierter Zusammenschluß** einer Anzahl von Personen, die ein gemeinschaftliches Ziel verfolgen.[2] Eine körperschaftliche Organisation liegt vor, wenn die sich zusammenschließenden Einzelpersonen künftig als eine Einheit auftreten wollen, die einen Gesamtnamen führt, durch einen Vorstand vertreten wird und ihren Willen grundsätzlich[3] durch Beschlußfassung ihrer Angehörigen nach **Stimmenmehrheit** äußert. Ferner gehört zum Wesen des Vereins, daß ein Wechsel im Mitgliederbestand stattfinden kann.[4]

Um aber einer solchen körperschaftlich organisierten Personenvereinigung die sichere Erreichung ihres sich selbst gesteckten Zieles zu gewährleisten, war es notwendig, ihr die Möglichkeit zu geben, einen eigenen Vermögensbereich zu erhalten, der sowohl der Verfügung ihrer einzelnen Mitglieder als auch dem Zugriff deren Gläubiger entzogen ist. Sie mußte also rechtlich in die Lage versetzt werden, eine Eigenschaft zu erlangen, die sie als selbständige Persönlichkeit – wie den einzelnen Menschen – im Rechtsleben ausweist, und das ist die **Rechtsfähigkeit.** Da sich die Formung der Personenvereinigung zu einer rechtsfähigen, selbständigen Person mit Hilfe einer vom Gesetz geschaffenen, also einer juristischen Konstruktion, vollzieht, wird sie als „juristische Person" – im Gegensatz zum Menschen als einer natürlichen Person bezeichnet.

Die Bedeutung der Rechtsfähigkeit für den Verein

Rechtsfähig sein heißt, wie schon das Wort sagt, die Fähigkeit zu besitzen, 2
Träger von Rechten und auch von Pflichten zu sein. Rechte gegen sich selbst kann der Verein jedoch nicht haben. Die Rechtsfähigkeit stellt ihn auf eine

---

[1] RGZ 60, 94 (99); 74, 371 (372f.); 76, 25 (27); 165, 140 (143); vgl. auch § 2 VereinsG, der den Vereinsbegriff des öffentlichen Vereinsrechts enthält.

[2] Daher sind „Fitnessclubs" und Partnerschaftsvermittlungsinstitute keine Vereine und die „Mitgliedschaft" bei ihnen Miet-, Dienst- oder Werkvertrag; vgl. LG Freiburg MDR 1981, 56; OLG Frankfurt NJW 1984, 180; LG Frankfurt NJW-RR 1992, 312.

[3] Die Satzung kann aber eine andere Regelung treffen (§§ 32, 40 BGB).

[4] Für den eingetragenen Verein ergibt sich das aus § 58 Nr. 1 BGB (so zutreffend Ballerstedt Festschrift für Knur, S. 3).

Stufe mit der natürlichen Person. Eine völlige Gleichstellung ist damit aber nicht verbunden; sie bleibt der juristischen Person in den Bereichen versagt, in denen Rechte und Verantwortung nach der Natur der Sache nur ein Mensch und nicht eine künstlich geschaffene Rechtsperson haben kann.

Aus der Rechtsfähigkeit leitet sich für den eingetragenen Verein das Recht auf einen eigenen Namen ab. Ferner erlangt der rechtsfähige Verein die **Grundbuchfähigkeit.** Das bedeutet, daß der Verein selbst (nicht die einzelnen Mitglieder) als Eigentümer, Hypotheken- oder Grundschuldgläubiger oder als Inhaber eines sonstigen dinglichen Rechts (z. B. einer Reallast) im Grundbuch eingetragen wird.[5] Der rechtsfähige Verein ist im Prozeß **parteifähig;** er kann also klagen und verklagt werden. Er ist vermögensfähig, kann eigenes Vermögen erwerben, Erbe oder Vermächtnisnehmer werden.

Das Vereinsvermögen kann auch Gegenstand der **Zwangsvollstreckung** sein, aber nicht das Vermögen der Mitglieder, denen in § 45 Abs. 3 BGB ein Anfallrecht gewährt ist. Daraus ist zu schließen, daß auch eine Vermögensverteilung unter die Mitglieder während des Bestehens des Vereins nicht erfolgen darf.

Der Verein kann zum **Vormund** bestellt werden, wenn eine geeignete natürliche Person fehlt (§ 1791 a BGB). Er bedient sich bei der Führung der Vormundschaft einzelner seiner Mitglieder oder Mitarbeiter, aber nicht diese, sondern der Verein sind dem Vormundschaftsgericht gegenüber verantwortlich.[6]

3 Der rechtsfähige Verein kann Verbindlichkeiten eingehen, für die regelmäßig nur das Vermögen des Vereins haftet. Es stehen ihm ferner Urheber-, Erfinder- und Zeichenrechte[7] zu. Er ist andererseits auch **steuerpflichtig.**[8] Der Verein kann zum Testamentsvollstrecker, auch zum Mitglied eines Gläubigerausschusses in einem Konkursverfahren bestellt werden. Er kann auch Kommanditist einer Kommanditgesellschaft, Gesellschafter einer GmbH, Aktionär einer Aktiengesellschaft, Mitglied einer Genossenschaft werden. Es bestehen auch keine rechtlichen Bedenken dagegen, daß der rechtsfähige Verein als solcher Vorstandsmitglied eines anderen Vereins werden kann.[9] Ihm ist auch **Prozeßkostenhilfe** (früher Armenrecht genannt) unter bestimmten Voraussetzungen zu bewilligen; dazu gehört regelmäßig, daß die Kosten weder vom Verein noch von den Vereinsmitgliedern aufgebracht werden können.[10] Der Verein kann als solcher bevollmächtigt werden; die Vollmacht übt dann der jeweilige Vorstand aus.

---

[5] Die Bestimmungen der Vereinssatzung betreffend die Verfügung über Vereinsgrundstücke sind aber nicht eintragungsfähig; vgl. OLG Hamm MittBayNot 1973, 89.

[6] BayObLG Rpfleger 1993, 403.

[7] Nahme GRUR 1990, 500 (Warenzeichen).

[8] Über Steuerfolgen bei Vereinen siehe Rdnr. 416a–416t.

[9] Soergel-Hadding § 27 Rdnr. 5; nun h. M.

[10] Siehe §§ 114–127a, insbesondere § 116 ZPO; dazu Zöller-Philippi, 18. Aufl. § 116 Rdnr. 15–20 und Künzl-Koller, Prozeßkostenhilfe 1993 S. 24; beachte auch BayObLG Rpfleger 1988, 98 und BGH NJW 1986, 2058. Dagegen kommt es bei einem gemeinnützigen Verein, der Jugendarbeit leistet, auf die Vermögensverhältnisse seiner Mitglieder nicht an, OLG Hamburg MDR 1987, 502 = NJW-RR 1987, 894.

Ein Wirtschaftsverband kann Ansprüche seiner Mitglieder nach entsprechender Ermächtigung im eigenen Namen einklagen, nicht jedoch Ansprüche anderer, ihm nicht angehörender Firmen und Verbände.[11] Für die Klagebefugnis eines Verbraucherschutzverbandes genügt es nicht, daß seine Satzung als Vereinszweck die Wahrnehmung der Verbraucherinteressen durch Aufklärung und Beratung ausweist, sondern der Verband muß auch entsprechend seinem Vereinszweck wirklich tätig sein. Dem Verband kommt aber die tatsächliche Vermutung zu Hilfe, daß er seinen Satzungszweck auch in Wirklichkeit verfolgt.[12]

Ein Verband zur Förderung gewerblicher Interessen kann nach § 13 UWG 4
in den Fällen der §§ 1 und 3 UWG Ansprüche auf Unterlassung geltend machen. Die Klagebefugnis setzt lediglich voraus, daß die Rechtsverletzung in den satzungsmäßigen Interessenbereich des Verbandes eingreift.[13] Vor Klageerhebung muß aber grundsätzlich eine Verwarnung ausgesprochen werden. Dies gilt auch für den Antrag auf Erlaß einer einstweiligen Verfügung.[14]

Eine als eingetragener Verein organisierte Bürgergemeinschaft ist nach § 47 VwGO im Hinblick auf einen Bebauungsplan nicht antragsbefugt, wenn nur ihre Mitglieder, nicht aber sie selbst, Grundbesitz im Auswirkungsbereich des Bebauungsplans haben.[15]

Keine Rechtsfähigkeit besitzt der eingetragene Verein im Familienrecht 5
und im Recht der Wohnsitzbegründung; der Verein hat keinen Wohnsitz, sondern einen „Sitz".[16] Er kann auch **nicht** als **Schiedsrichter** tätig werden, weil das Schiedsrichteramt die Fähigkeit, die persönliche Verantwortung für den Schiedsspruch zu übernehmen, voraussetzt.[17]

In Art. 19 Abs. 3 des Grundgesetzes ist der Verein als Träger von **Grundrechten** anerkannt, soweit sie ihrem Wesen nach auf ihn anwendbar sind.[18]

Strafrechtlich verantwortlich ist der Verein grundsätzlich nicht, weil ihn 6
ein sozialethischer Schuldvorwurf nicht treffen kann.[19] Er kann deshalb nicht verantwortlicher Redakteur einer Presseschrift sein.[20] Dagegen können gegen den Verein als solchen **Geldbußen** nach dem Wirtschaftsstrafgesetz, dem

---

11 BGH BB 1955, 1008.

12 OLG Frankfurt NJW 1970, 2068; zum Streitwert vgl. BGH BB 1977, 1061; zur Beschränkung der Klagebefugnis der Verbraucherverbände nach dem AGB-Gesetz siehe OLG München BB 1978, 1183; ferner zur Zulässigkeit einer einstweiligen Verfügung OLG Düsseldorf Betrieb 1978, 1730.

13 OLG Hamburg GRUR 1954, 588; zum Mißbrauch der Prozeßführungsbefugnis siehe BGH WPM 1977, 1234.

14 OLG Köln GRUR 1971, 419.

15 VGH Mannheim NJW 1972, 1101.

16 Soergel-Hadding vor § 21 Rdnr. 28.

17 Stein-Jonas-Schlosser § 1032 Rdnr. 2.

18 Vgl. BVerfG NJW 1992, 549 (Vereinigungsfreiheit); BVerfGE 3, 383 (390, Gleichheitsgrundsatz); BVerfG MDR 1954, 282 (Recht auf den gesetzlichen Richter); BVerfG NJW 1971, 1123 (Namensführung und satzungsgemäße Betätigung); BVerfG NJW 1991, 2623 (Religionsfreiheit); ferner BVerwG BayVBl. 1973, 132; dazu Leisner DÖV 1973, 272 und Seifert DVBl. 1973, 705; siehe auch Bethge AöR 104, 54 und Stürner NJW 1979, 2334.

19 Soergel-Hadding vor § 21 Rdnr. 33.

20 OLG Hamm RsprOLG 8, 16.

Gesetz über Ordnungswidrigkeiten und dem Gesetz gegen Wettbewerbsbeschränkungen (Kartellgesetz) verhängt werden.[21]

7 Der Schutz der **persönlichen Ehre** im Strafgesetzbuch besagt nicht, daß Personenvereinigungen, deren Ehrfähigkeit im Leben jedermann annimmt, keinen Ehrenschutz beanspruchen können.[22] Mensch und Gemeinschaft stehen in unlösbarer Beziehung. Deshalb sind gewisse Personengesamtheiten auch beleidigungsfähig. Es genügt hierzu, daß sie eine rechtlich anerkannte gesellschaftliche (auch wirtschaftliche) Aufgabe (soziale Funktion) erfüllen und einen einheitlichen Willen bilden können. Die Aufgabe braucht keine öffentliche zu sein; sie muß nur im täglichen Leben üblicherweise mit rechtlicher Billigung erfüllt werden. Auf die Rechtsform der Personenvereinigung kommt es dabei nicht an; sie stimmt mit ihrer sozialen Aufgabe oft nicht überein und richtet sich nach anderen Grundsätzen.[23] Den Strafantrag können bei Vereinen die Vorstandsmitglieder in der zur Vertretung des Vereins erforderlichen Zahl stellen.

Vereine erlangen die Rechtsfähigkeit entweder durch die Eintragung in das Vereinsregister (§ 21 BGB) oder durch staatliche Verleihung (§ 22 BGB). Für politische Parteien hat das Parteiengesetz[24] nichts daran geändert, daß sie die Rechtsfähigkeit nur durch Eintragung in das Vereinsregister erwerben.

Im nachfolgenden ist nur die Rede von Vereinen, die durch Eintragung in das Vereinsregister rechtsfähig werden.

II. Entstehung des eingetragenen Vereins

Der Gründungsakt

8 Der erste Schritt ist die **Gründung** des (rechtsfähigen) Vereins. Dazu ist erforderlich, daß die für den künftigen Verein verbindlichen Regelungen in einer Satzung niedergelegt werden. Der eigentliche Gründungsakt besteht dann in der Einigung der Gründer, daß die Satzung nunmehr verbindlich sein soll; hierin ist die Einigung darüber eingeschlossen, daß der Verein in das Vereinsregister eingetragen und damit Rechtsfähigkeit erlangen soll. An der Gründung müssen sich mindestens zwei Personen beteiligen. Da jedoch nach §§ 56, 60 BGB der Verein in das Vereinsregister nur eingetragen werden darf, wenn er mindestens sieben Mitglieder hat, ist es zweckmäßig, mit der Gründung des Vereins so lange zu warten, bis wenigstens sieben Personen bereit sind, sich zu beteiligen.

---

21 BGH MDR 1959, 320; OLG Celle BB 1957, 628; OLG Hamm JR 1971, 383 mit Anm. von Göhler; Soergel-Hadding vor § 21 Rdnr. 33; ausführlich Bode NJW 1969, 1286.

22 Vgl. BGH NJW 1971, 1655 und 1974, 1762 (Deutschland-Stiftung e. V.). Mezger JZ 1951, 522; Welzel MDR 1951, 503; vgl. Lessmann AcP 170, 266; zum zivilrechtlichen Ehrenschutz vgl. OLG Bamberg WM 1977, 1417 (GmbH); ferner Frotscher JuS 1978, 505.

23 BGHSt 6, 186; BGH BB 1954, 645; LG Würzburg NJW 1959, 1934.

24 I. d. F. vom 31. 1. 1994, BGBl. I S. 149; zum Begriff der politischen Partei siehe § 2 Parteiengesetz sowie BVerwG NJW 1993, 3213; BVerfG NJW 1989, 1476.

Über die Rechtsnatur des Gründungsaktes herrscht wissenschaftlicher Streit, der im Rahmen dieser Darstellung nicht näher erörtert zu werden braucht. Dabei überwiegt die Meinung, daß es sich um einen Vertrag[1] (besonderer Art)[2] zwischen den Gründern handelt, der auf die Errichtung eines sozialen Gemeinschaftgebildes mit bestimmter Organisation gerichtet ist.[2] 9

Die Gründer müssen zum Abschluß von Verträgen fähig, d. h. regelmäßig volljährig sein und dürfen nicht entmündigt sein. **Minderjährige**[3] (vom 7. bis 18. Lebensjahr) können selbständig als Gründer eines Vereins auftreten, wenn sie durch die Gründung lediglich einen rechtlichen Vorteil erlangen. Bei Vereinsgründungen, die den Minderjährigen vermögensrechtlich belasten, bedarf er der Zustimmung seines gesetzlichen Vertreters (Eltern, Vormund), sofern ihm nicht eigene Mittel zur freien Verfügung überlassen sind (Taschengeld usw.). In der Einwilligung zum Eintritt eines Minderjährigen in einen Verein ist nach einer älteren Entscheidung des Kammergerichts auch bereits die im voraus erteilte Einwilligung zu allen Handlungen zu erblicken, die der Minderjährige in Ausübung seiner Mitgliedschaft vornehmen wird.[4] Gegen die Annahme, die Zustimmung des gesetzlichen Vertreters des Minderjährigen zum Beitritt bedeute **stets** die Einwilligung, daß der Minderjährige an Mitgliederversammlungen teilnehme und abstimme, haben sich Braun[5] und Hamelbeck[6] vor allem mit Rücksicht auf noch im Kindesalter stehende Minderjährige gewandt. Mit Recht kommt Hamelbeck zu dem Ergebnis, daß der gesetzliche Vertreter auch nach dem gebilligten Vereinsbeitritt des Minderjährigen zu bestimmen hat, ob dieser an Vereinsversammlungen teilnehmen und ob und an welchen Abstimmungen er sich beteiligen darf. 10

Diese Einwilligung kann der gesetzliche Vertreter generell oder von Fall zu Fall erteilen. Ist ein Minderjähriger mit Genehmigung des Vormundschaftsgerichts von seinem gesetzlichen Vertreter zum selbständigen Betrieb eines Erwerbsgeschäftes ermächtigt, so ist er auch befugt, sich an der Gründung eines Vereins zu beteiligen, dessen Zweck mit seinem Erwerbsunternehmen in Zusammenhang steht (Standesverein u. ä.). Hätte sich der Minderjährige fälschlich als Volljähriger ausgegeben, so würde, wenn nach den obigen Ausführungen die Zustimmung eines gesetzlichen Vertreters erforderlich gewesen wäre, sein Vereinsbeitritt unwirksam sein.

Neben natürlichen Personen können auch juristische Personen,[7] gleich welcher Art, sowie Offene Handelsgesellschaften und Kommanditgesellschaften als Gründer auftreten. Setzen sich aber die Gründungsmitglieder aus natürlichen und juristischen Personen (z. B. GmbH) zusammen und werden die juristischen Personen von den natürlichen Personen beherrscht und repräsentiert, so ist für die Mindestzahl von sieben Mitgliedern (§ 56 BGB) nur 11

---

[1] Palandt-Heinrichs § 25 Rdnr. 3; vgl. auch RGZ 153, 267 (270); 165, 140 (143); BGHZ 47, 179; BayObLGZ 1977, 9.

[2] Vgl. Soergel-Hadding § 25 Rdnr. 17.

[3] Zur Rechtsstellung eines Minderjährigen in einem Verein ausführlich Reichert RdJ 1971, 234 sowie Kunz ZBlJR 1978, 453; siehe ferner Hofmann Rpfleger 1986, 5.

[4] KG RsprOLG 15, 324.

[5] NJW 1962, 92.

[6] NJW 1962, 722.

[7] Zur Mitgliedschaft von Gemeinden und gemeindlichen Einrichtungen im eingetragenen Idealverein vgl. Wirth, Der Städtetag 1976, 626.

die Zahl der natürlichen Personen maßgebend.[8] Die Offene Handelsgesellschaft bzw. Kommanditgesellschaft wird als solche Mitglied, nicht die einzelnen Gesellschafter, sofern diese nicht ausdrücklich persönlich beitreten.[9] Bei einer Einzelfirma kann lediglich der Inhaber sich an der Vereinsgründung beteiligen, nicht etwa die Firma als solche, da diese keine eigene Rechtspersönlichkeit besitzt.[10] Auch nichtrechtsfähige Vereine können nach nunmehr herrschender Meinung im Schrifttum Vereinsmitglieder, also auch Vereinsgründer sein. Wenn auch der nichtrechtsfähige Verein keine juristische Person ist, so kann er kraft seiner besonderen rechtlichen Stellung als korporativ gestaltetes Gebilde Träger der Rechte und Pflichten sein, die sich aus der Mitgliedschaft bei einem eingetragenen Verein ergeben.[11] Zu beachten ist jedoch, daß er durch den Anschluß an eine Spitzenorganisation (Vereinsverband),[12] die Rechtsfähigkeit besitzt, selbst keine Rechtsfähigkeit erlangt.[13] Behörden als solche können nicht Mitglied eines Vereins sein, da sie selbst nur Organe eines öffentlich-rechtlichen Rechtsträgers sind.[14] Läßt jedoch die Satzung Behörden als Mitglieder zu, so kann dies dahin ausgelegt werden, daß Mitglied der betreffende Rechtsträger werden kann, der seine Mitgliedschaftsrechte durch die angegebene Behörde ausübt. Dagegen ist die Zugehörigkeit einer Nachlaßverwaltung oder einer Erbengemeinschaft zu einem Verein rechtlich nicht möglich; hier können lediglich die Erben persönlich die Mitgliedschaft erwerben.[15] Auch eine BGB-Gesellschaft als solche kann nicht als Mitglied eines Vereins werden.[16]

Rechtsmängel des Gründungsakts

12 Es kann vorkommen, daß die Willenserklärung eines Gründers beim Gründungsgeschäft nichtig ist, z. B. weil der Betreffende geschäftsunfähig ist. In diesem Fall hat dieser Umstand auf die Wirksamkeit der Gründung nur dann einen Einfluß, wenn mit dem Wegfall dieser Person die Mindestzahl rechtlich einwandfreier Gründungserklärungen, also die von mindestens zwei Personen, nicht mehr gegeben ist.[17] Ficht sonst ein Gründer seine Gründungserklärung wegen Irrtums, Täuschung oder Drohung (§§ 119, 123 BGB) berechtigterweise an, so hat dies lediglich die Wirkung einer Austrittserklärung; der Gründungsakt selbst wird davon nicht berührt.[18]

---

[8] OLG Stuttgart Rpfleger 1983, 318 = MDR 1983, 840 = OLGZ 1983, 307; OLG Köln NJW 1989, 173 (174 a. E.).

[9] RG DJZ 1923, 370.

[10] RG Warn. 1918 Nr. 48.

[11] LG Duisburg JW 1933, 2167.

[12] Dazu Näheres bei Rdnr. 323.

[13] RG JW 1906, 7.

[14] So zutreffend Reuter ZHR 1981, 273 (Probleme der Mitgliedschaft beim Idealverein).

[15] Vgl. KG RsprOLG 40, 200 (Genossenschaft).

[16] LG Bonn NJW 1988, 1596 = Rpfleger 1988, 270; das OLG Köln NJW 1989, 173 hat die Frage offen gelassen, weil sich das Prüfungsrecht des Registergerichts nicht darauf erstrecke, wer Mitglied des Vereins sein und werden könne. Jedenfalls bei Prüfung der erforderlichen Zahl der Mitglieder (§§ 56, 73 BGB) kann aber das Problem für das Registergericht entscheidungserheblich werden.

[17] Staudinger-Coing § 21 Rdnr. 19.

[18] Staudinger-Coing § 21 Rdnr. 19.

Absolut nichtig und auch durch eine Eintragung des Vereins in das Vereinsregister nicht zu heilen ist jedoch ein Gründungsvertrag dann, wenn er gegen ein gesetzliches Verbot oder gegen die guten Sitten verstößt (§§ 134, 138 BGB).

Das Stadium von der Gründung bis zur Eintragung des Vereins

Mit der Feststellung der Satzung durch die Gründer ist zwar die rechtliche **13** Grundlage des Vereins geschaffen, aber seine Organisation, die ihn erst zur Körperschaft macht, noch nicht vollendet. Dazu gehört, daß dem Verein das wesentliche Organ gegeben wird, ohne das er nicht handlungsfähig ist, nämlich der Vorstand. Die Gründer haben deshalb den ersten Vorstand des Vereins zu bestellen, und zwar unter Beachtung der eben von ihnen errichteten Satzung. Zur Wahl des Vorstands genügt daher, wenn die Satzung hierüber nichts anderes bestimmt, die Mehrheit der abgegebenen gültigen Stimmen.[19] Besteht der Vorstand aus mehreren Personen, so müssen alle in der Satzung vorgesehenen Vorstandsposten besetzt werden, sonst ist der Vorstand als Organ nicht gebildet.[20] Der Hergang der Gründung und der Bestellung des Vorstands ist in einer Niederschrift festzuhalten; die Niederschrift ist von den nach der Satzung für die Beurkundung der Beschlüsse des Vereins zuständigen Personen zu unterzeichnen. Eine Abschrift dieser Niederschrift muß später mit der Anmeldung des Vereins beim Amtsgericht (Registergericht) vorgelegt werden (§ 59 Abs. 2 Nr. 2 BGB).

Mit der Bestellung des Vorstands ist nunmehr der Verein **errichtet.** Als **14** **rechtsfähiger** Verein entsteht er jedoch erst mit der Eintragung in das Vereinsregister. In diesem Zwischenstadium spricht man von einem **Vorverein",**[21] der die Rechtsform eines nichtrechtsfähigen Vereins hat.[22] Der Vorverein wird durch den Vorstand oder durch einen mit Vertretungsmacht ausgestatteten „besonderen Vertreter" (§ 30 BGB) vertreten. In der Regel beschränkt sich der Vorstand darauf, unverzüglich die Eintragung des Vereins in das Vereinsregister herbeizuführen. Anmelder ist dabei der Verein selbst; die Vereinsmitglieder handeln als Organe des Vereins.[23] Es steht aber nichts entgegen, daß der Vorverein bereits die Tätigkeit des Vereins, das Vereinsleben, in Gang setzt. Dann kann sich bereits Vereinsvermögen bilden, es können Forderungen des Vereins und Schulden entstehen.[24] Da der später durch die Eintragung in das Vereinsregister entstehende rechtsfähige Verein mit dem Vorverein identisch ist,[25] setzen sich in seiner Person die

---

[19] Vgl. BGH DNotZ 1982, 171 (mehrheitliche Bestellung des Geschäftsführers vor Eintragung der GmbH); zur Bewertung von Stimmenthaltungen siehe bei Rdnr. 206.

[20] Vgl. OLG Hamm Rpfleger 1983, 487 (489) = DNotZ 1985, 86 (89) = OLGZ 1984, 15.

[21] BGH WPM 1978, 115 (116); siehe auch Rittner, Die werdende juristische Person, Tübingen 1973.

[22] BayObLGZ 1972, 29 (32) = Rpfleger 1972, 132.

[23] BayObLGZ 1991, 52 (54).

[24] Zur Haftung des für einen nichtrechtsfähigen Verein Handelnden, wenn der Verein alsbald in das Vereinsregister eingetragen wird: OLG Celle NJW 1976, 806.

[25] RGZ 85, 256; BGHZ 17, 385 (387); BGH WPM 1978, 115 (116); OLG Bremen OLGZ 1984, 359 (361); siehe auch Büttner, Identität und Kontinuität bei der Gründung juristischer Personen, Bielefeld 1967.

vom Vorverein erworbenen Rechte fort.[26] Einzelübertragungsakte der Vermögensgegenstände des Vorvereins, insbesondere die Auflassung von dem Vorverein auf den eingetragenen Verein,[27] sind nicht erforderlich. Auch die vom Vorverein gemachten Schulden gehen auf den rechtsfähigen Verein über. Für außervertragliches schadenstiftendes Verhalten haftet der spätere rechtsfähige Verein, wenn er die rechtlichen Wirkungen anerkennt und zugleich die aus dem Verhalten dem Vorverein erwachsenen Vorteile übernimmt.[28] Der Werdegang eines rechtsfähigen Vereins kann auch so verlaufen, daß der Verein zunächst ohne die Absicht, in das Vereinsregister eingetragen zu werden, errichtet wird, später aber aus irgendeinem Grunde (z. B. um Grundbesitz erwerben zu können) doch die Rechtsfähigkeit erlangen will. Dann muß der nichtrechtsfähige Verein seine Satzung so gestalten, daß sie den Satzungserfordernissen für rechtsfähige Vereine genügt, jedenfalls aber die Bestimmung aufnehmen, daß der Verein in das Vereinsregister eingetragen werden soll (§ 57 Abs. 1 BGB). Damit mündet der nichtrechtsfähige Verein in den Entstehungsgang eines rechtsfähigen Vereins ein und stellt nun ebenfalls einen Vorverein dar.

Die Eintragung des Vereins in das Vereinsregister

15 Aus der Satzungsbestimmung, daß der Verein in das Vereinsregister einzutragen ist, ergibt sich für den Vereinsvorstand gegenüber dem Verein – nicht dem Gericht – die Pflicht, den Verein zur Eintragung anzumelden. Beim mehrgliedrigen (mehrköpfigen) Vorstand muß die Anmeldung nach der hier vertretenen Auffassung nicht durch sämtliche Vorstandsmitglieder erfolgen; es genügt vielmehr, daß sie von so vielen Vorstandsmitgliedern vorgenommen wird, wie nach der Satzung oder dem Gesetz zur Vertretung des Vereins erforderlich sind.[29] Voraussetzung dafür ist jedoch, daß der Vorstand mit der nach der Satzung erforderlichen Zahl von Vorstandsmitgliedern besetzt ist. Ist dies nicht der Fall, müßte die Anmeldung auch dann zurückgewiesen werden, wenn die anmeldenden Vorstandsmitglieder an sich zur Vertretung des Vereins ausreichen würden. Würde die Eintragung trotzdem vorgenommen, könnte sie unter den allgemeinen Voraussetzungen einer Amtslöschung wieder gelöscht werden.[30]

Form der Anmeldung

16 Die Anmeldung muß mit Rücksicht auf die Bedeutung dieses Schrittes in öffentlich beglaubigter Erklärung erfolgen (§ 77 BGB). Da § 128 FGG durch das Beurkundungsgesetz aufgehoben wurde, ist die früher bestehende Möglichkeit, die Anmeldung bei dem Registergericht zu Protokoll zu geben, weggefallen. Nunmehr müssen die Vorstandsmitglieder ihre Unterschrift unter der Anmeldung regelmäßig von einem Notar beglaubigen lassen. Der Notar ist aber nicht kraft Gesetzes ermächtigt, die Eintragung des Vereins im

---

[26] Z. B. das Namensrecht, siehe OLG Bremen OLGZ 1984, 359.
[27] BGHZ 45, 338 (348).
[28] RGZ 151, 86 (91).
[29] Näheres dazu bei Rdnr. 395.
[30] §§ 159, 142 FGG; BayObLG JFG 1, 273; KG HRR 1930 Nr. 765.

Namen der Vorstandsmitglieder bei dem Registergericht zu beantragen, da eine **gesetzliche** Pflicht zur Anmeldung des Vereins nicht besteht; § 129 FGG greift nicht ein.[31] Hierzu bedarf er einer besonderen Ermächtigung durch die Vorstandsmitglieder, die sich aber das Registergericht regelmäßig nicht nachweisen zu lassen braucht.[31a]

Erfolgt die Anmeldung durch einen Bevollmächtigten, der auch ein anderes Vorstandsmitglied sein kann, so muß die Vollmacht ebenfalls notariell beglaubigt sein, denn die Vollmacht ist in diesem Fall denselben Formvorschriften unterworfen wie die Anmeldung selbst.[32] Es ist nicht notwendig, daß in der Vollmacht der genaue Inhalt der Anmeldung bezeichnet ist; es genügt, daß sie allgemein zu Anmeldungen zum Vereinsregister ermächtigt.[33]

Beilagen zur Anmeldung

Der Anmeldung sind nach § 59 Abs. 2 BGB beizufügen: **17**

1. die Satzung im Original und in Abschrift;
2. eine Abschrift der Urkunden über die Bestellung des Vorstands.[32] Eine Beglaubigung der Abschriften ist nicht erforderlich.

Wenn in der Satzung die Bestellung des Vorstands nicht der Mitgliederversammlung, sondern einem anderen Vereinsorgan (z. B. dem Präsidium oder dem Kuratorium) übertragen ist, muß der Anmeldung auch eine Abschrift der Urkunde über die Bestellung (Wahl) dieses Vereinsorgans beigefügt werden.[34]

Die Originalsatzung soll von mindestens sieben Personen unterzeichnet sein. Die Abschrift der Satzung braucht zwar nicht die Originalunterschriften der Unterzeichner zu enthalten, aber sie muß ergeben, von wem die Satzung im Original unterzeichnet ist (z. B. gez. Müller usw.). Zweckmäßig ist es, eine zweite Abschrift der Satzung beizufügen, da die Verwaltungsbehörde häufig ein Satzungsexemplar für ihre Akten benötigt.

Abänderung der Satzung nach gerichtlicher Beanstandung

Nicht selten weist eine Satzung Mängel auf, so daß sie vom Register- **18**
rechtspfleger beanstandet werden muß. Wie in einem solchen Fall die etwa erforderliche Ergänzung oder Abänderung der Satzung zustande kommt, ist umstritten. Nach der vom Bayer. Obersten Landesgericht[35] vertretenen Meinung handelt es sich um eine Abänderung des Gründungsvertrags, so daß hierzu ein einstimmiger Beschluß erforderlich sei; an der – wieder aufgenommenen – Gründungsversammlung müßten aber nicht sämtliche Personen teilnehmen, die an der ersten Gründungsversammlung beteiligt waren.

---

[31] BayObLGZ 1971, 266 (269); vgl. BayObLG Rpfleger 1978, 143; KG OLGZ 1969, 501; R-D, 5. Aufl. Rdnr. 150.

[31a] OLG Köln MittRhNotK 1993, 217.

[32] KGJ 26, 232.

[33] KGJ 33, 143.

[34] BayObLG Rpfleger 1984, 150 = MDR 1984, 489 = DNotZ 1984, 485.

[35] BayObLGZ 1972, 29 = Rpfleger 1972, 132; auch Rittner S. 344; Wiedemann JurA 1970, 439.

Dem wird mit Recht entgegengehalten, daß mit der Feststellung der Satzung und der Bestellung des Vorstands durch die Gründer der Gründungsvorgang (die Errichtung) des Vereins abgeschlossen sei,[36] so daß auf den damit entstandenen Vorverein die gesetzlichen Bestimmungen für den rechtsfähigen Verein anzuwenden seien, soweit diese nicht das Vorhandensein der Rechtsfähigkeit voraussetzten.[37] Danach bedarf es zur Änderung der Satzung nur der in dieser selbst bestimmten Mehrheit oder, falls eine entsprechende Regelung in der Satzung fehlt, einer Mehrheit von drei Viertel der abgegebenen gültigen Stimmen (§ 33 Abs. 1 Satz 1 BGB).[38] Ebenso gelten für eine Änderung des Vereinszwecks die allgemeinen Grundsätze für eine solche Beschlußfassung (Zustimmung aller Mitglieder, sofern die Satzung nichts anderes bestimmt).

Eine förmliche Anmeldung der Änderung der Gründungssatzung durch den Vorstand ist nicht erforderlich. Denn anzumelden ist nach § 59 BGB der Verein, nicht die Satzung. Der Verein ist aber in diesem Fall bereits angemeldet worden; es genügt die Einreichung der geänderten Satzung.[39]

Rechtsmittel gegen die Ablehnung der Eintragung

19 Die Anmeldung ist, wenn sie den gesetzlichen Erfordernissen nicht entspricht oder die Satzung nicht die vom Gesetz verlangten Bestimmungen enthält, vom Amtsgericht[40] (Rechtspfleger) unter Angabe von Gründen zurückzuweisen (§ 60 BGB). Regelmäßig geht der Ablehnung allerdings eine **Zwischenverfügung** voraus, mit der den Beteiligten Gelegenheit gegeben wird, das Eintragungshindernis zu beseitigen.[41] Der ablehnende Beschluß ist sämtlichen Personen, die die Anmeldung vorgenommen haben, förmlich **durch Zustellung** bekanntzumachen.[42] Gegen den Beschluß des Rechtspflegers kann der Vorverein[43] die fristgebundene Erinnerung zum Amtsrichter einlegen (§ 11 Abs. 1 Satz 1 RPflG). Die Erinnerung muß innerhalb einer Notfrist von zwei Wochen ab Zustellung des Beschlusses beim Amtsgericht schriftlich oder zur Niederschrift der Geschäftsstelle eingelegt werden (§§ 11 Abs. 1 Satz 2 RPflG, 160a Abs. 1 FGG). Der Rechtspfleger ist nicht berechtigt, der Erinnerung abzuhelfen, sondern muß die Entscheidung in jedem Fall dem Amtsrichter überlassen (§ 11 Abs. 2 Sätze 1 und 2 RPflG). Hält dieser die Erinnerung für begründet, so hebt er den Beschluß des Rechtspflegers auf und ordnet an, daß die Anmeldung zuzulassen ist. Das weitere Eintragungsverfahren überläßt er dann dem Rechtspfleger. Hält er aber die Erinnerung für unbegründet, so darf er sie nicht zurückweisen, sondern muß

[36] Vgl. Soergel-Hadding vor § 21 Rdnr. 66.

[37] RGRK-Steffen § 21 Rdnr. 9.

[38] A. A. Staudinger-Coing § 33 Rdnr. 18, die dem BayObLG – Fn. 35 – zustimmen.

[39] BayObLG aaO; vgl. BayObLG MittBayNot 1974, 228; Rpfleger 1978, 143 (GmbH).

[40] In Brandenburg: Kreisgericht.

[41] Siehe dazu Rdnr. 21.

[42] §§ 16 Abs. 2 Satz 1, 160a Abs. 1 FGG, allgemein zur Zustellung an Verfahrensbevollmächtigte im Verfahren der freiwilligen Gerichtsbarkeit siehe Walchshöfer Rpfleger 1974, 254; vgl. auch FamRZ 1975, 690; LG Berlin MDR 1978, 410.

[43] BayObLGZ 1991, 52 (56); vgl. auch Schnorr von Carolsfeld ZgGenW 1974, 344 (352).

sie dem übergeordneten Landgericht[44] (Zivilkammer) zur Entscheidung vorlegen. In diesem Fall gilt die Erinnerung als sofortige Beschwerde gegen die Entscheidung des Rechtspflegers (§ 11 Abs. 2 Sätze 4 und 5 RPflG). Von der Vorlage der Erinnerung zum Landgericht hat der Richter die Beteiligten zu unterrichten, damit sie wissen, daß das Verfahren nunmehr beim Landgericht anhängig ist. In der Praxis ist es üblich, daß der Amtsrichter bei der Vorlage der Akten an das Landgericht Ausführungen macht, warum er die Erinnerung für unbegründet hält. Diese Ausführungen sind den Beteiligten zur Wahrung ihres **rechtlichen Gehörs** (Art. 103 Abs. 1 GG) mitzuteilen. Wird dies vom Amtsrichter unterlassen, so hat das Landgericht die Unterrichtung der Beteiligten nachzuholen. Für die Einlegung der Erinnerung besteht kein Anwaltszwang. Die Beantwortung der Frage, wer zur Einlegung der Erinnerung (Beschwerde) befugt ist, hängt davon ab, ob man auch für die Anmeldung des Vereins zur Eintragung in das Vereinsregister (§ 59 BGB; Ersteintragung) die Mitwirkung von Vorstandsmitgliedern in der zur Vertretung des Vereins erforderlichen Zahl genügen läßt; wird dies, wie hier, bejaht,[45] so setzt dies ein Beschwerderecht des Vereins voraus, das von Vorstandsmitgliedern in vertretungsberechtigter Zahl ausgeübt wird.[46] Erachtet das Landgericht die Beschwerde für begründet, so hebt es den Beschluß des Rechtspflegers auf, ordnet die Zulassung der Anmeldung an und überläßt sodann das weitere Eintragungsverfahren dem Rechtspfleger. Weist das Landgericht die Beschwerde zurück, so kann die Entscheidung mit der sofortigen weiteren Beschwerde angefochten werden. Über dieses Rechtsmittel entscheidet das Oberlandesgericht.[47] Das Rechtsmittel muß innerhalb einer Frist von zwei Wochen ab Zustellung des landgerichtlichen Beschlusses bei dem Amtsgericht oder bei dem Landgericht oder bei dem Oberlandesgericht[46] eingelegt werden. Dies kann zu Protokoll der Geschäftsstelle oder schriftlich geschehen. Für die **schriftliche** Einlegung besteht grundsätzlich **Anwaltszwang.** Der Zuziehung eines Rechtsanwalts bedarf es aber nicht, wenn die weitere Beschwerde von einem Notar eingelegt wird, der für die Beschwerdeführer einen Antrag bei dem Amtsgericht gestellt hatte (§ 29 Abs. 1 FGG). Die weitere Beschwerde ist eine sogenannte **Rechtsbeschwerde.** Sie kann nur darauf gestützt werden, daß die Entscheidung des Landgerichts auf einer Gesetzesverletzung beruht (§ 27 Satz 1 FGG). Ob die Entscheidung der Kammer für Handelssachen statt der Zivilkammer einen absoluten Beschwerdegrund darstellt, ist umstritten.[48] Neue Tatsachen dürfen vom Rechtsbeschwerdegericht nicht mehr berücksichtigt werden. Wird die weitere Beschwerde zurückgewiesen, so ist damit dem Verein der Weg in das Vereinsregister nicht endgültig versperrt. Vielmehr

---

[44] In Brandenburg: Bezirksgericht.

[45] Dazu bei Rdnr. 395.

[46] Folgerichtig BayObLG Rpfleger 1981, 487 = MDR 1981, 1015; Schnorr v. Carolsfeld ZgGenW 1974, 344 (Beschwerderecht der Genossenschaft); a. A. OLG Köln MittRhNotK 1993, 217; BayObLG Rpfleger 1984, 140 (143) und 1985, 194 (beschwerdeberechtigt sind nur alle Vorstandsmitglieder gemeinsam, nicht der Verein).

[47] In Bayern das Oberste Landgericht (§ 199 Abs. 1 FGG, Art. 23 Nr. 1 BayAGGVG), in Rheinland-Pfalz das OLG Zweibrücken, in Berlin das Kammergericht, in Brandenburg der Besondere Senat des BezG Potsdam.

[48] Bejahend BayObLG NJW 1988, 1099.

kann der Verein, nachdem die in dem Vorverfahren beanstandeten Mängel behoben sind, erneut zur Eintragung beim Amtsgericht angemeldet werden. Dagegen ist die erneute Anmeldung als unzulässig zurückzuweisen, wenn sie sich eindeutig nur als eine „Neuauflage" der ersten unbegründeten Anmeldung darstellt.

20 Auch gegen die Eintragungsverfügung kann schon der Rechtsmittelweg beschritten werden, wenn sie noch nicht vollzogen und den Beteiligten bekanntgegeben worden ist.[49]

Zwischenverfügung statt Ablehnung der Eintragung

21 Der Rechtspfleger ist nicht verpflichtet, eine mangelhafte Anmeldung, sei es in formeller Hinsicht, sei es bezüglich des Inhalts der Satzung, sofort zurückzuweisen. Vielmehr entspricht es dem Grundsatz der freiwilligen Gerichtsbarkeit, den Antragstellern Gelegenheit zu geben, die bestehenden Eintragungshindernisse zu beseitigen.[50] Dies geschieht durch eine sogenannte **Zwischenverfügung.** Diese soll sämtliche Eintragungshindernisse **auf einmal** bezeichnen und außerdem ergeben, **wie** diese zu beseitigen sind.[51] Sie ist ferner so zu fassen, daß die Antragsteller klar erkennen können, daß die Anmeldung abgelehnt wird, falls die Beanstandungen nicht behoben werden. Wendungen, die nur erkennen lassen, daß der Rechtspfleger gewisse Bedenken hat, oder die lediglich als Einladung zu einem Rechtsgespräch aufgefaßt werden können, stellen keine „Verfügung" (§ 19 FGG) dar, die mit der Erinnerung (Beschwerde) angegriffen werden kann.[52] Das gleiche gilt von einem Schreiben des Rechtspflegers, auch wenn es als „Zwischenverfügung" bezeichnet ist, in dem die Rücknahme der Anmeldung anheimgestellt wird.[53] Damit soll nicht gesagt sein, daß es dem Rechtspfleger verwehrt wäre, auf unkonventionelle Weise (z. B. durch persönliche oder telefonische Aussprache) die Vollziehbarkeit der Anmeldung mit den Beteiligten zu erörtern. Hier geht es darum, den Begriff der Zwischenverfügung als einer Vorentscheidung über die Anmeldung klarzustellen.

Wird den Beteiligten, was regelmäßig angebracht ist, zur Beseitigung der aufgezeigten Eintragungshindernisse eine Frist gesetzt, so ist ihnen die Zwischenverfügung förmlich zuzustellen (§ 16 Abs. 2 FGG). Das Fehlen einer Fristsetzung nötigt aber nicht, wie in Grundbuchsachen (§ 18 GBO), zur Aufhebung der Zwischenverfügung im Rechtsmittelweg.[54] Die Beteiligten können bereits gegen die Zwischenverfügung den Rechtsmittelweg beschreiten; sie brauchen also nicht abzuwarten, bis die Anmeldung vom Rechtspfleger abgelehnt wird,[55] eine bestimmte Frist braucht bei der Einlegung der Erinnerung gegen die Zwischenverfügung nicht eingehalten zu

---

49 OLG Stuttgart Rpfleger 1970, 283.

50 Vgl. BayObLG Rpfleger 1969, 130.

51 BayObLGZ 1992, 16 (20) = NJW-RR 1992, 802 (803) = Rpfleger 1992, 255 (256).

52 OLG Köln NJW 1989, 173 (174) = Rpfleger 1988, 270.

53 BayObLG Rpfleger 1988, 268 (Handelsregistersache).

54 BayObLGZ 1972, 24 (26); OLG Köln MittRhNotK 1993, 217 (218).

55 Vgl. KG Recht 1929 Nr. 1823.

werden, auch nicht im Fall des § 160a Abs. 1 FGG.[56] Gegenstand der Überprüfung im Rechtsmittelweg sind aber nur die in der Zwischenverfügung erhobenen Beanstandungen, nicht die Entscheidung über die Anmeldung selbst.[57]

Beteiligung der Verwaltungsbehörde

Entspricht die Anmeldung den gesetzlichen Erfordernissen, so wird dies vom Rechtspfleger **zugelassen** und der zuständigen Verwaltungsbehörde mitgeteilt. Für die Zulassung ist keine Form vorgeschrieben. Üblich und zweckmäßig ist es, in den Registerakten eine Feststellung zu treffen, daß die Anmeldung zugelassen wird.[58] Den anmeldenden Vorstandsmitgliedern braucht die Zulassung der Anmeldung nicht mitgeteilt zu werden. Die Verwaltungsbehörde (Zuständigkeit regelt das Landesrecht)[59] kann gegen die Eintragung **Einspruch** erheben, wenn der Verein nach dem öffentlichen Vereinsrecht unerlaubt ist oder verboten werden kann (§ 61 Abs. 2 BGB). Die Eintragung des angemeldeten Vereins in das Vereinsregister darf, sofern nicht die Verwaltungsbehörde dem Amtsgericht mitteilt, daß kein Einspruch erhoben werde, erst erfolgen, wenn seit der Mitteilung der Anmeldung an die Verwaltungsbehörde sechs Wochen verstrichen sind oder wenn der erhobene Einspruch seine Wirksamkeit verloren hat (§ 63 Abs. 1 BGB). Der Einspruch wird unwirksam, wenn die nach den Bestimmungen des Vereinsgesetzes zuständige Behörde nicht binnen eines Monats nach Einspruchserhebung ein Verbot des Vereins ausgesprochen hat oder wenn das rechtzeitig ausgesprochene Verbot zurückgenommen oder unanfechtbar aufgehoben worden ist (§ 63 Abs. 2 BGB). Eine Prüfung des Registergerichts im Bereich des öffentlichen Vereinsrechts findet daneben nicht statt.[60] 22

Die Verwaltungsbehörde hat zu prüfen, ob der Verein nach seinem satzungsmäßigen Zweck oder nach seiner Tätigkeit den Strafgesetzen zuwiderläuft oder ob er sich gegen die verfassungsmäßige Ordnung oder gegen den Gedanken der Völkerverständigung richtet.[61] Die Prüfung erstreckt sich auch darauf, ob der angemeldete Verein eine **Ersatzorganisation** eines verbotenen Vereins darstellt. Darunter ist ein Personenzusammenschluß zu verstehen, der anstelle der aufgelösten Organisation deren verfasungsfeindliches Nah-, Teil- oder Endziel kürzere oder längere Zeit, örtlich oder überörtlich, offen oder verhüllt, weiterverfolgt oder weiterverfolgen will.[62] Eine weitergehende Prüfungspflicht hat die Verwaltungsbehörde nicht.[63] Sie ist nicht 23

[56] Jansen § 160a Rdnr. 6; Kreidel-Kuntze-Winkler § 160a Rdnr. 13; vgl. KG RsprOLG 41, 10; KG OLGZ 1974, 385; BayObLGZ 1976, 21 und 232; 1979, 303 (305); 1984, 293 (294); ebenso jetzt MünchKomm-Reuter, 3. Aufl. § 60 Rdnr. 2.

[57] Siehe dazu die Abhandlung von Jansen (DNotZ 1971, 531) mit Rechtsprechungsnachweisen; ferner BayObLGZ 1971, 266 (269) = Rpfleger 1971, 352; BayObLGZ 1979, 303 (306); KG OLGZ 1974, 385 (386); OLG Köln MittRhNotK 1993, 217 (219).

[58] Siehe Muster Nr. 6 bei Rdnr. 445.

[59] Übersicht über die jeweils zuständige Behörde bei R-D, 5. Aufl. Rdnr. 186.

[60] AK-BGB-Ott § 60 Rdnr. 2; a.A. MünchKomm-Reuter § 60 Rdnr. 1 („keine verdrängende Kompetenz"); LG Hamburg NJW-RR 1991, 892.

[61] Art. 9 Abs. 2 GG; § 3 VereinsG.

[62] BGH NJW 1961, 2218; s. auch BVerwG NJW 1993, 3213.

[63] Vgl. LVG Schleswig DÖV 1950, 60.

berechtigt, von ihrem Einspruchsrecht deshalb Gebrauch zu machen, weil nach ihrer Auffassung es sich um einen Verein handelt, dessen Zweck auf einen wirtschaftlichen Geschäftsbetrieb gerichtet ist.[64] Damit ist aber nur gesagt, daß die Verwaltungsbehörde mit dieser Begründung keinen Einspruch einlegen **darf.** Tut sie es dennoch, ist das Registergericht nicht berechtigt, sich über den Einspruch einfach hinwegzusetzen; denn die Berechtigung der Einspruchseinlegung kann im Verfahren vor dem Registergericht nicht nachgeprüft werden.

24 Erhebt die Verwaltungsbehörde Einspruch gegen die Eintragung des Vereins, so muß das Amtsgericht den Einspruch dem Vorstand (d. h. den anmeldenden Vorstandsmitgliedern) mitteilen (§ 62 BGB). Eine förmliche Zustellung ist nicht vorgeschrieben. Sachdienlich ist es, daß dem Vorstand auch mitgeteilt wird, wann der Einspruch der Verwaltungsbehörde beim Amtsgericht eingegangen ist, da von diesem Zeitpunkt an die Frist von einem Monat für den Erlaß der Verbotsverfügung läuft. Der Einspruch der Verwaltungsbehörde ist vom Amtsgericht auch zu beachten, wenn er später als nach sechs Wochen seit der Mitteilung der Zulassung an die Verwaltungsbehörde erhoben wird, aber die Eintragung des Vereins noch nicht vollzogen ist. Dem § 63 BGB ist nicht zu entnehmen, daß es sich bei dem dort genannten Zeitraum von sechs Wochen um eine der Verwaltungsbehörde gesetzte Ausschlußfrist handelt.[65] Würde vor Ablauf von sechs Wochen seit der Mitteilung der Zulassung des Vereins an die Verwaltungsbehörde der Verein eingetragen worden sein, müßte er grundsätzlich von Amts wegen wieder gelöscht werden (§§ 159, 142 FGG).[66] Vor der Einleitung des Amtslöschungsverfahrens ist aber abzuwarten, ob innerhalb der Sechs-Wochen-Frist ein Einspruch der Verwaltungsbehörde eingeht. Erfolgt kein Einspruch, so ist von einem Amtslöschungsverfahren abzusehen.

25 Die Streitfrage, ob es sich bei dem Einspruch der Verwaltungsbehörde um einen Verwaltungsakt[67] oder um einen Bestandteil des Verfahrens der freiwilligen Gerichtsbarkeit[68] handelt, ist für das Eintragungsverfahren letztlich ohne praktische Bedeutung. Entscheidend ist für das Registergericht, ob innerhalb eines Monats nach Einspruchserhebung die zuständige Verbotsbehörde ein Verbot des Vereins verfügt oder nicht. Wird das Verbot rechtzeitig erlassen, darf der Verein nicht eingetragen werden, solange es besteht, und es ist Sache des Vereins, es mit den im Verwaltungsverfahren gegebenen Rechtsmitteln zu beseitigen. Wird das Verbot nicht ausgesprochen, verliert der Einspruch seine Wirksamkeit und bildet kein Eintragungshindernis mehr. An sich ist es Sache der Verbotsbehörde, dem Registergericht nachzuweisen, daß die Verbotsverfügung innerhalb der Monatsfrist erlassen wurde.[69] Gleichwohl dürfte es zweckmäßig sein, daß der Rechtpfleger, ehe er nach Ablauf der Monatsfrist die Eintragung des Vereins veranlaßt, sich von kurzer Hand (telefonisch) bei der Verbotsbehörde vom Sachstand vergewis-

---

[64] KG RJA 12, 240 (243).
[65] Albrecht S. 121; h. M.
[66] RGRK-Steffen § 63 Rdnr. 1.
[67] So z. B. Soergel-Hadding § 61 Rdnr. 5.
[68] So z. B. Albrecht S. 186.
[69] Jansen § 159 Rdnr. 20.

sert. Auch die Monatsfrist ist nämlich keine Ausschlußfrist, daher ist ein verspätetes, aber noch vor Eintragung ausgesprochenes Verbot zu beachten.[70] Der rechtzeitige Erlaß der Verbotsverfügung hat zur Folge, daß das durch die Einlegung des Einspruchs geschaffene **vorläufige** Eintragungshindernis weiter bestehen bleibt. Es fällt weg, wenn das Verbot zurückgenommen oder unanfechtbar aufgehoben worden ist (§ 63 Abs. 2 BGB). Erlangt die Verbotsverfügung die Rechtskraft, wird das vorläufige Eintragungshindernis zum endgültigen. Die Anmeldung ist dann zurückzuweisen.[69]

Wird eine **politische Partei** als Verein zur Eintragung in das Vereinsregi- **26**
ster angemeldet, so **unterbleibt** die Beteiligung der Verwaltungsbehörde.[71]

Inhalt und Rechtsfolgen der Eintragung

Einzutragen sind lediglich der Name und der Sitz des Vereins, der Tag der **27**
Errichtung der Satzung sowie die Mitglieder des Vorstands, ferner Bestimmungen, die den Umfang der Vertretungsmacht des Vorstands beschränken oder die Beschlußfassung des Vorstands abweichend von der Vorschrift des § 28 Abs. 1 BGB regeln (§ 64 BGB).[72] Einzutragen sind ferner jene Bestimmungen der Satzung, durch die einzelnen Mitgliedern des Vorstands Einzelvertretungsbefugnis oder eine andere von der gesetzlichen Regelung abweichende Vertretungsmacht eingeräumt ist.[73] Auch die „besonderen Vertreter" nach § 30 BGB sind einzutragen.[74]

Sieht die Vereinssatzung eine Gesamtvertretung durch die Inhaber zweier bestimmter Vorstandsämter (z. B. durch den Präsidenten und den Geschäftsführer) sowie Alleinvertretung bei Vereinigung dieser Ämter in einer Person vor, so ist nach Auffassung des Oberlandesgerichts Düsseldorf[75] die Regelung der Alleinvertretungsbefugnis schon bei der Eintragung des Vereins eintragungsfähig, da diese Verlautbarung der Klarheit des Vereinsregisters diene. Der Klarheit des Registers hinsichtlich der Vertretung des Vereins ist jedoch besser gedient, wenn abgewartet wird, bis die Ämtervereinigung und das Ausscheiden des betreffenden Vorstandsmitglieds angemeldet werden, und sodann die Änderung des Vorstands (§ 67 BGB) und die Alleinvertretungsbefugnis des verbleibenden Inhabers der beiden Vorstandsämter eingetragen werden.

Mit der Eintragung erhält der Name des Vereins den Zusatz „eingetragener Verein" (§ 65 BGB). Der Verein ist damit rechtsfähig und eine juristische Person geworden. Der Zusatz „eingetragener Verein" muß in deutscher Sprache geführt werden, selbst wenn der Vereinsname in einer fremden

---

70 Albrecht S. 123.

71 § 37 des Parteiengesetzes i. d. F. vom 3. 3. 1989 (BGBl. I S. 327), zum Begriff der politischen Partei BVerwG NJW 1993, 3213; siehe dazu Albrecht S. 238ff.

72 Zur Frage, ob durch eine einstweilige Verfügung die Eintragung eines Vereins verhindert werden kann, vgl. Baur ZGR 1972, 421.

73 BGHZ 69, 253; KGJ 31, 220.

74 KG JFG 2, 280; BayObLG Rpfleger 1981, 310 = MDR 1981, 668 = NJW 1981, 2068 (LS).

75 Rpfleger 1982, 477 mit zust. Anm. von Heinen und Sigloch; zustimmend wohl auch Palandt-Heinrichs § 64 Rdnr. 3.

Sprache gewählt ist.[76] Der Umstand, daß der Vereinsname mit der Eintragung des Vereins in das Vereinsregister diesen Zusatz erhält, bedeutet keine Namensänderung.[77] Der Verein ist zur Führung des Zusatzes „eingetragener Verein" oder „e. V." verpflichtet.[78] Sie ist auch dringend zu empfehlen. Läßt der Verein nämlich diesen Zusatz weg, können der Verein nach § 826 BGB wegen Irreführung des Verkehrs und die für den Verein Handelnden persönlich nach den Grundsätzen der Rechtsscheinhaftung in Anspruch genommen werden.

28 Die Eintragung des Vereins in das Vereinsregister bewirkt als staatlicher Hoheitsakt die Rechtsfähigkeit des Vereins, auch wenn sie zu Unrecht oder fehlerhaft vorgenommen wurde.[79] Dabei wird allerdings vorausgesetzt, daß wenigstens der Name und der Sitz des Vereins eingetragen sind. Fehlen sogar diese Angaben, so liegt lediglich ein für jedermann erkennbares beziehungsloses Schreibwerk vor, an das sich keinerlei Rechtsfolgen knüpfen. Wird die Eintragung von einem unzuständigen Gericht vorgenommen, hat dies nach den allgemeinen Vorschriften des § 7 FGG, die für den besonderen Fall des § 55 BGB nicht beseitigt sind, nicht die Ungültigkeit der Eintragung zur Folge;[80] jedoch kann eine Löschung von Amts wegen nach §§ 142, 159 FGG in Betracht kommen.[81]

Öffentliche Bekanntmachung der Eintragung

29 Vom Registergericht werden im örtlichen Amtsblatt des Amtsgerichts folgende Tatsachen bekanntgemacht: der Name, der Sitz des Vereins und der Tag der Eintragung (§ 66 Abs. 1 BGB). Die Vorstandsmitglieder, eine etwaige Beschränkung ihrer Vertretungsmacht oder eine vom Gesetz abweichende Regelung ihrer Vertretungsbefugnis (z. B. Einzelvertretungsbefugnis) werden nicht bekanntgemacht.

Benachrichtigung des Vorstands

30 Von der Eintragung ist der Vorstand zu benachrichtigen (§§ 159, 130 Abs. 2 FGG). Das Original der Satzung ist, mit der Bescheinigung der Eintragung versehen, dem Vorstand zurückzugeben. Die Abschrift der Satzung wird vom Amtsgericht beglaubigt und mit den übrigen Schriftstücken zu den Registerakten genommen (§ 66 Abs. 2 BGB). Für die notarielle Beglaubigung der Anmeldung, die Eintragung des Vereins in das Vereinsregister und für die Bekanntmachung der Eintragung im Amtsblatt entstehen Kosten, die der eingetragene Verein zu tragen hat.[82]

---

[76] Siehe Rdnr. 58 in Fn. 2.

[77] RG JW 1927, 1584.

[78] BayObLGZ 1987, 161 (171).

[79] RGZ 81, 206 (210); BGH NJW 1983, 993; OLG Köln OLGZ 1977, 65 (66); OLG Düsseldorf OLGZ 1990, 83 (86); vgl. Richert NJW 1958, 894 zur Frage der Heilbarkeit mangelhafter Anmeldungen durch Eintragung in das Vereinsregister.

[80] RGRK-Steffen § 55 Rdnr. 3.

[81] Über das Verfahren siehe Rdnrn. 410f.

[82] Einzelheiten Rdnrn. 418, 428f.

Neue Bundesländer

In den neuen Bundesländern und im Ostteil Berlins ist das Vereinsrecht des BGB mit dem 3. 10. 1990 in Kraft gesetzt worden. Die Entstehung neuer eingetragener Vereine richtet sich also nach den allgemeinen Vorschriften. In der früheren DDR war das Vereinsrecht durch die VO über die Gründung und Tätigkeit von Vereinigungen vom 6. 11. 1975 (GBl. I S. 723) geregelt. Hiernach bedurften Vereinigungen zur Ausübung ihrer Tätigkeit der staatlichen Anerkennung. Ein Vereinsregister gab es nicht. Mit der staatlichen Anerkennung wurde die Vereinigung rechtsfähig. **31**

Durch Gesetz vom 21. 2. 1990 (GBl. I S. 75; Vereinigungsgesetz) regelte die DDR ihr Vereinigungsrecht neu.[83] Es wurde ein dem westdeutschen Vereinsregister entsprechendes Vereinigungsregister eingeführt (§ 12 Vereinigungsgesetz). Über die Registrierung bekam die Vereinigung eine Urkunde (§ 14 Abs. 2). Verschiedentlich sind Urkunden ohne förmliche Eintragung erteilt worden. Ob in diesen Fällen die Vereinigung als juristische Person entstanden ist, ist umstritten, aber zu bejahen, da eine bestimmte Form der Registrierung nicht vorgesehen war und Registerakte und Aushändigung der Registerurkunde zusammen als rechtsbegründender Akt verstanden wurden.[84] Bestehende rechtsfähige Vereinigungen mußten sich beim zuständigen Kreisgericht innerhalb von sechs Monaten registrieren lassen. Taten sie das nicht, so verloren sie mit Ablauf des 21. 8. 1990 ihre Rechtsfähigkeit (§ 22). Ausgenommen von der Anwendbarkeit des Vereinigungsgesetzes waren zunächst Bürgergemeinschaften[85] nach §§ 266–273 ZGB (§ 1 Abs. 2 lit. a). Durch Gesetz vom 22. 6. 1990 wurde aber diese Ausschlußbestimmung aufgehoben, so daß auch Bürgergemeinschaften Vereine werden konnten.[86]

Die Überführung der nach dem Recht der DDR rechtsfähigen Vereinigungen in das bundesdeutsche Recht regelt Art. 231 § 2 EGBGB i. d. F. des Einigungsvertrages: Diese Vereinigungen bestehen fort und bleiben rechtsfähig; sie führen mit Wirkung vom 3. 10. 1990 die Bezeichnung „eingetragener Verein“. Die für die Registrierung zuständigen Stellen sind weiterhin für die Führung der Vereinsregister zuständig. Registergerichte sind in Brandenburg die Kreisgerichte, im übrigen die Amtsgerichte, in Berlin das AG Charlottenburg.

---

83 Siehe dazu Christoph DtZ 1990, 257; Drobnig-Becker-Remien S. 79f.

84 Wie hier Christoph DtZ 1991, 234 (236); Woltz NJ 1991, 115; a. A. R-D, 5. Aufl. Rdnr. 2900; Nissel DtZ 1991, 239.

85 Zu diesen Uebeler-Albrecht DtZ 1991, 400.

86 Zur Eintragungsfähigkeit von solchen Gemeinschaften, z. B. Antennen- und Garagenvereinen siehe bei Rdnr. 50.

III. Die Vereinssatzung

1. Vereinsverfassung und Vereinssatzung

32 Diese beiden Begriffe sind nicht inhaltsgleich. Unter der Verfassung eines rechtsfähigen Vereins sind nach der Rechtsprechung des Bundesgerichtshofs[1] alle **wesentlichen,** das Vereinsleben bestimmenden **Grundentscheidungen** zu verstehen. Dazu gehören die Bestimmungen über den Namen, den Sitz und den Zweck des Vereins, ferner die **grundsätzlichen** Regeln über den Erwerb und den Verlust der Mitgliedschaft, die Beitragspflicht, über Bestehen und Ausmaß von Vereinsgewalt, über Bildung, Aufgaben und Tätigkeit der Vereinsorgane[2] und deren Zusammensetzung sowie die Einrichtung eines Schiedsgerichts,[3] schließlich über die Auflösung des Vereins und das Schicksal des Vereinsvermögens beim Abschluß der Liquidation. Auch im Bereich der Vermögensverwaltung und der Vereinsorganisation (z. B. hinsichtlich der Errichtung von Untergliederungen) kommen Entscheidungen von grundsätzlicher Bedeutung in Betracht.[4]

Nach Auffassung des Bundesgerichtshofs[5] gehören beispielsweise bei einem Pferdezuchtverband das Zuchtprogramm, die Zuchtziele und die Voraussetzungen für den Anspruch auf Eintragung eines Zuchttieres in das Zuchtbuch zu den das Vereinsleben bestimmenden Grundentscheidungen, so daß sie sich aus der Satzung ergeben müssen; es genügt nicht, daß sie in der Zuchtbuchordnung (Vereinsordnung) benannt sind, wenn diese nicht Satzungsbestandteil ist. Der Umstand, daß die genannten Bestimmungen nicht in die Satzung aufgenommen worden sind, hat zwar ihre Unwirksamkeit zur Folge; dies stellt jedoch entgegen der Meinung des Bundesgerichtshofs[5] keinen „Verstoß gegen §§ 25, 29 BGB" dar. Die Eintragung eines Vereins in das Vereinsregister darf daher nicht (nach § 65 BGB) deshalb abgelehnt werden, weil die Vorschriften, die „Verfassungsqualität" besitzen, nicht in der Satzung, sondern nur in einer Vereinsordnung niedergelegt sind.

Ein, wenn auch dürftiges Grundmodell der Verfassung eines rechtsfähigen Vereins stellen die Vorschriften in den §§ 26ff. BGB dar. Diese sind zum Teil „zwingend", d. h. die Vereinssatzung darf zu ihnen nicht in Widerspruch stehen, zum Teil lassen sie der Satzung den Vorrang und greifen erst ein, „soweit die Satzung nicht ein anderes bestimmt". Die Verfassung eines rechtsfähigen Vereins besteht demnach aus den zwingenden Vorschriften des BGB, der Vereinssatzung und, falls die Satzung zu bestimmten Punkten schweigt, aus den hilfsweise eingreifenden Bestimmungen des BGB.[6]

---

[1] BGHZ 47, 172 (177) = NJW 1967, 606 = BB 1967, 602; dazu eingehend und z. T. kritisch Reuter ZHR 1984, 523 (Die Verfassung des Vereins gem. § 25 BGB); siehe auch Ludwig, Diss. Münster 1988 (Die Verfassung des Vereins. Notwendiger Inhalt und Individualschutz).

[2] Palandt-Heinrichs § 25 Rdnr. 1.

[3] BGHZ 88, 314 (316).

[4] Zum ganzen Abschnitt siehe insbesondere Soergel-Hadding § 25 Rdnr. 1.

[5] BGH MDR 1984, 110 (120).

[6] Soergel-Schultze-v. Lasaulx, 11. Aufl. § 25 Rdnr. 4.

Die Vereinssatzung ist daher der Teil der Vereinsverfassung, der von den Gründern des Vereins oder – nach der Entstehung des Vereins – durch Willensbildung der zuständigen Vereinsorgane im Wege der Satzungsänderung geschaffen wird. Beim nichtwirtschaftlichen Verein (Idealverein), der die Rechtsfähigkeit nur durch Eintragung in das Vereinsregister erlangen kann, verlangt das Gesetz, daß die Satzungsregeln schriftlich niedergelegt und mit der Anmeldung des Vereins beim Amtsgericht (im Original und in einer Abschrift) eingereicht werden. Die Zusammenstellung der Satzungsbestimmungen geschieht in aller Regel in **einer** Satzungsurkunde, sie kann sich aber auch auf mehrere Urkunden verteilen.[7] Die Einreichung der Satzungsurkunde beim Amtsgericht ist nicht nur eine Formalität; sie hat vielmehr auch rechtliche Wirkung insofern, als sie Inhalt und Umfang der Satzung verbindlich feststellt. Das bedeutet, daß Vereinsbestimmungen, die in der beim Amtsgericht eingereichten Satzungsurkunde nicht enthalten sind, nicht zur Satzung gehören, und zwar auch dann nicht, wenn sie nach ihrem Inhalt „Verfassungsqualität" haben.[8] Das gleiche gilt für Herkommen, Übung und sogenannte Vereinsobservanz.[9] 33

Aus dem Verständnis des Begriffs der Vereinsverfassung wird zutreffend gefolgert, daß Vereinsbestimmungen, die wesentliche, das Vereinsleben bestimmende Grundentscheidungen enthalten, nur wirksam sind, wenn sie in der Satzung enthalten sind.[10] Jedoch ist der Umkehrschluß, daß Satzungsbestimmungen, die keine Verfassungsqualität haben, ohne Einhaltung der für Satzungsänderungen bestehenden Bestimmungen und Eintragung in das Vereinsregister geändert werden können,[11] jedenfalls in dieser Allgemeinheit bedenklich. Dem steht zunächst der Gesichtspunkt entgegen, daß auch die bloße Änderung des Wortlauts der Satzung eine Satzungsänderung darstellt und als solche den allgemeinen Regeln für Satzungsänderungen unterliegt. Ferner ist die Abgrenzung von Satzungsänderungen mit und ohne Verfassungsqualität im Einzelfall mitunter äußerst schwierig, so daß es aus Gründen der Rechtssicherheit nicht angängig ist, die Wirksamkeit eines Beschlusses über die Aufhebung oder Abänderung einer Satzungsbestimmung von der Beurteilung ihrer Qualität abhängig zu machen, einer Beurteilung, die im Streitfall vom Prozeßgericht möglicherweise nicht gebilligt wird. Satzungsbestimmungen können demnach **nur** dann durch „einfachen" Beschluß des zuständigen Vereinsorgans aufgehoben oder geändert werden, wenn sie **offensichtlich** nur **bei Gelegenheit** der Ausarbeitung des Satzungstextes in diesen aufgenommen wurden und von vorneherein als eindeutige **Fremdkörper** in der Satzung erscheinen. Ein solcher Fall ist z. B. gegeben, wenn in der Gründungssatzung die Mitglieder des ersten Vereinsvorstands namentlich bezeichnet sind und kein Anhaltspunkt dafür besteht, daß sie ein Sonderrecht auf das Vorstandsamt haben sollen. 34

Die Satzung muß in deutscher Sprache abgefaßt sein. Unter „Deutsch" ist zwar auch das Plattdeutsche zu verstehen; der Zweck des Vereinsregisters als 35

---

[7] RGZ 73, 187 (192f.).

[8] Vgl. RG aaO; zum Satzungsinhalt und zur Abgrenzung von sonstigen Vereinsregelungen ausführlich Lukes NJW 1972, 121; ferner Lohbeck MDR 1972, 381.

[9] Soergel-Hadding § 33 Rdnr. 5.

[10] BGHZ 105, 306 (313).

[11] Vgl. Soergel-Hadding § 33 Rdnrn. 3, 4.

einer jedermann zugänglichen Informationsquelle über die Verhältnisse eines eingetragenen Vereins erfordert es aber, daß neben der in Plattdeutsch gehaltenen Satzung eine Fassung in Hochdeutsch bei der Anmeldung des Vereins beim Registergericht eingereicht wird.[12]

Die Rechtsnatur der Satzung – Auslegung der Satzung[13]

36 Die Satzung ist zunächst ein von den Gründern des Vereins geschlossener Vertrag.[14] Mit der Entstehung des Vereins löst sie sich aber völlig von der Person der Gründer. Sie erlangt ein unabhängiges rechtliches Eigenleben, wird Bestandteil der körperschaftlichen Verfassung des Vereins und objektiviert fortan das rechtliche Wollen des Vereins als der Zusammenfassung seiner Mitglieder. Gründerwille und Gründerinteresse treten zurück; an ihrer Stelle gewinnen der Vereinszweck und die Mitgliederinteressen die rechtsgestaltende Kraft, auf die es allein noch ankommen kann[14]. Da die Satzung für einen bestimmten Personenkreis, vor allem für die künftigen MItglieder, bestimmend und auch für das Verhältnis des Vereins zu Dritten maßgebend ist, darf sie nur aus sich heraus und nur einheitlich ausgelegt werden.[15] Nur objektive Gesichtspunkte, wie z. B. Zweck und Sinnzusammenhang einzelner Bestimmungen – das objektiv als Ziel Erstrebte – dürfen bei der Auslegung berücksichtigt werden. Außerhalb der Satzung liegende Sachzusammenhänge dürfen unter Umständen berücksichtigt werden, wenn deren Kenntnis allgemein bei den Mitgliedern und Organen des Vereins vorausgesetzt werden kann.[16] Nicht in Betracht zu ziehen sind dagegen Willensäußerungen und Interessen der Gründer, sonstige Vorgänge aus der Entstehungsgeschichte des Vereins oder subjektive Vorstellungen der Beteiligten und für die Allgemeinheit nicht übersehbare Erwägungen und Absichten.[17] Etwaige Willensmängel der Gründer können die Satzung in ihrem Bestand nicht mehr beeinträchtigen. Ebenso ist es nicht möglich, die Fortgeltung der Satzung nach dem Willen der Gründer zu beurteilen, wenn sich einzelne Satzungsbestimmungen als nichtig erweisen, nachdem der Verein entstanden ist. Dem Gedanken des § 139 BGB, für den Fortbestand eines teilnichtigen Rechtsgeschäfts solle der Wille der Erklärenden ebenso Gestaltungskraft besitzen wie für den Abschluß des Rechtsgeschäftes, ist die Grundlage entzogen, wenn der Gründerwille hinter dem in der Satzung objektivierten Vereinswillen zurückgetreten ist. Damit ist der objektive Inhalt der Satzung der sachgerechte Anknüpfungspunkt, nach dem allein entschieden werden kann, ob die teilnichtige Satzung im übrigen fortgilt. Kann aus dem Satzungsin-

---

[12] A. A. LG Osnabrück Rpfleger 1965, 304 mit abl. Anmerkung von Schweyer.

[13] Dazu grundsätzlich Wiedemann DNotZ Sonderheft 1977, 99; siehe auch Rogier, Die Auslegung von Gesellschaftsverträgen und Satzungen privatrechtlichen Personenverbände, Diss. Köln 1981.

[14] BGHZ 47, 172 (179) = NJW 1967, 1268 = WPM 1967, 606 = BB 1967, 602; BayObLGZ 1977, 6 (9) = MDR 1977, 491.

[15] RGZ 101, 246 (247); 137, 305 (309); 140, 303 (306); BGHZ 14, 25 (36); BGH WPM 1971, 538 (540); BGH NJW 1989, 1212; BayObLGZ 1971, 178 (181) = Rpfleger 1971, 311.

[16] BGHZ 63, 282 = NJW 1975, 771.

[17] RG HRR 1932 Nr. 1287; BAG NJW 1965, 887; BayObLGZ 1971, 178 (181).

halt, insbesondere aus dem Vereinszweck und den satzungsmäßigen Mitgliederbelangen, geschlossen werden, der verbleibende Teil der Satzung werde auch ohne den nichtigen Teil diesen Zwecken und Belangen gerecht und bleibe eine in sich sinnvolle Regelung des Vereinslebens, dann hat es bei der Teilnichtigkeit sein Bewenden, und die Satzung ist im übrigen rechtswirksam.[18]

Eine ständige Handhabung der Satzung in einem bestimmten Sinn, z. B. **37** die Regelung gewisser Angelegenheiten stets durch ein bestimmtes Vereinsorgan, kann bei der Auslegung der Satzung mit herangezogen werden.[19] Eine satzungsbildende Gestaltungskraft hat ein solches Herkommen beim eingetragenen Verein aber nicht.[20]

Ist eine Bestimmung der Satzung infolge veränderter Umstände unaus- **38** führbar geworden, wird sie mit den an sie geknüpften Folgen ohne weiteres gegenstandslos, ohne daß sie durch Vereinsbeschluß förmlich aufgehoben werden müßte.[21]

Die Vereinssatzung ist keine Rechtsnorm. Sie ist deshalb auch kein Statut **39** im Sinn des § 293 ZPO.[22] Das Rechtsbeschwerdegericht und das Prozeßgericht in der Revisionsinstanz dürfen die Satzung eines eingetragenen Vereins frei auslegen;[23] sie sind nicht an die Auslegung in den Tatsacheninstanzen gebunden.

Die Vereinsautonomie[24]

Der Grundsatz der Vereinsautonomie ergibt sich nicht aus dem Gesetz, **39a** sondern ist gewohnheitsrechtlich als ungeschriebenes Tatbestandsmerkmal des § 40 BGB anzusehen: Das Recht des Vereins, in seiner Satzung von den dort genannten Vorschriften abzuweichen, findet seine Grenze darin, daß dem Verein das Recht bleiben muß, sich die seinen Zwecken entsprechende Organisation selbst zu geben und diese frei zu bestimmen. Der Charakter des Vereins als eines vornehmlich von der Willensbestimmung und -betätigung seiner Mitglieder getragenen Personenverbands muß gewahrt bleiben. Allerdings kann die Vereinsautonomie gerade auch in der Weise ausgeübt werden, daß das Selbstverwaltungsrecht des Vereins satzungsmäßig beschränkt wird; auch eine solche Beschränkung stellt die Ausübung von Autonomie dar, und es bedeutete eine Beschneidung dieser Autonomie, wenn solche Regelungen für unzulässig erklärt würden. Es ist daher nicht richtig, wenn gesagt wird, die Vereinsautonomie gelte für religiöse und kirchliche Vereine

---

[18] BGHZ 47, 172 (180).

[19] RG JW 1936, 2387; BGHZ 63, 282 (290) = NJW 1975, 771; OLG Frankfurt WPM 1985, 1468; offen gelassen in BGH NJW 1989, 1212 (1213).

[20] Vgl. Soergel-Hadding § 25 Rdnr. 5.

[21] RGZ 104, 349 für den Fall einer Gesetzesänderung.

[22] BayObLGZ 1977, 6 = MDR 1977, 491 mit eingehender Begründung.

[23] BGHZ 113, 237 (240) und BGH DNotZ 1986, 276; BayObLG NJW-RR 1992, 802 (803) = Rpfleger 1992, 255 (256).

[24] Spezialliteratur: Flume Festschrift für Coing, 1982, Bd. II S. 97 (Die Vereinsautonomie und ihre Wahrnehmung usw.); Beuthien-Gätsch ZHR 1992, 459 (Vereinsautonomie und Satzungsrechte Dritter); Schockenhoff AcP 193, 35 (Der Grundsatz der Vereinsautonomie).

nicht oder nur ganz eingeschränkt;[25] ein verfassungsrechtlich veranlaßtes Sonderrecht für diese Vereine gibt es nicht.[26] Der Grundsatz der Vereinsautonomie wird damit von zwei gegenläufigen Tendenzen geprägt: Einerseits schützt er die freie Selbstentscheidung der Vereinsmitglieder, wozu auch die Einbindung in eine hierachisch organisierte Gemeinschaft gehören kann, und andererseits bewahrt er die Selbstbestimmung des Vereins vor vollständiger Entäußerung.[27]

39b Die Geltung des Grundsatzes wird in Rechtsprechung und Literatur unterschiedlich begründet.[28] Praktische Auswirkungen ergeben sich vor allem bei der Beurteilung der Vereinsqualität von Untergliederungen eines Gesamtvereins,[29] die trotz ihrer Abhängigkeit eine – wenn auch beschränkte – Autonomie aufweisen müssen und bei den satzungsmäßigen Einwirkungsmöglichkeiten außenstehender Dritter auf Satzungsänderungen[30] und Auflösung des Vereins.[31]

40 Vereinsautonomie bedeutet nicht, daß keine Unterordnung unter die staatlichen Gerichte bestünde. Daher kann der Rechtsweg zum Gericht für die Rechtsbeziehungen zu den Mitgliedern und der Mitglieder untereinander nicht ausgeschlossen werden, es sei denn, daß satzungsgemäß ein Schiedsgericht bestimmt ist.[32] Eine Satzungsbestimmung, die den Rechtsweg gegen Beschlüsse der Mitgliederversammlung strikt ausschließt, ohne zugleich ein Schiedsverfahren vorzusehen, ist nichtig.[33]

Mußvorschriften und Sollvorschriften für die Satzung

41 Das Gesetz verlangt, daß bestimmte Vorschriften in der Satzung enthalten sein **müssen** (sog. Mußvorschriften); von anderen Bestimmungen verlangt es, daß sie in der Satzung enthalten sein **sollen** (sog. Sollvorschriften). Zur Gruppe der Mußvorschriften gehören die Bestimmungen über den Zweck des Vereins, seinen Namen, seinen Sitz sowie darüber, daß er in das Vereinsregister eingetragen werden soll. Zur Gruppe der Sollvorschriften gehören jene über den Eintritt und Austritt der Mitglieder, ob und gegebenenfalls welche Beiträge zu leisten sind, ferner Bestimmungen über die Bildung des Vorstands, über die Voraussetzungen, unter denen die Mitgliederversammlung einzuberufen ist, sowie über die Form der Einberufung und über die Beurkundung der gefaßten Beschlüsse.

Vom Standpunkt derer, die einen rechtsfähigen Idealverein (§ 21 BGB) gründen wollen, ist der Unterschied der beiden Gruppen nicht besonders bedeutsam. Denn auch fehlende Sollvorschriften haben zur Folge, daß der Rechtspfleger den angemeldeten Verein nicht in das Vereinsregister eintra-

---

25 So OLG Köln Rpfleger 1992, 112 (114) = NJW 1992, 1048; LG Oldenburg JZ 1992, 250; Schockenhoff NJW 1992, 1013 (1018); siehe auch Flume JZ 1992, 238.
26 Richtig MünchKomm-Reuter, 3. Aufl. § 41 Rdnr. 12.
27 BVerfG NJW 1991, 2623 (2625) und dazu d'Heur JuS 1992, 830.
28 Zusammenfassend und kritisch Schockenhoff AcP 193, 35 (49ff.).
29 Siehe dazu Rdnr. 331.
30 Siehe dazu Rdnr. 136.
31 Siehe dazu Rdnrn. 334f.
32 RG JW 1925, 224; RGZ 153, 267; 165, 140; siehe auch Rdnr. 316.
33 OLG Celle WPM 1988, 495 mit Anm. von Grunewald.

gen darf (§ 60 BGB). In rechtlicher Hinsicht ist der Unterschied allerdings wesentlicher Natur: Wird der Verein eingetragen, obwohl eine der „Mußvorschriften" in der Satzung fehlt, so muß der Rechtspfleger in der Regel die Eintragung in einem besonders geregelten Verfahren (§§ 159, 142 FGG) von Amts wegen wieder löschen. Bis zur Löschung behält der Verein jedoch die Rechtsfähigkeit. Das Fehlen einer „Sollvorschrift" läßt dagegen die Eintragung unangefochten bestehen. Dem Verein kann lediglich nahegelegt werden, die fehlende Bestimmung bei nächster Gelegenheit im Wege der Satzungsänderung nachträglich in die Satzung aufzunehmen.

2. Der Zweck des Vereins

Die Satzung eines Vereins, der in das Vereinsregister eingetragen werden 42
soll, muß eine Aussage über den Zweck des Vereins enthalten (§ 57 Abs. 1 BGB). Fehlt sie, muß die Anmeldung des Vereins zurückgewiesen werden (§ 60 BGB). Der Zweck ist der den Charakter des Vereins bestimmende oberste Leitsatz der Vereinstätigkeit, in dem das alle Mitglieder verbindende gemeinsame Interesse zum Ausdruck kommt.[1] Er ist Richtschnur für alle Handlungen und Beschlüsse der Vereinsorgane. Ihm widersprechende Beschlüsse der Vereinsorgane sind unwirksam.

Das Gesetz eröffnet in § 21 BGB den Weg, die Rechtsfähigkeit durch Eintragung in das Vereinsregister zu erwerben, nur jenen Vereinen, „deren Zweck nicht auf einen wirtschaftlichen Geschäftsbetrieb gerichtet ist". Infolge dieser unklaren Definition des eintragungsfähigen Vereins gehört die Frage, welcher der beiden Vereinsklassen (nach § 21 BGB oder nach § 22 BGB) ein Verein zuzuordnen ist und welche Kriterien dafür maßgebend sind, zu den Hauptproblemen des Vereinsrechts.[2] Es ist jedoch festzustellen, daß die

---

[1] BGHZ 96, 245 = NJW 1986, 1033 = Rpfleger 1986, 184 = DNotZ 1986, 276; LG Nürnberg-Fürth Rpfleger 1988, 151; R-D, 5. Aufl. Rdnrn. 399ff.; Stöber, 6. Aufl. Rdnr. 25; vgl. Häuser-van Look ZIP 1986, 754; K. Schmidt BB 1987, 556.

[2] Vgl. aus dem Schrifttum: Mohrbutter Rpfleger 1953, 611 (Zur Gefahr des rechtlichen „Unterlaufens" des § 21 BGB); Meltendorf JR 1954, 410 (Zur Wahrung wirtschaftlicher Aufgaben durch Vereine); Bücker-Flürenbrock Diss. Münster 1963 (Wirtschaftliche Betätigung unter der Rechtsform des e. V.); Strickrodt NJW 1964, 2085 (Der rechtsfähige Verein stiftungsartiger Struktur); Schroif, Genossenschaftliche Gebilde in der Rechtsform des rechtsfähigen Vereins, 1965; Dobroschke, Der ideelle Familienverein als vermögensverwaltende Holding, München 1966; Hornung Diss. Göttingen 1972 (Der wirtschaftliche Verein nach § 22 BGB); K. Schmidt Rpfleger 1972, 286 und 343 (Die Abgrenzung der beiden Vereinsklassen); Reinhardt, Festschrift für Paulick 1973, S. 3 (Die Abgrenzung zwischen Vereinigungen mit oder ohne „wirtschaftlichen Geschäftsbetrieb"); Sack ZGR 1974, 179 (Der „vollkaufmännische" Idealverein usw.); K. Schmidt ZGR 1975, 477 (Sieben Leitsätze zum Verhältnis zwischen Vereinsrecht und Handelsrecht); Knauth JZ 1978, 339 (Die Ermittlung des Hauptzwecks bei eingetragenen Vereinen); Heckelmann AcP 179, 1 (Der Idealverein als Unternehmer); Mummenhoff (Gründungssysteme und Rechtsfähigkeit, Köln 1979); Hemmerich (Möglichkeiten und Grenzen wirtschaftlicher Betätigung von Idealvereinen, Heidelberg 1982); dieselbe BB 1983, 26 (Die Ausgliederung bei Idealvereinen); K. Schmidt AcP 182, 1 (Der bürgerlich-rechtliche Verein mit wirtschaftlicher Tätigkeit); ders. ZHR 1983, 43 (Systemfragen des Vereinsrechts); NJW 1983, 543 (Wirtschaftliche Betätigung von Idealvereinen durch Auslagerung auf Handelsgesellschaften); Schwierkus, Der rechtsfähige ideelle und wirtschaftliche Verein, Diss. Berlin 1981; K. Schmidt NJW 1983, 1520 (Wettbewerbsrechtliche und vereinsrechtliche In-

von K. Schmidt entwickelten Thesen für die Abgrenzung der beiden Vereinsklassen,[3] insbesondere der Begriff der „vereinsmäßig strukturierten Mitunternehmerschaft“ sowohl in der Rechtsprechung[4] als auch in der neueren Kommentarliteratur[5] in wesentlichen Punkten Anklang gefunden haben. Danach ist die Eintragungsfähigkeit eines Vereins nicht nach seiner Zielsetzung in der Satzung, sondern danach zu beurteilen, ob sich die (schon aufgenommene oder beabsichtigte) Betätigung des Vereins als „wirtschaftlicher Geschäftsbetrieb“ darstellt,[6] und, wenn ja, in welchem Verhältnis der „wirtschaftliche Geschäftsbetrieb“ zur nichtwirtschaftlichen Tätigkeit des Vereins steht.

Jenen Vereinen, deren wirtschaftliche Aktivitäten nicht nur eine untergeordnete Rolle spielen, ist zwecks Erwerbs der Rechtsfähigkeit der Zugang zum Vereinsregister verschlossen. Der Grund für die Entscheidung des Gesetzgebers, solche Vereine, wenn sie die Rechtsfähigkeit erwerben wollen, nach § 22 BGB einer besonderen staatlichen Prüfung zu unterwerfen[7] oder sie auf andere Rechtsformen mit besonderen gesetzlichen Schutzvorschriften zu verweisen. z. B. auf die Rechtsform der GmbH, der AG oder der eingetragenen Genossenschaft, ist darin zu sehen, daß ihre planmäßige Beteiligung am Wirtschaftsverkehr für Dritte, aber auch für den Verein und seine Mitglieder selbst, besondere Risiken mit sich bringt, denen allein mit den vereinsrechtlichen Bestimmungen des Bürgerlichen Gesetzbuches nicht wirksam begegnet werden kann.[8] Der „Sperrfunktion“ des § 22 BGB kommt daher bei der Prüfung, ob ein Verein nach der Art und Weise seiner Betätigung in das Vereinsregister eingetragen werden darf, besondere Bedeutung zu.[9]

Im Gegensatz zu diesen wirtschaftlichen Vereinen werden jene Vereine, die in das Vereinsregister eingetragen werden dürfen, üblicherweise als „Idealvereine“ bezeichnet. Diese Bezeichnung trifft allerdings nicht immer den

---

strumente gegen die Tätigkeit von Abmahnvereinen); Reuter ZIP 1984, 1052 (Rechtliche Grenzen ausgegliederter Wirtschaftstätigkeit von Idealvereinen); K. Schmidt Rpfleger 1988, 45 (Eintragungsfähige und eintragungsunfähige Vereine); BB 1987, 556 (Der Vereinszweck nach dem Bürgerlichen Gesetzbuch).

[3] Rpfleger 1972, 286.

[4] BayObLGZ 1973, 303 = BB 1974, 980 = MDR 1974, 400 = Rpfleger 1974, 13 (Werkskantine); BayObLGZ 1974, 242 = MDR 1974, 842 = Rpfleger 1974, 307 (Erzeugergemeinschaft) mit Anm. von Hornung Rpfleger 1974, 339: OLG Oldenburg NdsRpfl. 1975, 285 = Rpfleger 1976, 11 (Betriebsarztzentrum): LG Regensburg Rpfleger 1976, 356 (Forstbetriebsgemeinschaft); BayObLG Rpfleger 1977, 19 (Werbegemeinschaft); BayObLG Rpfleger 1978, 249 (Wasserbezugsgemeinschaft); OLG Düsseldorf Rpfleger 1979, 259 (Urlaubsgestaltung); BayObLG Rpfleger 1983, 282 (Abmahnverein); OLG Düsseldorf NJW 1983, 2574 (Religiöser Wirtschaftsverein); BayObLG Rpfleger 1985, 495 (Treuhänderische Vermietung von Eigentumswohnungen); BayObLG MittBayNot 1989, 204 (time-sharing bei Ferienwohnungen).

[5] Z. B. Soergel-Hadding §§ 21, 22 Rdnrn. 19ff.; MünchKomm-Reuter, 3. Aufl. §§ 21, 22 Rdnrn. 9ff.; Palandt-Heinrichs § 21 Anm. Rdnr. 2; vgl. Hemmerich S. 41 mit Fn. 24.

[6] Palandt-Heinrichs aaO; vgl. Hemmerich S. 54.

[7] Zur Frage eines Rechtsanspruchs auf Verleihung: BVerwG NJW 1979, 2261; K. Schmidt BB 1974, 254 und NJW 1979, 2239.

[8] BGHZ 45, 395 (397) = NJW 1966, 2007; BayObLG Rpfleger 1977, 19; K. Schmidt Rpfleger 1972, 286 (291); Reinhardt (Fn. 2) S. 7.

[9] Soergel-Hadding §§ 21, 22 Rdnr. 51.

Kern der Sache. Sie rührt daher, daß ursprünglich an eine positive Aufzählung der zur Eintragung in das Vereinsregister zugelassenen Vereine gedacht war, nämlich an jene, die sich einer politischen, religiösen, wissenschaftlichen, künstlerischen, wohltätigen, geselligen oder anderen nichtwirtschaftlichen Aufgabe widmen.[10] Mit jener Bezeichnung werden zwar sicher viele für die Eintragung in das Vereinsregister geeignete Vereine zutreffend erfaßt, für die Grenzfälle aber, die in der Praxis die großen Schwierigkeiten bereiten, ist das Schlagwort „Idealverein" eher geeignet, die Grenzziehung zum wirtschaftlichen Verein zu „vernebeln". Viele Vereine, die mit Recht (mangels Unterhaltung eines „wirtschaftlichen Geschäftsbetriebs") in das Vereinsregister eingetragen sind, verfolgen keineswegs „ideale", sondern recht handfeste wirtschaftliche Ziele (z. B. Verbände zur Förderung gewerblicher Interessen i. S. von § 13 UWG; Interessenvertretungen eines Berufsstands oder Wirtschaftszweigs). Die Prüfung der Eintragungsfähigkeit eines Vereins wird daher etwas leichter, wenn die Fragestellung „wirtschaftlicher Verein" oder „nichtwirtschaftlicher Verein" lautet. Das führt zwanglos zu einem Prüfungsverfahren, bei dem untersucht wird, ob im Einzelfall die Merkmale eines wirtschaftlichen Vereins gegeben sind. Wird dies bejaht, muß die Eintragung in das Vereinsregister abgelehnt werden. Fehlt es an einem Merkmal des wirtschaftlichen Vereins, so handelt es sich um einen nichtwirtschaftlichen Verein, der eingetragen werden darf.

Dabei stellt sich die Frage, **wie** das Registergericht zu der Feststellung **42a**
gelangt, daß der angemeldete Verein als ein nichtwirtschaftlicher einzustufen und daher eintragungsfähig ist. Da es für die Eintragungsfähigkeit eines Vereins nach neuerer Rechtsauffassung, wie eingangs dargelegt, nicht auf das Vereinsziel (den Vereinszweck), sondern auf die Art seiner Betätigung ankommt,[11] kann der Rechtspfleger des Registergerichts nicht allein aus dem in der Satzung bestimmten Vereinszweck feststellen, daß der Verein in das Vereinsregister eingetragen werden kann. Denn auch ein nichtwirtschaftlicher („ideeller") Vereinszweck kann mittels eines „wirtschaftlichen Geschäftsbetriebs" verfolgt werden.[12] Die etwa in der Satzung enthaltene Erklärung, daß der Zweck des Vereins nicht auf einen wirtschaftlichen Geschäftsbetrieb gerichtet ist, genügt nicht für die Feststellung, daß es sich um einen eintragungsfähigen Verein handelt, da diese Erklärung nur eine für das Registergericht unverbindliche Rechtsansicht darstellt.[13] Ferner kann es nicht die Aufgabe des Registergerichts sein, im Eintragungsverfahren sich durch Amtsermittlung (§ 12 FGG) ein Bild darüber zu verschaffen, ob die Aktivitäten des angemeldeten Vereins hauptsächlich nichtwirtschaftlicher Natur sind oder nicht.[14] Vielmehr ist des Sache des Vereins, seine Satzung so zu gestalten, daß sich aus ihr die Berechtigung der Eintragung in das Vereinsregister ergibt. Dazu bedarf es folgerichtig außer der Angabe des Vereinszwecks einer Beschreibung der wesentlichen Vorhaben des Vereins in einer Form,

---

[10] Vgl. RGRK-Steffen § 21 Rdnr. 2.

[11] BayObLG Rpfleger 1983, 282 = WPM 1983, 608 = Betrieb 1983, 767; BayObLG Rpfleger 1985, 495; BVerwG Rpfleger 1979, 413; Mummenhoff S. 104.

[12] Zutreffend Hemmerich S. 54.

[13] K. Schmidt BB 1987, 556 (559).

[14] A. A. Staudinger-Coing § 21 Rdnr. 21; K. Schmidt aaO.

daß sich daraus im wesentlichen die Art der Vereinstätigkeit ergibt.[15] Die Festlegung der wesentlichen Betätigung des Vereins in der Satzung ist auch erforderlich, um später prüfen zu können, ob die Voraussetzungen nach § 43 Abs. 2 BGB für eine Entziehung der Rechtsfähigkeit durch die Verwaltungsbehörde gegeben sind. Dem kann nicht entgegengehalten werden, daß nach § 57 Abs. 1 BGB die Satzung nur den Zweck des Vereins, nicht aber die Art seiner Betätigung enthalten muß. Die in § 57 Abs. 1 verlangte Angabe des Vereinszwecks in der Satzung dient dazu, die Feststellung der Eintragungsfähigkeit des Vereins durch das Registergericht zu ermöglichen. Wenn aber nach neuerer Rechtsauffassung für die Eintragungsfähigkeit eines Vereins die Art der Vereinstätigkeit maßgebend ist, so muß eine an der Funktion des § 57 Abs. 1 BGB im Eintragungsverfahren ausgerichtete Auslegung dazu führen, daß die Vereinssatzung die zu Feststellung der Eintragungsfähigkeit erforderlichen Angaben, also auch die Art der wesentlichen Vereinstätigkeit, enthalten muß.[15]

Der Begriff des „wirtschaftlichen Geschäftsbetriebs"

43 Charakteristisch für den wirtschaftlichen Verein ist, wie sich aus § 22 BGB ergibt, das Vorhandensein eines „wirtschaftlichen Geschäftsbetriebs". Darunter ist nach zutreffender neuerer Rechtsauffassung das planmäßige und auf Dauer angelegte Auftreten des Vereins **am Markt in unternehmerischer Funktion**[16] durch Einschaltung in wirtschaftliche Umsatzprozesse mit einer regelmäßig entgeltlichen Tätigkeit zu verstehen. Die wirtschaftliche Betätigung muß in der planmäßigen Teilnahme am unternehmerischen Wettbewerb bestehen.[17] Daher scheiden zunächst alle Aktivitäten aus, die der inneren Verwaltung des Vereins und der Gestaltung des Vereinslebens dienen (z. B. Betrieb einer Vereinsgeschäftsstelle, Unterhaltung des Vereinshauses und anderer Einrichtungen; Durchführung von Vereinsveranstaltungen). Auch die Absicht, ein schutzfähiges Warenzeichen zu nutzen, macht den Verein für sich allein nicht zu einem wirtschaftlichen.[18] Ferner müssen jene Tätigkeiten außer Betracht gelassen werden, die der Verein bei der **Nachfrage** nach Wirtschaftsgütern entwickelt.[17] Denn „die Teilnahme am Wettbewerb durch bloße Nachfrage kennzeichnet die Konsumentenrolle, nicht die Rolle des Unternehmers in der Marktwirtschaft."[19] Diese wird vielmehr durch die **anbietende** Tätigkeit am Markt bestimmt.[20] Führen die genannten Kriterien im Einzelfall zu dem Ergebnis, daß eine unternehmerische Betätigung des Vereins vorliegt, so vermag auch die „ideale" Zielsetzung des Vereins an seiner Einstufung als wirtschaftlicher Verein nichts zu ändern.[21]

---

15 K. Schmidt aaO; Hemmerich S. 57f.

16 BayObLGZ 1974, 242 (246); BayObLG Rpfleger 1977, 19 und 1985, 495; OLG Oldenburg Rpfleger 1976, 11 (12); K. Schmidt Rpfleger 1972, 286ff.; Reinhardt (Fn. 2) S. 3ff.; RGRK-Steffen § 21 Rdnr. 4.

17 MünchKomm-Reuter, 3. Aufl. §§ 21, 22 Rdnr. 22.

18 Nahme GRUR 1990, 500.

19 So die treffende Formulierung von MünchKomm-Reuter, 3. Aufl. aaO.

20 Vgl. BayObLG Rpfleger 1978, 249 (150); KG NJW-RR 1993, 187 (189); MünchKomm-Reuter, 3. Aufl. aaO; dazu kritisch Mummenhoff S. 112, 150.

21 RGRK-Steffen § 21 Rdnr. 4.

Allenfalls kann der Gesichtspunkt, daß sich der Verein nach seiner Satzung gemeinnützigen oder ähnlichen Aufgaben widmet und hierfür die Gewinne aus seiner unternehmerischen Tätigkeit verwendet, bei der Prüfung berücksichtigt werden, ob diese Tätigkeit noch als – den Status eines nichtwirtschaftlichen Vereins nicht gefährdende – Nebentätigkeit[22] angesehen werden kann.[23]

Die unternehmerische Betätigung des Vereins kann sich in jeder Form der **44** Teilnahme am Wirtschaftsverkehr, insbesondere auch durch Dienstleistungen oder Vermittlertätigkeit äußern.[24] Auch eine in Vereinsform organisierte religiöse Gemeinschaft, die ideelle Güter nach Art von Wirtschaftsgütern vermarktet und dabei die Verbreitung ihres Ideenguts untrennbar mit in geschäftsmäßig organisierter Form verfolgten finanziellen Erfolgen verbindet, ist in der Rechtsprechung als wirtschaftlicher Verein eingestuft worden.[25] Ein wirtschaftlicher Geschäftsbetrieb im Sinne des § 22 BGB liegt auch vor, wenn sich die Tätigkeit des Vereins als **ausgelagerter** organisierter Teilbetrieb der gewerblichen Unternehmen der Vereinsmitglieder oder auf andere Weise als **Hilfsgeschäft** für die Betriebe der Mitglieder darstellt.[26] In diesen Fällen kommt es nicht darauf an, ob die Tätigkeit des Vereins, für sich betrachtet, gegen Entgelt erfolgt.[27]

Gleichgültig ist, ob der erstrebte Vorteil, worunter jede vermögenswerte Besserstellung, also auch die Ersparnis von Aufwendungen oder die Abwendung von Vermögensnachteilen, zu verstehen ist, dem Verein selbst oder seinen Mitgliedern zugute kommen soll.[28]

Aus dem Zweck des § 22 BGB, Vereine mit wirtschaftlichem Geschäfts- **45** betrieb zur Erlangung der Rechtsfähigkeit auf die staatliche Konzessionierung oder Rechtsinstitute mit besserem Gläubigerschutz, als sie das Recht des eingetragenen Vereins bietet, zu verweisen, folgt auch, daß Vereine mit den **typischen** Tätigkeitsformen einer **Genossenschaft** nicht in das Vereinsregister eingetragen werden dürfen.[29] Für lediglich genossenschaftsähnliche Vereine ist die Eintragungsfähigkeit grundsätzlich zu bejahen; sie ist aber zu verneinen, wenn ein Verein wegen seiner Organisation und seines Umfangs seinen Mitgliedern als Unternehmer dergestalt gegenübersteht, daß sich diese wie beliebige anonymen Marktteilnehmer fühlen müssen.[30]

Die Beteiligung des Vereins an einem in einer anderen Rechtsform betrie- **46** benen Unternehmen stellt keinen Geschäftsbetrieb dar, wenn damit nur eine

---

22 Dazu unten Rdnr. 47.

23 A. A. wohl Soergel-Hadding §§ 21, 22 Rdnrn. 35, 36.

24 RGZ 154, 343 (351); zur Frage der Wettbewerbswidrigkeit einer vereinsrechtlich unzulässigen wirtschaftlichen Betätigung eines Idealvereins siehe BGH NJW 1986, 3201.

25 Vgl. die Nachw. bei Rdnr. 49 (Scientology-Kirche), auch zur Gegenmeinung.

26 BGHZ 45, 395 (397, Taxi-Zentrale); LG Hagen Rpfleger 1959, 348; RGRK-Steffen § 21 Rdnr. 5.

27 RGRK-Steffen § 21 Rdnr. 5.

28 RGZ 83, 231 (235); 154, 343, 349, 351; RGRK-Steffen aaO.

29 RGRK-Steffen aaO; BayObLG Rpfleger 1978, 249 (250); insoweit zustimmend Mummelhoff ZgGenW 1981, 334; zur Abgrenzung von Genossenschaft und Idealverein siehe Hornung Rpfleger 1984, 293 (294) und AG Schönau Rpfleger 1993, 203.

30 OLG Oldenburg Rpfleger 1976, 11 (12); BayObLG Rpfleger 1978, 249 (250).

vermögensverwaltende oder vermögensbildende Funktion verbunden ist.[31] Dies ist z. B. bei der Beteiligung des Vereins als Kommanditist an einer KG oder als Gesellschafter an einer GmbH oder einer AG regelmäßig der Fall.[32] Es ist daher für zulässig zu halten, daß ein Verein ausschließlich zu dem Zweck gegründet wird, die Arbeiter und Angestellten eines als Kommanditgesellschaft betriebenen Unternehmens in der Weise an den Erträgnissen des Unternehmens zu beteiligen, daß ihnen als Vereinsmitgliedern der vom Verein als Kommanditist erzielte Gewinnanteil zukommt.[33]

Dagegen ist die Beteiligung des Vereins als Gesellschafter an einer Offenen Handelsgesellschaft oder als Komplementär an einer Kommanditgesellschaft als Geschäftsbetrieb im Sinne der §§ 21, 22 BGB anzusehen.

46a Ob das gleiche gilt, wenn mit der Beteiligung eines Vereins an einer Kapitalgesellschaft geschäftsleitende Befugnisse verbunden sind,[34] ist nun durch eine grundsätzliche, allerdings nicht unbestrittene Entscheidung des Bundesgerichtshofs[35] jedenfalls für die Registerpraxis als im gegenteiligen Sinn geklärt anzusehen. Der Bundesgerichtshof hat einen eigenen wirtschaftlichen Geschäftsbetrieb des Vereins im Sinne der §§ 21 und 22 BGB nicht darin gesehen, daß dem Verein sämtliche Anteile an der von ihm gegründeten Aktiengesellschaft gehören und er mit dieser Gesellschaft personell in vielfacher Weise verflochten ist und geschäftsleitende Befugnisse in der von ihm allein beherrschten Gesellschaft ausübt. Danach ist die **Auslegung** eines wirtschaftlichen Geschäftsbetriebs auf eine vom Verein gegründete und betriebene Kapitalgesellschaft dem Verein nicht als wirtschaftlicher Geschäftsbetrieb zuzurechnen, wenn diese Gesellschaft ihren Gläubigern alle mit der Rechtsform einer solchen Gesellschaft (z. B. Aktiengesellschaft) verbundenen Sicherheiten bietet.[35]

Unternehmerische Nebentätigkeit des Vereins

47 An sich müßte jede unternehmerische Betätigung eines Vereins ohne Rücksicht auf ihre Beziehung zum Vereinszweck und ihre Bedeutung im Vergleich mit der ideellen Betätigung des Vereins den betreffenden Verein als wirtschaftlichen Verein (§ 22 BGB) qualifizieren. Dieser Grundsatz ist jedoch in der Rechtsprechung[36] seit langem aufgrund der Tatsache vernachlässigt worden, daß viele Vereine, um das durch ihren idealen Zweck vorgegebene Aktionsfeld voll zu erfassen[37] oder ihre Anziehungskraft auf neue Mitglieder zu erhöhen, sich zur Eröffnung eines „wirtschaftlichen Geschäftsbetriebs", also zur Aufnahme einer unternehmerischen Tätigkeit, veranlaßt

---

[31] RGRK-Steffen § 21 Rdnr. 6.

[32] Dobroschke – oben Fn. 2 –.

[33] Zustimmend RGRK-Steffen § 21 Rdnr. 6; a. A. nun Soergel-Hadding §§ 21, 22 Rdnr. 40.

[34] So 13. Aufl.

[35] NJW 1983, 569 = Rpfleger 1983, 73 = MDR 1983, 192 = BB 1983, 328 mit zust. Anm. von Hemmerich = VersR 1983, 55; kritisch: K. Schmidt NJW 1983, 543 (Wirtschaftstätigkeit von ‚Idealvereinen' durch Auslagerung auf Handelsgesellschaften); MünchKomm-Reuter, 3. Aufl. §§ 21, 22 Rdnrn. 10, 13. Siehe zum Auslagerungsproblem auch Hemmerich BB 1983, 26 und Kübler ZHR 1983, 454.

[36] RGZ 83, 231; 154, 343 (345).

[37] So Soergel-Schultze-v. Lasaulx, 11. Aufl. § 21 Rdnr. 17.

sehen. Klassische Beispiele hierfür sind die Bewirtschaftung von Alpenvereinsunterkünften, der Restaurationsbetrieb eines Geselligkeitsvereins, die Buchhandlung eines religiösen Vereins oder das Reisebüro eines Kulturvereins. Damit diese unternehmerische Betätigung **toleriert**[38] werden kann und somit den Status des Vereins als eines nichtwirtschaftlichen Vereins nicht gefährdet oder aufhebt, müssen bestimmte Voraussetzungen erfüllt sein. Zunächst darf die unternehmerische Betätigung des Vereins im Vergleich zu seiner ideellen Betätigung nur eine eindeutig **untergeordnete Rolle** spielen.[39] Die Hauptbetätigung des Vereins muß nach wie vor die ideelle Tätigkeit sein. Außerdem muß sich die unternehmerische Tätigkeit im Rahmen des Vereinszwecks halten und sich bei natürlicher Betrachtungsweise als ein die ideelle Betätigung ergänzendes, noch objektiv sinnvolles Mittel zur Förderung des Vereinszwecks darstellen.[40] Bei der Prüfung, ob diese Voraussetzungen gegeben sind, ist ein strenger Maßstab anzulegen.[41]

Mit dem Problem der unternehmerischen Nebentätigkeit des Vereins wird das Registergericht im Eintragungsverfahren des Vereins befaßt, wenn sich aus der Satzung oder aus anderen, dem Registergericht bekanntgewordenen Umständen Anhaltspunkte dafür ergeben, daß der Verein auch die Aufnahme einer unternehmerischen Tätigkeit beabsichtigt. Das Problem kann ferner akut werden, wenn ein Verein längere Zeit als nichtrechtsfähiger Verein agiert hat und nun seine Eintragung in das Vereinsregister beantragt. In diesen Fällen muß der Verein dem Registergericht durch entsprechende Beschreibung der Betätigung des Vereins in der Satzung die Überzeugung verschaffen, daß die beabsichtigte oder bereits aufgenommene wirtschaftliche Tätigkeit unter den oben genannten Gesichtspunkten hingenommen werden kann. Im Zweifelsfall ist die Eintragung abzulehnen.

Häufiger ist der Fall, daß ein Verein, der sich bei der Eintragung in das Vereinsregister als nichtwirtschaftlicher Verein erwiesen hatte, später ein wirtschaftliches Unternehmen betreibt. Hier ist von der Verwaltungsbehörde gemäß § 43 Abs. 2 BGB anhand der erwähnten Kriterien zu entscheiden, ob es sich bei der wirtschaftlichen Betätigung des Vereins um ein „unschädliches" Unternehmen handelt und dem Verein die durch die Registereintragung erlangte Rechtsfähigkeit belassen werden kann oder ob sie ihm zu entziehen ist.

Der Umstand, daß sich das Vereinsunternehmen als ein vollkaufmännisches (§§ 1, 2, 4 HGB) darstellt,[42] schließt es nicht schlechthin aus, den Verein als Idealverein zu qualifizieren. Die hiernach gebotene Eintragung des Vereins in das Handelsregister (§ 33 HGB) gibt aber berechtigten Anlaß für die Prüfung, ob die Toleranzgrenze des Nebenzweckprivilegs überschritten ist.[43]

---

38 Sogenanntes Nebenzweckprivileg für Idealvereine; dazu ausführlich K. Schmidt Rpfleger 1972, 343 (350); MünchKomm-Reuter, 3. Aufl. §§ 21, 22 Rdnr. 8, 17–20; Staudinger-Coing § 21 Rdnr. 12; Mummenhoff S. 135; Hemmerich S. 78–113.

39 Vgl. KG OLGZ 1979, 279; BayObLG Rpfleger 1985, 495 und MittBayNot 1989, 204 (206).

40 K. Schmidt Rpfleger 1972, 343 (353); ähnlich Hemmerich S. 90.

41 Staudinger-Coing § 21 Rdnr. 15.

42 Näheres bei Rdnrn. 416 ff.

43 Vgl. Mummenhoff S. 139 ff.

48 Stellt sich nach der Eintragung des Vereins in das Vereinsregister heraus, daß nach der Satzung die Voraussetzungen des § 21 BGB bei der Eintragung nicht gegeben waren, kann das Registergericht die Eintragung des Vereins von Amts wegen löschen (§§ 159, 142 FGG).[44] Von dieser Befugnis ist Gebrauch zu machen, wenn die Beseitigung der Rechtsformverfehlung im öffentlichen Interesse liegt. Das ist nicht stets der Fall.[45] Solange der Verein nicht gelöscht oder ihm die Rechtsfähigkeit nicht entzogen ist, hat auch der Prozeßrichter von der Rechtsfähigkeit des Vereins auszugehen und zwar auch im Verhältnis des Vereins zu seinen Migliedern.[46]

48a Es ist denkbar, daß das Registergericht und die Verleihungsbehörde bei der Beurteilung, ob der Verein ein nichtwirtschaftlicher oder ein wirtschaftlicher Verein ist, in jeweils rechtskräftiger Entscheidung zum entgegengesetzten Ergebnis gelangen und daher dem Verein sowohl die Eintragung in das Vereinsregister als auch der Erwerb der Rechtsfähigkeit durch Verleihung verweigert wird. Daß in diesem Fall die Gründung eines rechtsfähigen Vereins gescheitert sein soll,[47] ist unbefriedigend; die Mitglieder müssen sich als zwischen Mühlsteine geraten vorkommen. Vorzugswürdig ist daher die Ansicht, daß in diesem Fall die zweite Entscheidung die Rechtsfähigkeit nicht verweigern darf.[48] Nach der Gegenmeinung muß die Gründungsversammlung des Vereins entscheiden, ob dann die Vereinigung als nichtsrechtsfähiger Verein bestehen bleiben soll, wozu es einer Satzungsänderung bedarf.

Einzelfälle[49]

Wirtschaftlicher Verein:

49 Funktaxi-Zentrale (BGHZ 45, 395 = NJW 1966, 2007)

Einkaufszentrale für Gewerkschaftsmitglieder (AG Alzenau BB 1961, 8)

Privatärztliche Verrechnungsstelle (LG Hagen Rpfleger 1959, 348)

Erzeugergemeinschaft i. S. des Marktstrukturgesetzes i. d. F. vom 26. 9. 1990 (BGBl. I S. 2135) mit „Andienungspflicht" (OLG Schleswig Rpfleger 1990, 303; BayObLGZ 1974, 242 = Rpfleger 1974, 307; dazu ausführlich Hornung Rpfleger 1974, 339; kritisch: Pelhak u. Wüst AgrarR 1975, 161; a. A. Deselaers Rpfleger 1990, 103; LG Kiel AgrarR 1977, 42; dazu K. Schmidt AcP 182, 1, 41 f.)

Verein zum Betrieb von Skischleppliften und Seilbahnen (OLG Stuttgart OLGZ 1971, 465)

Eine Selbsthilfe-Siedlergemeinschaft, die durch einen Bauträger Eigenheime für ihre Mitglieder errichten läßt (LG Hagen Rpfleger 1969, 297 mit Anm. von Schweyer)

Verein, der die finanzielle Unterstützung seiner Mitglieder zur Ermöglichung des Hausbaus zum Ziel hat (LG Kassel Rpfleger 1986, 228)

Technische Prüf- und Vertriebsstelle des Schornsteinfegerhandwerks (LG Oldenburg Rpfleger 1978, 371)

Werbegemeinschaft (BayObLG Rpfleger 1977, 20; von BGH NJW 1979, 2304 offen gelassen; dazu Reuter ZGR 1981, 364, 366)

---

44 Einzelheiten bei Rdnrn. 410, 414.

45 Vgl. OLG Schleswig Rpfleger 1990, 303 (304); BezG Chemnitz Rpfleger 1993, 162 mit krit. Anm. von Petters.

46 OLG Köln OLGZ 1977, 65.

47 K. Schmidt ZHR 1983, 43 (63); hier 14. Aufl.

48 Vgl. Mummenhoff S. 109; MünchKomm-Reuter, 3. Aufl. §§ 21, 22 Rdnrn. 45 f.

49 Weitere Fälle bei R-D, 5. Aufl. Rdnr. 135.

Verkehrsverein zur Vermittlung von Unterkünften für Feriengäste (OLG Celle Rpfleger 1992, 66 = NdsRpfl. 1991, 274)

Mähdreschverein (LG Lübeck SchlHAnz. 1962, 102)

Inkassoverein (LG Hagen Rpfleger 1959, 348; a. A. OLG Braunschweig RsprOLG 42, 251)

Abrechnungsstelle für Angehörige der Heilberufe (KG OLGZ 1979, 279)

Verein zur Förderung der Urlaubsgestaltung, der überwiegend die gewerbliche Nutzung eines Segelschiffs zum Gegenstand hat (OLG Düsseldorf Rpfleger 1979, 259)

Verein zur Versorgung der Mitglieder mit Wasser (BayObLGZ 1978, 87)

In Vereinsform organisierte religiöse Gemeinschaft (Scientology-Kirche), die ideelle Güter nach Art von Wirtschaftsgütern vermarktet; sehr umstritten; wie hier OLG Düsseldorf Rpfleger 1983, 487 = NJW 1983, 2574 = DNotZ 1984, 486; VG München GewA 1984, 329; K. Schmidt NJW 1988, 2574 (Eintragung „religiöser Wirtschaftsvereine") sowie v. Campenhausen Rpfleger 1989, 349; NJW 1990, 887 und 2670; Guber NVwZ 1990, 40; a. A. Kopp NJW 1989, 2497 und 1990, 2669; LG Hamburg NJW 1988, 2617

Verein als Treuhänder einer Wohnungseigentümergemeinschaft mit dem Zweck, ihm gehörende Eigentumswohnungen und Tiefgaragenplätze an Dritte zu vermieten (BayObLG Rpfleger 1985, 495)

Verein mit dem Zweck, Ferienwohnrechte an Ferienwohnungen („time-sharing") zu vergeben, wobei mit einem solchen Recht die Vereinsmitgliedschaft erworben werden muß, BayObLG MittBayNot 1989, 204

Sogenannter Abmahnverein (BayObLG Rpfleger 1983, 282; VG Schleswig-Holstein ZIP 1984, 1229).

Nichtwirtschaftlicher Verein:

Arbeitgeberverband (RGZ 85, 256) **50**

Kassenärztliche Vereinigung (RGZ 83, 231; siehe aber RG JW 1931, 1450)

Verein zur Förderung gewerblicher Interessen (RGZ 78, 80)

Warenhausverband (BayObLGZ 1953, 309)

Rabattsparverein (BayObLGZ 14, 638)

Verein zum Betrieb einer Werkskantine, wenn Vorteile ausschließlich den Betriebsangehörigen zugute kommen (BayObLGZ 1973, 303 = Rpfleger 1974, 13 = BB 1974, 890)

Verein zum Betrieb eines Betriebsarztzentrums (OLG Oldenburg Rpfleger 1976, 11 = BB 1975, 1639)

Lohnsteuerhilfeverein[50] (OLG Stuttgart Rpfleger 1970, 334; OLG Celle NJW 1976, 197; dazu kritisch Mummenhoff S. 146)

Haus- und Grundbesitzerverein (RGZ 88, 333)

Garagen- und Antennenvereine (a. A. – nicht überzeugend – BezG Chemnitz Rpfleger 1993, 162 mit abl. Anm. von Petters)

Betrieblicher Unterstützungsverein (BayObLGZ 1975, 435) und auch ein überbetrieblicher Gruppenunterstützungsverein mehrerer mittelständischer Unternehmen (LG Bonn Rpfleger 1991, 423)

Werbe- und Interessengemeinschaft von Kaufleuten bei kooperativer Auslagerung von Unternehmenstätigkeit (OLG Bremen Rpfleger 1988, 532; dazu kritisch K. Schmidt Rpfleger 1988, 45, 49, 51 Leitsatz 7)

---

[50] Zur Anerkennung als Lohnsteuerhilfeverein siehe Völzke Betrieb 1975, 2389; zum Werbeverbot für Lohnsteuerhilfevereine siehe BGH Betrieb 1978, 250 und BGH NJW 1983, 193 (Bundesverband); zum Verbot der wirtschaftlichen Betätigung nach § 26 Abs. 2 StBerG siehe BFH BStBl. 1982 II S. 360; LG Hamburg NJW 1988, 2617; zum Recht von Dachverbänden von Lohnsteuerhilfevereinen, die Zahl ihrer Mitgliedsvereine öffentlich bekanntzugeben, vgl. BVerfG NJW 1992, 549.

Verein zur gemeinsamen Pkw-Nutzung zwecks Verminderung von Umweltschäden (LG Bremen Rpfleger 1992, 61)

Gesetzwidrige Vereinszwecke

51 Der Zweck des Vereins darf nicht gegen die guten Sitten[51] oder gegen ein Gesetz verstoßen (§§ 134, 138 BGB). Der Zweck oder die Tätigkeit einer Vereinigung wäre schon dann gegen die verfassungsmäßige Ordnung gerichtet, wenn sie sich darin erschöpfte, unter Festhaltung an Gedankengängen, die der Staatsauffassung der freiheitlichen Demokratie völlig entgegengesetzt sind, die Mitglieder in der beharrlichen Ablehnung der freiheitlich-demokratischen Ordnung zu bestärken.[52]

Nach Art. 9 Abs. 2 GG sind Vereinigungen, deren Zweck oder Tätigkeit den Strafgesetzen zuwiderläuft oder die sich gegen die verfassungsmäßige Ordnung richten, verboten, d. h. diesen Vereinigungen steht der Schutz des Grundrechts der Vereinsfreiheit (Art. 9 Abs. 1 GG) nicht zur Seite. Für ein Vorgehen gegen sie bedarf es nicht erst eines Anspruchs des Bundesverfassungsgerichts gemäß Art. 18 GG darüber, daß sie das Grundrecht der Vereinsfreiheit verwirkt haben. Die Feststellung hat in der Form einer Auflösungsverfügung gemäß §§ 3ff. VereinsG zu ergehen.

Ein Verein, dessen Zweck (auch) die Vermittlung von Wohnraum ist, und der von den Mitgliedern eine Aufnahmegebühr und einen Jahresbeitrag erhebt, kann, abgesehen davon, daß er ohnehin ein wirtschaftlicher Verein ist, auch im Hinblick auf § 3 Abs. 2 des Gesetzes zur Regelung der Wohnungsvermittlung vom 4. 11. 1971 (BGBl. I S. 1745, 1747) nicht in das Vereinsregister eingetragen werden.[53]

Die Gründung eines Vereins – auch eines in das Vereinsregister einzutragenden – durch Gefangene, der nach seinem Zweck gemeinschaftliche Interessen der Insassen der betreffenden Justizvollzugsanstalt gegenüber der Anstaltsleitung vertreten und durchsetzen soll, ist zwar durch § 160 des Strafvollzugsgesetzes nicht schlechthin ausgeschlossen; jedoch bedürfen die Vereinsgründung und die Änderung der Satzung nach Sinn und Zweck des § 160 StVollzG der Zustimmung der Anstaltsleitung, die dem Registergericht vor der Eintragung des Vereins nachzuweisen ist.[54]

Lohnsteuerhilfevereine dürfen kein besonderes Entgelt für Hilfeleistungen in Lohnsteuersachen verlangen.[55] Ein Lohnsteuerhilfeverein verstößt gegen das Verbot, sich wirtschaftlich zu betätigen (§ 26 Abs. 2 StBerG), wenn er die Vermittlung der Vorfinanzierung von Lohnsteuererstattungsansprüchen

---

[51] Siehe dazu den vom RG in JW 1920, 961 entschiedenen Fall.

[52] LG München I NJW 1956, 879.

[53] LG Karlsruhe Rpfleger 1974, 221 und 1984, 22; LG Essen Rpfleger 1983, 158 m. Anm. von Heitgreß; LG Lübeck WM 1990, 601 (im entschiedenen Fall sehr zweifelhaft); siehe auch AG Köln WM 1982, 332 (gezahlte Beiträge können zurückgefordert werden).

[54] OLG Karlsruhe Rpfleger 1983, 405; nach Auffassung des BayObLG (Rpfleger 1981, 488) ist eine solche Vereinsgründung überhaupt unzulässig; dazu abl. Anm. von Seebode NStZ 1982, 86.

[55] § 14 Abs. 1 Nr. 5 StBerG.

durch unterstützende Tätigkeit und Zusammenarbeit mit einem Unternehmen, das solche Kredite vermittelt, entscheidend und nachhaltig fördert.[56]

Ärzten, Rechtsanwälten und Notaren ist es nach ihrem Standesrecht nicht erlaubt, Praxisgemeinschaften in der Rechtsform des Vereins zu bilden.[57]

Was gegen die guten Sitten verstößt, ist nach der allgemein herrschenden Volksmeinung und den Anschauungen der Beteiligten zu beurteilen. Es ist hierbei nicht erforderlich, daß der Zweck des Vereins auch gegen die Sittlichkeit verstößt, um als gegen die guten Sitten gerichtet angesehen werden zu können. Die Hingabe von Schmiergeldern durch den Vorstand an Dritte, um beim Abschluß von Verträgen oder Aufträgen bevorzugt zu werden, ist sittenwidrig und daher unzulässig, und dies selbst dann, wenn eine solche Handlungsweise für den Verein keine Nachteile nach sich gezogen hat.[58]

Die Sittenwidrigkeit einer Satzung kann sich auch aus dem Zusammenhang mehrerer, für sich betrachtet, zulässiger Einzelbestimmungen ergeben.[59]

Verfolgt der Verein nachträglich einen sittenwidrigen Zweck, bildet er sich z. B. in einen Glücksspielclub um, so tritt die Auflösung erst in dem Zeitpunkt ein, in dem die Eintragung vom Registerrechtspfleger von Amts wegen gelöscht oder die Nichtigkeit des Vereins auf Klage eines Mitglieds durch rechtskräftiges Urteil ausgesprochen ist.[60]

Rabattsparvereine

Als Rabattsparvereine werden Vereine bezeichnet, die gemäß § 4 Abs. 2 **52**
des Gesetzes über Preisnachlässe (Rabattgesetz) vom 25. 11. 1933 und der Durchführungsverordnung hierzu vom 21. 2. 1934 ausgegebene Gutscheine (Rabattmarken) einlösen. Sie können Rechtsfähigkeit durch Eintragung in das Vereinsregister erlangen, sofern sie sich alljährlich einer Prüfung durch einen sachverständigen Prüfer unterziehen, die sich insbesondere darauf zu erstrecken hat, ob die Einlösung der ausgegebenen Gutscheine gesichert ist. Der Prüfer muß einen schriftlichen Bericht erstatten, den die Vereinigung ihren Mitgliedern zugänglich zu machen hat. Ist die Vereinigung in das Vereinsregister eingetragen, so hat sie jeweils dem zuständigen Registergericht einen Abdruck des Prüfungsberichts zu übersenden und mitzuteilen, wann die Prüfung stattgefunden hat. Das Registergericht hat darüber zu wachen, daß die Pflichtprüfung alljährlich stattfindet. Es kann nach Ablauf des Geschäftsjahres den Beteiligten unter Androhung eines Zwangsgeldes aufgeben, innerhalb einer bestimmten Frist den Bericht einzureichen. Die Vorschriften der §§ 132–139 FGG gelten entsprechend.

---

[56] BFH BStBl. 1982 II 360.

[57] Soergel-Hadding §§ 21, 22 Rdnr. 13a mit Nachweisen; siehe auch Rosenau, Die Praxisgemeinschaften der Ärzte, Betrieb 1970 Beilage 2; ferner Lach, Formen freiberuflicher Zusammenarbeit, Diss. München 1970.

[58] BGH BB 1962, 536.

[59] LG Bremen MDR 1974, 134 (Lohnsteuerberatungsverein für ausländische Arbeitnehmer); Soergel-Hadding aaO Rdnr. 18.

[60] RG JW 1921, 1527.

Rechtsberatung durch Vereine

53 Ein Verein darf die Besorgung fremder Rechtsangelegenheiten einschließlich der Rechtsberatung und der Einziehung fremder oder zu Einziehungszwecken abgetretener Forderungen geschäftsmäßig – ohne Unterschied zwischen haupt- und nebenberuflicher oder entgeltlicher und unentgeltlicher Tätigkeit – grundsätzlich nur betreiben, wenn ihm dazu von der zuständigen Behörde (Präsident des Amtsgerichts oder des Landgerichts) die **Erlaubnis** erteilt ist (§ 1 Abs. 1 RBerG). Einer Erlaubnis bedarf es jedoch nicht, wenn auf berufsständischer oder ähnlicher Grundlage gebildete Vereinigungen im Rahmen ihres Aufgabenbereichs[61] ihren Mitgliedern Rat und Hilfe in Rechtsangelegenheiten gewähren. Diese Tätigkeit kann ihnen jedoch untersagt werden (§ 7 RBerG). Ein berufsständischer Verein hat im Falle einer Ablehnung seines Antrags, bestimmte Vorstandsmitglieder zu Prozeßagenten zu bestellen, keinen Anspruch auf gerichtliche Entscheidung nach § 23 Abs. 1 EGGVG.[62] Es muß sich um einen Zusammenschluß von Personen handeln, die nach ihrer gewerblichen oder sonstigen beruflichen Betätigung oder auch nach ihrer Stellung als Konsumenten im Wirtschaftsleben wirtschaftlich gleiche oder ähnliche Interessen haben (Zusammenschlüsse auf dem Gebiet der Industrie, insbesondere auch Kartelle, Haus- und Grundbesitzervereine, Mietervereine,[63] ärztliche Einziehungsstellen u. dgl.). Ob der Zusammenschluß im einzelnen auf regionaler Grundlage, auf Zugehörigkeit zur gleichen Branche, auf Interessengemeinschaft der Kundschaft gegenüber oder auf ähnlichen Gründen beruht, ist gleich. Andere, auf einer sonstigen Interessengemeinschaft beruhende Zusammenschlüsse gehören nicht hierher (z. B. Sportvereine, Unfallschutzverbände, Vereine von Wohnungssuchenden[64]) und erst recht nicht Gebilde, wie sie früher bisweilen zur Tarnung offensichtlicher Rechtskonsulentenbetriebe geschaffen wurden (Verband der Vorbestraften u. ä.). Hinzukommen muß eine gewisse Größe der Organisation. Wenn es auch keineswegs notwendig ist, daß der die Beratungsstelle tragende Zusammenschluß alle oder auch nur die Mehrzahl der der Interessengemeinschaft angehörigen Personen oder der Betriebe des betreffenden Bezirks umfaßt, so ist doch eine gewisse absolute wie relative Zahl von Mitgliedern wesentlich; wieviele, ist Tatfrage. Wer, ohne im Besitz der erforderlichen Erlaubnis zu sein, fremde Rechtsangelegenheiten geschäftsmäßig besorgt oder sonst gegen die Vorschriften des Rechtsberatungsgesetzes verstößt, kann mit einer Geldbuße bis zu 10000 DM belegt werden (§ 8 RBerG). Der Erlaubnisvorbehalt ist mit dem Grundrecht der freien Berufswahl vereinbar.[65]

---

[61] Dazu OLG Celle NJW 1973, 2028 (Einziehung von Forderungen durch Kreditreformvereine).

[62] OLG Hamm AnwBl. 1967, 360.

[63] Zur Rechtsberatung durch Mietervereine vgl. LG Lübeck SchlHAnz. 1968, 187; zur gerichtlichen Vertretung von Mietern durch Mietervereine siehe LG Flensburg MDR 1975, 408; zur mietrechtlichen Beratung und Rechtsvertretung durch Interessenvereinigungen vgl. Lau ZMR 1975, 165; vgl. auch OLG Düsseldorf NJW 1969, 2289; zur Grenze der zulässigen Rechtsberatung durch einen örtlichen Haus- und Grundeigentümerverein im Normenkontrollverfahren bezüglich Bebauungspläne siehe OVG Münster NJW-RR 1986, 861.

[64] OLG Frankfurt NJW 1982, 1003.

[65] Altenhoff-Busch-Kampmann Art. 1 Rdnrn. 156, 179.

Der Anspruch auf Zahlung eines Entgelts für Rechtsberatung ist nur insoweit berechtigt, als Ersatz der tatsächlich entstandenen Auslagen und Aufwendungen beansprucht wird. Es ist nicht zulässig, daß z. B. ein Mieterverein das Leistungsentgelt auf der Grundlage eines Gebührensystems berechnet, das nur bestimmten Berufsständen (Rechtsanwälten, Rechtsbeiständen) vorbehalten ist. Durch diese Art der Bemessung des Entgelts würde nämlich mindestens die Neigung begünstigt werden, aus der Rechtsbesorgungstätigkeit ein Geschäft zu machen. Damit würden aber alle diejenigen Gefahren für die Rechtssuchenden heraufbeschworen, die den Gesetzgeber dazu bewogen haben, die geschäftsmäßige Besorgung fremder Rechtsangelegenheiten grundsätzlich unter Erlaubniszwang zu stellen.[66] Ein Geschäftsbesorgungsvertrag, den ein nicht zugelassener Rechtsberater unter Verstoß gegen das Rechtsberatungsgesetz mit einem Rechtsuchenden geschlossen hat, ist nichtig (§ 134 BGB).[67]

Das Verbot, Rechtsberatung unaufgefordert Dritten in schriftlichen, mündlichen oder sonstigen Ankündigungen anzubieten (z. B. in Zeitungsinseraten oder mit Aufdrucken auf Briefbogen[68]), gilt auch für berufsständische oder auf ähnlicher Grundlage gebildete Vereine, die für die Rechtsberatung im Rahmen ihres Aufgabenbereichs keiner behördlichen Erlaubnis bedürfen.[69]

Versicherungsvereine

Manche Vereine betreiben eine Kranken-, Unfall- oder eine ähnliche Versicherung. Der Betrieb derartiger Unternehmen würde an sich unter die Bestimmungen des Versicherungsaufsichtsgesetzes fallen und könnte nur dann als **Nebentätigkeit** eines eingetragenen Vereins in Frage kommen, wenn der Rechtsanspruch der Vereinsmitglieder bzw. deren Erben auf Auszahlung der Unterstützung oder des Sterbegeldes satzungsgemäß ausgeschlossen wäre. Verpflichten sich die Vereinsmitglieder, beim Ableben eines Mitglieds je einen gewissen Betrag zu bezahlen, um den Hinterbliebenen eine schnelle Hilfe zu gewähren, ohne daß diese einen Rechtsanspruch auf das Sterbegeld haben, so ist eine solche Einrichtung kein Versicherungsunternehmen im Sinne des § 1 Abs. 1 Versicherungsaufsichtsgesetz (VAG). § 1 Abs. 1 VAG bezieht sich nur auf Versicherungsunternehmen, gegen die ein **Rechtsanspruch** besteht, während Absatz 3 die Personenvereinigung ausschließt, die ihren Mitgliedern Unterstützung gewähren, ohne daß ein Rechtsanspruch besteht. Versicherungsunternehmen, gegen die kein Rechtsanspruch besteht, unterliegen nicht der Versicherungsaufsicht.[70] Voraussetzung für die Eintragung in das Vereinsregister ist aber, daß der Hauptzweck 54

[66] BGH BB 1954, 1043; 1955, 76; LG Hof NJW 1959, 2017; LG Lüneburg AnwBl. 1961, 317; zur Abgrenzung zwischen einem als Rechtsbeistand zugelassenen Verein und anwaltlicher Tätigkeit vgl. BGH NJW 1976, 424; ferner Reifner JZ 1976, 504.

[67] Vgl. dazu BGH BB 1962, 898; LG Augsburg NJW 1961, 2216.

[68] Altenhoff-Busch-Kampmann Rdnr. 890.

[69] OLG Frankfurt NJW 1982, 1003.

[70] BGH BB 1963, 170; OVG Hamburg BB 1954, 563; zur registerrechtlichen Behandlung von Vereinen, die Versicherungsgeschäfte betreiben, nimmt die AV des JM. von Baden-Württemberg vom 30. 6. 1956 (Justiz 1956, 191) Stellung.

(die Haupttätigkeit) des Vereins ein „idealer" ist. Wäre der Hauptzweck dagegen die Versicherung seiner Mitglieder, so würde der Verein auch dann nicht zur Eintragung in das Vereinsregister geeignet sein, wenn ein Rechtsanspruch seiner Mitglieder auf die Versicherungsleistungen nicht bestünde. Denn in diesem Fall handelte es sich um einen wirtschaftlichen Verein.[71] Den Mitgliedern solcher Vereine steht selbst dann kein Klagerecht auf Auszahlung der Unterstützung zu, wenn ihnen die Unterstützung zugesagt oder sogar zeitweilig bezahlt worden ist.[72]

Firmen-Unterstützungsvereine[73]

55 In den meisten größeren Betrieben besteht eine Sozialeinrichtung,[74] die den Zweck verfolgt, den Betriebsangehörigen und deren Familienmitgliedern in Fällen der Not und Bedürftigkeit freiwillige Unterstützungen zu gewähren. Diese werden in der Regel aus den freiwilligen Zuwendungen des Betriebsinhabers bestritten. Die Betriebsangehörigen selbst dürfen weder zu laufenden Beiträgen noch zu sonstigen Zuschüssen herangezogen werden. Häufig werden solche Unterstützungseinrichtungen in der Rechtsform eines eingetragenen Vereins betrieben (sog. Firmen-Unterstützungsvereine).[75] Die Satzung eines solchen Vereins schreibt meistens eine bestimmte Höchstzahl von Mitgliedern vor, die sämtlich Betriebsangehörige sein müssen. Eine solche Verknüpfung von Mitgliedschaft und Arbeitsverhältnis ist bei der Auslegung der Satzung zu beachten. Bestimmt z. B. die Satzung, daß die Mitgliedschaft endet, wenn das Mitglied aus den Diensten der Firma ausscheidet, so greift eine solche Bestimmung regelmäßig nicht ein, wenn bei einem Betriebsinhaberwechsel die Arbeitnehmer vom Betriebsnachfolger übernommen werden und dieser in die bestehenden Arbeitsverhältnisse eintritt.[76] Daß der Betriebsinhaber durch einzelne Satzungsbestimmungen einen Einfluß auf den Verein ausübt, z. B. das Recht besitzt, den Vorstand zu bestellen,[77] ist an sich nicht zu beanstanden.[78] Seine Einflußnahme auf den Verein[79] darf aber nicht so weit ausgedehnt werden, daß dem Verein als Personenverband gar keine eigene Bedeutung mehr zukommt, er sich vielmehr nur noch als eine Verwaltungsabteilung des Betriebs in einer besonderen Rechtsform darstellt.[80] Das ist allerdings nicht bereits dann der Fall,

---

71 Siehe dazu auch Rdnrn. 44, 47.

72 RG LZ 1931, 1314.

73 Siehe dazu das Gesetz zur Verbesserung der betrieblichen Altersversorgung vom 19. 12. 1974 (BGBl. I S. 3610) und hierzu Blomeyer-Otto, BetrAVG, München 1984.

74 Vgl. § 87 Abs. 1 Nr. 8 BetrVG.

75 Zum Mitbestimmungsrecht des Betriebsrats siehe BAG NJW 1979, 2534 und Hanau BB 1976, 91.

76 BayObLG Rpfleger 1971, 311 = Betrieb 1971, 1428.

77 KG WPM 1966, 330 (331); dort auch zur Befugnis des Betriebsinhabers, sich selbst zum Vorstand des Unterstützungsvereins zu bestellen.

78 LG Krefeld Rpfleger 1968, 17.

79 Zu den Möglichkeiten und Grenzen satzungsmäßiger Absicherung des Trägerunternehmens siehe Dütz Festschrift für Herschel, 1982, S. 55 (Tendenzaufsicht im Vereinsrecht).

80 KG WPM 1966, 330 (331); BayObLGZ 1975, 435 = Rpfleger 1976, 56; LG Hildesheim NJW 1965, 2400.

wenn eine Änderung der Satzung nur mit Zustimmung des Betriebsinhabers herbeigeführt werden kann. Denn der Arbeitgeber, der für seine Arbeitnehmer eine Unterstützungseinrichtung gründet und sie allein finanziert, hat ein legitimes Interesse daran, die zweckentsprechende Verwendung seiner Geldmittel durch bestimmte Satzungsvorschriften sicherzustellen.[81] Diese satzungsmäßigen Sicherungsvorkehrungen dürfen jedoch nicht so weit ausgedehnt werden, daß sie den Vereinsmitgliedern, die nicht der Betriebsleitung zuzurechnen sind, keinen Raum mehr für eine **angemessene Mitwirkung** an den wesentlichen Vereinsangelegenheiten lassen. Ob dies der Fall ist, läßt sich nur aus dem **Gesamtinhalt der Satzung** beurteilen. Ferner ist bei der Gestaltung der Satzung eines Firmen-Unterstützungsvereins streng darauf zu achten, daß der Verein nicht den Charakter eines der staatlichen Aufsicht nach § 1 VAG unterliegenden **privaten Versicherungsunternehmens** erhält. Dafür ist es ganz wesentlich, daß in der Satzung klar zum Ausdruck kommt, daß ein **Rechtsanspruch** auf Gewährung von Unterstützung **nicht besteht.**[82] Dies geschieht zweckmäßigerweise durch folgende Satzungsbestimmungen: „Der Verein ist eine Einrichtung ohne Rechtsanspruch der Leistungsempfänger. Die Leistungsempfänger haben keinen Rechtsanspruch auf Leistungen der Unterstützungseinrichtung. Auch durch wiederholte oder regelmäßige Zahlungen von Unterstützungen an Witwen und Waisen, von Sterbebeihilfen und anderen Unterstützungen kann ein Rechtsanspruch gegen die Unterstützungseinrichtung nicht gegründet werden. Alle Zahlungen werden freiwillig und mit der Möglichkeit jederzeitigen Widerrufs geleistet. Jeder Leistungsempfänger hat eine schriftliche Erklärung darüber abzugeben, daß ihm die freiwillige Natur der Leistungen bekannt ist. Die Erklärung hat sich auch darauf zu erstrecken, daß der Leistungsempfänger mit dem Ausschluß jeden Rechtsanspruchs und der Unmöglichkeit des Erwerbs von Rechtsansprüchen durch wiederholte oder regelmäßige Zahlungen einverstanden ist. Die Erklärung muß folgenden Wortlaut haben: ‚Es ist mir bekannt, daß alle Leistungen aus der Unterstützungseinrichtung freiwillig gewährt werden. Es ist mir ferner bekannt, daß mir auch durch wiederholte oder regelmäßige Leistungen kein Anspruch gegen die Unterstützungseinrichtung erwächst.'"

In der Satzung sind Wörter wie Altersrente, Witwen- und Waisenrente, Sterbegelder zu vermeiden und durch Begriffe zu ersetzen, die bei Versicherungsunternehmen nicht gebräuchlich sind, wie Altenhilfe, Witwen- und Waisenunterstützung, Sterbebeihilfe und dergleichen.[83] Gegen die früher verpönte Bezeichnung der Unterstützungseinrichtung als „Unterstützungskasse" sind keine Bedenken mehr zu erheben, nachdem das Gesetz über die Verbesserung der betrieblichen Altersversorgung in § 1 Abs. 4 diese Bezeichnung verwendet.

---

[81] BayObLGZ 1975, 435 (440) = Rpfleger 1976, 56; a. A. LG Siegen Rpfleger 1964, 267.

[82] BVerwG NJW 1987, 1900. In arbeitsrechtlicher Hinsicht kommt dem Ausschluß des Rechtsanspruchs nach der Rechtsprechung des Bundesarbeitsgerichts aber nur die Bedeutung eines eingeschränkten Widerrufsrechts des Arbeitgebers zu. Dazu Blomeyer BB 1980, 789 (Betriebliche Altersversorgung und Unterstützungskassen).

[83] Ausführlich über Rechtsverhältnisse bei betrieblichen Unterstützungskassen Detzer, Diss. Würzburg 1972.

Zu beachten ist, daß der Ausschluß des Rechtsanspruchs nicht dazu führen darf, daß bei der Gewährung von Unterstützungen willkürlich verfahren wird.[84]

Beschlüsse über Satzungs- oder Leistungsänderungen, die den Gesamtcharakter des Vereins als aufsichtsfreie Unterstützungseinrichtung ändern, insbesondere die Bestimmungen über das Vereinsvermögen, die Leistungen des Vereins und den Ausschluß des Rechtsanspruchs, unterliegen der Prüfung durch die Versicherungsaufsichtsbehörde und sind ihr mitzuteilen.[85]

Wohnungsbauvereine

56 Vereine, deren Zweck darin besteht, ihren Mitgliedern zum Erwerb von Wohnungen, Einfamilienhäusern und sonstigem Grundbesitz zu verhelfen, sind regelmäßig wirtschaftliche Vereine und daher zur Eintragung in das Vereinsregister nicht geeignet. Das Bay. Oberste Landgericht hat allerdings in einer älteren Entscheidung[86] die Auffassung vertreten, ein Wohnungsbauverein könne ausnahmsweise als „Idealverein" angesehen werden, wenn nach der Satzung ausschließlich bestimmte Organisationen mit karitativer Zielsetzung Mitglieder des Vereins werden könnten. Es spiele dann keine Rolle, wenn die zu errichtenden Wohnungen bzw. Häuser den Mitgliedern dieser Organisationen zufallen sollten, denn ein unmittelbarer wirtschaftlicher Vorteil für die Vereinsmitglieder (die Organisationen) werde nicht erstrebt. Der Nutzen, der der jeweiligen Organisation selbst durch die Unterbringung ihrer Angehörigen zukomme, sei lediglich eine Folge der karitativen Tätigkeit der Organisation, falle aber nicht unter den maßgebenden Hauptzweck.

Diese Auffassung vernachlässigt die Tatsache, daß die Haupttätigkeit eines solchen Vereins unternehmerischer Natur ist. Ihr kann daher nach den neuen Grundsätzen zur Abgrenzung zwischen nichtwirtschaftlichen und wirtschaftlichen Vereinen,[87] die auch in der späteren Rechtsprechung dieses Gerichts ihren Niederschlag gefunden haben,[88] nicht mehr gefolgt werden.

57 Hausbauvereine, Vereine zur Errichtung von Erholungsheimen, alpine Vereine u. ä. nehmen häufig von den Mitgliedern Darlehen entgegen und geben dafür **Anteilscheine** aus. Das ist zulässig. Der Verein kann als juristische Person beliebig Darlehen aufnehmen und hierfür Schuldscheine auf den Namen oder den Inhaber ausstellen. Eine staatliche Genehmigung ist hierfür nicht mehr erforderlich; § 795 BGB ist aufgehoben.

---

[84] BAG NJW 1956, 806; zum Verhältnis des Ruhegeldempfängers gegenüber einer betrieblichen Versorgungseinrichtung, welche Rechtsfähigkeit besitzt, vgl. BAG MDR 1968, 1044. Zur Zuständigkeit der Arbeitsgerichte für Ansprüche gegen Unterstützungseinrichtungen ohne Rechtsanspruch siehe Meilicke und Gumpert BB 1974, 371; zum Widerruf von Leistungen einer Unterstützungskasse siehe BAG BB 1978, 762.

[85] Mustersatzung eines Firmenunterstützungsvereins siehe Rdnr. 442; vgl. auch Entschl. des Bay Staatsmin. d. Justiz über Unterstützungseinrichtungen in der Rechtsform der GmbH (BayJMBl. 1959, 177).

[86] BayObLGZ 1953, 309; ablehnend Schmidt Rpfleger 1972, 287 (293); Stöber, 6. Aufl. Rdnr. 29; Soergel-Hadding §§ 21, 22 Rdnr. 29.

[87] Siehe Rdnr. 43.

[88] BayObLG Rpfleger 1977, 19; 1978, 249 (250).

Abmahnvereine

In den letzten Jahren sind Vereine in Erscheinung getreten, deren in der Satzung formulierter Zweck zwar dem eines „Verbands zur Förderung gewerblicher Interessen" oder eines Verbraucherschutzverbandes im Sinn des § 13 UWG entspricht, deren Betätigung aber allein darin besteht, bei Gewerbetreibenden wettbewerbsrechtliche Verstöße abzumahnen und von ihnen mit Vertragsstrafen bewehrte Unterwerfungserklärungen sowie den Ersatz von „Aufwendungen" in regelmäßig pauschalierter Summe zu fordern. Für solche Vereine hat sich die Bezeichnung „Abmahnvereine" oder „Gebührenvereine" herausgebildet. **57a**

Das Bayer. Oberste Landgericht[89] hat einem solchen Verein die Eintragung in das Vereinsregister verwehrt: es bestünden schon Bedenken dagegen, ob der (aus sieben Mitgliedern, überwiegend Familienangehörigen bestehenden) Verein überhaupt wirtschaftlich und persönlich in der Lage wäre, seinen satzungsmäßigen Hauptzweck zu erfüllen, nämlich die Interessen der Verbraucher durch Aufklärung und Beratung wahrzunehmen und dadurch der Förderung gewerblicher Interessen zu dienen. Jedenfalls dann, wenn – wie hier festgestellt – die einzige Aktivität des Vereins darin bestehe, wegen (geringfügiger) wettbewerbsrechtlicher Verstöße Abmahnbescheide zu versenden und zugleich – unabhängig vom Einzelfall – pauschalen „Aufwendungsersatz" zu verlangen, seien bei diesem Geschäftsgebaren die Zweifel des Registergerichts, ob der Verein tatsächlich ein Idealverein sei, nicht ausgeräumt.

Dieser Entscheidung liegt die Auffassung zugrunde, daß die Versendung von Abmahnbescheiden durch den Verein, verbunden mit der Forderung nach Abgabe einer Unterwerfungserklärung und den Ersatz von Aufwendungen einen „wirtschaftlichen Geschäftsbetrieb" im Sinne der §§ 21, 22 BGB darstellt. Dem kann mit der neueren – wohl herrschenden – Rechtsauffassung vom Vorliegen eines „wirtschaftlichen Geschäftsbetriebs"[90] nicht zugestimmt werden. Da sich aber die genannte Entscheidung damit nicht auseinandersetzt, kann sie nicht als eine bewußte Absage an diese neuere Rechtsauffassung gewertet werden.

Wenn solches „Geschäftsgebaren" von Vereinen unterbunden werden soll, sind die hierzu geeigneten Mittel außerhalb des Eintragungsverfahrens zu suchen.[91] So wäre z. B. bei der Prüfung, ob ein Verein der vorliegenden Art ein Verband zur Förderung gewerblicher Interessen ist, der nach § 13 Abs. 1 UWG Unterlassunganspruche geltend machen darf, nicht auf seinen in der Satzung formulierten Zweck, sondern auf seine Betätigung abzustellen, wenn sich daraus ergibt, daß der satzungsmäßige Vereinszweck nur vorgeschützt ist und der wirkliche Vereinszweck darin besteht, den Vereinsmitgliedern durch die Eintreibung von Abmahnkosten Einnahmen zu verschaf-

---

[89] BayObLGZ 1983, 45 (48) = Rpfleger 1983, 282 mit Anm. von Prelinger = WPM 1983, 608 = Betrieb 1983, 767; zustimmend Palandt-Heinrichs § 21 Rdnr. 6; Soergel-Hadding §§ 21, 22 Rdnr. 45 mit Fn. 59; ablehnend K. Schmidt Rpfleger 1988, 45 (47).

[90] Siehe Rdnr. 43.

[91] Ebenso K. Schmidt aaO. Zur Unzulässigkeit der Verbandsklage bei Fehlen einer ausreichenden finanziellen Ausstattung siehe BGH NJW-RR 1986, 1041.

fen. Durch § 13 Abs. 5 UWG ist dem nun im wesentlichen der Boden entzogen.

3. Der Name des Vereins

58 Die Wahl des Namens ist grundsätzlich frei. Sie kann vom Vereinszweck entlehnt oder nach einer anderen, dem Verein wesentlich erscheinenden Beziehung (z. B. Ortsname; Firmenname bei betrieblichen Unterstützungseinrichtungen; Gründungsjahr) gebildet werden; es kann aber auch ein **Phantasiename** gewählt werden. Bei aller Freiheit der Namensbildung muß die gewählte Zusammenstellung von Wörtern, bloßen Buchstaben oder Zahlen aber als ein **Name** verstanden werden können (Namensfunktion der Bezeichnung des Vereins).[1] Der Name muß nicht der deutschen Sprache entnommen sein; der Zusatz „eingetragener Verein" (Abkürzung: e. V.) muß jedoch in jedem Fall deutsch sein.[2] Das BGB bestimmt nur, daß der Name des eingetragenen Vereins sich von den Namen der an demselben Ort oder in derselben Gemeinde bestehenden **eingetragenen** Vereine deutlich unterscheiden soll (§ 57 Abs. 2 BGB). Unter Gemeinde wird hier die politische Gemeinde, die auch mehrere Orte umfassen kann, verstanden. Ohne Bedeutung ist es, ob der Zweck der kollidierenden Vereine gleich oder verschieden ist. Es kann vorkommen, daß zwei Vereine gleichzeitig oder kurz hintereinander die Eintragung eines gleichen oder verwechselbaren Namens in das Vereinsregister beantragen. Dann entscheidet darüber, welcher Verein mit seinem Namen „ausweichen" muß, nicht der Zeitpunkt der Anmeldung sondern der der Eintragung. Eine andere Priorität besteht für das Eintragungsverfahren nicht. Der Rechtspfleger des Registergerichts soll zwar regelmäßig die Anmeldungen nach der zeitliche Reihenfolge bearbeiten,[3] aber eine Verschiebung kann schon dadurch eintreten, daß für die beiden Anmeldungen verschiedene Rechtspfleger nach der Geschäftsverteilung zuständig sind. Außerdem kann es sein, daß sich bei dem zuerst angemeldeten Verein ein Eintragungshindernis herausstellt, während die Anmeldung des späteren Vereins vollzugsreif ist. In diesen Fällen wird dann dem früher angemeldeten Verein durch § 57 Abs. 2 BGB der Weg in das Vereinsregister dadurch versperrt, daß der später angemeldete inzwischen eingetragen wurde. Der auf diese Weise „überholte" Verein hat nun zwei Möglichkeiten: er kann seinen Namen so ändern, daß keine Verwechslungsgefahr mehr besteht. Er kann aber auch, wenn er der ältere Verein ist, auf sein besseres Namensrecht pochen und den schon eingetragenen Verein zwingen, seinerseits eine Namensänderung vorzunehmen. Im letzteren Fall wird der Verein, da die Durchsetzung seines Namensrechts mittels Unterlassungsklage regelmäßig längere Zeit dauert, in Kauf nehmen müssen, daß seine Eintragung in das Vereinsregister vom Registergericht zunächst abgelehnt wird.

---

1 BayObLGZ 1971, 329 (332) = NJW 1972, 957 = Rpfleger 1972, 14; siehe auch LG Aachen MittRhNotK 1979, 13 (Buchstabenkombination).
2 KGJ 8, 23 (für die Firma einer Genossenschaft); KG JW 1930, 3777 (für Verein).
3 Vgl. KG RsprOLG 43, 281.

Da es sich bei der Vorschrift des § 57 Abs. 2 BGB um eine **im öffentlichen Interesse** geschaffene Bestimmung handelt, darf ein Verein mit einem verwechslungsfähigen Namen auch dann nicht eingetragen werden, wenn der andere Verein, gegenüber dem die Verwechslungsgefahr besteht, mit der Eintragung einverstanden ist.

„Deutlich" ist die Unterscheidung dann, wenn sie auch ohne gesteigerte Aufmerksamkeit wahrgenommen zu werden pflegt.[4] Wenn ein Verein in das Vereinsregister eingetragen wurde, so ist damit keineswegs entschieden, daß er zu dieser Namensführung **befugt** ist. Denn zum einen erstreckt sich die Prüfung des Registergerichts nur auf den Bereich desselben Orts bzw. derselben Gemeinde, so daß außerhalb dieses Bereichs eine Vereinigung mit einem besseren Namensrecht bestehen kann; zum anderen kann der Rechtspfleger die deutliche Unterscheidbarkeit des Vereinsnamens von anderen Vereinsnamen zu Unrecht bejaht haben. Der Verein erlangt also nicht schon deshalb einen Namensschutz, weil er ohne Beanstandung durch das Registergericht eingetragen wurde.[5] Er muß vielmehr mit der Möglichkeit rechnen, daß er dem Namensrecht eines anderen, älteren Vereins oder dem eines eingetragenen kaufmännischen Unternehmens weichen und seinen Namen änder muß.[6]

Eine deutliche Unterscheidbarkeit des Vereinsnamens von den an demselben Ort oder in derselben Gemeinde bestehenden, in das Handels- oder Genossenschaftsregister eingetragenen **Firmen** verlangt § 57 Abs. 2 BGB nicht.

Ein Verein kann nicht gleichzeitig mehrere Namen führen.[7] Er darf aber ein Handelsgeschäft, das er mit dem Recht der Firmenfortführung erworben hat, unter der bisherigen Firma mit oder ohne Nachfolgezusatz weiterbetreiben.[8]

Nach Eintragung des Vereins in das Vereinsregister bedarf es zur **Änderung des Vereinsnamens** in jedem Fall einer Satzungsänderung.[9]

Der Vereinsname darf nicht **geeignet** sein, über die Art, den Zweck, die **59**
Größe, das Alter, die Bedeutung im Vergleich mit anderen Vereinen oder die sonstigen Verhältnisse des Vereins **Täuschungen** hervorzurufen. Dabei braucht durchaus keine Täuschungsabsicht vorzuliegen.[10] Es ist dies zwar im BGB nicht ausdrücklich bestimmt, aber die Rechtsprechung wendet auf den Vereinsnamen die Vorschrift des § 18 Abs. 2 HGB über die Firmenwahrheit entsprechend an, weil keine Eintragung in ein öffentliches Register einer Täuschung der Öffentlichkeit Vorschub leisten darf.[11] Für die Beurteilung,

---

4 Staudinger-Coing § 57 Rdnr. 4.
5 Vgl. RG Warn. 1927 Nr. 9.
6 Vgl. BGH WPM 1976, 122.
7 Vgl. RGZ 85, 397 (399, zur Firma einer GmbH).
8 § 22 HGB; KG JW 1932, 62 mit abl. Anm. von Bondi.
9 BayObLGZ 1982, 278 = Rpfleger 1982, 476 = MDR 1983, 52.
10 BayObLGZ 1991, 52 (58).
11 KG JFG 3, 259; KG DNotV 1927, 125 („Reichshauptstelle"); BayObLGZ 1959, 287 („Privilegierte Schützengesellschaft"); 1971, 329 = NJW 1972, 957; 1972, 340 = NJW 1973, 249; 1974, 299 = Rpfleger 1975, 18 mit Anm. von Kirberger; BayObLG NJW 1992, 2362 (2363) = BayObLGZ 1992, 47; BayObLG Rpfleger 1975, 400 und 1982, 476; OLG Celle Rpfleger 1974, 222; OLG Frankfurt BB 1974, 577; KG OLGZ 1983, 272 (Jahreszahl im Namen eines Sportvereins); OLG Hamm OLGZ 1981, 433 (434).

ob die Möglichkeit einer Täuschung der Öffentlichkeit besteht, ist allein der Eindruck maßgebend, den der Name des Vereins unter Anlegung objektiver Maßstäbe bei der Allgemeinheit – nicht nur im Rechtsverkehr[12] – erweckt oder erwecken kann. Es kommen aber nur Vorstellungen in Betracht, die sich im Rahmen durchschnittlicher Überlegungen halten; sie dürfen also nicht ganz weithergeholt sein. Auch die sprachwissenschaftliche Bestimmung eines bei der Bildung des Vereinsnamens verwendeten Begriffs ist allein nicht maßgebend; vielmehr kommt es – auch bei neuartigen Wortschöpfungen – auf die allgemeine Verkehrsauffassung an.[13]

Manche Vereine verwenden bei der Bildung ihres Vereinsnamens den Namen oder die Firmenbezeichnung einer anderen (natürlichen oder juristischen) Person, um auf diese Weise ihren Vereinszweck besonders herauszustellen. Dagegen ist grundsätzlich nichts einzuwenden. So drängt es sich beispielsweise bei einem Fan-Club geradezu auf, die Person oder Sportvereinigung, für die sich der Club einsetzt, im Vereinsnamen namentlich anzuführen. Ebenso kommt bei bestimmten Interessengemeinschaften[14] oder bei betrieblichen Unterstützungseinrichtungen in Vereinsform ein Vereinsname in Betracht, in dem der Name einer bestimmten Körperschaft oder die Firma eines gewerblichen Unternehmens enthalten ist. Ob in diesen oder ähnlich gelagerten Fällen der Vereinsname zur Täuschung des Publikums geeignet ist, hängt zunächst davon ab, welchen Gesamteindruck ein so gebildeter Vereinsname dem Bürger bei durchschnittlicher Aufmerksamkeit vermittelt. Entsteht dabei der Eindruck, es bestehe eine wirtschaftliche, sachliche oder personelle Verbindung zu dem anderen Namensträger oder der Verein werde von diesem unterstützt oder sonstwie beeinflußt, so ist der Vereinsname unzulässig, wenn solche im Vereinsnamen angedeuteten Beziehungen in Wirklichkeit nicht vorhanden sind.[15] Dagegen ist der Hinweis auf tatsächlich bestehende Beziehungen erlaubt.

Ob in diesem Sinn eine Täuschungsgefahr vorliegt, können in Vereinssachen die mit den Registereintragungsverfahren befaßten Rechtspflegeorgane grundsätzlich selbst beurteilen, ohne hierfür weitere Ermittlungen anstellen zu müssen.[16]

Mit der Bezeichnung **„Stiftung“** verbindet sich meist die Vorstellung eines gemeinnützigen oder wohltätigen Vereinszwecks. Zumindest kann es aber sein, daß an eine behördliche Kontrolle der Organisation gedacht wird, wie sie bei allen echten Stiftungen besteht (Stiftungsaufsicht).[17] Ein Verein, der einen gemeinnützigen Zweck allein mit Hilfe von laufenden Mitglieds-

---

[12] BayObLGZ 1971, 329 = NJW 1972, 957 (historisches Gründungsjahr im Namen eines Schützenvereins); Staudinger-Coing § 57 Rdnr. 6; siehe auch KG OLGZ 1983, 272 (Jahreszahl im Namen eines Sportvereins).

[13] LG Lüneburg BB 1979, 135 („Baugruppe“).

[14] OLG Hamm OLGZ 1981, 433 (436f.; „Interessengemeinschaft von Versicherten und Rentnern in der AOK XY e. V.“)

[15] OLG Hamm wie Fn. 14.

[16] Vgl. BGHZ 53, 339 (341); OLG Frankfurt OLGZ 1974, 331 (333); BayObLGZ 1982, 278 = Rpfleger 1982, 476 = MDR 1983, 52; BayObLG NJW 1992, 2362 (2363); vgl. aber BayObLG Rpfleger 1985, 240 (241, Einzelhandelsfirma).

[17] A. A. OLG Stuttgart NJW 1964, 1231.

beiträgen und in Erwartung von Spenden verfolgt, darf sich in seinem Namen nicht als „Stiftung" bezeichnen.[18]

Die Bezeichnung **„Kammer"** erweckt den Eindruck einer öffentlich-rechtlichen Organisation und ist daher einem privatrechtlichen Verein versagt, sofern nicht durch einen entsprechenden Zusatz die Sachlage eindeutig klargestellt ist.[19] Dagegen ist der Vereinsname „**Ärztetag** für Medizin ohne Nebenwirkungen" nicht irreführend.[20]

Über die Zulässigkeit der Bezeichnung **„Gemeinde"** entscheidet im Hinblick auf ihre vielfältige Verwendung im Sprachgebrauch,[21] mit welchen Zusätzen oder Wortverbindungen dieser Begriff bei der Bildung des Vereinsnamens verwendet wird.

Die Verwendung der Bezeichnung **„Akademie"** in einem Vereinsnamen ist nur in Ausnahmefällen zulässig. Unter einer Akademie verstand man ursprünglich eine Vereinigung von Wissenschaftlern. Später wurde diese Bezeichnung zunehmend für Lehranstalten aller Art gebraucht. Wenn sich auch die Zahl der Einrichtungen, die sich als „Akademie" bezeichnen, stark vergrößert hat, so kann als gemeinsames Kennzeichen doch immerhin gelten, daß sie einer auf einem gewissen Niveau stehenden wissenschaftlichen oder künstlerischen Aus- bzw. Fortbildung dienen. Diese Vorstellung verbindet auch die Öffentlichkeit mit der Bezeichnung „Akademie".[22] Wenn nun ein privater Verein, der weder eine Vereinigung von Wissenschaftlern darstellt, noch eine Unterrichtseinrichtung in dem oben bezeichneten Sinne betreibt, die Bezeichnung „Akademie" führt, so besteht die Gefahr einer Irreführung der Öffentlichkeit.

Ist im Vereinsnamen dem Wort **„Institut"** eine Tätigkeitsangabe hinzugefügt, die normalerweise Gegenstand wissenschaftlicher Forschung und Behandlung ist, dann neigt das Publikum zu der Annahme, daß es sich um eine öffentliche oder unter öffentlicher Aufsicht stehende wissenschaftliche Einrichtung mit entsprechend geschultem Personal handelt.[23] Für die Zulässigkeit einer solchen Namensbildung kommt es daher sowohl auf den in der Satzung des Vereins bestimmten Zweck des Vereins als auch auf seine tatsächlich aufgenommene oder beabsichtigte Tätigkeit sowie auf die Qualifi-

---

[18] BayObLG NJW 1973, 249 = Rpfleger 1973, 20; vgl. Strickrodt, Der rechtsfähige Verein stiftungsartiger Struktur, NJW 1964, 2085.

[19] KG JW 1925, 2013; BayObLG 13. 7. 1950 2 W 664/50; OLG Frankfurt BB 1974, 577 („Wirtschaftskammer") = Rpfleger 1974, 261 und 309 (Anm. von Kirberger); allgemein zum Begriff „Kammer": Meltendorf JR 1955, 91; Bremer JR 1955, 332.

[20] BayObLGZ 1992, 47 = NJW 1992, 2362 (2363); vgl. auch den Vereinsnamen „Deutscher Juristentag".

[21] Dazu eingehend BayObLGZ 1982, 278 = Rpfleger 1982, 476; siehe auch LG Bonn Rpfleger 1987, 205 („Die Gemeinde in X").

[22] Dazu: OLG Bremen NJW 1972, 164.

[23] BGH NJW-RR 1987, 735 („Gemmologisches Institut"); BayObLG BB 1968, 313 („Verkehrs-Institut"); OLG Köln DNotZ 1992, 387; OLG Düsseldorf WRP 1976, 317 und 1977, 796; OLG Frankfurt Rpfleger 1981, 359 = MDR 1981, 938 (GmbH-Firma); a. A. OLG Hamm BB 1965, 520; LG Verden Rpfleger 1985, 152 m. Anm. d. Schriftl. („Institut für Mensch und Natur"); zur Zulässigkeit des Vereinsnamens „Schiller-Institut, Institut für republikanische Außenpolitik" siehe OLG Celle Rpfleger 1985, 303; zum Bestandteil „Institut" in der Firma einer GmbH siehe BayObLG Rpfleger 1985, 404.

kation des Personals an. Eine kritische Prüfung ist vor allem angebracht, wenn der Verein seinen Sitz in einer Universitätsstadt hat.

Mit der Bezeichnung eines Vereins als **„Verband“** verbindet das Publikum nicht ohne weiteres die Vorstellung, daß es sich um eine öffentlichrechtliche oder öffentlich kontrollierte Einrichtung handelt.[24] Dagegen erweckt diese Bezeichnung den Eindruck, daß der Verein entweder eine größere Anzahl von Mitgliedern hat, oder daß sich in ihm mehrere Vereine zusammengeschlossen haben (Vereinsverband).[25] Wird aber im Vereinsnamen dem Wort „Verband“ ein Ortsname hinzugefügt, so wird dadurch hinreichend deutlich, daß der Verein nur örtliche Bedeutung und eine beschränkte Mitgliederzahl hat.[26] Auf die Zahl der Vereinsmitglieder ist ferner nicht entscheidend abzustellen, wenn der Verein nach seiner Aufgabenstellung und seinen sonstigen „Startbedingungen“, insbesondere nach der Person der Gründer, als befähigt erscheint, in seinem Interessenbereich in absehbarer Zeit eine wesentliche, überregionale Bedeutung zu erlangen. Ein erst nach 1945 gegründeter Verein darf sich nicht als „Reichsverband“ bezeichnen, weil dadurch der Eindruck entsteht, es handle sich um eine Organisation aus der Zeit vor 1945.[27] Im Namen eines **Lohnsteuerhilfevereins** darf die Bezeichnung „Steuerberatungsgemeinschaft“ nicht verwendet werden.[28] Der Vereinsname ist auch dann zur Täuschung geeignet, wenn sich mit ihm die Vorstellung verbinden kann, daß der betreffende Verein den Zusammenschluß **aller** Gruppen einer bestimmten Gesellschaftsschicht oder nur von Angehörigen eines bestimmten Berufs darstellt.[29] Bei dem Namen „Landesarbeitsgemeinschaft der ...“ wird dieser Eindruck nicht erweckt.[30] Durch die Beifügung eines **geographischen Zusatzes** (z. B. „Deutsche Gesellschaft ...“) kann hinsichtlich des Gebiets, auf das sich die Vereinstätigkeit erstreckt, oder hinsichtlich der Größe oder der Bedeutung des Vereins ein falsches Bild entstehen.[31] Das gleiche gilt für Wortverbindungen mit **„Euro“.**[32] Die Aufnahme eines Ortsnamens ist regelmäßig nur dann zulässig, wenn der Verein dort seinen Sitz hat.[33] Welche Bedeutung der betreffende Zusatz im Vereinsnamen tatsächlich hat, ist jedoch stets nach den Umständen des Einzelfalls vom Registergericht gemäß § 12 FGG

---

[24] LG Mainz BB 1956, 939.

[25] BayObLGZ 1974, 299 = Rpfleger 1975, 18 mit Anm. von Kirberger; zur Verwechselbarkeit von Verbandsnamen siehe OLG Frankfurt WRP 1980, 564.

[26] LG Bremen Rpfleger 1989, 202.

[27] LG Berlin JR 1956, 24.

[28] BGH Betrieb 1981, 1919.

[29] BayObLG 25. 8. 1959 2 Z 105/59 („Verband der freien Berufe“); OLG Hamm Rpfleger 1978, 132 („Aktionsgemeinschaft der deutschen Rechtsanwälte“); OLG Karlsruhe OLGZ 1982, 385 („Ärztekreis“).

[30] BayObLGZ 1982, 168 = NJW-RR 1993, 184.

[31] LG München I MittBayNot 1971, 75 („Bayerische Gesellschaft ...“); LG Hagen Rpfleger 1971, 428 („Internationaler Wassersport-Club“); OLG Celle Rpfleger 1974, 222 („hanseatischer ...“); OLG Hamm MDR 1982, 673 (Firmenzusatz „Hanseat“); LG Schweinfurt Rpfleger 1985, 496 („P ... – Name einer Autofirma – Club Unterfranken e. V.“).

[32] Vgl. OLG Hamm NJW 1970, 2171; BGH NJW 1972, 255 (zum Firmenbestandteil „Euro“); BGH WRP 1978, 209.

[33] BayObLG Rpfleger 1993, 24 (KG); BezG Potsdam 20. 8. 1992 W 21/92 (GmbH).

zu ermitteln.[34] Von einem Verein, der sich als **„Partei"** bezeichnet,[35] wird man verlangen müssen, daß seine Satzung den Vorschriften des Parteiengesetzes entspricht, andernfalls der Vereinsname zu beanstanden ist. In diesem Fall liegt es regelmäßig im öffentlichen Interesse, gegen den schon eingetragenen Verein als Löschungsverfahren nach §§ 159, 142 FGG einzuleiten.

Daß ein Verein mit einem unsittlichen oder sonst Ärgernis erregenden Namen nicht in das Vereinsregister eingetragen werden darf, ist selbstverständlich.

Bei manchen Vereinen, vor allem bei Sportvereinen, ist im Vereinsnamen eine **Jahreszahl** enthalten. Dies geschieht mitunter in der Weise, daß die das Jahrhundert kennzeichnenden Ziffern weggelassen werden (z. B. „ . . .04" statt „ . . .1904"). Auch eine derart abgekürzte Zahl wird vom Publikum regelmäßig als Hinweis auf das Gründungsjahr des Vereins aufgefaßt. Wenn die in den Vereinsnamen aufgenommene Jahreszahl nicht auf ein außergewöhnlich lange zurückliegendes („historisches") Gründungsjahr hinweist, wie das z. B. bei alten Schützenvereinen vorkommt, wird das angegebene Jahr als das Gründungsjahr des Vereins selbst, nicht etwa als Hinweis auf das Gründungsjahr einer Vorläuferorganisation, aufgefaßt. Bei jeder Abweichung des wirklichen Gründungsjahrs von dem im Vereinsnamen angegebenen Jahr ist der Vereinsname zur Täuschung des Publikums geeignet.[36] Daher hat bei der Anmeldung des Vereins der Vorstand dem Registergericht nachzuweisen, daß der Verein tatsächlich in dem betreffenden Jahr gegründet worden ist. Wird der Verein ohne diesen Nachweis eingetragen und stellt sich später heraus, daß die Jahreszahl nicht dem Gründungsjahr des Vereins entspricht, hat das Registergericht nach seinem pflichtgemäßen Ermessen zu entscheiden, ob die Eintragung von Amts wegen (nach §§ 159, 142 FGG) zu löschen ist.

Dabei stellt sich allgemein die Frage, ob im Falle eines zur Täuschung geeigneten oder sonst unzulässigen Vereinsnamens das Registergericht (Rechtspfleger) gehalten ist, lediglich die Löschung des eingetragenen Vereinsnamens zu betreiben oder ob Gegenstand des Löschungsverfahrens die Löschung des Vereins, also die Löschung der Gesamteintragung über den Verein, zu sein hat.

In dem vom Bundesgerichtshof[37] entschiedenen Fall hatte das Registergericht nur den Vereinsnamen gelöscht, im übrigen aber die Eintragung bestehen lassen. Der Bundesgerichtshof zog aus diesem Umstand die prozessuale Folge, daß die Löschung des Vereinsnamens die Rechtsfähigkeit und damit die Parteifähigkeit des Vereins unberührt gelassen habe. Es sei davon auszugehen, daß der Verein alsbald durch Satzungsänderung einen neuen Namen annehme. Aber ebenso wenig wie ein Verein ohne Namen in das Vereinsregister eingetragen werden darf, und eine solche Eintragung, sollte sie den-

---

[34] Vgl. OLG Köln Rpfleger 1988, 149 zum Firmenbestandteil „Oberbergische Apotheke".

[35] Zum Begriff der politischen Partei vgl. § 2 Parteiengesetz und BVerfG NJW 1987, 769.

[36] Zum ganzen Abschnitt siehe KG OLGZ 1983, 272.

[37] NJW 1984, 668.

noch geschehen sein, als beziehungsloses Schreibwerk keine Rechtsfolge zu erzeugen vermag (vgl. Rdnr. 28), kann nach der bloßen Löschung des Vereinsnamens dem verbleibenden Eintragungstext – auch nicht zeitweilig – noch eine rechtliche Bedeutung zukommen. Daher ist die isolierte Löschung eines Vereinsnamens nicht statthaft, sondern es ist die Löschung des Vereins selbst zu betreiben.[38] Dabei wird so zu verfahren sein, daß dem Verein einerseits die Möglichkeit verbleibt, durch Ausschöpfung aller Rechtsbehelfe gegen die Löschungsankündigung seinen bisherigen Namen zu rechtfertigen, andererseits ihm auch nach Rechtskraft der Löschungsankündigung noch angemessene Zeit gelassen wird, seinen Namen zu ändern und damit die Löschung der Gesamteintragung, die ihm die Rechtsfähigkeit nimmt, zu vermeiden.

60 Bei der Namensbildung muß der Verein darauf achten, daß er nicht das **Namensrecht einer anderen Person** verletzt (§ 12 BGB). Eine unbefugte Namensführung liegt auch vor, wenn im Vereinsnamen der Name einer verstorbenen Person der Zeitgeschichte erscheint; denn damit wird in das Namensrecht der Hinterbliebenen, die diesen Namen tragen, eingegriffen.[39] Es ist aber nicht die Aufgabe des Registergerichts, eine mögliche Namensrechtsverletzung zu prüfen.[40] Die Anmeldung eines Vereins zur Eintragung in das Vereinsregister darf daher nicht mit der Begründung zurückgewiesen werden, die Führung des Vereinsnamens verletze offensichtlich das Namensrecht eines Dritten, ebenso wenig kommt aus diesem Grund die Löschung in Betracht.[41]

Der Schutz des Vereinsnamens

61 Der Name des eingetragenen Vereins steht unter dem Schutz des § 12 BGB.[42] Der Verein kann also von jedermann, insbesondere von einem anderen Verein, sei er nun rechtsfähig oder nicht, verlangen, daß er die Führung des gleichen Namens unterläßt. Dafür ist jedoch außer dem zeitlichen Vorrang erforderlich, daß durch eine unbefugte Führung seines Namens das **berechtigte Interesse** des Vereins verletzt wird. Als ein solches Interesse ist auch ein rein persönliches, ideelles, sogar ein Affektionsinteresse anzusehen.[43] Der Namensschutz ist in aller Regel nicht auf den Gemeindebezirk beschränkt, in dem der Verein seinen Sitz hat.[44] In manchen Fällen, z. B. bei großer Entfernung und jeweils eng begrenzter Vereinstätigkeit, mag es allerdings an einem berechtigten Interesse des Vereins fehlen, einem gleichnamigen Verein die Führung seines Namens zu verbieten.

---

[38] Jansen § 159 Rdnr. 35; KG JW 1925, 2013; BayObLGZ 1959, 287 und 1971, 329 = NJW 1972, 957 = Rpfleger 1972, 14.

[39] BGH NJW 1953, 577.

[40] BGH NJW 1953, 577; RGZ 104, 343.

[41] BayObLG NJW-RR 1993, 184 (185); NJW 1982, 2362 (2364); DNotZ 1987, 353; dort auch allgemein zur Prüfungskompetenz des Registergerichts in Vereinssachen.

[42] RGZ 74, 114; 78, 101; BGH LM § 16 UWG Nr. 6; zum Namensschutz politischer Parteien im Wahlkampf vgl. OLG Karlsruhe NJW 1972, 1810; dazu Schlüter JuS 1975, 558; ferner BGH NJW 1981, 914.

[43] BGH NJW 1953, 577; RGZ 74, 310.

[44] OLG Hamburg HRR 1929 Nr. 557.

Maßgebender Zeitpunkt für die Entscheidung, ob der Gebrauch eines Namens das Recht eines anderen Namensträgers verletzt, ist das Gebrauchmachen von dem Namen im Verkehr, z. B. in der Mitgliederwerbung unter diesem Namen. Auf die erst später vorgenommene Eintragung des Vereins kommt es nicht an.[45]

Bei schuldhafter Verletzung seines Namensrechts kann der Verein Schadensersatz fordern, wenn ihm durch den unbefugten Gebrauch seines Namens ein Schaden entstanden ist (§ 823 BGB).[46] Der Verein kann sich auch dagegen zur Wehr setzen, daß ein für ihn **charakteristischer Teil seines Namens** von einer anderen Person verwendet wird, z. B. zur Bezeichnung einer Gaststätte.[47] Denn für den Schutz eines Namensbestandteils gegenüber einer jüngeren, mit diesem Bestandteil übereinstimmenden Bezeichnung reicht es im Rahmen des Schutzes des vollständigen Namens des älteren Namensträgers aus, wenn dieser Bestandteil seiner Art nach im Vergleich zu den übrigen, farblosen Namensteilen geeignet erscheint, sich im Verkehr als schlagwortartiger Hinweis auf den älteren Namensträger durchzusetzen.[48] Das Namensrecht eines eingetragenen Vereins ist auch dann verletzt, wenn der Vereinsname anderweitig ohne den Zusatz „e. V." verwendet wird, z. B. als Titel einer Zeitschrift.[49] Der Schutz des Vereinsnamens ist nicht nur auf den Fall beschränkt, daß der Name zur Bezeichnung einer anderen **Person** gebraucht wird; er erfaßt vielmehr auch jeden **sonstigen Gebrauch,** sofern dadurch der Anschein erweckt wird, es bestünden Beziehungen zwischen dem Verein und dem mit dem Vereinsnamen bezeichneten Gegenstand.[50] Der Namensschutz greift auch ein, wenn der Name mit so geringfügigen Abweichungen gebraucht wird, daß im gewöhnlichen Verkehr ein Unterschied nicht wahrgenommen wird. Ob bei einer besonders darauf gerichteten sachkundigen Prüfung ein Unterschied wahrnehmbar ist, spielt keine Rolle.[51]

Für die Frage der Verwechselbarkeit von Namen jener Vereine, welche zur Erfüllung ihrer satzungsmäßigen Zwecke einen gewissen Geschäftsbetrieb unterhalten und damit am allgemeinen Verkehr teilnehmen, kommt es nicht allein darauf an, ob die ungekürzten Namensbezeichnungen sich deutlich unterscheiden, sondern auch darauf, ob dies für die im Verkehr **abgekürzten** Bezeichnungen zutrifft. Dies hat das Reichsgericht in zahlreichen Entscheidungen für diejenigen Fälle anerkannt, in denen als Abkürzung des Namens im Verkehr ein schlagwortartiger Bestandteil des Namens verwendet wird, sei dies ein frei erfundendes, bisher unbekannt gewesenes Phantasiewort[52] oder ein aus der Umgangssprache des täglichen Lebens entnommener Ausspruch[53] oder eine geographische Bezeichnung.[54] Als ausschlaggebend wur-

---

45 OLG Bremen OLGZ 1984, 359 (361) = MDR 1984, 842 („Graue Panther").
46 Zur Schadensberechnung vgl. BGH NJW 1973, 622.
47 BGH NJW 1970, 1270 („Weserklause").
48 BGH NJW 1970, 1270 („Weserklause").
49 RG JW 1927, 1584.
50 Wie Fn. 48 und 49 und Adler JW 1927, 1585.
51 RGZ 74, 114 (116f.); Warn. 1927 Nr. 9; 1930 Nr. 48.
52 RGZ 109, 213.
53 RGZ 115, 401; 117, 215.
54 RG JW 1930, 1733.

de dabei angesehen, daß **der** Bestandteil des Namens nachgeahmt wurde, der im Verkehr für den Träger des Namens kennzeichnend war. Auch die Verwendung einer schlagwortartigen Abkürzung des Vereinsnamens als Gattungsbegriff in wissenschaftlichen Schriften kann eine Verletzung des Namensrechts im Sinne des § 12 BGB darstellen.

62 Im Bereich **des geschäftlichen Verkehrs** kann der Verein sich zum Schutz seines Namens auch auf den § 16 UWG berufen.[55] Diese Vorschrift stellt in besonderer Weise die Verwechslungsgefahr in den Vordergrund; sie kann auch gegeben sein, wenn der Verletzende nicht den gleichen Namen gebraucht wie der Verein. Stellt sich aber der Name des Vereins nur als eine Zusammenstellung von Wörtern allgemeiner Bedeutung ohne besondere Unterscheidungskraft dar,[56] so kann der Verein einer anderen Vereinigung die Verwendung derartiger Wörter zur Namensbildung nicht verbieten, sofern keine besonderen Vereinbarungen bestehen. Nur wenn der Vereinsname im Verkehr **Unterscheidungskraft** gewonnen hat und weitere Kreise in dem Namen des jüngeren Vereins einen Hinweis auf den älteren Verein erblicken, kann dieser gegen den anderen Verein Ansprüche aus § 12 BGB und § 16 UWG erheben. Dazu ist aber nachzuweisen, daß der Name des älteren Vereins durch dessen zuständige Verwendung nach allgemeiner Verkehrsauffassung für ihn gleichsam **zum Begriff** geworden ist, wenn auch nur im örtlichen Bereich seines Sitzes.

Nicht selten wird bei der Bildung eines Vereinsnamens eine der Umgangssprache entnommene Bezeichnung verwendet (z. B. „Graue Panther"), die ein Gattungsbegriff ist und daher keine Namensfunktion hat. Die Schutzwirkung für diese Bezeichnung tritt erst ein, wenn sie „Verkehrsgeltung" erlangt hat, und sie beschränkt sich auf das Gebiet, in dem die Verkehrsgeltung errungen wurde.[57]

63 Umgekehrt steht aber auch dem **nicht rechtsfähigen Verein** gegenüber dem rechtsfähigen Verein ein Anspruch auf Schutz seines Namens zu. Auch der nicht rechtsfähige Verein, der ja ebenfalls ein vereinsmäßiges Gebilde mit korporativer Verfassung darstellt, hat das Recht, den Anspruch auf Schutz seines Namens im Wege des zivilgerichtlichen Streitverfahrens geltend zu machen.[58]

64 Der namensrechtliche Beseitigungs- und Unterlassungsanspruch kann jedoch nicht auf § 57 Abs. 2 BGB gestützt werden. Es kann daher kein Recht zur Führung des streitigen Namens daraus hergeleitet werden, daß das Registergericht den Namen als deutlich unterscheidbar vom Namen eines bereits eingetragenen Vereins angesehen und ihn in das Vereinsregister eingetragen hat. Die Vorschrift des § 57 Abs. 2 BGB ist (wie die entsprechende Vorschrift im § 30 HGB) im wesentlichen öffentlich-rechtlicher Natur. Die Entschließung des Gerichts der freiwilligen Gerichtsbarkeit über ihre Anwendung bindet den Prozeßrichter nicht bei seiner Entscheidung darüber, ob der Verein durch den Gebrauch des in das Vereinsregister eingetragenen Na-

---

55 BGH BB 1953, 369.

56 Z. B. Verband der steuerberatenden Berufe; vgl. LG Bremen NJW 1989, 1864 hinsichtlich der Adjektive „republikanisch" und demokratisch.

57 BGHZ 11, 214 (219); OLG Bremen OLGZ 1984, 359 (362).

58 RGZ 78, 101.

mens das Namensrecht einer anderen Person verletzt, da das Registergericht diese Frage gar nicht prüft.[59]

4. Der Sitz des Vereins

Wie der Verein zur Formung seiner Persönlichkeit einen Namen braucht, **65**
so braucht er auch für sein Erscheinen im Rechtsverkehr einen Standort innerhalb der Gesellschaft. Diese rechtliche Beziehung zu einem bestimmten Ort, an dem der Verein „sich befindet", bezeichnet das Gesetz als „Sitz" des Vereins. Er entspricht dem Wohnsitz der natürlichen Person (§ 7 BGB). Nach § 24 BGB gilt als Sitz des Vereins, wenn nicht ein anderes bestimmt ist, der Ort, an dem die Verwaltung des Vereins geführt wird. Regelmäßig besteht für die Gründer eines Vereins keine Veranlassung, einen anderen Ort zum Sitz des Vereins zu bestimmen, als den, an dem die Verwaltung geführt wird. Das Gesetz läßt ihnen aber bei der Wahl des Vereinssitzes bis zur Grenze des Rechtsmißbrauchs freie Hand. Sie können also in der Satzung als Vereinssitz einen beliebigen Ort im Inland bezeichnen, selbst wenn dort keinerlei Vereinstätigkeit ausgeübt oder beabsichtigt ist.[1] Für eine solche Wahl des Vereinssitzes lassen sich alle möglichen Beweggründe denken, z. B. die Erwägung, daß es nach dem Zweck, den der Verein verfolgt, sachdienlich sein kann, den Vereinssitz an demselben Ort zu haben, an dem bestimmte Behörden ihren Sitz haben. Als „Ort" des Vereinssitzes muß nach neuerer zutreffender Auffassung nicht in jedem Fall die betreffende politische Gemeinde bestimmt werden;[2] vielmehr ist es zulässig, als den Ort des Sitzes nicht die politische Gemeinde oder die kleinste örtliche Einheit der allgemeinen Verwaltung, sondern eine begrenzte Fläche zu bestimmen, die sich als eine Ortschaft (Wohnplatz; evtl. auch Ortsteil) mit eigenem Namen darstellt und deren geographische Lage sowie Zuordnung zu den für den Rechtsverkehr maßgebenden Gerichts- und Verwaltungsbezirken aus allgemein zugänglichen Schriftwerken, Verzeichnissen (z. B. Müllers Großes Deutsches Ortsbuch), Karten oder dergleichen für jedermann feststellbar ist.[3] Ein Bedürfnis für eine solche Sitzbestimmung innerhalb eines Gemeindebezirks ist vor allem durch die **Gebietsreformen** der Länder zutage getreten; es kann sich aber auch bei Vereinen mit bestimmter Zielsetzung (z. B. zur Pflege der Geschichte, der Tradition und der Heimatverbundenheit) ergeben. Danach kann – unter den angegebenen Voraussetzungen – als Vereinssitz ein durch die Gebietsreform gebildeter Gemeindeteil (die vordem selbständige Gemeinde) bestimmt werden.[4] Ferner kann der Vereinssitz mit dem früheren

---

[59] RG HRR 1928 Nr. 1556; siehe bei Rdnr. 60 a. E.

[1] RG JW 1918, 305; BayObLGZ 30, 102, BayObLG DNotZ 1988, 53; a. A. Staudinger-Coing § 24 Rdnr. 3: rein fiktiver Sitz ist rechtsmißbräuchlich; ablehnend auch MünchKomm-Reuter, 3. Aufl. § 24 Rdnr. 2.

[2] BayObLG Rpfleger 1976, 179 mit ausführlicher Erörterung der auf RGZ 59, 106 (109) gestützten Gegenmeinung; ebenso OLG Hamm Rpfleger 1977, 275 (Rechtsgutachten für das BVerfG); vgl. auch Glaser MittBayNot 1976, 17.

[3] OLG Hamm aaO.

[4] BayObLG aaO (die Einschränkung im Leitsatz „jedenfalls dann. . ." beruht offenbar darauf, daß im entschiedenen Fall die Gemeinde, zu der der Gemeindeteil gehört, in der Satzung bezeichnet war).

Namen einer Gemeinde bezeichnet werden, die mit anderen Gemeinden zu einer neuen Gemeinde mit neuem Namen zusammengeschlossen worden ist, wenn die frühere Gemeinde vollständig in die neue Gemeinde aufgenommen worden ist und ihre Lage und rechtliche Zuordnung, wie oben dargelegt, von jedermann festgestellt werden kann.[5]

Der Sitz des Vereins **muß** in der Satzung bezeichnet werden (§ 57 Abs. 1 BGB). Besteht die Vereinsverwaltung an einem anderen Ort, so braucht dieser sogenannte Verwaltungssitz in der Satzung nicht angegeben zu werden. Fallen der Sitz des Vereins und sein Verwaltungssitz örtlich auseinander, so ist für die Rechtsbeziehungen des Vereins zu Dritten nur der Sitz maßgebend;[6] daher bezeichnet man ihn zur Unterscheidung vom Verwaltungssitz herkömmlich als Rechtssitz. Der Verwaltungssitz hat nur Bedeutung für das interne Vereinsleben.[7] Nach dem Rechtssitz bestimmt sich u. a. die Staatszugehörigkeit des Vereins, sein allgemeiner Gerichtsstand (§ 17 Abs. 1 ZPO), die Frage, welches Amtsgericht ihn in das Vereinsregister einträgt, und schließlich die Notwendigkeit, einen von den Namen der an demselben Ort oder in derselben Gemeinde bestehenden eingetragenen Vereine deutlich unterscheidbaren Namen zu führen (§ 57 Abs. 2 BGB). Neben dem allgemeinen Gerichtsstand, der sich nach dem Sitz des Vereins bestimmt, kann die Satzung noch einen weiteren Gerichtsstand bestimmen (§ 17 Abs. 3 ZPO).

Die Begründung eines **Doppelsitzes,** also zweier Rechtssitze, wird in der Rechtsprechung überwiegend nicht für zulässig gehalten.[8] Allerdings ließ es die Rechtsprechung zu, daß eine Aktiengesellschaft oder eine GmbH außer ihrem Erstsitz in Berlin oder in der früheren DDR einen Zweitsitz an einem Ort in der Bundesrepublik errichtete.[9] Dagegen besteht in aller Regel kein Bedürfnis, den Grundsatz, daß ein Verein nur **einen** Sitz haben kann, gänzlich aufzugeben und etwa einen Doppelsitz an zwei Orten in der Bundesrepublik (z. B. Frankfurt und Hamburg) zuzulassen.[10]

66 Umstritten ist auch die Frage, ob es zulässig ist, daß in der Satzung als Sitz des Vereins der **jeweilige Wohnort des 1. Vorsitzenden** (oder einer anderen Person) bezeichnet wird, ohne diesen Wohnort zu benennen. Dies wird vereinzelt bejaht.[11] Wir halten jedoch eine solche Satzungsbestimmung für unvereinbar mit der zwingenden Vorschrift des § 57 Abs. 1 BGB, wonach die Satzung den Sitz des Vereins enthalten muß. Das kann nicht anders verstanden werden, als daß ein **bestimmter** Ort genannt sein muß.[12] Es genügt also nicht, daß der Ort, an dem der Verein seinen Sitz hat, sich erst an

---

[5] OLG Hamm aaO.

[6] RG JW 1918, 305.

[7] BayObLGZ 30, 102 (104).

[8] KG RsprOLG 44, 117; BayObLGZ 1915, 147; KG MDR 1950, 740; OLG Hamburg MDR 1972, 417.

[9] BayObLGZ 1962, 107 = NJW 1962, 1014 = Rpfleger 1962, 378 (für AG); KG BB 1973, 1001; AG Heidelberg BB 1949, 24; LG Köln MDR 1950, 47; vgl. auch Klug AcP 151, 66; ferner Balser Betrieb 1972, 2049 (auch zur registergerichtlichen Behandlung).

[10] BayObLG Rpfleger 1985, 242 für die AG (Doppelsitz nur in außergewöhnlichen Fällen zulässig).

[11] LG Breslau ZAnwKBrsl 1925, 41 = JDR 24 Nr. 2 zu § 57 BGB.

[12] Zustimmend nun R-D, 5. Aufl. Rdnr. 392.

Hand von Umständen, die außerhalb der Satzung liegen, bestimmen läßt. Aus § 24 BGB läßt sich die Zulässigkeit eines solchen nur bestimmbaren Sitzes nicht herleiten. Nach dieser Vorschrift gilt zwar der Ort der Vereinsverwaltung als Sitz des Vereins, wenn die Satzung nichts anderes bestimmt. Damit ist aber nicht gesagt, daß die Satzung, wenn sie von der Möglichkeit, einen anderen Ort zum Vereinssitz zu bestimmen, keinen Gebrauch macht, den Sitz nicht **bezeichnen** müßte. Abgesehen davon würde ein solcher variabler Vereinssitz zu einer unerträglichen Rechtsunsicherheit führen. Was geschieht beispielsweise, wenn der erste Vorsitzende, an dessen Wohnort der Vereinssitz geknüpft ist, sein Amt niederlegt und ein Nachfolger nicht sogleich gewählt wird? Welche Rechtsfolge tritt ein, wenn dieselbe Person ihren Wohnort in das Ausland verlegt? Welches Amtsgericht ist zuständig, wenn der Verein keine Vorstandsmitglieder mehr hat und ein Notvorstand nach § 29 BGB bestellt werden soll? Es ist daher daran festzuhalten, daß sich der Sitz des Vereins **unmittelbar** aus der Satzung und ebenso unmittelbar aus dem Vereinsregister ergeben muß. Deshalb sind auch andere unbestimmte Bezeichnungen des Vereinssitzes wie etwa „der Sitz des Vereins befindet sich am Ort der Geschäftsführung des Vereins" unzulässig. Dagegen wird man gegen eine Satzungsbestimmung nichts einwenden können, die z. B. einen bestimmten Ort als Vereinssitz bezeichnet, aber außerdem vorschreibt, daß der Sitz des Vereins sich am Wohnort des ersten Vorsitzenden befinden **soll.** Dann ist mit der bestimmten Bezeichnung des Sitzes dem § 57 Abs. 1 BGB genügt, und die weitere Satzungsbestimmung bedeutet nur, daß die Mitgliederversammlung gegebenenfalls die Verlegung des Sitzes beschließen soll.

Die **Verlegung des Vereinssitzes**[13] kann, da der Sitz in der Satzung festge- **67**
legt ist, nur durch eine **Satzungsänderung** vorgenommen werden, die erst wirksam wird, wenn der satzungsändernde Beschluß in das Vereinsregister eingetragen wird (§ 71 Abs. 1 BGB). Die Sitzverlegung eines Vereins ist also kein tatsächlicher Vorgang, sondern ein Rechtsakt. Wechselt der Verein nur das Vereinslokal, so stellt das keine Sitzverlegung dar; dem Amtsgericht ist lediglich die neue Anschrift des Vereins mitzuteilen. Wegen der Einzelheiten einer Satzungsänderung wird auf Rdnrn. 133ff. verwiesen.

Über das **registertechnische Verfahren** der Sitzverlegung besteht in der **68**
Gerichtspraxis keine Einigkeit. Nach der einen Meinung[14] wird die Änderung des Sitzes im Vereinsregister des bisherigen Sitzes eingetragen; damit ist die Sitzverlegung an den neuen Ort wirksam geworden. Das bisher zuständige Amtsgericht gibt sodann die Registerakten an das für den neuen Sitz zuständige Amtsgericht ab, das den Verein in sein Register einträgt. Dieses Verfahren führt dann zu Schwierigkeiten, wenn im Register des neuen Sitzes

---

[13] Zur Sitzverlegung aus Gebieten, in denen keine deutsche Gerichtsbarkeit mehr ausgeübt wird, und aus der DDR vgl. Soergel 9. Aufl. § 24 Rdnr. 7 und Karl AcP 159, 293. Zur Sitzverlegung einer sudetendeutschen Genossenschaft vgl. BGH Rpfleger 1970, 331.

[14] OLG Oldenburg NJW-RR 1992, 1533; KG NJW-RR 1992, 409 = KG MDR 1992, 709 unter Aufgabe seiner bisherigen Rechtsprechung (WPM 1966, 330, 331); OLG Köln Rpfleger 1991, 462 unter Aufgabe seiner bisherigen Rechtsprechung (JMBlNRW 1963, 201 und Rpfleger 1976, 243); OLG Düsseldorf MDR 1956, 607; OLG Hamm NJW 1963, 254; OLG Hamburg HansJVBl 1970, 63; BayObLGZ 1987, 161 = Rpfleger 1988, 97.

bereits Vereine eingetragen sind, von denen sich der hinzukommende Verein in seinem Namen nicht deutlich unterscheidet.

Demgegenüber wird von anderen Gerichten[15] für die technische Durchführung der Sitzverlegung das Verfahren entsprechend angewendet, das in § 13c HGB und in § 45 AktG für die Behandlung der Sitzverlegung von Handelsgesellschaften vorgeschrieben ist. Bei diesem Verfahren wird die Anmeldung der Sitzverlegung vom bisherigen Registergericht an das Registergericht des neuen Sitzes abgegeben und **dort** die Sitzverlegung (zusammen mit dem bisherigen Registerinhalt) eingetragen. Daß dieser Weg rechtlich einwandfrei ist und erhebliche praktische Vorteile bietet, hat Schmatz[16] überzeugend dargelegt. Abgesehen von diesen Vorteilen würde es der Vereinfachung dienen, wenn auf diese Weise ein einheitliches Verfahren bei der Sitzverlegung in Handels-, Genossenschafts- und Vereinsregistersachen zustande käme.

Wenn der Verein seinen Verwaltungssitz ins **Ausland** verlegt, so verliert er seine Rechtsfähigkeit nach deutschem Recht. Ob er sie in dem ausländischen Staat behält oder neu erwirbt, bestimmt sich grundsätzlich nach dessen Recht.[17]

5. Satzungsbestimmung über die Eintragung des Vereins in das Vereinsregister

69 Da ein Verein mit seiner Eintragung in das Vereinsregister Rechtsfähigkeit erlangt und zu einer selbständigen Rechtsperson wird, verlangt das Gesetz in § 57 Abs. 1 BGB, daß sich aus der Satzung der Wille der Vereinsgründer ergibt, einen **rechtsfähigen** Verein zu gründen. Ergibt sich aus der Satzung nicht, daß der Verein in das Vereinsregister eingetragen werden soll, ist er als ein nicht rechtsfähiger Verein – ohne das Zwischenstadium eines Vorvereins – errichtet. Es genügt nicht, daß lediglich die Vorstandsmitglieder, indem sie den Verein zur Eintragung anmelden, zum Ausdruck bringen, daß der Verein rechtsfähig werden soll. Denn auf ihren Willen kommt es nicht an; vielmehr muß hierfür eine Grundlage in der Satzung vorhanden sein. Ein bestimmter Wortlaut der Satzung ist nicht vorgeschrieben. Sie kann den Wortlaut des § 57 Abs. 1 BGB übernehmen und sagen, „daß der Verein in das Vereinsregister eingetragen werden soll". Gebräuchlich und zulässig sind aber auch folgende Formulierungen: „Der Verein erlangt Rechtsfähigkeit durch Eintragung im Vereinsregister" oder: „Der Verein ist rechtsfähig gemäß § 21 BGB", womit zwar an sich die Eintragung bereits als geschehen bezeichnet wird, aber doch das Verlangen nach Eintragung genügend deutlich zum Ausdruck kommt. Zu empfehlen ist folgende Fassung: „Der Verein soll in das Vereinsregister eingetragen werden. Nach der Eintragung führt er

---

[15] OLG Schleswig SchlHAnz. 1955, 165; 1965, 106; OLG Bremen Rpfleger 1981, 67 unter Aufgabe seiner bisherigen Rechtsprechung (NJW 1957, 714); OLG Stuttgart Justiz 1981, 285 und Rpfleger 1989, 27.

[16] Rpfleger 1963, 109; vgl. auch Jansen § 159 Rdnr. 9; Keidel-Kuntze-Winkler § 159 Rdnr. 23 und Keidel-Schmatz-Stöber Rdnr. 1111; zustimmend ferner Palandt-Heinrichs § 24 Rdnr. 3; Staudinger-Coing § 55 Rdnr. 2; MünchKomm-Reuter, 3. Aufl. § 24 Rdnr. 4.

[17] Vgl. dazu bei Rdnr. 361.

zu seinem Namen den Zusatz e. V." Ob die Eintragungsabsicht allein dadurch genügend deutlich wird, daß in der Satzung der Vereinsname mit dem Zusatz e. V. erscheint, ist bestritten. Die Praxis der Registergerichte ist hier unterschiedlich. Man wird dies genügen lassen können, wenn nicht besondere Umstände, etwa ein großer zeitlicher Abstand zwischen der Errichtung der Satzung und der Anmeldung des Vereins, Zweifel aufkommen lassen.

Fehlt in der Satzung eine Bestimmung, daß der Verein eingetragen werden soll, völlig, ergibt sich dies aber aus anderen Unterlagen, z. B. aus dem Protokoll über die Gründungsversammlung, eindeutig, so wird man die Vorstandsmitglieder als stillschweigend von den Gründern bevollmächtigt ansehen können, die Satzung entsprechend zu ergänzen.[1] Hierzu sollte ihnen im Wege der Zwischenverfügung Gelegenheit gegeben werden.

Kommt es nach der Eintragung des Vereins zu einer Neufassung der Satzung, kann die Bestimmung, daß der Verein in das Vereinsregister eingetragen werden soll, als überholt weggelassen werden.[2] Es genügt dann, daß in der neugefaßten Satzung der Vereinsname mit dem inzwischen erworbenen Zusatz „e. V." angegeben wird.

Wurde der Verein zunächst als nichtrechtsfähiger Verein gegründet, ergibt sich aber später das Bedürfnis nach Erlangung der Rechtsfähigkeit, etwa wegen Erwerbs eines Grundstücks, muß im Wege der **Satzungsänderung** eine Bestimmung in die Satzung aufgenommen werden, daß der Verein nunmehr in das Vereinsregister eingetragen werden soll.

6. Eintritt von Mitgliedern

Das Gesetz enthält keine Bestimmung, wie sich der Eintritt eines Mitglieds in einen Verein vollzieht. **70** Es verlangt aber, daß die Satzung hierüber eine bestimmte Vorschrift enthält (§ 58 Nr. 1 BGB).[1] Fehlt sie, muß die Anmeldung des Vereins vom Amtsgericht (Rechtspfleger) zurückgewiesen werden (§ 60 BGB). Vor der Zurückweisung der Anmeldung ist aber regelmäßig eine Zwischenverfügung angebracht, mit der den anmeldenden Vorstandsmitgliedern des Vereins Gelegenheit gegeben wird, eine entsprechende Ergänzung der Satzung zu veranlassen.

Das Gesetz verlangt nicht, daß in der Satzung festgelegt ist, wer Mitglied des Vereins werden kann.[2] Dem Verein steht es jedoch grundsätzlich frei, in der Satzung die Voraussetzungen für den Erwerb der Mitgliedschaft zu bestimmen. So kann z. B. bestimmt werden, daß nur natürliche Personen zugelassen werden; das bedeutet dann, daß juristische Personen oder sonstige Personenvereinigungen als solche nicht Mitglied werden können. Umgekehrt kann es nach dem Zweck, den der Verein verfolgt, angebracht sein, nur juristische Personen (z. B. rechtsfähige Vereine, Gemeinden) in den Ver-

---

[1] Zu dieser Frage vgl. Spitzenberg Rpfleger 1971, 242; vgl. auch Rdnr. 361.

[2] A. A. Stöber, 6. Aufl. Rdnr. 48.

[1] Aus dieser Bestimmung ergibt sich, daß der eingetragene Verein nach der Satzung keinen geschlossenen Mitgliederbestand haben darf (so zutreffend Ballerstedt, Festschrift für Knur, S. 3).

[2] OLG Köln NJW 1989, 173 (174); dort auch zum Prüfungsrecht des Registergerichts bezüglich der Mitgliedsfähigkeit einer BGB-Gesellschaft.

ein aufzunehmen. Ferner kann bestimmt werden, daß der Bewerber bestimmte Eigenschaften haben oder sonstige Voraussetzungen erfüllen muß (Geschlecht, Alter, Beruf, Wohnsitz, Staatsangehörigkeit u. ä.). Die Satzung kann auch nur eine begrenzte Zahl von Mitgliedern vorsehen, so daß dann, wenn diese Zahl erreicht ist, eine zeitweilige **Aufnahmesperre** eintritt. Es ist auch zulässig, zu bestimmen, daß die Mitglieder von der Mitgliederversammlung, vom Vorstand oder von einem sonstigen Vereinsorgan berufen werden. Eine solche „Berufung" hat aber selbstverständlich nicht zur Folge, daß die betreffende Person auf diese Weise ohne ihr Einverständnis Mitglied wird; vielmehr bedeutet eine solche Bestimmung, daß jemand nur Mitglied werden kann, wenn er in der vorgesehenen Weise zum Beitritt aufgefordert wurde.

Sieht die Satzung keine besonderen Voraussetzungen für den Erwerb der Mitgliedschaft vor, so läßt sich allein daraus noch kein Anspruch jedes beliebigen Bewerbers auf Aufnahme in den Verein herleiten.[3] Ebenso wenig besteht Anspruch auf Ableistung einer Probezeit, wenn die Satzung ein „Probejahr" vorsieht.[4] Nicht möglich ist es, in der Satzung zu bestimmen, daß jemand bereits aufgrund seiner beruflichen Stellung oder einer bestimmten Funktion (z. B. als Betriebsratsvorsitzender) Mitglied des Vereins ist.[5] Unzulässig ist ferner eine Satzungsvorschrift, wonach die Vereinsmitglieder von einer Gemeinschaft außerhalb des Vereins gewählt werden.[6]

Bloße **Spendenzahlungen** an einen Verein führen auch in Verbindung mit einer Satzungsbestimmung, wonach jeder Spender automatisch förderndes Mitglied des Vereins wird, nicht zur Mitgliedschaft des Spenders.[7]

71 Wesentlich ist, daß in der Satzung festgelegt wird, auf welche Weise sich der Eintritt in den Verein vollzieht.[8] Dabei müssen sich die Gründer des Vereins bei der Errichtung der Satzung darüber schlüssig werden, ob es zum Erwerb der Mitgliedschaft genügen soll, daß jemand eine Beitrittserklärung abgibt, oder ob über die Aufnahme des Mitgliedschaftsbewerbers erst in einem besonderen **Aufnahmeverfahren** entschieden werden soll. Im Regelfall ist zum Eintritt in einen (bestehenden) Verein ein Vertrag zwischen dem Eintrittswilligen und dem Verein erforderlich.[9] Da aber nach § 58 Nr. 1 BGB die Satzung die Erfordernisse des Eintritts frei bestimmen kann, kann sie auch bestimmen, daß zum Eintritt in den Verein die Abgabe der Beitrittserklärung genügt.[10] Regelmäßig empfiehlt es sich aber, die Satzung so zu

---

[3] Soergel-Hadding § 38 Rdnr. 5; vgl. BayObLG Rpfleger 1969, 130; LG München I MDR 1974, 309 (Verein kann in diesem Fall den Eintritt nicht von besonderen Voraussetzungen abhängig machen).

[4] LG Lübeck MDR 1993, 292.

[5] BayObLGZ 1973, 303 = Betrieb 1973, 1518; a. A. für kirchliche Vereine OLG Köln Rpfleger 1992, 112 (114).

[6] OLG Stuttgart Rpfleger 1986, 262 = NJW 1986, 995; OLG Köln Rpfleger 1992, 112 (113).

[7] BayObLG BayVBl. 1982, 474.

[8] BayObLG NJW 1972, 1323; vgl. LG Münster MDR 1974, 309.

[9] BGH NJW 1987, 2503; BayObLG NJW 1972, 1323.

[10] BayObLG RsprOLG 15, 307; LG Münster MDR 1974, 309; Planck § 38 Anm. 2 mit weiteren Literaturnachweisen; Staudinger-Coing § 58 Rdnr. 2; Stöber, 6. Aufl. Rdnr. 56; Beuthien ZGR 1989, 255 (258); a. A. Soergel-Hadding § 38 Rdnr. 7a und § 58 Rdnr. 2 mit Fn. 3.

gestalten, daß dem Verein die Freiheit der Entscheidung bleibt, ob er eine bestimmte Person als Mitglied aufnimmt. Läßt es nämlich die Satzung genügen, daß jemand schon dadurch Mitglied wird, daß er eine Beitrittserklärung abgibt, kann der Verein sozusagen über Nacht sich in der Hand von Leuten befinden, denen es nur darum geht, das Vereinsleben in ihrem Sinne umzugestalten. Der Gefahr einer solchen **Unterwanderung des Vereins** kann durch ein Aufnahmeverfahren begegnet werden.[11] So kann die Satzung bestimmen, daß über den Aufnahmeantrag ein bestimmtes Vereinsorgan entscheidet. Die Entscheidung kann dem Vorstand, einem besonderen Aufnahmeausschuß oder der Mitgliederversammlung übertragen werden. Es ist auch nicht zu beanstanden, wenn einem Dritten ein Vetorecht gegen die Aufnahme eines Mitglieds eingeräumt wird.[12] Wenn das Organ, das über die Aufnahme eines Mitglieds entscheiden soll, in der Satzung nicht bezeichnet ist, hat die Mitgliederversammlung über den Aufnahmeantrag zu beschließen. Die Satzung kann geheime Beschlußfassung (mit Stimmzetteln oder durch Kugelung) oder offene Abstimmung (z. B. durch Zuruf oder Handzeichen) vorschreiben. Fehlt eine Bestimmung über die Abstimmungsart, wird über den Aufnahmeantrag in der gleichen Weise entschieden, in der das betreffende Vereinsorgan sonst seine Beschlüsse faßt. Die Satzung kann aber auch den Aufnahmeakt so regeln, daß der Name des Bewerbers allen Mitgliedern in bestimmter Weise (schriftlich, Anschlag am Schwarzen Brett) bekanntzugeben ist und die Aufnahme als vollzogen gilt, wenn nicht innerhalb einer bestimmten Frist ein Mitglied oder eine bestimmte Anzahl von Mitgliedern gegen die Aufnahme des Bewerbers Einspruch erhebt. Wenn die Entscheidung über die Aufnahme nicht dem obersten Organ des Vereins, der Mitgliederversammlung, überlassen ist, kann in der Satzung bestimmt werden, daß gegen die Ablehnung des Aufnahmegesuchs die Berufung an ein anderes Organ des Vereins (z. B. die Mitgliederversammlung) zulässig ist, das dann (vereinsintern) endgültig über die Aufnahme entscheidet. Wenn das Gesuch um Aufnahme nicht an das nach der Satzung für die Aufnahme zuständige Vorstandsmitglied gelangt, sondern an ein anderes Vorstandsmitglied, gilt der Aufnahmeantrag doch als ordnungsgemäß gestellt (§ 28 Abs. 2 BGB).

Nicht selten findet man in Vereinssatzungen die Bestimmung, daß ein **72**
Bewerber um die Mitgliedschaft einen oder mehrere **Bürgen,** zumeist aus dem Kreis der Mitglieder, zu benennen hat. Eine solche Satzungsvorschrift ist unbedenklich zulässig. Sie enthält lediglich eine weitere Voraussetzung für den Erwerb der Mitgliedschaft. Damit ist aber in aller Regel nicht die Übernahme einer Bürgschaft i. S. des BGB (§§ 765 ff.) gemeint, sondern nur die Angabe von Gewährsleuten dafür, daß der Bewerber einen einwandfreien Leumund besitzt und sich auch im übrigen für den Verein als Mitglied eignet. Wenn der Bewerber wirkliche Bürgen beibringen soll, also Personen, die dem Verein gegenüber für die Verbindlichkeiten des neuen Mitglieds haften (z. B. für die Mitgliedsbeiträge), müßte dies in der Satzung unmißverständlich zum Ausdruck kommen. In diesem Fall bedürfte es einer

---

[11] Weimar MDR 1974, 310.
[12] OLG Köln Rpfleger 1992, 112 (113).

schriftlichen Bürgschaftserklärung des Bürgen gegenüber dem Verein (§ 766 BGB).

73 Eine bestimmte **Form** für die Beitrittserklärung ist im Gesetz nicht vorgeschrieben. Sie kann daher auch mündlich abgegeben werden. Die Satzung kann aber schriftliche Erklärung verlangen. Die Vereinssatzung verstößt jedoch nicht schon deshalb gegen § 58 Nr. 1 BGB, weil sie keine ausdrückliche Bestimmung über die Form der Beitrittserklärung bzw. des Aufnahmeantrags enthält.[13] Die Schriftform sollte stets vorgeschrieben werden, weil sonst später Streit über das Bestehen der Mitgliedschaft oder über den Zeitpunkt des Beitritts bestehen kann. Die Beitrittserklärung kann auch von einem Bevollmächtigten abgegeben werden, der entweder mit dem Namen des Vollmachtgebers oder mit seinem eigenen Namen unterzeichnet. Im letzteren Fall muß der Bevollmächtigte bei der Unterzeichnung der Beitrittserklärung zum Ausdruck bringen, daß er nur als Vertreter handelt.[14] Ein Ehegatte kann nicht allein kraft seiner Schlüsselgewalt (§ 1357 BGB) den Beitritt des anderen Ehegatten zu einem Verein erklären.[15]

74 Der Beitritt zu einem Verein kann auch unter einer **Bedingung** erklärt werden.[16] So kann der Bewerber z. B. seinen Beitritt davon abhängig machen, daß ihm bestimmte Sonderrechte, etwa ein erhöhtes Stimmrecht oder ein Vorzug bei der Benützung der Vereinseinrichtungen, eingeräumt werden.

Aber auch seitens des Vereins kann die Wirksamkeit des Beitritts von der Erfüllung bestimmter Voraussetzungen, z. B. von der Zahlung einer „Aufnahmegebühr", eines „Eintrittsgeldes" oder des nächsten Mitgliedsbeitrags abhängig gemacht werden. Hierfür bedarf es aber einer entsprechenden Grundlage in der Satzung.[17]

Das Versprechen, einem zu errichtenden Verein beizutreten, ist nur dann klagbar, wenn es schriftlich abgegeben wird, und wenn zur Zeit der Abgabe des Versprechens die wesentlichen Grundlagen der Satzung bereits feststehen.[18]

75 Die Aufnahme in den Verein kann sowohl von dem Mitglied als auch vom Verein wegen Irrtums, arglistiger Täuschung oder Drohung **angefochten** werden. Umstritten ist aber, welche Rechtsfolgen sich daraus für die Mitgliedschaft der betreffenden Person ergeben. Nach der einen Meinung führt eine wirksame Anfechtung entsprechend dem allgemeinen Grundsatz (§ 142 BGB) dazu, daß die Aufnahme in den Verein als von Anfang an nichtig anzusehen ist.[19] Nach anderer Rechtsauffassung fällt die Mitgliedschaft erst von dem Zeitpunkt an weg, in dem die Anfechtungsgründe geltend gemacht

---

[13] BayObLGZ 1972, 114 = NJW 1972, 1323 = Rpfleger 1972, 222; dazu kritisch Stöber, 6. Aufl. Rdnr. 55.

[14] OLG Rostock RsprOLG 32, 123.

[15] AG Münster MDR 1970, 142.

[16] RG JW 1938, 3229.

[17] A. A. OLG Bamberg BB 1982, 272, wonach ein Eintrittsgeld auch ohne entsprechende Satzungsbestimmung verlangt werden darf. Diese Auffassung ist jedoch mit § 58 Nr. 1 BGB nicht zu vereinbaren.

[18] RGZ 30, 94.

[19] So z. B. RGRK-Steffen § 38 Rdnr. 7.

werden.[20] Eine obergerichtliche Entscheidung dieser Streitfrage ist bisher nicht bekannt geworden. Mit Rücksicht vor allem auf die möglichen Auswirkungen auf die in der Zwischenzeit gefaßten Vereinsbeschlüsse, an denen das Mitglied mitgewirkt hat, verdient die oben genannte zweite Rechtsauffassung den Vorzug.

Nach der Auflösung des Vereins ist ein Beitritt nicht mehr möglich.[21]

Das Recht auf Aufnahme in den Verein[22]

Es gilt der Grundsatz, daß niemand ein Recht auf Aufnahme in einen **76**
Verein hat.[23] Deshalb besteht auch grundsätzlich für den Verein keine Aufnahmepflicht. Der Bewerber um die Mitgliedschaft hat auch dann kein Recht, in den Verein aufgenommen zu werden, wenn er alle in der Satzung festgelegten Voraussetzungen für den Erwerb der Mitgliedschaft erfüllt.[24]

Ein Anspruch auf Aufnahme kann sich jedoch aus der Satzung ergeben, wenn darin festgelegt ist, daß jemand schon dann als Mitglied betrachtet wird, sobald er eine Beitrittserklärung abgegeben hat.[25] Ist aber in der Satzung ein Aufnahmeverfahren vorgesehen, dann bedeutet das, daß sich der Verein die Entscheidung über den Aufnahmeantrag in jedem Fall vorbehalten und keinen Anspruch auf Aufnahme begründen will.[26]

Ein Recht auf Aufnahme ist in der Rechtsprechung in dem Fall anerkannt worden, daß die Satzung die Bestimmung enthält, daß die Mitgliedschaft auf eine andere Person, z. B. den Geschäftsnachfolger, übergeht.[27]

Aber auch ohne satzungsmäßige Grundlage kann sich ein Anspruch auf **77**
Aufnahme aus übergeordneten allgemeinen Rechtsgrundsätzen ergeben.[28] So besteht bei Vereinen oder Verbänden, die eine **Monopolstellung**[29] besitzen, grundsätzlich **Aufnahmezwang.** Diese können eine solche Bedeutung haben, daß derjenige, der die Mitgliedschaft nicht besitzt, in seinem wirtschaftlichen Fortkommen erheblich behindert ist.[30] Dies muß allerdings im

---

[20] So z. B. Palandt-Heinrichs § 38 Rdnr. 4 in Anlehnung an die handelsrechtliche Rechtsprechung (vgl. BGHZ 63, 338, 344); Walter NJW 1975, 1033 mit beachtlicher Begründung.

[21] RGZ 50, 130.

[22] Dazu grundsätzlich Galperin Betrieb 1969, 704 und Birk JZ 1972, 343 m. zahlr. Nachweisen; ferner Nicklisch, Der verbandsrechtliche Aufnahmezwang und die Inhaltskontrolle satzungsmäßiger Aufnahmevoraussetzungen, JZ 1976, 105.

[23] Vgl. BGH MDR 1960, 109.

[24] Vgl. RGZ 60, 103; OLG Köln OLGZ 1966, 133 (Genossenschaft).

[25] RGZ 106, 120 (126).

[26] Vgl. BGH NJW 1985, 1214 (1215, Aufnahme in eine Gewerkschaft).

[27] RG Recht 1929 Nr. 1822; siehe auch BGH MDR 1981, 27 (Eintrittsrecht des Funktionsnachfolgers).

[28] BGH NJW 1985, 1214 (1215) und 1216.

[29] Zu diesem Begriff vgl. BGHZ 93, 152 = NJW 1985, 1216; BGH NJW 1980, 186; OLG Celle NJW 1989, 313 (314). Aus der Literatur: Nicklisch JZ 1976, 107; MünchKomm-Reuter, 3. Aufl. Vorb. § 21 Rdnr. 119ff.; Bartodziej ZGR 1991, 517.

[30] BGHZ 21, 1; 29, 344 (347); BGH NJW 1969, 316; KG NJW 1962, 1917. Zum Anspruch eines Redakteurs einer sozialistischen Zeitung auf Aufnahme in einen Verein, in dem sich die Journalisten der wesentlichen Presseorgane eines Landes zusammengeschlossen haben („Landespressekonferenz e. V."), vgl. OLG Stuttgart NJW 1972, 877; dazu Anm. von Kübler JZ 1972, 492. Zum Anspruch auf Aufnahme einer „Schwulen Jugendgruppe" in den örtlichen Stadtjugendring vgl. LG Heidelberg MDR

konkreten Fall festgestellt werden. Deshalb besteht kein Aufnahmezwang, wenn Nichtmitglieder die Leistungen des Vereins im wesentlichen in gleicher Weise in Anspruch nehmen können.[31] Nach § 27 Abs. 1 GWB (Kartellgesetz) kann die Kartellbehörde auf Antrag eines Unternehmens dessen Aufnahme in eine Wirtschafts- oder Berufsvereinigung anordnen, wenn die Ablehnung der Aufnahme eine sachlich nicht gerechtfertigte ungleiche Behandlung darstellt und zu einer unbilligen Benachteiligung des Unternehmens im Wettbewerb führt.[32] Diese Regelung schließt aber nicht aus, daß das Unternehmen gegen einen Wirtschaftsverband den Anspruch auf Aufnahme **unmittelbar** gerichtlich geltend macht.[33] Es ist nicht notwendig, daß die Kartellbehörde vorher die Aufnahme des betroffenen Unternehmens in den Wirtschaftsverband anordnet. Der Anspruch auf Aufnahme in einen Wirtschaftsverband ist, wenn die in § 27 GWB bestimmten Voraussetzungen vorliegen, schon als sogenannter quasi-negatorischer Unterlassungs- und Beseitigungsanspruch begründet. Ein Verschulden auf seiten des Wirtschaftsverbandes braucht nicht vorzuliegen.[34]

Ein von einem Berufs- oder Wirtschaftsverband geäußerter bloßer **Verdacht,** die Aufnahme eines Unternehmens als Mitglied könne die sachgerechte Erfüllung der einen oder anderen Verbandsaufgabe gefährden, ist kein hinreichend sachlich gerechtfertiger Grund, die Bewerbung des Unternehmens abzulehnen. Zurückweisungsgrund kann nur eine **begründete Befürchtung** sein, die sich auf bestimmte Tatsachen stützt und die auch ein objektiver Beurteiler für angebracht halten würde. Unter diesen Gesichtspunkten kann z. B. ein Verband von Buch-, Zeitungs- und Zeitschriftengrossisten die Bewerbung eines – formell selbständigen – Großhandelsunternehmens dieser Branche zurückweisen, wenn ein Großverlag auf dieses Unternehmen einen beherrschenden Einfluß auszuüben vermag.[35]

Aber auch Vereine, die nicht den berufsständischen Interessen ihrer Mitglieder dienen, können eine so überragende Bedeutung haben, daß sie in ihrem Bereich eine Monopolstellung einnehmen. Dazu rechnen z. B. die großen Sportverbände. Wenn ein solcher Verband ohne sachlichen Grund in einer gegen die guten Sitten verstoßenden Weise den Aufnahmeantrag eines Vereins ablehnt, kann dieser ein Recht auf Aufnahme, gestützt auf die §§ 826, 249 BGB, geltend machen.[36] Erfüllt aber der Bewerber die satzungsmäßigen Voraussetzungen nicht, dann ist in der Regel die Ablehnung des Aufnahmeantrags nicht rechtswidrig. Auch einem Verein mit Monopolstel-

---

1990, 625. Zum Anspruch auf Aufnahme in einen örtlichen Mieterverein vgl. LG Münster MDR 1974, 309 mit Anm. von Weimar. Zur Aufnahmepflicht eines das gesamte Hundewesen vertretenden Zuchtverbandes mit in der Satzung verankertem „Ein-Platz-Prinzip" siehe BGH WuW 1980, 827. Einen Aufnahemanspruch gegenüber einem örtlichen Anwaltverein (vorwiegend Geselligkeitsverein) verneint BGH NJW 1980, 186 mit Anm. von Redeker.

[31] OLG Köln ZgGenW 1989, 216 mit Anm. von W. Blomeyer (Genossenschaft).

[32] Dazu Fuchs, Satzungsautonomie und Aufnahmezwang nach dem GWB, NJW 1965, 1509.

[33] BGHZ 29, 344 = NJW 1959, 880.

[34] BGHZ 29, 344 = NJW 1959, 880.

[35] BGH Betrieb 1970, 293.

[36] BGHZ 29, 344 = NJW 1959, 880.

lung kann nicht zum Vorwurf gemacht werden, daß er auf der Einhaltung der satzungsmäßigen Aufnahmebedingungen besteht, sofern sich der Bewerber, gegebenenfalls durch Änderung seiner eigenen Satzung, diesen Bedingungen anpassen könnte, ohne unverhältnismäßige Nachteile auf sich nehmen zu müssen.[37] Deshalb kann ein Landessportbund von einem aufnahmebegehrenden Sportverein verlangen, daß dieser seinen Namen ändert, wenn dieser mit den von ihm vertretenen Grundsätzen kollidiert.[38] Der Bewerber kann sich nach der Rechtsprechung in der Regel nicht darauf berufen, daß der Monopolverband in einem anderen Fall auf der Erfüllung seiner satzungsmäßigen Aufnahmebedingungen nicht bestanden habe.[39] Mit der entsprechenden Rechtsprechung zum Vereinsausschluß (siehe Rdnr. 113 bei Fn. 121) ist das nur schwer zu vereinbaren.

Umgekehrt muß aber auch dem Monopolverband, soweit möglich und zumutbar, angesonnen werden, den mit der Aufnahmebeschränkung verfolgten, an sich gerechtfertigten Zweck durch eine andere, „mildere" Ausgestaltung seiner Satzung zu erreichen und durch eine entsprechende Satzungsänderung dem Bewerber den Zugang zu den Verbandsvorteilen zu eröffnen. Wenn der Monopolverband eine solche ihm zumutbare Satzungsänderung nicht innerhalb angemessener Frist vornimmt, wäre eine Klage des Bewerbers auf Aufnahme begründet.[40]

Aber auch, wenn feststeht, daß der Verein oder Verband grundsätzlich **77a**
einem Aufnahmezwang unterliegt, kann er dennoch im Einzelfall berechtigt sein, den Aufnahmeantrag eines Bewerbers um die Mitgliedschaft abzulehnen. Denn nach der ständigen Rechtsprechung des Bundesgerichtshofs gilt der Aufnahmezwang mit Rücksicht auf das Interesse des Vereins oder Verbands an seinem Bestand und an seiner Funktionsfähigkeit nicht uneingeschränkt.[41] Dabei spielen nicht nur die berechtigten Interessen des Bewerbers an der Mitgliedschaft und die Bedeutung der damit verbundenen Rechte und Vorteile eine Rolle; es kommt vielmehr auf auf eine Bewertung und Berücksichtigung der Interessen des Vereins oder Verbands an, die im Einzelfall dahin gehen können, den Bewerber von der Mitgliedschaft fernzuhalten. Nur wenn die sachliche Berechtigung der Interessen des Vereins oder Verbands zu verneinen ist und die Zurückweisung des Bewerbers unbillig ist, besteht in der Regel ein Anspruch auf Aufnahme.[42]

Wenn der Verein die Ablehnung des Aufnahmeantrags mit bestimmten, von ihm im Aufnahmeverfahren festgestellten Vorgängen begründet hat, kann im Streitfall das Prozeßgericht diesen Sachverhalt überprüfen und hierzu eine Beweisaufnahme vornehmen; das Gericht ist also – ebenso wie bei der Prüfung, ob der Ausschluß aus einem Verein wirksam ist[43] – nicht

---

37 BGH NJW 1969, 316; dazu Pappermann RdJB 1969, 240.
38 BVerfG NJW-RR 1989, 636; KG NJW-RR 1993, 183.
39 BGHZ 63, 282 = WPM 1975, 269 = Betrieb 1975, 592 = NJW 1975, 771; dazu Nicklisch JZ 1976, 105.
40 BGHZ 63, 282 = WPM 1975, 269 = Betrieb 1975, 592 = NJW 1975, 771; dazu Nicklisch JZ 1976, 105.
41 BGHZ 63, 282 = NJW 1975, 771; BGH NJW 1985, 1216.
42 BGHZ 63, 282 = NJW 1975, 771; BGH NJW 1985, 1216.
43 BGHZ 87, 337 (343f.) = NJW 1984, 981.

an die Tatsachenfeststellung des Verein im Ablehnungsbescheid gebunden.[44]

78 Für die Klage auf Aufnahme ist der **Rechtsweg** zu den ordentlichen Gerichten, nicht zu den Verwaltungsgerichten, gegeben. Dies gilt auch dann, wenn es sich um die Aufnahme in eine politische Partei handelt.[45] Die Klage ist jedoch erst dann zulässig, wenn der Bewerber den Instanzenweg innerhalb des Vereins erschöpft hat.[46] Er muß sich also vor Klageerhebung vergewissern, ob gegen die Ablehnung seines Aufnahmeantrags ein vereinsinternes Rechtsmittel, z. B. die Berufung an die Mitgliederversammlung, gegeben ist.[47]

Im Rechtsstreit kann der Verein die Begründung für die Ablehnung des Bewerbers nachholen oder neue Gründe nachschieben.[48]

Doppelmitgliedschaft (Zweitmitgliedschaft)

79 Gehört der Verein einem Verband als Mitglied an, so erhebt sich die Frage, ob durch den Beitritt zum Verein zugleich ein Mitgliedschaftsverhältnis zum Verband entsteht. Es ist allgemein anerkannt, daß der Erwerb der Mitgliedschaft in einem Verein nicht von selbst zur Mitgliedschaft in dem Verband führt, dessen Mitglied der Verein ist.[49] Eine solche Doppelmitgliedschaft entsteht nur, wenn zum einen in der **Vereinssatzung** bestimmt ist, daß jedes Vereinsmitglied zugleich Mitglied des Verbandes ist, und wenn zum anderen die **Verbandssatzung** vorsieht, daß die Mitglieder eines Mitgliedsvereins ohne weiteres Einzelmitglieder des Verbandes sind.[50] Es kann also weder der Verein noch der Verband allein darüber entscheiden, ob die Vereinsmitglieder auch die Verbandsmitgliedschaft erwerben.[51] Fehlen in der Vereinssatzung und in der Verbandssatzung solche wechselbezüglichen Bestimmungen, kann das Vereinsmitglied die Einzelmitgliedschaft beim Verband nur erlangen, wenn die Verbandssatzung eine Einzelmitgliedschaft überhaupt vorsieht und wenn außerdem das Vereinsmitglied einen eigenen Aufnahmevertrag mit dem Verband schließt.

Die rechtlichen Folgen des Beitritts

80 Mit der Aufnahme in den Verein ist das neue Mitglied an die Verfassung des Vereins, so wie sie im Zeitpunkt des Beitritts besteht, gebunden. Das Mitglied[52] unterwirft sich insbesondere der Satzung und den etwa bestehenden Nebenordnungen. Dafür ist es ohne Bedeutung, ob ihm diese bekannt

---

44 BGHZ 63, 282 = NJW 1975, 771; BGH NJW 1985, 1216.
45 VGH Mannheim NJW 1977, 72.
46 RGZ 106, 120 (127); a. A. KG WuW 1987, 1021.
47 Einschränkend Birk JZ 1972, 343 Fn. 12.
48 BGH NJW 1985, 1214.
49 Vgl. z. B. Schopp Rpfleger 1959, 335 (337).
50 Fischer Anm. zu BGH LM Nr. 2 zu § 25 BGB; BGHZ 28, 131 (134) = NJW 1958, 1867 und 1959, 379 mit Anm. von Bauernfeind.
51 Ernst S. 79; ausführlich Beuthien ZGR 1989, 255.
52 Zur Verbindlichkeit der Satzung für Nichtmitglieder vgl. OLG Frankfurt NJW 1973, 2208 mit Anm. von Westermann.

sind oder nicht. Etwa vorhandene Sonderrechte anderer Mitglieder hat es zu respektieren. Alle früher von Vereinsorganen gefaßten Beschlüsse sind ohne weiteres für das neue Mitglied verbindlich.

7. Der Austritt aus dem Verein

Die Freiheit,[1] die Mitgliedschaft durch Austritt zu beenden, ist für das **81**
Vereinsrecht von besonderer Bedeutung. Sie wird durch § 39 BGB unabdingbar gewährleistet und kann auch durch die Satzung nur geringfügig durch begrenzte Kündigungsfristen eingeschränkt werden. Sinn dieser Vorschrift ist es, einen Ausgleich dafür zu schaffen, daß für Beschlüsse des Vereins nach dem Gesetz das Mehrheitsprinzip gilt und auf diese Weise den Mitgliedern Pflichten auferlegt werden können, die eine Minderheit nicht billigt. Mitglieder, die mit den durch die Mehrheit bestimmten Entschließungen des Vereins nicht einverstanden sind, sollen das nicht unbegrenzt hinnehmen müssen, sondern ein Mittel an der Hand haben, sich in nicht zu ferner Zeit der Vereinsmacht zu entziehen und für die Zukunft Pflichten abzuschütteln, die sie nicht tragen können oder wollen.[2]

Das Gesetz begnügt sich mit der grundsätzlichen Bestimmung, daß die Mitglieder zum Austritt aus dem Verein berechtigt sind (§ 39 Abs. 1 BGB). Wie sich im einzelnen der Austritt vollzieht, soll aber in der Satzung bestimmt sein (§ 58 Nr. 1 BGB). Die Eintragung eines Vereins, in dessen Satzung eine Bestimmung über den Austritt der Mitglieder fehlt, muß vom Registerrechtspfleger abgelehnt werden (§ 60 BGB). Bei der Regelung des Austritts aus dem Verein ist der Satzung in engen Grenzen freie Hand gelassen. Sie darf anordnen, daß der Austritt nur am Schluß eines Geschäftsjahres oder erst nach dem Ablauf einer Kündigungsfrist zulässig ist. Jedoch verbietet das Gesetz eine längere Kündigungsfrist als zwei Jahre (§ 39 Abs. 2 BGB).[3] Es ist zulässig, daß sowohl die Einhaltung einer Kündigungsfrist vorgeschrieben, als auch bestimmt wird, daß der Austritt nur zum Schluß eines Geschäftsjahres möglich ist. Bei einer solchen Kombination der Austrittsvoraussetzungen ist aber streng darauf zu achten, daß dadurch das Mitglied nicht länger als zwei Jahre, vom Zeitpunkt der Abgabe der Austrittserklärung an gerechnet, am Verein festgehalten wird. Nicht zu beanstanden ist daher eine Satzungsvorschrift, daß der Austritt unter Einhaltung einer einjährigen Kündigungsfrist nur zum Schluß des Kalenderjahres erfolgt.[4] Auch gegen eine Satzungsbestimmung, daß von dem Austrittsrecht erst nach einer gewissen Zeit nach dem Beitritt Gebrauch gemacht werden darf, bestehen keine Bedenken, sofern nicht auf diese Weise eine Mitgliedschaft von mehr als zwei Jahren aufgezwungen wird.[5] Bei einer Vereinigung zur Wahrung der Arbeits- und Wirtschaftsbedingungen darf aber die für das Austrittsrecht

---

[1] Zur sog. negativen Vereinigungsfreiheit als Ausfluß des Grundrechts nach Art. 9 Abs. 1 GG vgl. KG OLGZ 1969, 77 (79).

[2] BGHZ 48, 207 (210).

[3] Zur Anwendung des § 39 Abs. 2 BGB auf den nichtrechtsfähigen Verein vgl. BGH WPM 1979, 969 (970).

[4] RGZ 90, 306 (311).

[5] OLG Stuttgart Recht 1910 Nr. 3882.

des Mitglieds geltende Kündigungsfrist wegen des durch Art. 9 Abs. 3 GG geschützten Rechts auf Wechsel der Koalition nur kurz bemessen werden.[6] Enthält die Satzung eine längere Kündigungsfrist, als sie nach dem Gesetz zulässig ist, so verkürzt sie sich kraft Gesetzes auf eine Kündigungsfrist von zwei Jahren. Eine übermäßige Kündigungsfrist ist also nur für den überschießenden Teil ungültig und bewirkt keine Nichtigkeit der Kündigungsbeschränkung im ganzen.[7]

82 Zu unterscheiden ist zwischen der Austritts**erklärung** und dem Austritt. Die Austrittserklärung wird als einseitige empfangsbedürftige Willenserklärung wirksam mit ihrem Zugang an ein Vorstandsmitglied oder an das in der Satzung für zuständig erklärte sonstige Vereinsorgan (§§ 130, 28 Abs. 2 BGB). Ist in der Satzung die Einhaltung einer Kündigungsfrist vorgesehen, so vollzieht sich der rechtzeitig erklärte Austritt mit dem Ablauf der Kündigungsfrist oder in dem in der Satzung bestimmten Zeitpunkt (z. B. Schluß des Kalenderjahres). Ist weder eine Kündigungsfrist noch ein Austrittstermin bestimmt, so wird der Austritt mit dem Zugang der Austrittserklärung sofort vollzogen. Wenn nach der Satzung der Austritt nur zu einem bestimmten Termin (z. B. zum Ende des Kalenderjahres) zulässig ist, aber die Einhaltung einer besonderen Kündigungsfrist nicht vorgeschrieben ist, dann kann das Mitglied seinen Austritt noch am Terminstag (z. B. am 31. Dezember) erklären.[8] In diesem Fall muß aber die Austrittserklärung, damit der Austritt termingerecht wirksam wird, noch am selben Tag dem Verein zugehen. Es kann vorkommen, daß die in der Satzung bestimmte Kündigungsfrist durch einen satzungsändernden Beschluß der Mitgliederversammlung auf die gesetzliche Höchstdauer verlängert wird. In diesem Fall hat die Verlängerung der Kündigungsfrist keine Bedeutung für diejenigen Mitglieder, die vor der Eintragung der Satzungsänderung in das Vereinsregister (wenn auch erst nach der Beschlußfassung über die Satzungsänderung) bereits eine Austrittserklärung abgegeben haben. Sie haben nämlich durch die rechtzeitige, dem Verein zugegangene Austrittserklärung bereits das Recht erworben, zu einem bestimmten Zeitpunkt aus dem Verein ausscheiden zu können. Dieses Recht kann durch eine spätere Verlängerung der Kündigungsfrist nicht beeinträchtigt werden.[9] Anders liegt der Fall, wenn nach Abgabe der Austrittserklärung die bisherige Kündigungsfrist durch eine Satzungsänderung verkürzt wird. Es sind dann zwei Berechnungen anzustellen: Zunächst ist zu errechnen, wenn das Mitglied ausscheiden würde, wenn man von der bisherigen Kündigungsfrist ausginge. Sodann ist der Austrittstermin zu bestimmen, der sich ergäbe, wenn das Mitglied in dem Zeitpunkt gekündigt hätte, in dem die Satzungsänderung in Kraft getreten ist (Eintra-

---

[6] Nach BGH MDR 1978, 29 ist eine Kündigungsfrist von drei Monaten zulässig; ebenso AG Hamburg NJW 1987, 2380 für den Austritt aus einer Gwerkschaft; nach BGH NJW 1981, 340 = MDR 1981, 291 = BB 1981, 238 darf die Frist jedenfalls nicht länger als sechs Monate betragen; nach Auffassung des AG Ettenheim NJW 1985, 979 darf für den Austritt aus einer Gewerkschaft überhaupt keine Kündigungsfrist festgesetzt werden.

[7] Soergel-Hadding § 39 Rdnr. 4.

[8] So zutreffend R-D, 5. Aufl. Rdnr. 677.

[9] KG RJA 14, 160.

gung in das Vereinsregister). Der frühere der beiden Austrittstermine ist dann der gültige.

Eine Austrittserklärung, die unter einer **Bedingung** abgegeben wird, ist 83
nur dann zulässig, wenn es ausschließlich vom Willen des Vereins abhängt, die Bedingung zu erfüllen.[10] Nur in diesem Falle kann der Empfänger der Austrittserklärung, also der Verein, eindeutig feststellen, ob und wann die Austrittserklärung wirksam geworden ist.

Nach dem Gesetz ist für die Austrittserklärung keine bestimmte **Form** 84
vorgeschrieben; sie kann daher auch mündlich abgegeben werden. Die Satzung kann aber vorschreiben, daß der Austritt schriftlich zu erklären ist.[11] Nicht selten findet man in Vereinssatzungen die Bestimmung, daß die Austrittserklärung mittels **eingeschriebenen Briefs** zu erfolgen hat. Wenn damit die **Wirksamkeit** des Austritts von der Einhaltung dieser speziellen Übersendungsform abhängig gemacht werden soll, handelt es sich um eine nicht mehr als unerheblich zu bezeichnende, also unzulässige Erschwerung des Austrittsrechts. Regelmäßig verfolgt aber eine solche Satzungsvorschrift nur den Zweck, den Eingang der Austrittserklärung beim Verein **nachzuweisen.**[12] Der Verein kann daher die Wirksamkeit des Austritts nicht mit der Begründung bestreiten, daß die Austrittserklärung nur mit „einfachem Brief", aber nicht „eingeschrieben" übersandt worden sei.[12] Es kommt auch vor, daß das Mitgleid in einem Prozeß, den es gegen den Verein führt, seinen Austritt erklärt. In diesem Fall ist mit der Zustellung des betreffenden Schriftsatzes an den Verein die Austrittserklärung auch dann formgerecht abgegeben, wenn die Satzung für die Kündigung der Mitgliedschaft einen eingeschriebenen Brief verlangt.[13] Das gleiche gilt, wenn die Austrittserklärung statt mit Einschreiben einem Vorstandsmitglied persönlich übergeben wird.[14] Verlangt die Satzung eine schriftliche Austrittserklärung, so wird dieser Formvorschrift auch durch telegrafische Übermittlung, durch Telefax oder durch Fernschreiben genügt.[15]

Die Austrittserklärung (Kündigung der Mitgliedschaft) kann mit Zustim- 85
mung des Vereins **zurückgenommen** werden, solange der Austritt noch nicht vollzogen ist[16] (z. B. weil der Zeitpunkt, zu dem nach Satzung der Austritt zulässig ist, noch nicht herangerückt ist). Ist aber der Austritt bereits wirksam geworden, bedarf es zur Beibehaltung der Mitgliedschaft eines neuerlichen Beitritts. Ob in der einvernehmlichen Zurücknahme der Kündigung, nachdem der Austritt wirksam geworden ist, eine Wiederaufnahme der Person in den Verein zu erblicken ist, hängt von den Umständen des Einzelfalls und von der Ausgestaltung der Satzung ab.

---

[10] OLG Dresden SeuffArch. 62 Nr. 248.

[11] OLG Stuttgart Recht 1911 Nr. 2498; BayObLGZ 1986, 528; h. M.

[12] RGZ 77, 70; BAG NJW 1957, 358; vgl. auch BAG Betrieb 1980, 547 (Kündigung eines Arbeitsverhältnisses durch eingeschriebenen Brief); a. A. wohl R-D, 5. Aufl. Rdnr. 673.

[13] RGZ 77, 70; BAG NJW 1957, 358.

[14] RG JW 1914, 460.

[15] So zutreffend R-D, 5. Aufl. Rdnr. 673 unter Hinweis auf § 127 Satz 2 BGB gegen KG JW 1934, 3294.

[16] Ebenso R-D, 5. Aufl. Rdnr. 672; vgl. KG JFG 13, 413 (Genossenschaft).

Unzulässige Erschwerung des Austritts

86 Das unabdingbare Recht (vgl. § 40 BGB) des Mitglieds, die Mitgliedschaft aufzukündigen, darf nicht durch irgendwelche Satzungsbestimmungen, sei es offen oder versteckt, erschwert werden, noch dürfen dem Mitglied durch die Ausübung des Austrittsrechts Nachteile entstehen.[17] Solche Bestimmungen verstoßen gegen § 39 Abs. 1 BGB und sind nichtig. Sie werden auch nicht dadurch wirksam, daß sie bei der Eintragung des Vereines nicht beanstandet werden.[18] Das gleiche gilt, wenn sie später durch eine Satzungsänderung eingeführt werden und diese unbeanstandet in das Vereinsregister eingetragen wird.

Demnach ist es z. B. unzulässig, zu verlangen, daß die Unterschrift unter die Austrittserklärung notariell beglaubigt ist, oder daß der Austritt nur in einer Mitgliederversammlung erklärt werden kann. Ferner darf die Wirksamkeit des Austritts nicht davon abhängig gemacht werden, daß rückständige Beiträge oder sonstige Schulden (z. B. Vereinsgeldstrafen) bezahlt sind. Auch ein Austrittsgeld darf nicht verlangt werden. Unzulässig ist es auch, zu bestimmen, daß der Austritt vom Vorstand oder einem anderen Vereinsorgan genehmigt sein muß,[19] oder daß er nur aus wichtigem Grund erklärt werden darf. Eine unzulässige Erschwerung des Austritts bedeutet es, wenn die Satzung eine Austrittserklärung nur gelten lassen will, die eine Begründung enthält.[20] Das gleiche gilt für eine Satzungsvorschrift, wonach das Mitglied mit seinem Austritt aus dem Verein verpflichtet ist, bestimmte während der Mitgliedschaft erhaltene satzungsmäßige Leistungen des Vereins zu bezahlen.[21] Nichtig ist die Bestimmung, daß ein Mitglied in dem Zeitraum zwischen der Abgabe der Austrittserklärung und seinem Ausscheiden (z. B. am Schluß des Kalenderjahres) zwar noch bestimmte Mitgliedspflichten, aber keine Mitgliedsrechte mehr haben soll.[22] Das gleiche gilt für eine Satzungsvorschrift, nach der ein freiwilliges Ausscheiden aus dem Verein nicht mehr möglich sein soll, sobald gegen ein Mitglied das Ausschlußverfahren oder ein sonstiges Disziplinarverfahren eingeleitet ist.[23] Unzulässig ist die Androhung von Maßregeln für den Fall des Austritts, z. B. einer Vereinsstrafe oder von Wettbewerbsbeschränkungen.[24] Der Austritt eines korporativen Mitglieds (z. B. eines eingetragenen Vereins) darf nicht davon abhängig gemacht werden, daß außer der Austrittserklärung der gesetzlichen Vertreter (z. B. des Vorstandes) auch noch der Beschluß der Mitgliederversammlung, der den Austritt billigt, vorgelegt wird.[25] Davon zu unterscheiden ist jedoch der Fall, daß in der Satzung des kündigenden Mitglieds die Vertretungsmacht seines gesetzlichen Vertreters dahin beschränkt ist, daß er

---

[17] RGZ 108, 160.
[18] OLG Stuttgart Recht 1911 Nr. 2498.
[19] KG LZ 1930, 994.
[20] BayObLGZ 9, 39 (42).
[21] LG München I NJW 1987, 847.
[22] RG LZ 1927, 1531.
[23] RGZ 108, 160; 143, 3.
[24] RGZ 71, 391; RG JW 1914, 1084.
[25] KG LZ 1930, 994; a. A. R-D, 4. Aufl. Rdnr. 398 (keine ungebührliche Erschwerung des Austritts).

zur Kündigung der Mitgliedschaft der Zustimmung der Mitgliederversammlung bedarf (siehe dazu für den Verein § 26 Abs. 2 Satz 2 BGB).[26] Eine mittelbare, aber ebenfalls unzulässige Erschwerung des Austritts bedeutet es, wenn für den Wiedereintritt besonders harte Bedingungen gestellt werden.[27]

Manche Vereine (z. B. Studentenverbindungen) schreiben in ihren Satzungen vor, daß die Mitgliedschaft **auf Lebenszeit** besteht. Auch in diesem Fall ist das Mitglied nicht daran gehindert, seinen Austritt aus dem Verein zu erklären.[28] Es ist eine Frage der Auslegung der Satzung, ob das Mitglied wenigstens so lange an den Verein gebunden sein soll, wie es nach dem Gesetz zulässig ist (zwei Jahre), oder ob überhaupt keine Kündigungsfrist einzuhalten ist. Dabei kommt der bisherigen Übung im Verein ausschlaggebende Bedeutung zu.

Der fristlose Austritt

Wenn die Satzung den freiwilligen Austritt eines Mitglieds nur für den Schluß eines Geschäftsjahres oder unter Einhaltung einer bestimmten Kündigungsfrist zuläßt, hat das Mitglied im allgemeinen kein Recht, durch sofortigen Austritt die Mitgliedschaft zu beenden. Der leitende Gedanke des Bürgerlichen Rechts, daß ein in die Lebensbetätigung der Beteiligten stark eingreifendes Rechtsverhältnis dann vor Ablauf der festgesetzten Zeit gelöst werden kann, wenn ein **wichtiger Grund** es erfordert, hat nur in Fällen ganz besonderer Art auch für das Vereinsrecht und für die Frage des fristlosen Austritts Gültigkeit, wenn bei Berücksichtigung der gesamten Umstände des einzelnen Falles ein Verbleib im Verein bis zum Ablauf der satzungsgemäßen Kündigungsfrist eine unerträgliche Belastung bedeuten würde, die dem Mitglied nicht zugemutet werden kann.[29] Im allgemeinen wird das Mitglied darauf zu verweisen sein, daß der Austritt in der Satzung an eine bestimmte Frist gebunden ist, und daß es sich dem durch den Beitritt zum Verein unterworfen hat. Daher ist eine **Beitragserhöhung** in der Regel kein Grund für einen fristlosen Austritt.[30] Bei Beurteilung der Frage, ob die Einhaltung der Frist zumutbar ist, müssen in erster Linie die Belange und der Zweck des Vereins, im Zusammenhang damit auch die Folgen eines sofortigen Austritts für ihn und der Grund für die Festsetzung einer Kündigungsfrist in Betracht gezogen werden. Diese Umstände werden in der Regel den Interessen des Mitglieds vorzugehen haben, gegen die sie abzuwägen sind.[31] Die Satzung kann jedoch dem Vorstand oder einem anderen Vereinsorgan das Recht einräumen, in besonderen Fällen die Kündigungsfrist abzukürzen oder auch einen sofortigen Austritt zuzulassen. 87

Erklärt ein Mitglied, ohne dazu berechtigt zu sein, seinen sofortigen Austritt, so enthält diese Erklärung in aller Regel das Verlangen, zu dem nach der Satzung frühestmöglichen Zeitpunkt auszuscheiden.

---

26 Dazu bei Rdnr. 234.

27 R-D, 5. Aufl. Rdnr. 686 unter Hinweis auf AG Mannheim ZgGenW 13, 258.

28 RG Recht 1912 Nr. 543.

29 LG Itzehoe NJW-RR 1989, 1531; RGZ 130, 375; BGHZ 9, 157, 162; vgl. auch AG Leverkusen WM 1980, 254.

30 AG Essen DWW 1961, 119; vgl. LG Aurich Rpfleger 1987, 115 (116, Umlage bei einem Tennisverein); siehe auch Rdnr. 120 Fn. 6.

31 RGZ 130, 375; BGHZ 9, 157 (162).

Wenn eine Gruppe von Mitgliedern sich absondert und eine Vereinigung für sich bildet, die den übrigen Mitgliedern gegenüber eigene Vereinszwecke verfolgt, so ist ein solches nachhaltiges Verhalten einem Austritt gleichzustellen.[32] Die Anwendung des Grundsatzes, daß eine Vereinsmehrheit als aus dem Verein ausgeschieden gilt, wenn sie gegen den Willen einer Minderheit eine nicht wirksam beschlossene Änderung des Vereinszwecks tatsächlich durchsetzt, kommt jedoch nur dann in Betracht, wenn die Minderheit keine andere Möglichkeit hat, die Mehrheit mit rechtlichen Mitteln auf den Boden der Satzung zurückzuführen.[33]

8. Der Ausschluß aus dem Verein

Allgemeines[1]

88 Das Gesetz verlangt nur, daß die Satzung eine Bestimmung über den **freiwilligen Austritt** der Mitglieder enthält (§ 58 Nr. 1 BGB). Dagegen ist es nicht erforderlich, daß die Satzung eine Regelung trifft, ob und unter welchen Voraussetzungen ein Mitglied aus dem Verein ausgeschlossen werden kann. Die Eintragung eines Vereins darf also nicht deshalb abgelehnt werden, weil die Satzung keine Vorschrift über den Ausschluß von Mitgliedern enthält.

Die Gründer eines Vereins sollten aber im Interesse der inneren Ordnung des Vereins und des Vereinsfriedens in jedem Fall von der Möglichkeit Gebrauch machen, in die Satzung eine Bestimmung über den Ausschluß eines Mitglieds aufzunehmen.[2] Dabei können entweder einzelne Tatbestände (auch in summarischer Beschreibung) als Ausschließungsgründe bezeichnet werden (z. B. grobe Zuwiderhandlung gegen die Vereinsinteressen, ehrloses Verhalten, Konkurs eines Mitglieds), oder es kann allgemein bestimmt werden, daß ein Mitglied „aus wichtigem Grund" oder bei Vorliegen „triftiger Gründe" ausgeschlossen werden kann. Zu weit geht allerdings die Auffassung,[3] daß ein in der Satzung näher aufgeführter Ausschließungsgrund in der Regel als Tatbestand so schwerwiegend sein müsse, daß dem Verein unter Berücksichtigung aller Umstände, insbesondere auch der Interessen des Mitglieds, eine Fortsetzung der Mitgliedschaft auch nur versuchsweise nicht zuzumuten ist. Wenn in der Satzung einzelne Ausschließungsgründe angegeben sind, hat der Verein dennoch das Recht, ein Mitglied bei Vorliegen eines anderen wichtigen Grundes auszuschließen.[4] Denn ebenso, wie sich ein Mitglied bei Vorliegen eines wichtigen Grundes sofort vom Verein lösen kann,

---

[32] RG Recht 1912 Nr. 541.

[33] BGH NJW 1968, 545; BayObLGZ 1970, 120 (125); siehe auch bei Rdnr. 148.

[1] Spezialliteratur aus neuerer Zeit: Fischer, Der Ausschluß aus dem Verein, Göttingen 1985; Grunewald, Der Ausschluß aus Gesellschaft und Verein, 1987; Reuter NJW 1987, 2401; Hadding-van Look ZGR 1988, 270 (Besprechung der Entscheidung des BGH WPM 1987, 1422 = ZIP 1987, 1536 = NJW 1988, 552).

[2] Dazu ausführlich Zinken MittRhNotK 1976, Anlage S. 67; Reuter NJW 1987, 2401.

[3] Soergel-Hadding § 39 Rdnr. 11.

[4] Vgl. MünchKomm-Reuter, 3. Aufl. § 38 Rdnr. 29.

hat auch der Verein das ungeschriebene Recht, sich seinerseits von dem Mitglied zu lösen, wenn ein wichtiger Grund gegeben ist.[5] Verlangt die Satzung zur Ausschließung eines Mitglieds eine **schuldhafte** Schädigung des Vereins, so kann ein Vorstandsmitglied, das gleichzeitig Vereinsmitglied ist, wegen Verletzung seiner Vorstandspflichten nur dann ausgeschlossen werden, wenn ihm nach seinem Bildungsgrad und seinen persönlichen Fähigkeiten ein Verschulden zur Last fällt.[6] Es wird auch die Auffassung vertreten, daß die Ausschließung eines Mitglieds in das pflichtgemäße Ermessen,[7] ja sogar in das Belieben[8] eines Vereinsorgans (z. B. des Vorstands) gestellt werden dürfe. Dies kann jedoch keinesfalls für politische Parteien (vgl. § 10 Abs. 4 ParteiG) und für Vereine mit Aufnahmepflicht gelten. Aber auch für alle übrigen Vereine lassen sich solche Satzungsbestimmungen schwerlich mit dem Rechtssatz von Treu und Glauben (§§ 157, 242 BGB), der auch für das Verhältnis zwischen Verein und Mitglied gilt, sowie mit dem Gebot der Gleichbehandlung aller Mitglieder[9] vereinbaren. Der Ausschluß darf nicht auf Vorgänge gestützt werden, die den maßgebenden Vereinsorganen seit langem bekannt waren, aber bisher keinen Anlaß zum Einschreiten gegeben haben.[10]

Ein Verein darf in der Satzung den Ausschluß eines Mitglieds unabhängig von einem Verschulden für den Fall vorsehen, daß es dem Verein und seinen Mitgliedern unzumutbar ist, mit ihm die Vereinskameradschaft fortzusetzen. Der Ausschluß ist aber dann offenbar unbillig und daher unwirksam, wenn er allein darauf beruht, daß Angehörige des Mitglieds in erheblichem Umfang gegen die Vereinsordnung verstoßen haben.[11]

Ein **bedingter Ausschluß** ist wegen der Ungewißheit über den Eintritt **89**
der Bedingung regelmäßig nicht zulässig.[12] Die Rechtsprechung[13] läßt ihn ausnahmsweise dann zu, wenn die Sache so liegt, daß für das auszuschließende Mitglied kein Zweifel entstehen kann, ob die Bedingung eingetreten ist oder nicht (z. B. Ausschluß, wenn das Mitglied nicht innerhalb einer bestimmten Frist eine bestimmte Erklärung abgibt). Spricht ein Vereinsorgan einen bedingten Ausschluß aus, so hat dasselbe Organ darüber zu befinden, ob die Bedingung eingetreten ist. Die Entscheidung darf nicht schon im voraus einzelnen Mitgliedern des Organs übertragen werden, weil es sonst letzten Endes diese – und nicht das Organ als solches – wären,

---

[5] RGZ 130, 375; 169, 334; BGHZ 9, 157; BGH NJW 1971, 880; 1972, 1893.

[6] BGH BB 1963, 407.

[7] Soergel-Schultze-v. Lasaulx, 11. Aufl. § 25 BGB Rdnr. 29; anders 12. Aufl. § 39 Rdnr. 11.

[8] RGZ 151, 229; Flume, Festschrift für Bötticher S. 121 f.; kritisch Reuter NJW 1987, 2401 (2402 f.). Zur „Hinauskündigung" nach freiem Ermessen siehe BGH NJW 1989, 834 (KG).

[9] Fischer (Fn. 1) S. 10.

[10] RG HRR 1930 Nr. 2164.

[11] BGH NJW 1972, 1892 (Taubenzüchterverband); dort auch zur Frage, ob ein Mitglied wegen vereinswidrigen Verhaltens seiner Angehörigen ausgeschlossen werden kann, wenn die Satzung hierüber nichts enthält. Dazu Anm. von Westermann JR 1973, 193.

[12] RGZ 82, 248 (250 f.).

[13] RG HRR 1930 Nr. 199.

die über den Ausschluß entschieden.[14] Ausnahmsweise ist es auch für zulässig zu erachten, falls die Satzung bei Nichtbeachtung einer Vereinsstrafe den Ausschluß vorsieht, im voraus den Ausschluß für den Fall auszusprechen, daß das bestrafte Mitglied die festgesetzte Geldstrafe innerhalb einer bestimmten Frist nicht bezahlt hat.[15] Kein bedingter Ausschluß, sonderen ein unbedingter liegt vor, wenn dem ausgeschlossenen Mitglied die Wiederaufnahme in den Verein nur unter einer näher bezeichneten Voraussetzung zugesichert wird.

Der Ausschluß auf Zeit

90 Sieht die Satzung vor, daß ein Mitglied für eine bestimmte Zeit aus dem Verein ausgeschlossen werden kann, so hat eine solche Maßregel nicht das zeitweilige Erlöschen der Mitgliedschaft zur Folge, was begrifflich nicht denkbar wäre, sondern sie bedeutet, daß sämtliche Mitgliedsrechte und Mitgliedspflichten während dieser Zeit **ruhen.**[16] Problematisch ist es aber, ob dann, wenn die Satzung zwar den Ausschluß vorsieht, hinsichtlich eines Ausschlusses auf Zeit aber keine Bestimmung trifft, ein zeitweiliger Ausschluß als mildere Maßregel verhängt werden darf. Diese Frage ist grundsätzlich zu bejahen. Voraussetzung für den zeitweiligen Ausschluß ist es in diesem Fall allerdings, daß ein Tatbestand gegeben ist, der nach der Satzung den (endgültigen) Ausschluß des Mitglieds rechtfertigte. Keinesfalls geht es an, die mildere Strafe des Ausschlusses auf Zeit nur deshalb auszusprechen, weil Zweifel bestehen, ob die Voraussetzungen für den endgültigen Ausschluß des Mitglieds bestehen.[17] Werden jedoch dem Mitglied für eine bestimmte Zeit nur gewisse Mitgliedschaftsrechte entzogen (z. B. das Recht auf Benützung der Vereinseinrichtungen), ohne es ebenso lang aus den Mitgliedschaftspflichten (z. B. der Beitragszahlung) zu entlassen, so handelt es sich nicht um einen Ausschluß des Mitglieds auf Zeit, sondern um eine Disziplinarmaßnahme ganz anderer Art.[18] Diese kann also nur getroffen werden, wenn sie in der Satzung als Vereinsstrafe ausdrücklich vorgesehen ist.

Hat das für den Ausschluß zuständige Vereinsorgan einen Ausschließungsantrag abgelehnt, so ist bei unveränderter Sachlage ein neuerliches Ausschlußverfahren unzulässig.[19]

---

[14] RGZ 82, 248 (251); OLG Bamberg NVwZ 1983, 572 (Streichung von Parteimitgliedern unter einer Bedingung), dazu Risse NVwZ 1983, 529 („Streichung" von Parteimitgliedern wegen Beitragssäumnis?).

[15] RG 22. 5. 1913 – IV 695/12 –.

[16] Zur Frage, ob die Satzung bestimmen kann, daß während des Ausschließungsverfahrens oder im Falle eines Rechtsstreits des Mitglieds mit dem Verein seine Mitgliedschaftsrechte ruhen, siehe einerseits OLG Celle BB 1973, 1140, andererseits BayObLG Rpfleger 1980, 15 = BayObLGZ 1979, 351.

[17] Ebenso OLG Frankfurt NJW 1974, 189.

[18] RG JW 1929, 847; vgl. RGZ 143, 1 (5).

[19] Vgl. RGZ 51, 81; Soergel-Hadding § 39 Rdnr. 11 a. E.

Das Ausschlußverfahren

Der Ausschluß kann nur während der Zugehörigkeit des Mitglieds zum Verein erfolgen. Die Ausschließung einer Person, die nicht oder nicht mehr Mitglied des Vereins ist, ist sinnlos und unzulässig.[20] Dagegen kann der Ausschluß beschlossen werden, wenn das Mitglied zwar bereits seinen Austritt **erklärt** hat, der Austritt aber wegen einer in der Satzung vorgeschriebenen Kündigungsfrist noch nicht **vollzogen** ist.[21] Wird jedoch nach der Satzung der Ausschluß seinerseits nicht sofort mit der Mitteilung des Ausschließungsbeschlusses an das Mitglied wirksam, sondern erst mit dem Ablauf einer „Rechtsmittelfrist", so kann es zu einem „Wettlauf" zwischen der Kündigungsfrist und der Rechtsmittelfrist kommen. Liegt das Ende der Kündigungsfrist zeitlich früher, so kann der Ausschließungsbeschluß nicht mehr vollzogen werden und fällt als gegenstandslos in sich zusammen. Nach dem tatsächlichen Ausscheiden eines Mitglieds infolge freiwilligen Austritts ist seine Ausschließung unzulässig und unwirksam.[22] Nach dem vollzogenen Austritt darf das für die Ausschließung zuständige Vereinsorgan auch keinen Beschluß des Inhalts erlassen, daß die Ausschließung beschlossen worden wäre, wenn das Mitglied nicht bereits ausgetreten wäre. Das ehemalige Mitglied könnte in diesem Fall durch Gerichtsurteil die Unwirksamkeit des Beschlusses feststellen lassen.[23] Unzulässig und nichtig wäre eine Satzungsbestimmung, daß ein Mitglied als ausgeschlossen gilt, wenn es sich dem Ausschluß durch Austritt entzieht.[24] Dem Mitglied steht es jederzeit frei, während des Ausschließungsverfahrens freiwillig seinen Austritt zu erklären und damit unter Umständen seinen Ausschluß zu verhindern, falls ein so kurzfristiger Austritt nach der Satzung möglich ist. Ist das nicht möglich, kann sich ein austretendes Mitglied für die Zeit, die zwischen der Austrittserklärung und dem satzungsgemäßen Wirksamwerden des Austritts liegt, gegen die Einleitung eines Ausschließungsverfahrens nicht dadurch schützen, daß es für die Restzeit seiner Mitgliedschaft auf seine Mitgliedsrechte verzichtet.[25] **91**

Ein **gruppenweiser Ausschluß** von Vereinsmitgliedern (z. B. einer Oppositionsgruppe innerhalb des Vereins) ist nicht zulässig; auch die Satzung könnte ihn nicht vorsehen.[26] Es kann immer nur jeweils über den Ausschluß eines einzelnen Mitglieds entschieden werden. Das folgt aus dem Begriff der Einzelmitgliedschaft als eines individuellen Rechtsverhältnisses zwischen eben diesem Mitglied und dem Verein. Ein Gruppenausschluß würde auch eine sachgemäße und korrekte Willensbildung bei der Abstimmung nicht **92**

---

20 RGZ 51, 66; 122, 266; BGH NJW 1958, 1867 (dort auch zur Ausschließung von Ehrenmitgliedern).

21 Vgl. RG JW 1927, 2996.

22 RGZ 51, 66; 78, 134; 108, 160; 122, 266; RG JW 1927, 2996; 1929, 245.

23 RGZ 122, 266; RG JW 1929, 245.

24 RGZ 143, 1.

25 RG Recht 1928 Nr. 1.

26 BayObLG Rpfleger 1988, 416 = DNotZ 1989, 311; OLG Köln NJW 1968, 992 = OLGZ 1968, 248 (249) mit anschließend wiedergegebener Begründung; zustimmend RGRK-Steffen § 39 Rdnr. 7 a. E.; jetzt auch R-D, 5. Aufl. Rdnr. 1636; a. A. Wolfsteiner NJW 1982, 867 (868; Buchbesprechung).

zulassen, weil die Abstimmenden nicht zwischen den als Gruppe bezeichneten Mitgliedern variieren könnten, wenn sie sich für den Ausschluß gewisser Mitglieder, aber für den Verbleib anderer im Verein entschließen wollen. Für den Ausschluß von Mitgliedern politischer Parteien gilt die spezielle Regelung in den §§ 10, 14 des Parteiengesetzes.[27]

93 Die Satzung kann bestimmen, daß die Mitgliedschaft durch **Streichung aus der Mitgliederliste** beendet wird.[28] Ein solches Verfahren ist rechtlich als ein vereinfachtes Ausschließungsverfahren anzusehen.[29] Wenn es in manchen Vereinssatzungen neben einem besonders geregelten Ausschließungsverfahren eingeführt ist, so hat das darin seinen Grund, daß die Zulässigkeit der Streichung aus der Mitgliederliste zumeist an einfach gelagerte und leicht feststellbare Tatbestände geknüpft ist (z. B. Beitragsrückstände, Verlegung des Wohnsitzes, Nichtteilnahme an einer bestimmten Zahl von Vereinsveranstaltungen), während das besondere Ausschließungsverfahren für die Fälle gedacht ist, in denen die in der Satzung bezeichneten Ausschließungsgründe (z. B. Verstoß gegen die Vereinsinteressen) eine nähere Erforschung des meistens bestrittenen Sachverhalts erfordern. Die Streichung erfolgt auf Beschluß des hierfür in der Satzung für zuständig erklärten Vereinsorgans (z. B. des Vorstands), andernfalls auf Beschluß der Mitgliederversammlung.

94 **Zur Rechtswirksamkeit des Ausschließungsbeschlusses** ist erforderlich, daß der Beschluß ordnungsgemäß zustande gekommen ist. Es müssen also die in der Satzung für die Ausschließung eines Mitglieds vorgesehenen Bestimmungen eingehalten sein.[30] Der Beschluß muß von dem zuständigen Vereinsorgan gefaßt sein, und zwar unter Einhaltung der für die Beschlußfassung dieses Organs bestehenden gesetzlichen oder satzungsmäßigen Vorschriften.[31] Verlangt die Satzung für den Ausschließungsbeschluß eine größere Mehrheit als für sonstige Beschlüsse des betreffenden Vereinsorgans, so muß diese vorgelegen haben. Außerdem muß das Mitglied vor der Beschlußfassung über seinen Ausschluß Gelegenheit gehabt haben, sich zu äußern.[32] Schließlich muß der Ausschließungsbeschluß den satzungsmäßigen Ausschließungsgrund in einwandfreier Weise bezeichnen. Gestattet die Satzung die Ausschließung „aus triftigen Gründen" oder „aus wichtigem Grund", so genügt es nicht, daß in dem Ausschließungsbeschluß lediglich auf den betreffenden Paragraphen der Satzung Bezug genommen ist; vielmehr muß, wenn auch in kurzen Umrissen, der Tatbestand angegeben werden, in welchem der triftige oder der wichtige Grund gefunden wurde.[33] Die Angabe muß so gehalten sein, daß der Ausgeschlossene die Vorgänge, auf die sich der Ausschluß stützt, in unzweideutiger Weise erkennen kann.[33]

---

27 Dazu näher Hasenritter ZRP 1982, 93; Henke NVwZ 1983, 397.

28 RG Warn. 1912 Nr. 147; zur Streichung von Parteimitgliedern siehe Risse NVwZ 1983, 529.

29 OLG Bamberg NVwZ 1983, 572; vgl. OLG Celle NJW-RR 1989, 313 (314); a. A. R-D, 5. Aufl. Rdnr. 1617.

30 RG HRR 1928 Nr. 552.

31 BayObLGZ 1986, 528 = Rpfleger 1987, 149 (153); Schopp Rpfleger 1959, 335 (339f.).

32 RG JW 1925, 49; BGHZ 27, 297 (298f.); BGH NJW 1960, 1861.

33 OLG Köln NJW-RR 1993, 891.

Schreibt die Satzung vor dem Ausschluß eines Mitglieds einen Sühneversuch vor, ist der Ausschließungsbeschluß unwirksam, wenn ein Sühneversuch nicht stattgefunden hat.

Zuständig für die Ausschließung ist in erster Linie das in der Satzung hierfür bestimmte Vereinsorgan. Ist die Zuständigkeit in der Satzung nicht geregelt, entscheidet die Mitgliederversammlung über den Ausschluß.[34] Diese kann das Ausschlußverfahren aber nicht an sich ziehen, wenn sich aus der Satzung die Zuständigkeit eines anderen Vereinsorgans (z. B. des Vorstands) ergibt.[35] Sieht jedoch die Satzung den Ausschluß eines Mitglieds überhaupt nicht vor, so ist *nur* die Mitgliederversammlung befugt, den Ausschluß eines Mitglieds aus wichtigem Grund zu beschließen.[36] 95

Die Ausschließungsbefugnis kann durch die Satzung auch einem Dritten übertragen werden. Ist ein Verein Mitglied eines Verbandes, so steht die Befugnis, Mitglieder des Vereins auszuschließen, dem Verband zu, wenn folgende Voraussetzungen gegeben sind: Die Verbandssatzung muß die Anordnung enthalten, daß die in der Verbandssatzung enthaltenen Bestimmungen über den Ausschluß eines Mitglieds für die angeschlossenen Vereine und deren Mitglieder verbindlich sind; der angeschlossene Verein muß diese Regelung in der Verbandssatzung in seiner eigenen Satzung als für ihn und seine Mitglieder verbindlich anerkennen.[37]

Die Ausschließung eines Mitglieds durch ein unzuständiges Vereinsorgan ist unwirksam.

Enthält die Satzung für die **Einberufung** des Organs, das für die Ausschließung zuständig ist, keine Bestimmung, so finden die satzungsmäßigen Vorschriften über die Einberufung der Mitgliederversammlung entsprechende Anwendung. Nach diesen Bestimmungen beantwortet sich auch grundsätzlich die Frage, ob bei der Einberufung die Tagesordnung bekanntzugeben ist oder ob eine bestimmte Einladungsfrist einzuhalten ist. Bedarf es danach der Mitteilung der Tagesordnung, so muß diese so gefaßt sein, daß die Mitglieder des Ausschließungsorgans, dem ja auch noch andere Vereinsangelegenheiten übertragen sein können, aus der Einladung entnehmen können, daß über den Ausschluß eines Mitglieds verhandelt werden soll.[38] Die bloße Angabe „Verschiedenes“ genügt keinesfalls.[39] 96

Sieht aber die Satzung für die Einberufung der Mitgliederversammlung eine so lange Frist vor, daß sie offensichtlich nur auf die Einberufung dieses Vereinsorgans zugeschnitten ist (z. B. bei einem Berufsverband), so wird man bei der Auslegung der Satzung zu dem Ergebnis kommen können, daß diese Frist bei der Einberufung des besonderen Ausschließungsorgans nicht eingehalten werden muß. Statt dessen ist eine angemessene Frist zu wahren, die im Regelfall auf zwei Wochen zu bemessen ist.

---

[34] Vgl. Soergel-Hadding § 39 Rdnr. 12a.

[35] RG Warn. 1913 Nr. 392.

[36] OLG Frankfurt NJW-RR 1991, 1276; BGHZ 9, 157 (162), 27, 297 (302); BGH NJW 1971, 879 und 1972, 1892; ferner Anm. von Fischer zu LM § 25 Nr. 3.

[37] BayObLGZ 1986, 528; vgl. BGHZ 28, 131/134 = NJW 1958, 1867; BAGE 27, 163 (170); Bauernfeind NJW 1959, 379.

[38] Siehe dazu die Ausführungen bei Rdnr. 178.

[39] BayObLGZ 1928, 492.

97 Mit welcher **Stimmenmehrheit** das Ausschließungsorgan beschließt, bestimmt sich wiederum in erster Linie danach, ob die Satzung hierüber eine ausdrückliche Regelung enthält. Fehlt sie, sind die Satzungsvorschriften über die Beschlußfassung der Mitgliederversammlung heranzuziehen. Sind auch solche nicht vorhanden, greift die gesetzliche Regelung (§ 32 Abs. 1 BGB) entsprechend ein, nach der die Mehrheit der abgegebenen gültigen Stimmen entscheidet; Stimmenthaltungen bleiben also außer Betracht.[40]

98 Gegen Äußerungen eines Vereinsmitglieds in diesem Antrag kann nicht auf Unterlassung oder Widerruf geklagt werden. Eine gerichtliche Überprüfung der gegen ihn erhobenen Vorwürfe kann der Angegriffene nur durch Anfechtung des Vereinsordnungsbeschlusses erreichen.[41] Der **Antrag** auf Einleitung des Ausschlußverfahrens kann von jedem Vereinsmitglied bei dem für die Ausschließung zuständigen Vereinsorgan gestellt werden, sofern nicht die Satzung das Antragsrecht anders regelt. Durch die Satzung kann auch dem Ausschlußorgan selbst die Befugnis eingeräumt werden, von sich aus ein Verfahren gegen ein Vereinsmitglied einzuleiten und auch selbst über den Ausschluß zu entscheiden.[42] Ist aber in der Satzung vorgesehen, daß der Ausschluß durch den Vorstand erfolgt, so greift diese Vorschrift nicht ein, wenn sich das Ausschlußverfahren gegen ein Vereinsmitglied richtet, das zugleich Vorstandsmitglied ist.[43] Wenn nämlich nach der Satzung, wie es die Regel ist, nur ein Vereinsmitglied zum Vorstandsmitglied bestellt werden kann, würde der Ausschluß aus dem Verein auch den Verlust des Vorstandsamts zur Folge haben. Für die Abberufung eines Vorstandsmitglieds ist aber meistens nicht der Vorstand, sondern die Mitgliederversammlung zuständig. Deren Entschließung darf der Vorstand nicht vorgreifen. Daher hat in diesem Fall die Mitgliederversammlung über den Ausschluß zu entscheiden.[44] Ebenso ist zu verfahren, wenn das Vereinsmitglied eine juristische Person, beispielsweise ein eingetragener Verein, ist, die zwar nicht selbst Mitglied des Vorstands ist, aber im Vorstand durch ihren örtlichen Repräsentanten vertreten ist. Auch hier kann das Vereinsmitglied nur durch einen Beschluß der Mitgliederversammlung aus dem Verein ausgeschlossen werden.[45] Entsprechendes gilt für den Ausschluß von Vereinsmitgliedern, die ein anderes Vereinsamt bekleiden, das nach der Satzung durch die Mitgliederversammlung vergeben und entzogen wird.

Am Ausschließungsverfahren dürfen jedoch die Mitglieder des Ausschließungsorgans (z. B. des Vorstands) nicht teilnehmen, die selbst durch das Verhalten, das Gegenstand des Verfahrens ist, verletzt worden sind.[46] Wenn in der Satzung keine Bestimmung getroffen ist, welche Personen an die Stelle der ausgeschlossenen Organmitglieder treten und dies zur Beschluß-

---

[40] Siehe dazu die Ausführungen bei Rdnr. 206.

[41] LG Oldenburg JZ 1989, 594; OLG Düsseldorf NJW-RR 1986, 675.

[42] BGH BB 1967, 732; OLG München MDR 1973, 405.

[43] RG HRR 1932 Nr. 1638; BGH Rpfleger 1984, 239 = NJW 1984, 1884 = DNotZ 1984, 484 (Schadensersatzpflicht des Vereins nach § 31 BGB wurde bejaht); BGH NJW 1960, 193; KG OLGZ 1978, 272 (275) = Rpfleger 1978, 133 = MDR 1978, 576; LG Freiburg NJW-RR 1989, 1021.

[44] OLG Celle OLGZ 1980, 359.

[45] OLG Düsseldorf NJW-RR 1988, 1271.

[46] BGH NJW 1981, 744 = MDR 1981, 291 = BB 1981, 868; OLG Düsseldorf MDR 1981, 843.

unfähigkeit des Ausschließungsorgans führt, hat die Mitgliederversammlung die erforderlichen Ersatzmitglieder zu bestellen.

Ob ein Ausschlußorgan wie ein Gericht stets nur in voller Besetzung verhandeln und entscheiden kann oder ob es auch dann verhandlungs- und entscheidungsbefugt ist, wenn einige Mitglieder nicht anwesend sind, ist eine Frage, die der Verein nach eigenem Ermessen in der Satzung regeln kann, und die, wenn die Satzung darüber nichts Näheres enthält, im Wege der Auslegung der Satzung geklärt werden muß. Dabei kann es auch eine Rolle spielen, wie die Sache bisher im Verein gehandhabt wurde. Besteht das Ausschlußorgan aus einer großen Zahl von Mitgliedern, wäre die Annahme, es sei immer nur bei Anwesenheit aller Mitglieder beschlußfähig, sehr ungewöhnlich und unpraktikabel.[47] Eine vernünftige Auslegung der Satzung wird daher in diesem Fall dazu führen, daß die Abwesenheit einer verhältnismäßig kleinen Zahl von Mitgliedern (im Verhältnis zur Vollbesetzung) das Ausschlußorgan nicht beschlußunfähig macht.

Anders liegt der Fall, wenn ein Mitglied des Ausschlußorgans überhaupt fehlt, z. B. ausgeschieden oder aus einem sonstigen Grund weggefallen ist. Ein nicht satzungsgemäß vollständig besetztes Vereinsorgan kann bis zu seiner Vervollständigung keine gültigen Beschlüsse fassen.[48]

Der Gang des Ausschlußverfahrens (zu vergleichen mit dem Prozeßverlauf des staatlichen Gerichts) kann außerhalb der Satzung von der Mitgliederversammlung oder von dem Ausschließungsorgan selbst in einer **Verfahrensordnung** („Ehrengerichtsordnung“ oder ähnlich) festgelegt werden. Dabei ist der Verein nicht an feste Verfahrensregeln gebunden, es muß aber gewährleistet sein, daß das Verfahren nicht zu einem Willkürakt wird und sich das betroffene Mitglied sachgerecht verteidigen kann. Darüber hinaus gibt es keinen Grundsatz, daß vereinsrechtliche Ausschließungsverfahren weitergehend den für staatliche Gerichtsverfahren geltenden Regeln angepaßt sein müßten.[49] Bei der Verfahrensordnung handelt es sich nur um die Geschäftsordnung des Ausschließungsorgans, an die dieses gebunden ist und auf deren Beachtung das Mitglied nur unter dem Gesichtspunkt der Gleichbehandlung aller betroffenen Mitglieder einen Anspruch hat, ohne daß sie ihm Verpflichtungen auferlegt. Solche Geschäftsordnungen gehören nicht zu den das Vereinsleben bestimmenden Grundentscheidungen, die als „Verfassung des Vereins“ kraft zwingender Vorschrift in die Satzung aufgenommen werden müssen (§§ 25, 71 Abs. 1 Satz 1 BGB).[50] Dagegen dürfen die **Ausschließungsgründe** nicht erst in der Verfahrensordnung des Ausschließungsorgans bezeichnet werden; sie müssen vielmehr in der Satzung niedergelegt sein. Ebenso müssen Bestimmungen, die nicht selbstverständlich sind und mit denen ein in den Verein eintretendes Mitglied nicht ohne weiteres rechnen muß, eine Grundlage in der Satzung haben. Dies ist zum Beispiel bei der Anordnung der Fall, daß ein Ausschließungsbeschluß im Mitteilungsblatt des Vereins zu veröffentlichen ist, oder daß das ausgeschlossene Mit- **99**

---

[47] BGH BB 1967, 732.

[48] BayObLGZ 1985, 24 (29); BayObLG Rpfleger 1988, 416; siehe auch bei Rdnr. 245 a.

[49] BGH NJW 1967, 1657 und NJW 1988, 552 (553).

[50] BGH BB 1967, 602; siehe dazu bei Rdnrn. 32 und 151.

glied die Kosten des Ausschlußverfahrens zu tragen hat.[50] Sind solche über eine rein geschäftsordnungsmäßige Verfahrensregelung hinausgehende, das Mitglied beschwerende Bestimmungen **nur** in der Verfahrensordnung des Ausschlußorgans enthalten, sind sie unwirksam.

100 Das betroffene Mitglied hat im Ausschlußverfahren **Anspruch auf rechtliches Gehör.**[51] Dieser Anspruch besteht auch dann, wenn hierüber weder in der Satzung noch in einer etwa aufgestellten Verfahrensordnung etwas verlautet. Er ergibt sich zwar nicht aus dem Grundgesetz (Art. 103 Abs. 1), denn verfassungsrechtlich garantiert ist der Anspruch auf Gewährung des rechtlichen Gehörs nur im Verfahren vor den staatlichen Gerichten.[52] Das Recht auf Gehör ist aber ein prozessuales Urrecht des Menschen,[53] das in jedem Verfahren gilt und daher auch vor dem Vereinsgericht als Gebot natürlicher Gerechtigkeit[52] zu gewähren ist und durch die Achtung vor der Menschenwürde des Vereinsmitglieds gefordert ist.[54] Wie nun im einzelnen das für die Ausschließung eines Mitglieds zuständige Vereinsorgan zu verfahren hat, um das rechtliche Gehör zu gewähren, hängt von einer Reihe von Umständen des Einzelfalles ab. Der leitende Gedanke muß sein, das Verfahren **fair** zu handhaben. Dazu gehört auf alle Fälle, daß dem Mitglied eröffnet wird, welche Vorwürfe erhoben werden, und daß ihm Gelegenheit gegeben wird, sich dazu zu äußern.[54a] Die „Anklage“ darf sich nicht nur in allgemeinen Behauptungen, wie „vereinsschädigendes Verhalten“, erschöpfen, sondern muß die Tatsachen erkennen lassen, in denen der Ausschließungsgrund gefunden wird. Einen Anspruch auf **persönliche Anhörung** durch das Vereinsgericht hat das auszuschließende Mitglied nur, wenn im Ausschlußverfahren eine mündliche Verhandlung stattfindet.[55] In diesem Fall ist das Mitglied zur Verhandlung zu laden und dabei gegebenenfalls auf seine berufliche Zeiteinteilung, Urlaub oder Erkrankung[56] Rücksicht zu nehmen, vor allem, wenn das Vereinsgericht Zeugen vernehmen will. Denn von einer Gelegenheit zur ausreichenden Verteidigung wird man schwerlich sprechen können, wenn es dem betroffenen Mitglied verwehrt wird, seinerseits Fragen an die Zeugen zu stellen und, je nach dem Verlauf der Beweisaufnahme, weitere Beweismittel beizubringen.[57] Ist die Mitgliederversammlung für die Entscheidung über den Ausschluß zuständig, ist das auszuschließende Mitglied schon auf Grund seines noch bestehenden Mitgliedschaftsrechts befugt, an der Versammlung teilzunehmen. Hat bereits ein Vereinsorgan den Ausschluß verfügt und ist nach der Satzung zwar die Berufung an die Mitgliederversammlung zulässig, dem Mitglied aber die Teilnahme daran verwehrt, so muß es trotzdem zur Versammlung zugelassen werden, wenn ihm in erster Vereinsinstanz eine ordnungsgemäße Verteidigung nicht ermöglicht wurde. Wenn so verfahren wird, wird die bisherige Versagung des rechtli-

---

51 BGHZ 29, 352 (355); OLG München MDR 1973, 405; OLG Hamm Betrieb 1976, 910 = BB 1976, 663.
52 BGH NJW 1959, 982.
53 BVerfG NJW 1980, 2698.
54 BayObLG NJW 1967, 1235 (1236).
54a OLG Köln NJW-RR 1993, 891.
55 RG JW 1937, 555; BGH NJW 1959, 982.
56 OLG Stuttgart HRR 1929 Nr. 79.
57 So zutreffend R-D, 2. Aufl. Rdnr. 673.

chen Gehörs geheilt. Findet keine mündliche Verhandlung statt, so ist alles schriftliche Vorbringen zu berücksichtigen, das bei der Beratung über den Ausschluß vorliegt.[58]

Ob sich ein Vereinsmitglied im Ausschlußverfahren **vertreten** lassen, ins- 101
besondere ob es zu der Verhandlung über seinen Ausschluß mit einem **Rechtsanwalt** oder sonst einem vereinsfremden **Beistand** erscheinen darf, ist umstritten. Geklärt ist lediglich, daß die Zulässigkeit der Vertretung im Ausschlußverfahren nicht davon abhängt, ob die Satzung es gestattet, die Ausübung der Mitgliedschaftsrechte einem anderen zu überlassen (§§ 38, 40 BGB).[59] Denn ein begrifflich an die Person des Mitglieds gebundenes Mitgliedschaftsrecht, wie z. B. das Stimmrecht, liegt hier nicht vor. Vielmehr handelt es sich um das grundlegende Recht jedes Angegriffenen, sich zu verteidigen.[59] Gleichwohl läßt sich daraus nicht generell das Recht des Mitglieds ableiten, sich in jedem Fall eines Ausschlußverfahrens anwaltlich vertreten zu lassen.[60] Im allgemeinen muß vorausgesetzt werden, daß sich das angegriffene Vereinsmitglied in vereinsinternen Konflikten selbst mit den übrigen Mitgliedern auseinandersetzen und dabei seine Interessen wahren kann.[61] Dieser Grundsatz versagt aber dann, wenn eine ausreichende Verteidigung – gemessen an dem Erfordernis eines **fairen Verfahrens** – ohne fremden Beistand nicht gewährleistet ist. Solche Umstände können in der Person des auszuschließenden Mitglieds (z. B. Alter, Unbeholfenheit)[62] oder in der Sache, die Gegenstand der Ausschlußverhandlung ist (z. B. umstrittene Auslegung der Satzung, rechtliche Vorfragen für die Zulässigkeit des Ausschlusses, verwickelter Sachverhalt), liegen. Das Recht auf Beiziehung eines Anwalts kann sich auch daraus ergeben, daß sich das Vereinsorgan, das den Ausschluß betreibt, selbst eines Rechtsanwalts bedient und sich so einseitiges Übergewicht verschaffen könnte.[61] Schließlich sind auch die wirtschaftlichen Folgen, die sich aus einem Vereinsausschluß des betroffenen Mitglieds ergeben, in Betracht zu ziehen: Je härter das Mitglied durch den Ausschluß in seiner wirtschaftlichen Existenz betroffen wird, desto mehr muß ihm die Möglichkeit gegeben werden, sich gegen den Ausschluß zur Wehr zu setzen und sich dabei eines Rechtsberaters zu bedienen.

Richtet sich das Ausschlußverfahren gegen einen **Minderjährigen,** so wird 102
der Grundsatz des rechtlichen Gehörs regelmäßig verletzt, wenn der gesetzliche Vertreter daran gehindert wird, den Minderjährigen zu vertreten.[63] Das gilt auch dann, wenn der gesetzliche Vertreter beim Eintritt des Minderjährigen in den Verein damit einverstanden war, daß der Minderjährige alle Mitgliedsrechte selbständig ausübt.

---

[58] OLG Köln NJW-RR 1993, 891.

[59] OLG Frankfurt HRR 1928 Nr. 1181; RG Recht 1928 Nr. 2244; BGH NJW 1971, 879.

[60] A. A. Kirberger BB 1978, 1390 (1393f.): Zuziehung eines Rechtsanwalts nach freier Wahl des Mitglieds ist stets zulässig; entgegenstehende Satzungsbestimmung ist nichtig.

[61] Vgl. BGH NJW 1971, 879 (882); BGH NJW 1975, 160; dazu kritisch Reinicke NJW 1975, 2048 und Kirberger BB 1978, 1390; abweichend auch LG Köln BB 1975, 342 (für die Kommanditgesellschaft).

[62] Vgl. LG Köln BB 1975, 342.

[63] Vgl. R-D, 5. Aufl. Rdnr. 1676.

103 Die Mitglieder des Ausschlußorgans können von dem betroffenen Mitglied nur **abgelehnt** werden, wenn das in der Satzung oder in der Verfahrensordnung zugelassen ist.[64] Die Ablehnung kann aber nicht mehr erklärt werden, wenn sich das Mitglied widerspruchslos auf die Verhandlung über seinen Ausschluß eingelassen hat.

104 Der Ausschließungsbeschluß muß eine schriftliche **Begründung** enthalten. Sie muß, wenn auch in aller Kürze, so gehalten sein, daß das betroffene Mitglied die Vorgänge, auf die sich der Beschluß stützt, in eindeutiger Weise erkennen kann. Dies ist auch dann erforderlich, wenn der Ausschließungsbeschluß von der Mitgliederversammlung gefaßt wurde.[65] Die zur Abstimmung aufgerufenen Mitglieder dürfen nicht im Unklaren sein, über welche Vorwürfe sie abstimmen, und es muß feststehen, aufgrund welcher von der Mitgliederversammlung als erwiesen angesehener Tatsachen der Ausschluß erfolgt ist.[66] Ein nicht oder nur unzulänglich begründeter Ausschließungsbeschluß ist unwirksam.[67]

Zu unterscheiden ist zwischen dem Ausschließungsbeschluß des Ausschließungsorgans als internem Vorgang und der Ausschließungserklärung des Vorstands gegenüber dem Mitglied. Erst mit dem Zugang der Ausschlußerklärung ist der Ausschluß vollzogen.[68] Sieht aber die Satzung vor, daß der Ausschließungsbeschluß auf Antrag innerhalb des Vereins von einem zweiten Organ zu überprüfen ist (vereinsinternes Rechtsmittel), so ergibt sich daraus regelmäßig, daß das Mitglied erst dann aus dem Verein ausscheidet, wenn es entweder von dem vereinsinternen Rechtsmittel keinen Gebrauch gemacht oder die zweite Vereinsinstanz den Ausschluß bestätigt hat. Die Beschreitung des in der Satzung vorgesehenen vereinsinternen Rechtsmittelwegs (z. B. die Einlegung der Berufung bei der Mitgliederversammlung) hat, somit grundsätzlich „aufschiebende Wirkung". Wenn dies nicht gelten soll, muß es die Satzung ausdrücklich bestimmen.[69]

105 Das Recht, **Berufung** gegen den Ausschließungsbeschluß bei einem anderen Vereinsorgan (z. B. der Mitgliederversammlung) einzulegen, hat das Mitglied nur, wenn eine solche zweite Vereinsinstanz in der Satzung überhaupt vorgesehen ist. Läßt die Satzung zwar die Berufung an die Mitgliederversammlung zu, bestimmt sie aber für die Einlegung der Berufung keine Frist, so ist die Satzung dahin auszulegen, daß die nächste Mitgliederversammlung angerufen werden muß, sofern dies zeitlich noch zumutbar ist, also bis zu dem Termin, an dem nach der Satzung zur Mitgliederversammlung einzuladen ist; andernfalls ist die darauf folgende Mitgliederversammlung anzurufen.[69] Die Satzung kann vorsehen, daß die Berufung nur bei bestimmten Ausschließungsgründen zugelassen ist, bei anderen nicht. Von der Zahlung eines Kostenvorschusses oder von anderen belastenden Voraus-

---

[64] Jonas JW 1936, 2550; Meyer-Cording S. 79ff.; zur Zulässigkeit der Selbstablehnung eines Mitglieds des Ausschließungsorgans vgl. OLG München MDR 1973, 405.

[65] Vgl. RGZ 147, 11; OLG Düsseldorf MDR 1981, 843.

[66] BGH ZIP 1989, 1321 (1323).

[67] BayObLGZ 1928, 492; OLG Hamburg Recht 1936 Nr. 4191; RG HRR 1932 Nr. 600.

[68] RG SeuffArch. 79 Nr. 1; MünchKomm-Reuter, 3. Aufl. § 38 Rdnr. 31.

[69] BayObLG Rpfleger 1988, 416 = DNotZ 1989, 311.

setzungen kann nur die Satzung – nicht die Verfahrensordnung – die Zulässigkeit der Berufung abhängig machen.[70] Wenn das zuständige Vereinsorgan den Ausschluß eines Mitglieds abgelehnt hat, sind damit die Ausschließungsgründe, die vorlagen, erledigt. Der Ausschluß kann nunmehr nur aus einem neuen Grund in einem neuen Ausschlußverfahren beschlossen werden. Es ist nicht zulässig, daß das Ausschließungsorgan einfach seine frühere (ablehnende) Entscheidung abändert.[71] Das gilt auch, wenn das Ausschlußorgan die Mitgliederversammlung ist. Der Grundsatz, daß diese ihre Beschlüsse wieder aufheben kann, versagt gegenüber dem Recht des Mitglieds, daß ihm die Mitgliedschaft nur in dem satzungsgemäßen Verfahren entzogen werden kann.

Die Anrufung des Gerichts durch das ausgeschlossene Vereinsmitglied[72]

Wenn es sich auch bei dem Ausschluß eines Mitglieds aus dem Verein um eine Maßnahme der inneren Ordnung des Vereins handelt, so unterliegt dieser Akt der Vereinsverwaltung doch in bestimmten Grenzen der Kontrolle durch die staatlichen Gerichte. Dieser **„ordentliche Rechtsweg"** kann in der Satzung nicht gänzlich ausgeschlossen werden. Anderslautende Satzungsbestimmungen sind nichtig.[73] Die Satzung kann aber die Entscheidung über die Rechtswirksamkeit des Ausschlusses aus dem Verein einem **Schiedsgericht** gemäß den §§ 1025 ff. ZPO übertragen. Dessen Entscheidung tritt an die Stelle der Entscheidung des staatlichen Gerichts.[74] **106**

Handelt es sich bei dem Verein aber um eine Religionsgesellschaft oder um eine zu Religionsausübungen gebildete geistliche Gesellschaft (z. B. katholischer Orden), so unterliegt der Ausschluß **in keiner Beziehung** der Nachprüfung im ordentlichen Rechtsweg.[75] Dieser Grundsatz beruht auf der Erwägung, daß die Frage der Ausschließung aus einer solchen Gemeinschaft regelmäßig mit den dogmatischen und sittlichen Auffassungen der betreffenden Kirche oder Religionsgesellschaft derart verknüpft ist, daß ihre Entscheidung durch staatliche Behörden eine Einmischung in die innersten Angelegenheiten der Kirchen und Religionsgesellschaften bedeuten würde.[76] Gleiches gilt für jene religiösen Vereine, die organisatorisch

[70] Vgl. RGRK-Steffen § 25 Rdnr. 4.

[71] OLG Hamburg HRR 1928 Nr. 1695.

[72] Spezialliteratur: Meyer-Cording, Die Vereinsstrafe, Tübingen 1957; Schlosser MDR 1967, 884; ders., Vereins- u. Verbandsgerichtsbarkeit, München 1972; Beuthien BB Beilage 12/1968; Wiedemann JZ 1968, 219; Preis Betrieb 1971, 1570 (zur Problematik der priv. Gerichtsbarkeit); Westermann JZ 1972, 537 (zur Legitimität der Verbandsgerichtsbarkeit); Weitnauer Festschr. Reinhardt 1972, 179 (Vereinsstrafe, Vertragsstrafe u. Betriebsstrafe), Bruder MDR 1973, 897; Kirberger NJW 1973, 1732 (Die Vereinsstrafe gegenüber Mitgliedern aufgrund vereinswidrigen Verhaltens Dritter); Hilpert BayVBl. 1988, 198 (Organisaton und Tätigkeit von Verbandsgerichten).

[73] RGZ 49, 153; 57, 154; 80, 190; 140, 25; 147, 15; BGHZ 29, 354; 47, 172; OLG Stuttgart NJW 1955, 883; KG Rpfleger 1963, 292; OLG Karlsruhe OLGZ 1970, 300.

[74] Thomas-Putzo § 1025 Anm. 3d; siehe auch Rdnr. 316; vgl. ferner Schopp Rpfleger 1959, 335 (339).

[75] BVerfGE 18, 385; RGZ 26, 277; 62, 254; 113, 125.

[76] OLG Hamm JW 1906, 125; s. auch Flume, Festschrift für Coing Bd. II S. 97.

oder institutionell mit den großen Kirchen verbunden sind.[77] Für andere religiöse Vereine gilt diese Einschränkung nicht.[77]

107 Der Rechtsbehelf, mit dem sich das ausgeschlossene Mitglied an das ordentliche Gericht[78] wenden kann, ist die Klage auf Feststellung der Unwirksamkeit des Ausschließungsbeschlusses (§ 256 ZPO). Die Klage ist gegen den Verein zu richten, nicht gegen das Vereinsorgan (z. B. Vorstand), das den Ausschluß beschlossen hat. Bei welchem Gericht sie zu erheben ist, hängt davon ab, ob das Mitglied nach dem Klagevorbringen durch den Ausschluß aus dem Verein (auch) in seinem wirtschaftlichen Fortkommen behindert ist (vermögensrechtlicher Anspruch),[79] oder ob es nur in seinen persönlichen Beziehungen zur Gesellschaft (Ehre, Achtung) betroffen wird (nichtvermögensrechtlicher Anspruch).[80] Im ersten Fall ist bei einem Streitwert bis 10000 DM das Amtsgericht, bei einem höheren Streitwert das Landgericht zuständig, in dessen Bezirk der Verein seinen Sitz hat (§§ 17 ZPO; 23 Nr. 1 GVG). Im zweiten Fall ist ausschließlich das Landgericht zuständig (§ 71 Abs. 1 GVG).

108 Die Feststellungsklage ist an keine Frist gebunden. § 246 AktG ist auf Vereinsbeschlüsse nicht entsprechend anwendbar.[81] Sie ist aber erst zulässig, nachdem das Mitglied die ihm nach der Satzung zustehenden vereinsinternen Rechtsbehelfe ausgeschöpft hat.[82] Das Reichsgericht vertrat dazu in ständiger Rechtsprechung[83] den Standpunkt, die gerichtliche Nachprüfung eines Ausschließungsbeschlusses sei unzulässig, wenn das betroffene Vereinsmitglied innerhalb der in der Satzung festgelegten Ausschlußfrist keinen Gebrauch von einem vereinsinternen Rechtsmittel (z. B. Berufung an die Mitgliederversammlung) gemacht habe. Diese Rechtsprechung hat der Bundesgerichtshof erheblich eingeschränkt.[84] Er hält zwar nach wie vor an dem Grundsatz fest, daß die gerichtliche Nachprüfung des Vereinsausschlusses nur zulässig ist, wenn das Mitglied die satzungsmäßigen Rechtsmittel augeschöpft hat. Voraussetzung ist jedoch, daß sich das Vereinsmitglied durch Einblick in die Satzung die Erkenntnis verschaffen konnte, daß es gegen den Ausschluß nicht mehr gerichtlich vorgehen könne, wenn es das in der Satzung vorgesehene Rechtsmittel nicht ergreife. Insoweit besteht nach der Auffassung des Bundesgerichtshofs ein Bedürfnis, die Mitglieder zu schützen. Sie müssen, wenn sie die Satzung kennen, in der Lage sein, sich zu entscheiden, ob sie den Rechtsnachteil hinnehmen wollen oder nicht, und sie müssen ihr Verhalten danach einrichten können. Die Satzung muß daher für jedes Mitglied auch ohne juristische Beratung deutlich erkennen lassen, welche recht-

---

77 R-D, 5. Aufl. Rdnrn. 2848, 2859.

78 Dabei wird vorausgesetzt, daß die Entscheidung über die Wirksamkeit des Ausschlusses in der Satzung nicht einem Schiedsgericht übertragen ist.

79 Vgl. dazu den Fall BGHZ 47, 172; BGHZ 13, 5; siehe ferner BGHZ 71, 126 = NJW 1978, 1370 sowie BGH NJW 1981, 2178 (Ausschluß aus einer Gewrkschaft).

80 RGZ 163, 202; vgl. BGH NJW 1985, 978; BGH NJW 1983, 2572; OLG Köln MDR 1984, 153.

81 OLG Köln WPM 1990, 1068 (1069).

82 BGHZ 13, 5 (16); 36, 105 (109); 47, 172 (174).

83 Vgl. z. B. RGZ 85, 355.

84 BGHZ 47, 172 = BB 1967, 602; BGHZ 49, 396; zur prozessualen Behandlung siehe auch Scheyhing JZ 1958, 343.

lichen Folgen es hat, wenn es von der Möglichkeit, den Ausschluß durch Anrufung einer weiteren Vereinsinstanz zu Fall zu bringen, nicht oder nicht rechtzeitig Gebrauch macht. Fehlt in der Satzung ein solcher belehrender Hinweis,[85] ist die Feststellungsklage schon gegen den in erster Vereinsinstanz verhängten Ausschluß zulässig.

Der Grundsatz, daß das Mitglied, ehe es sich an das Gericht wendet, den vereinsinternen Rechtsmittelweg bis zum Ende zu gehen hat, greift aber nicht ein, wenn ein Vereinsorgan die Durchführung des in der Satzung vorgesehenen Rechtsmittelverfahrens pflichtwidrig verhindert oder ungebührlich verzögert.[86] Dagegen ist die vorzeitige Anrufung des Gerichts nicht schon deshalb zulässig, weil die letzte Rechtsmittelinstanz des Vereins, etwa der Verbandstag, nur in größeren zeitlichen Abständen zusammentritt. Ob es allerdings mit dem Grundsatz von Treu und Glauben zu vereinbaren ist, daß der Verein ein in erster Vereinsinstanz ausgeschlossenes Mitglied auf die satzungsmäßige Möglichkeit verweist, Berufung zu einem Vereinsorgan einzulegen, das nach der Satzung nur alle 3 Jahre tagt, erscheint doch recht zweifelhaft.[87] Man wird dies jedenfalls dann verneinen müssen, wenn die Berufung nach der Satzung keine aufschiebende Wirkung hat. Denn eine so weit hinausgeschobene Berufungsverhandlung stellt für das betroffene Mitglied nur noch einen formalen, aber keinen praktisch bedeutsamen Rechtsschutz mehr dar. Der Weg zum ordentlichen Gericht kann ihm durch eine solche Gestaltung des Vereinsinstanzenzuges nicht verlegt werden.[88]

Voraussetzung für die Zulässigkeit der Klage ist grundsätzlich, daß das **109** Mitglied ein **rechtliches Interesse** daran hat, daß die Unwirksamkeit des Ausschlusses alsbald durch richterliche Entscheidung festgestellt wird (§ 256 ZPO). Dieses sogenannte **Feststellungsinteresse**[89] muß noch im Zeitpunkt der letzten mündlichen Verhandlung vor dem Prozeßgericht bestehen. Es geht aber nicht dadurch verloren, daß das Mitglied längere Zeit verstreichen läßt, bis es sich zur Erhebung der Klage entschließt.[90] Denn der richterliche Urteilsspruch, der die Unwirksamkeit des Ausschlusses feststellt, gewährt dem Mitglied dauernd einen Schutz dagegen, daß sich der Verein ihm gegenüber darauf berufen kann, es sei gemaßregelt worden, und diese Maßregel bestehe noch immer zu Recht.[91] Selbst wenn der Verein bereits aufgelöst wäre und sich in Liquidation befände, könnte ein ausgeschlossenes Mitglied noch auf Feststellung klagen, daß der Ausschluß unwirksam ist, weil diese Feststellung für die Ehre des Mitglieds, seine gesellschaftliche Stellung und sein wirtschaftliches Fortkommen nach wie vor von Bedeutung ist.[92] Hat das

---

[85] Siehe dazu § 4 letzter Satz der ausführlichen Mustersatzung bei Rdnr. 441.

[86] RG LZ 1932, 170; RG JW 1936, 2071; OLG Stuttgart NJW 1955, 833; OLG Saarbrücken JMBl. Saar 1967, 12; vgl. KG NJW 1988, 3159 für Partei-Streitigkeiten nach § 14 PartG.

[87] In RG LZ 1932, 170 grundsätzlich bejaht.

[88] Vgl. BGH NJW 1989, 1212 zur Anrufung des Gerichtes vor Ausschöpfung des vereinsinternen Instanzenzugs.

[89] Voraussetzungen des Feststellungsinteresses: BGH NJW 1986, 2507.

[90] OLG Köln NJW-RR 1993, 891.

[91] RG LZ 1916, 54; RG JW 1926, 2283.

[92] RG JW 1925, 1392.

Mitglied, nachdem sein Ausschluß beschlossen wurde, satzungsgemäß seinen freiwilligen Austritt vollzogen, kann es Klage auf Feststellung erheben, daß es nicht infolge des Ausschlusses, sondern erst infolge späteren freiwilligen Austritts aus dem Verein ausgeschieden ist.[93] Deshalb erledigt sich die Feststellungsklage nicht dadurch, daß das Mitglied nach Klageerhebung aus dem Verein freiwillig ausgetreten ist.[94]

Der Umfang der gerichtlichen Nachprüfung des Ausschlusses

110 Auf die Feststellungsklage des Mitglieds gegen den Ausschluß aus dem Verein kann das Prozeßgericht den Ausschließungsbeschluß nur in einem eingeschränkten Umfang auf seine Rechtmäßigkeit nachprüfen.[95] Nach der **formellen Seite** ist der Ausschließungsbeschluß allerdings unbeschränkt nachprüfbar.[96] Dagegen findet eine **sachliche Nachprüfung** in der Regel nur in bestimmten Grenzen statt.

111 In **formeller** Beziehung hat das Gericht im Rahmen des Klagevorbringens zu prüfen, ob der Ausschluß nach der Satzung zulässig ist[97] und ob eine solche Satzungsvorschrift auch schon zu der Zeit bestanden hat, als der Sachverhalt sich ereignete, auf den sich der Ausschließungsbeschluß stützt. Ferner erstreckt sich die Prüfung darauf, ob das Vereinsorgan, das den Ausschluß beschlossen hat, hierfür zuständig war, ob es ordnungsgemäß besetzt und einberufen war, ob es beschlußfähig war und ob der Ausschließungsbeschluß mit der erforderlichen Stimmenmehrheit zustande gekommen war.[98] Dabei kann sich nach einem Urteil des Oberlandesgerichts Hamm[99] die Unwirksamkeit eines Ausschlusses trotz der satzungsmäßigen Zuständigkeit des Vereinsvorsitzenden daraus ergeben, daß zwischen ihm und dem ausgeschlossenen Mitglied erhebliche private Auseinandersetzungen stattgefunden hatten, die eine Befangenheit des Vorsitzenden bewirkten. Darf nach der Satzung der Ausschluß erst nach einem erfolglosen Sühneversuch erfolgen, kann mit der Feststellungsklage gerügt werden, daß ein Sühneversuch nicht stattgefunden hat.[100] Ferner kann das Gericht nachprüfen, ob dem Mitglied im Ausschlußverfahren das rechtliche Gehör gewährt[101] wurde und ob der Ausschließungsbeschluß ausreichend begründet ist. Die pauschale Feststellung „vereinsschädigenden Verhaltens" reicht nicht aus.[102] Rechtserheblich ist auch die Behauptung des Mitglieds, es sei in dem Zeitpunkt, in dem sein Ausschluß beschlossen wurde, nicht mehr Mitglied gewesen, oder es sei

---

[93] RGZ 80, 189 (191f.); RG JW 1926, 2283.

[94] Vgl. RGZ 80, 189 (191).

[95] RGZ 80, 189 (191); 82, 248; BGH MDR 1966, 819; KG JW 1920, 1039; BayObLGZ 1959, 457 (465).

[96] Vgl. RGZ 80, 189 (191).

[97] RGZ 80, 191; 129, 45; 147, 11; BGH LM Nr. 3/4 zu § 39 BGB.

[98] RGZ 82, 248; RG HRR 1929 Nr. 792; KG JW 1920, 1039.

[99] OLG Hamm BB 1976, 1191.

[100] RG Recht 1913 Nr. 2925.

[101] RGZ 49, 150 (153); RG JW 1925, 49; RG Recht 1928 Nr. 1801 und HRR 1942 Nr. 779; BGH NJW 1960, 1861; OLG Nürnberg MDR 1963, 497; siehe auch Rdnr. 100.

[102] OLG Köln WPM 1990, 1068.

bereits vor dem Ausschließungsbeschluß wegen derselben Angelegenheit mit einer Vereinsstrafe belegt worden.[103] Das gleiche gilt für das Vorbringen, der Ausschluß sei ausschließlich wegen solcher Vorfälle erfolgt, die den maßgebenden Vereinsorganen seit langem bekannt gewesen seien, ohne daß diese dagegen eingeschritten wären.[104] Der Ausschließungsbeschluß unterliegt der gerichtlichen Nachprüfung mit dem Inhalt und der Begründung, auf die er im Verfahren des Vereins gestützt wurde; Gründe können nicht „nachgeschoben" werden.[105]

Sind im Ausschlußverfahren von der ersten nach der Satzung zuständigen Vereinsinstanz Verfahrensverstöße begangen worden, ist aber der Ausschluß von einer weiteren in der Satzung vorgesehenen Instanz in einem ordnungsgemäßen Verfahren bestätigt worden, so sind die Fehler der ersten Instanz für das Prozeßgericht ohne Bedeutung.[106]

Die **sachliche Berechtigung** des Ausschlusses aus dem Verein kann das Prozeßgericht mit Rücksicht auf die Vereinsautonomie[107] regelmäßig nur **beschränkt** nachprüfen. In dieser Beziehung ist jedoch das Prozeßgericht nach dem Grundsatzurteil des Bundesgerichtshofs vom 30. 5. 1983[108] in die Lage versetzt, den Ausschluß eines Mitglieds in einem Bereich zu überprüfen, der nach der bisherigen Rechtsprechung der Nachprüfung durch das staatliche Gericht entzogen war. Nach der ständigen Rechtsprechung des Reichsgerichts und des Bundesgerichtshofs[109] erstreckte sich nämlich die gerichtliche Nachprüfung eines Vereinsausschlusses (sowie anderer Disziplinarmaßnahmen) nur darauf, ob der Ausschluß eine Stütze im Gesetz oder in der Satzung hat, ob das in der Satzung vorgeschriebene Verfahren beachtet wurde, sonst keine Gesetzes- oder Satzungsverstöße vorgekommen sind und ob der Ausschluß nicht grob unbillig oder willkürlich ist. Dagegen war es dem Gericht verwehrt, die tatsächlichen Feststellungen, die das Ausschließungsorgan des Vereins über das dem Mitglied zur Last gelegte Verhalten getroffen hatte, auf ihre Richtigkeit zu überprüfen. Hatte beispielsweise das Ausschließungsorgan im Ausschließungsbeschluß festgestellt, daß das Mitglied eine bestimmte Äußerung über die Verwendung der Mitgliedsbeiträge durch den Vorstand getan hatte, so war das Gericht an diese Feststellung gebunden; eine Beweisaufnahme durch das Gericht fand nicht statt. Diese Bindung an die vom Ausschließungsorgan seiner Entscheidung zugrunde gelegten tatsächlichen Vorgänge hat der Bundesgerichtshof in dem erwähnten Urteil ausdrücklich verneint und entschieden, daß die Tatsachenermittlung im vereinsrechtlichen Disziplinarverfahren der vollen Nachprüfung **112**

---

[103] Vgl. KG Recht 1929 Nr. 475.

[104] RGZ 129, 45 (49) = HRR 1930 Nr. 2164.

[105] BGH ZIP 1989, 1321 (1322).

[106] RG Warn. 1913 Nr. 182; RG JW 1926, 2283; RG Recht 1929 Nr. 2.

[107] Unter Vereinsautonomie ist hier nicht der in Rdnr. 40 erörterte Grundsatz, das Selbstbestimmungsrecht des Vereins, sondern die inhaltliche Gestaltungsfreiheit zu verstehen.

[108] BGHZ 87, 337 = NJW 1984, 918 = WPM 1983, 1208; Anm. Leipold ZGR 1985, 112.

[109] BGHZ 13, 5 (11); 21, 370 (373); 29, 352 (354); 36, 105; 45, 314; 47, 172 und 381 (384); BGH NJW 1966, 1751; anders aber schon OLG Frankfurt NJW 1973, 2208 mit Anm. von Westermann.

durch die staatlichen Gerichte unterliegt.[110] Das bedeutet für die Gerichtspraxis, daß das Prozeßgericht Beweis darüber erheben kann, ob das ausgeschlossene Mitglied die ihm im Ausschließungsbeschluß zur Last gelegte „Tat" wirklich begangen hat.

Durch diese Rechtsprechung des Bundesgerichtshofs hatte sich in der Praxis zunächst für alle Vereine aber nichts daran geändert, daß die Entscheidung des Ausschlußorgans, das dem Mitglied zur Last gelegte und im Ausschlußverfahren einwandfrei festgestellte Vorkommnis stelle einen satzungsmäßigen Ausschließungsgrund dar (z. B. Schädigung der Vereinsinteressen), zu den Maßnahmen gehört, die ein Verein aufgrund seines Selbstbestimmungsrechts eigenverantwortlich zu treffen hat, und die deshalb gerichtlich nur auf Gesetzwidrigkeit, Willkür oder grobe Unbilligkeit überprüft werden können.[111]

Diese Beschränkung des staatlichen Gerichts bei der Überprüfung eines Vereinsausschlusses hat jedoch der Bundesgerichtshof in der Entscheidung vom 19. 10. 1987[112] für *bestimmte Vereine* aufgegeben und die gerichtliche Nachprüfbarkeit des Ausschlusses aus einem solchen Verein darauf erstreckt, ob der Ausschluß durch *sachliche Gründe* gerechtfertigt ist. Es handelt sich dabei um Monopolverbände sowie Vereinigungen mit einer überragenden Machtstellung im wirtschaftlichen oder sozialen Bereich, bei denen die Mitgliedschaft für den Einzelnen aus beruflichen, wirtschaftlichen oder sozialen Gründen von erheblicher Bedeutung ist, und die deshalb einem **Aufnahmezwang**[113] unterliegen. Es gehe nicht an – so der Bundesgerichtshof –, einerseits Beitrittswilligen einen Anspruch auf Aufnahme zu gewähren, andererseits aber dem Verband bis zur Grenze der Willkür oder groben Unbilligkeit das Recht zu geben, sie nach freiem Ermessen auszuschließen. Deshalb könnten bei diesen Vereinigungen an das Recht zum Ausschluß keine geringeren Anforderungen gestellt werden als an das Recht, einen Aufnahmeantrag abzulehnen. Der Ausschluß müsse sachlich gerechtfertigt sein, dürfe also nicht unbillig sein. Um dies prüfen zu können, nimmt die Rechtsprechung des Bundesgerichtshofs auch das Recht für sich in Anspruch, bei derartigen Vereinen solche internen Normen des Vereins, die die Rechtsstellung der Mitglieder regeln, einer richterlichen Inhaltskontrolle auf ihre Vereinbarkeit mit Treu und Glauben (§ 242 BGB) zu unterziehen.[114]

Für die breite Masse der Vereine, bei denen keine Aufnahmepflicht besteht, bleibt es aber – bis auf weiteres – dabei, daß der Ausschluß eines Mitglieds in sachlicher Beziehung gerichtlich nur beschränkt nachprüfbar ist.

---

[110] Wie Fn. 109; siehe aber OLG Düsseldorf NJW-RR 1987, 697, wonach die im vereinsrechtlichen Disziplinarverfahren getroffene tatsächliche Feststellung, wie die Wettbewerbsmaßnahme des Vereinsmitglieds von dem angesprochenen Publikum verstanden wird, vom staatlichen Gericht nur darauf hin überprüft werden darf, ob sie grob unbillig oder willkürlich ist.

[111] BGH NJW-RR 1992, 507 (508); BGHZ 47, 381 (384); vgl. BGHZ 75, 159; BGH NJW 1988, 552 (555).

[112] NJW 1988, 552 = WPM 1987, 1422 = ZIP 1987, 1536; dazu eingehend Hadding-van Look ZGR 1988, 270.

[113] Dazu bei Rdnr. 77.

[114] BGHZ 105, 306 = NJW 1989, 1724 = ZgGenW 1991, 247 mit Anm. von Beuthien-Kießler; dazu Bunte ZGR 1991, 316.

Fehlt in der Satzung eine Bestimmung über den Ausschluß eines Mitglieds, so kann es nur aus „wichtigem Grund" ausgeschlossen werden. Der Ausschluß entspricht dann der fristlosen Kündigung eines Dauerrechtsverhältnisses unter dem Gesichtspunkt des wichtigen Grundes nach Treu und Glauben.[115] Die sachliche Berechtigung des Ausschlusses kann hier das Gericht ohne Beschränkung nachprüfen.[116]

Nachprüfbar ist der Ausschluß ferner darauf, ob er gesetzwidrig, sittenwidrig oder offenbar unbillig ist oder ob er den Tatbestand des § 826 BGB erfüllt.[117]

Die Frage, ob der Ausschluß **offenbar unbillig** und deshalb unwirksam 113
ist, haben die Gerichte bei **jeder Art** von Vereinen zu prüfen.[118] Es kommt nicht darauf an, ob der Verein in der sozialen Ordnung eine besondere Bedeutung hat.[119] Die frühere einschränkende Rechtsprechung ist aufgegeben. Die Abgrenzung, wann im Einzelfall der Ausschluß aus dem Verein offenbar unbillig ist, bereitet mitunter Schwierigkeiten. Dabei ist zunächst regelmäßig von dem Sachverhalt auszugehen, den das Ausschließungsorgan des Vereins (einwandfrei) festgestellt hat. Dann ist zu prüfen, ob zwischen den festgestellten Verfehlungen des Mitglieds und dem Ausschluß aus dem Verein als der schwersten Vereinsstrafe ein **offensichtliches Mißverhältnis** besteht.[120] Dabei sind nicht nur die unmittelbaren Auswirkungen in Betracht zu ziehen, die sich für den Betreffenden durch den Verlust der Mitgliedschaft ergeben; vielmehr sind auch die mittelbaren Folgen in Rechnung zu stellen, die nach der Lebenserfahrung normalerweise eintreten.[121] So kann im Einzelfall der Persönlichkeitswert des Betroffenen in der Öffentlichkeit infolge des Ausschlusses aus dem Verein, je nach dessen Bedeutung, erheblich gemindert werden, oder es ist damit zu rechnen, daß das ausgeschlossene Mitglied eine bestimmte berufliche Stellung verliert. Deshalb ist ein Ausschluß umso eher unbillig, je wichtiger für den Betroffenen die Mitgliedschaft ist.[122] Allerdings ist auch der Vereinszweck zu beachten: Das lange Vorstrafenregister von Verurteilungen wegen Verkehrsdelikten wird sicher einen sachlichen Grund bieten, diesen Verkehrsrowdy aus dem ADAC auszuschließen; ganz anders kann sich der Fall darstellen, wenn dieser Bewerber aus einem Schachclub ausgeschlossen werden soll.[123] Offenbar unbillig ist der Ausschluß eines Mitglieds, wenn der Verein andere Mitglieder, obwohl diese unter denselben Umständen den gleichen Verstoß gegen die Satzung begangen haben, ohne sachlichen Grund, der eine unterschiedliche Behandlung rechtfertigte, nicht ausgeschlossen hat[121] (Verletzung des Grundsatzes der Gleichbehandlung aller Mitglieder). Der Ausschluß kann ferner offenbar

---

115 RGRK-Steffen § 39 Rdnr. 6 m. Nachw.; Fischer in Anm. LM BGB § 25 Nr. 3.

116 OLG Frankfurt NJW-RR 1991, 1276.

117 RGZ 147, 11 (15); BGHZ 13, 5 (11); BGH LM Nr. 3/4 zu § 39 BGB; BGH NJW 1972, 1892 und 1973, 35; OLG Karlsruhe OLGZ 1970, 300.

118 Zum Ausschluß aus Gewerkschaften vgl. BGH NJW 1991, 485; MDR 1991, 688; NJW-RR 1992, 246; BVerfG NJW 1993, 1972; Wendeling-Schröder ZGR 1990, 107.

119 BGHZ 47, 381.

120 RGZ 147, 11 (15).

121 BGHZ 13, 5 (12).

122 BGHZ 102, 265 (277).

123 Bartodziej ZGR 1991, 517 (545).

unbillig sein, wenn ihn der Verein auf an sich vereinsschädigende Behauptungen des Mitglieds stützt, die dieses aber in einem Prozeß gegen den Verein zu seiner Verteidigung aufgestellt hatte. Offenbare Unbilligkeit liegt auch bei Entscheidungen vor, die dem Wertsystem der staatlichen Ordnung, insbesondere den Grundrechten zuwiderlaufen. Ein Vereinsausschluß, der darauf gestützt wird, ein Mitglied habe von seinem Namenswahlrecht bei der Eheschließung nach § 1355 II BGB Gebrauch gemacht, ist deshalb als unwirksam anzusehen.[124]

Bei der gerichtlichen Auseinandersetzung darüber, ob der Ausschluß grob unbillig ist, können beide Parteien (Verein, Mitglied) neue, im Ausschlußverfahren nicht behandelte Tatsachen vorbringen; der Grundsatz, daß der Verein im Prozeß über die Rechtswirksamkeit einer Ausschließung keine neuen Tatsachen nachschieben darf, steht dem nicht entgegen. Seine Bedeutung erschöpft sich darin, daß ein Ausschließungsbeschluß der gerichtlichen Nachprüfung nur mit dem Inhalt unterliegen kann, wie er im vereinsrechtlichen Ausschließungsverfahren zustande gekommen ist. Der Verein kann nur insoweit keine neuen Tatsachen in den Prozeß einführen, als er damit die Ausschließung auf eine neue tatsächliche Grundlage stellen und sich auf einen neuen Ausschließungsgrund berufen würde, der nach der Satzung zunächst Gegenstand des vereinsinternen Verfahrens hätte sein müssen. Hiermit haben aber Tatsachen, aus denen sich die offenbare Unbilligkeit des Ausschlusses ergeben oder mit denen diese offenbare Unbilligkeit widerlegt werden soll, nichts zu tun.[125]

Eine offenbare Unbilligkeit des Ausschlusses kann nicht darin gesehen werden, daß das vom Verein praktizierte Ausschlußverfahren nicht einem gerichtlichen Strafverfahren angepaßt war. Der Bundesgerichtshof[125] hat keinen Anstoß daran genommen, daß ein Vereinsvorstand einerseits den Ausschließungsantrag gestellt, andererseits dem Vereinsorgan angehört hatte, das über den Ausschluß entschieden hatte; er hat nur verlangt, daß ein solches Verfahren eine Grundlage in der Satzung hat. Der Grundsatz, daß niemand zugleich Ankläger und Richter sein kann, gilt im Vereins-Disziplinarverfahren nicht. Liegt dem Verfahren dagegen der Vorwurf zugrunde, der Betroffene habe ein Vorstandsmitglied beleidigt, darf dieses an der Entscheidung nicht mitwirken.[126]

114 Kommt das Gericht zu dem Ergebnis, daß die Klage des ausgeschlossenen Mitglieds begründet ist, so stellt es fest, daß der Ausschließungsbeschluß unwirksam ist. Dagegen ist es dem Gericht verwehrt, anstelle des Ausschlusses eine etwa in der Satzung vorgesehene mildere Vereinsstrafe auszusprechen,[127] mag diese sachlich noch so berechtigt sein. Wenn der Ausschließungsbeschluß wegen eines Verfahrensfehlers für unwirksam erklärt wurde,

---

[124] A. A. OLG Celle NJW-RR 1989, 313; im Ergebnis wie hier, wenn auch mit anderer Begründung Slupik JR 1990, 317 (323).

[125] BGHZ 47, 381 (387) = NJW 1967, 1657; BGHZ 45, 314 (321) = NJW 1966, 1751; BGH NJW 1972, 1892; vgl. auch BGHZ 87, 337 = NJW 1984, 918; BGH NJW 1988, 552 (554); ebenso OLG München MDR 1973, 405; dazu kritisch Staudinger-Coing § 35 Rdnr. 47; vgl. auch Reinicke NJW 1975, 2048.

[126] OLG Köln NJW-RR 1993, 891.

[127] Vgl. BayObLGZ 1959, 457 (468).

kann der Verein wegen desselben Sachverhalts ein neues Ausschlußverfahren einleiten.[128] Ist dagegen im Urteil des Gerichts festgestellt, daß der Ausschluß sachlich nicht berechtigt war, darf der Verein diesen Sachverhalt nicht mehr als Ausschließungstatbestand verwerten.[129]

Sehr oft ist das Ausschlußverfahren in der Satzung so geregelt, daß gegen **115** den Ausschließungsbeschluß eines bestimmten Vereinsorgans (z. B. des Vorstandes) Berufung zu einem zweiten Vereinsorgan (z. B. zur Mitgliederversammlung) eingelegt werden kann. Hat diese zweite Vereinsinstanz den Ausschluß bestätigt, so wird durch das Urteil des Gerichts, das die Unwirksamkeit des Ausschlusses feststellt, nicht in jedem Fall auch der Ausschließungsbeschluß beseitigt, der von der ersten Vereinsinstanz (z. B. vom Vorstand) erlassen worden war. Wurde z. B. der Ausschluß nur deshalb für unwirksam erklärt, weil dem Mitglied in der zweiten Vereinsinstanz das rechtliche Gehör nicht gewährt wurde, so muß lediglich das Verfahren in der zweiten Vereinsinstanz (z. B. die Berufungsverhandlung in der Mitgliederversammlung) wiederholt werden.[130]

Wenn das ausgeschlossene Mitglied mit der Klage gegen den Ausschluß **116** Erfolg hat, so steht damit fest, daß es nach wie vor dem Verein angehört (wenn es nicht in der Zwischenzeit freiwillig ausgetreten ist). Es bedarf also nicht etwa einer Neuaufnahme. Daher sind die Beschlüsse, die Vereinsorgane seit dem unwirksamen Ausschließungsbeschluß gefaßt haben, auch Satzungsänderungen, für das Mitglied verbindlich.[130] Wenn aber mit dem Ausschluß der Verlust eines Vereinsamtes verbunden war, tritt das zu Unrecht ausgeschlossene Mitglied nicht automatisch in dieses Amt wieder ein,[131] es bedarf vielmehr einer Neubestellung, soweit diese nicht an der zwischenzeitlich anderweiten Besetzung des Vereinsamtes scheitert.

Ist dem rechtswidrig ausgeschlossenen Mitglied durch den Ausschluß ein **117** **Schaden** entstanden, kann es vom Verein Ersatz verlangen, wenn der Ausschließungsbeschluß durch ein Verschulden des beschließenden Organs (z. B. bei fehlender Zuständigkeit) herbeigeführt worden war.[132] Das zu Unrecht ausgeschlossene Mitglied kann ferner verlangen, daß die Feststellung des Gerichts über die Unwirksamkeit des Ausschlusses in derselben Weise bekanntgemacht wird, wie seinerzeit der Ausschluß bekanntgemacht wurde.[133] Diese Ansprüche kann das Mitglied zugleich mit der Klage auf Feststellung der Unwirksamkeit des Ausschlusses gerichtlich geltend machen.

Beendigung der Mitgliedschaft aus anderen Gründen

Der **Tod eines Mitglieds** hat regelmäßig die Beendigung der Vereinsmit- **118** gliedschaft zur Folge, weil nach § 38 Satz 1 BGB die Mitgliedschaft nicht vererblich ist. Von dieser gesetzlichen Regelung kann aber die Satzung abweichen (vgl. § 40 BGB). In diesem Fall tritt der Erbe mit dem Erbfall in die

[128] RGZ 85, 358.
[129] BGH NJW 1954, 833.
[130] Vgl. RG Recht 1910 Nr. 204 (Genossenschaft).
[131] BGHZ 31, 192 (195); RGRK-Steffen § 39 Rdnr. 11.
[132] BGH NJW 1984, 1884.
[133] RGZ 56, 287; RG JW 1915, 1424 (1427).

Mitgliedschaft ein. Wenn eine Handelsgesellschaft oder eine juristische Person Vereinsmitglied ist, wird die Mitgliedschaft grundsätzlich nicht schon mit der Auflösung, sondern erst mit der Beendigung der Liquidation (Abwicklung), also erst mit dem Erlöschen der Gesellschaft bzw. Korporation beendet. Die Regelung in § 77a des Genossenschaftsgesetzes, wonach die Mitgliedschaft einer aufgelösten Handelsgesellschaft oder juristischen Person in einer Genossenschaft mit dem Abschluß des Geschäftsjahrs endet, in dem die Auflösung wirksam geworden ist, hat ihren Grund in der Erwägung, es lasse sich mit dem Zweck einer Genossenschaft, den Erwerb oder die Wirtschaft ihrer Mitglieder zu fördern, nicht vereinbaren, daß eine in Liquidation getretene und damit nicht mehr „werbende" Gesellschaft bzw. juristische Person weiterhin Genossin bleibe.[134] Da diese Erwägungen beim nichtwirtschaftlichen Verein regelmäßig nicht Platz greifen, wird man es hier bei dem Grundsatz belassen müssen, daß der dem Tod einer natürlichen Person vergleichbare Zustand bei Handelsgesellschaften und juristischen Personen (z. B. eingetragenen Vereinen) erst mit deren Erlöschen (Vollbeendigung) gegeben ist. In besonders gelagerten Fällen, beispielsweise bei Vereinen, deren Zweck in der Förderung der wirtschaftlichen Interessen ihrer Mitglieder besteht, kann jedoch eine entsprechende Anwendung des § 77a GenG in Betracht gezogen werden.

119 Die Mitgliedschaft erlischt ferner ohne weitere Maßnahmen seitens des Vereins **(automatisch),** wenn nach der Vereinssatzung der Erwerb der Mitgliedschaft von besonderen Voraussetzungen in der Person des Bewerbers abhängig ist (z. B. von der Zugehörigkeit zu einer bestimmten Berufsgruppe) **und außerdem** in der Satzung bestimmt ist, daß mit dem Wegfall dieser Voraussetzungen die Mitgliedschaft endet.[135] Darüber hinaus ist auch eine Satzungsvorschrift für zulässig zu halten, wonach die Mitgliedschaft erlischt, sobald irgendein näher bezeichneter Tatbestand gegeben ist[136] (z. B. Verlust einer Amtsstellung, Konkurs des Mitglieds, Erreichen einer bestimmten Altersgrenze bei einer Jugendorganisation, Austritt aus einer Religionsgemeinschaft bei einem religiösen Verein, Ausscheiden aus dem Betrieb bei einem Firmen-Unterstützungsverein[137]).

9. Beiträge

120 Nach § 58 Nr. 2 BGB soll die Satzung Bestimmungen darüber enthalten, **ob und welche** Beiträge von den Mitgliedern zu leisten sind. Das Gesetz verlangt damit eine klare Aussage im positiven oder negativen Sinne. Fehlt sie, muß der Rechtspfleger die Eintragung des Vereins nach erfolglos gebliebener Zwischenverfügung[1] ablehnen (§ 60 BGB). Unter „Beiträgen" sind

---

[134] Vgl. RGZ 87, 408 (411); 122, 253 (257).

[135] BGH WPM 1978, 1066 = Rpfleger 1978, 362 = DNotZ 1978, 724 = Betrieb 1978, 1973.

[136] Vgl. OLG Celle NJW 1989, 313 (314), das eine solche Regelung als vereinfachtes Ausschlußverfahren behandelt; von BGH (Fn. 135) offen gelassen; zur automatischen Beendigung der Mitgliedschaft in einer politischen Partei siehe BGHZ 73, 275 = NJW 1979, 1402.

[137] Siehe aber BayObLGZ 1971, 178 = Rpfleger 1971, 311.

[1] Dazu näher bei Rdnr. 21.

alle mitgliedschaftlichen Pflichten zur Förderung des Vereinszwecks zu verstehen, die ein Mitglied zu erfüllen hat.[2] Sie können in Geldzahlungen, in Sachleistungen oder in der Leistung von Diensten (auch in der Pflicht zur Übernahme eines Vereinsamts) bestehen. Wenn die Satzung nur allgemein davon spricht, daß die Mitglieder „Beiträge" leisten müssen, so sind darunter in der Regel Geldbeiträge zu verstehen.[3] Eine andere Auslegung kann sich aber ausnahmsweise aus einem speziellen Vereinszweck ergeben. An finanziellen Leistungen kommen die Zahlungen einer Aufnahmegebühr (Eintrittsgeld), in regelmäßigen Abständen zahlbare Geldbeiträge, von Fall zu Fall zu erhebende Umlagen sowie Geldstrafen (Disziplinarstrafen) in Betracht. Es ist grundsätzlich nicht erforderlich, daß die Höhe der Beiträge in der Satzung festgesetzt wird; lediglich die Höhe der Geldstrafen muß nach oben begrenzt werden.[4] Falls eine Aufnahmegebühr und regelmäßige Mitgliedsbeiträge verlangt werden, ist es nicht zweckmäßig, die entsprechenden Beiträge in der Satzung festzulegen, weil dann zu jeder Erhöhung oder Ermäßigung eine besondere Satzungsänderung erforderlich ist. Zweckmäßig ist es vielmehr, es einem bestimmten Vereinsorgan (Vorstand, Mitgliederversammlung usw.) zu überlassen, die Höhe dieser Zahlungen festzusetzen.[5] Eine ordnungsgemäß beschlossene Beitragserhöhung ist regelmäßig kein wichtiger Grund, der das Mitglied zum sofortigen Austritt aus dem Verein berechtigte.[6] Bei Vereinen mit karitativer Zielsetzung wird es nicht selten dem Mitglied selbst überlassen, zu bestimmen, welchen Beitrag es leisten will. Dagegen ist rechtlich nichts einzuwenden. Wesentlich ist nur, daß die Satzung ein solches Verfahren ausdrücklich gestattet. Schreibt die Satzung nur vor, daß Mitgliedsbeiträge in bestimmten Zeitabständen (monatlich, vierteljährlich, jährlich) erhoben werden, so können daneben nicht noch besondere **Umlagen**[7] oder als außerordentliche Beiträge bezeichnete Zahlungen verlangt werden. Ein solches Verlangen ließe sich auch nicht damit rechtfertigen, daß der Verein zur Erfüllung seiner satzungsmäßigen Aufgaben bestimmte Maßnahmen treffen müsse, die mit den in der Satzung vorgesehenen ordentlichen Mitgliedsbeiträgen nicht finanziert werden könnten.[8] Dagegen kann die Satzung bestimmen, daß die Mitgliederversammlung die Erhebung solcher Umlagen mit einfacher Mehrheit beschließt.[9] Ist in der Satzung ursprünglich keine Beitragspflicht vorgesehen, so kann sie später nur durch eine Satzungsänderung eingeführt werden. Dasselbe gilt für sonstige bisher in der Satzung nicht vorgesehene Leistungen, z. B. die Erhebung von Umlagen oder die Zahlung eines Auf-

---

[2] Soergel-Hadding § 58 Rdnr. 3.

[3] So zutreffend Beuthien BB 1987, 6 (12).

[4] So wohl Meyer-Cording S. 56.

[5] RG JW 1916, 128.

[6] AG Essen DWW 1961, 119; Müller MDR 1992, 924 (925); a. A. – zu weitgehend – AG Nürnberg Rpfleger 1988, 109, wonach die Beitragserhöhung um 25% einen wichtigen Grund zur fristlosen Kündigung der Mitgliedschaft darstellen kann, wenn die vom Vorstand gegebene Begründung inhaltsleer und nicht nachvollziehbar ist.

[7] Zu Umlagen ausführlich Müller MDR 1992, 924.

[8] A. A. BGH NJW 1968, 543; s. aber auch BGHZ 56, 106 (108).

[9] AG Grevenbroich MDR 1991, 345. Das ist nicht verfassungswidrig, BVerfG MDR 1991, 318.

nahmebeitrags.[10] Dabei ist aber zu beachten, daß eine Satzungsänderung erst mit der Eintragung in das Vereinsregister wirksam wird. Die **rückwirkende** Einführung einer Beitragspflicht oder einer Beitragserhöhung ist jedenfalls dann nicht zulässig, wenn eine etwa daraufhin ausgesprochene Kündigung die Beendigung der Mitgliedschaft erst zu einem späteren Zeitpunkt herbeiführen würde, als es bei einer Kündigung der Fall wäre, die in dem Zeitpunkt ausgesprochen worden wäre, auf den der Beschluß zurückwirkt.[11] Nach Auflösung des Vereins sind die Liquidatoren (Abwickler) berechtigt, Mitgliedsbeiträge gemäß der Satzung insoweit zu erheben, als dies zur Deckung der Vereinsschulden nötig ist.[12]

121 Die Beiträge brauchen nicht für alle Mitglieder gleich hoch zu sein. Im Vereinsrecht gilt zwar der Grundsatz der Gleichbehandlung aller Mitglieder. Danach ist es nicht statthaft, ohne Zustimmung der betroffenen Mitglieder durch eine nachträgliche Änderung der Satzung oder, wenn die Beitragsfestsetzung einem Vereinsorgan überlassen ist, durch Beschluß dieses Organs (z. B. des Vorstands) die Mitgliedsbeiträge so festzusetzen, daß sie ein einzelnes Mitglied oder eine Gruppe von Mitgliedern in einer willkürlichen und sachfremden Weise gegenüber den anderen Mitgliedern besonders belasten.[13] Dieser Grundsatz schließt jedoch nicht die Notwendigkeit ein, daß die Beiträge bei jedem Mitglied in ihrer tatsächlichen ziffernmäßigen Höhe gleich sind; er verlangt nur, daß die Mitglieder zu den Beiträgen auf einer gleichen Grundlage herangezogen werden. So ist es z. B. nicht zu beanstanden, daß der Beitrag, den die Mitglieder eines Gewerbevereins zu zahlen haben, mit einem bestimmten Prozentsatz ihres Umsatzes festgesetzt wird. Ebenso kann die Satzung nur eine bestimmte **Gruppe** von Mitgliedern (z. B. in einem Beamtenverein die aktiven Beamten) zu Beiträgen heranziehen, andere Mitgliedergruppen dagegen von der Beitragspflicht ganz oder teilweise freistellen (z. B. Ehrenmitglieder, außerordentliche Mitglieder, Pensionisten, Studenten usw.). Auch eine Änderung der **Bemessungsgrundlage** für die Beiträge (durch eine Satzungsänderung) ist zulässig, wenn dafür sachliche Gesichtspunkte maßgebend sind. Dabei ist zu beachten, daß Vereinsbeiträge dazu bestimmt sind, den Vereinszweck zu fördern. Deshalb ist es sachlich nur gerechtfertigt, von einzelnen Mitgliedern aufgrund der Umsätze, die sie auf einem bestimmten Teilgebiet eines Industriezweigs erzielen, eine Zusatzumlage zu erheben, wenn nach dem Vereinszweck gerade die besonderen Interessen dieses Teilgebiets – nicht nur die des Industriezweigs im allgemeinen – zu fördern sind.[14]

122 Zwischen der Erfüllung der Beitragspflicht und den Rechten des Mitglieds besteht nach dem Gesetz keine rechtliche Beziehung. Es ist aber zulässig, daß in der Satzung die Ausübung der Mitgliedschaftsrechte von der Bezahlung

---

[10] OLG Hamm Betrieb 1976, 93; a. A. OLG Bamberg BB 1982, 272, wonach ein Eintrittsgeld auch ohne entsprechende Bestimmung in der Satzung verlangt werden darf.

[11] Wie hier jetzt auch R-D, 5. Aufl. Rdnr. 588; differenzierend Stöber, 6. Aufl. Rdnr. 87.

[12] RGRK-Steffen § 49 Rdnr. 1; in RG HRR 1937 Nr. 429 offen gelassen.

[13] BGH NJW 1954, 953 = LM Nr. 2 zu § 39 BGB = BB 1954, 329.

[14] BGH LM Nr. 2 zu § 39 BGB; Staudinger-Coing § 35 Rdnr. 13a.

der fälligen Beiträge abhängig gemacht wird. So kann die Satzung z. B. bestimmen, daß das **Stimmrecht** eines Mitglieds solange **ruht,** wie es mit dem Beitrag im Rückstand ist, oder daß während eines Beitragsrückstandes kein Anspruch auf den Bezug der Vereinszeitschrift oder auf die Benützung der Vereinseinrichtungen besteht. Zulässig ist ferner eine Satzungsbestimmung, wonach ein Mitglied von der Mitgliederliste gestrichen wird, wenn es eine bestimmte Zeit lang keinen Beitrag entrichtet hat.

Die Beitragspflicht besteht grundsätzlich so lange, bis das Mitglied aus **123** dem Verein ausscheidet. Vorher fällig gewordene Beiträge und Umlagen sind also noch zu bezahlen.[15] Hierbei kommt es nicht auf den Zeitpunkt an, in dem das Mitglied seinen Austritt **erklärt,** sondern auf den Zeitpunkt, in dem die Mitgliedschaft aufgrund der Austrittserklärung satzungsgemäß **endet.** Schreibt die Satzung die Einhaltung einer Kündigungsfrist vor (längstens zwei Jahre), bleibt das Mitglied während dieser Frist zur Zahlung der Beiträge, auch der während der Kündigungsfrist erhöhten, verpflichtet. Dagegen besteht keine Zahlungspflicht für jene Beiträge, die zwar noch vor dem Ausscheiden des Mitglieds beschlossen worden sind, die aber erst zu einem Zeitpunkt fällig werden, der nach dem Ausscheiden liegt.[16] Die Beitragspflicht endet ferner mit der Eröffnung des Vereinskonkurses, wenn die Satzung nichts Abweichendes bestimmt.[17]

Diese Grundsätze gelten entsprechend, wenn ein Mitglied aus dem Verein ausgeschlossen wird. Wird nach der Satzung der Ausschluß nicht sofort, sondern erst nach Ablauf einer „Rechtsmittelfrist" wirksam, besteht die Beitragspflicht bis dahin fort.

Zur Zahlung der im Zeitpunkt des Ausscheidens bestehenden Beitragsschulden bleibt das ausgeschiedene Mitglied verpflichtet. Laufende, jeweils an bestimmten Terminen zahlbare Mitgliedsbeiträge verjähren nach vier Jahren, vom Ende des Jahres an gerechnet, in dem der Beitrag zu zahlen war[18] (Beispiel: Die am 1. 1. 1989 fällig gewesenen Beiträge verjähren am 31. 12. 1993).

Die Satzung kann nicht bestimmen, daß die Mitglieder für die Schulden des Vereins unmittelbar den Gläubigern des Vereins haften. Eine solche Satzungsbestimmung wäre mit dem Wesen des Vereins als Körperschaft nicht zu vereinbaren und würde, falls sie tatsächlich getroffen wäre, ein Schuldverhältnis zwischen den Vereinsmitgliedern und den Vereinsgläubigern nicht begründen.

10. Bildung des Vorstands

Das Gesetz verlangt weiter, daß die Satzung eine Bestimmung über die **124** Bildung des Vorstands enthält (§ 58 Nr. 3 BGB). Fehlt sie, so ist dies ein Grund, die Anmeldung des Vereins zu beanstanden (Zwischenverfügung) und sie letztlich zurückzuweisen (§ 60 BGB). Unter „Bildung des Vorstands" ist die eindeutige Festlegung zu verstehen, wie sich der Vorstand

---

[15] AG Grevenbroich MDR 1991, 345.
[16] BGHZ 48, 207 = NJW 1967, 2303 = MDR 1967, 909.
[17] BGHZ 96, 253 = NJW 1986, 1604 = MDR 1986, 646.
[18] AG Köln WM 1980, 206; Soergel-Hadding § 197 Rdnr. 14.

zusammensetzt.[1] Es ist also wenigstens eine Aussage darüber erforderlich, ob der Vorstand aus einer oder aus mehreren Personen besteht, gegebenenfalls aus wievielen (vgl. § 26 Abs. 1 Satz 2 BGB).[2] Mit Rücksicht auf die Bedeutung, die dem Vorstand als dem gesetzlichen Vertretungs- und Geschäftsführungsorgan zukommt, ist zu fordern, daß die Satzung keine begründeten Zweifel darüber aufkommen läßt, welche Inhaber der in der Satzung bezeichneten Vereinsämter oder welche Mitglieder eines Vereinsorgans den Vorstand des Vereins bilden. Ohne die eindeutige Feststellung des Vereinsvorstandes kann das Vereinsregister seine gesetzliche Bestimmung nicht erfüllen.[3] Bestimmt z. B. die Satzung einerseits, daß der Vorstand aus den drei Vorsitzenden und zwei weiteren Vorstandsmitgliedern besteht, und ordnet sie andererseits an, daß der Verein gerichtlich und außergerichtlich durch die drei Vorsitzenden, und zwar durch jeden allein, vertreten wird, so läßt sich der Satzung mangels sonstiger Anhaltspunkte nicht zweifelsfrei entnehmen, welche Personen den Vorstand im Sinne des Gesetzes bilden.[4] In diesem Fall ist eine Zwischenverfügung des Registergerichts angebracht, durch die auf eine eindeutige Fassung der Satzung hingewirkt wird.[4] Wenn ein Verein zwei „Vorstände" haben will, den einen als Vertretungsorgan, den anderen als geschäftsführendes Organ, müssen die beiden Organe mindestens durch eine entsprechende Bezeichnung voneinander abgegrenzt werden, z. B durch die Bezeichnung des einen Organs als „Vorstand im Sinn des § 26 BGB".[5] Will dagegen die Satzung unter ein und derselben Bezeichnung „Vorstand" bald das Vertretungsorgan, bald das Geschäftsführungsorgan verstanden wissen, ist sie in einem auch für die Allgemeinheit wesentlichen Punkt verschiedener Deutung ausgesetzt und geeignet, zur Verwirrung über die Rechtsverhältnisse des Vereins beizutragen. Einer solchen Satzung fehlt die in § 58 Nr. 3 BGB geforderte Bestimmtheit über die Zusammensetzung des Vorstands.[4] Durch die Satzung kann angeordnet werden, daß der Vorstand aus einer Mindest- oder/und einer Höchstzahl von Mitgliedern besteht. In diesem Fall bleibt es der Mitgliederversammlung überlassen, innerhalb dieser Grenzen so viele Vorstandsmitglieder zu bestellen, wie sie für erforderlich hält.[6]

11. Voraussetzung und Form der Berufung der Mitgliederversammlung

125 Nach § 58 Nr. 4 BGB soll die Satzung die Voraussetzungen bestimmen, unter denen die Mitgliederversammlung einzuberufen ist; ferner soll sie bestimmen, **wie** die Mitglieder zur Versammlung einzuladen sind. Fehlen in der Satzung diese Vorschriften, darf der Verein nicht in das Vereinsregister eingetragen werden (§ 60 BGB). Nach dem Gesetz (§§ 36, 37 BGB) ist die Mitgliederversammlung einzuberufen, wenn das Interesse des Vereins es

---

[1] BayObLGZ 1969, 33 (36); BayObLG MittBayNot 1976, 210; Palandt-Heinrichs § 58 Rdnr. 6.
[2] BayObLGZ 1971, 266 = Rpfleger 1971, 352.
[3] Staudinger-Coing § 26 Rdnr. 5.
[4] BayObLGZ 1971, 266 = Rpfleger 1971, 352.
[5] Vgl. KG RJA 11, 265; BayObLGZ 1916, 134; BayObLG MittBayNot 1976, 210.
[6] Näheres über den Vereinsvorstand Rdnrn. 224ff.

erfordert oder wenn $\frac{1}{10}$ der Mitglieder die Einberufung schriftlich unter Angabe des Zwecks und der Gründe verlangt. Die Satzung soll nun unter Berücksichtigung der individuellen Verhältnisse des Vereins **konkrete** Vorschriften über die Einberufung der Mitgliederversammlung aufstellen. Hier ist der Satzung weiter Spielraum gelassen. So kann bestimmt werden, daß die Mitgliederversammlung in bestimmten Zeitabständen, zu festen Terminen oder beim Eintritt bestimmter Ereignisse einzuberufen ist.

Das gesetzliche Minderheitsrecht auf Einberufung der Mitgliederversammlung kann durch die Satzung abgeändert werden.[1]

Über die **Form** der Einberufung spricht sich das Gesetz nicht aus. Die Satzung soll sie aber in bestimmter Weise festlegen. Sie kann dabei unter den verschiedensten Möglichkeiten wählen. Diese sind im Abschnitt „Die Mitgliederversammlung" behandelt.[2] 126

12. Beurkundung der Beschlüsse der Mitgliederversammlung

§ 58 Nr. 4 BGB schreibt schließlich vor, daß die Satzung eine Bestimmung über die Beurkundung der Beschlüsse der Mitgliederversammlung enthalten soll. Das Fehlen einer solchen Bestimmung muß der Rechtspfleger im Eintragungsverfahren beanstanden (§ 60 BGB).[1] „Beurkundung" bedeutet, daß die Beschlüsse schriftlich niederzulegen sind. Daß die Niederschrift von einer amtlichen Urkundsperson, etwa einem Notar, aufzunehmen ist, verlangt das Gesetz nicht. Es überläßt es vielmehr der Satzung, die Form der Beurkundung zu bestimmen. Nach dem Gesetz ist es nicht erforderlich, daß sich aus der Niederschrift im einzelnen der Ablauf der Mitgliederversammlung ergibt (sogenanntes Ablaufprotokoll), sondern es genügt, daß in der Niederschrift das Ergebnis der Versammlung festgehalten ist, also vor allem die gefaßten Beschlüsse aufgezeichnet sind (sogenanntes Ergebnisprotokoll). Wenn die Satzung für den Inhalt der Niederschrift keine bestimmte Regelung trifft, steht es im Ermessen des Protokollführers, ein Ablaufprotokoll oder ein Ergebnisprotokoll herzustellen. Die Niederschrift über das Ergebnis einer Mitgliederversammlung dient zum einen der Information der Mitglieder über Inhalt und Zustandekommen von Beschlüssen und damit auch der Vorbereitung einer etwaigen Anfechtung der Beschlüsse;[2] zum anderen muß sie bei denjenigen Versammlungsbeschlüssen und Wahlen, die zur Eintragung in das Vereinsregister anzumelden sind (z. B. Satzungsänderung, Änderung des Vorstands), so abgefaßt sein, daß das Registergericht prüfen kann, ob der Beschluß (die Wahl) ordnungsgemäß zustande gekommen ist. Wenn die Satzung keine weitergehenden Anforderungen an den Inhalt eines Versammlungsprotokolls stellt, sollte jedes Versammlungsprotokoll mindestens folgende Angaben enthalten: 127

1. Ort, Tag und Stunde der Versammlung;
2. Die Namen des Versammlungsleiters und des Protokollführers;

[1] Siehe Rdnrn. 159, 160.
[2] Einzelheiten Rdnr. 171.
[1] LG Lübeck Rpfleger 1986, 263.
[2] So BayObLGZ 1982, 445 (447f.) zur Niederschrift über eine Wohnungseigentümerversammlung (§ 24 Abs. 6 WEG).

3. Die Zahl der erschienenen Mitglieder;
4. Die Feststellung, daß die Versammlung satzungsgemäß einberufen wurde;
5. Die Tagesordnung mit der Feststellung, daß sie bei der Einberufung der Versammlung mitgeteilt wurde bzw., daß diese Mitteilung nach der Satzung nicht notwendig war;
6. Die Feststellung, daß die Versammlung beschlußfähig ist (diese Feststellung ist nur erforderlich, wenn die Satzung besondere Vorschriften über die Beschlußfähigkeit enthält, z. B. eine Mindestzahl anwesender Mitglieder verlangt);
7. Die gestellten Anträge (Angabe der Begründung ist entbehrlich);
8. Die Art der Abstimmung (schriftlich, Zuruf, Handzeichen);
9. Das genaue Abstimmungsergebnis (Ja-Stimmen, Nein-Stimmen, Stimmenthaltungen, ungültige Stimmen);
10. Bei Wahlen die genauen Personalien der Gewählten, ihre Anschrift und, soweit geschehen, ihre Erklärung, daß sie die Wahl annehmen;
11. Die Unterschrift des Protokollführers, ggf. der in der Satzung bestimmten Personen.

128 **Einzelheiten:** Die Angabe des Abstimmungsergebnisses „mit großer Mehrheit", „fast einstimmig", „mit überwältigender Mehrheit" und ähnliche unklare Wendungen sind zu vermeiden. Vor allem bei Beschlüssen, die mit qualifzierter Mehrheit[3] zu fassen sind, führen sie häufig zu streitigen Auseinandersetzungen, ob der Beschluß zustande gekommen ist oder nicht. Bei Wahlen sind die gewählten Personen und die ihnen zugewiesenen Vereinsämter (z. B. Kassier, Schriftführer, Sportwart) genau zu bezeichnen. Bei Satzungsänderungen ist es wesentlich, den genauen Wortlaut der Änderung festzuhalten. Auch bei sonstigen wichtigen Beschlüssen empfiehlt sich eine wörtliche Protokollierung. Wenn der Beschluß, z. B. eine neue Fassung der Satzung, in einer Anlage zum Protokoll niedergelegt wird, muß die Zusammengehörigkeit der beiden Urkunden erkennbar sein. Das ist der Fall, wenn im Protokoll auf die Anlage verwiesen wird und die Anlage von denselben Personen unterschrieben ist wie das eigentliche Protokoll.[4] Ein Widerspruch gegen einen Beschluß sollte stets im Protokoll vermerkt werden, ebenso sonstige konkrete Beanstandungen. Anträge, die später wieder zurückgezogen wurden, brauchen im Protokoll nicht zu erscheinen. Ebensowenig ist es erforderlich, die gehaltenen Reden zu vermerken, auch nicht auszugsweise; ein Mehr in dieser Beziehung ist selbstverständlich unschädlich. Der Protokollführer sollte aber stets bedenken, daß der Zweck des Protokolls darin besteht, die **wesentlichen** Vorgänge festzuhalten.

Zur Protokollierung kann ein ständiges Protokollbuch (Beschlußbuch) verwendet werden; es können auch auch lose Blätter benützt werden. Die Protokolle können hand- oder maschinengeschrieben sein. Bestimmte Vorschriften hierüber bestehen nicht. Eine **Anwesenheitsliste** (Präsenzliste) kann, muß aber nicht dem Protokoll als Anlage beigefügt werden.

---

[3] Zu diesem Begriff siehe Rdnr. 208.
[4] KG RJA 13, 24 (26).

Die Beurkundung der Versammlungsbeschlüsse kann während oder nach der Versammlung geschehen. In der Praxis wird sie meistens erst nach der Versammlung anhand der während der Versammlung gemachten Aufzeichnungen vorgenommen. Sie muß die tatsächlichen Vorgänge so darstellen, wie sie sich abgespielt haben. Das Protokoll ist ein reiner Bericht, ein Zeugnis des Protokollführers über den Versammlungshergang.

Die Vereinsmitglieder haben nur Anspruch auf Einsicht in die satzungsgemäß unterschriebene Niederschrift, dagegen kein Recht auf Einsicht in die Notizen des Protokollführers, die er während der Mitgliederversammlung für die spätere Anfertigung der Versammlungsniederschrift gemacht hatte,[5] und auch keinen Anspruch auf Abschriften eines vom Vorstand geführten Tonbandprotokolls der Mitgliederversammlung.[6]

Die Satzung kann sich mit der grundsätzlichen Anordnung begnügen, daß die in der Mitgliederversammlung gefaßten Beschlüsse schriftlich niederzulegen und von dem Protokollführer zu unterschreiben sind, und die näheren Anordnungen der Geschäftsordnung überlassen. Nicht zweckmäßig ist es, vorzuschreiben, daß der Inhaber eines bestimmten Vereinsamtes (z. B. der erste Vorsitzende) die Niederschrift zu unterzeichnen hat. Eine solche Regelung bringt Schwierigkeiten mit sich, wenn der Betreffende an der Versammlung nicht teilgenommen hat. Sieht die Satzung vor, daß das Protokoll von dem Versammlungsleiter mit zu unterzeichnen ist, so kann sich bei einem Wechsel der Versammlungsleitung die Notwendigkeit ergeben, daß ein Teil des Protokolls von dem ersten, der andere Teil von dem späteren Versammlungsleiter zu unterschreiben ist.

Nach dem Gesetz ist die Beurkundung eines Versammlungsbeschlusses **129**
keine Voraussetzung für dessen **Wirksamkeit.**[7] Der Zweck der Beurkundung ist es lediglich, ein **Beweismittel** für die Beschlußfassung zu erhalten.[8] Wenn die Satzung, was sie kann, nur ordnungsgemäß protokollierte Beschlüsse gelten lassen will, muß sie das ausdrücklich so bestimmen. Zur Gültigkeit der Niederschrift ist eine **Genehmigung** durch dieselbe oder eine spätere Mitgliederversammlung nicht erforderlich. In vielen Vereinssatzungen findet sich allerdings die Vorschrift, daß die Niederschrift von der nächsten Mitgliederversammlung zu genehmigen ist. Das bedeutet aber nur, daß der nächsten Mitgliederversammlung Gelegenheit zu geben ist, von der Niederschrift über die frühere Versammlung Kenntnis zu nehmen und Erklärungen dazu abzugeben. Der Zweck einer solchen Regelung besteht darin, möglichst bald Klarheit darüber zu schaffen, ob gegen die Beschlüsse einer Mitgliederversammlung irgendwelche Einwendungen erhoben werden.

Wird die Niederschrift genehmigt, so hat das rechtlich die Bedeutung, daß Mitglieder, die keinen Widerspruch angemeldet haben, die Vermutung gegen sich gelten lassen müssen, die in der Niederschrift festgestellten Abstimmungen und Beschlüsse seien satzungsgemäß zustandegekommen, es sei

---

[5] Vgl. KG NJW 1989, 532 zum Einsichtsrecht in die Notizen des Protokollführers über den Ablauf einer Wohnungseigentümerversammlung.

[6] OLG München NJW-RR 1993, 745 (Hauptversammlung einer AG).

[7] RGZ 104, 413 (415).

[8] Wegen der Beweiskraft des Protokolls als einer Privaturkunde vgl. § 416 ZPO und BayObLGZ 1973, 68 (75) und 1982, 445 (448) (je WEG-Sache).

denn, aus der Niederschrift selbst ergäbe sich etwas anderes. Das hat die für das Vereinsleben sachgerechte und den Mitgliedern zumutbare Auswirkung, daß Beweisschwierigkeiten das Mitglied treffen, das die formelle Fehlerhaftigkeit des Beschlusses erst nachträglich rügt. Es ist nunmehr seine Sache, diejenigen Tatsachen darzutun und zu beweisen, aus denen sich die Rechtsunwirksamkeit des Beschlusses ergeben soll.[9]

13. Möglichkeiten der individuellen Gestaltung der Satzung

130 In den vorhergehenden Kapiteln wurde der Mindestinhalt einer Vereinssatzung behandelt, wie er in den §§ 57 und 58 BGB festgelegt ist. Dabei mußte an vielen Stellen die jeweils aufgezeigte gesetzliche Regelung mit der Einschränkung versehen werden: „Soweit die Satzung nichts anderes bestimmt". Von den zahllosen Möglichkeiten der freien Gestaltung der Satzung, die sich insbesondere durch § 40 BGB eröffnen, sollen hier die in der Vereinspraxis gebräuchlichsten herausgegriffen werden:

1. Die Bestellung des Vorstandes kann einem anderen Organ als der Mitgliederversammlung überlassen werden, auch einer außerhalb des Vereins stehenden Stelle oder Person.[1]
2. Die Abberufung (Abwahl) des Vorstands kann auf den Fall beschränkt werden, daß ein wichtiger Grund vorliegt, insbesondere bei grober Pflichtverletzung oder Unfähigkeit.
3. Soll für die Amtsdauer des Vorstandes ein bestimmter Zeitraum festgesetzt werden, z. B. zwei Jahre, kann gleichzeitig angeordnet werden, daß der Vorstand so lange im Amt bleibt, bis ein Nachfolger gewählt ist. Diese „Übergangsklausel" hat sich in vielen Fällen bewährt.
4. Besteht der Vorstand aus mehreren Personen, so kann einem Vorstandsmitglied oder mehreren oder allen Vorstandsmitgliedern die Befugnis erteilt werden, den Verein allein zu vertreten (sog. Einzelvertretungsbefugnis). Bei mehr als zwei Vorstandsmitgliedern kann auch die Regelung in Betracht kommen, daß jeweils zwei zusammen den Verein vertreten.
5. Die Formalitäten bei der Einberufung der Mitgliederversammlung und des Vorstands können durch eine Satzungsvorschrift erleichtert werden, die besagt, daß die Tagesordnung nicht angekündigt zu werden braucht.[2] Vor allem für die Einberufung des Vorstands ist dies zweckmäßig.
6. Um Zufallsergebnisse bei der Abstimmung zu vermeiden, kann bestimmt werden, daß die Mitgliederversammlung nur beschlußfähig ist, wenn eine bestimmte Anzahl oder ein bestimmter Bruchteil von Mitgliedern bei der Abstimmung anwesend ist. Das gleiche kann für die Abstimmung im Vorstand angeordnet werden.[3]

---

[9] BGHZ 49, 209 (212) = NJW 1968, 543 = Rpfleger 1968, 147 = MDR 1968, 387; a. A. BayObLG ZMR 1987, 389 bezüglich des Beschlusses einer Wohnungseigentümerversammlung, mit dem die Niederschrift über eine frühere Versammlung genehmigt wird.

[1] Näheres Rdnrn. 251, 255.

[2] Näheres Rdnrn. 178, 245.

[3] Näheres Rdnr. 245.

7. Für Satzungsänderungen kann die nach dem Gesetz erforderliche ¾-Mehrheit durch eine kleinere oder größere Mehrheit ersetzt werden. Ebenso kann für eine Änderung des Vereinszwecks statt der gesetzlich notwendigen Zustimmung aller Vereinsmitglieder eine andere Regelung getroffen werden.[4]
8. Bei kleineren Vereinen kann eine Bestimmung zweckmäßig sein, die es erlaubt, schriftliche Beschlüsse mit **Mehrheit** zu fassen (nicht nur mit Zustimmung aller Mitglieder).
9. Die Übertragung des Stimmrechts kann generell oder mit bestimmten Einschränkungen zugelassen werden.
10. Das Minderheitsrecht auf Einberufung einer Mitgliederversammlung kann gegenüber der gesetzlichen Regelung erweitert oder eingeschränkt werden.[5]
11. Das Recht, aus dem Verein auszutreten, kann in bestimmten Grenzen erschwert werden.[6]
12. Die Auflösung des Vereins kann erleichtert oder erschwert werden (geringere oder größere Mehrheit als die gesetzliche Dreiviertel-Mehrheit).

Eine Bestimmung über das **Geschäftsjahr** zu treffen, ist nicht erforderlich, **131** aber zweckmäßig. Enthält die Satzung keine abweichende Bestimmung, so ist das Kalenderjahr das Geschäftsjahr. Es darf keinen längeren Zeitraum als zwölf Monate umfassen (§ 39 Abs. 1 Satz 1 HGB wird man entsprechend anwenden müssen). Ob die nachträgliche Einführung eines vom Kalenderjahr abweichenden Geschäftsjahres nur im Wege einer Satzungsänderung (Ergänzung der Satzung) möglich ist, oder ob ein „einfacher" Beschluß der Mitgliederversammlung genügt, ist bestritten. Wir sind der Meinung, daß eine Satzungsänderung erforderlich ist.[7] Wenngleich die Bedeutung des Geschäftsjahres für den Normalfall beim Idealverein nicht die gleiche ist wie bei einer Handelsgesellschaft, so handelt es sich dabei doch um eine Bestimmung, die über das rein Geschäftsordnungsmäßige hinausgeht und die Verfassung des Vereins berührt, jedenfalls dann, wenn der jeweilige Lauf des Geschäftsjahres für die Amtszeit des Vorstands oder eines anderen Vereinsorgans oder für den Zeitpunkt des Austritts aus dem Verein von Bedeutung ist. Eine rückwirkende Änderung des Geschäftsjahres ist nicht zulässig.[8]

Wenn in einer Satzung auf bestimmte Stellen der Satzung eines anderen **132** Vereins, z. B. des Dachverbandes, verwiesen wird, ist es nicht erforderlich, diese Bestimmungen wörtlich anzuführen.[9] Es genügt eine Verweisung, die aber so bestimmt gehalten sein muß, daß kein Zweifel darüber aufkommen kann, welche Bestimmungen der anderen Satzung gemeint sind.[10] Da die Bestimmungen, auf die verwiesen ist, Bestandteil der beim Registergericht

---

[4] Näheres Rdnr. 146.

[5] Näheres Rdnrn. 159, 160.

[6] Näheres Rdnr. 81.

[7] Vgl. Hachenburg-Ulmer, 8. Aufl. § 53 Rdnr. 110; a. A. KG JW 1926, 599 (GmbH).

[8] OLG Hamburg JFG 2, 230; AG München BB 1959, 57; Hachenburg-Ulmer, 8. Aufl. § 53 Rdnr. 25.

[9] Ernst S. 85; a. A. Stöber, 6. Aufl. Rdnr. 17g; siehe aber für gemeinnützige Vereine Rdnr. 416b mit Fn. 4.

[10] OLG Hamm NJW-RR 1988, 183 = DNotZ 1988, 159.

eingereichten Satzung sind, ist es erforderlich, sie ebenfalls zu den Registerakten zu geben.

14. Die Satzungsänderung

133 Eine Satzungsänderung kommt grundsätzlich immer dann in Betracht, wenn eine Satzungsvorschrift aufgehoben, geändert, ergänzt oder durch eine andere ersetzt werden soll. Außer diesen sachlichen Änderungen fallen unter den Begriff „Satzungsänderung" aber auch solche, die keine Änderung der bisherigen Rechtslage bezwecken, sondern lediglich dem Wortlaut der jeweiligen Satzungsvorschrift eine andere Fassung geben wollen (sog. redaktionelle Änderung).[1] Allerdings ist nicht alles, was in der beim Registergericht eingereichten Satzung steht, echter (materieller) Satzungsbestandteil.[2] Deshalb ist auch nicht jede Änderung der dort aufgeführten Bestimmungen eine Satzungsänderung. Die Abgrenzung zwischen echten und unechten Satzungsbestandteilen ist nicht immer einfach.[3] Typischer echter Satzungsinhalt sind zunächst alle Vorschriften, die nach dem Gesetz in der Satzung enthalten sein **müssen** (§ 57 Abs. 1 BGB)[4] oder enthalten sein **sollen** (§ 58 BGB).[5] Ferner sind echte Satzungsbestimmungen solche, die die körperschaftliche Verfassung des Vereins betreffen, also insbesondere Vorschriften über die Bildung von Vereinsorganen, deren Zuständigkeit, Rechte und Pflichten sowie über die Rechte und Pflichten der Mitglieder gegenüber dem Verein und umgekehrt. Nun gibt es aber in vielen Vereinssatzungen Vorschriften, die ebensogut außerhalb der Satzung durch die Vereinsorgane hätten erlassen werden können. Dazu zählen vor allem jene, die das Verfahren der Vereinsorgane regeln (z. B. Geschäftsordnung des Vorstands, der Mitgliederversammlung, des Ehrengerichts usw.). Ferner sind häufig Vorschriften über die Gestaltung des Vereinslebens (z. B. Spielordnung) oder über die Benützung von Vereinseinrichtungen (z. B. Hüttenordnung) in die Satzung aufgenommen, obwohl diese an sich bloße Maßnahmen der Geschäftsführung des Vereins sind. Gleichwohl wird man nicht einfach an der Tatsache vorübergehen können, daß diese Bestimmungen nun einmal in der Satzung stehen. Ihre Aufnahme in die Satzung braucht nämlich durchaus nicht unbedacht geschehen zu sein. So kann sie z. B. ihren Grund darin haben, diese Vorschriften der Disposition des sonst zuständigen Organs (regelmäßig des Vorstands) zu entziehen und ihre künftige Gestaltung der Beschlußfassung des für Satzungsänderungen zuständigen Vereinsorgans (regelmäßig der Mitgliederversammlung) zu unterwerfen. Als unechte Satzungsbestandteile, die ohne Beachtung der Vorschriften über eine Satzungsänderung geändert wer-

---

[1] RG Warn. 1933 Nr. 90; KG OLGZ 1974, 385 (386); BayObLGZ 1975, 435 (438) = Rpfleger 1976, 56; vgl. BayObLGZ 1971, 242 (244, GmbH); OLG Celle GmbHRdsch. 1959, 113 (GmbH).

[2] BGHZ 18, 205 (207, GmbH); vgl. ferner RGZ 74, 277 und BGH NJW 1969, 131.

[3] Vgl. BGH DNotZ 1970, 300; dazu ausführlich Lukes NJW 1972, 121; vgl. ferner Lohbeck MDR 1972, 381.

[4] Wegen Änderung des Vereinsnamens vgl. BGHZ 23, 128.

[5] Wegen Änderung der Satzungsvorschrift über die Zusammensetzung des Vorstandes vgl. BayObLGZ 10, 81 (84).

den können, kommen daher nur jene Bestimmungen in Betracht, bei denen es **ganz offensichtlich** ist, daß sie **nur bei Gelegenheit** der Errichtung der Satzung in den Satzungstext aufgenommen worden sind und daher von Anfang an als **Fremdkörper** in der Satzung erscheinen. Das ist z. B. der Fall, wenn in der Gründungssatzung die Vorstandsmitglieder namentlich genannt sind.[6] Im übrigen wird man an dem Grundsatz festhalten müssen, daß im Zweifel jede Änderung der zum Vereinsregister eingereichten Satzung nur im Wege der Satzungsänderung möglich ist. Auch die Annahme einer völlig neuen Satzung bedeutet rechtlich eine Änderung der bisherigen Satzung.[7] Ebenso ist die nachträgliche Einführung einer Schiedsgerichtsordnung nur durch eine Satzungsänderung möglich, auch wenn deren Erlaß in der Satzung vorbehalten ist.[8] Auch nach Eintritt des Vereins in die Liquidation ist eine Satzungsänderung grundsätzlich nicht ausgeschlossen. Sie darf aber nicht im Widerspruch zum Liquidationszweck stehen.[9] Keine Bedenken bestehen, daß im Liquidationsstadium z. B. die Bestimmung der Satzung über den Anfall des Vereinsvermögens (§ 45 BGB) geändert oder der Sitz des Vereins an den Wohnort des Liquidators verlegt wird. Eine Satzungsänderung liegt auch vor, wenn ein Punkt, über den die Satzung bisher schweigt, für den also das Gesetz gilt, nunmehr abweichend vom Gesetz geregelt werden soll.[10] Dieser Fall ist z. B. dann gegeben, wenn in der Satzung über die Vertretungsbefugnis mehrerer Vorstandsmitglieder nichts enthalten ist und nunmehr jedem Vorstandsmitglied **Einzelvertretungsbefugnis** erteilt werden soll.[11] Ebenfalls um eine Satzungsänderung handelt es sich, wenn eine ohnehin eingreifende gesetzliche Regelung nunmehr ausdrücklich in die Satzung aufgenommen werden soll.

Weicht ein Beschluß von der geltenden Satzung ab, ohne daß der Wille **134**
zum Ausdruck kommt, die Satzung zu ändern, so handelt es sich um eine **Satzungsverletzung,** und dies auch dann, wenn der Beschluß mit der für eine Satzungsänderung erforderlichen Mehrheit gefaßt wurde.[12] Das für die Satzungsänderung zuständige Vereinsorgan (regelmäßig die Mitgliederversammlung) ist aber nicht daran gehindert, eine Satzungsbestimmung für den Einzelfall außer Kraft zu setzen, z. B. ein Nichtmitglied in den Vorstand zu wählen. Jedoch müssen alle Erfordernisse einer Satzungsänderung, insbesondere die Eintragung des Beschlusses in das Vereinsregister (§ 71 Abs. 1 BGB) erfüllt werden.[13] Ein solcher Ausnahmebeschluß könnte etwa dahin lauten, daß die (genau zu bezeichnende) Satzungsbestimmung bei der Bestellung des Herrn X. zum Vorstandsmitglied keine Anwendung findet. Mit der Eintra-

---

[6] OLG Oldenburg RsprOLG 42, 223 (für GmbH); vgl. Hachenburg-Ulmer, 8. Aufl. § 53 Rdnr. 21.

[7] KG Recht 1914 Nr. 1166.

[8] RGZ 88, 395.

[9] RGZ 121, 246; KG JW 1935, 3636; R-D, 5. Aufl. Rdnr. 430.

[10] Hachenburg-Ulmer, 8. Aufl. § 53 Rdnr. 1.

[11] Hachenburg-Ulmer, 7. Aufl. § 53 Rdnr. 107.

[12] Baumbach-Hueck GmbHG § 53 Rdnr. 23; Hachenburg-Ulmer, 8. Aufl. § 53 Rdnrn. 30, 32.

[13] Wie hier jetzt R-D, 5. Aufl. Rdnr. 466; a. A. Boesebeck NJW 1960, 2267; („Satzungsdurchbrechung"); ferner zu Satzungsänderung und Satzungsdurchbrechung Priester ZHR 1987, 40.

gung dieses Beschlusses in das Vereinsregister würde die Wahl des Nichtmitglieds X. zum Vorstandsmitglied wirksam werden. Eine stillschweigende Satzungsänderung in der Weise, daß einzelne Satzungsbestimmungen durch dauernde Nichtanwendung außer Kraft treten, ist angesichts der zwingenden Vorschrift des § 71 Abs. 1 BGB nicht denkbar.[14]

Wie kommt eine Satzungsänderung zustande?

135 Zunächst ist erforderlich, daß das zuständige Vereinsorgan einen entsprechenden Beschluß faßt. Das zuständige Organ ist nach dem Gesetz die Mitgliederversammlung (§ 32 Abs. 1 Satz 1 BGB). Es ist jedoch zulässig, daß die Satzung ein anderes Vereinsorgan für zuständig erklärt, die Satzung zu ändern (§ 40 BGB). Die Befugnis, die Satzung zu ändern, kann von dem betreffenden Vereinsorgan ohne Ermächtigung in der Satzung grundsätzlich nicht auf ein anderes Organ übertragen werden, auch nicht auf einen etwa gebildeten Ausschuß des eigenen Organs. Dies ist nur ausnahmsweise bei bloßen Fassungsänderungen zulässig, also bei Änderungen, die den bisherigen sachlichen Inhalt der Satzung nicht berühren. Eine entsprechende Anwendung des § 179 Abs. 1 Satz 2 AktG erscheint vertretbar.[15]

Der satzungsändernde Beschluß ist nur wirksam, wenn die für die Beschlußfassung des betreffenden Organs im Gesetz oder in der Satzung vorgeschriebenen Förmlichkeiten gewahrt sind. In dieser Beziehung kann auf die Ausführungen über die Einberufung und Beschlußfähigkeit der Mitgliederversammlung verwiesen werden.[16] An dieser Stelle ist jedoch hervorzuheben, daß die Ankündigung einer Satzungsänderung im Einladungsschreiben, sofern die Mitteilung der Tagesordnung nach der Satzung nicht entbehrlich ist, so gehalten sein muß, daß die Mitglieder aus der Tagesordnung im wesentlichen erkennen können, um was es sich bei der geplanten Satzungsänderung handelt. Die bloße Ankündigung „Satzungsänderung" genügt in aller Regel nicht.[17]

Nach dem Wortlaut des Gesetzes (§ 33 Abs. 1 Satz 1 BGB) kommt ein satzungsändernder Beschluß nur zustande, wenn drei Viertel der **erschienenen** Mitglieder dem betreffenden Antrag zustimmen. Danach würden sich, wie bisher überwiegend (auch in früheren Auflagen dieses Buchs) angenommen wurde, Stimmenthaltungen praktisch als Nein-Stimmen auswirken. Dem gegenüber versteht nun der Bundesgerichtshof[18] den Hinweis des Gesetzes auf die Mehrheit der „erschienenen" Mitglieder lediglich als Klarstellung, daß Beschlüsse nicht von der Mehrheit der überhaupt dem Verein angehörenden Mitglieder gefaßt zu werden brauchen. Die Entscheidung des Bundesgerichtshofs betrifft zwar formell nicht die Beschlußfassung über eine Satzungsänderung, sondern einen „einfachen" Beschluß der Mitgliederversammlung (nach § 32 BGB), aber ihre Aussage über die Behandlung von

---

[14] Vgl. RGRK-Steffen § 33 Rdnr. 4.
[15] Vgl. Baumbach-Hueck AktG § 179 Rdnr. 5.
[16] Siehe Rdnrn. 157, 203.
[17] Dazu Näheres bei Rdnr. 178.
[18] BGH MDR 1982, 551 = NJW 1982, 1585 = DNotZ 1982, 631 = Rpfleger 1982, 291 mit kritischer Anm. von Pulte; siehe ferner Rdnrn. 206, 207.

Stimmenthaltungen bei Vereinsbeschlüssen ist grundsätzlicher Natur und erfaßt somit auch den Fall der Beschlußfassung über eine Satzungsänderung. Damit ist der bisherige Meinungsstreit jedenfalls für die Vereinspraxis entschieden, so daß auch bei einer Beschlußfassung über eine Satzungsänderung Stimmenthaltungen und ungültige Stimmen nicht zu berücksichtigen sind; vielmehr ist die Dreiviertel-Mehrheit nur an Hand der abgegebenen gültigen Ja- und Nein-Stimmen zu errechnen.

Diese Regelung greift aber nur ein, wenn und soweit die Satzung nichts anderes bestimmt (§ 40 BGB). Die Satzung kann dabei die gesetzlichen Erfordernisse mildern, aber auch verschärfen. Sie kann z. B. für einen satzungsändernden Beschluß vorschreiben, daß er einer Mehrheit von ⅘, 9/10 oder gar der Einstimmigkeit bedarf oder daß außer einer bestimmten Mehrheit die Zustimmung eines anderen Vereinsorgans oder bestimmter einzelner Vereinsmitglieder erforderlich ist. Die Satzung kann aber auch eine geringere als die gesetzliche Dreiviertel-Mehrheit genügen lassen (z. B. ⅔ oder die einfache Mehrheit).[19]

Wenn nun in einer Vereinssatzung bestimmt ist, daß für Satzungsänderungen eine bestimmte Mehrheit „der erschienenen Mitglieder" erforderlich ist, ist damit in aller Regel nur der Wortlaut des Gesetzes übernommen worden. Eine solche Satzungsbestimmung ist daher ebenfalls dahin auszulegen, daß die geforderte Mehrheit nur aus der Summe der gültigen Ja- und Nein-Stimmen zu errechnen ist. Jedoch sollte, wenn aus anderen Gründen ohnehin eine Satzungsänderung ansteht, auch diese Bestimmung zur Klarstellung neu gefaßt werden. Es ist nämlich zu bedenken, daß die Rechtsprechung des Bundesgerichtshofs bezüglich der Bedeutung des Passus „erschienene Mitglieder" nunmehr die Möglichkeit eröffnet, daß die Satzung, was sie gemäß § 40 BGB kann, mit der Verwendung dieser Wörter **bewußt** eine positive Entscheidung der erschienenen Mitglieder verlangen und demgemäß Stimmenthaltungen wie Nein-Stimmen behandelt wissen will.

Umstritten ist die Frage, ob die Wirksamkeit einer Satzungsänderung von **136**
der **Genehmigung eines Nichtmitglieds** oder einer sonstigen Stelle außerhalb des Vereins abhängig gemacht werden darf.[20] In jüngerer Zeit hat sie die Rechtsprechung stets bejaht.[21] Sie hat dabei überzeugend dargelegt, daß eine solche Regelung lediglich eine Einschränkung der Satzungsautonomie des Vereins darstellt, die zu den wesentlichen Grundsätzen des Vereinsrechts nicht in Widerspruch steht.[22]

Es ist jedoch stets zu prüfen, ob außer dem genannten Genehmigungsvorbehalt durch weitere Satzungsbestimmungen dem Nichtmitglied oder der sonstigen Stelle außerhalb des Vereins ein so starker **Fremdeinfluß** auf die Vereinsentscheidungen eingeräumt wird, daß dem Verein nach dem Ge-

---

[19] R-D, 5. Aufl. Rdnr. 422 und jetzt auch MünchKomm-Reuter, 3. Aufl. § 33 Rdnr. 7.

[20] Verneinend: LG Siegen Rpfleger 1964, 267; differenzierend Soergel-Hadding § 33 Rdnr. 3.

[21] KG OLGZ 1974, 385 = Rpfleger 1974, 394 = MDR 1975, 140; OLG Köln Rpfleger 1992, 112 (114); LG Aachen DVBl. 1976, 914; siehe auch BayObLGZ 1979, 303 (308 f.).

[22] Zustimmend und grundsätzlich zum ganzen Problemkreis Dütz, Festschrift für Herschel 1982 S. 55 ff. (Tendenzaufsicht im Vereinsrecht).

samtinhalt der Satzung als Personenverband keine eigene Bedeutung mehr zukommt.[23]

Eine Satzungsbestimmung, die eine eigene selbständige Willensbildung des Vereins nicht nur einschränkt, sondern ihm die Möglichkeit entzieht, sein Recht selbst zu setzen, ist unzulässig. Daher kann in der Satzung eines krichlichen Vereins nicht bestimmt werden, daß Satzungsänderungen ausschließlich durch Rechtsverordnung der betreffenden Kirchengemeinschaft erfolgen.[24]

Unzulässig sind ferner Satzungsbestimmungen, die so extreme Anforderungen an die Beschlußfähigkeit der Mitgliederversammlung stellen (z. B. Anwesenheit von mindestens 50 % der Mitglieder), daß praktisch die Personengleichheit des Vorstands mit dem Vorstand eines anderen Vereins nicht änderbar ist.[25]

137 Eine Unabänderlichkeit von Satzungsbestimmungen gibt es nicht. Würde die Satzung einzelne Bestimmungen für unabänderlich erklären, so wäre das so zu verstehen, daß eine Änderung nur mit Zustimmung aller Vereinsmitglieder (auch der in der Mitgliederversammlung nicht anwesenden) erfolgen kann.[26] Je nach dem Inhalt der für die unabänderlich erklärten Satzungsvorschriften kann die Satzung auch dahin ausgelegt werden, daß es zur Satzungsänderung der Zustimmung der Gründungsmitglieder bedarf, sofern diese im gegebenen Zeitpunkt noch Mitglieder des Vereins sind.

138 Wenn die Satzung für bestimmte Beschlüsse besondere Erfordernisse aufstellt, so unterliegt auch der Beschluß über eine Änderung dieser Regelung noch denselben Erfordenissen.[27] Beispiel: Schreibt die Satzung vor, daß zur Änderung der Satzung eine ⅘-Mehrheit der abgegebenen Stimmen erforderlich ist, so ist für die Einführung einer anderen Regelung, gleichgültig ob diese eine Erschwerung oder eine Erleichterung darstellt, eine Mehrheit von ⅘ der abgegebenen Stimmen notwendig. Entsprechendes gilt z. B. für den Fall, daß nach der bisherigen Satzung zur Auflösung des Vereins ein einstimmig gefaßter Beschluß der Mitgliederversammlung erforderlich ist. Eine Abänderung dieser Bestimmung kann nur einstimmig beschlossen werden. Enthält die Satzung hinsichtlich der Beschlußfassung über eine Satzungsänderung keine Vorschrift, so gilt die gesetzliche Regelung (¾-Mehrheit der abgegebenen gültigen Stimmen). Soll nun an die Stelle der gesetzlichen Regelung eine andere treten, so muß dieser satzungsändernde Beschluß noch mit der gesetzlich vorgeschriebenen Mehrheit gefaßt werden.

139 Damit eine Satzungsänderung rechtswirksam zustande kommt, genügt ein ordnungsgemäß gefaßter Beschluß der Mitgliederversammlung (oder des sonst zuständigen Vereinsorgans) allein nicht. Die Satzungsänderung wird

---

[23] BayObLGZ 1975, 435 (439, betriebliche Unterstützungseinrichtung) = Rpfleger 1976, 56; siehe auch OLG Düsseldorf Rpfleger 1979, 259 und OLG Frankfurt Rpfleger 1979, 60; NJW 1983, 2576.

[24] OLG Frankfurt NJW 1983, 2576; dazu Machanek JuS 1985, 440.

[25] OLG Frankfurt Rpfleger 1979, 60 = DNotZ 1979, 620; siehe auch OLG Frankfurt OLGZ 1981, 391.

[26] Baumbach-Hueck AktG § 179 Rdnr. 4; nicht eindeutig Staudinger-Coing § 33 Rdnr. 6, die anscheinend eine gewöhnliche Satzungsänderung genügen lassen.

[27] RG HRR 1932 Nr. 1639; Sommermeyer SchlHAnz. 1967, 319 mit weiteren Belegen; vgl. auch LG Stuttgart Justiz 1971, 144 (145).

vielmehr erst vollzogen, wenn der satzungsändernde Beschluß **in das Vereinsregister eingetragen wird** (§ 71 Abs. 1 BGB). Die Eintragung im Vereinsregister hat also rechtserzeugende (konstitutive) Wirkung. Eine zwar beschlossene, aber nicht in das Vereinsregister eingetragene Satzungsänderung ist sowohl für das Verhältnis des Vereins zu Dritten wie für das interne Vereinsleben ohne Wirkung.[28] Es können aber zugleich mit dem satzungsändernden Beschluß ausführende Beschlüsse gefaßt werden, also solche, bei denen bereits von der rechtlichen Existenz der eben beschlossenen Satzungsänderung ausgegangen wird.[29] Solche Beschlüsse sind rechtlich als bedingte Beschlüsse anzusehen. Sie werden in dem gleichen Zeitpunkt wirksam, in dem die Satzungsänderung in das Vereinsregister eingetragen wird.[30] Wird z. B. die Änderung der Satzung dahingehend beschlossen, daß der Vorstand statt aus einer künftig aus zwei Personen bestehen soll, so kann sogleich das zweite Vorstandsmitglied gewählt werden. Diese Wahl wird dann mit der Eintragung der Satzungsänderung wirksam. Für die Anmeldung der Satzungsänderung ist daher noch der Vorstand in der bisherigen Zusammensetzung zuständig. Auch andere Vereinsorgane können auf der Grundlage der beschlossenen Satzungsänderung Beschlüsse fassen, die mit der Eintragung der Satzungsänderung wirksam werden.[31]

In diesem Zusammenhang ist allgemein die Frage zu erörtern, ob Beschlüsse der Vereinsorgane, insbesondere der Mitgliederversammlung, unter einer **Bedingung** oder mit einer **Zeitbestimmung** (Befristung) gefaßt werden können. Diese Frage ist zu bejahen. Es gibt kein Gesetz, das eine solche Beschlußfassung verbietet.[31] Deshalb kann zum Beispiel ein Nichtmitglied unter der Bedingung zum Vereinsvorstand (Vorstandsmitglied) gewählt werden, daß es bis zu einem bestimmten Zeitpunkt die Mitgliedschaft erwirbt. Ebenso zulässig ist die Wahl einer Person zum Vereinsvorstand mit der Bestimmung, daß der Gewählte dieses Amt erst ab einem bestimmten Zeitpunkt oder nur bis zu einem bestimmten Zeitpunkt bekleidet. Auch kann die Vereinssatzung dem Vorstand schon bei Gründung gestatten, vom Registergericht angeregten Beanstandungen des Wortlauts Rechnung zu tragen, obwohl auch die dies gestattende Satzungsbestimmung erst mit der Eintragung wirksam wird.[32] **139a**

Eine ganz andere Frage aber ist es, ob bedingte oder befristete Beschlüsse bereits vor dem Eintritt der Bedingung oder des Anfangstermins der Befristung in das Vereinsregister eingetragen werden dürfen. Für die Gruppe der sogenannten rechtsbekundenden (deklaratorischen) Eintragungen ist es offensichtlich und daher nicht näher auszuführen, daß diese einen außerhalb des Registers vollzogenen, also einen weder von einer aufschiebenden Bedingung noch vom Eintritt eines Anfangstermins mehr abhängigen Rechtsvorgang voraussetzen. So ist z. B. in § 67 BGB bestimmt, daß jede Änderung

---

[28] BGHZ 23, 122 = LM Nr. 4 zu § 33 BGB mit Anm. von Fischer = NJW 1957, 497; OLG Köln NJW 1964, 1575.

[29] Hachenburg-Ulmer, 8. Aufl. § 54 Rdnr. 28.

[30] Vgl. RGZ 77, 152 (156); 82, 375 (379); 119, 339 (341); vgl. OLG Bremen NJW 1955, 1925.

[31] So schon KGJ 28, 216 (224).

[32] BayObLGZ 1992, 16 (20) = NJW-RR 1992, 802 (803).

des Vorstands vom Vorstand zur Eintragung anzumelden und der Anmeldung eine Abschrift der Urkunde über die Änderung beizufügen ist. In dem oben genannten Beispiel kann daher die Vorstandswahl des Nichtmitglieds erst dann angemeldet und eingetragen werden, wenn außer der Vorlage der Abschrift des Versammlungsprotokolls nachgewiesen wird, daß der Gewählte rechtzeitig die Mitgliedschaft erworben hat.

Hinsichtlich der **Vorabeintragung** von bedingten oder befristeten satzungsändernden Beschlüssen (also einer Eintragung vor dem Eintritt der Bedingung oder des Anfangstermins der Befristung) ist die Rechtslage umstritten. In der älteren Rechtsprechung des Kammergerichts[33] wird die Vorabeintragung für zulässig erachtet. Nach einer Entscheidung des Landgerichts Bonn[34] ist die Vorabeintragung eines befristeten satzungsändernden Beschlusses unzulässig. In Handelsregistersachen ist nach Auffassung des BayObLG sowohl eine bedingte als auch eine befristete Anmeldung unzulässig.[35] In der Literatur wird die Vorabeintragung einer bedingten Satzungsänderung abgelehnt, weil dies der Rechtssicherheit widerspreche, aber die Vorabeintragung einer befristeten Satzungsänderung befürwortet.[36]

Bei einer Satzungsänderung ist zwischen dem Beschluß über die Änderung der Satzung und dem Wirksamwerden der Satzungsänderung durch die Eintragung des Beschlusses in das Vereinsregister zu unterscheiden. Wenn der Beschluß über die Änderung der Satzung unter einer aufschiebenden Bedingung oder mit einer Zeitbestimmung (Anfangstermin) gefaßt ist, bedarf es zur Wirksamkeit der Satzungsänderung zum einen des Eintritts der Bedingung oder des Zeitpunkts (§ 158 Abs. 1, § 163 BGB) und zum anderen der Eintragung des Beschlusses in das Vereinsregister (§ 71 Abs. 1 S. 1 BGB). Gegen die Eintragung eines solchen Beschlusses über eine Satzungsänderung ist daher nichts einzuwenden, wenn mit der Anmeldung des Beschlusses nachgewiesen wird, daß die Bedingung eingetreten oder der Anfangstermin der Befristung erreicht ist. Mit der Eintragung des Beschlusses wird die Satzungsänderung wirksam. Dem gegenüber ändert sich mit der Vorabeintragung des Beschlusses an der bestehenden Satzung nichts; es wird lediglich ein Beschluß eingetragen, der seinerseits noch keine Rechtswirkung enfaltet hat. Daß ein solches Verfahren dem Gesetz entspräche, erscheint jedenfalls bei der Vorabeintragung von aufschiebend bedingten Satzungsänderungsbeschlüssen als ausgeschlossen. Der herrschenden Literaturmeinung, die eine solche Vorabeintragung ablehnt, ist daher im Ergebnis zuzustimmen.

Aber auch die Vorabeintragung eines befristeten satzungsändernden Beschlusses kann nicht befürwortet werden. Auch hier erzeugt die Eintragung im Zeitpunkt ihrer Vornahme keine Änderung der Satzung, ihre Rechtswirkung soll vielmehr erst in einem späteren Zeitpunkt eintreten. Eine Eintragung mit befristeter Wirkung ist aber – ebenso wie eine mit bedingter Wirkung – dem Registerrecht fremd. Daher ist unter der Änderung der Satzung, die vom Vorstand zur Eintragung anzumelden ist (§ 71 Abs. 1 S. 2 BGB) ein

33 KGJ 19, 3 und 28, 216 (224).
34 Rpfleger 1984, 192 mit abl. Anm. von Ziegler Rpfleger 1984, 320.
35 BayObLG DNotZ 1993, 197.
36 R-D, 5. Aufl. Rdnrn. 431f.; Ziegler aaO, jeweils mit weiteren Literaturangaben.

Beschluß des für Satzungsänderungen zuständigen Vereinsorgans zu verstehen, der so beschaffen ist, daß es zur Wirksamkeit der Satzungsänderung nur noch der Eintragung des Beschlusses in das Vereinsregister bedarf. Diese Eintragungsvoraussetzung fehlt bei einem mit einer Zeitbestimmung gefaßten Beschluß, wenn der darin genannte Zeitpunkt (Anfangstermin) noch nicht erreicht ist.

Will man dieser Auffassung nicht folgen und die Vorabeintragung eines satzungsändernden Beschlusses mit Befristung für zulässig halten, so muß das Registergericht darauf achten, daß durch das zeitweilige Nebeneinander von wirksamen und noch nicht wirksamen Satzungsvorschriften keine Verwirrung entsteht. Diese Gefahr besteht vor allem bei Satzungsbestimmungen, die eine wörtliche oder qualifizierte Eintragung[37] erfordern. Schließlich muß dafür gesorgt werden, daß dann, wenn die befristete Satzungsänderung wirksam geworden ist, das Außerkrafttreten einer etwa von der Änderung betroffenen, vordem eingetragenen Satzungsänderung kenntlich gemacht wird. In jedem Fall muß der Aufrechterhaltung der Funktion des Vereinsregisters, über die Rechtsverhältnisse des Vereins anhand eines klaren Registerinhalts Auskunft zu geben, der Vorrang vor dem Interesse des Vereins an der Vorabeintragung einer befristeten Satzungsänderung eingeräumt werden. Kann diese Aufgabe des Vereinsregisters nicht zweifelsfrei gewährleistet werden, ist die Vorabeintragung abzulehnen.

Die Eintragung der Satzungsänderung in das Vereinsregister erfolgt 140
ausnahmslos nur aufgrund einer **Anmeldung**[38] der Satzungsänderung durch den Vorstand, niemals von Amts wegen. Zur Anmeldung der Satzungsänderung ist der Vorstand dem Verein gegenüber verpflichtet, da er die Beschlüsse der Mitgliederversammlung durchzuführen hat. Außerdem besteht auch eine öffentlich-rechtliche Pflicht zur Anmeldung. Das Registergericht kann die Vorstandsmitglieder durch Zwangsgeld bis zu 1000 DM zur Anmeldung anhalten (§ 78 Abs. 1 BGB). Nach der hier vertretenen Auffassung genügt es aber, daß so viele Vorstandsmitglieder die Anmeldung tätigen, wie zur Vertretung des Vereins erforderlich sind.[39] Es genügt also die Anmeldung durch ein einziges Vorstandsmitglied, wenn diesem nach der Satzung, Einzelvertretungsbefugnis erteilt ist. Die Anmeldung muß öffentlich beglaubigt sein (§ 77 BGB), d. h., die Unterschriften der Vorstandsmitglieder müssen, sofern die Zuständigkeit für die öffentliche Beglaubigung nach Landesrechts nicht anderen Personen oder Stellen übertragen ist (§ 63 des Beurkundungsgesetzes), von einem **Notar** beglaubigt werden. Eine Beglaubigung durch die Polizei oder durch eine andere Behörde genügt nicht.[40] Seit dem 1. 1. 1970 ist die zweckmäßige und bewährte Möglichkeit, die Anmeldung zu Protokoll der Geschäftsstelle des Registergerichts zu erklären, leider

---

[37] Siehe Rdnr. 144.

[38] Zur Rechtsnatur der Anmeldung einer Satzungsänderung und deren Inhalt siehe BayObLG Rpfleger 1985, 241.

[39] Zu dieser Frage siehe Rdnr. 395.

[40] Palandt-Heinrichs § 129 Rdnr. 2; in Hessen sind aber die Ortsgerichtsvorsteher; in Baden-Württemberg die Ratsschreiber, in Rheinland-Pfalz die Ortsbürgermeister, Gemeinde- und Stadtverwaltungen zuständig; Einzelheiten bei Keidel-Kuntze-Winkler § 63 BeurkG Rdnr. 1.

weggefallen.[41] Der Anmeldung sind die Urschrift und die Abschrift des satzungsändernden Beschlusses beizufügen (§ 71 Abs. 1 BGB). Die Urschrift soll in der Form erstellt sein, welche die Satzung für die Beurkundung der Beschlüsse der Mitgliederversammlung vorschreibt (vgl. § 58 Nr. 4 BGB). Wesentlich ist, daß sie von demjenigen unterschrieben ist, der nach der Satzung für die Aufnahme des Versammlungsprotokolls zuständig ist. Es ist nicht erforderlich, daß das vollständige Sitzungsprotokoll in Urschrift vorgelegt wird. Es genügt ein **Auszug,** der eingangs die allgemeinen Formalien und unter Weglassung der nur für das interne Vereinsleben bedeutsamen Vorgänge lediglich noch den satzungsändernden Beschluß enthält. Die Abschrift braucht nicht notariell beglaubigt zu sein.

Schreibt die Vereinssatzung vor, daß die in einer Mitgliederversammlung beschlossene Satzungsänderung in einer weiteren Mitgliederversammlung bestätigt werden muß, so müssen dem Registergericht bei der Anmeldung der Satzungsänderung beide Versammlungsbeschlüsse in Ur- und Abschrift vorgelegt werden.[42]

141 Die **Prüfungspflicht** des Rechtspflegers und der Gang des Eintragungsverfahrens (Beteiligung der Verwaltungsbehörde) sind im wesentlichen die gleichen wie bei der Eintragung des Vereins. Der Rechtspfleger hat zu prüfen, ob der satzungsändernde Beschluß formell ordnungsgemäß zustande gekommen ist, inbesondere, ob er mit der nach dem Gesetz oder nach der Satzung erforderlichen Mehrheit gefaßt wurde. Eine Pflicht zur Prüfung, ob die Versammlung ordnungsgemäß einberufen war, besteht grundsätzlich nicht.[43] Ergeben sich aber in dieser Beziehung aus den vorgelegten Unterlagen oder aufgrund von sonstigen dem Gericht zugegangenen Erklärungen Zweifel, so muß der Rechtspfleger den Sachverhalt aufklären (§ 12 FGG). Eine inhaltliche Prüfung des satzungsändernden Beschlusses ist in der Richtung geboten, ob er gegen das Gesetz oder offensichtlich gegen die Satzung verstößt, eine Zweckmäßigkeitsprüfung der neuen Satzungsbestandteile findet aber nicht statt.[44] Das Registergericht ist auch nicht berechtigt, unklare oder mißverständliche neue Satzungsbestimmungen zu beanstanden, die nur vereinsinterne Bedeutung haben.[45] Besondere Sorgfalt ist bei Beschlüssen erforderlich, die eine Änderung (Streichung, Ergänzung) der in §§ 57 und 58 BGB genannten Satzungsbestimmungen betreffen.[46] Ferner ist darauf zu achten, daß die Änderung einer Satzungsbestimmung (z. B. eines einzelnen Satzes) nicht dazu führt, daß der anschließende nicht geänderte Satzungstest sinnlos wird.[47] Da jede sachliche Satzungsänderung zugleich eine Änderung des Satzungswortlauts ist, sind Beschlüsse zur Eintragung in das Vereinsre-

---

[41] § 128 FGG ist durch das Beurkundungsgesetz vom 28. 8. 1969 aufgehoben. Hinsichtlich der damit eingetretenen Erschwerungen für die Praxis vgl. Jansen § 128 Rdnr. 1.

[42] BayObLGZ 1987, 161 = Rpfleger 1988, 97.

[43] Keidel-Schmatz-Stöber Rdnr. 1109.

[44] Vgl. BayObLGZ 1982, 368 (373, GmbH).

[45] Vgl. BayObLG Rpfleger 1985, 197 für die GmbH.

[46] Z. B., ob der Verein durch die Satzungsänderung den Charakter eines nichtwirtschaftlichen Vereins (§ 21 BGB) verliert; vgl. OLG Stuttgart OLGZ 1971, 465.

[47] KG DR 1942, 1059; BayObLGZ 1971, 242 (245) = Rpfleger 1971, 360 = WPM 1971, 1104.

gister nicht geeignet, die nur den Gegenstand der Änderung allgemein beschreiben, aber den Wortlaut, den die Satzung erhalten soll, nicht fixieren.

Wird die **Neufassung** der Satzung angemeldet, so erstreckt sich die Prüfung des Registergerichts auf den gesamten urkundlichen Inhalt der Neufassung, und zwar ohne Rücksicht darauf, ob und inwieweit die Neufassung mit der bisherigen Satzung übereinstimmt, denn die Neufassung der Satzung bedeutet rechtlich die Aufhebung der bisherigen Satzung im ganzen. Daher können auch Bestimmungen, die bei der Eintragung des Vereins (oder bei einer früheren Satzungsänderung) fälschlich unbeanstandet geblieben waren, bei der Anmeldung der Neufassung beanstandet werden.[48]

Es kommt nicht selten vor, daß schon vor der Anmeldung der Satzungsänderung durch den Vorstand oder vor der Entscheidung des Rechtspflegers über die Anmeldung Zuschriften von Vereinsmitgliedern bei dem Registergericht eingehen, in denen gegen die Eintragung der Satzungsänderung protestiert oder förmlich beantragt wird, die Anmeldung zurückzuweisen. Solche oft sehr zahlreichen Eingaben und Anträge stellen lediglich Beiträge zur Prüfung des Rechtspflegers dar, ob der Anmeldung stattzugeben ist. Einer gesonderten Verbescheidung bedürfen sie nicht. Es empfiehlt sich aber, die Betreffenden von dem Ergebnis des Eintragungsverfahrens (Eintragung der Satzungsänderung oder Zurückweisung der Anmeldung) zu unterrichten.

Wenn mehrere Änderungen der Satzung angemeldet werden, zwischen **142**
denen ein sachlicher Zusammenhang besteht, kann es vorkommen, daß ein Teil der Änderungen unzulässig ist (z. B. wegen Verstoßes gegen den Grundsatz der Gleichbehandlung der Mitglieder). In diesem Fall ist es nicht zulässig, die Anmeldung teilweise zu vollziehen und im übrigen zurückzuweisen; vielmehr ist sie im ganzen Umfang zu beanstanden.[49]

Da die Satzungsänderung erst mit ihrer Eintragung in das Vereinsregister **143**
rechtswirksam wird, ist es nicht möglich, sie **rückwirkend** in Kraft zu setzen. Das schließt aber nicht aus, daß der satzungsändernde Beschluß selbst eine Regelung enthält, die auf einen bestimmten Zeitpunkt zurückwirkt.[50]

Bei der **Eintragung** der Satzungsänderung ist zu unterscheiden: Wird der **144**
Name oder der Sitz des Vereins geändert, so sind die neuen Bezeichnungen wörtlich einzutragen. Betrifft die Satzungsänderung die Vertretungsmacht des Vorstands oder der Liquidatoren, so muß zwar nicht der Wortlaut, aber wenigstens der sachliche Inhalt der Änderung eingetragen werden.[51] Bei allen anderen Satzungsänderungen genügt eine allgemeine Bezeichnung des Gegenstandes der Änderung.[51] In jedem Fall ist der Tag einzutragen, an dem die Satzungsänderung beschlossen wurde.[51] Beispiel für eine qualifizierte Eintragung: „Die Mitgliederversammlung vom . . . hat die Änderung des § 4 der Satzung (Vertretungsmacht des Vorstandes) beschlossen. Zum An- und

---

[48] KG OLGZ 1974, 385 (386); BayObLGZ 1975, 435 (439) = Rpfleger 1976, 56.

[49] KG JFG 5, 237; OLG Hamm NJW 1963, 1554; Jansen § 128 Rdnr. 31.

[50] Vgl. Dempewolf NJW 1958, 1212.

[51] Siehe die Vorschriften der Landesjustizverwaltungen über die Führung des Vereinsregisters (z. B. für Bayern: JMBek. vom 4. 9. 81 – JMBl. 1981, 170; für Hessen: RdErl. vom 4. 11. 81 – JMBl. 1981, 587); BGHZ 18, 303 (307) = NJW 1955, 1916; OLG Bremen NJW 1955, 1916; OLG Schleswig SchlHAnz. 1955, 165; OLG München MDR 1955, 160.

Verkauf von Grundstücken bedarf der Vorstand der Zustimmung der Mitgliederversammlung." Beispiel für die Eintragung einer sonstigen Satzungsänderung: „Die Mitgliederversammlung vom ... hat die Änderung des § 9 der Satzung (Jahresbeitrag) beschlossen." Die Eintragung, die Mitgliederversammlung habe die Änderung der Satzung nach Maßgabe des eingereichten Protokolls beschlossen, ist nichtssagend und unwirksam. Die Eintragung muß wenigstens ersehen lassen, welche Satzungsbestimmungen geändert worden sind.[52]

145 Gegen die **Zurückweisung der Anmeldung** durch den Rechtspfleger sind dieselben, jeweils an eine Frist von zwei Wochen gebundenen Rechtsmittel gegeben wie gegen den Beschluß, mit dem die Eintragung des Vereins abgelehnt wird (§ 160a Abs. 1 FGG und § 11 RPflG).[53]

Die Änderung des Vereinszwecks

146 Da der satzungmäßig festgelegte Zweck des Vereins (§ 57 Abs. 1 BGB) für das Wesen des Vereins und seine Identität maßgebend ist,[54] läßt das **Gesetz** eine Änderung des Vereinszwecks nur zu, wenn **sämtliche** Vereinsmitglieder dazu ihre Zustimmung geben (§ 33 Abs. 2 BGB). Zur Beschlußfassung über eine Zweckänderung genügt also ein Mehrheitsbeschluß der Mitgliederversammlung selbst dann nicht, wenn die für eine sonstige Satzungsänderung gesetzlich erforderliche ¾-Mehrheit erreicht ist. Vielmehr ist erforderlich, daß alle in der Mitgliederversammlung erschienenen Mitglieder zustimmen und außerdem die Nichterschienenen **schriftlich** zustimmen. Zustimmung durch Telegramm oder Telefax genügt.[55] Jene Mitglieder, die in der Mitgliederversammlung gegen die Zweckänderung gestimmt haben, können noch nachträglich ihre Zustimmung geben.[56] Diese außerordentlich strenge gesetzliche Regelung kann aber in der Satzung durch eine andere ersetzt werden (§ 40 BGB).[57] Die Satzung kann dabei so weit gehen, daß eine Zweckänderung bereits mit der einfachen Mehrheit der abgegebenen gültigen Stimmen beschlossen werden kann. Andererseits kann die Satzung die Voraussetzungen, unter denen eine Zweckänderung beschlossen werden kann, gegenüber der gesetzlichen Regelung noch verschärfen. So kann z. B. bestimmt werden, daß die Zweckänderung nur bei Anwesenheit und Zustimmung aller Mitglieder in der Mitgliederversammlung beschlossen werden kann. In diesem Fall scheitert die Zweckänderung bereits an dem Ausbleiben eines einzigen Mitglieds.[58] Wenn eine vom Gesetz abweichende Regelung der Zweckänderung nicht schon in der Gründungssatzung enthalten

---

[52] RG HRR 1933 Nr. 1635; BGHZ 18, 303 = NJW 1955, 1916; OLG München MDR 1955, 160; Keidel-Schmatz-Stöber, 5. Aufl. Rdnr. 1110; Palandt-Heinrichs § 71 Rdnr. 5.

[53] Siehe Rdnr. 19.

[54] RGZ 119, 184 (186).

[55] § 126 BGB ist nicht anwendbar; vgl. KG JW 1938, 1824 (Aufsichtsrat der AG), Soergel-Hadding § 33 Rdnr. 11.

[56] RGRK, 11. Aufl. § 33 Anm. 2.

[57] Beuthien BB 1987, 6; einschränkend bei Vereinen ohne Aufnahmefreiheit MünchKomm-Reuter, 3. Aufl. § 33 Rdnr. 13.

[58] RGZ 76, 170 (174).

ist, sondern erst später in die Satzung aufgenommen werden soll, bedarf diese Satzungsänderung der Zustimmung aller Mitglieder.[59] In manchen Vereinssatzungen ist nun zwar für Satzungsänderungen eine bestimmte, vom Gesetz abweichende Regelung getroffen, aber die Zweckänderung ist dabei nicht erwähnt. Bei einer solchen Fassung der Satzung läßt sich nicht ohne weiteres sagen, daß die gesetzliche Regelung einer Zweckänderung durch die Satzung abgeändert sei. Aus § 33 Abs. 1 BGB ergibt sich vielmehr deutlich, daß das Gesetz zwischen einer „gewöhnlichen" Satzungsänderung und einer Änderung des satzungsmäßigen Vereinszwecks unterscheidet und die letztere als eine besonders qualifizierte Satzungsänderung behandelt. Deshalb muß die Satzung, wenn sie auch für diese besondere Satzungsänderung eine vom Gesetz abweichende Regelung treffen will, dies erkennbar anordnen. Dazu ist allerdings nicht unbedingt eine sich wörtlich auf die Änderung des Vereinszwecks beziehende Satzungsbestimmung erforderlich. Notwendig ist aber, daß nach allgemeinen Grundsätzen für die Auslegung einer Vereinssatzung der Wille **deutlich** zum Ausdruck kommt, daß es zur Änderung des Vereinszwecks nicht der Zustimmung aller Vereinsmitglieder bedarf.[60]

Demgegenüber hat das Oberlandesgericht Karlsruhe[61] die Auffassung vertreten, daß dann, wenn die Satzung nur eine Bestimmung über Satzungsänderungen enthält, ohne nach deren Inhalt zu differenzieren, daraus nicht entnommen werden könne, daß eine Änderung des Vereinszwecks davon nicht erfaßt werden solle. Diese Rechtsmeinung hätte zur Folge, daß in vielen Fällen gegen den Widerstand einer beachtlichen Minderheit (z. B. wenn für eine „Satzungsänderung" eine Zweidrittelmehrheit oder gar die einfache Mehrheit der abgegebenen Stimmen genügen soll) der Vereinszweck geändert werden könnte. Der außerordentlichen Tragweite, die eine Änderung des Vereinszwecks für den Bestand eines jeden Vereins hat, wird eine solche Rechtsauffassung nicht gerecht. Ihr ist auch sogleich Stöber[60] mit überzeugenden Argumenten entgegengetreten. Diese können an dieser Stelle nur nachdrücklich unterstrichen werden.

Gegen die Auffassung des Oberlandesgerichts Karlsruhe hat sich nun auch der Bundesgerichtshof[62] ausgesprochen. Danach gilt die Regelung in der Satzung eines eingetragenen Vereins über die für „Satzungsänderungen" notwendige Stimmenmehrheit nicht für die Änderung des Vereinszwecks, wenn sich dies nicht eindeutig aus der Satzung ergibt. In diesem Fall bleibt es also bei der gesetzlichen Regelung (Zustimmung aller Mitglieder).

Eine Änderung des Vereinszwecks liegt vor, wenn statt der bisher in der **147**
Satzung festgelegten Ziele andere angestrebt werden oder wenn eine bisher untergeordnete Aufgabe zum Hauptzweck gemacht werden soll. Es muß sich dabei aber um eine wesentliche Verschiebung der bisherigen Grundlage des Vereins handeln, nicht nur um eine dem Wandel der Zeit angepaßte

---

[59] Vgl. KG JW 1932, 2161; Staudinger-Coing § 33 Rdnr. 6; Beuthien BB 1987, 6.

[60] Stöber Rpfleger 1976, 377.

[61] Rpfleger 1976, 396.

[62] BGHZ 96, 245 = NJW 1986, 1033 = Rpfleger 1986, 184 = DNotZ 1986, 276 auf Vorlage des KG gemäß § 28 Abs. 2 FGG (Rpfleger 1986, 113); siehe ferner Anm. von Reuter ZGR 1987, 475 und Häuser-van Look ZIP 1986, 749.

Verfolgung der alten Ziele mit anderen Mitteln; das für den Verein Charakteristische muß von der Änderung betroffen werden. Im Zweifel ist nur derjenige enge Satzungsbestandteil, in dem der oberste Leitsatz für die Vereinstätigkeit zum Ausdruck gebracht wird und mit dessen Abänderung schlechterdings kein Mitglied bei seinem Beitritt zum Verein rechnen kann, als „Vereinszweck" im Sinn des § 33 BGB anzusehen.[63] Besteht das bisher für den Verein Typische in einer Spezialisierung auf ein bestimmtes Aufgabengebiet, so bedeutet es eine Zweckänderung, wenn der Tätigkeitsbereich des Vereins nunmehr auf weitere Gegenstände erstreckt werden soll.[64] Umgekehrt kann in einer Einschränkung der bisher weitgespannten Betätigung eine Zweckänderung liegen. Werden dagegen nur die Mittel zur Erreichung des Vereinszwecks geändert, so stellt das in der Regel keine Zweckänderung dar. Eine solche ist aber anzunehmen, wenn es gerade die bisher eingesetzten Mittel sind, die das Wesen des Vereins prägen.

148 Ein den Vereinszweck ändernder Beschluß, dem nicht die nach dem Gesetz oder nach der Satzung erforderliche Zahl von Vereinsmitgliedern zugestimmt hat, ist unwirksam. Es kommt jedoch vor, daß nach einem solchen fehlgeschlagenen Versuch, den Vereinszweck zu ändern, im Verein sich zwei Gruppen bilden: eine Mehrheit, die ungeachtet des Widerstandes der Minderheit den neuen (illegalen) Vereinszweck verfolgt, und eine Minderheit, die am satzungsmäßigen Zweck festhält. Diese Situation beurteilt das Reichsgericht[65] so: Das Vorgehen einer Mehrheit, die sich über die gedachte, den Schutz der Minderheit bezweckende Vorschrift des § 33 Abs. 1 Satz 2 BGB hinwegsetzt und einen anderen als den satzungsmäßig festgelegten Vereinszweck verfolgt, kann nur in dem Sinn aufgefaßt werden, daß die Mehrheit sich vom Verein lossagen und einen neuen Verein mit verändertem Vereinszweck gründen will. Das Verhalten der Mehrheit ist somit einem Austritt aus dem Verein gleichzustellen. Treten nunmehr die Organe des Vereins auf, um den ungesetzlichen Beschluß durchzuführen, so sind ihre Handlungen der Minderheit gegenüber unwirksam; sie haben ihr gegenüber kein Recht mehr, über das Vereinsvermögen zu verfügen. Aus der Loslösung der Mehrheit vom Verein aber folgt, daß die Minderheit, die an der Satzung, insbesondere am alten Vereinszweck festhält und sich ihrerseits neu konstituiert, indem sie neue Organe wählt, in Wirklichkeit den Verein fortsetzt. Sie kann daher die Herausgabe des Vereinsvermögens von der Mehrheit verlangen. Nehmen dagegen alle Mitglieder die Durchführung einer gesetz- oder satzungswidrig beschlossenen Zweckänderung hin und kommt es demzufolge nicht zu einer Spaltung des Vereins, so bleibt der Verein bestehen und wird mit dem veränderten Zweck fortgesetzt.[66] Dieser Rechtsprechung hat sich der Bundesgerichtshof[67] im wesentlichen angeschlossen. Er erkennt jedoch die Abspaltung der den neuen (satzungswidrigen) Vereinszweck verfolgenden Mehrheit erst dann als vollzogen an, wenn die Min-

---

63 BGH aaO; ähnlich LG Bremen Rpfleger 1989, 415.

64 LG Nürnberg-Fürth Rpfleger 1988, 151 (sehr instruktiv).

65 RGZ 119, 184 (186).

66 Vgl. RG JW 1925, 237.

67 BGHZ 16, 143 (150) = NJW 1955, 457; dazu Anm. von Fischer LM Nr. 2 zu § 33 BGB.

derheit keine andere Möglichkeit hat, die Mehrheit mit rechtlichen Mitteln auf den Boden der Satzung zurückzuführen.[68] Es ist daher Sache der Minderheit, dem Registergericht durch entsprechende tatsächliche Angaben die Feststellung zu ermöglichen, daß sie sich mit den nichtigen Beschlüssen der Mehrheit bzw. der Vereinsorgane und den daraufhin getroffenen Maßnahmen nie abgefunden, vielmehr alles getan hat, um die Spaltung durch Zurückführung der Mehrheit auf den Boden des Rechts zu überwinden.[69]

Wenn die Durchführung des satzungsmäßigen Vereinszwecks **unmöglich** 149
wird, weil sich die tatsächlichen Verhältnisse geändert haben (z. B. durch Bebauung der nach der Satzung kleingärtnerischen Zwecken dienenden Grundstücke), so hat das weder die Auflösung des Vereins noch die Entstehung eines neuen, an die gewandelten Verhältnisse angepaßten Vereinszweckes zur Folge; vielmehr schrumpft der Vereinszweck auf die ihm noch unterzuordnenden Restaufgaben, insbesondere die Verwaltung des Vereinsvermögens, zusammen.

Nach Auffassung des Reichsgerichts[70] kommt es für die Annahme, daß der 150
Zweck eines Vereins geändert worden sei, nicht ausschlaggebend darauf an, ob und inwieweit die Fassung der Satzung geändert wurde; auch Maßnahmen, die außerhalb der Satzung getroffen werden, könnten eine Zweckänderung enthalten. Wenn damit gesagt sein sollte, daß durch bestimmte Maßnahmen der in der Satzung festgelegte Vereinszweck geändert werden könne, ohne daß es einer Änderung der Satzung bedürfte, vermöchten wir dem nicht zuzustimmen. Wir sehen keinen Grund, hinsichtlich der Änderung des Vereinszwecks anders zu verfahren als bei der Änderung einer anderen Satzungsbestimmung (§ 71 Abs. 1 BGB). Eine Änderung des Vereinszwecks ohne Satzungsänderung, also auch ohne Eintragung der Änderung in das Vereinsregister erscheint daher nicht möglich.[71] Freilich können bestimmte Maßnahmen der Vereinsorgane, z. B. der Beschluß, aus dem bisherigen Dachverband auszutreten und einem anderen Dachverband mit entgegengesetzter Zielrichtung beizutreten,[72] so beschaffen sein, daß sie mit dem satzungsmäßigen Vereinszweck nicht zu vereinbaren sind; das hat aber dann nicht schon die Änderung des satzungsmäßigen Vereinszwecks zur Folge, vielmehr handelt es sich um satzungswidrige Maßnahmen, wenn nicht gleichzeitig eine entsprechende Änderung der Satzung beschlossen und anschließend in das Vereinsregister eingetragen wird.

15. Vereinsvorschriften außerhalb der Vereinssatzung[1]

In den meisten größeren Vereinen, vor allem aber in den sogenannten 151
Dachverbänden, bestehen außer der Vereinssatzung noch weitere Vorschrif-

---

[68] BGHZ 49, 175 = NJW 1968, 545 = MDR 1968, 387.
[69] BayObLGZ 1970, 120 (125); Soergel-Hadding § 33 Rdnr. 6 a. E.
[70] SeuffArch. 84 Nr. 135.
[71] Zustimmend MünchKomm-Reuter, 3. Aufl. § 33 Rdnr. 5; s. auch K. Schmidt BB 1987,556 (559).
[72] Vgl. RGZ 119, 184 (185) = JW 1928, 644 m. Anm. von Heinsheimer.
[1] Spezialliteratur: Kohler, Mitgliedschaftliche Regelungen in Vereinsordnungen, Heidelberg 1991.

ten zur Regelung des inneren Vereinslebens. Diese haben für die tägliche Vereinspraxis oft größere Bedeutung als die Vereinssatzung selbst. Sie führen die verschiedensten, meist nach ihrem Zweck gewählten Bezeichnungen, beispielsweise Geschäftsordnung (mit Angabe des betreffenden Vereinsorgans), Wahlordnung, Finanzordnung, Ehrengerichtsordnung, Disziplinarordnung, Spielordnung, Spielerstatut, Wettkampfordnung, Hüttenordnung, Gartenordnung. Für diese rechtlich im Rang unter der Vereinssatzung stehenden Vereinsvorschriften („nachrangige körperschaftliche Normen" – „körperschaftliche Normen zweiten Ranges") hat sich der Sammelbegriff **„Vereinsordnungen"** wohl inzwischen durchgesetzt.[2] Begriffe wie Nebensatzungen oder Vereinsgesetze lassen die Unterscheidung von der Vereinssatzung weniger deutlich erkennen.[3] Die Vereinsordnungen sind, je nach dem, an wen sie sich richten, nur für die Mitglieder eines Vereinsorgans (z. B. des Vorstands) oder nur für einen bestimmten Kreis von Mitgliedern (z. B. eine Wettkampfordnung nur für die an Wettkämpfen teilnehmenden Mitglieder) oder aber für alle Vereinsmitglieder **ebenso verbindlich wie die Vereinssatzung** selbst. Im Gegensatz zur Vereinssatzung können aber in den Vereinsordnungen wirksam **nur** solche Bestimmungen getroffen und Gegenstände geregelt werden, **die nicht zur Vereinsverfassung[4] gehören.**[5] Damit ist der Regelungsbereich in den Vereinsordnungen auf die Erläuterung, nähere Ausgestaltung und geschäftsmäßige Durchführung[6] der in der Vereinsverfassung getroffenen **Grundentscheidungen** und **Leitprinzipien** des Vereinslebens beschränkt. Ob sich eine Regelung in einer Vereinsordnung in diesen Grenzen bewegt oder in den der Vereinsverfassung vorbehaltenen Bereich übergreift, kann nur nach den Umständen des Einzelfalls beurteilt werden. Nach einer Entscheidung des Bundesgerichtshofs[7] soll für die Beantwortung der Frage, ob eine bestimmte Regelung in einer Vereinsordnung getroffen werden kann oder ob sie **„Verfassungsqualität"** besitzt und damit nur durch Aufnahme in die Vereinssatzung für die Vereinsmitglieder verbindlich werden kann, auch der Gesichtspunkt bedeutungsvoll sein, ob es sich dabei um Rechtsnachteile handelt, die nicht selbstverständlich sind und mit denen ein eintretendes Mitglied, das die Satzung kennt, nicht ohne weiteres rechnen muß. Die mangelnde Vorhersehbarkeit einer in einer Vereinsordnung enthaltenen „lästigen" Bestimmung besagt aber noch nicht, daß sie Verfassungsqualität besitzt und daher überhaupt nicht außerhalb der Vereinssatzung wirksam getroffen werden kann. Eine solche bei Kenntnis der Satzung nicht vorhersehbare Bestimmung in einer Vereins-

---

[2] Lohbeck MDR 1972, 381; R-D, 5. Aufl. Rdnr. 310ff.; vgl. Grunewald ZHR 152, 242.

[3] Zutreffend R-D, 2. Aufl. Rdnr. 208.

[4] Zu diesem Begriff siehe Rdnr. 32.

[5] Lukes NJW 1972, 121 (126, Der Satzungsinhalt beim eingetragenen Verein und die Abgrenzung zu sonstigen Vereinsregelungen) vgl. auch BGHZ 47, 172 (177f.) = NJW 1967, 1268 = BB 1967, 602; BGH MDR 1984, 119 (120, zur Zuchtbuchordnung eines Pferdezuchtverbandes); für eine Erweiterung des Regelungsbereichs einer Vereinsordnung tritt Grunewald aaO ein; siehe auch Reuter ZHR 148, 523.

[6] Soergel-Hadding § 25 Rdnr. 8.

[7] BGHZ 47, 172 (178) = NJW 1967, 1268.

ordnung scheitert aber daran, daß sie keine ausreichende Grundlage in der Vereinssatzung hat.[8]

Voraussetzung für die Wirksamkeit einer Vereinsordnung ist nämlich, daß für ihren Erlaß eine ausreichende **Ermächtigung** in der Vereinssatzung enthalten ist; Zweck, Struktur und Reichweite der Vereinsordnung müssen durch die Ermächtigung vorgezeichnet sein.[9]

Zuständig für den Erlaß einer Vereinsordnung ist, wenn die Satzung nichts anderes bestimmt, regelmäßig die Mitgliederversammlung. Jedoch kann, solange die Mitgliederversammlung von ihrer Zuständigkeit keinen Gebrauch gemacht hat, jedes Vereinsorgan für seinen **eigenen Geschäftsbereich** selbst eine **Geschäftsordnung** aufstellen.[10] So kann z. B. der Vorstand die Arbeitsverteilung unter seinen Mitgliedern in einer Geschäftsordnung regeln, wenn in der Satzung nicht ohnehin den einzelnen Vorstandsmitgliedern jeweils ein fest umrissenes Aufgabengebiet zugewiesen ist. Ferner kann der Vorstand unbedenklich die Tätigkeit der **Vereinsgeschäftsstelle** in einer Geschäftsordnung regeln. Dagegen würde die Regelung der Beschlußfähigkeit des Vorstands den zulässigen Rahmen einer Geschäftsordnung überschreiten. **152**

Verbindlichkeit für die Vereinsmitglieder kann eine Vereinsordnung erst beanspruchen, wenn sie in einer den Verhältnissen des Vereins angemessenen Weise **bekannt gemacht** wird, z. B. durch Hinweis in der Vereinszeitschrift auf den Erlaß der Vereinsordnung und auf die Möglichkeit, von ihrem Inhalt an einem bestimmten Ort (z. B. auf der Vereinsgeschäftsstelle) Kenntnis zu nehmen.[11] Zu weit dürfte allerdings die Forderung gehen, daß beim Vereinsbeitritt die bestehenden Vereinsordnungen dem neuen Mitglied, um ihm gegenüber verbindlich zu sein, ausgehändigt werden müssen.[12] **153**

Da Vereinsordnungen nicht zum notwendigen Inhalt der Vereinssatzung gehören, können sie ohne Einhaltung der für Satzungsänderungen bestehenden gesetzlichen oder satzungsmäßigen Vorschriften erlassen, abgeändert und aufgehoben werden. Es genügt also ein Beschluß des zuständigen Vereinsorgans. Der Verein kann sich jedoch dieses leicht und flexibel zu handhabenden Ordnungsinstruments[13] freiwillig begeben und auch Vereinsordnungen – wie sonstige Regelungen ohne Verfassungsqualität auch – in die Satzung aufnehmen.[14] Ist dies geschehen, so bedarf es zu ihrer Änderung oder Aufhebung – wie bei jeder sonstigen Satzungsänderung – der Beschlußfassung des zuständigen Vereinsorgans (regelmäßig der Mitgliederversammlung) und der Eintragung in das Vereinsregister. **154**

---

8 Zutreffend BGHZ 47, 172 = NJW 1967, 1268.

9 RGRK-Steffen § 25 Rdnr. 4 a. E.

10 BGHZ 47, 172 (177) = NJW 1967, 1268; Soergel-Hadding § 25 Rdnr. 8 a. E.; Kirberger, Die Nebenordnungen im Vereins- und Verbandsrecht, Diss. Marburg 1981, S. 231 ff.

11 Lohbeck MDR 1972, 381 (384).

12 So aber Lohbeck MDR 1972, 381 (384).

13 Lukes NJW 1972, 121 (125).

14 Ebenso Lukes NJW 1972, 121 (127); a. A. Stöber, 6. Aufl. Rdnr. 243.

IV. Die Organe des Vereins

1. Die Mitgliederversammlung

Grundsätzliches

155 Die Mitgliederversammlung ist ein unentbehrliches Organ des Vereins.[1] Die Satzung kann zwar die Rechte der Mitgliederversammlung weitgehend einschränken, sie kann sie aber nicht ganz beseitigen.[2] In der Mitgliederversammlung formt sich durch die Stimmabgabe der Mitglieder der Gesamtwille des Vereins.[3] Wie dieses Willensbildungsorgan in der Satzung bezeichnet ist, ist nebensächlich. Gebräuchliche Bezeichnungen sind neben der schlichten Bezeichnung „Mitgliederversammlung“: Hauptversammlung, Generalversammlung, Vollversammlung.[4] Verbandstag, Tagung, Konvent. Das Gesetz spricht von einer „Versammlung der Mitglieder“ (§ 32 Abs. 1 BGB). Damit ist nicht ein zufälliges Zusammentreffen der Mitglieder gemeint, sondern eine nach Ort und Zeit vom Vorstand bzw. vom sonst zuständigen Vereinsorgan festgesetzte Zusammenkunft. Ohne Versammlung der Mitglieder kann nach dem Gesetz ein Mitgliederbeschluß nur durch schriftliche Zustimmung sämtlicher Mitglieder zustande kommen (§ 32 Abs. 2 BGB). Die Satzung kann jedoch eine andere Regelung treffen, so z. B. generell oder für bestimmte Angelegenheiten schriftliche Abstimmung vorsehen (§ 40 BGB). Das Gesetz macht keinen Unterschied zwischen einer „ordentlichen“ und einer „außerordentlichen“ Mitgliederversammlung. Als ordentliche wird meistens die Versammlung verstanden, die nach der Satzung zu bestimmten Zeiten regelmäßig stattfinden soll, z. B. die Jahresversammlung. Als außerordentliche Mitgliederversammlung werden Versammlungen bezeichnet, die nicht von vornherein periodisch festgelegt sind, sondern aus einem besonderen Anlaß einberufen werden oder einberufen werden sollen. Die Satzung kann aber formelle oder sachliche Unterscheidungen zwischen einer ordentlichen und einer außerordentlichen Mitgliederversammlung treffen. Sie kann z. B. die Formalitäten,[5] die bei der Einberufung der Versammlung einzuhalten sind, oder die Gegenstände[6] der Beschlußfassung unterschiedlich regeln.

Der Zuständigkeitsbereich der Mitgliederversammlung[7]

156 Nach dem Gesetz (§ 32 Abs. 1 S. 1 BGB) werden die Angelegenheiten des Vereins, soweit sie nicht dem Vorstand oder einem anderen Organ des Ver-

---

[1] BayObLG JW 1930, 2723; vgl. RGZ 137, 305 (309, Gesellschafterversammlung einer GmbH).

[2] A. A. KG DJ 1936, 1948.

[3] Vgl. Zöllner S. 11.

[4] Diese Bezeichnung ist möglichst zu vermeiden, da man sie auch für eine Versammlung verwendet, zu der sämtliche Mitglieder erschienen sind.

[5] BayObLGZ 20, 328 (332).

[6] A. A. MünchKomm-Reuter, 3. Aufl. § 36 Rdnr. 5 (im Hinblick auf die Unabdingbarkeit des § 36 BGB).

[7] Dazu grundsätzlich Flume, Festschrift für Coing, 1982, Bd. II S. 97.

eins in der Satzung zugewiesen sind, durch Beschlußfassung in einer Mitgliederversammlung geordnet. Die Zuständigkeit der Mitgliederversammlung zur Regelung einer bestimmten Vereinsangelegenheit ist daher nur dann nicht gegeben, wenn sie ihr durch die Satzung weggenommen und einem anderen Vereinsorgan (oder auch einer Einzelperson) zugeteilt wurde. Die häufig gebrauchte Formel, die Mitgliederversammlung sei das oberste Willensorgan des Vereins, ist daher nur dann richtig, wenn ihr der vom Gesetz zugeteilte umfassende Zuständigkeitsbereich durch die Satzung nicht wesentlich beschnitten ist.[8] Dabei kommt es vor allem darauf an, ob ihr die Befugnis zur Bestellung und Abberufung des Vorstands und die Beschlußfassung über eine Änderung der Satzung sowie über eine Änderung des Vereinszwecks verblieben sind.[9] Nicht genommen werden kann ihr die Zuständigkeit zur Beschlußfassung über die Auflösung des Vereins[10] und die Bestimmung des Anfallberechtigten im Falle des § 45 Abs. 2 S. 2 BGB.[11] Der Grundsatz der Vereinsautonomie[12] fordert, daß ihr die „Letztzuständigkeit" für alle grundlegenden Vereinsangelegenheiten nicht entzogen werden darf. Die Mitgliederversammlung kann zwar nicht eine Angelegenheit an sich ziehen, wenn nach der Satzung hierfür ein anderes Vereinsorgan zuständig ist.[13] Sie hat aber zu entscheiden, wenn zwischen Mitgliedern eines anderen Vereinsorgans Streit darüber besteht, ob sich die Willensbildung in diesem Vereinsorgan (z. B. im Vorstand) satzungsgemäß vollzieht: denn diese Frage ist eine Angelegenheit der inneren Ordnung im Verein. Daher kann eine Klage auf Feststellung (§ 256 ZPO), daß ein Vereinsorgan gegen die Satzung verstößt, erst erhoben werden, wenn die Mitgliederversammlung hierüber Beschluß gefaßt hat.[14] Die Mitgliederversammlung kann diese Entscheidung entweder generell durch den Erlaß einer Geschäftsordnung für das betreffende Vereinsorgan treffen oder die Streitfrage verbindlich durch einen Einzelbeschluß klären. Zur Zuständigkeit der Mitgliederversammlung gehört regelmäßig die Beaufsichtigung und Entlastung der übrigen Vereinsorgane.[15] Inwieweit die Mitgliederversammlung gegenüber dem Vorstand ein **Weisungsrecht** besitzt, hängt davon ab, wie der Zuständigkeitsbereich des Vorstands in der Satzung festgelegt ist. Ist der Vorstand nach der Satzung für bestimmte Angelegenheiten allein zuständig, dann besteht insoweit kein Weisungsrecht der Mitgliederversammlung. Es bestehen aber keine Bedenken dagegen, daß die Mitgliederversammlung in diesen Fällen dem Vorstand empfiehlt, sich in einer bestimmten Weise zu verhalten, und so Einfluß auf die Entscheidungen des Vorstands nimmt. Die Mitgliederversammlung kann, sofern ihr das Recht zur Satzungsänderung nicht genommen ist, ihren bisherigen Zuständigkeitsbereich durch eine entsprechende Satzungsänderung erweitern oder auch beschränken. Eine Satzungsbestimmung, daß die

---

[8] Vgl. RGZ 117, 203 (206 für die Hauptversammlung einer Aktiengesellschaft).
[9] Vgl. § 27 Abs. 1. §§ 33, 40 BGB.
[10] Siehe aber Rdnr. 355 a. E.
[11] Soergel-Hadding § 32 Rdnr. 4; R-D, 5. Aufl. Rdnr. 2054.
[12] Siehe dazu Rdnr. 40.
[13] RG Warn. 1913 Nr. 392 und JW 1936, 2387.
[14] BGHZ 49, 396 = NJW 1968, 1131.
[15] Soergel-Hadding § 32 Rdnr. 5.

Mitgliederversammlung endgültig unter Ausschluß des Rechtswegs über alle Vereinsangelegenheiten entscheidet, ist zwar, was den Ausschluß des Rechtswegs betrifft, wirkungslos,[16] die Bestimmung behält aber insofern ihre Bedeutung, als sie zum Ausdruck bringt, daß nur die Mitgliederversammlung – und nicht andere Vereinsorgane – über alle Vereinsangelegenheiten entscheidet und vorher eine Anrufung der Gerichte nicht zulässig ist.[17] Von der Mitgliederversammlung ist die Gesamtheit der Vereinsmitglieder zu unterscheiden. Der Unterschied wird vor allem in den Fällen deutlich, in denen nach dem Gesetz oder nach der Satzung die Beschlußfassung der in der Mitgliederversammlung erschienenen Mitglieder nicht genügt, sondern das Einverständnis aller Vereinsmitglieder erforderlich ist, so z. B. regelmäßig zur Änderung des Vereinszwecks.

Die Einberufung der Mitgliederversammlung

157 Zuständig für die Einberufung der Mitgliederversammlung ist, wenn die Satzung nichts anders bestimmt, der Vorstand, d. h. die Einberufung ist von den vertretungsberechtigten Personen, nicht dagegen von den nicht mit Vertretungsmacht ausgestatteten Mitgliedern eines „erweiterten" oder „Gesamtvorstands" zu bewirken.[18] Besteht er aus mehreren Personen (§ 26 Abs. 1 S. 2 BGB), so ist nach der älteren obergerichtlichen Rechtsprechung[19] zur wirksamen Einberufung der Mitgliederversammlung stets ein gültiger Vorstandsbeschluß erforderlich. Diese Rechtsprechung ist durch die Rechtsprechung des Bundesgerichtshofs[20] zur Frage, ob die Wirksamkeit der Vertretungshandlungen des Vorstands von der ordnungsgemäßen internen Beschlußfassung des Vorstands abhängt, wesentlich eingeschränkt worden. Danach sind folgende Fälle zu unterscheiden: Enthält die Satzung eine Regelung, wie beim mehrgliedrigen Vorstand der Verein rechtsgültig vertreten wird, so sind die mit dieser satzungsmäßigen Vertretungsmacht ausgestatteten Vorstandsmitglieder auch **ohne** entsprechenden **Vorstandsbeschluß** zur Einberufung der Mitgliederversammlung legitimiert. Bestimmt z. B. die Satzung, daß jedes Vorstandsmitglied einzelvertretungsberechtigt ist, so kann jedes Vorstandsmitglied die Mitgliederversammlung wirksam einberufen. Entsprechendes gilt, wenn nach der Satzung nur einem Vorstandsmitglied oder mehreren Vorstandsmitgliedern die Befugnis erteilt ist, den Verein allein zu vertreten, oder wenn zur Vertretung des Vereins mehrere Vorstandsmitglieder zusammenwirken müssen. Diese generellen Bestimmungen über die Vertretungsmacht der Vorstandsmitglieder kommen jedoch nicht zum Zug, wenn die Satzung speziell für die Einberufung der Mitgliederversammlung eine Bestimmung trifft, z. B. vorschreibt, daß die Mitgliederversammlung vom Vorstandsvorsitzenden einberufen wird.[21] Ist jedoch in der Satzung vorgesehen, daß ein Vorstandsmitglied als stellvertretender

---

[16] RGZ 55, 326; 80, 189 (191).
[17] Siehe auch Rdnr. 311.
[18] KG Rpfleger 1978, 133 = MDR 1978, 576 = OLGZ 1978, 272.
[19] OLG Schleswig NJW 1960, 1862; BayObLGZ 1963, 15 (18).
[20] BGHZ 69, 250 = Rpfleger 1977, 406 = NJW 1977, 2310 = DNotZ 1978, 88 = MDR 1978, 29; siehe dazu Rdnr. 232.
[21] BayObLG Recht 1921 Nr. 4.

Vorsitzender fungiert, so wird man dieses Vorstandsmitglied kraft seiner Stellung als Stellvertreter als berechtigt ansehen dürfen, bei Verhinderung des Vorstandsvorsitzenden die Mitgliederversammlung einzuberufen.[22] In allen diesen Fällen hängt die Wirksamkeit der Einberufung, wenn sie jeweils von den mit satzungsmäßiger Vertretungsmacht oder spezieller Einberufungsbefugnis ausgestatteten Personen bewirkt wird, nicht von einer Beschlußfassung des Vorstands über die Einberufung der Mitgliederversammlung ab. Eine ganz andere Frage ist es, ob das jeweils einberufende Vorstandsmitglied, wenn es ohne Vorstandsbeschluß handelt, gegen eine interne Vereinsordnung (z. B. die Geschäftsordnung des Vorstands) verstößt, und welche Konsequenzen (Schadensersatzpflicht, Vereinsstrafe) sich etwa aus einem solchen Verhalten ergeben. Stets wirksam ist die Einberufung der Mitgliederversammlung, wenn sie von sämtlichen Vorstandsmitgliedern vorgenommen wird. Somit ist für die Wirksamkeit der Einberufung der Mitgliederversammlung ein Vorstandsbeschluß nur erforderlich, wenn – beim Fehlen entgegenstehender Satzungsregelung – die Versammlung von der Mehrheit der Vorstandsmitglieder in Ausübung ihrer im Gesetz begründeten Vertretungsmacht[23] einberufen wird. Das für die Einberufung zuständige Vereinsorgan oder die hierfür zuständige Einzelperson braucht aber die Mitglieder nicht persönlich einzuberufen. Es ist zulässig, daß die jeweils nach der Satzung erforderlichen Maßnahmen (Einladungsschreiben usw.) von einem Beauftragten ausgeführt werden.[24] Ist der Vorstand oder ein einzelnes Vorstandsmitglied für die Einberufung der Mitgliederversammlung zuständig, so ist die Einberufung grundsätzlich nur wirksam, wenn jene ihrerseits rechtsgültig bestellt wurden und im Zeitpunkt der Einberufung noch im Amt sind.[25] Eine fehlerhafte Vorstandsbestellung, die Abberufung oder Amtsniederlegung sowie der Ablauf der Amtsdauer sind aber unschädlich, wenn die betreffenden Vorstandsmitglieder im Zeitpunkt der Einberufung der Versammlung noch im Vereinsregister eingetragen sind.[26] Die Einberufung der Mitgliederversammlung durch eine nach dem Gesetz oder nach der Satzung hierfür nicht zuständige Person hat schwerwiegende Folgen: Die in der Mitgliederversammlung gefaßten Beschlüsse sind regelmäßig nichtig.[27] Die Beschlüsse der Mitgliederversammlung sind jedoch nach Auffassung des Oberlandesgerichts Köln[28] wirksam, wenn nach dem Ausscheiden eines oder mehrerer Vorstandsmitglieder die Mitgliederversammlung von den restlichen Vorstandsmitgliedern einberufen worden war und feststeht, daß auch

---

22 BayObLG JFG 6, 230 (232), wonach der stellv. Vorsitzende zur Einberufung auch dann ermächtigt ist, wenn der Vorsitzende die Einberufung grundlos unterläßt. Vgl. ferner BGHZ 18, 334 (336).

23 Siehe Rdnr. 231.

24 BayObLG JFG 6, 230 (232).

25 BGHZ 18, 334 (339).

26 Vgl. § 121 Abs. 2 S. 2 AktG; KG Rpfleger 1967, 342; BayObLG Rpfleger 1973, 20 und BayObLGZ 1985, 24; Richert NJW 1957, 1545; Stöber Rpfleger 1967, 342 (344); Palandt-Heinrichs § 70 Rdnr. 3; siehe auch die Ausführungen bei Rdnr. 266.

27 RG Recht 1908 Nr. 3385; BGHZ 11, 231 (236); 18, 334 (339); BGH BB 1983, 995; BayObLGZ 1989, 298 (305) und Rpfleger 1970, 240; KG OLGZ 1971, 480; KG Rpfleger 1978, 133 = MDR 1978, 576 = OLGZ 1978, 272 (277).

28 Rpfleger 1983, 158 = OLGZ 1983, 269 = JMBlNRW 1983, 124.

bei einer Notvorstandsbestellung für die ausgeschiedenen Vorstandsmitglieder die Mitgliederversammlung nicht anders als geschehen einberufen worden wäre.

Soll eine bereits einberufene Mitgliederversammlung aus irgendwelchen Gründen nicht stattfinden, so kann sie von demjenigen, der für die Einberufung zuständig ist, **abgesagt** werden.[29] Aus Gründen der Rechtssicherheit ist jedoch erforderlich, daß eine solche Absage, wenn sie auch nicht unbedingt in der gleichen Form geschehen muß wie die Einberufung, doch auf alle Fälle eindeutig zu formulieren ist. Andernfalls können die auf der dennoch abgehaltenen Versammlung gefaßten Beschlüsse nicht mit der Begründung angefochten werden, daß die Einberufung rückgängig gemacht worden sei.[30]

Aus der Zulässigkeit der Absage einer einberufenen Mitgliederversammlung folgt, daß sie vom Einberufungsorgan auch – auf einen früheren oder späteren Termin – **verlegt** werden kann, denn der Tatbestand der Verlegung schließt die Absage der Versammlung ein: die Verlegung ist Einberufung der Versammlung zu einem neuen Termin, verbunden mit der Absage (dem Widerruf) der Versammlung zum alten Termin.[31] Eine Verlegung der Versammlung durch das Einberufungsorgan ist aber nur bis zum Beginn der Versammlung möglich. Nach Eröffnung der Mitgliederversammlung kann die Versammlung selbst über eine Verlegung (Vertagung) der Versammlung durch Beschluß befinden.

158 Eine **Pflicht zur Einberufung** der Mitgliederversammlung besteht für den Vorstand oder das sonst zuständige Einberufungsorgan in den in der Satzung genannten Fällen sowie stets dann, wenn das Interesse des Vereins es erfordert (§ 36 BGB). Letzteres hat das Einberufungsorgan in eigener Verantwortung zu prüfen und zu entscheiden. Bei schuldhafter, wenn auch nur fahrlässiger Verletzung (vgl. § 58 Nr. 4 BGB) dieser Pflicht ist das Einberufungsorgan dem Verein – nicht den Mitgliedern – für einen etwaigen Schaden haftbar.[32] In Angelegenheiten, die für den Verein von besonders großer Bedeutung sind, muß die Mitgliederversammlung auch dann einberufen werden, wenn sie nach der Satzung letztlich über die betreffende Angelegenheit nicht zu entscheiden hat.[33] Das gebietet schon die Pflicht, die Mitglieder über ungewöhnliche Vorkommnisse unverzüglich zu informieren.[34] Außerdem kann das Interesse des Vereins es aus gegebenem Anlaß erfordern, die Zuständigkeit der Vereinsorgane durch eine Satzungsänderung neu zu regeln. Nach der älteren Rechtsprechung des Reichsgerichts[35] kann der Vorstand, wenn er die Einberufung der Mitgliederversammlung pflichtwidrig unterläßt, mittels Klage zur Einberufung angehalten werden. Demgegenüber nimmt das neuere Fachschrifttum einhellig an, daß die Einberufung der Mitgliederversammlung nicht im Prozeßwege, sondern nur mit Hilfe des

---

[29] Vgl. Merle ZMR 1980, 225 (Zur Absage einer einberufenen Versammlung der Wohnungseigentümer).

[30] RGZ 166, 129 (134).

[31] Vgl. OLG Hamm MDR 1980, 1022 (Verlegung einer Versammlung der Wohnungseigentümer).

[32] Soergel-Hadding § 36 Rdnr. 5.

[33] R-D, 5. Aufl. Rdnr. 782.

[34] Siehe dazu Rdnr. 281.

[35] RGZ 79, 409 (411).

Registergerichts im Verfahren der freiwilligen Gerichtsbarkeit durchgesetzt werden kann. Auch durch einstweilige Verfügung kann der Vorstand weder zur Einberufung der Mitgliederversammlung noch zur Aufstellung einer bestimmten Tagesordnung angehalten werden.[36]

Das Recht der Minderheit auf Einberufung der Mitgliederversammlung

Das Gesetz gibt in § 37 BGB einer Minderheit von Vereinsmitgliedern das **159**
Recht, die Einberufung einer Mitgliederversammlung zu verlangen und sie auch gegen den Willen des Einberufungsorgans zu erzwingen. Dieses Rechts kann durch die Satzung nicht ausgeschlossen werden. Nach der noch herrschenden Ansicht kann die Satzung aber bestimmen, wie groß der Teil der Mitglieder sein muß, damit er dieses Recht in Anspruch nehmen kann. Er darf aber jedenfalls nur so groß bemessen werden, daß er noch immer eine Minderheit der Mitglieder bedeutet,[37] also keinesfalls größer festgesetzt werden als auf die Hälfte der Mitglieder. Früher wurde teilweise die Meinung vertreten, die Satzung dürfe als „Teil der Mitglieder" genau die Hälfte der Mitglieder festsetzen.[38] Dieser Ansicht kann nicht zugestimmt werden. Die Hälfte der Mitglieder stellt zwar keine Mehrheit, aber auch keine Minderheit dar. Da aber die angeführte Gesetzesbestimmung den Schutz einer Minderheit von Vereinsmitgliedern bezweckt, muß der in der Satzung festgelegte Teil der Mitglieder immer eine Minderheit repräsentieren, also weniger als die Hälfte der Mitglieder erfassen.[39] Die Satzung soll den Maßstab für die Berechnung der erforderlichen Zahl von Mitgliedern so wählen, daß der Minderheitsschutz nicht nur im Zeitpunkt der Vereinsgründung gewährleistet ist, sondern auch dann, wenn später weniger Mitglieder dem Verein angehören.[40] Ein Beispiel soll dies verdeutlichen: Wenn ein Verein bei der Gründung 50 Mitglieder hat, dann soll die Satzung nicht bestimmen, daß 5 Mitglieder das Recht haben, die Einberufung der Mitgliederversammlung zu verlangen. In diesem Zeitpunkt stellen zwar 5 Mitglieder eine Minderheit dar; das ist aber nicht mehr der Fall, sobald die Mitgliederzahl auf 10 oder weniger absinkt. Korrekt ist es daher, daß die Satzung statt 5 Mitgliedern einem Zehntel das Minderheitsrecht einräumt.[41]

Enthält die Satzung über das Minderheitsrecht überhaupt keine Bestim- **160**
mung oder setzt sie den Teil der Mitglieder, dem das Recht zustehen soll, zu groß fest, dann greift das Gesetz ein, das einem Zehntel der Mitglieder das besprochene Recht gibt. Die Satzung kann jedoch den Bruchteil auch kleiner festsetzen und damit das Minderheitsrecht großzügiger gestalten, als es nach

36 OLG Hamm MDR 1973, 929; Wagner ZZP 105, 294 (313).

37 Soergel-Hadding § 37 Rdnr. 5 und R-D, 5. Aufl. Rdnr. 791 treten mit beachtlichen Gründen dafür ein, daß die Satzung keine größere, sondern nur eine geringere als die gesetzlich bestimmte Quote festsetzen kann. Dies ist ausdrücklich in § 45 Abs. 1 GenG so geregelt: „der zehnte Teil oder der hierfür im Statut bezeichnete geringere Teil der Genossen".

38 Soergel-Schultze-v. Lasaulx, 10. Aufl. § 37 Rdnr. 3.

39 So auch Wagner ZZP 105, 294 (297); siehe auch BayObLGZ 1972, 314 zu § 24 WEG.

40 OLG Stuttgart Rpfleger 1986, 262 = NJW-RR 1986, 995.

41 A. A. Staudinger-Coing § 37 Rdnr. 3.

dem Gesetz der Fall ist. So kann beispielsweise das Minderheitsrecht in der Satzung schon einem Zwanzigstel der Mitglieder oder sogar jedem einzelnen Mitglied zugestanden werden. Maßgebend für die Berechnung der Zahl von Mitgliedern, die das Minderheitsrecht haben, ist der Mitgliederstand in dem Zeitpunkt, in dem das Verlangen nach Einberufung der Mitgliederversammlung beim zuständigen Einberufungsorgan eingeht. Bei der Berechnung der erforderlichen Minderheit zählen alle Vereinsmitglieder mit, die das Recht haben, an der Mitgliederversammlung teilzunehmen, also auch die nicht stimmberechtigten Mitglieder (z. B. außerordentliche und Ehrenmitglieder). Auch diese können das Minderheitsverlangen unterstützen.[42] Die vorgeschriebene Mindestzahl kann auch dadurch erreicht werden, daß neu in den Verein eintretende Personen der Aufforderung an das Einberufungsorgan ihre Beitrittserklärungen beifügen.[43] Ein solches Verfahren ist aber nur dann zulässig, wenn im Einzelfall der Beitritt zum Verein durch bloße Abgabe einer Beitrittserklärung möglich ist. Dagegen genügt es nicht, wenn weitere Mitglieder später im Verfahren vor dem Amtsgericht den Antrag unterstützen, ohne sich das Verlangen nach Einberufung der Mitgliederversammlung zu der Zeit, als es gegenüber dem Vorstand geltend gemacht wurde, zu eigen gemacht zu haben.[44]

161 Wenn die satzungsmäßige oder die gesetzliche Minderheit die Einberufung einer Mitgliederversammlung durchsetzen will, muß sie ihr Verlangen zunächst innerhalb des Vereins geltend machen. An wen sie sich dabei zu wenden hat, ist im Gesetz nicht geregelt.[45] In Betracht kommt der Vorstand oder, falls dieser nach der Satzung für die Einberufung der Mitgliederversammlung nicht zuständig ist, das hierfür in der Satzung bestimmte Organ (z. B. der Aufsichtsrat).[46] Ist der Vorstand nicht zugleich das zuständige Einberufungsorgan, so erscheint es wenig sinnvoll, zu verlangen, daß sich die Minderheit mit ihrem Begehren an den Vorstand zu wenden hat. Es würde ihr wenig nützen, beim Vorstand Verständnis für ihr Anliegen zu finden, wenn andererseits sich das für die Einberufung maßgebende Organ negativ verhielte. Der Ausweg, daß der Vorstand das ihm unterbreitete Verlangen der Minderheit dem zuständigen Vereinsorgan zuzuleiten habe, vermag nicht recht zu befriedigen. Um einerseits dem für die Vereinspraxis letzten Endes unfruchtbaren Meinungsstreit aus dem Weg zu gehen, andererseits aber nicht Gefahr zu laufen, sich an das falsche Organ zu wenden, empfiehlt es sich in diesem Fall, beiden Möglichkeiten Rechnung zu tragen und das Verlangen nach Einberufung einer Mitgliederversammlung sowohl an den Vorstand als auch an das satzungsgemäße Einberufungsorgan zu richten.

Das Verlangen muß **schriftlich** gestellt werden; ein von allen Angehörigen der Minderheit unterzeichnetes Telegramm oder Telefax muß aber als aus-

---

[42] R-D, 5. Aufl. Rdnr. 790.
[43] BayObLG Recht 1921 Nr. 9.
[44] OLG Frankfurt Rpfleger 1973, 54; Soergel-Hadding § 37 Rdnr. 6.
[45] Zweifelnd auch KG HRR 1935 Nr. 250.
[46] Ebenso MünchKomm-Reuter, 3. Aufl. § 37 Rdnr. 1; RGRK-Steffen § 37 Rdnr. 2; a. A. R-D, 5. Aufl. Rdnr. 789 (Adressat des Minderheitsverlangens ist der Verein, nicht ein vom Vorstand verschiedenes Einberufungsorgan).

reichend angesehen werden.[47] Die Minderheitsangehörigen können ihr Verlangen einzeln erheben oder was zweckmäßiger ist, in einem von allen unterschriebenen Schriftstück.[48] Sie können sich auch durch Bevollmächtigte vertreten lassen. Der Vorstand (bzw. das zuständige Einberufungsorgan) kann jedoch verlangen, daß ihm die Vollmachten nachgewiesen werden.[48] Um Verzögerungen zu vermeiden, ist es zweckmäßig, wenn die Vollmachten sogleich dem Antrag an den Vorstand beigefügt werden. Vor allem bei Vereinen mit größerer Mitgliederzahl hat sich folgendes Verfahren bewährt: Ein Angehöriger der Minderheit nimmt die Sache in die Hand, formuliert den Antrag an den Vorstand (Einberufungsorgan) in zweifacher Fertigung, läßt die übrigen Angehörigen der Minderheit mitunterschreiben und sich von diesen in demselben Schriftstück die Vollmacht geben, beim Amtsgericht den Antrag auf Ermächtigung zur Einberufung der Mitgliederversammlung zu stellen. Die eine Ausfertigung des Antrags reicht der Bevollmächtigte der Minderheit beim Vorstand (Einberufungsorgan) ein, die zweite behält er vorsorglich zurück, da es schon vorgekommen ist, daß der Vorstand den an ihn gerichteten Antrag nebst den Vollmachten für den Antrag bei Gericht nicht mehr zurückgegeben hat, und es dann Schwierigkeiten gab, die Vollmachten der einzelnen Mitglieder für den Antrag bei Gericht nachzuweisen.

Bei der Formulierung des Antrags an den Vorstand (Einberufungsorgan) ist streng darauf zu achten, daß er den vom Gesetz geforderten **Inhalt** hat. Erstens muß der Antrag den **Zweck** der Mitgliederversammlung eindeutig erkennen lassen, also **worüber** diese beschließen soll.[49] Es empfiehlt sich, die betreffenden Angelegenheiten als Tagesordnungspunkte der einzuberufenden Mitgliederversammlung zu formulieren. Zweitens müssen die **Gründe** angegeben werden, also **warum** die Beschlußfassung der Mitgliederversammlung zu den vorher angegebenen Tagesordnungspunkten verlangt wird. Ausnahmsweise ergeben sich die Gründe bereits aus dem Zweck der beantragten Versammlung. Dann erübrigt es sich, diese erkennbaren Gründe noch besonders anzugeben.[50] Auf solche Ausnahmefälle sollte sich die Minderheit aber nicht verlassen, sondern stets die von ihr gewünschte Tagesordnung **und** die Begründung dafür in ihrem Antrag darstellen. Der Vorstand bzw. das Einberufungsorgan ist nämlich nur dann verpflichtet, dem Verlangen der Minderheit zu entsprechen, wenn **beide** Angaben in dem Verlangen zum Ausdruck kommen.

Manchmal liegt der Fall so, daß der Vorstand an sich bereit ist, die Mitglie- **162**
derversammlung einzuberufen, sich aber weigert, einen bestimmten Punkt auf die Tagesordnung zu setzen. In diesem Fall kann die Minderheit ebenfalls verlangen, daß dieser Punkt in die Tagesordnung aufgenommen wird.[51] Der entsprechende Antrag hat im übrigen den gleichen Inhalt (Zweck, Gründe).

---

[47] Teleologische Reduktion von § 126 BGB; vgl. KG JW 1938, 1824 (Aufsichtsrat der AG); a. A. Soergel-Hadding § 37 Rdnr. 7; hier 14. Aufl.

[48] KG HRR 1935 Nr. 250.

[49] KG JFG 2, 220 (222).

[50] KG HRR 1929 Nr. 2071.

[51] Entsprechende Anwendung von § 122 Abs. 2 AktG; vgl. Wagner ZZP 105, 294 (297).

Obliegt die Beschlußfassung über die Einberufung der Mitgliederversammlung, wie regelmäßig, dem Vorstand, so genügt es, wenn der Antrag **einem** Vorstandsmitglied zugeht (§ 28 Abs. 2 BGB).

Das Verhalten des Vorstands zum Minderheitsverlangen

163 Umstritten ist die Frage, ob der Vorstand (Einberufungsorgan) berechtigt ist, den Antrag der Minderheit abzulehnen, wenn er ihn für unbegründet hält, oder ob er sozusagen automatisch verpflichtet ist, die Mitgliederversammlung einzuberufen, wenn der Antrag der Minderheit die formellen gesetzlichen Voraussetzungen (Mindestzahl von Mitgliedern, Angabe von Zweck und Gründen) erfüllt. Will man dem gesetzlich garantierten Minderheitsschutz nicht wesentlichen Abbruch tun, dann muß der Minderheit das Recht zustehen, auch ein objektiv unbegründetes Anliegen der Mitgliederversammlung zu unterbreiten. Andererseits findet der gesetzliche Minderheitsschutz dort seine Grenze, wo er dazu benützt werden soll, offensichtlichem Rechtsmißbrauch Vorschub zu leisten. In diesem engsten Rahmen wird man dem Vorstand das Recht zugestehen müssen, sich einem Verlangen der Minderheit zu widersetzen,[52] denn schließlich besteht zwischen dem Verhalten des Vorstands, das er auf den Antrag der Minderheit hin einnimmt, und der späteren Entscheidung des von der Minderheit angerufenen Gerichts eine sachliche Beziehung. Es ist daher (vom Standpunkt der Gegenmeinung) widersprüchlich, einerseits dem Gericht das Recht zuzubilligen, einen mißbräuchlichen Antrag der Minderheit abzulehnen, andererseits aber vorher den Vorstand für verpflichtet zu halten, ohne jede sachliche Prüfung des Minderheitsverlangens die Mitgliederversammlung einzuberufen.

Das gerichtliche Verfahren

164 Wenn es der Minderheit nicht gelungen ist, auf dem dargestellten vereinsinternen Weg die Einberufung einer Mitgliederversammlung mit der gewünschten Tagesordnung zu erreichen, kann sie nunmehr beim Amtsgericht den Antrag stellen, sie zu ermächtigen, selbst die Mitgliederversammlung einzuberufen. Zuständig ist das Amtsgericht, das für den Verein das Vereinsregister führt. Über den Antrag entscheidet der Rechtspfleger (§ 3 Nr. 1 Buchst. a RPflG). Der Antrag ist schriftlich einzureichen oder zu Protokoll der Geschäftsstelle des Amtsgerichts zu geben (§ 11 FGG). Er kann darauf beschränkt werden, die Minderheit zu ermächtigen, zu der vom Vorstand inzwischen einberufenen Mitgliederversammlung einen bestimmten zusätzlichen Tagesordnungspunkt anzukündigen.[53] Der Rechtspfleger muß zunächst zu dem Antrag den Vereinsvorstand hören, soweit dies irgend möglich ist. Die **Anhörung** des Vorstands ist auch dann geboten, wenn der Rechtspfleger beabsichtigt, den Antrag abzulehnen.[54] Das Gesetz verlangt zwar in § 160 Abs. 1 FGG nur, daß der Vorstand, „soweit tunlich", zu hören ist. Da aber jedem von einer gerichtlichen Verfügung Betroffenen rechtliches

---

52 Wagner ZZP 105, 294 (297); Soergel-Hadding § 37 Rdnr. 10.
53 Jansen § 160 Rdnr. 2.
54 Keidel-Kuntze-Winkler § 160 Rdnr. 5.

Gehör gewährt werden muß,[55] darf die Anhörung nur unterbleiben, wenn sie aus Gründen, die der Vorstand selbst zu vertreten hat, oder die in seiner Person liegen, nicht möglich ist, etwa dann, wenn sich der Vorstand mit unbekanntem Ziel in Urlaub befindet. Stets muß aber der Rechtspfleger wenigstens den Versuch machen, dem Vorstand Gelegenheit zur Stellungnahme zu geben. Ist der Vorstand nicht zugleich das zuständige Einberufungsorgan, so ist das rechtliche Gehör den Mitgliedern dieses Organs zu gewähren.[56] Sodann hat der Rechtspfleger zu prüfen, ob dieselben Mitglieder, die den Antrag gestellt haben, zuvor vom Vorstand (Einberufungsorgan) vergeblich die Einberufung der Mitgliederversammlung schriftlich unter Angabe des Zwecks und der Gründe verlangt hatten.[57] Ferner muß er feststellen, ob die Antragsteller ihrer Zahl nach die satzungsmäßige oder, wenn die Satzung hierzu keine Bestimmung enthält, die gesetzliche Minderheit darstellen. Die Mindestzahl muß in dem Zeitpunkt, in dem das Gericht die Ermächtigung erteilt, noch gegeben sein.[58] Um die Mindestzahl zu errechnen, muß der Rechtspfleger wissen, wieviele Mitglieder der Verein hat. Diese Kenntnis kann er sich dadurch verschaffen, daß er vom Vorstand eine Bescheinigung über die Zahl der Vereinsmitglieder verlangt (§ 72 BGB). Notfalls muß der Vorstand durch Zwangsgeld (§ 78 Abs. 1 BGB) zur Vorlage dieser Bescheinigung angehalten werden, oder es muß durch andere Ermittlungen (z. B. durch Befragen des Vereinskassiers) die Mitgliederzahl festgestellt werden (§ 12 FGG). Schließlich ist zu prüfen, ob ein **Rechtsschutzbedürfnis** für die beantragte Ermächtigung besteht. Dieses fehlt, wenn ein offenbar gesetz- oder satzungswidriges Verlangen der Minderheit vorliegt, insbesondere, wenn die angestrebten Beschlüsse der Mitgliederversammlung ungültig sein würden.[59] Das gleiche gilt, wenn die jährliche ordentliche Mitgliederversammlung kurz bevorsteht und der Vorstand glaubhaft versichert, daß er die von der Minderheit genannten Angelegenheiten mit auf die Tagesordnung setzen werde. Der Antrag ist auch dann abzulehnen, wenn der Gegenstand, über den Beschluß gefaßt werden soll, nicht zur Zuständigkeit der Mitgliederversammlung gehört.[60] Eine Abwägung der Interessen der Antragsteller und des Aufwandes an Zeit, Mühe und Kosten, den eine außerordentliche Mitgliederversammlung für den Verein mit sich brächte, ist dem Gericht in der Regel jedoch verwehrt.[61] Hat der Vorstand zwar schon eine Versammlung einberufen, aber zu einem so weit hinausgeschobenen Zeitpunkt, daß dies praktisch einer Verweigerung des Minderheitsverlangens gleichkommt, ist es gerechtfertigt, die Minderheit zur Einberufung einer früheren Versammlung zu ermächtigen. Entsprechend ist zu

---

[55] Art. 103 Abs. 1 GG; dazu ausführlich Keidel, Der Grundsatz des rechtlichen Gehörs im Verfahren der Freiwilligen Gerichtsbarkeit, Diss. Köln 1964; Waldner, Der Anspruch auf rechtliches Gehör, Köln 1989, S. 21 ff.

[56] Soergel-Hadding § 37 Rdnr. 12; a. A. MünchKomm-Reuter, 3. Aufl. § 37 Rdnr. 3 a. E.

[57] OLG Frankfurt OLGZ 1973, 137 (139) = Rpfleger 1973, 54.

[58] RGZ 170, 83 (93).

[59] Wagner ZZP 105, 294 (300); KG JW 1935, 3636; OLG Frankfurt OLGZ 1973, 137 (140) = Rpfleger 1973, 54.

[60] KG JFG 1, 247 (249); BayObLGZ 33, 16; OLG Köln WPM 1959, 1402.

[61] R-D, 5. Aufl. Rdnr. 809.

verfahren, wenn der Vorstand entgegen einem Beschluß der letzten Mitgliederversammlung die nächste Versammlung an einen anderen Ort oder zu einer ungewöhnlichen und unzumutbaren Zeit einberufen will.[62] Dagegen ist es nicht Sache des Gerichts, zu prüfen, ob das Verlangen der Antragsteller dem Interesse des Vereins oder dem der übrigen Vereinsmitglieder widerstreitet. Das Gericht hat weder die Zweckmäßigkeit des Antrags nachzuprüfen noch wirtschaftliche Erwägungen anzustellen noch sich damit zu befassen, ob begründete Aussicht besteht, daß die Antragsteller ihr Ziel erreichen.[63]

Die Ermächtigung kann auch noch nach Konkurseröffnung über das Vermögen des Vereins erteilt werden, wenn die Tagesordnung einen Gegenstand betrifft, über den die Mitgliederversammlung auch noch in diesem Stadium Beschlüsse fassen kann, z. B. über das Weiterbestehen des Vereins als nichtrechtsfähiger Verein oder über eine Änderung der Satzung bezüglich des Anfallrechts (§ 45 BGB).[64]

Ermächtigt das Gericht bestimmte Antragsteller in der Annahme, sie seien Vereinsmitglieder, zur Einberufung einer Mitgliederversammlung, so wird die Ermächtigung nicht wirksam, wenn die Antragsteller keine Vereinsmitglieder sind. Die von den Antragstellern einberufene Mitgliederversammlung kann keine gültigen Beschlüsse fassen.[65]

165 In der **gerichtlichen Entscheidung,** die dem Antrag stattgibt, sind die (einzeln namentlich aufzuführenden) Antragsteller zur Einberufung einer Mitgliederversammlung mit einer bestimmten (im einzelnen anzugebenden) Tagesordnung zu ermächtigen. Das Amtsgericht kann gleichzeitig eine Bestimmung über die Führung des **Vorsitzes** in der Versammlung treffen (§ 37 Abs. 2 BGB). Das ist zweckmäßig, wenn zwischen der Minderheit und dem Vorstand starke Spannungen bestehen oder wenn sich die Anträge der Minderheit, über die die Versammlung beschließen soll, unmittelbar oder mittelbar gegen die Geschäftsführung des Vorstands richten. In diesem Fall dient es dem Vereinsfrieden, wenn mit der Leitung der Versammlung kein Angehöriger der Minderheit, sondern ein anderes, möglichst langjähriges Vereinsmitglied beauftragt wird; dessen Einverständnis ist vorher einzuholen. Das Gericht kann auch, falls es zunächst davon abgesehen hat, eine Anordnung ergänzen, wenn sich dafür erst später ein Bedürfnis herausstellt. Hat das Gericht über die Versammlungsleitung keine Anordnung getroffen, so ist hierfür die Satzung oder, falls diese schweigt, ein Beschluß der Mitgliederversammlung maßgebend. Die Minderheit, die ihrerseits einen Sprecher bestellen kann, hätte dann lediglich die von ihr einberufene Versammlung zu eröffnen. Der vom Gericht bestellte, zur Übernahme des Vorsitzes bereite Versammlungsleiter kann von der Mitgliederversammlung nicht durch eine andere Person ersetzt werden.

166 Die Ermächtigung wird mit der förmlichen **Zustellung** (nach den Vorschriften der Zivilprozeßordnung) an die Antragsteller wirksam (§ 16 Abs. 1 und 2 FGG). Eine Vorschrift, wonach sie erst mit der Rechtskraft der Verfü-

---

62 BayObLG Recht 1921 Nr. 6.

63 Wagner ZZP 105, 294 (300); BayObLG Die AG 1968, 330 (331).

64 KG JW 1935, 3636.

65 BayObLGZ 1986, 459 = Rpfleger 1987, 149 (153).

gung wirksam wird, besteht nicht.[66] Die förmliche Zustellung der Ermächtigungsverfügung an die Antragsteller ist auch dann erforderlich, wenn ihrem Antrag voll entsprochen wurde.[67] Wurde der Ermächtigungsbeschluß vom Amtsgericht nicht förmlich zugestellt, so wird er nachträglich in dem Zeitpunkt wirksam, in dem ein die sofortige Beschwerde zurückweisender Beschluß des Landgerichts zugestellt wird.[68]

Die Rechtsbehelfe gegen die Entscheidung des Gerichts

Gegen die Ermächtigungsverfügung des Rechtspflegers kann innerhalb **167**
von 2 Wochen ab Zustellung „Erinnerung" zum Amtsrichter (Kreisrichter) eingelegt werden. Zur Erinnerung berechtigt ist nach neuerer obergerichtlicher Rechtsprechung nicht der Vorstand oder das sonst zuständige Einberufungsorgan sondern der Verein, vertreten durch den Vorstand.[69] Hat der Rechtspfleger den Antrag der Minderheit abgelehnt, so kann die Erinnerung gegen diese Verfügung nur von den Angehörigen der Minderheit **gemeinsam** eingelegt werden; von einzelnen Minderheitsangehörigen kann dieser Rechtsbehelf nicht ergriffen werden.[70] Über die Erinnerung entscheidet der Amtsrichter, wenn er sie für zulässig und begründet hält; andernfalls legt er sie dem Landgericht (Bezirksgericht) vor und unterrichtet davon die Beteiligten (Antragsteller, Verein). Die dem Landgericht vorgelegte Erinnerung gilt dann als sofortige Beschwerde gegen die Entscheidung des Rechtspflegers (§ 11 Abs. 2 RPflG). Hat der Amtsrichter der Erinnerung stattgegeben – also entweder auf die Erinnerung der Minderheit den ablehnenden Beschluß des Rechtspflegers aufgehoben und die beantragte Ermächtigung erteilt oder auf die Erinnerung des Vereins die erteilte Ermächtigung aufgehoben und den Antrag der Minderheit abgelehnt –, so kann die jeweils durch den Beschluß des Antsrichters benachteiligte „Partei" sofortige Beschwerde zum Landgericht erheben (§§ 11 Abs. 3 RPflG, 160 Satz 2 FGG), und zwar wiederum innerhalb einer Frist von zwei Wochen ab Zustellung des amtsrichterlichen Beschlusses. Gegen die Entscheidung des Landgerichts ist in allen Fällen innerhalb von zwei Wochen ab Zustellung sofortige weitere Beschwerde (Rechtsbeschwerde) zum Oberlandesgericht[71] statthaft (§§ 27, 29 Abs. 2, 160 Satz 2 FGG). Die oben dargestellten Rechtsbehelfe und Rechtsmittel haben aber keine aufschiebende Wirkung. Das bedeutet, daß die vom Rechtspfleger der Minderheit erteilte Ermächtigung zur Einberufung einer Mitgliederversammlung so lange in Kraft bleibt, bis sie etwa durch den Amtsrichter oder durch das Beschwerdegericht aufgehoben wird. Die Minderheit ist also dadurch, daß der Verein gegen den Ermächtigungsbeschluß

[66] KG RsprOLG 43, 197 (198); BayObLG Rpfleger 1970, 240; RGZ 170, 83 (90).

[67] BayObLG Rpfleger 1970, 240; vgl. BGHZ 6, 232 (234); a. A. Jansen § 16 Rdnr. 25.

[68] BayObLGZ 1971, 187 = NJW 1971, 2179.

[69] BayObLG Rpfleger 1986, 437; Wagner ZZP 105, 294 (302); a. A. BayObLG Rpfleger 1970, 240; 1971, 176; 13. Aufl.; unentschieden OLG Celle NdsRpfl. 1992, 286 (287).

[70] BayObLG NJW-RR 1986, 1499 = Rpfleger 1986, 437; Jansen § 160 Rdnr. 4.

[71] In Bayern zum Obersten Landesgericht; in Brandenburg zum Besonderen Senat des Bezirksgerichts.

des Rechtspflegers Erinnerung oder im weiteren Verlauf des Verfahrens Beschwerde und weitere Beschwerde eingelegt hat, nicht gehindert, die Mitgliederversammlung einzuberufen. Jedoch kann das **Beschwerdegericht** vor seiner Entscheidung durch eine einstweilige Anordnung die Einberufung der Mitgliederversammlung untersagen oder, falls die Versammlung bereits einberufen wurde, deren Abhaltung verbieten.[72] Dagegen kommt eine „Aussetzung der Vollziehung" des Ermächtigungsbeschlusses nach § 24 Abs. 2 FGG weder durch den Rechtspfleger noch durch den Amtsrichter in Betracht, weil nur solche Verfügungen aussetzungsfähig sind, die außer ihrem Wirksamwerden noch eines Vollzugs bedürfen. Bei einem Ermächtigungsbeschluß nach § 37 BGB tritt aber die Rechtsfolge (nämlich die Ermächtigung) schon allein mit dem Wirksamwerden des Beschlusses, also mit dessen Bekanntmachung an die Antragsteller ein; ein zusätzlicher Vollzugsakt ist begrifflich ausgeschlossen.[73] Würde gleichwohl der Rechtspfleger oder der Amtsrichter anordnen, daß die Vollziehung des Ermächtigungsbeschlusses bis zur Entscheidung über die Erinnerung des Vereins ausgesetzt wird, so ginge eine solche Verfügung ins Leere.[74] Wird die Ermächtigung vor Beginn der Versammlung durch das Beschwerdegericht aufgehoben, so sind trotzdem gefaßte Beschlüsse nichtig.[75]

168 In der Praxis besteht die Neigung, die Ermächtigung nur **befristet** zu erteilen, also die Minderheit nur zu ermächtigen, bis zu einem bestimmten Zeitpunkt die Mitgliederversammlung einzuberufen. Wird in diesem Falle bis zu dem bezeichneten Zeitpunkt von der Ermächtigung kein Gebrauch gemacht, so erlischt sie ohne weiteres; eine förmliche Aufhebung des Ermächtigungsbeschlusses ist nicht erforderlich.[74] Im gleichen Zeitpunkt wird die etwa vom Verein erhobene Beschwerde gegen den Ermächtigungsbeschluß unzulässig, sofern sie nicht nur noch auf den Kostenpunkt beschränkt wird.[74]

Die Rechtsstellung der Minderheit aufgrund der gerichtlichen Ermächtigung

169 Durch die Ermächtigung zur Einberufung einer Mitgliederversammlung erlangt die Minderheit die Rechtsstellung des gesetzlichen oder des satzungsmäßigen Einberufungsorgans. Sie muß sich daher, was die Form und die Frist der Einberufung betrifft, an das Gesetz und an die etwa bestehenden Satzungsvorschriften halten. Außerdem muß sie in dem Einladungsschreiben (oder bei der satzungsmäßigen anderen Form der Einberufung, z. B. bei der Bekanntmachung in einer Zeitung) **auf die Ermächtigung des Amtsgerichts Bezug nehmen.** Wird das unterlassen, kann die Versammlung keine gültigen Beschlüsse fassen. Als Einberufungsorgan hat die Minderheit bzw. ein von ihr Beauftragter das Recht, Einsicht in diejenigen Vereinsunterlagen zu nehmen, deren Kenntnis für eine ordnungsgemäße Einberufung der Mitgliederversammlung erforderlich ist, also vor allem in die Mitgliederliste oder Mitgliederkartei. Wird die Einsichtnahme vom Vorstand verweigert,

---

72 § 24 Abs. 3 FGG; vgl. RGZ 170, 83 (92); OLG Frankfurt OLGZ 1973, 137 (138).
73 RGZ 170, 83 (92); Jansen § 24 Rdnr. 7; Keidel-Kuntze-Winkler § 24 Rdnr. 10.
74 BayObLGZ 1971, 84 = Rpfleger 1971, 176.
75 Wagner ZZP 105, 294 (304f.).

kann die Minderheit ihr Recht im Klagewege gegen den Vorstand persönlich – nicht gegen den Verein – durchsetzen.[76] Es wird auch die Auffassung vertreten, das Amtsgericht könne anordnen, daß der Vorstand eine Aufstellung der Namen und Anschriften der einzuladenden Vereinsmitglieder herauszugeben habe.[77] Für eine solche Anordnung durch das Amtsgericht im Verfahren nach § 37 Abs. 2 BGB fehlt jedoch die erforderliche Rechtsgrundlage. Für die durch die Einberufung entstandenen Kosten (z. B. Porto, Miete für den Versammlungsraum) kann die Minderheit vom Verein Ersatz verlangen, da es sich bei der Einberufung um eine Maßnahme der Geschäftsführung des Vereins handelt (§ 670 BGB).[78] Hat die Minderheit die Mitgliederversammlung gesetz- und satzungsgemäß einberufen, so ist damit die ihr erteilte gerichtliche Ermächtigung regelmäßig verbraucht.[79] Wurde die Versammlung von der Minderheit fehlerhaft einberufen, so daß die Versammlung keine gültigen Beschlüsse fassen konnte, so erstreckt sich die gerichtliche Ermächtigung auf die ordnungsgemäße Einberufung einer weiteren Versammlung.[80] Dagegen wird man den Fall anders zu beurteilen haben, wenn die von der Minderheit einberufene Versammlung nur deshalb keine wirksamen Beschlüsse fassen konnte, weil die nach der Satzung zur Beschlußfähigkeit erforderliche Zahl von Mitgliedern nicht erschienen war. Hier wird man das Fernbleiben der erforderlichen Mitglieder, wenn nicht überhaupt als Votum gegen das Minderheitsverlangen, so jedenfalls als mangelndes Interesse der Mitglieder zu werten und daher die gerichtliche Ermächtigung als verbraucht anzusehen haben. Dies gilt jedoch nicht, wenn die Satzung bestimmt, daß im Falle der Beschlußunfähigkeit der Mitgliederversammlung innerhalb einer bestimmten Frist eine zweite Versammlung mit der gleichen Tagesordnung einzuberufen ist, die dann unter erleichterten Voraussetzungen beschlußfähig ist.[81] Bei einer solchen Satzungsregelung erstreckt sich die gerichtliche Ermächtigung auf die Einberufung einer zweiten Versammlung.

Die der Minderheit durch das Gericht erteilte Ermächtigung hindert den Vorstand oder das sonst nach der Satzung zuständige Einberufungsorgan nicht, seinerseits eine Mitgliederversammlung mit der gleichen Tagesordnung einzuberufen, und zwar auch zeitlich vor der durch die Minderheit einberufenen Versammlung anzusetzen.[82]

Minderheitsverlangen auf Einberufung der Vertreterversammlung

Nach allgemeiner Meinung[83] ist § 37 BGB entsprechend anzuwenden, **170**
wenn in der Gründungssatzung an Stelle der Mitgliederversammlung eine

[76] Zur Vollstreckung eines solchen Urteils siehe OLG Hamm Betrieb 1973, 2443.

[77] Stöber, 6. Aufl. Rdnr. 173.

[78] So ausdrücklich § 122 Abs. 4 AktG; vgl. Wagner ZZP 105, 294 (298).

[79] OLG Celle NdsRpfl. 1992, 286; vgl. auch BayObLG Rpfleger 1978, 377 (Genossenschaft).

[80] KG RsprOLG 41, 207; BayObLG Rpfleger 1978, 377 (Genossenschaft).

[81] Dazu Näheres bei Rdnr. 204.

[82] OLG Naumburg JW 1938, 1827; Meyer-Meulenbergh-Beuthien § 45 Anm. 3a.

[83] Vgl. z. B. Palandt-Heinrichs § 37 Rdnr. 2; MünchKomm-Reuter, 3. Aufl. § 37 Rdnr. 7; RGRK-Steffen § 37 Rdnr. 1; KG JW 1930, 1224; OLG Frankfurt OLGZ 1973, 137 = Rpfleger 1973, 54 (sehr instruktiv).

Vertreterversammlung (Delegiertenversammlung) gebildet ist oder diese später durch Satzungsänderung eingeführt wird. Das bedeutet, daß ein Zehntel der Vereinsmitglieder oder die in der Satzung anderweit bestimmte Minderheit der Vereinsmitglieder vom Vorstand die Einberufung der Vertreterversammlung (Delegiertenversammlung) verlangen und – bei Weigerung des Vorstands – mit Hilfe des Amtsgerichts durchsetzen kann. Denn das in § 37 BGB garantierte Minderheitsrecht bezieht sich auf die Einberufung des obersten Vereinsorgans.[84] Ist dies nach der Vereinssatzung die Vertreterversammlung (Delegiertenversammlung), so muß die Minderheit das Recht haben, zu ihrem Anliegen eine Beschlußfassung dieses Hauptorgans des Vereins herbeiführen zu können.

Eine andere Frage ist es, ob bei Bestehen einer Vertreterversammlung der in § 37 BGB garantierte Minderheitsschutz es erfordert, das Einberufungsrecht auch einer Minderheit der Vertreter (Delegierten) zuzuerkennen. Obergerichtliche Entscheidungen hierzu sind nicht bekannt geworden. Im Schrifttum wird die Frage vereinzelt bejaht.[85] Dieser Auffassung ist zuzustimmen.

Im Normalfall, von dem § 37 BGB ausgeht, wird die Minderheit, die die Einberufung der Mitgliederversammlung verlangen kann, von Mitgliedern eben dieses Organs gebildet. Diese Identität bestünde im Fall einer Vertreterversammlung (Delegiertenversammlung) nicht mehr, wenn man den Minderheitsschutz auf die Vereinsmitglieder und damit auf einen Personenkreis außerhalb der Vertreterversammlung beschränkte. Des Schutzes bedarf aber vor allem auch eine Minderheit der Mitglieder der Vertreterversammlung. Dazu gehört, daß diese Minderheit das Recht erhält, aus eigenem Entschluß, ohne auf ein entsprechendes Einberufungsverlangen der Minderheit der Vereinsmitglieder angewiesen zu sein, bestimmte Angelegenheiten auf die Tagesordnung der Vertreterversammlung bringen zu können.

Zu dem gleichen Ergebnis gelangt man, wenn man unter den Mitgliedsrechten der Vereinsmitglieder, die die Vertreter (Delegierten) in der Vertreterversammlung ausüben, nicht nur das Stimmrecht, sondern auch das Recht versteht, gemäß § 37 BGB zu bestimmen, worüber die Vertreterversammlung zu beschließen hat.

Da die Vertreterversammlung die Gesamtheit der Vereinsmitglieder verkörpert, ist bei der Feststellung, wieviele Vertreter (Delegierte) nach der Satzung oder dem Gesetz für das Minderheitsverlangen gegenüber dem Vorstand gegebenenfalls zur Antragstellung beim Amtsgericht erforderlich sind, von der in der Satzung bestimmten oder nach einem Zuteilungsschlüssel bestimmbaren Zahl der Vertreter (Delegierten) auszugehen.[86]

---

[84] KG JW 1930, 1224.

[85] RGRK-Steffen § 37 Rdnr. 1; R-D, 5. Aufl. Rdnr. 827; Soergel-Hadding § 37 Rdnr. 4.

[86] Vgl. Soergel-Hadding § 37 Rdnr. 4 (bei fehlender Satzungsbestimmung 1/10 der Delegierten); differenzierter: RGRK-Steffen § 37 Rdnr. 1; R-D, 5. Aufl. Rdnr. 827.

Form der Einberufung der Mitgliederversammlung

Im Gegensatz zum Recht der Aktiengesellschaft, der GmbH und der Genossenschaft[87] enthält das Vereinsrecht keine Vorschrift, in welcher Form die Mitgliederversammlung einzuberufen ist. Es bestimmt aber, daß diese Form in der Satzung festgelegt werden soll (§ 58 Nr. 4 BGB). Die Satzung kann dabei unter den vielen in Betracht kommenden Formen der „Berufung", d. h. der Einladung zur Mitgliederversammlung, grundsätzlich frei wählen. Da aber jedes Vereinsmitglied das Recht hat, an der Mitgliederversammlung teilzunehmen, muß die Einladungsform so gewählt werden, daß jedes Mitglied Kenntnis von der Anberaumung einer Mitgliederversammlung erlangt oder zumindest ohne wesentliche Erschwernisse erlangen kann.[88] Dieser Forderung genügt an sich jede Einladungsform, die zu einer unmittelbaren Benachrichtigung der Mitglieder von der Mitgliederversammlung führt. Für die meisten Vereine reduziert sich aber die Wahl unter den zahlreichen Möglichkeiten der unmittelbaren Benachrichtigung auf die Einladung mit einfachem Brief, mit eingeschriebenem Brief oder durch Rundschreiben. Weitere Formen der unmittelbaren Benachrichtigung wie z. B. mündliche oder fernmündliche Einladung, durch Telegramm oder Fernschreiber setzen so spezielle Verhältnisse eines Vereins voraus,[89] daß sie allenfalls wahlweise neben einer anderen Einladungsform zu praktischer Bedeutung gelangen können. Bei der für den Verein geeigneten Einladungsform ist auch die künftige Entwicklung zu berücksichtigen (wachsende Mitgliederzahl, auswärtige Mitglieder u. ä.), wenn vermieden werden soll, daß die Satzung alsbald wieder geändert werden muß. 171

Grundsätzlich zulässig sind auch Einladungsformen, mit denen den Mitgliedern nur die Möglichkeit geboten wird, sich selbst die Kenntnis von der Einberufung einer Mitgliederversammlung zu verschaffen. Dazu ist jedoch eine eindeutige und genaue Regelung in der Satzung erforderlich, aus der die Mitglieder entnehmen können, wie sie von der Einberufung der Mitgliederversammlung Kenntnis erlangen können.[90] Unbestimmte Satzungsvorschriften wie beispielsweise „durch die Tagespresse", „durch Anschlag" oder „durch ortsübliche Bekanntmachung" sind hierfür ungeeignet und daher unzulässig.[91] Außerdem darf eine solche Einberufungsform von den Mitgliedern keine unzumutbaren Bemühungen verlangen.[92]

In dieser Hinsicht sind gegen die Zulässigkeit einer Satzungsbestimmung, wonach die Einladung zur Mitgliederversammlung durch Veröffentlichung in der **Vereinszeitschrift** erfolgt, keine Einwendungen zu erheben.

Nach ganz überwiegender Meinung kann in der Satzung als Einberufungsform auch die Veröffentlichung in einer – genau bezeichneten[93] – lokalen

---

[87] Siehe § 121 Abs. 3 AktG, § 51 Abs. 1 GmbHG, § 6 Nr. 4 GenG.

[88] OLG Hamm OLGZ 1965, 65 = Rpfleger 1966, 177 = MDR 1966, 48; OLG Zweibrücken Rpfleger 1985, 31 = MDR 1985, 230; Kölsch Rpfleger 1985, 137 (138, Die Form der Einberufung der Mitgliederversammlung eines eingetragenen Vereins).

[89] Siehe dazu Kölsch Rpfleger 1985, 137 (138).

[90] OLG Hamm, OLG Zweibrücken, je wie Fn. 88.

[91] OLG Zweibrücken wie Fn. 88.

[92] Vgl. Kölsch Rpfleger 1985, 137 (138); R-D, 5. Aufl. Rdnr. 833.

[93] LG Bremen Rpfleger 1992, 304.

Zeitung oder Zeitschrift bestimmt werden.[94] Dies wird neuerdings in Zweifel gezogen:[95] die Zumutbarkeitsgrenze werde überschritten, wenn die Mitglieder genötigt seien, die betreffende Zeitung das ganze Jahr über zu verfolgen. Die Einberufung der Mitgliederversammlung mittels Veröffentlichung in einer lokalen Zeitung sei deshalb nur dann zulässig, wenn in der Satzung für die Abhaltung der Mitgliederversammlung regelmäßig ein bestimmter Zeitraum festgelegt sei und die Mitglieder daher wüßten, wann ungefähr mit der Veröffentlichung in der Zeitung zu rechnen sei. Dieser Versuch, „das eigene Bemühen der Mitglieder auf einen überschaubaren Zeitraum zu beschränken", versagt aber in den Fällen, in denen die Mitgliederversammlung aus besonderem Anlaß (§ 36 BGB) oder durch eine Minderheit der Mitglieder aufgrund der Ermächtigung des Registergerichts (§ 37 Abs. 2 BGB) einberufen werden soll. Es bedürfte also einer Regelung, die auch diese Fälle einbezieht (z. B. Veröffentlichung in der bestimmten Zeitung am ersten Samstag eines Monats).

Es fragt sich jedoch, ob die Zulässigkeit der hier behandelten Einberufungsform von solchen Modifizierungen, so zweckmäßig und empfehlenswert diese auch sind, abhängig zu machen ist. Im Genossenschaftsgesetz ist als Einberufungsform der Generalversammlung die Bekanntmachung in einem öffentlichen Blatt ausdrücklich vorgesehen (§ 6 Nr. 4 GenG). Damit ist dem Fall Rechnung getragen, in dem eine unmittelbare Benachrichtigung sämtlicher Genossenschaftsmitglieder praktisch nicht oder nur unter großen Schwierigkeiten durchführbar wäre. Da aber eine Beschränkung der Einberufungsform auf diesen Fall nicht vorliegt – und exakt auch nicht bestimmt werden kann –, kann die Generalversammlung der Genossen auch dann mittels Veröffentlichung in einem öffentlichen Blatt wirksam einberufen werden, wenn eine unmittelbare Benachrichtigung der Genossen möglich wäre. Da auch bei einem Verein sich nicht abgrenzen läßt, ab welcher Mitgliederzahl eine unmittelbare Benachrichtigung der Mitglieder praktisch ausscheidet, kann eine in der Satzung festgelegte Einberufungsform, die sich an die Regelung im Genossenschaftsgesetz anlehnt, nicht mißbilligt werden.

Auch eine Satzungsbestimmung, wonach die Einladung zur Mitgliederversammlung **wahlweise** in der einen oder der anderen Form erfolgt (sogenannte Alternativbestimmung), ist grundsätzlich für zulässig zu erachten.[96] Voraussetzung dabei ist aber zunächst, daß jede der beiden Einberufungsformen, für sich betrachtet, den Anforderungen an Bestimmtheit, Genauigkeit und Zumutbarkeit genügt. Ist dies auch nur bei einer Variante nicht der Fall, ist die Alternativbestimmung insgesamt unzulässig. Ferner darf sich daraus, daß zwei Formen der Einberufung der Mitgliederversammlung zur Wahl stehen, für die Mitglieder keine unzumutbare Erschwernis ergeben, von der Anberaumung der Mitgliederversammlung Kenntnis zu erlangen.[97] Eine Alternativbestimmung ist daher unzulässig, wenn keine der wahlweise vorgesehenen Einberufungsformen zu einer unmittelbaren Benachrichtigung der

[94] OLG Hamm wie Fn. 88; LG Köln MittRhNotK 1979, 191; Stöber, 6. Aufl. Rdnr. 179; R-D, 5. Aufl. Rdnr. 833; Palandt-Heinrichs § 32 Rdnr. 3.
[95] Kölsch wie Fn. 92.
[96] OLG Stuttgart NJW-RR 1986, 995; a. A. Stöber, 6. Aufl. Rdnr. 179.
[97] OLG Zweibrücken wie Fn. 88.

Mitglieder führt, so daß diese genötigt wären, sich auf mehrfache Weise um die Kenntnis von der Einberufung der Mitgliederversammlung zu bemühen.[98] Daher kann beispielsweise in der Satzung nicht bestimmt werden, daß die Einladung zur Mitgliederversammlung entweder in der X-Zeitung oder in der Y-Zeitung veröffentlicht wird.[99] Dagegen ist die Alternative zwischen einer Form der unmittelbaren Benachrichtigung (z. B. schriftlich) und einer Form der Publikation (z. B. Tageszeitung, Verbandszeitschrift) zulässig und für Vereine, die in absehbarer Zeit mit einem größeren Mitgliederbestand rechnen, zweckmäßig.

Die Bestimmung über die Form der Einberufung der Mitgliederversammlung muß im Satzungstext selbst getroffen werden; sie darf nicht dem Einberufungsorgan (z. B. dem Vorstand) überlassen werden.[100]

Enthält die Satzung keine oder eine nach den vorstehenden Ausführungen nicht zulässige Bestimmung über die Form, in der die Mitgliederversammlung einberufen wird, so ist das Registergericht (Rechtspfleger) verpflichtet, die Anmeldung des Vereins – regelmäßig durch Zwischenverfügung – zu beanstanden; wird hierauf der Satzungsmangel nicht durch Satzungsänderung behoben, muß die Anmeldung zurückgewiesen werden (§ 60 BGB).

Wird fälschlich ein Verein in das Vereinsregister eingetragen, obwohl dessen Satzung gegen § 59 Nr. 4 BGB verstößt, so besteht dennoch kein Anlaß, gegen den Verein das Löschungsverfahren (§§ 159, 142 FGG) einzuleiten.[101] Dem Verein sollte jedoch nahegelegt werden, bei nächster Gelegenheit den Satzungsmangel durch eine entsprechende Satzungsänderung zu beheben. Solange dies nicht geschehen ist, kann die Mitgliederversammlung wirksam einberufen werden.

Einberufungsfrist (Ladungsfrist)

Über die Frist, die zwischen der Einladung und dem Termin der Mitglie- **172**
derversammlung liegen soll (auch Ladungsfrist genannt), spricht sich das Gesetz nicht aus. Ist die Einberufungsfrist in der Satzung festgelegt, so ist der Vorstand oder das sonst zuständige Einberufungsorgan verpflichtet, dafür zu sorgen, daß die Frist eingehalten wird. Bei schriftlicher Einladung beginnt die Frist nicht schon mit der Aufgabe zur Post, sondern erst mit dem Zugang des Schreibens, sofern sich aus der Satzung nichts anderes ergibt.[102] Deshalb sollten Verzögerungen bei der Postzustellung sowie die unterschiedliche Beförderungszeit bei auswärtigen Mitgliedern einkalkuliert werden. Bei Einladung mit eingeschriebenem Brief ist in der (älteren) Rechtsprechung[103] die Auffassung vertreten worden, daß bei dieser Form der Einladung die Frist bereits mit der Aufgabe der eingeschriebenen Briefe zur Post beginne. Fehlt in der Satzung eine Bestimmung über die Einberufungsfrist, so ist diese so zu

[98] Zutreffend Kölsch Rpfleger 1985, 137 (140).
[99] OLG Stuttgart Rpfleger 1978, 57; Hornung Rpfleger 1978, 46 (je für Genossenschaft).
[100] OLG Hamm wie Fn. 88.
[101] Jansen § 159 Rdnr. 35 a. E.; Keidel-Kuntze-Winkler § 159 Rdnr. 24.
[102] RG Recht 1912 Nr. 3257; OLG Frankfurt NJW 1974, 189.
[103] RGZ 60, 144; vgl. aber auch OLG Frankfurt NJW 1974, 189.

veranschlagen, daß es jedem Mitglied möglich ist, sich auf die Versammlung vorzubereiten und an ihr teilzunehmen. Eine ordnungsgemäße Einladung liegt nur vor, wenn die Frist nicht zu kurz bemessen wird. Bei unangemessen kurzer Frist gelten die Grundsätze fehlerhafter Versammlungsbeschlüsse.[104] Welche Ladungsfrist angemessen ist, läßt sich allgemein nicht sagen. Ein wesentlicher Gesichtspunkt ist, ob die Vereinsmitglieder alle am Versammlungsort wohnen oder ob sie von weit her anreisen müssen. Auch die bei beruflich stark belasteten Mitgliedern vorhersehbaren Terminschwierigkeiten sind in Rechnung zu stellen. Das Einberufungsorgan sollte daher die Ladungsfrist eher zu großzügig als zu knapp bemessen. Bei reinen Geselligkeitsvereinen, die nur ortsansässige Mitglieder haben, wird man eine Ladungsfrist von einer Woche noch angehen lassen können. Bei Großvereinen, insbesondere solchen mit berufsständischer Zielsetzung, sollte sie mindestens 4 Wochen betragen.[105]

Im Streitfall hat der Verein den rechtzeitigen Zugang der Einladung zu beweisen.[106]

Ort und Zeit der Versammlung

173 Über den Ort, an dem die Mitgliederversammlung zusammentritt, schweigt das Gesetz. Daher kann die Satzung den Versammlungsort bestimmen, sie muß es aber nicht.[107] In der Wahl des Versammlungsortes ist die Satzung im Rahmen des Verkehrsüblichen und für die Mitglieder Zumutbaren frei. Sie kann das aber auch der Mitgliederversammlung oder einem anderen Vereinsorgan überlassen. Bestimmt die Mitgliederversammlung, wie regelmäßig, nur allgemein den Ort (z. B. Frankfurt), so ist es Aufgabe des Vorstands, einen angemessenen Versammlungsraum bereitzustellen. Sehr oft enthält aber die Satzung weder eine Bestimmung über den Ort der Versammlung noch sagt sie etwas darüber aus, wer diese Bestimmung zu treffen hat. Dann ist zunächst die Mitgliederversammlung dazu berufen, zu beschließen, wo generell die Mitgliederversammlungen stattfinden. Sie kann sich aber darauf beschränken, jeweils den Ort der nächsten ordentlichen Versammlung festzulegen. Liegt auch ein solcher Beschluß der Mitgliederversammlung nicht vor, ist es Sache des Vorstands oder des satzungsmäßigen Einberufungsorgans, den Versammlungsort jeweils zu bestimmen. Das bedeutet aber nicht, daß der Vorstand den Versammlungsort nach Belieben wählen kann. Hat der Verein einen vom satzungsmäßigen Sitz verschiedenen **Verwaltungssitz,** so ist dieser der gegebene Ort[108] für die Mitgliederversammlung; andernfalls ist es der Ort, an dem der Verein nach der Satzung seinen Sitz hat. Davon abzuweichen, ist dem Einberufungsorgan nur erlaubt, wenn triftige Gründe vorliegen.[109] Keinesfalls darf aber die Wahl eines

---

[104] Siehe dazu Rdnrn. 212f.
[105] R-D, 5. Aufl. Rdnr. 835.
[106] R-D, 5. Aufl. Rdnr. 838.
[107] BayObLG JW 1930, 2723.
[108] BayObLG JW 1930, 2724 und NJW 1959, 485; vgl. BGH WPM 1985, 567 (GmbH).
[109] Locher JW 1930, 2723.

abweichenden Versammlungsortes dazu führen, daß einem Teil der Mitglieder die Teilnahme an der Mitgliederversammlung über ein erträgliches Maß hinaus erschwert wird.[110] Unter dieser Voraussetzung ist auch gegen die Abhaltung der Mitgliederversammlung im **Ausland** nichts einzuwenden.[111] Das Einberufungsorgan hat ferner dafür zu sorgen, daß ein ausreichender Versammlungsraum zur Verfügung steht, in dem alle Mitglieder Platz finden und in dem die Abhaltung der Versammlung in angemessener Weise möglich ist. Sind diese Voraussetzungen nicht erfüllt, kann die Versammlung keine gültigen Beschlüsse fassen.[112] Erweist es sich, daß die Mitgliederversammlung an dem vorgesehenen Ort nicht ordnungsgemäß abgehalten werden kann, so ist eine **Verlegung** zulässig. Die Verlegung muß aber so deutlich gekennzeichnet werden (z. B. durch Anschläge oder durch Bereitstellung von Führungspersonal), daß alle Mitglieder ohne Schwierigkeiten zu dem neuen Versammlungsort gelangen können. Die Abhaltung einer Mitgliederversammlung in zeitlich oder örtlich getrennten Abteilungen ist unzulässig.

Hinsichtlich des **Zeitpunktes** der Mitgliederversammlung ist zu unter- **174**
scheiden: Ist in der Satzung für die Abhaltung der ordentlichen Mitgliederversammlung ein bestimmter Zeitraum angegeben (z. B.: „Die Mitgliederversammlung findet jährlich in den ersten 3 Monaten des Jahres statt"), so ergibt sich hieraus für das Einberufungsorgan zwar die Pflicht, diesen Zeitraum einzuhalten (§ 36 BGB). Wird aber der in der Satzung bestimmte Zeitraum aus irgendwelchen Gründen vom Einberufungsorgan nicht eingehalten, so wird man in aller Regel nicht annehmen dürfen, daß eine früher oder später einberufene Mitgliederversammlung keine gültigen Beschlüsse fassen könne. Eine andere Frage ist es, ob sich das Einberufungsorgan durch die Wahl eines satzungswidrigen Zeitpunktes schadensersatzpflichtig macht oder einen wichtigen Grund für seine Abberufung liefert. Enthält die Satzung über den Zeitpunkt der Mitgliederversammlung keine Bestimmung, so ist dieser grundsätzlich dem pflichtgemäßen Ermessen des Einberufungsorgans überlassen. Dabei kann aber eine langjährige Übung im Verein von Bedeutung sein, über die sich das Einberufungsorgan nur aus besonderem Anlaß hinwegsetzen sollte. Wie bei der Wahl des Versammlungsortes muß auch die Wahl des Zeitpunktes für das Einberufungsorgan der entscheidende Gesichtspunkt sein, daß allen Mitgliedern die Teilnahme an der Versammlung ermöglicht wird. Dabei kann die Eigenart des Vereins eine gewichtige Rolle spielen. So wird man z. B. bei einem Verein, dessen Mitglieder überwiegend Gewerbetreibende sind, es für unzulässig halten, wenn die Mitgliederversammlung während einer einschlägigen Messe einberufen würde. Auch die Ansetzung zu einer äußerst ungewöhnlichen Stunde (z. B. am Vormittag eines Werktags)[113] kann die Unwirksamkeit der in der Versammlung gefaßten Beschlüsse begründen.

---

[110] Vgl. BayObLG NJW 1959, 485 (486).
[111] R-D, 5. Aufl. Rdnr. 829; vgl. BGHZ 80, 76 (GmbH).
[112] Mit einem besonders krassen Fall befaßt sich RG SeuffArch. 84 Nr. 38.
[113] OLG Frankfurt NJW 1983, 398 (Wohnungseigentumssache).

Einladung sämtlicher Mitglieder

175 Wenn die Einberufung der Mitgliederversammlung nach der Satzung nicht in allgemeiner Form (z. B. Anschlag, Vereinszeitung), sondern durch Einzelverständigung der Mitglieder zu geschehen hat, ist **sorgfältigst** darauf zu achten, daß **sämtliche** Mitglieder eingeladen werden. Erfolgt die Einladung schriftlich, so ist sie an die zuletzt bekannte Adresse des jeweiligen Mitglieds zu richten.[114] Die Nichteinladung von Mitgliedern, auch nur eines einzigen, hatte nach früherer Rechtsprechung,[115] sofern nicht ausnahmsweise sämtliche Mitglieder (also auch die Nichteingeladenen) erschienen waren (sogenannte Vollversammlung), die Ungültigkeit der in der Mitgliederversammlung gefaßten Beschlüsse zur Folge. Diesen Grundsatz hat der Bundesgerichtshof[116] eingeschränkt. Danach ist ein Vereinsbeschluß auch für den Fall, daß einzelne Vereinsmitglieder infolge einer vom Verein zu vertretenden Nachlässigkeit keine Einladung erhalten haben, wirksam – soweit keine weiteren Umstände hinzukommen –, wenn einwandfrei feststeht, daß der Beschluß bei ordnungsgemäßer Einladung ebenso ausgefallen wäre. Hierfür genügt allerdings nicht die bloße Wahrscheinlichkeit des gleichen Ergebnisses; vielmehr muß der Verein den „sicheren Nachweis“ führen, daß der beanstandete Beschluß nicht auf der unterbliebenen Einladung der betreffenden Mitglieder beruhen kann. Diesen Beweis hält der Bundesgerichtshof schon dann für gescheitert, wenn vor der Beschlußfassung (Abstimmung) eine Aussprache vorgesehen war und sich im Einzelfall nicht ausschließen läßt, daß die nicht eingeladenen Mitglieder, wären sie erschienen, die Stimmabgabe auch der anderen Mitglieder in einer dem tatsächlichen Ergebnis entgegengesetzten Richtung beeinflußt hätten.

176 Für das Registergericht ergibt sich aus dieser neuen Rechtsprechung folgendes: Eine Eintragung in das Vereinsregister darf nunmehr nicht schon deshalb abgelehnt werden, weil feststeht, daß zu der fraglichen Mitgliederversammlung einzelne Mitglieder versehentlich nicht eingeladen wurden. Vielmehr müssen Ermittlungen angestellt werden (§ 12 FGG),[117] ob der Beschluß oder die Abstimmung auch dann ebenso ausgefallen wäre, wenn der Einberufungsfehler nicht passiert wäre. Dabei wird eine wesentliche – aber nicht die alleinige – Rolle das Zahlenverhältnis der nicht eingeladenen zu den erschienenen Mitgliedern spielen. Läßt sich nach dem Ergebnis der Ermittlungen die völlige Bedeutungslosigkeit der unterbliebenen Einladungen nicht feststellen, so ist die auf dem Versammlungsbeschluß beruhende Anmeldung abzulehnen; je nach Lage des Falles kann auch eine Aussetzung des Eintragungsverfahrens gemäß §§ 159, 127 FGG in Betracht kommen, wobei die „Klagelast“ dem Verein zuzuschieben wäre. Wenn die Einladung absichtlich unterblieben ist, weil das Einberu-

---

[114] RG BlGenW 1934, 269.
[115] RG SeuffArch. 77 Nr. 53; BayObLGZ 1963, 15 (18).
[116] BGHZ 59, 369 (375 f.) = NJW 1973, 235 = Rpfleger 1973, 86 = WPM 1973, 113; dazu Anm. von Kirberger NJW 1973, 1732; ebenso LG Itzehoe NJW-RR 1989, 1531 (1532).
[117] A. A. Stöber, 6. Aufl. Rdnr. 301 b.

fungsorgan den falschen Standpunkt vertrat, die Betreffenden seien nicht oder nicht mehr Mitglieder, so ist zu prüfen, ob es Gründe gab, die diesen Standpunkt entschuldigten.[118]

Die fahrlässige Nichteinladung von Mitgliedern kann u. U. für das Einbe- **177**
rufungsorgan zur Folge haben, daß es wegen der nutzlos aufgewendeten Kosten der nicht beschlußfähigen Versammlung bzw. wegen der Kosten, die die Einberufung einer neuen Versammlung verursacht, haftbar gemacht wird. Nicht selten besteht aufgrund der Vereinsunterlagen keine völlige Klarheit, ob einzelne Personen noch Mitglieder sind. In diesen Zweifelsfällen sollten die Betreffenden vorsorglich eingeladen werden, um sich nicht der Gefahr auszusetzen, daß ihre Nichteinladung zur Ungültigkeit der Beschlüsse der Mitgliederversammlung führt.

Mitteilung der Tagesordnung

Auch hierbei ist, wie so oft im Vereinsrecht, zwischen der gesetzlichen **178**
Regelung und etwaigen in der Satzung enthaltenen Vorschriften zu unterscheiden. Das Gesetz (§ 32 Abs. 1 S. 2 BGB) verlangt für die Gültigkeit eines Beschlusses der Mitgliederversammlung, daß der „Gegenstand der Beschlußfassung", also die sogenannte Tagesordnung, bei der Einberufung der Mitgliederversammlung bezeichnet wird. Der Zweck dieser Bestimmung ist es, die Mitglieder weitestgehend vor Überraschungen bei der Beratung und Beschlußfassung in der Mitgliederversammlung zu schützen und ihnen die Möglichkeit zu geben, sich auf die Mitgliederversammlung vorzubereiten und zu überlegen, ob ihre Teilnahme veranlaßt ist.[119] Erforderlich, aber auch genügend, ist jede Ankündigung der Tagesordnung, die diesem Zweck gerecht wird.[120] Dabei ist zu beachten, daß die Tagesordnung nur die Aufgabe zu erfüllen hat, die Mitglieder im allgemeinen zu unterrichten, worüber verhandelt werden soll.[121] Das Einberufungsorgan sollte jedoch, um späteren Streitigkeiten aus dem Weg zu gehen, eher eine zu ausführliche als eine zu knappe Beschreibung der zu behandelnden Angelegenheiten geben. Nicht angekündigte Initiativanträge sind auch bei bestehender Vereinsobservanz nur zulässig, wenn es sich um Dringlichkeitsanträge handelt, die nicht zugleich mit der Tagesordnung mitgeteilt werden konnten.[122] Soll die Satzung geändert werden, genügt es in aller Regel nicht, in die Tagesordnung lediglich die Bezeichnung „Satzungsänderung" aufzunehmen.[123] Zumindest muß hinzugefügt werden, welche Bestimmungen der Satzung geändert werden sollen.[124] Auch eine stichwortartige Angabe des wesentlichen Inhalts der Satzungsänderung genügt. Die Beschreibung des Tagesordnungspunktes

---

[118] Vgl. BGH DNotZ 1985, 85 (BGB-Gesellschaft).

[119] BayObLG Recht 1916 Nr. 381; RGZ 147, 11 (12); OLG Köln OLGZ 1984, 401 (404) = ZIP 1984, 1357; vgl. BayObLG MDR 1982, 939 zu § 23 WEG.

[120] Vgl. BayObLGZ 1973, 253 (zu § 23 WEG).

[121] BGH NJW 1975, 1559 (1560); vgl. OLG Stuttgart OLGZ 1974, 404 (406).

[122] OLG Köln WPM 1990, 1068.

[123] BayObLG Rpfleger 1979, 196 = MittBayNot 1979, 63; vgl. aber den Ausnahmefall in BayObLGZ 1972, 29 (33) = Rpfleger 1972, 132.

[124] KG JW 1934, 2161.

mit: „Satzungsänderung entsprechend früherer Erörterung“ reicht aus.[125] Sehr bewährt hat es sich, in der Mitteilung der Tagesordnung den derzeitigen Wortlaut der zu ändernden Satzungsvorschriften und den Wortlaut, wie diese Vorschriften in Zukunft gefaßt sein sollen, einander gegenüberzustellen. Soll die gesamte **Satzung neu gefaßt** werden, genügt es nicht, dies lediglich mit der Bezeichnung „Neufassung der Satzung“ anzukündigen, weil damit für die Mitglieder nicht erkennbar ist, ob es sich bloß um redaktionelle Änderungen oder um sachliche Neuerungen handelt.[126] Die Ankündigung eines Tagesordnungspunktes mit der Bezeichnung „Anträge“ ist nichtssagend und ermöglicht es nicht, Beschlüsse zu fassen.[127] Das gleiche gilt für einen mit „Verschiedenes“ angekündigten Punkt der Tagesordnung.[128] Bei einer derart unbestimmten Bezeichnung von Angelegenheiten kann die Mitgliederversammlung nur eine allgemeine Aussprache halten, aber keine gültigen Beschlüsse fassen. Besondere Sorgfalt ist auf die Formulierung eines Tagesordnungspunktes zu verwenden, der den **Ausschluß** eines Mitglieds oder die Verhängung einer **Vereinsstrafe** zum Gegenstand hat. Denn die Erfahrung hat gezeigt, daß solche Beschlüsse der Mitgliederversammlung sehr oft mit der Begründung gerichtlich angefochten werden, daß der „Gegenstand der Beschlußfassung“ nicht ordnungsgemäß angekündigt worden sei. Andererseits ist jede unnötige Bloßstellung des Mitglieds, das ausgeschlossen oder bestraft werden soll, zu vermeiden. Der Name des betreffenden Mitgliedes braucht daher in der Tagesordnung nicht genannt zu werden.[129] Die Ankündigung „Beschlußfassung über den Ausschluß (Bestrafung) eines Mitglieds“ ist genügend bestimmt. Soll ein Vorstandsmitglied abberufen werden, genügt als Tagesordnungspunkt die Ankündigung „Abberufung eines Vorstandsmitglieds“. Es ist weder erforderlich, anzugeben, daß die Abberufung aus wichtigem Grund geschehen, noch auf welche Vorkommnisse sie gestützt werden soll.[130] Dagegen genügt es in dem genannten Fall nicht, als Tagesordnungspunkt „Neuwahl des Vorstandes“ anzukündigen, weil damit verschleiert wird, daß zunächst der derzeitige Vorstand abberufen werden soll.[131] Sind der Kassierer, der stellvertretende Kassierer und der Schriftführer aus dem Vorstand ausgeschieden, so genügt die Ankündigung in der Einladung zur Mitgliederversammlung: „Ergänzungswahlen zum Vorstand: Kassierer, stellv. Kassierer, Schriftführer“ nicht für eine wirksame Abwahl der weiteren im Amt verbliebenen Vorstandsmitglieder.[132] Ferner kann eine Beitragsfestsetzung nicht wirksam beschlossen werden, wenn der angekündigte Punkt der Tagesordnung lautete: „Feststellung des Kassenvoranschlags“.

---

125 Zutreffend LG Bremen Rpfleger 1988, 533.
126 A. A. Stöber, 6. Aufl. Rdnr. 181.
127 BayObLG RsprOLG 32, 331.
128 KG OLGZ 1974, 399 (401) zu § 23 Abs. 2 WEG; dort auch zur Frage, ob nachträglich auf die Mitteilung der Tagesordnung verzichtet werden kann.
129 RG Recht 1909 Nr. 1960; differenzierend R-D, 5. Aufl. Rdnr. 851.
130 BGH NJW 1962, 393 = MDR 1962, 199 = BB 1962, 110 (GmbH-Geschäftsführer).
131 RG Recht 1915 Nr. 2575.
132 OLG Köln OLGZ 1984, 401 (404) = Rpfleger 1984, 470.

Mit Nachdruck ist jedoch darauf hinzuweisen, daß die vorstehenden Ausführungen nur den Fall betreffen, daß die **Satzung** keine von der gesetzlichen Regelung abweichenden Vorschriften enthält. Das Einberufungsorgan wird sich daher zunächst zu vergewissern haben, ob die Satzung bezüglich der Mitteilung der Tagesordnung eine eindeutige und ausdrückliche Bestimmung[133] enthält. Ist dies der Fall, dann hat die Satzungsbestimmung Vorrang vor der oben dargestellten gesetzlichen Regelung (§ 40 BGB). Die Satzung kann z. B. das Einberufungsorgan von der Pflicht, die Tagesordnung bei der Einberufung der Mitgliederversammlung mitzuteilen, ganz entbinden oder die Mitteilungspflicht auf bestimmte Angelegenheiten (z. B. Vorstandswahl, Satzungsänderung) beschränken. Auch die Form der Mitteilung kann individuell geregelt sein. Möglich ist es aber auch, daß die Satzung über die gesetzliche Regelung hinausgeht und strengere Anforderungen an die Bekanntgabe der Tagesordnung stellt, z. B. daß Satzungsänderungen im vollen Wortlaut angekündigt werden müssen und dergleichen mehr.

Anträge zur Tagesordnung

Der Begriff „Anträge zur Tagesordnung" ist mehrdeutig. Damit können einmal diejenigen Anträge gemeint sein, die in der Mitgliederversammlung bei der Beratung der angekündigten Tagesordnungspunkte gestellt werden (Anträge *zur* Tagesordnung). Solche Anträge sind ohne weiteres zulässig. Sie müssen sich nur sachlich innerhalb der Grenzen des in der Tagesordnung bezeichneten Gegenstands der Beschlußfassung halten. Sie dürfen nicht mit der Begründung zurückgewiesen werden, daß sie vorher hätten angekündigt werden müssen. Die Zurückweisung der Anträge ist aber gerechtfertigt, wenn die Anträge zwar an einen Punkt der Tagesordnung anknüpfen, aber in ihrer Tragweite darüber hinausgehen.[134] Unter „Anträgen zur Tagesordnung" können ferner solche Anträge gemeint sein, die in der Mitgliederversammlung gestellt werden und darauf abzielen, die Reihenfolge der Tagesordnungspunkte zu ändern. Dann handelt es sich um Anträge, welche die Geschäftsordnung der Mitgliederversammlung betreffen (Geschäftsordnungsanträge); siehe dazu Rdnr. 184. Mit der hier zu behandelnden Frage, ob Anträge zur Tagesordnung bei der Einberufung der Mitgliederversammlung angekündigt werden müssen, haben sie nichts zu tun. Unter dem genannten Begriff können aber auch Anträge der Mitglieder verstanden werden, die **vor** der Festsetzung der Tagesordnung durch den Vorstand bei diesem eingehen, etwa dann, wenn der Termin der jährlichen ordentlichen Mitgliederversammlung in der Satzung festgesetzt ist und die Mitglieder daher wissen, daß demnächst die Mitgliederversammlung abzuhalten ist. Diese Anträge bezwecken, daß die darin bezeichneten Angelegenheiten vom Vorstand bei der Aufstellung der Tagesordnung berücksichtigt werden, daß sie also **auf** die Tagesordnung kommen. Weigert sich der Vorstand, so können die Antragsteller, falls die gesetzlichen oder satzungsmäßigen Voraussetzungen vorliegen, im Weg des Minderheitsverlangens, notfalls mit Hilfe des Registergerichts, erreichen, daß die betreffenden Angelegenheiten auf die Tages- **179**

[133] LG Frankfurt ZIP 1983, 1336.

[134] Baumbach-Hueck AktG § 124 Rdnr. 10.

ordnung kommen (siehe dazu Rdnr. 162). Schließlich kann unter „Anträgen zur Tagesordnung" in der Satzung ein Verfahren gemeint sein, daß den Mitgliedern **nach** Einberufung der Mitgliederversammlung, also dann, wenn sie regelmäßig die Einladung und die vom Vorstand aufgestellte Tagesordnung in Händen haben, das Recht gibt, innerhalb einer bestimmten Frist dem Vorstand mitzuteilen, daß bestimmte näher bezeichnete Angelegenheiten in der Mitgliederversammlung behandelt werden sollen. Der Sinn einer solchen Regelung, die in der Satzung verankert sein muß, besteht darin, über die vom Vorstand in der Tagesordnung bezeichneten Angelegenheiten hinaus weitere Angelegenheiten zur Beschlußfassung der Mitgliederversammlung zu stellen. Es handelt sich also um eine **Ergänzung der Tagesordnung** aus dem Kreis der Mitglieder. Ob nun diese satzungsgemäß „nachgeschobenen" Gegenstände der Beschlußfassung (Tagesordnungspunkte) den Mitgliedern noch vor der Versammlung mitgeteilt werden müssen, hängt davon ab, wie im Einzelfall die Satzung gefaßt ist. Fehlt, wie meistens, in der Satzung hierüber eine ausdrückliche Anordnung, so müssen nach Auffassung des Bundesgerichtshofs[135] – jedenfalls, wenn es sich um Satzungsänderungen handelt – diese Tagesordnungspunkte den Mitgliedern so rechtzeitig vor der Versammlung mitgeteilt werden, daß genügend Zeit für eine sachgerechte Vorbereitung bleibt. Das eben geschilderte Verfahren hat den Vorteil, daß dem Vorstand die sachgerechte Vorbereitung der Versammlung und außerdem die Übersicht erleichtert wird, mit welcher Dauer der Versammlung ungefähr zu rechnen ist. Allerdings wird man die Satzung, wenn sie für die nachträgliche Einbringung von Anträgen eine Frist setzt, regelmäßig so zu verstehen haben, daß nach Fristablauf keine weiteren Angelegenheiten mehr auf die Tagesordnung der bevorstehenden Versammlung gelangen können. Für sogenannte **Dringlichkeitsanträge** in der Versammlung selbst wäre dann nur noch Raum, wenn die Satzung das ausdrücklich zuließe.[136]

Leitung der Mitgliederversammlung[137]

180 Wer die Mitgliederversammlung zu leiten hat, bestimmt zunächst die Satzung. Eine solche Satzungsbestimmung hat aber regelmäßig nicht die Bedeutung, daß dann, wenn keine der zum Vorsitz berufenen Personen vorhanden oder anwesend ist, eine Mitgliederversammlung überhaupt nicht abgehalten werden darf. Die Satzung ist in diesem Punkt vielmehr so zu verstehen, daß sie zwar den genannten Personen ein **Vorrecht** auf den Vorsitz in der Mitgliederversammlung einräumt, aber die Versammlungsleitung durch eine andere Person nicht schlechthin verbietet. Sonst hätten es nämlich diese Personen in der Hand, durch ihr bloßes Fernbleiben die Durchführung einer ordnungsgemäß einberufenen Mitgliederversammlung zu verhindern. Ein Verstoß gegen die Satzungsbestimmung über die Führung des Vorsitzes

---

135 BGHZ 99, 119 = NJW 1987, 1811 = Rpfleger 1987, 205; a. A. BayObLG RsprOLG 32, 331.

136 Ähnlich R-D, 5. Aufl. Rdnr. 847; s. auch OLG Köln WPM 1990, 1068.

137 Spezialliteratur: Martens WPM 1981, 1010 (Die Leitungskompetenzen auf der Hauptversammlung einer Aktiengesellschaft); Reinicke, Rechtsstellung, Rechte und Pflichten des Vorsitzenden einer Hauptversammlung, Diss. Hamburg 1982.

liegt demnach nur vor, wenn die nach der Satzung hierzu Berechtigten an der Wahrnehmung ihres Rechtes gehindert wurden.[138] Fehlt eine solche Satzungsbestimmung, so fällt die Aufgabe, die Versammlung zu leiten, zunächst dem Vorstand als dem geschäftsführenden Organ des Vereins zu. Besteht der Vorstand aus mehreren Personen, ist der Vorsitzende des Vorstands kraft dieser Stellung der gegebene Versammlungsleiter; bei dessen Verhinderung ist es der stellvertretende Vorsitzende. Ist auch dieser verhindert, kann jedes weitere Vorstandsmitglied die Versammlungsleitung übernehmen. Nach dem Grundsatz aber, daß die Mitgliederversammlung für die Regelung aller Vereinsangelegenheiten zuständig ist, wenn ihr die Zuständigkeit nicht ausdrücklich durch die Satzung genommen und einem anderen Vereinsorgan übertragen ist (siehe Rdnr. 156), kann die Mitgliederversammlung, wenn die Satzung über die Person des Versammlungsleiters schweigt, aus ihrer Mitte einen Versammlungsleiter wählen.[139] Wird die Mitgliederversammlung aufgrund gerichtlicher Ermächtigung (§ 37 BGB) durch eine Minderheit von Vereinsmitgliedern einberufen und hat das Gericht den Versammlungsleiter bestimmt, so ist nur dieser befugt, die Versammlung zu leiten. Beschlüsse, welche die Mitgliederversammlung unter einer gesetz- oder satzungswidrigen Leitung faßt, sind ungültig.[140] Bestimmte Regeln über den Verlauf der Mitgliederversammlung enthält das Gesetz nicht. Solche können aber in der Satzung oder in einer Geschäftsordnung festgelegt werden. Dann ist danach zu verfahren. Ein Gewohnheitsrecht, daß die Mitgliederversammlung eines Vereines nach **parlamentarischen Gepflogenheiten** vor sich zu gehen habe, besteht nicht.[141] Die Versammlungsleitung stellt, vor allem bei großen Vereinen, erhebliche Anforderungen an die Persönlichkeit des Leiters. Seine Hauptaufgabe besteht darin, für die sachgemäße Erledigung der in der Mitgliederversammlung anstehenden Geschäfte zu sorgen.[142] Aus dieser Aufgabe ergeben sich seine Befugnisse und deren Grenzen. Er hat alle Rechte, die er braucht, um einen ordnungsgemäßen Ablauf der Mitgliederversammlung herbeizuführen.[143] Hierbei muß er nach unparteiischen und sachdienlichen Gesichtspunkten verfahren; er darf nicht einseitig die Interessen des Vereins, des Vorstands oder einzelner Mitglieder vertreten.[144] Unsachliche Erörterungen, gleichgültig von welcher Seite sie kommen, hat er zu unterbinden und dafür zu sorgen, daß die Verhandlung gestrafft und nicht über Gebühr in die Länge gezogen wird.[144] Er soll alles vermeiden, was den Eindruck entstehen lassen könnte, als wolle er der Versammlung hinsichtlich der Beratungsgegenstände seinen Willen aufzwin-

---

138 BayObLGZ 1972, 329 (330) = Rpfleger 1973, 20 = MDR 1972, 134; LG Bonn Rpfleger 1985, 198.

139 Vgl. RG JW 1909, 411; Stöber, 6. Aufl. Rdnr. 188; zur Versammlungsleitung durch den Vorsitzenden eines Wahlausschusses während der Vorstandswahl siehe bei Rdnr. 258.

140 Siehe dazu Rdnr. 214 mit Fn. 253.

141 KG NJW 1957, 1680; zur Zulässigkeit und den Grenzen einer politischen Diskussion in der Mitgliederversammlung vgl. Günther Festschrift für Fechner S. 117 (bezüglich der Hauptversammlung einer AG).

142 RGZ 119, 245.

143 BGHZ 44, 245 (248).

144 Obermüller-Werner-Winden S. 85.

gen.[145] Es ist ihm aber nicht verwehrt, seine Meinung auch zu den Sachfragen zu äußern und Empfehlungen zur Beschlußfassung zu geben, auch wenn er damit gegen eine Gruppe von Versammlungsteilnehmern Stellung bezieht.[146]

Aufgaben und Befugnisse des Versammlungsleiters im einzelnen

a) Eröffnung der Versammlung

181 Die förmliche Eröffnung der Mitgliederversammlung durch den Versammlungsleiter ist ein wesentlicher Akt. Denn er macht deutlich, daß von jetzt an die Betätigung der Erschienenen rechtserhebliche Bedeutung hat.[147] Gleichzeitig setzt mit dem Beginn der Mitgliederversammlung die Ordnungsgewalt des Versammlungsleiters ein. Üblich ist eine kurze Begrüßung der Erschienenen. Die Versammlung ist pünktlich zu dem bei der Einberufung angekündigten Zeitpunkt zu eröffnen. Eine verspätete, aber insbesondere eine vorzeitige Eröffnung kann zur Unwirksamkeit der Beschlüsse führen, wenn Versammlungsteilnehmer dadurch gehindert wurden, an der Beratung und Beschlußfassung mitzuwirken. Die Führung einer **Anwesenheitsliste** (Präsenzliste) ist zwar gesetzlich nicht vorgeschrieben, aber zu empfehlen, vor allem dann, wenn nach der Satzung die Beschlußfähigkeit der Versammlung von der Anwesenheit einer bestimmten Zahl von Mitgliedern abhängt. Es empfiehlt sich ferner, im Versammlungsprotokoll festzuhalten, daß der Versammlungsleiter die Versammlung formell eröffnet hat und wann das geschehen ist.

b) Feststellung der Beschlußfähigkeit

182 Diese Feststellung ist nicht nur dann zweckmäßig, wenn nach der Satzung die Beschlußfähigkeit von der Anwesenheit einer bestimmten Mindestzahl von Mitgliedern abhängt, sondern in jedem Fall. Sie gibt nämlich den Mitgliedern ausdrücklich Gelegenheit, etwaige Mängel der Einberufung zu rügen. Erhebt sich gegen die Feststellung des Versammlungsleiters, daß die Versammlung beschlußfähig ist, kein Widerspruch, so kann das für den Fall, daß später von Mitgliedern, die an der Versammlung teilgenommmen haben, die Formalitäten der Einberufung beanstandet werden, von Bedeutung sein.

c) Bekanntgabe der Tagesordnung

183 Nunmehr gibt der Versammlungsleiter die Tagesordnung bekannt, sofern sie den Teilnehmern nicht schon mit der Einladung übermittelt wurde. Von der angekündigten Reihenfolge der Tagesordnungspunkte darf der Versammlungsleiter nach seinem pflichtgemäßen Ermessen abweichen. Wer eine Versammlung leiten soll, muß auch die Berechtigung haben, den Gegenstand und die Reihenfolge der Beratungen so zu gestalten, wie sie ihm sinnvoll und zweckmäßig erscheinen. Dazu gehört die Befugnis, einen Punkt der

[145] Vgl. RG JW 1936, 181.
[146] KG NJW 1957, 1680.
[147] KG RsprOLG 40, 202; siehe auch KG NJW 1988, 3159 (3160) zur Anfechtung von Wahlen im Ortsverband einer politischen Partei.

Tagesordnung vorzuziehen oder zurückzustellen.[148] Gleichwohl ist es ratsam, daß der Leiter über eine Änderung der Reihenfolge der Tagesordnungspunkte einen Beschluß der Mitgliederversammlung oder auch nur eine unverbindliche Meinungsäußerung[149] herbeiführt, vor allem dann, wenn die Änderung Angelegenheiten betrifft, an denen er selbst, etwa in seiner Eigenschaft als Vorstandsmitglied, unmittelbar interessiert ist. Nicht selten schürt nämlich eine solche Änderung der Tagesordnung den Argwohn von Mitgliedern, die darin eine „Taktik" vermuten. Hieraus können sich unliebsame und vor allem zeitraubende Erörterungen ergeben. Eine veränderte Reihenfolge der Tagesordnungspunkte kann auch von Mitgliedern beantragt werden. Über solche Anträge zur Geschäftsordnung darf der Leiter nicht einfach hinweggehen, sondern muß sie zur Abstimmung stellen. Denn die Mitgliederversammlung steht über ihm und kann ihm durch Beschluß eine bestimmte Reihenfolge der Tagesordnung vorschreiben.[148] Ebenso hat der Leiter zu verfahren, wenn von einem Mitglied die Vertagung der Versammlung beantragt wird. Auch ein solcher Antrag betrifft die Geschäftsordnung und ist zur Abstimmung zu stellen. Mitunter wird der Antrag gestellt, eine bestimmte Angelegenheit zusätzlich auf die Tagesordnung zu setzen, diese also zu erweitern. Die Zulässigkeit eines solchen Begehrens hängt von der Gestaltung der Satzung im Einzelfall ab (siehe dazu Rdnr. 179). Ist nach der Satzung die Erweiterung der Tagesordnung in der Mitgliederversammlung selbst unzulässig, wird der Versammlungsleiter den Antragsteller und die Mitgliederversammlung hierauf ausdrücklich hinzuweisen haben. Wird der Antrag gleichwohl aufrechterhalten, darf er die Versammlung nicht daran hindern, hierüber einen Beschluß zu fassen. Eine andere Frage ist es, ob der Vorstand, falls die Versammlung zu dem satzungswidrig auf die Tagesordnung gesetzten Punkt einen Beschluß faßt, verpflichtet ist, ihn auszuführen.

d) Erledigung der Tagesordnung

Besteht nunmehr Klarheit über die Tagesordnung und über die Reihenfolge, in der sie zu erledigen ist, hat der Versammlungsleiter Punkt für Punkt aufzurufen und zur Erörterung und Beschlußfassung zu stellen. Jedes Mitglied hat das Recht, zu dem aufgerufenen Punkt der Tagesordnung Anträge zu stellen. Der Leiter hat aber darauf zu achten, daß der Antrag sich im Rahmen der unter diesem Punkt der Tagesordnung zu behandelnden Angelegenheiten hält. Es ist auch zulässig, daß der Antrag eines Mitglieds nicht die Sachfrage betrifft, sondern das einzuschlagende Verfahren. So kann z. B. die Absetzung dieses Punktes von der Tagesordnung, die Überweisung an einen etwa bestehenden besonderen Vereinsausschuß oder die Zurückstellung bis zur Beschlußfassung über einen anderen Punkt der Tagesordnung beantragt werden. Derartige Geschäftsordnungsanträge kann der Versammlungsleiter vor den zur Sache gestellten Anträgen zur Abstimmung stellen, er muß es aber nicht. Denn kraft seines Leitungsrechts kann er die Reihenfolge bestimmen, in der über die einzelnen Anträge abgestimmt wird.[150] Regelmä- **184**

148 KG NJW 1957, 1680.
149 Vgl. BGHZ 44, 245 (248).
150 Obermüller-Werner-Winden S. 88; Jacobs BB 1958, 726.

ßig wird es aber zweckmäßig sein, Anträge zur Geschäftsordnung vor den Anträgen zur Sache zu behandeln. Liegen zu einem Punkt mehrere Sachanträge vor, soll zuerst über den weitestgehenden Antrag abgestimmt werden. Werden zu einem Antrag Zusatzanträge oder Abänderungsanträge gestellt, wird zuerst über diese Beschluß gefaßt; erst dann erfolgt die Abstimmung über den Hauptantrag, gegebenenfalls in der durch die angenommenen Zusatz- oder Abänderungsanträge erweiterten oder abgeänderten Fassung. Ausdrücklich ist hervorzuheben, daß das Recht der Mitglieder, zu jedem Punkt der Tagesordnung Anträge zu stellen, auch dann besteht, wenn es sich um eine in der Einladung angekündigte und formulierte Satzungsänderung handelt. Hier können die Mitglieder eigene Vorschläge machen. Diese dürfen jedoch nur diejenigen Angelegenheiten betreffen, die mit der auf der Tagesordnung stehenden Satzungsänderung geregelt werden sollen. Solange über einen Punkt der Tagesordnung noch kein abschließender Beschluß gefaßt ist, kann ein schon gestellter, aber zurückgenommener Antrag von demselben oder einem anderen Mitglied wieder gestellt werden. Ist dagegen über einen Sachantrag Beschluß gefaßt, so ist der betreffende Punkt der Tagesordnung erledigt; ein Antrag, den Beschluß wieder aufzuheben, kann in dieser Versammlung regelmäßig nicht zugelassen werden. Denn inzwischen können Mitglieder die Versammlung verlassen haben, und zwar gerade mit Rücksicht auf die Erledigung dieses Punktes. Nur wenn feststeht, daß dies nicht der Fall ist, kann in eine nochmalige Behandlung des an sich erledigten Tagesordnungspunktes eingetreten werden, falls die Versammlung das beschließt.

e) Wortmeldungen

185 Regelmäßig wird der Versammlungsleiter den Mitgliedern das Wort in der Reihenfolge erteilen, in der sie sich gemeldet haben. Eine Verpflichtung, sich an diese Reihenfolge zu halten, besteht für den Leiter jedoch nicht. Wenn ihm eine andere, z. B. eine nach Sachgebieten zusammengefaßte Reihenfolge zweckdienlicher erscheint, kann er von der zeitlichen Reihenfolge der Wortmeldungen abweichen.[151] Zum Leitungsrecht gehört es auch, daß der Leiter für Wortmeldungen eine bestimmte Form vorschreiben kann. So kann er z. B. anordnen, daß diejenigen Mitglieder, die das Wort ergreifen wollen, dies dem Protokollführer anzusagen haben. Ferner ist es zulässig, daß die Verwendung von „Meldezetteln“, die vor der Versammlung ausgegeben wurden, verlangt wird. Dies wird allerdings wohl nur bei größeren Vereinen mit einer für den Versammlungsleiter nicht mehr überschaubaren Zahl von Versammlungsteilnehmern in Betracht kommen.

f) Festsetzung der Redezeit

186 Hat der Versammlungsleiter Anhaltspunkte dafür, daß mit zahlreichen Wortmeldungen zu rechnen ist, so wird sich für ihn, bevor er dem ersten Redner das Wort erteilt, die Frage nach einer allgemeinen Begrenzung der Redezeit stellen. Der Bundesgerichtshof[152] hat es offen gelassen, ob für diese

---

[151] Obermüller-Werner-Winden S. 85.
[152] BGHZ 44, 245 (247).

Entscheidung der Versammlungsleiter oder die Mitgliederversammlung zuständig ist. Wir meinen, daß sie demjenigen zusteht, der für eine sachgemäße Abwicklung der Mitgliederversammlung verantwortlich ist, und das ist eben der Versammlungsleiter.[153] Er hat auch wohl den besten Überblick, welche Zeit insgesamt etwa die Erledigung der Tagesordnung beanspruchen wird, welcher der einzelnen Tagesordnungspunkte voraussichtlich zu einer längeren Aussprache führen wird und welcher kürzer abzuhandeln ist. Viele Mitgliederversammlungen leiden darunter, daß die Aussprache zu den ersten Punkten der Tagesordnung zu breit angelegt wird, was zur Folge hat, daß später angesetzte Angelegenheiten entweder überhaupt nicht mehr behandelt werden können oder in großer Zeitnot „durchgepeitscht" werden. Eine solche Erledigung der Tagesordnung zu vermeiden, ist mit die wichtigste Aufgabe des Versammlungsleiters. Daher ist es sachdienlicher, wenn er von Anfang an mit der Redezeit haushält und nicht genötigt wird, später zu drastischen Redezeitverkürzungen zu greifen, bei denen die Gefahr besteht, daß die Gleichbehandlung der Versammlungsteilnehmer nicht mehr gewahrt wird. Ein umsichtiger Versammlungsleiter wird aber die Beschränkung der Redezeit mit der Versammlung erörtern und erst dann die Entscheidung treffen. Bewährt hat es sich, wenn vor jedem umfangreicheren Tagesordnungspunkt die Frage, ob eine Beschränkung der Redezeit erforderlich ist, erneut zur Diskussion gestellt wird; auf diese Weise wird eine zu starre Handhabung vermieden. Auf welches Zeitmaß die Redezeit zu begrenzen ist, läßt sich naturgemäß nur von Fall zu Fall entscheiden. Als Kriterien kommen der Bedeutung des betreffenden Punktes der Tagesordnung, die voraussichtliche Zahl der Wortmeldungen und die Zahl der Teilnehmer an der Mitgliederversammlung in Betracht.[154] Als Faustregel wird man bei einer kleineren Mitgliederversammlung etwa 10 Minuten gelten lassen können.[155]

g) Entziehung des Wortes

Von der von vornherein angeordneten beschränkten Redezeit, sei es für **187**
alle, sei es für einzelne Tagesordnungspunkte, ist der Fall zu unterscheiden, daß sich der Versammlungsleiter genötigt sieht, einem Redner das Wort zu entziehen. Daß der Leiter hierzu berechtigt ist, wird allgemein anerkannt. Von diesem Recht wird er Gebrauch machen, wenn ein Redner die festgesetzte Redezeit überschritten hat und keine Anstalten macht, zum Ende zu kommen. Der förmlichen Wortentziehung soll jedoch eine Ermahnung und ein Hinweis auf diese Maßnahme vorausgehen. Zur Wortentziehung wird der Leiter auch bei an sich nicht begrenzter Redezeit greifen, wenn ein Redner trotz Verwarnung sich wiederholende, beleidigende oder unsachliche Ausführungen macht.[155] Es empfiehlt sich, die Tatsache der Wortentziehung und den Anlaß hierfür kurz im Versammlungsprotokoll festzuhalten.

---

[153] Zustimmend Soergel-Hadding § 32 Rdnr. 20; Martens WPM 1981, 1010 (1013, Die Leitungskompetenzen auf der Hauptversammlung einer Aktiengesellschaft); s. auch LG Frankfurt WPM 1984, 502 (505) für die AG.

[154] Vgl. OLG Stuttgart NJW-RR 1986, 1277 zur Beschränkung der Redezeit in einer Versammlung der Wohnungseigentümer.

[155] Obermüller-Werner-Winden (L) S. 61f.

h) Verweisung von Versammlungsteilnehmern aus dem Versammlungsraum

188 Kraft seiner Ordnungsgewalt ist der Versammlungsleiter auch berechtigt, Versammlungsteilnehmer von der weiteren Teilnahme an der Versammlung auszuschließen und sie aus dem Versammlungsraum zu weisen.[156] Zu diesem äußersten Mittel,[156] die Ordnung wiederherzustellen, soll aber nur gegriffen werden, wenn sich schwächere Maßnahmen (z. B. Ermahnungen, Wortentziehung, u. U. auch kurzfristige Unterbrechung der Versammlung) als erfolglos erwiesen haben. Es ist nämlich zu bedenken, daß die Verweisung eines Mitglieds aus der Versammlung einen schweren Eingriff in seine Mitgliedsrechte darstellt, weil mit ihm praktisch der Entzug des Stimmrechts verbunden ist.[156] Der förmlichen Hinausweisung soll daher in jedem Fall eine unmißverständliche **Androhung** dieser Maßnahme vorangehen. Je nach Lage des Einzelfalls kann zur Wiederherstellung der Ordnung auch ein befristeter Ausschluß von der Mitgliederversammlung genügen (z. B. bis zur Erledigung eines besonders umstrittenen Punktes der Tagesordnung). Das Recht, Störer hinauszuweisen, steht dem Versammlungsleiter nicht nur dann zu, wenn sein „Hausrecht" verletzt ist, sondern es beruht auf seinem Leitungsrecht.[157] Es braucht also nicht abgewartet zu werden, bis die Störung sich zu einer ausgesprochenen Notwehrsituation entwickelt hat.[157] Selbstverständlich können auch Gäste, wenn sie die Versammlung stören, aus dem Saal gewiesen werden. Ihnen gegenüber braucht der Versammlungsleiter nicht die gleiche Rücksicht zu üben wie gegenüber stimmberechtigten Mitgliedern. Als störende Handlungen, die letztlich zur Saalverweisung führen können, kommen übermäßige Zwischenrufe, sinnloses Lärmen, Einschalten von Musik- oder Sprechapparaten, unsachliche Dauerreden und dergleichen mehr in Betracht.[157] Das gleiche gilt, wenn den übrigen Versammlungsteilnehmern, z. B. wegen Beleidigungen, das weitere Verbleiben nicht mehr zuzumuten ist.[158] Auch die Verwendung eines Tonbandes gegen den Willen des Versammlungsleiters oder der anderen Teilnehmer kann nach erfolgloser Abmahnung den Ausschluß des Betreffenden von der Versammlung rechtfertigen.[159] Da Teilnehmer, die des Saales verwiesen wurden, nicht selten die nach ihrem Ausschluß gefaßten Beschlüsse der Mitgliederversammlung anfechten, empfiehlt es sich, den Vorgang, der zum Ausschluß führte, so im Versammlungsprotokoll festzuhalten, daß sich daraus ein anschauliches Bild von dem Verhalten des Störers ergibt. Wenn nach der Satzung die Übertragung des Stimmrechts zulässig ist, sollte dem Störer, ehe er aus dem Saal gewiesen wird, Gelegenheit gegeben werden, sein Stimmrecht auf ein anderes Mitglied zu übertragen.[158]

i) Rauchen in der Versammlung

188a Mit zunehmender Zahl von Nichtrauchern und angesichts der Diskussion über die Folgen des sogenannten Passivrauchens[160] gewinnt auch für Mitglie-

---

156 BGHZ 44, 245 (248).

157 BGHZ 44, 245 (148); Martens WPM 1981, 1010 (1011).

158 Obermüller-Werner-Winden (L) S. 62.

159 Roellecke BB 1959, 514; Obermüller-Werner-Winden (L) S. 62.

160 Zum Meinungsstand in Wissenschaft und Rechtsprechung siehe OLG Hamm NJW 1983, 583 (584) und VG Stade NJW 1988, 790.

derversammlungen von Vereinen die Frage an Bedeutung, ob dort das Rauchen untersagt werden kann oder sogar untersagt werden muß.[161] Das Rauchverbot kann sich bereits aus dem Vereinszweck (z. B. bei Vereinen zur Förderung der Gesundheit), aus einer speziellen Satzungsvorschrift, aus der Geschäftsordnung für die Mitgliederversammlung oder aus einer nachhaltigen Übung im Verein ergeben. Auch die jeweils zusammentretende Mitgliederversammlung kann beschließen, daß nicht geraucht werden darf. Im übrigen ist ein Rechtsanspruch einzelner Versammlungsteilnehmer darauf, daß nicht geraucht wird, grundsätzlich zu verneinen. Es bestehen jedoch keine rechtlichen Bedenken dagegen, daß der Versammlungsleiter, solange die Mitgliederversammlung nicht durch Beschluß das Rauchen gestattet, das Rauchen untersagt. Selbst nach einer von der Mitgliederversammlung beschlußmäßig erteilten Raucherlaubnis ist er aufgrund seiner Pflicht, für eine ordnungsgemäße Durchführung der Versammlung zu sorgen, zur Anordnung berechtigt, das Rauchen einzustellen, wenn sich für Nichtraucher nicht mehr zumutbare Zustände ergeben.

k) Beendigung der Debatte

Daß der Versammlungsleiter befugt ist, den Mißbrauch der Redefreiheit **189**
durch Ordnungsmaßnahmen zu unterbinden, wurde bereits dargelegt. Eine andere Frage ist es aber, ob das Leitungsrecht des Versammlungsleiters ihm auch das Recht gibt, zu bestimmen, daß der betreffende Tagesordnungnungspunkt ausdiskutiert ist und weitere Wortmeldungen nicht mehr zugelassen werden. Wir meinen, daß hierüber nicht der Versammlungsleiter, sondern nur die Versammlung selbst zu befinden hat.[162] Der Leiter kann zwar darauf hinweisen, daß bei einer derart breiten Erörterung einer einzelnen Angelegenheit die noch auf der Tagesordnung stehenden Gegenstände nicht mehr behandelt werden können, aber er kann nicht von sich aus die Debatte abschließen, wenn die Versammlung einen entsprechenden Beschluß nicht faßt. Etwas anderes gilt allerdings dann, wenn dem Versammlungsleiter durch die Satzung oder in einer von der Mitgliederversammlung beschlossenen Geschäftsordnung eine solche über das allgemeine Leitungsrecht hinausgehende Befugnis erteilt ist. Aber auch dann wird er, ehe er weitere Wortmeldungen zurückweist und die Debatte für beendet erklärt, darauf zu achten haben, daß auch die Anhänger einer Gegenmeinung Gelegenheit hatten, ihre Ansicht zu vertreten.

l) Unterbrechung der Versammlung

Das Leitungsrecht schließt die Befugnis des Versammlungsleiters ein, die **190**
Mitgliederversammlung zu unterbrechen.[163] Eine Unterbrechung wird er in Betracht ziehen, wenn das Aufnahmevermögen der Versammlungsteilnehmer, sei es durch die bisherige Dauer der Versammlung, sei es durch die Schwierigkeit der Erörterungen, strapaziert wurde.[164] Aber auch als Ord-

[161] Zum Rauchverbot in Sitzungen eines niedersächsischen Stadtrats siehe VG Stade NJW 1988, 790.

[162] A. A. wohl Obermüller-Werner-Winden (L) S. 62; wie hier Martens WPM 1981, 1010 (1013).

[163] RGZ 81, 334.

[164] Obermüller-Werner-Winden (L) S. 63.

nungsmaßnahme zur „Beruhigung der Gemüter" und zur Wiederherstellung einer sachlichen Atmosphäre kann eine Unterbrechung der Versammlung zweckmäßig sein. Schließlich kann sich aus bestimmten Vorgängen in der Versammlung das Bedürfnis ergeben, ein anderes Vereinsorgan (z. B. den Gesamtvorstand) sofort mit einer bestimmten Angelegenheit zu befassen. Auch das rechtfertigt eine Unterbrechung der Versammlung. Sie darf aber nicht so lange ausgedehnt werden, daß die wiederaufgenommene Versammlung bei natürlicher Betrachtungsweise nicht mehr als unmittelbare Fortsetzung der unterbrochenen Versammlung erscheint.[163] Eine Unterbrechung auf mehrere Tage ist jedenfalls unzulässig. Wird die Versammlung unterbrochen, so ist bekanntzugeben, wann sie fortgesetzt wird. Zeitpunkt und Grund der Unterbrechung sollen im Versammlungsprotokoll festgehalten werden, ebenso der Zeitpunkt der Fortsetzung. Von der Unterbrechung ist die Vertagung der Mitgliederversammlung zu unterscheiden (siehe dazu Rdnr. 195). Eine solche Maßnahme kann nur die Mitgliederversammlung beschließen; das Leitungsrecht des Versammlungsleiters reicht dafür nicht aus. Ebensowenig ist er berechtigt, die Versammlung vor Erledigung der Tagesordnung aus eigener Machtvollkommenheit zu schließen oder einen Punkt der Tagesordnung abzusetzen und späterer Beschlußfassung vorzubehalten.

m) Überwachung der Protokollführung

191 Wenn auch der von der Versammlung gewählte oder sonstwie bestimmte Protokollführer selbst die Verantwortung für eine korrekte Protokollführung trägt, so gehört es doch auch zu den Aufgaben des Versammlungsleiters, darauf zu achten, daß im Protokoll der wesentliche Gang der Verhandlung festgehalten wird. Vor allem bei Abstimmungen und bei der Fassung von Beschlüssen soll sich der Versammlungsleiter vergewissern, daß das Stimmenverhältnis und möglichst der genaue Wortlaut der Beschlüsse in der Niederschrift festgehalten werden.

n) Verkündung der Beschlüsse

192 Auch ohne ausdrückliche Vorschrift in der Satzung gehört es zu den Aufgaben des Versammlungsleiters, das Ergebnis der Abstimmungen bekanntzugeben und eine eindeutige Erklärung darüber abzugeben, welche Folge das Abstimmungsergebnis hat. Er wird also bekanntzugeben haben, ob der zur Abstimmung gestellte Antrag angenommen oder abgelehnt ist.[165] Wenn mehrere Anträge zur Diskussion standen, empfiehlt es sich, den Inhalt des Antrags, der angenommen bzw. abgelehnt wurde, nochmals mitzuteilen. Die Verkündung eines Beschlusses der Mitgliederversammlung durch den Versammlungsleiter ist aber im Regelfall keine Voraussetzung für die Wirksamkeit des Beschlusses.[166] Bestimmt die Satzung, daß der Versammlungsleiter die Beschlüsse der Mitgliederversammlung zu verkünden hat, so ist das regelmäßig nur als Ordnungsvorschrift, nicht als Voraussetzung für die

---

165 Soergel-Hadding § 32 Rdnr. 34; Zöllner S. 392.

166 RGZ 125, 143 (149); RG JW 1926, 1813 Nr. 5; BGH NJW 1975, 2100 = Rpfleger 1975, 426 = WPM 1975, 1041.

Wirksamkeit des Beschlusses zu verstehen. Wenn bei der Stimmenauszählung oder bei der Verkündung des Abstimmungsergebnisses Fehler unterlaufen, bleibt das tatsächliche Ergebnis der Abstimmung maßgebend.[167] Hat der Versammlungsleiter einen Beschluß der Mitgliederversammlung verkündet und zu Protokoll gegeben, so darf er die Abstimmung aus eigener Machtvollkommenheit selbst dann nicht wiederholen lassen, wenn er die erste Abstimmung für fehlerhaft hält. Die Abstimmung darf nur dann wiederholt werden, wenn die Mitgliederversammlung das beschließt.[168]

o) Förmliche Schließung der Versammlung

Wie die förmliche Eröffnung der Mitgliederversammlung, so ist auch die **193**
eindeutige Erklärung des Versammlungsleiters, daß die Versammlung geschlossen ist, ein wesentlicher Akt.[169] Er beseitigt nämlich jeden Zweifel darüber, daß jede weitere Betätigung der Versammelten, insbesondere eine eigenmächtige Fortsetzung der Tagung, außerhalb der Mitgliederversammlung erfolgt.[169] Die Wiedereröffnung einer bereits geschlossenen Versammlung ist nur dann zulässig, wenn noch sämtliche Teilnehmer anwesend sind und diese die Wiedereröffnung beschließen.[170]

Anfechtung von Maßnahmen des Versammlungsleiters

Leitungs- und Ordnungsmaßnahmen des Versammlungsleiters als solche **194**
können nicht gerichtlich angefochten werden.[171] Eine andere Frage ist es, ob die in der Sache gefaßten Beschlüsse der Mitgliederversammlung deshalb angefochten werden können, weil ihnen eine unberechtigte Geschäftsordnungsmaßnahme des Versammlungsleiters vorausgegangen war (z. B. eine Wortentziehung oder die Saalverweisung eines Mitglieds). Diese Frage beantwortet sich nach den allgemeinen Grundsätzen über die Anfechtbarkeit von Beschlüssen der Mitgliederversammlung (siehe Rdnrn. 212, 213).

Die Vertagung der Mitgliederversammlung

Die Vertagung der Mitgliederversammlung kommt begrifflich nur in Be- **195**
tracht, wenn die Versammlung zusammengetreten ist. Wird sie vorher vom Einberufungsorgan „vertagt", so handelt es sich in Wirklichkeit um die Absetzung der anberaumten und Einberufung einer neuen Versammlung. Letztere ist nach den allgemeinen Grundsätzen vorzunehmen. Dabei ist eine etwa vorgeschriebene Ladungsfrist erneut einzuhalten. Nach Eröffnung der Mitgliederversammlung können die Teilnehmer jederzeit mit einfacher Mehrheit der abgegebenen gültigen Stimmen die Vertagung der Versammlung beschließen, sofern die Satzung nicht eine andere Stimmenmehrheit für einen Vertagungsbeschluß vorschreibt. Der Versammlungsleiter kann von sich aus

[167] BGH NJW 1975, 2101 und NJW 1987, 2430 = WPM 1987, 651 (652).
[168] KG NJW 1957, 1680 (Genossenschaft).
[169] Vgl. KG RsprOLG 40, 202.
[170] Vgl. BayObLGZ 1989, 298 (302f.).
[171] Obermüller-Werner-Winden (L) S. 63.

die Vertagung nicht anordnen.[172] Der Vertagungsbeschluß muß aber den neuen Versammlungstermin und den Versammlungsort bezeichnen. In diesem Fall bedarf es keiner erneuten Einberufung der Mitgliederversammlung durch das Einberufungsorgan. Es besteht auch keine Verpflichtung, die bei der Fassung des Vertagungsbeschlusses nicht anwesenden Mitglieder zu verständigen, aber es steht diesen frei, sich zu der vertagten Versammlung einzufinden und ihre Mitgliedsrechte auszuüben. Wäre nur grundsätzlich Vertagung der Versammlung beschlossen worden, ohne zu bestimmen, wann und wo die Versammlung fortgesetzt wird, läge eine wirksame Vertagung nicht vor. In diesem Fall handelte es sich um den **Abbruch** der Versammlung, verbunden mit der (stillschweigenden) Aufforderung an das Einberufungsorgan, eine neue Mitgliederversammlung einzuberufen. Das Einberufungsorgan hätte dann die normalen Einberufungsformalitäten zu beachten.

Teilnahmeberechtigung

196 Teilnahmeberechtigt an der Mitgliederversammlung ist jedes Vereinsmitglied, gleichgültig, ob es Stimmrecht besitzt oder nicht. Daher haben auch sogenannte **außerordentliche** Mitglieder (passive Mitglieder, fördernde Mitglieder, korrespondierende Mitglieder) grundsätzlich das Recht, an der Mitgliederversammlung teilzunehmen.[173] Das gleiche gilt für **Ehrenmitglieder.** Würde die Satzung eine Kategorie von Mitgliedern vorsehen, die weder das Stimmrecht noch das Recht zur Teilnahme an der Mitgliederversammlung haben, so könnte im Rechtssinne von einer Mitgliedschaft nicht gesprochen werden. Es ist aber unbedenklich zulässig, daß die Teilnahmeberechtigung an der Mitgliederversammlung in der Satzung oder in einer Geschäftsordnung von bestimmten förmlichen Voraussetzungen abhängig gemacht wird, z. B. vom Vorzeigen der Mitgliedskarte.

Die Teilnahme an der Mitgliederversammlung kann auch **Nichtmitgliedern** gestattet werden. Solche Personen werden herkömmlich als **Gäste** bezeichnet. So ist es nicht unüblich, daß Personen, ehe sie sich zum Beitritt entschließen, sich zunächst durch die Teilnahme an einer Mitgliederversammlung einen gewissen Einblick in das Vereinsleben verschaffen wollen. Auch Vertreter von Behörden, politischen Parteien oder befreundeten Vereinen werden häufig zur Mitgliederversammlung eingeladen. Wenn die Satzung die Zulassung von Gästen nicht ausdrücklich verbietet, ist es dem Ermessen des satzungsgemäßen Einberufungsorgans überlassen, Gäste zur Mitgliederversammlung einzuladen. Wird die Frage der Zulassung eines Gastes erst in der Mitgliederversammlung akut, entscheidet hierüber der Versammlungsleiter.[174] In Zweifelsfällen wird er zweckmäßigerweise sich der Zustimmung der Mitgliederversammlung vergewissern. Auch die Vertreter übergeordneter Organisationen (z. B. des Landesverbandes oder des Bundesverbandes) haben nicht ohne weiteres ein Zutrittsrecht zu den Versammlun-

---

[172] Martens WPM 1981, 1010 (1013).
[173] LG Bremen Rpfleger 1990, 262.
[174] Obermüller-Werner-Winden (L) S. 47 und die dort angegebene Literatur.

gen des nachgeordneten Vereins. Maßgebend ist hierfür, wie das Verhältnis des Mitgliedsvereins zu dem des Verbandes in den beiden Satzungen geregelt ist. Ein solches Zutrittsrecht kann sich aber auch durch langjährige entsprechende Übung gebildet haben. Einen Anspruch auf **Öffentlichkeit** der Mitgliederversammlung oder auf Anwesenheit bestimmter Personen haben weder das einzelne Vereinsmitglied noch dritte Personen.[174] Das gilt auch, vorbehaltlich einer anderslautenden Satzungsbestimmung, für Presse, Rundfunk und Fernsehen. Auch über deren Zulassung entscheidet in erster Linie der Versammlungsleiter.[174] Wird aus der Versammlung Widerspruch laut, empfiehlt es sich, über die Zulassung die Mitgliederversammlung entscheiden zu lassen.[174] Werden Gäste zur Versammlung zugelassen, so hat der Versammlungsleiter darauf zu achten, daß sie sich nicht an der Diskussion (auch nicht durch Zwischenrufe) beteiligen. Ein Eingreifen des Gastes in die Diskussion kann zu einer Beeinflussung einzelner Mitglieder und damit zu einer Beeinflussung der Abstimmung führen. Jedenfalls reicht das Leitungsrecht des Versammlungsleiters nicht so weit, daß er Gästen die Beteiligung an der sachlichen Aussprache gestatten kann. Erweist es sich als sachdienlich, zu einer bestimmten Angelegenheit die Meinung eines anwesenden Behördenvertreters oder die des Vertreters des übergeordneten Verbandes zu hören, so bedarf es hierzu der Zustimmung der Mitgliederversammlung. Damit ist nicht gesagt, daß hierüber jedesmal ein förmlicher Beschluß gefaßt werden muß. Es genügt, wenn der Versammlungsleiter an die Versammlung die Frage richtet, ob der Beteiligung des Gastes an der Diskussion widersprochen wird, und sich sodann kein Widerspruch erhebt.

Einen Anspruch auf Hinzuziehung einer fachkundigen Person (z. B. eines Rechtsanwalts) zur Mitgliederversammlung hat ein Vereinsmitglied – außer im Ausschluß- und Vereinsstrafverfahren –[175] in aller Regel nicht. Nur bei Vorliegen **ganz außergewöhnlicher Umstände,** die das Mitglied darzulegen hätte,[176] könnte in der Zurückweisung des Beistands ein Ermessensfehlgebrauch erblickt werden. Bei der Entscheidung über die Zulassung des Beistands wird es darauf ankommen, ob die zur Beschlußfassung anstehende Angelegenheit so kompliziert und von so wesentlicher Bedeutung ist, daß dem Mitglied eine sachgerechte Mitwirkung an der Willensbildung der Mitgliederversammlung ohne fachkundige Beratung, und zwar gerade in der Versammlung selbst, vernünftigerweise nicht zugemutet werden kann. Fälle derartiger eindeutiger Überforderung von Mitgliedern sind beispielsweise bei Vereinen, bei denen Vereinsmitgliedschaft und berufliches Fortkommen miteinander verquickt sind, immerhin denkbar. **197**

Je nach dem Inhalt der Tagesordnung kann es genügen, den Beistand nur zu bestimmten Punkten der Tagesordnung zur Versammlung zuzulassen.

Wird dem Zulassungsantrag entsprochen, so hat sich der Beistand auf die **Beratung** des Mitglieds zu beschränken, und zwar so, daß dabei die übrigen Versammlungsteilnehmer nicht gestört werden; an der Aussprache darf er sich ohne spezielle Genehmigung nicht beteiligen.

---

175 Siehe dazu Rdnr. 101.

176 Vgl. Kirberger BB 1978, 1390 (1393f.).

Das Stimmrecht

198 In der Mitgliederversammlung hat jedes Mitglied, gleichgültig, ob es eine natürliche oder eine juristische Person (z. B. GmbH, AG, e. V., Gemeinde) oder eine handelsrechtliche Personengesellschaft (OHG, KG) ist, grundsätzlich nur **eine** Stimme.[177] Die Zuteilung eines mehrfachen Stimmrechts an einzelne Mitglieder oder an Angehörige bestimmter Kategorien von Mitgliedern (z. B. Gründungsmitglieder) ist als Sonderrecht nur durch eine entsprechende Satzungsbestimmung möglich. Es ist auch zulässig, daß in der Satzung bestimmten Mitgliedern ein mehrfaches Stimmrecht nur für einzelne Angelegenheiten eingeräumt wird (z. B. für den Beschluß über die Auflösung des Vereins oder für Vorstandswahlen). Andererseits kann das Stimmrecht einzelnen Gruppen von Mitgliedern wie den außerordentlichen, auswärtigen, fördernden, passiven Mitgliedern, den Ehrenmitgliedern und dgl. verwehrt werden. Im Regelfall wird man, wenn die Satzung schweigt, davon ausgehen dürfen, daß das Stimmrecht nur den ordentlichen Mitgliedern (Vollmitgliedern) zusteht.[178] Gleichwohl empfiehlt es sich, die Frage des Stimmrechts in der Satzung ausdrücklich zu regeln, wennv erschiedene Klassen von Mitgliedern vorgesehen sind. Dabei ist jedoch zu beachten, daß weder einem Vereinsorgan als solchem (z. B. dem Vorstand) noch einer Gruppierung von Mitgliedern als solcher (unselbständige Untergliederung, Fachgruppe) ein prozentual festgelegter Stimmanteil an der Summe aller in der Mitgliederversammlung wahrnehmbarer Stimmrechte eingeräumt werden kann.[179]

199 Nach dem Gesetz ist das Stimmrecht **persönlich** auszuüben. Die Übertragung des Stimmrechts auf eine andere Person ist nur zulässig, wenn die Satzung dies ausdrücklich zuläßt (§§ 34, 40 BGB).[180] Die Satzung kann dabei die Einschränkung machen, daß das Stimmrecht nur auf ein Vereinsmitglied, nicht auf einen Außenstehenden, übertragen werden darf. In diesem Fall wäre die Bevollmächtigung eines Nichtmitglieds unzulässig und dessen Stimmabgabe unwirksam. Erlaubt die Satzung die Ausübung des Stimmrechts durch Bevollmächtigte, so ist es diesen nicht ohne weiteres gestattet, ihrerseits Unterbevollmächtigte zu bestellen; eine solche Weiterübertragung des Stimmrechts müßte in der Satzung zugelassen sein. Keine Stimmrechtsübertragung bedeutet es, daß für ein in der Geschäftsfähigkeit beschränktes Mitglied (z. B. für einen Minderjährigen) dessen gesetzlicher Vertreter abstimmt. Die Satzung kann aber die Ausübung des Stimmrechts durch gesetzliche Vertreter ausschließen[181] (denkbar bei Vereinen mit ausschließlich oder überwiegend jugendlichen Mitgliedern). In diesem Fall liegt in der Einwilligung des gesetzlichen Vertreters zum Beitritt des Minderjährigen zu einem solchen Verein die generelle Einwilligung zur selbständigen Ausübung des Stimmrechts durch den beschränkt Geschäfts-

---

[177] BGH NJW 1989, 1212 (dort auch zur Stimmenhäufelung bei der Wahl von Delegierten in einem Wahlgang – Gesamtwahl).

[178] Vgl. R-D, 5. Aufl. Rdnr. 895 zum Stimmrecht der Ehrenmitglieder.

[179] Kirberger BB 1974, 1000 mit zutreffender ausführlicher Begründung.

[180] RG Recht 1928, 2244.

[181] Vgl. Soergel-Hadding § 38 Rdnr. 20.

fähigen. Bei juristischen Personen oder handelsrechtlichen Personengesellschaften wird man auch ohne besondere Satzungsvorschrift annehmen dürfen, daß deren Stimmrecht nicht nur durch ihre gesetzlichen Vertreter, sondern auch durch von diesen bevollmächtigte Personen ausgeübt werden darf.[182]

Besitzt ein Mitglied aufgrund der Satzung mehrere Stimmen, so kann es **200**
diese nur einheitlich abgeben; es darf nicht mit der einen Stimme für, mit der weiteren Stimme gegen den Antrag stimmen.[183] Anders liegt der Fall, wenn ein Mitglied sein eigenes Stimmrecht ausübt und außerdem in zugelassener Stimmvollmacht für weitere Mitglieder abstimmt. Hier ist es zulässig, daß die Stimmen verschieden abgegeben werden. Läßt die Satzung die Übertragung des Stimmrechts auf ein Nichtmitglied zu, so darf sich dieses selbstverständlich an der Diskussion beteiligen.

In der Ausübung des Stimmrechts ist das einzelne Mitglied grundsätzlich **201**
frei. Weder dem Verein noch den übrigen Mitgliedern braucht es hierfür Rechenschaft abzulegen.[184] Es bestehen auch keine rechtlichen Bedenken dagegen, daß mehrere Mitglieder eine Vereinbarung treffen, wie sie abstimmen.[185] Die Satzung kann aber solche Absprachen verbieten.[186] In diesem Fall sind die aufgrund der Absprache abgegebenen Stimmen ungültig, und der Beschluß ist unwirksam, wenn die betreffenden Stimmen für sein Zustandekommen ausschlaggebend waren. Aber auch ohne ein ausdrückliches Satzungsverbot können Abstimmungsvereinbarungen und die in ihrem Vollzug abgegebenen Stimmen nichtig sein, wenn sie gegen die guten Sitten verstoßen.[187] Das ist z. B. der Fall, wenn es der Zweck der Abstimmungsvereinbarung ist, den Verein einseitig im eigenen Interesse auszunutzen.[188] In diesem Fall ist der Beschluß unwirksam, wenn im Sinne der Vereinbarung abgestimmt wurde und dadurch der Beschluß zustande kam. Dagegen ist eine Abstimmungsvereinbarung regelmäßig nicht zu beanstanden, wenn sie nur den Zweck verfolgt, einem der Vertragsbeteiligten oder einem Dritten zur Wahl in ein Vereinsamt (z. B. den Vorstand) zu verhelfen.[189] Eine Abstimmungsvereinbarung kann aber, soweit sie nicht wegen Sittenwidrigkeit oder Verstoßes gegen die Satzung nichtig ist, rechtliche Bedeutung nur für die an der Vereinbarung Beteiligten haben. Im Verhältnis zum Verein ist sie ohne Wirkung. Hat sich also ein Mitglied nicht an die Abstimmungsvereinbarung gehalten, so berührt das die Gültigkeit seiner Stimmabgabe nicht.[190] Es ist aber nicht ausgeschlossen, daß sich ein Mitglied, das gegen die Vereinbarung seine Stimme abgegeben hat, dadurch gegenüber dem oder den Ver-

---

182 A. A. OLG Düsseldorf Rpfleger 1990, 369; Stöber Rdnr. 206a.

183 RGZ 118, 67; Staudinger-Coing § 32 Rdnr. 20; vgl. aber RGZ 137, 305 und 157, 57 = JW 1938, 1398; vgl. auch Reuter ZGR 1978, 633.

184 RGZ 119, 386 (389) für AG.

185 RGZ 165, 68 (78) für GmbH; zur Problematik von Stimmrechtsabkommen: D. Mayer GmbHRdsch. 1990, 61; differenzierend Staudinger-Coing § 32 Rdnr. 21; ferner: Immenga BB 1975, 1042.

186 Differenzierend R-D, 5. Aufl. Rdnr. 939.

187 Vgl. RGZ 69, 134 (137).

188 RG JW 1916, 575.

189 R-D, 5. Aufl. Rdnr. 936.

190 RGZ 57, 205 (208); Gruch. 69, 617.

tragspartnern schadensersatzpflichtig macht.[191] Eine Klage, mit der die Verurteilung eines Mitglieds verlangt wird, im Sinne der Vereinbarung zu stimmen, hält der Bundesgerichtshof im Gegensatz zur Rechtsprechung des Reichsgerichts für zulässig und nach Maßgabe des § 894 ZPO auch für vollstreckbar.[192]

Stimmrechtsausschluß

202 Nach § 34 BGB ist ein Mitglied nicht stimmberechtigt, wenn der zu fassende Beschluß die Vornahme eines Rechtsgeschäfts mit diesem Mitglied oder die Einleitung oder die Erledigung eines Rechtsstreits zwischen ihm und dem Verein betrifft. Gleich bleibt, ob es sich um ein einseitiges Rechtsgeschäft (z. B. die Kündigung eines Mietvertrages) oder um ein zweiseitiges (z. B. Abschluß eines Kaufvertrages) oder um eine Rechtshandlung (z. B. Mahnung, Fristsetzung) handelt.[193] Die Interessenkollision, auf der das gesetzliche Stimmverbot beruht, muß aber eine unmittelbare sein. Ein nur mittelbares Interesse hat den Stimmrechtsausschluß nicht zur Folge.[194] So kann ein Mitglied mitstimmen, wenn es sich um ein Rechtsgeschäft mit einem anderen Verein handelt, bei dem es ebenfalls Mitglied ist;[195] anders aber, wenn das Vereinsmitglied mit der juristischen Person, mit der der Verein ein Rechtsgeschäft tätigen will, identisch ist (z. B. Einmann-GmbH) oder sie beherrscht.[195] Ob sich das Mitglied tatsächlich in einem Interessenwiderstreit befindet, ist nicht entscheidend.[196] Es genügt für das Stimmverbot, daß der Gegenstand der Beschlußfassung eine Angelegenheit ist, bei der auf der einen Seite der Verein und auf der anderen Seite das Mitglied in seinem privaten Rechtsbereich beteiligt ist. Darunter fällt auch ein Beschluß über die Entlastung als Vorstandsmitglied, weil dieser wie ein rechtsgeschäftlicher Verzicht des Vereins wirkt.[197] Stimmverbot besteht für ein Vereinsmitglied ferner, wenn über die Höhe seiner Bezüge als Vorstandsmitglied zu beschließen ist.[198]

Dagegen ist ein Mitglied nicht deshalb vom Stimmrecht ausgeschlossen, weil der zu fassende Beschluß seine Stellung innerhalb des Vereins oder Art und Umfang seiner Mitgliedschaftsrechte betrifft. So kann das Mitglied bei seiner Wahl in ein Vereinsamt mitstimmen, sich also selbst wählen.[199] Eben-

---

191 RGZ 165, 68 (78).

192 BGHZ 48, 163 (169 f.); anders noch RGZ 119, 386 (388); 170, 358 (371 f.).

193 Zöllner S. 225; R-D, 5. Aufl. Rdnr. 916.

194 A. A. Staudinger-Coing § 34 Rdnr. 12 (auch bei Rechtsgeschäften mit dem Ehegatten oder nahen Verwandten des Mitglieds oder bei erheblicher Berührung der privaten Interessen des Mitglieds).

195 BGH GmbHRdsch. 1971, 254 (255) = NJW 1971, 1267 = BGHZ 56, 47 (53); v. Tuhr S. 510; R-D, 5. Aufl. Rdnr. 915.

196 Vgl. RG Recht 1913, 1089.

197 RGZ 49, 142 (146); vgl. OLG Nürnberg GmbHRdsch. 1975, 111; Soergel-Hadding § 34 BGB Rdnr. 5.

198 Soergel-Hadding § 34 Rdnr. 5; Staudinger-Coing § 34 Rdnr. 14; Erman-Westermann § 34 Rdnr. 2; a. A. aber RGZ 74, 276 (280); BGHZ 18, 205 (210 f.).

199 RGZ 104, 186; OLG Hamm OLGZ 1978, 184 (187, Wahl eines WE-Verwalters); BGHZ 18, 205 (210, GmbH); BGHZ 51, 209 (215, GmbH).

so kann es mitstimmen, wenn es abgewählt,[200] aus dem Verein ausgeschlossen[201] oder mit einer Vereinsstrafe belegt werden soll.[202]

Der gesetzliche Stimmrechtsausschluß kann durch die Satzung weder gemildert noch ganz beseitigt werden (§ 40 BGB). Dagegen kann er auch auf andere Tatbestände als die gesetzlich erfaßten ausgedehnt werden. Voraussetzung ist jedoch, daß dabei der Grundsatz der Gleichbehandlung aller Mitglieder gewahrt ist. So könnte bestimmt werden, daß ein Mitglied kein Stimmrecht hat, solange es mit dem Vereinsbeitrag im Rückstand ist. Ebenso zulässig ist es, das Stimmrecht davon abhängig zu machen, daß das Mitglied dem Verein eine bestimmte Mindestzeit angehört.

Trotz Ausschluß vom Stimmrecht hat das Mitglied jedoch das Recht, an der Mitgliederversammlung teilzunehmen.[203] Es kann aber weder sein Stimmrecht auf einen anderen übertragen, noch für andere Mitglieder in deren Vollmacht das Stimmrecht ausüben oder als Delegierter in der Delegiertenversammlung mitstimmen. Hat ein vom Stimmrecht ausgeschlossenes Mitglied gleichwohl seine Stimme abgegeben, so ist nicht schon deshalb der Beschluß ungültig. Er bleibt vielmehr bestehen, wenn die ungültige Stimme nachweisbar ohne Einfluß auf das Abstimmungsergebnis war.[204]

Die Beschlußfassung[205]

Bei der Beschlußfassung der Mitgliederversammlung handelt es sich nicht **203**
um einen Vertragsabschluß oder ein sonstiges Rechtsgeschäft der Mitglieder untereinander, sondern um einen Akt der **körperschaftlichen Willensbildung** durch Mehrheitsentscheid, bei dem jedes mitstimmende Vereinsmitglied sein satzungsmäßiges Recht auf Mitgestaltung der Vereinsangelegenheiten wahrnimmt. Ein Beschluß der Mitgliederversammlung (oder eines sonstigen Vereinsorgans) fällt daher nicht in den Anwendungsbereich des § 181 BGB.[206] Von der Ordnungsmäßigkeit der Einberufung der Mitgliederversammlung ist die **Beschlußfähigkeit** der Mitgliederversammlung zu unterscheiden. Nach dem **Gesetz** ist zur Beschlußfähigkeit der Mitgliederversammlung die Anwesenheit einer bestimmten Mindestzahl von Mitgliedern nicht erforderlich. Es könnte also in einer ordnungsgemäß einberufenen Mitgliederversammlung das einzige erschiene Mitglied rechtsgültige Beschlüsse fassen.

---

200 RGZ 81, 37 (39); 104, 182 (186); RG LZ 1925, 1166.

201 RG Recht 1913, 1087 und 1089; OLG Köln OLGZ 1968, 248 = NJW 1968, 992 = MDR 1968, 665; siehe aber auch BGH NJW 1981, 744.

202 Meyer-Cording S. 80 (umstritten); vgl. auch BGH NJW 1969, 841 (844).

203 Soergel-Hadding § 34 Rdnr. 9; vgl. BGH NJW 1971, 2225; BGH WPM 1985, 567.

204 RGZ 65, 241 (242); 106, 258 (263); Soergel-Hadding § 34 Rdnr. 9.

205 Spezialliteratur: Baltzer, Der Beschluß als rechtstechnisches Mittel organschaftlicher Funktion im Privatrecht, Köln 1965; derselbe GmbHRdsch. 1972, 57; Winnefeld Betrieb 1972, 1053.

206 Vgl. BGHZ 52, 316 (318, für Gesellschafterversammlung einer GmbH); dazu kritisch Wiedemann JZ 1970, 291; vgl. auch BGH BB 1975, 1452 mit Anm. von Klamroth; zur Anwendung des § 181 BGB im Bereich des Gesellschaftsrechts siehe Fischer, Festschrift für Hauß (1978) S. 61.

Jedoch kann die **Satzung** die Beschlußfähigkeit davon abhängig machen, daß bestimmte Voraussetzungen erfüllt sind. So kann z. B. bestimmt werden, daß die Mitgliederversammlung nur beschlußfähig ist, wenn eine bestimmte Zahl oder ein bestimmter Bruchteil von Mitgliedern anwesend ist. Dabei ist bei der Feststellung, ob das sogenannte Quorum erreicht ist, regelmäßig auf die Zahl der erschienenen stimmberechtigten Mitglieder abzustellen.[207] Nicht selten ist eine Satzungsbestimmung, welche die Beschlußfähigkeit davon abhängig macht, daß bestimmte Mitglieder eines Vereinsorgans (z. B. des Vorstandes) anwesend sind. Sind diese satzungsmäßigen Voraussetzungen nicht gegeben, so sind die gleichwohl gefaßten Beschlüsse nur dem Anschein nach „Beschlüsse", also ohne weiteres nichtig.[208]

204 Viele Vereinssatzungen enthalten aber eine Regelung, die besagt, daß im Falle der Beschlußunfähigkeit der Mitgliederversammlung innerhalb einer bestimmten Frist eine **zweite Versammlung** mit der **gleichen** Tagesordnung einzuberufen ist, die dann unter erleichterten Voraussetzungen beschlußfähig ist.[209] Diese Erleichterungen können darin bestehen, daß die für die erste Versammlung aufgestellten Bedingungen ganz entfallen, oder daß eine geringere Anzahl von Mitgliedern anwesend zu sein braucht, um die Versammlung beschlußfähig zu machen. Gegen eine solche Regelung ist rechtlich nichts einzuwenden. Es ist aber streng darauf zu achten, daß die gesetzlichen oder in der Satzung bezeichneten Formalitäten bei der Einberufung der zweiten Versammlung einen **Hinweis** darauf enthalten, daß es sich um eine Versammlung mit geringeren Anforderungen an die Beschlußfähigkeit handelt.[210] Im Laufe der Zeit hat sich allerdings bei manchen Vereinen die Praxis eingebürgert, **zusammen** mit der Einberufung der ersten Versammlung (für den Fall, daß diese nicht beschlußfähig ist) die zweite Versammlung einzuberufen, die dann unter erleichterten Bedingungen beschlußfähig sein soll (sogenannte Eventualeinberufung). Meistens wird in der Einladung angegeben, daß die zweite Versammlung eine Stunde später beginnt. Ein solches Verfahren ist unzulässig. Die Beschlüsse, die in einer solchen „zweiten Versammlung" gefaßt werden, sind regelmäßig nichtig.[211] Die Rechtsprechung hat sie aber dann als wirksam behandelt, wenn in der zweiten Versammlung die Voraussetzungen für die Beschlußfähigkeit gegeben waren, die bei der ersten Versammlung zunächst gefehlt hatten.[212] Ein solcher Fall ist denkbar, wenn sich eine bestimmte Anzahl von Mitgliedern erst verspätet eingefunden hat. Von diesem Ausnahmefall abgesehen, sind

---

207 Vgl. auch die Regelung in § 25 Abs. 3 WEG und dazu KG OLGZ 1974, 419 (420).

208 KG NJW 1935, 715 (Genossenschaft).

209 Zum Verfahren, wenn eine Regelung fehlt, vgl. Hoffmann-Riem NJW 1978, 393 (Hilfsbeschlußfähigkeit von Kollegialorganen).

210 BGH NJW 1962, 394 = DNotZ 1962, 416 = MDR 1962, 282; Muster einer solchen Einladung siehe Rdnr. 449.

211 KG NJW 1935, 715 (Genossenschaft); OLG Bremen Rpfleger 1980, 295 (Wohnungseigentümergemeinschaft); LG Bonn Rpfleger 1984, 240; LG Nürnberg-Fürth Rpfleger 1990, 427 (Verein); Stöber Rpfleger 1978, 10; Tasche DNotZ 1974, 581 (582ff.), je zu § 25 WEG; a. A. LG Wuppertal Rpfleger 1978, 23; Deckert NJW 1979, 2291.

212 KG JW 1935, 715.

die in der zweiten Versammlung gefaßten Beschlüsse nur gültig, wenn die Einladung zu dieser Versammlung **nach Abhaltung** der ersten, beschlußunfähigen Versammlung ergangen ist.[213]

Nach Auffassung des Bundesgerichtshofs[214] kann aber die **Satzung** auch die Eventualeinberufung einer Wiederholungsversammlung mit geringeren Anforderungen an ihre Beschlußfähigkeit sogar im Anschluß an eine beschlußunfähige Mitgliederversammlung zulassen. Dem ist grundsätzlich zuzustimmen. Bedenken müssen aber dagegen erhoben werden, daß im entschiedenen Fall, was der Bundesgerichtshof nicht beanstandet hat, die mit der Einladung zur Wiederholungsversammlung mitgeteilte Tagesordnung nicht die gleiche war, sondern sich auf einen einzigen der im ersten Einladungsschreiben bezeichneten Tagesordnungspunkte beschränkte. Ein solches Verfahren, das gewisse Manipulationen zur Durchsetzung eines bestimmten Vorhabens erleichtert, wird von einer Satzungsbestimmung, die die Eventualeinberufung einer Wiederholungsversammlung mit geringeren Anforderungen an deren Beschlußfähigkeit vorschreibt, nicht gedeckt. Von einer Wiederholungsversammlung, für die nur die Beschlußfähigkeit anders geregelt ist, kann nicht gesprochen werden, wenn außerdem die Tagesordnung geändert ist. Wenn auch dies zulässig sein soll, muß es die Satzung ausdrücklich so gestatten. Ein weiterer Mangel der Eventualeinberufung ist im entschiedenen Fall darin zu sehen, daß sie zwar den erforderlichen Hinweis auf die anders geregelte Beschlußfähigkeit der Mitgliederversammlung enthielt, aber keinen Hinweis darauf, daß nach der Satzung auch für die Beschlußfassung in der Wiederholungsversammlung (Berechnung der Stimmenmehrheit) andere Vorschriften gelten.

Die **Stimmabgabe** ist eine Willenserklärung,[215] die den allgemeinen Vor- **205**
schriften über Rechtsgeschäfte unterliegt. Sie kann daher auch wegen Irrtums (§ 119 BGB) angefochten werden. Die Anfechtung hat das betreffende Mitglied gegenüber dem Versammlungsleiter zu erklären, bei später entdecktem Irrtum gegenüber einem Mitglied des Vorstands.[216] Die begründete Anfechtung der Stimmabgabe hat zur Folge, daß diese von Anfang an nichtig ist. Davon wird aber die Wirksamkeit des Beschlusses nur berührt, wenn der Wegfall der Stimme das Stimmenverhältnis entscheidend verändert.[217]

Nach § 32 BGB entscheidet bei der Beschlußfassung[218] der Mitgliederver- **206**
sammlung „die Mehrheit der **erschienenen** Mitglieder". Die Bedeutung dieser Vorschrift ist seit langem umstritten. In der Rechtsprechung und von einem Teil des Schrifttums – so auch bis zur 13. Auflage dieses Buchs – wurde entsprechend dem Wortlaut der Vorschrift die Auffassung vertreten, daß bei der Ermittlung der Mehrheit von der Zahl der bei der Abstimmung

---

213 A. A. LG Wuppertal Rpfleger 1978, 23 mit abl. Anmerkung Stöber Rpfleger 1978, 10; Deckert NJW 1979, 2291.

214 BGH Rpfleger 1989, 111; ebenso Stöber, 6. Aufl. Rdnr. 194.

215 RGZ 118, 67 (69); BGHZ 14, 264 (267); a. A. KG JW 1938, 1824.

216 R-D, 5. Aufl. Rdnr. 1047.

217 RGZ 115, 378 (385); BGHZ 14, 264 (267, 268).

218 Zur Bedeutung des Abstimmungsprinzips für die Gültigkeit von Kollektiventscheidungen vgl. Baltzer GmbHRdsch. 1972, 57.

anwesenden stimmberechtigten Mitglieder auszugehen sei und Stimmenthaltungen sowie ungültige Stimmen von dieser Zahl nicht vorweg abgezogen werden dürfen. Stimmenthaltungen und ungültige Stimmen würden sich demnach praktisch als Nein-Stimmen auswirken. Hätten beispielsweise von 60 anwesenden stimmberechtigten Mitgliedern 30 mit „Ja" gestimmt, 25 sich der Stimme enthalten und 5 ungültige Stimmzettel abgegeben, so sei die erforderliche Mehrheit der erschienenen Mitglieder (31 Ja-Stimmen) nicht erreicht und der Antrag abgelehnt. 1982 hat der Bundesgerichtshof[219] jedoch entschieden, daß bei der Beschlußfassung im Verein die Mehrheit nur nach der Zahl der abgegebenen Ja- und Nein-Stimmen zu berechnen sei; **Enthaltungen** seien **nicht mitzuzählen.** Danach ist ein Antrag angenommen, wenn die Zahl der Ja-Stimmen größer ist als die der Nein-Stimmen. Dieser höchstrichterlichen Entscheidung ist – unter Aufgabe der früheren Meinung – jedenfalls im Ergebnis zuzustimmen, weil damit Stimmenthaltungen (und auch ungültige Stimmen) so gewertet werden, wie dies von den betreffenden Mitgliedern regelmäßig gewollt ist, nämlich als Bekundung der Unentschiedenheit,[220] des Desinteresses oder der Erwägung, sich aus der zur Abstimmung anstehenden Sache „heraushalten" zu sollen. Zugleich wird damit eine allgemeine Vereinsübung über die Bedeutungslosigkeit von Stimmenthaltungen gerechtfertigt. Für die vereinsrechtliche Praxis dürfte mit dieser Grundsatzentscheidung des Bundesgerichtshofs der Meinungsstreit beendet und Klarheit geschaffen sein, wie nach dem **Gesetz** ein Beschluß der Mitgliederversammlung zustande kommt. Gleichwohl halten wir es nach wie vor für ratsam, in der Satzung klarzustellen, daß die Beschlüsse der Mitgliederversammlung „mit Stimmenmehrheit" oder „mit der Mehrheit der abgegebenen Stimmen" gefaßt werden. Es ist nämlich zu bedenken, daß die Satzung nach § 40 BGB von der gesetzlichen Regelung der Beschlußfassung, wie sie der Bundesgerichtshof ausgelegt hat, abweichen kann. Wenn aber entgegen der gesetzlichen Regelung nicht die Mehrheit der abstimmenden (das heißt eine Ja- oder eine Nein-Stimme abgebenden), sondern die Mehrheit der erschienenen Mitglieder entscheiden soll, so daß Stimmenthaltungen mit der Wirkung von Nein-Stimmen mitgezählt werden, so muß sich dies eindeutig aus der Satzung ergeben.[221] Dafür genügt die mehrdeutige Formulierung „Mehrheit der erschienenen Mitglieder" allein nicht, sondern es muß der Satzungswille, an die Stelle der gesetzlichen Regelung der Beschlußfassung eine andere zu setzen, klar hervortreten.

Bei **Stimmengleichheit** ist der Antrag abgelehnt, wenn nicht die Satzung für diesen Fall eine besondere Regelung enthält (vgl. § 40 BGB). So könnte beispielsweise bestimmt werden, daß dann die Stimme des Versammlungsleiters oder die des Vorstandsvorsitzenden den Ausschlag gibt. Auch ein Stichentscheid durch ein Nichtmitglied, z. B. durch den Rechtsberater des

---

[219] BGH NJW 1982, 1585 = MDR 1982, 551 = Rpfleger 1982, 291 m. krit. Anm. von Pulte gegen OLG Hamburg HRR 1930 Nr. 1044 und OLG Frankfurt NJW 1954, 802; zu den Auswirkungen der BGH-Rechtsprechung auf die Stimmenmehrheit nach Vereinsrecht siehe Trouet NJW 1983, 2865.

[220] BGH wie Fn. 219.

[221] BGH NJW 1987, 2430 = Rpfleger 1987, 253 (Ergänzung zu BGH wie Fn. 219).

Vereins[222] kann in der Satzung vorgesehen werden, ebenso die Entscheidung durch das Los.[223]

Für Beschlüsse, die eine **Änderung der Satzung** oder die **Auflösung des Vereins** zum Gegenstand haben, verlangt das Gesetz eine ¾-Mehrheit der „erschienenen Mitglieder" (§§ 33 Abs. 1 Satz 1, 41 BGB). Auch hier ist dieser Begriff im Sinne der erwähnten Entscheidung des Bundesgerichtshofs dahin auszulegen, daß bei der Berechnung der Mehrheit Stimmenthaltungen und ungültige Stimmen außer Betracht bleiben. Für eine **Änderung des Vereinszwecks** ist nach dem Gesetz sogar die Zustimmung sämtlicher Vereinsmitglieder, also auch der in der Versammlung nicht erschienenen Mitglieder erforderlich (§ 33 Abs. 1 Satz 2 BGB). Aber für alle diese Fälle – für „einfache" Beschlüsse (§ 32 BGB), für satzungsändernde, zweckändernde und die Vereinsauflösung betreffende Beschlüsse der Mitgliederversammlung – kann die Satzung eine andere Regelung treffen (§ 40 BGB). Diese kann sowohl in einer Erleichterung als auch in einer Verschärfung der gesetzlichen Erfordernisse bestehen. So kann z. B. für eine Satzungsänderung – erleichternd – bestimmt werden, daß statt der ¾-Stimmenmehrheit eine geringere qualifizierbare (z. B. ⅔-Mehrheit) oder die einfache Stimmenmehrheit genügt. Andererseits können eine Satzungsänderung und die Vereinsauflösung dadurch erschwert werden, daß statt der im Gesetz geforderten ¾-Stimmenmehrheit eine größere Mehrheit bis hin zur Einstimmigkeit und zur Zustimmung aller Vereinsmitglieder verlangt wird. Es ist also zunächst festzustellen, ob die Satzung für die Beschlußfassung über die jeweilige Angelegenheit eine Regelung enthält; erst wenn diese fehlt, kommen die gesetzlichen Bestimmungen zum Zug. Für Beschlüsse, die gewisse in der Satzung begründete **Sonderrechte** von Mitgliedern (z. B. ein Mehrstimmenrecht oder das Recht auf ein Vorstandsamt) beeinträchtigen, gilt eine weitere Besonderheit: Zunächst bedarf der Beschluß der für ihn im Gesetz oder in der Satzung vorgesehenen Stimmenmehrheit. Außerdem muß die Zustimmung des Mitglieds vorliegen, dessen Sonderrecht aufgehoben oder geschmälert werden soll (§ 35 BGB). 207

Die Begriffe **„einfache Mehrheit"** und **„absolute Mehrheit"** (der abgegebenen gültigen Stimmen) werden zwar im Gesetz nicht verwendet, sie kommen aber in vielen Vereinssatzungen vor. Die „einfache Mehrheit" ist erreicht, wenn die Summe der Ja-Stimmen mindestens um eine Stimme größer ist als die Summe der Nein-Stimmen. Beispiel: Bei 49 abgegebenen Stimmen (Stimmenenthaltungen dürfen dabei nicht mitgezählt werden) ist die „einfache Mehrheit" erreicht, wenn mindestens 25 Stimmen für den Antrag (Ja-Stimmen) abgegeben wurden. Als *„einfache"* Mehrheit wird sie herkömmlich deshalb bezeichnet, um den Gegensatz zur „qualifizierten Mehrheit" deutlich zu machen. Wenn in der Satzung für eine bestimmte Beschlußfassung die „absolute Mehrheit" verlangt wird, ist damit in der Regel ebenfalls die Mehrheit der für den betreffenden Antrag abgegebenen Stimmen gemeint. Sachlich besteht also zwischen der „einfachen Mehrheit" und der „absoluten Mehrheit" in der Regel kein Unterschied. Mit der Bezeichnung der Mehrheit als *„absolute"* soll dann der Gegensatz zur „relativen Mehrheit" 208

---

222 RGZ 49, 142 (147).

223 Staudinger-Coing § 32 Rdnr. 13; BGH NJW 1989, 904 (für die AG).

herausgestellt werden. Der Begriff „absolute Mehrheit" kann jedoch auch eine andere sachliche Bedeutung haben. Damit kann einmal die Mehrheit der bei der Abstimmung anwesenden Mitglieder gemeint sein; in diesem Fall wirken sich Stimmenthaltungen praktisch als Nein-Stimmen aus. Schließlich kann „absolute Mehrheit" die Mehrheit der Vereinsmitglieder, nicht nur der sich an der Abstimmung beteiligenden Mitglieder, bedeuten. Für eine Auslegung des Begriffs „absolute Mehrheit" in dem einen oder anderen strengeren Sinn bedarf es jedoch näherer Anhaltspunkte in der Satzung.

Unter **„qualifizierter Mehrheit"** versteht man eine Stimmenmehrheit, die größer ist als die einfache Stimmenmehrheit (z. B. ⅔-, ¾-, ⅘-Stimmenmehrheit). Die **„relative Stimmenmehrheit"** kann dagegen hinter der einfachen Stimmenmehrheit zurückbleiben. Sie ist häufig in den Satzungen vorgesehen, wenn Personalentscheidungen unter mehreren Kandidaten zu treffen sind, etwa durch folgende Vorschrift: „Als gewählt gilt, wer die meisten Stimmen auf sich vereinigt." Nimmt aber derjenige, der die meisten Stimmen erhielt, die Wahl nicht an, so ist nicht etwa der Bewerber mit der zweitbesten Stimmenzahl gewählt. Hier ist die Wahl zu wiederholen.

209 Die **Abstimmung** selbst kann auf die verschiedenste Art und Weise vorgenommen werden. Eine gesetzliche Vorschrift besteht nicht. Die Abstimmungsart richtet sich also zunächst nach der Satzung. In Betracht kommen mündliche Abstimmung, Abstimmung durch Zuruf (Akklamation), schriftliche, schriftlich-geheime Abstimmung (mit verdeckten Stimmzetteln) oder Abstimmung durch Kugelung.[224] Enthält die Satzung keine Bestimmung über die Abstimmungsart, so kann der Versammlungsleiter anordnen, auf welche Weise die Abstimmung vor sich geht. Er kann vor seiner Entscheidung auch die Mitgliederversammlung befragen oder hierüber einen Beschluß der Mitgliederversammlung herbeiführen. Einen Rechtssatz des Inhalts, daß die Abstimmung schriftlich oder mit verdeckten Stimmzetteln erfolgen muß, wenn ein Mitglied oder mehrere dies beantragen, gibt es nicht.[225] Natürlich kann das die Satzung anordnen. In diesem Fall stellt jedoch das Recht, schriftliche oder geheime Abstimmung zu verlangen, kein Sonderrecht im Sinn des § 35 BGB dar.[226] Die betreffende Satzungsbestimmung kann also ohne weiteres im Wege der Satzungsänderung abgeändert oder aufgehoben werden.

Hat der Versammlungsleiter die Abstimmungsart zu bestimmen, so soll er bedenken, daß bestimmte Abstimmungsweisen die Freiheit der Mitglieder bei der Stimmabgabe beeinträchtigen können. Eine Abstimmung etwa in der Weise, daß diejenigen, die mit „Nein" stimmen, vorzutreten haben, gewährleistet die unbefangene Stimmabgabe nicht. Derartige Praktiken sind zu vermeiden. Ebenso bedenklich ist es, Stimmzettel zu verteilen, auf denen die Abstimmungsfrage so formuliert ist, daß sie die Stimmabgabe beeinflußt.[227]

210 Nach dem **Gesetz** sind die Beschlüsse in einer **Versammlung** der Mitglieder zu fassen. Auf **schriftlichem Wege** läßt das Gesetz eine Beschlußfassung

---

[224] Sogenannte Ballotage (geheime Abstimmung mit weißen oder schwarzen Kugeln).

[225] Vgl. BGH NJW 1970, 46 = MDR 1970, 46.

[226] BGHZ 84, 209 (218).

[227] Vgl. RGZ 119, 243.

nur zu, wenn alle Mitglieder ihre Zustimmung zu dem Beschluß erklären; das gilt auch für die Wahl von Vereinsorganen.[228] Zustimmung durch Telegramm oder Telefax genügt.[229] Diese gesetzliche Vorschrift ist aber nicht zwingend (§ 40 BGB). Die **Satzung** kann daher für alle Beschlüsse oder für bestimmte einzelne Angelegenheiten **schriftliche** Beschlußfassung mit Mehrheit der Stimmen (einfacher oder qualifizierter Mehrheit) vorsehen.[230] Zweckmäßig ist allerdings, daß die Satzung dann auch das gesamte Verfahren genau regelt, insbesondere, wie lange die Überlegungsfrist für die Mitglieder ist, wann die schriftlichen Stimmen spätestens eingegangen sein müssen, an wen sie zu richten sind, wer die Stimmen auszählt und wie das Abstimmungsergebnis bekanntgemacht wird. Ein solches Verfahren empfiehlt sich aber allenfalls für Vereine mit wenigen, örtlich verstreuten Mitgliedern.

Auch eine **kombinierte Abstimmung** (persönlich in der Mitgliederver- **211**
sammlung oder durch schriftliche Stimmabgabe) ist bei entsprechender Gestaltung der Satzung zulässig.[231] Auch hier soll die Satzung das Abstimmungsverfahren genau regeln. Daß eine Kombination von Stimmabgabe in der Versammlung und schriftlicher Stimmabgabe dem Gesetz nicht grundsätzlich fremd ist, ergibt sich z. B. aus § 74 Abs. 1 Nr. 1 der Vergleichsordnung.

Fehlerhafte Versammlungsbeschlüsse

Es liegt in der Natur der Sache, daß die Mitgliederversammlung oder ein **212**
anderes Vereinsorgan zuweilen Beschlüsse faßt, die durch ihren Inhalt oder durch die Art und Weise ihres Zustandekommens gegen gesetzliche Vorschriften oder gegen Bestimmungen der Satzung verstoßen. Welche rechtlichen Folgen solche Verstöße haben, ist im Vereinsrecht des BGB nicht geregelt. Anders als im Aktien- und Genossenschaftsrecht[232] (§§ 241 ff. AktG; 51 GenG) fehlt es hier an einer Unterscheidung zwischen nichtigen und anfechtbaren Beschlüssen. Auch das GmbH-Gesetz kennt eine solche Unterscheidung nicht. Während nun die Rechtsprechung für Beschlüsse der Gesellschafterversammlung einer GmbH die Bestimmungen des Aktiengesetzes über die Geltendmachung von Beschlußmängeln heranzieht, mit der Folge, daß in den meisten Fällen ein fehlerhafter Beschluß gültig ist, wenn er nicht innerhalb einer angemessenen Frist durch eine Anfechtungsklage beanstandet wird, hat sie es bisher meist abgelehnt, fehlerhafte Vereinsbeschlüsse in gleicher Weise zu behandeln.[233] Dies wird damit begründet, daß die Interes-

---

228 § 32 Abs. 2 BGB; LG Ansbach MittBayNot 1971, 304 mit Anm. von Rapp.

229 Teleologische Reduktion von § 126 BGB; vgl. KG JW 1938, 1824 (Aufsichtsrat der AG).

230 Vgl. BGHZ 28, 355 (358).

231 OLG München BB 1978, 471; zur Stimmabgabe durch Boten siehe Lutter, Festschrift für Duden 1977, S. 269.

232 RGZ 166, 129; BGHZ 11, 231 (237).

233 BGH NJW 1971, 879; BGHZ 59, 369 (372) = LM Nr. 4 zu § 32 mit Anm. von Fleck = NJW 1973, 235 = Rpfleger 1973, 86 = WPM 1973, 113 (ausführlich); BGH NJW 1975, 2101; KG OLGZ 1971, 480; OLG Schleswig NJW 1960, 1862; wie hier aber LG Bremen Rpfleger 1990, 466.

senlage verschieden sei. Dagegen sieht die Literatur teilweise in der entsprechenden Anwendung der aktien- und genossenschaftsrechtlichen Regelung auf fehlerhafte Vereinsbeschlüsse eine befriedigende Lösung.[234] Zu bedenken ist auch, daß nach § 23 Abs. 4 WEG die Ungültigkeit eines Beschlusses, sofern er nicht nach §§ 134 oder 138 BGB nichtig ist, innerhalb einer Frist von einem Monat durch entsprechende Antragstellung beim Amtsgericht geltend zu machen ist. Es spricht viel für eine entsprechende Anwendung dieser Vorschrift.

Nach der überwiegenden Rechtsprechung verbleibt es jedoch hinsichtlich der Gültigkeit von Vereinsbeschlüssen bei den allgemeinen Vorschriften, so daß ein Beschluß entweder gültig oder ungültig ist. Danach müßte jeder Verstoß gegen das Gesetz oder die Satzung zur Ungültigkeit (Nichtigkeit) des Vereinsbeschlusses führen. Soweit der Beschluß gegen ein gesetzliches Verbot verstößt (§ 134 BGB) oder sittenwidrig ist (§ 138 BGB) oder in Widerspruch mit unabdingbaren vereinsrechtlichen Vorschriften (vgl. § 40 BGB) oder zwingenden Bestimmungen des öffentlichen Vereinsrechts steht, stellt die Nichtigkeitsfolge kein Problem dar. Dagegen erscheint es als unerträglich, daß auch jeder sonstige Verstoß, insbesondere gegen einzelne minder wichtige Verfahrensvorschriften[235] in der Satzung schlechthin zur Nichtigkeit des Beschlusses führen soll.[236] Im Schrifttum[237] wird versucht, diese Konsequenz damit abzumildern, daß nur Verstöße gegen „zwingende" Satzungsbestimmungen die Nichtigkeit des Beschlusses zur Folge haben sollen. Ob eine Satzungsbestimmung zwingend ist, ob sie also keine noch so geringfügige Abweichung duldet oder ob sie eine Regelung darstellt, die zwar grundsätzlich eingehalten, bei der es aber hingenommen werden soll, wenn sie ausnahmsweise vernachlässigt wird, läßt sich zwar in bestimmten Fällen durch Auslegung der Satzung feststellen. Auf diese Weise ist es möglich, gewisse Satzungsverstöße als unschädlich zu beurteilen. Damit ist aber das Problem nicht gelöst. Dieses stellt sich mit aller Schärfe gerade bei Verstößen gegen Satzungsbestimmungen (oder die hilfsweise eingreifenden vereinsrechtlichen Bestimmungen des BGB), deren zwingender Charakter nicht zu leugnen ist. Soll nun hier jeder auch noch so geringfügige Verstoß die Nichtigkeit des Vereinsbeschlusses zur Folge haben? Schon aus dieser Fragestellung ergibt sich das Bedürfnis für eine „mittlere Lösung", die es vermeidet, entweder das Nichtigkeitsurteil zu fällen oder den Verstoß einfach folgenlos hinzunehmen. Es drängt sich daher auf, bei bestimmten Satzungsverstößen die Rechtsbeständigkeit des Vereinsbeschlusses davon abhängig zu machen, ob der Verstoß **gerügt** wird. Dies kommt bei einer Verletzung von Vorschriften in Betracht, die sich als Schutzbestimmungen zugunsten der Mitglieder darstellen und kein irgendwie geartetes übergeordnetes Interesse, vor

---

[234] K. Schmidt, Die AG 1977, 205 (243, 249, Fehlerhafte Beschlüsse in Gesellschaften und Vereinen); Palandt-Heinrichs § 32 Rdnr. 10; Soergel-Hadding § 32 Rdnr. 14; a. A. Zöllner S. 382 mit Nachweisen in Fn. 3; siehe auch K. Schmidt, Festschrift für Stimpel 1985, S. 217.

[235] Dazu Staudinger-Coing § 32 Rdnr. 26.

[236] Davon geht jetzt auch BGHZ 59, 369 (372) aus; ebenso BGH DNotZ 1985, 85 (BGB-Publikumsgesellschaft).

[237] Staudinger-Coing § 32 Rdnr. 26.

allem an einer einwandfreien Willensbildung der Mitgliederversammlung, wahrnehmen.[238] Bei Satzungsbestimmungen dieser Art ist kein vernünftiger Grund ersichtlich, im Falle ihrer Nichteinhaltung den Versammlungsbeschluß selbst dann als unheilbar nichtig zu beurteilen, wenn sich kein Mitglied in seinen Rechten beeinträchtigt fühlt.[239] Als ein Verzicht auf das Rügerecht (Widerspruchsrecht) ist es aber anzusehen, wenn der Satzungverstoß **in der Versammlung** nicht gerügt wird oder wenn diejenigen Mitglieder, die an der Versammlung nicht teilgenommen haben, sich nach Kenntnis des Beschlusses nicht innerhalb einer angemessenen Frist auf den Beschlußmangel berufen.[240] **Außerhalb der Mitgliederversammlung** ist die Rüge beim Vorstand anzubringen; auch gegenüber dem Registergericht[241] kann sie erhoben werden, wenn dieses mit der Prüfung des beanstandeten Beschlusses befaßt ist oder befaßt werden kann (bei allen Beschlüssen, die zu einer Eintragung im Vereinsregister führen). Ist die Rüge ordnungsgemäß erhoben und sachlich begründet, so ist der beanstandete Beschluß als von Anfang an ungültig zu behandeln.[242] Im Streitfall kann jedes Mitglied, dessen Recht von dem Verstoß betroffen ist, die Unwirksamkeit des Beschlusses durch eine Feststellungsklage (§ 256 ZPO) gerichtlich feststellen lassen.

Zu den Schutzbestimmungen im Sinne der vorstehenden Ausführungen **213** rechnen die Vorschriften über den **Ort** und den **Zeitpunkt** der Mitgliederversammlung[243] und über die bei der Einberufung der Versammlung einzuhaltende **Frist**.[244] Ob auch die Verletzung der für die **Form** der Einberufung bestehenden Vorschrift nur auf besondere Rüge hin beachtlich ist oder ohne weiteres zur Nichtigkeit des Beschlusses führt, hängt von der Regelung dieses Punktes in der Satzung und von der Art des Verstoßes ab.[245] Das gleiche gilt von Vorschriften über den Ablauf der Mitgliederversammlung. Ein maßgeblicher allgemeiner Gesichtpunkt dafür, ob ein Satzungsverstoß die Nichtigkeit des Beschlusses ohne weiteres oder nur auf besondere Rüge hin zur Folge hat, ist schließlich auch die Schwere des Verstoßes.[246]

Dagegen haben Verstöße gegen Bestimmungen, die dem gemeinschaftli- **214** chen Interesse der Mitglieder an einer rechts- und ordnungsgemäßen Willensbildung dienen,[247] regelmäßig die Nichtigkeit des Beschlusses zur Folge, ohne daß es hier zu einer besonderen Rüge bedürfte. Hierzu ist zunächst der Fall zu rechnen, daß **nicht sämtliche Mitglieder** zur Versammlung eingeladen wurden. Nach der Rechtsprechung des Bundesgerichtshofs[248] hat jedoch die versehentlich unterbliebene Einladung weniger Mitglieder nicht ohne weiteres die Nichtigkeit des Beschlusses zur Folge; der Beschluß ist vielmehr gültig, wenn der Verein beweist, daß der beanstandete Beschluß nicht auf

---

238 Staudinger-Coing § 32 Rdnr. 16; vgl. OLG Frankfurt OLGZ 1984, 11 (GmbH).
239 Staudinger-Coing, 11. Aufl. § 32 Rdnr. 8.
240 Soergel-Hadding § 32 Rdnr. 18, 37a.
241 KG OLGZ 1971, 480 (483).
242 Soergel-Hadding § 32 Rdnr. 18.
243 LG Mönchengladbach MittRhNotK 1971, 473.
244 Vgl. KG Rpfleger 1971, 396 und LG Bremen Rpfleger 1990, 466.
245 Siehe unter Rdnr. 214.
246 Vgl. Zöllner S. 384.
247 Soergel-Hadding § 32 Rdnr. 15.
248 BGHZ 59, 369 (vgl. oben Fn. 233).

der unterbliebenen Einladung der betreffenden Mitglieder beruhen kann.[249] Diese Rechtsprechung hat das Oberlandesgericht Köln[250] weiter ausgebaut und entschieden, daß Beschlüsse einer Mitgliederversammlung, die nach dem Tod eines Vorstandsmitglieds von den übrigen Vorstandsmitgliedern einberufen worden war, wirksam sind, wenn feststeht, daß die Mitgliederversammlung auch bei einer Notbestellung[251] für das verstorbene Vorstandsmitglied nicht anders als geschehen einberufen worden wäre.

Regelmäßig nichtig ist ferner ein Beschluß, wenn bei der Einladung der Mitglieder der **Gegenstand der Beschlußfassung** – sofern die Satzung nicht davon befreit – nicht oder so ungenau bezeichnet ist,[252] daß den Mitgliedern eine sachgerechte Vorbereitung auf die Versammlung und eine Entscheidung, ob sie an der Versammlung teilnehmen oder ihr fernbleiben, nicht möglich ist. Die Bezeichnung des Gegenstandes, über den Beschluß gefaßt werden soll, dient dem Gesamtinteresse aller Mitglieder an einer sachgerechten Willensbildung. Ein Verstoß hiergegen ist daher als nicht weniger schwer zu beurteilen als die unterbliebene Einladung einiger Mitglieder. Dem Interesse der Gesamtheit der Mitglieder an einer einwandfreien Willensbildung dient auch eine Satzungsvorschrift über die Versammlungsleitung. Beschlüsse der Mitgliederversammlung, die unter einer satzungswidrigen Versammlungsleitung gefaßt worden sind, sind daher regelmäßig nichtig.[253]

Auch ein Verstoß gegen die **Form der Einladung** zur Mitgliederversammlung, kann **in bestimmten Fällen** der Nichteinladung von Mitgliedern gleichzusetzen sein. So wird man den Fall zu beurteilen haben, daß statt der in der Satzung vorgeschriebenen schriftlichen Einladung die Mitglieder durch eine Bekanntmachung in der Zeitung zur Mitgliederversammlung eingeladen wurden.

Behandlung nichtiger Versammlungsbeschlüsse

215 Was Nichtigkeit bedeutet, sagt das BGB nicht. Nach dem von der ersten Kommission ausgearbeiteten Entwurf des BGB ist ein nichtiges Rechtsgeschäft so anzusehen, als ob es überhaupt nicht vorgenommen worden ist. Demnach erzeugt ein nichtiger Beschluß der Mitgliederversammlung keinerlei Rechtswirkungen, auch nicht im internen Vereinsbereich. Die Wirksamkeit kann auch nicht nachträglich eintreten. An der Nichtigkeit des Beschlusses ändert es auch nichts, wenn mit Sicherheit anzunehmen ist, daß der Rechtsverstoß keinen Einfluß auf die Beschlußfassung hatte.[254] Ein in einer

---

[249] Dazu auch bei Rdnr. 175.

[250] Rpfleger 1983, 158 = OLGZ 1983, 269 und OLGZ 1984, 401.

[251] Siehe dazu bei Rdnr. 293.

[252] Vgl. Soergel-Hadding § 32 Rdnr. 15; BGH WPM 1987, 373 (374); OLG Köln OLGZ 1984, 401; OLG Frankfurt WPM 1985, 1466.

[253] LG Bonn Rpfleger 1985, 198; diffrenzierend MünchKomm-Reuter 3. Aufl. § 32 Rdnr. 36ff., OLG Köln Rpfleger 1985, 447 (448) wenn dieser Satzungsverstoß für die Beschlußfassung nicht kausal geworden ist. BayObLGZ 1989, 298 (305) hat die Frage offen gelassen.

[254] Vgl. RG JW 1912, 741; beachte aber die Durchbrechung dieses Grundsatzes in BGHZ 59, 369 (oben Fn. 248); Näheres Rdnrn. 175, 214.

früheren Versammlung herbeigeführter, aber nichtiger Beschluß kann nicht dadurch geheilt werden, daß ihn die Mitgliederversammlung nachträglich so behandelt, als sei er wirksam zustande gekommen; der Beschlußgegenstand muß vielmehr in satzungsmäßig einwandfreier Form erneut zur Abstimmung gestellt werden.[255] Die Nichtigkeit eines Beschlusses der Mitgliederversammlung kann von jedem Vereinsmitglied, aber auch von jedem Außenstehenden geltend gemacht werden. Dazu bedarf es keiner Nichtigkeitsklage. Zulässig ist jedoch eine Feststellungsklage nach § 256 ZPO gegen den Verein, sofern deren allgemeine Voraussetzungen gegeben sind.[256] Stellt das Urteil die Gültigkeit des Beschlusses fest, so wirkt es nur unter den Prozeßparteien; stellt es aber die Ungültigkeit des Beschlusses fest, so ist das Urteil allgemein verbindlich,[257] auch für das Registergericht. Auch ohne Vorliegen eines Feststellungsurteils ist die Nichtigkeit eines Versammlungsbeschlusses vom Registergericht von Amts wegen zu berücksichtigen. Wird die Nichtigkeit vom Rechtspfleger nicht erkannt und aufgrund des nichtigen Beschlusses eine Eintragung in das Vereinsregister vorgenommen, so erzeugt die Eintragung keine Wirksamkeit des Beschlusses.[258]

Nichtige Versammlungsbeschlüsse darf der Vorstand oder das sonst zuständige Vereinsorgan bei Vermeidung eigener Haftung nicht ausführen.[259] Soweit durch die Ausführung eines nichtigen Beschlusses Dritte geschädigt werden, haftet der Verein nach § 31 BGB.

Bei der Anfechtung von Wahlen in einer unselbständigen Untergliede- **215a**
rung[260] eines Vereins ist jedes Mitglied der Untergliederung berechtigt, Klage auf Feststellung der Ungültigkeit der Wahlen zu erheben. Die Klage ist gegen den Verein zu richten, da die Untergliederung als solche nicht verklagt werden kann, und erst zulässig, nachdem das Vereinsmitglied die vereinsinternen Rechtsmittel erfolglos in Anspruch genommen hat. Wird jedoch diese vereinsinterne Entscheidung durch den Gegner oder eine Vereinsinstanz böswillig verzögert oder verhindert oder kann dem Rechtsuchenden ein Abwarten der endgültigen vereinsinternen Klärung nicht länger zugemutet werden, so kann er ohne weiteres das staatliche Gericht anrufen.[261]

2. Die Vertreterversammlung (Delegiertenversammlung)

Allgemeines

Nach dem **Gesetz** kann die Ausübung der Mitgliedschaftsrechte, also vor **216**
allem das Recht auf Teilnahme an der Mitgliederversammlung und das Stimmrecht, nicht einem anderen überlassen werden (§ 38 BGB), aber die

---

255 BGH NJW 1968, 543.

256 RGZ 122, 266 (269); Voraussetzungen des Feststellungsinteresses siehe BGH NJW 1986, 2507.

257 BGH NJW-RR 1992, 1209; R-D, 5. Aufl. Rdnr. 1730 mit Nachweisen.

258 RGZ 140, 178; BayObLG 1963, 15 (19).

259 Staudinger-Coing § 32 Rdnr. 28.

260 Dazu bei Rdnr. 330.

261 Zum ganzen Abschnitt siehe KG NJW 1988, 3159.

Satzung kann dies gestatten (§ 40 BGB). Daher kann auch in der Satzung anstelle der Mitgliederversammlung eine Vertreterversammlung (Delegiertenversammlung) eingerichtet werden, in der die Rechte der Mitglieder ausschließlich durch von den Mitgliedern bestellte Vertreter (Delegierte) ausgeübt werden. Eine Vertreterversammlung wird immer dann erforderlich sein, wenn es sich um einen großen Verein mit Tausenden von Mitgliedern handelt, für die normalerweise ein ausreichender Versammlungsraum nicht vorhanden ist. Wenn das System der Vertreterversammlung nicht bereits in der Ursatzung verankert ist, darf bei Vereinen mit schnell wachsender Mitgliederzahl nicht versäumt werden, rechtzeitig durch eine entsprechende **Satzungsänderung** an die Stelle der Mitgliederversammlung eine Vertreterversammlung treten zu lassen. Es sind Fälle vorgekommen, in denen Großvereine diese „Umschaltung" auf das System der Vertreterversammlung versäumt haben und es dann die größten technischen Schwierigkeiten gab, die satzungsmäßig vorgeschriebene schriftliche Einladung zur Mitgliederversammlung einwandfrei zu bewerkstelligen.

Die Satzung muß bestimmen, aus welchen Personen die Vertreterversammlung sich zusammensetzt und wie die Vereinsmitglieder die Vertreter (Delegierten) bestimmen.[1] Hat der Verein keine Untergliederungen, so ist entweder in der Satzung eine feste Zahl von Vertretern zu bestimmen oder es ist das Verhältnis zwischen der Zahl der Mitglieder und der Zahl der Vertreter festzusetzen. Im letzteren Falle ist es zweckmäßig, diejenige Mitgliederzahl für maßgebend zu erklären, die der Verein am 1. Januar des Jahres aufweist, in dem jeweils die Wahl der Vertreter stattfindet. Stets ist jedoch darauf zu achten, daß die Zahl der Vertreter so groß ist, daß die Vertreterversammlung eine ausreichende Repräsentation der Gesamtheit der Vereinsmitglieder darstellt.

Die Einführung einer Vertreterversammlung anstelle der Mitgliederversammlung kommt ferner bei Vereinen mit Untergliederungen (Landesverbänden, Bezirksverbänden, Ortsgruppen usw.) in Betracht. Hier kann die Satzung des Gesamtvereins den einzelnen Untergliederungen eine bestimmte Zahl von Vertretern zuweisen oder auch anordnen, daß auf eine bestimmte Zahl von Angehörigen der Untergliederung ein Vertreter entfällt. Auch hier ist auf eine annähernd gleichmäßige Repräsentation der oft recht verschieden großen Untergliederungen zu achten. Eine Bestimmung, daß jede Untergliederung ohne Rücksicht auf die Zahl ihrer Angehörigen *einen* Vertreter in die Vertreterversammlung entsendet, verstößt gegen den Grundsatz der Gleichbehandlung der Mitglieder. Deshalb ist es auch bedenklich, die Vertreterversammlung in der Satzung in der Weise einzurichten, daß sie aus den jeweiligen Leitern der Untergliederungen besteht. In diesem Fall müßte das regelmäßig bestehende Ungleichgewicht der Untergliederungen wenigstens dadurch beseitigt werden, daß den jeweiligen Leitern in ihrer Eigenschaft als Mitglieder der Vertreterversammlung ein verschieden großes Stimmrecht eingeräumt wird.

---

[1] LG Berlin RdJ 1969, 24; vgl. LG Frankfurt ZIP 1983, 1336 (Gewerkschaftstag).

Die Bestellung der Vertreter (Delegierten)[2]

Aus der Satzung muß sich ergeben, wie die Vertreter gewählt werden. **217**
Bei Vereinen ohne Untergliederung sind die Vertreter in der Mitgliederversammlung zu wählen, sofern die Satzung nicht die schriftliche Wahl zuläßt (§ 32 Abs. 2, § 40 BGB). Im letzteren Fall sind genaue Bestimmungen in der Satzung über die Durchführung der Wahl erforderlich. Bestimmt die Satzung, daß die Wahl der Delegierten in *einem* Wahlgang (Gesamtwahl) erfolgt, wobei entsprechend der Zahl der zu wählenden Delegierten diejenigen Bewerber gewählt sind, die in der Reihenfolge der für sie abgegebenen Stimmen die meisten Stimmen erhalten haben, so ist eine Häufung (Kumulierung) der dem stimmberechtigten Vereinsmitglied zustehenden Stimmen auf einen oder mehrere Kandidaten nur zulässig, wenn die Satzung oder eine satzungsgemäß erlassene Wahlordnung dies ausdrücklich gestattet.[3] Die Wahl kann auch aufgrund sog. „gebundener Listen" durchgeführt werden,[4] d. h. es werden Wahlvorschläge eingereicht, auf denen so viele Personen als Kandidaten aufgeführt sind, wie Vertreter gewählt werden sollen. Die stimmberechtigten Vereinsmitglieder haben dann nur die Auswahl unter den verschiedenen Wahlvorschlägen im ganzen. Das Wahlverfahren bei der Listenwahl muß jedoch nach dem Grundsatz der Gleichbehandlung der Mitglieder so gestaltet werden, daß auch eine Minderheit von Vereinsmitgliedern die Möglichkeit erhält, Vertreter ihres Vertrauens in die Vertreterversammlung zu entsenden und insbesondere bei qualifzierten Mehrheitsentscheidungen (z. B. bei Satzungsänderungen) ihre Auffassung zur Geltung zu bringen. Daher stellt eine Satzungsbestimmung (oder die Bestimmung in eine Wahlordnung), wonach diejenige Liste gewählt ist, die die meisten Stimmen auf sich vereinigt, einen Verstoß gegen den Gleichbehandlungsgrundsatz dar, weil sie einer (relativen) Mehrheit der Vereinsmitglieder die Möglichkeit eröffnet, sich in der Vertreterversammlung alle Sitze zu sichern und der Mehrheit sogar das Recht zu nehmen, durch Ausübung ihrer Sperrminorität (z. B. im Fall der Satzungsänderung) ihre Interessen bei der Abstimmung wahren zu können.[5] Die Listen-**Mehrheitswahl** zur Vertreterversammlung ist daher unzulässig. Dagegen bestehen gegen die Wahl mit gebundenen Listen keine rechtlichen Bedenken, wenn sie als **Verhältniswahl** durchzuführen ist, so daß eine angemessene Vertretung der Wähler aller Listen gewährleistet ist.[6] Bei Großvereinen kann die Zulassung eines Wahlvorschlags davon abhängig gemacht werden, daß er von einer bestimmten Mindestzahl von Mitgliedern (z. B. von fünfzig) unterschriftlich unterstützt wird. Eine Bestimmung des Inhalts, daß dann, wenn nur ein einziger gültiger Wahlvorschlag eingereicht wird, die auf

---

[2] Spezialliteratur: Hohl, Rechtliche Probleme der Nominierung, Diss. Bayreuth 1992.

[3] BGH NJW 1989, 1212 (1213).

[4] Vgl. OLG Nürnberg BB 1978, 1380 mit Anm. von Schaffland.

[5] Vgl. BGH NJW 1982, 2558 = MDR 1982, 647 (Vertreterversammlung einer Genossenschaft); a. A. BGH NJW 1989, 1212 (1214) für Wahlen zum Kreisparteitag einer politischen Partei.

[6] Vgl. BGH NJW 1982, 2558 (wie Fn. 5).

diesem Wahlvorschlag bezeichneten Personen als gewählt gelten, ist nicht zulässig.[7]

Bei einem **Vereinsverband** hat die Einführung einer Delegiertenversammlung zur Folge, daß die Mitgliedsvereine ihre Mitgliedschaftsrechte in dem obersten Verbandsorgan nicht durch ihre Vorstände, sondern durch Delegierten wahrnehmen, die von ihren Mitgliedern gewählt wurden. Wieviele Delegierte den einzelnen Mitgliedsvereinen zustehen, muß die Verbandssatzung regeln. Dagegen kann es den Mitgliedsvereinen überlassen werden, in ihren Satzungen zu bestimmen, wer Delegierter werden kann, wie lange die Amtszeit ihrer Delegierten dauert und wie bei der Bestellung (Wahl) der Delegierten zu verfahren ist.[8]

Bei einem **Gesamtverein** mit unselbständigen Untergliederungen (also lediglich örtlichen oder regionalen organisatorischen Zusammenschlüssen ohne Vereinscharakter) bestimmt allein die Satzung des Gesamtvereins die Zahl der Delegierten, ihre Wählbarkeit und ihre Amtszeit. Dagegen bestehen keine Bedenken, daß das Wahlverfahren den Untergliederungen überlassen wird. All dies gilt grundsätzlich auch bei einem Gesamtverein mit vereinsmäßig gebildeten Untergliederungen (Zweigvereinen). Da die Mitglieder des Zweigvereins stets zugleich Mitglieder des Gesamtvereins sind, handelt es sich bei der Einführung einer Delegiertenversammlung des Gesamtvereins allein um die Mitgliedschaftsrechte im Gesamtverein; der Zweigverein, der selbst regelmäßig nicht Mitglied des Gesamtvereins ist,[9] wird davon nicht betroffen.

In manchen Satzungen von Gesamtvereinen findet sich die Bestimmung, daß die Vorstandsmitglieder des Gesamtvereins kraft ihres Amtes, also ohne besondere Wahl, Mitglieder der Delegiertenversammlung sind (sogenannte geborene Delegierte). Dagegen ist grundsätzlich nichts einzuwenden. In diesem Fall muß jedoch die Satzung durch eine entsprechende Regelung über die Zahl der Delegierten und deren Stimmrechte sicherstellen, daß auch gegen die Stimmen der Vorstandsmitglieder eine satzungsändernde Mehrheit zustande kommen kann.[10]

Bestimmungen über die Wählbarkeit der Vertreter (Delegierten)

218 Wenn es auch nicht zwingend vorgeschrieben ist, so ist es doch zweckmäßig, daß die Satzung die Wählbarkeit eines Vereinsmitglieds zum Vertreter an bestimmte Voraussetzungen knüpft. Als solche kommen in erster Linie ein bestimmtes Lebensalter oder eine gewisse Dauer der Vereinszugehörigkeit in Betracht. Grundsätzlich sind auch die Vorstandsmitglieder als Vertreter wählbar. Die Satzung sollte diese Frage aber im bejahenden oder verneinenden Sinn klarstellen.

---

[7] Meyer-Meulenbergh-Beuthien § 43a Rdnr. 13.

[8] MünchKomm-Reuter, 3. Aufl. § 32 Rdnr. 7.

[9] BGHZ 89, 153 (156).

[10] LG Berlin RdJ 1969, 24; vgl. KG NJW 1962, 1917; OLG Frankfurt ZIP 1985, 213.

Die Amtsdauer der Vertreter (Delegierten)

Die Satzung soll weiter eine Bestimmung über die Amtsdauer der Vertreter enthalten. Dabei sollte die Wahlperiode nicht zu lang bemessen werden, um dem Wechsel der Mitglieder Rechnung zu tragen und den später eintretenden Mitgliedern Gelegenheit zu geben, sich durch Teilnahme an der Vertreterwahl alsbald an der Willensbildung des Vereins zu beteiligen. Eine dreijährige Amtsdauer sollte möglichst nicht überschritten werden. Um die Vertreterversammlung dauernd in Funktion zu halten, kann die Satzung bestimmen, daß ihre Amtsdauer über die Wahlperiode hinaus so lange währt, bis die Ergebnisse der Neuwahlen bekanntgegeben werden (sog. Übergangsbestimmung).[11] Die Vertreter bleiben dann im Amt, auch wenn die Neuwahl oder die Bekanntgabe ihrer Ergebnisse ungebührlich lang hinausgezögert wird.[12] Die Vertreterversammlung kann zwar durch satzungsändernden Beschluß die Satzung dahin ändern, daß die Wahlperiode verlängert wird. Sie kann aber nicht beschließen, daß diese Bestimmung schon auf die derzeitigen Vertreter anzuwenden ist. Deren Amt endet vielmehr grundsätzlich mit dem Ablauf der Zeit, für die sie gewählt sind. Die neue Bestimmung ist erst auf die Wahl anzuwenden, die nach der Eintragung der Satzungsänderung in das Vereinsregister stattfindet.[13] **219**

Die Rechtsstellung der Vertreter (Delegierten)

Eine Verpflichtung, die Wahl zum Vertreter (Delegierten) anzunehmen, besteht nicht. Deshalb sollte man sich vor der Vertreterwahl des Einverständnisses der vorgeschlagenen Personen versichern. Der Vertreter ist kein Beauftragter der Vereinsmitglieder oder derer, die ihn gewählt haben. An Weisungen ist er daher nicht gebunden.[14] Er bekleidet vielmehr ein Vereinsamt, das ihm von der Gesamtheit der Mitglieder übertragen ist. Er tritt in ein auftragsähnliches Vertragsverhältnis zum Verein[14] und ist diesem zur Erfüllung seiner Obliegenheiten, insbesondere zur Teilnahme an der Vertreterversammlung, verpflichtet.[15] In der Satzung kann jedoch die Rechtsstellung der Vertreter anders gestaltet und insbesondere bestimmt werden, daß die Vertreter Weisungen zu befolgen haben, die ihnen bei ihrer Wahl gegeben werden. Die Wirksamkeit der von den Vertretern in der Vertreterversammlung abgegebenen Stimmen wird aber – ähnlich wie bei einer Abstimmungsvereinbarung – nicht davon berührt, ob sich die Vertreter an die Weisungen gehalten haben.[16] Der Vertreter kann jederzeit sein Amt niederlegen (§ 671 Abs. 1 BGB); allerdings macht er sich dem Verein gegenüber schadensersatzpflichtig, wenn er das „zur Unzeit" tut (§ 671 Abs. 2 BGB). Die Erklärung, das Amt niederzulegen, ist gegenüber dem Vorsitzenden des Gremiums abzugeben, das die Vertreterwahl vorgenommen hat. Das Amt des Vertreters endet im übrigen **220**

[11] A. A. Meyer-Meulenbergh-Beuthien § 43a Rdnr. 6.
[12] KG JFG 14, 505 (509, Genossenschaft).
[13] RGZ 119, 243; vgl. OLG Hamburg OLGZ 1989, 32 (Aufsichtsrat der AG).
[14] RGZ 155, 21 (25).
[15] Vgl. Meyer-Meulenbergh-Beuthien § 43a Rdnr. 5.
[16] Siehe Rdnr. 201.

durch Ablauf der Amtszeit, durch Tod oder durch Ausscheiden aus dem Verein.

Verhältnis zwischen Mitgliederversammlung und Vertreterversammlung

221 Sofern eine Vertreterversammlung nicht bereits im Gründungsstatut des Vereins vorgesehen ist, behält die Mitgliederversammlung ihre satzungsmäßige Funktion, bis die Satzungsänderung über die Einrichtung einer Vertreterversammlung in das Vereinsregister eingetragen ist (§ 71 Abs. 1 BGB).[17] Bis dahin ist sie auch berechtigt, zur Einführung der Vertreterversammlung bereits beschlossene Bestimmungen zu ändern. Mit der Beschlußfassung über die Einführung einer Vertreterversammlung (Satzungsänderung) kann die Mitgliederversammlung die Wahl der Vertreter verbinden. In diesem Fall muß aber bei der Einberufung der Mitgliederversammlung nicht nur die beabsichtigte Satzungsänderung, sondern auch die sogleich vorzunehmende Vertreterwahl angekündigt werden.

Ist mit der Eintragung der Satzungsänderung die Vertreterversammlung als Vereinsorgan gebildet, so besitzt sie nunmehr alle Befugnisse, die nach dem Gesetz und der Satzung der Mitgliederversammlung zustehen. Die für die Mitgliederversammlung geltenden Vorschriften über die Einberufung, Beschlußfähigkeit und Beschlußfassung sind auf die Vertreterversammlung entsprechend anzuwenden.[18] Die Mitglieder des Vorstands sind zur Teilnahme an der Vertreterversammlung berechtigt, auch wenn sie nicht zu Vertretern bestellt oder gewählt sind.[19] Die Leitung der Vertreterversammlung obliegt dem Vorstand, sofern die Satzung nicht eine andere Regelung enthält. Neben der Vertreterversammlung besteht die Mitgliederversammlung nur dann weiter, wenn die Satzung dies für einzelne Angelegenheiten ausdrücklich zuläßt. Der Fortbestand der Mitgliederversammlung unter Beschränkung auf ihre Funktion als Wahlkörper für die Wahl der Vertreter ist unbedenklich zulässig.[20] Ebensowenig ist es zu beanstanden, daß die Satzung für den Beschluß über die Auflösung des Vereins weiterhin die Zuständigkeit der Mitgliederversammlung anordnet.

Die Rechte der Vereinsmitgieder

222 Wenn der Verein eine Vertreterversammlung besitzt, beschränkt sich das Recht der nicht zu Vertretern gewählten Mitglieder, an der Willensbildung des Vereins teilzunehmen, auf die Wahl der Vertreter. Sie haben kein Recht, die Unwirksamkeit eines von der Vertreterversammlung gefaßten Beschlusses geltendzumachen,[21] sofern sie nicht in ihrer persönlichen Rechtsstellung betroffen werden (z. B. durch einen von der Vertreterversammlung beschlossenen Ausschluß aus dem Verein). Sie haben auch kein Recht, an der Vertreterversammlung teilzunehmen; allenfalls können sie vom Leiter der Versammlung als Beobachter oder als Gäste zugelassen werden.

---

17 BGH Betrieb 1960, 752 = NJW 1960, 1447 (1450, Genossenschaft).
18 KG HRR 1929 Nr. 2071; Soergel-Hadding § 32 Rdnr. 3.
19 RG JW 1927, 2995.
20 RGZ 119, 339 (341, Genossenschaft).
21 RGZ 155, 21 (24).

Abstimmung in der Vertreterversammlung

Bei Vereinen mit Untergliederungen haben die Vertreter häufig unterschiedliche Stimmrechte. Hier ist vor der Abstimmung genau festzustellen, wieviele Stimmen jeder Vertreter hat. Hat ein Vertreter mehrere Stimmen, so kann er sie nur einheitlich abgeben. Er kann nicht seine Stimmen teilen und teils dafür, teils dagegen stimmen,[22] wir halten es auch nicht für zulässig, daß mit einem Teil der Stimmen Stimmenthaltung geübt wird.[23] Die unterschiedliche Abgabe mehrerer Stimmen würde voraussetzen, daß es sich bei einem Mehrfachstimmrecht um mehrere selbständige Stimmrechte handelt. Das Mehrfachstimmrecht ist jedoch nur als ein einziges Stimmrecht anzusehen, dem lediglich gegenüber dem einfachen Stimmrecht ein größeres Gewicht zukommt. Problematisch ist, wie bei Mehrfachstimmrechten eine etwa satzungsmäßig vorgeschriebene **geheime Abstimmung** durchzuführen ist.[24] Einerseits erfordert die Wahrung des Abstimmungsgeheimnisses, daß geheim bleibt, *wer* in einer bestimmten Weise abgestimmt hat. Andererseits macht es das Mehrfachstimmrecht erforderlich, es als solches zu kennzeichnen und außerdem die Einheitlichkeit der Stimmabgabe zu garantieren. Ein geheimer Abstimmungsmodus, der beiden Erfordernissen voll entspricht, ließe sich, wenn überhaupt, nur mit einem äußerst komplizierten und daher praktisch nicht anwendbaren Verfahren darstellen. Der Vorschlag, den einzelnen Vertretern eine ihrer Stimmenzahl entsprechende Vielzahl von Stimmzetteln auszuhändigen,[25] würde zwar die Anonymität des Abstimmenden wahren, jedoch könnte dabei nicht einwandfrei festgestellt werden, ob mit der Vielzahl der dem einzelnen Vertreter zugeteilten Stimmzettel das Mehrfachstimmrecht einheitlich ausgeübt wurde. Bei Vorhandensein von Mehrfachstimmrechten ist daher das satzungsmäßige Gebot der geheimen Abstimmung notwendigerweise auf den äußeren Vorgang der Stimmabgabe reduziert. Es ist daher nicht schon deshalb verletzt, weil auf dem Stimmzettel die Mehrzahl der Stimmen vermerkt ist, zumal in bestimmten Fällen, je nach der Größe der einzelnen Mehrfachstimmrechte, aus dem Abstimmungsergebnis geschlossen werden kann, wie einzelne Vertreter abgestimmt haben. Um dennoch die Anonymität der Abstimmenden möglichst zu wahren, empfiehlt es sich, die Stimmenzähler zu besonderer Vertraulichkeit zu verpflichten. Anders liegt der Fall, wenn eine Untergliederung mit mehreren Delegierten in der Vertreterversammlung vertreten ist. Hier ist gegen eine uneinheitliche Stimmabgabe der Delegierten nichts einzuwenden. **223**

[22] Staudinger-Coing § 32 Rdnr. 20; Stöber, 6. Aufl. Rdnr. 196; a. A. Palandt-Heinrichs § 32 Rdnr. 8. MünchKomm-Reuter, 3. Aufl. § 32 Rdnr. 25 gestatten uneinheitliche Stimmabgabe, wenn der Vertreter mit den mehreren Stimmrechten verschiedenen Bindungen unterliegt.

[23] A. A. R-D, 5. Aufl. Rdnr. 899; Stöber, 6. Aufl. Rdnr. 196 mit Fn. 189.

[24] Das OVG Koblenz (NVwZ 1987, 917) hält in einem vergleichbaren Fall eine geheime Abstimmung für unzulässig.

[25] So die 11. Aufl.

3. Der Vereinsvorstand

Allgemeines

224 Neben der Mitgliederversammlung ist der Vorstand ein weiteres unerläßliches **Organ** des Vereins, ohne das eine körperschaftliche Vereinigung begrifflich nicht denkbar ist. Denn als juristische Person braucht der Verein Menschen, die für ihn in tatsächlicher und rechtlicher Beziehung den Kontakt zur Umwelt herstellen und zwar so, daß ihre Handlungen und Willensäußerungen die des Vereins sind. Das Gesetz hat deshalb in § 26 BGB dem Vorstand die rechtliche Stellung eines gesetzlichen Vertreters des Vereins gegeben. Er vertritt den Verein gerichtlich und außergerichtlich. Das Gesetz überläßt es der Vereinssatzung, zu bestimmen, ob der Vorstand aus einer oder aus mehreren Personen besteht. Bei mehrgliederigem Vorstand kann die Zahl der Mitglieder in der Satzung festgelegt werden; es kann aber auch lediglich eine Mindest- oder Höchstzahl oder beides bestimmt werden.[1] In diesem Fall ist es Sache der Mitgliederversammlung, wieviele Vorstandsmitglieder sie bestellen will, wenn sie nur die Mindestzahl wahrt und die Höchstzahl nicht überschreitet. Die Satzung des Vereins soll, wie sich aus § 58 Nr. 3 BGB ergibt, Bestimmungen über die „Bildung des Vorstandes" enthalten. Das bedeutet, daß sich aus der Satzung zumindest ergeben soll, ob der Vorstand aus einer oder aus mehreren – gegebenenfalls aus wievielen – Personen besteht.[2] Verschiedentlich wird im Schrifttum die Auffassung vertreten, daß die Satzung eine solche Bestimmung nicht zu enthalten brauche, weil § 58 Nr. 3 BGB nur eine Sollvorschrift sei. Daran ist richtig, daß die Bestimmung über die Bildung des Vorstands nicht zu den elementaren Mindesterfordernissen gehört, die das Gesetz von einer Vereinssatzung verlangt; andererseits ist der Registerrechtspfleger bei der Prüfung der Satzung verpflichtet, darauf zu achten, daß auch die Sollvorschriften des § 58 BGB beachtet sind; er muß die Eintragung ablehnen, wenn die Satzung in diesem Punkt mangelhaft ist (§ 60 BGB).[3] Lediglich die Folgen eines vom Rechtspfleger bei der Eintragung des Vereins übersehenen Satzungsmangels dieser Art sind andere als beim nicht entdeckten Fehlen einer „Mußvorschrift". Man kann also nicht sagen, daß die Satzung über die Bildung des Vorstands keine Bestimmung zu enthalten brauche, wenn sie wegen Fehlens einer solchen Bestimmung im Eintragungsverfahren vom Amtsgericht beanstandet werden muß.[4]

Bei der Gründung des Vereins müssen alle in der Satzung eingerichteten Vorstandsposten besetzt werden, da erst dann der Vorstand als Organ gebildet und damit die Gründungsphase des Vereins abgeschlossen ist.[5]

Eine Satzungsbestimmung, wonach die Personengleichheit des Vorstands mit dem Vorstand eines anderen Vereins nur bei Anwesenheit von mindestens der Hälfte der Vereinsmitglieder geändert werden kann, widerspricht

---

[1] KGJ 34, 175; BayObLGZ 1969, 33 (36) = Rpfleger 1969, 130.
[2] BayObLGZ 1969, 33 (36) = Rpfleger 1969, 130.
[3] BayObLG NJW-RR 1992, 802.
[4] Vgl. BayObLGZ 1971, 266 (269) = Rpfleger 1971, 352.
[5] OLG Hamm Rpfleger 1983, 487 (489); siehe auch Rdnr. 13.

Treu und Glauben, wenn sie praktisch bewirkt, daß die Zusammensetzung des Vorstands nicht abänderbar ist.[6]

Gelangt ausnahmsweise ein Verein zur Eintragung, dessen Satzung keine Bestimmung über die Bildung des Vorstands enthält – was nur bei nachlässiger Prüfung durch den Rechtspfleger geschehen kann –, so besteht der Vorstand des Vereins nur aus **einer** Person. Wären in einem solchen Falle mehrere Personen als Mitglieder des Vorstands eingetragen, müßte die Eintragung nach §§ 159, 142 FGG wieder gelöscht werden, weil es an einer satzungsmäßigen Grundlage für die Bestellung mehrerer Vorstandsmitglieder fehlte.

Der mehrgliedrige (mehrköpfige) Vorstand

Da der Vorstand die rechtliche Stellung eines gesetzlichen Vertreters hat, **225**
dürfen ihm **nur** Personen angehören, die zur Vertretung des Vereins – einzeln oder zusammen mit anderen Vorstandsmitgliedern – befugt sind. Es verträgt sich nicht mit der Zugehörigkeit einer Person zum Vertretungsorgan des Vereins, von der Vertretung gänzlich ausgeschlossen zu sein. Dieser Grundsatz ist bei der GmbH und der AG seit langem anerkannt. Er muß auch für den rechtsfähigen Verein Geltung beanspruchen. Daran ändert es auch nichts, daß nach § 26 Abs. 2 Satz 2 BGB (im Gegensatz zum GmbH- und Aktienrecht) der Umfang der Vertretungsmacht des Vorstands durch die Satzung mit Außenwirkung beschränkt werden kann. Denn damit ist eben nur eine Beschränkung, nicht aber eine gänzliche Entziehung der Vertretungsbefugnis eines Mitglieds des Vorstands gestattet. Bestimmt z. B. die Vereinssatzung, daß der „Vorstand" aus den drei Vorsitzenden und zwei weiteren Mitgliedern besteht, ordnet sie aber an, daß der Verein gerichtlich und außergerichtlich durch die drei Vorsitzenden, und zwar durch jeden allein, vertreten wird, so kann nicht ohne weiteres angenommen werden, daß lediglich die drei Vorsitzenden den Vorstand (im Sinne des Gesetzes) bilden und außerdem unter der Bezeichnung „Vorstand" ein weiteres Vereinsorgan bestehen soll, dem neben den drei Vorsitzenden noch zwei weitere Mitglieder angehören. In diesem Fall ist auf die Anmeldung des Vereins durch die drei Vorsitzenden hin eine Zwischenverfügung[7] des Registergerichts gerechtfertigt, mit der eine eindeutige Fassung der Satzung in bezug auf die Zusammensetzung des Vorstands verlangt wird.[8] Dabei ist es nicht unbedingt erforderlich, daß für das Vertretungsorgan gerade die Bezeichnung „Vorstand" gewählt wird. Es muß sich aber aus der diesem Organ in der Satzung zugewiesenen Funktion eindeutig ergeben, daß ihm die Vertretung des Vereins obliegt.

In vielen Vereinssatzungen ist außer dem Vorstand, wie ihn das Gesetz **226**
versteht, ein **weiteres Vereinsorgan** vorgesehen, dem außer den eigentlichen Vorstandsmitgliedern (nämlich den mit Vertretungsmacht nach außen ausgestatteten) noch weiteren Personen angehören oder das sogar nur mit Personen zu besetzen ist, die nicht zugleich dem Vorstand (im Sinne des Geset-

---

[6] OLG Frankfurt Rpfleger 1979, 60 = DNotZ 1979, 620; siehe auch OLG Frankfurt OLGZ 1981, 391.
[7] Dazu bei Rdnr. 21.
[8] BayObLGZ 1971, 266 = Rpfleger 1971, 352.

zes) angehören. Bezeichnungen dieses Organs mit **Gesamtvorstand, erweiterter Vorstand** oder gar **Vorstandschaft** sind häufig anzutreffen. Gegen diese oder sonstige mit der Wortverbindung „-vorstand" gewählten – offenbar auch der besseren Reputation der Mitglieder dienenden – Bezeichnungen eines Vereinsorgans ist rechtlich nichts einzuwenden. Sie dürfen jedoch nicht dazu führen, daß zwischen den Funktionen dieses Organs und denen des Vorstands bei der weiteren Gestaltung der Satzung die erforderliche klare Abgrenzung verloren geht.

227 Problematisch ist folgende, vor allem in älteren Vereinssatzungen nicht selten enthaltene Bestimmung: „Der Verein wird durch den Vorsitzenden, **im Fall seiner Verhinderung** durch den stellvertretenden Vorsitzenden (oder ähnliche Bezeichnung) vertreten". Damit kann eine bedingte Zugehörigkeit des stellvertretenden Vorsitzenden zum Vorstand gewollt sein. Dies wäre unzulässig.[9] Diese Satzungsbestimmung kann aber auch so ausgelegt werden, daß der Vorstand aus dem Vorsitzenden *und* (ständig; nicht nur von Fall zu Fall) dem stellvertretenden Vorsitzenden bestehen soll, daß beide Einzelvertretungsbefugnis besitzen, von der aber der stellvertretende Vorsitzende nur Gebrauch machen darf, wenn der Vorsitzende verhindert ist. In diesem Sinn wäre die Satzungsbestimmung zulässig. Der Rechtspfleger wird aber im Eintragungsverfahren darauf dringen müssen, daß sie dann auch eine diesem Sinn entsprechende Fassung erhält.[10]

228 Eine Satzungsbestimmung, wonach der Vorstand im Sinne des BGB **entweder** der Vorsitzende **oder** der stellvertretende Vorsitzende ist (oder eine sonstige alternative Zugehörigkeit zum Vorstand), ist mit § 26 BGB unvereinbar und kann nicht in das Vereinsregister eingetragen werden.[11]

229 Nach der Rechtsprechung des Oberlandesgerichts Hamm[12] kann einem „Geschäftsführer", der nach der Satzung die laufenden Geschäfte des Vereins zu erledigen hat, aber nicht Mitglied des Vorstands ist, in der Satzung nicht die Befugnis erteilt werden, den Verein zusammen mit dem Vorstandsvorsitzenden (oder einem anderen Vorstandsmitglied) zu **vertreten.** Dem ist entgegen der Meinung von Kirberger[13] zuzustimmen. Dem Anliegen Kirbergers, durch „notwendiges Zusammenwirken von Vorstandsmitglied und Geschäftsführer dessen spezielle Sachkenntnis mit dem nach der Erwartung der Vereinsmitglieder in der Person des Vorstandsmitglieds ausgeprägteren allgemeinen Verantwortungsbewußtsein für den Verein einschließlich der verbandlich-fachspezifischen Sachkompetenz[14] zu verknüpfen, kann aber durch eine Satzungsbestimmung entsprochen werden, wonach einem Vorstandsmitglied (oder mehreren oder allen) zwar Einzelvertretungsbefugnis erteilt wird, aber mit der ausdrücklichen (nach § 26 Abs. 2 Satz 2 BGB zuläs-

---

[9] BayObLGZ 1969, 33; 1992, 16 = NJW-RR 1992, 802 = Rpfleger 1992, 255; LG Köln Rpfleger 1970, 240; LG Essen JW 1934, 2800; LG München I DNotZ 1972, 667.

[10] Wie unter 9 und LG Bremen NJW 1949, 345; ebenso Soergel-Hadding § 26 Rdnr. 8.

[11] OLG Celle NJW 1969, 326 = Rpfleger 1968, 282.

[12] OLGZ 1978, 21 = DNotZ 1978, 292; ferner OLGZ 1978, 26 = DNotZ 1978, 295.

[13] Rpfleger 1979, 5 und 1979, 48 (Gemischte Gesamtvertretung und organschaftliches Prinzip).

[14] Rpfleger 1979, 5 (6).

sigen) Bestimmung, daß es zur Wirksamkeit der Vertretungshandlung der Zustimmung des Geschäftsführers bedarf. Diese Beschränkung der Vertretungsmacht der betreffenden Vorstandsmitglieder muß zwar, um gegen Dritte Wirksamkeit zu erlangen, in das Vereinsregister eingetragen werden (§§ 64, 70 BGB). Der Geschäftsführer wird dadurch aber nicht zum Gesamtvertreter des Vereins (zusammen mit einem Vorstandsmitglied) „erhoben"; er ist daher auch nicht in das Vereinsregister einzutragen.

Wenn ein mehrgliedriger Vorstand in der Satzung in der Weise gebildet **230**
ist, daß er aus den Inhabern klar abgegrenzter **Vereinsämter** besteht, ist eine **Zusammenlegung** von Vereinsämtern in der Person *eines* Vorstandsmitglieds (Personalunion) durch Vorstandsbeschluß (ohne Satzungsänderung) nicht zulässig, weil das auf eine eigenmächtige Verkleinerung des Vorstands durch diesen selbst hinausliefe.[15] Auch die Mitgliederversammlung kann eine solche Zusammenlegung von Vereinsämtern (Vorstandsposten) und die damit verbundene Verringerung der satzungsmäßigen Zahl der Vorstandsmitglieder nicht beschließen;[16] hierzu bedarf es einer Satzungsänderung. Die Satzung kann aber für den Fall, daß der Inhaber eines Vorstandsamts wegfällt, bestimmen, daß das freigewordene Vereinsamt von einem bestimmten anderen Vorstandsmitglied übernommen wird oder diese Bestimmung dem Vorstand selbst oder einem anderen Vereinsorgan (z. B. der Mitgliederversammlung) überlassen.[17]

Die Vertretungsmacht des Vorstands

Besteht der Vorstand aus drei oder noch mehreren Personen, stellt sich die **231**
Frage, ob, wenn die Satzung keine besondere Regelung enthält, zur wirksamen Vertretung des Vereins das Handeln **aller** Vorstandsmitglieder erforderlich ist oder ob es genügt, daß die **Mehrheit** von ihnen handelt. Beim nur aus zwei Personen bestehenden Vorstand stellt sich das Problem – Gesamtvertretung oder Vertretung durch die Mehrheit – dagegen nicht. Mit der überwiegenden Meinung in der Literatur,[18] die sich insbesondere auf die Entstehungsgeschichte[19] der §§ 26 und 28 BGB berufen kann, wird der Standpunkt vertreten, daß das Mehrheitsprinzip nach dem Gesetz nicht nur für die interne Beschlußfassung des Vorstands, sondern auch für seine Vertretungshandlungen nach außen gilt. Auch der Bundesgerichtshof scheint dieser Auffassung zuzuneigen.[20]

Von der gesetzlichen Regel, daß der Verein durch die Mehrheit seiner Vorstandsmitglieder wirksam vertreten wird,[21] kann aber die **Satzung** ab-

---

15 Ebenso Soergel-Hadding § 26 Rdnr. 9; vgl. LG Darmstadt Rpfleger 1983, 445.

16 A. A. LG Köln Rpfleger 1984, 422; OLG Düsseldorf Rpfleger 1989, 374.

17 LG Frankenthal Rpfleger 1975, 354; Soergel-Hadding § 26 Rdnr. 9.

18 Mittenzwei MDR 1991, 426 (427); Palandt-Heinrichs § 26 Rdnr. 6; RGRK-Steffen § 26 Rdnr. 4; Soergel-Hadding § 26 Rdnr. 16 m. weit. Nachweisen; a. A. Staudinger-Coing § 26 Rdnr. 13.

19 Prot. I 512.

20 Darauf deuten gewisse Ausführungen im Beschluß vom 19. 9. 1977 hin (BGHZ 69, 250 = NJW 1977, 2310 = DNotZ 1978, 88 = WPM 1977, 1256).

21 Zur Frage, ob es dazu außerdem eines Vorstandsbeschlusses bedarf, siehe Rdnr. 232.

weichen. Sie kann erschwerend bestimmen, daß zur Vertretung des Vereins das Handeln aller Vorstandsmitglieder erforderlich ist; sie kann aber auch anordnen, daß Vertretung durch je zwei Vorstandsmitglieder oder durch ein bestimmtes Vorstandsmitglied oder durch jedes Vorstandsmitglied einzeln genügt.[22] Dagegen ist es nicht zulässig, die Vertretung des Vereins in der Satzung so zu regeln, daß einzelne Vorstandsmitglieder von der Vertretung gänzlich ausgeschlossen werden.[23] Dies wäre z. B. der Fall, wenn bei einem mehrgliedrigen Vorstand die Satzung bestimmte, daß der Verein **nur** durch den 1. Vorsitzenden vertreten wird.

Sind zur Vertretung des Vereins – sei es aufgrund der gesetzlichen Regelung, sei es aufgrund der Satzung – mehrere Vorstandsmitglieder erforderlich, so müssen diese ihre Willenserklärungen nicht gleichzeitig abgeben. Bei Mehrvertretung genügt auch die Genehmigung eines von einem Vorstandsmitglied geschlossenen Vertrags durch die übrigen zur Vertretung erforderlichen Vorstandsmitglieder. Für einseitige Rechtsgeschäfte (Kündigung, Anfechtung, Rücktritt usw.) kommt eine Genehmigung allerdings nur in Betracht, wenn der Erklärungsgegner die von dem einzelnen Vorstandsmitglied behauptete Vertretungsmacht bei Vornahme des Rechtsgeschäfts nicht beanstandet oder wenn er mit dessen Handeln einverstanden ist.[24] Ferner können Vorstandsmitglieder, die nur zusammen zur Vertretung des Vereins berechtigt sind, ihre Gesamtvertretungsmacht in der Weise ausüben, daß sie einen von ihnen zur Abgabe der Willenserklärung ermächtigten und dieser dann die Erklärung allein abgibt. Bei einseitigen Rechtsgeschäften ist darauf zu achten, daß von dem allein handelnden Vorstandsmitglied die Ermächtigungsurkunde vorgelegt wird, weil andernfalls der Gegner (z. B. der Arbeitnehmer, dem gekündigt wird) das Rechtsgeschäft (z. B. die Kündigung) zurückweisen kann.[25] Dagegen wird ein Geschäft, das ein nicht allein vertretungsberechtigtes Vorstandsmitglied getätigt hat, für den Verein nicht schon dadurch verbindlich, daß es die Mitgliederversammlung genehmigt. Bestimmt die Satzung, daß der Vorstand des Vereins aus zwei Personen besteht, die den Verein nur gemeinsam vertreten (so in diesem Fall auch die gesetzliche Regel), dann wird beim Wegfall des einen Vorstandsmitglieds das andere nicht alleinvertretungsberechtigt.[26] Solange ein zweites Vorstandsmitglied nicht bestellt ist, gegebenenfalls durch das Amtsgericht (§ 29 BGB), ist der Verein ohne gesetzlichen Vertreter.

Weicht die Satzung von der Regelung des Gesetzes über die Vertretung des Vereins ab, so sind diese Bestimmungen in das Vereinsregister einzutragen (entsprechend § 64 BGB).

232 Die Frage, ob Vertretungshandlungen des Vorstands nach außen (z. B. der Abschluß eines Mietvertrags) **generell** nur wirksam sind, wenn sie durch

---

[22] Vgl. BayObLG RsprOLG 15, 306; KG Recht 1929 Nr. 1455; BGH – wie Fußn. 20 –.

[23] Vgl. KG RsprOLG 12, 4; BayObLGZ 1971, 266 = Rpfleger 1971, 352; Danckelmann NJW 1973, 735 (738).

[24] BGH NJW 1982, 1036 (1037).

[25] Vgl. §§ 174, 180 BGB; dazu BAG Betrieb 1981, 1044 = WPM 1981, 800 = NJW 1981, 2374.

[26] BGH NJW 1961, 526; OLG Hamburg DNotZ 1988, 331, je für die GmbH.

einen gültigen Vorstandsbeschluß gedeckt sind, war lange heftig umstritten.[27] Die Streitfrage kann aber durch die inzwischen ergangene Rechtsprechung des Bundesgerichtshofs[28] jedenfalls für die Fälle – im verneinenden Sinn – als geklärt angesehen werden, in denen entweder alle Vorstandsmitglieder gehandelt (oder das Handeln einzelner genehmigt) haben oder den Handelnden durch die **Satzung** Vertretungsmacht verliehen wurde. Der Bundesgerichtshof hat es allerdings offengelassen, ob eine ordnungsgemäße interne Beschlußfassung des Vorstands Voraussetzung für die Wirksamkeit seiner Außentätigkeit ist, wenn die Satzung keine besonderen Bestimmungen über die Vertretungsmacht der Vorstandsmitglieder enthält. Er meint, § 64 BGB hätte auch dann noch einen, freilich recht begrenzten Sinn, wenn die Satzung die Vertretungsmacht des Vorstands ausdrücklich von internen Beschlüssen abhängig machen und das Zustandekommen wirksamer Beschlüsse abweichend von § 28 Abs. 1 BGB regeln würde. Mit dem Hinweis auf eine solche mögliche, vom Gesetz abweichende Satzungsgestaltung läßt sich jedoch die Frage nach dem Sinn des Eintragungsgebots in § 64 BGB nicht beantworten, da dieses doch nur Ausfluß der **gesetzlichen** Regelung der Vertretungsmacht des Vorstands sein kann. Diese Frage spitzt sich daher darauf zu, ob dann, wenn die Vertretungsmacht des Vorstands allein nach den gesetzlichen Bestimmungen zu beurteilen ist, sie von der ordnungsgemäßen internen Beschlußfassung abhängt oder unabhängig davon besteht. Sie ist im ersteren Sinn zu beantworten.[29] Auch der Bundesgerichtshof neigt offenbar dieser Auffassung zu. Die Anordnung in § 64 BGB an das Registergericht, abweichende Satzungsbestimmungen über die Beschlußfassung des Vorstands in das Vereinsregister einzutragen, läßt mit genügender Deutlichkeit den Standpunkt des Gesetzes erkennen, daß bei einem ordnungsgemäß zustandekommenden Vorstandsbeschluß die Mehrheit der Vorstandsmitglieder – entsprechend dem Mehrheitsprinzip bei der Beschlußfassung – die sonach erforderlichen Rechtshandlungen nach außen vornehmen kann. Die gegenteilige Auffassung[30] müßte zwangsläufig zu dem nach allgemeinen Registergrundsätzen unverständlichen Ergebnis führen, daß in das Vereinsregister Satzungsbestimmungen eingetragen werden müssen, obwohl diese für den Rechtsverkehr des Vereins mit Dritten ohne Bedeutung sind.[31]

---

[27] Bejahend: KG JW 1936, 2929; BayObLGZ 1971, 266 (273) = Rpfleger 1971, 352; BayObLGZ 1972, 286 = Rpfleger 1972, 440; Staudinger-Coing, 11. Aufl. § 28 Rdnr. 8; Soergel-Schultze-v. Lasaulx, 10. Aufl. § 27 Rdnr. 6; Mergelmeyer Rpfleger 1966; 197; verneinend: Wolfsteiner DNotZ 1972, 81; Klamroth Betrieb 1972, 1953; Danckelmann NJW 1973, 735; Kirberger Rpfleger 1975, 277; KG RsprOLG 42, 196; LG Schweinfurt DNotZ 1975, 599 = MittBayNot 1975, 10; BayObLGZ 1976, 230, 238 = MittBayNot 1976, 166 mit Anm. von Götz.

[28] BGHZ 69, 250, wie Fußn. 19; dazu Kirberger NJW 1978, 415.

[29] Wie hier Stöber, 6. Aufl. Rdnr. 137.

[30] Soergel-Hadding § 26 Rdnr. 16; Palandt-Heinrichs § 26 Rdnr. 6 (interne Beschlußfassung auch dann unerheblich, wenn für die Vertretung nach außen das Mehrheitsprinzip gilt).

[31] Siehe auch Rdnr. 246.

Der Umfang der Vertretungsmacht des Vorstands

233 Die dem Vorstand durch das Gesetz (§ 26 Abs. 1 Satz 1 BGB) verliehene Vertretungsmacht ist grundsätzlich unbeschränkt. Sie erstreckt sich auf alle Rechtsgeschäfte und Handlungen, die im Rahmen des Vereinszwecks liegen. Da jedoch der Zweck eines Vereins häufig für Außenstehende, mit denen der Vorstand in Rechtsbeziehungen tritt, schwer abzugrenzen ist und außerdem auch auf mittelbare Weise verfolgt werden darf, wird man eine am **Vereinszweck** gemessene **Überschreitung der Vertretungsmacht** des Vorstands auf die Fälle beschränken müssen, in denen es für den Geschäftsgegner auch ohne nähere Kenntnis der internen Verhältnisse des Vereins ohne weiteres erkennbar ist, daß das betreffende Geschäft nach der ganzen Anlage und dem typischen Betätigungsfeld des Vereins[32] **ganz außerhalb** des Vereinszwecks liegt.[33] In der Rechtsprechung wird noch immer auf eine Entscheidung des Reichsgerichts aus dem Jahr 1907[34] verwiesen,[35] die im Leitsatz zitiert werden soll, weil sie zeigt, welches Risiko derjenige eingeht, der mit dem Vorstand eines Vereins ein Rechtsgeschäft tätigt: „... Der Umfang der Vertretungsbefugnis (des Vorstands) ist in erster Linie aus der Verfassung, insbesondere der Satzung und sodann aus dem Zweck der juristischen Person zu entnehmen. Wer sich in ein Rechtsgeschäft mit den Vertretern einer juristischen Person einläßt, muß sich daher über die Grenzen der Befugnisse unterrichten. Sind diese Grenzen von den Vertretern überschritten worden, so ist darin, daß die Korporation sich deswegen auf die Nichtigkeit des Rechtsgeschäfts beruft, nicht ohne weiteres eine Verletzung von Treu und Glauben zu finden." Gegen die Übertragung dieser – offenbar für die Vertretung einer juristischen Person des öffentlichen Rechts aufgestellten – Grundsätze auf die Vertretung eines rechtsfähigen Vereins bestehen erhebliche Bedenken.

Der Umfang der Vertretungsmacht des Vorstands wird ferner durch die **Organisationsform** des Vereins begrenzt.[36] Der Vorstand kann daher den Verein gegenüber einem Dritten nicht verpflichten, den Vereinsnamen zu ändern[37] oder eine andere Satzungsänderung einschließlich der Änderung des Vereinszwecks vorzunehmen, wenn hierfür ein anderes Vereinsorgan (im Regelfall die Mitgliederversammlung) zuständig ist.[38]

234 Außerdem kann die Vertretungsmacht des Vereinsvorstands (anders als die der Vertretungsorgane der juristischen Personen des Handelsrechts – GmbH, AG, KGaA und VVaG –) mit Wirkung gegen Dritte **weiter beschränkt** werden. Dazu ist erforderlich, daß die Beschränkung in der Satzung niedergelegt und im Vereinsregister eingetragen ist (§§ 64, 68, 70 BGB). Daß beim Verein im Gegensatz zu den genannten Handelsgesellschaften die Vertretungsmacht des Vorstands beschränkt ist, läßt sich damit erklä-

---

[32] Soergel-Schultze-v. Lasaulx, 11. Aufl. § 26 Rdnr. 22.

[33] Staudinger-Coing § 26 Rdnr. 9; vgl. RG Recht 1907 Nr. 2497; RGZ 145, 311 (314); BGH LM § 16 UWG Nr. 6; a. A. Soergel-Hadding § 26 Rdnr. 20.

[34] RG Recht 1907 Nr. 2497; dazu auch BGH NJW 1972, 940.

[35] BGH BB 1953, 368.

[36] Soergel-Hadding § 26 Rdnr. 20.

[37] BGH JZ 1953, 475 = LM § 21 BGB Nr. 1; zur Wirksamkeit eines Prozeßvergleichs über Änderung eines Vereinsnamens vgl. OLG München ZIP 1981, 615.

[38] Soergel-Hadding § 26 Rdnr. 20.

ren, daß sein Betätigungsfeld nicht auf wirtschaftlichem Gebiet liegt, so daß die Sicherheit und die Erleichterung des Geschäftsverkehrs dem Interesse der Vereinsmitglieder an einem größeren Schutz des Vereinsvermögens nicht übergeordnet zu werden brauchten.

Die Satzung kann die Vertretungsmacht des Vorstands beliebig beschränken, sie kann sie ihm jedoch nicht vollständig entziehen, weil eine solche „Entmachtung" des Vorstands mit seiner Stellung als Vertretungsorgan des Vereins nicht vereinbar wäre.[39] Die Beschränkung kann darin bestehen, daß der Vorstand zur Vornahme bestimmter Geschäfte entweder überhaupt nicht befugt sein soll, weil hierfür ein „besonderer Vertreter" (vgl. § 30 BGB)[40] vorgesehen ist, oder daß er der Zustimmung anderer Vereinsorgane (z. B. des Gesamtvorstands, des erweiterten Vorstands, des Beirats, der Mitgliederversammlung) oder bestimmter Einzelpersonen (Geschäftsführer, Kassenwart, Schatzmeister, Sportwart, Hausverwalter u. ä.) bedarf. Satzungsbestimmungen des Inhalts, daß der Vorstand Geschäfte, die einen bestimmten Wert übersteigen (z. B. 3000 DM), nur mit Zustimmung eines anderen Vereinsorgans vornehmen darf, sind vor allem bei kleineren Vereinen gebräuchlich. Wenn die Satzung vorschreibt, daß der Vorstand rechtsgeschäftliche Erklärungen persönlich abzugeben hat, dann bedeutet das insofern eine Beschränkung seiner Handlungsfreiheit, als er sich nicht durch Bevollmächtigte vertreten lassen darf.

Ob in einer Satzungsbestimmung eine Beschränkung der Vertretungsmacht im Außenverhältnis enthalten ist oder ob es sich lediglich darum handelt, dem Vorstand ein bestimmtes vereinsinternes Verhalten zur Pflicht zu machen, ehe er nach außen von seiner Vertretungsmacht Gebrauch macht, ist oft nicht leicht zu beurteilen. Es bedarf hierzu einer Auslegung der Satzung. Dabei genügt für die Beschränkung der Vertretungsmacht mit Wirkung gegen Dritte nicht schon, daß in der Satzung eine den Handlungsspielraum einschränkende Regelung getroffen ist, vielmehr muß sich aus der betreffenden Satzungsbestimmung eindeutig ergeben, daß damit die Vertretungsmacht des Vorstands beschränkt sein soll.[41] Hierfür ist auch ein maßgeblicher Gesichtspunkt, ob der Zweck, den die fragliche Satzungsbestimmung verfolgt, allein durch eine Beschränkung der Vertretungsmacht des Vorstands erreicht werden kann. Eine Satzungsbestimmung, wonach „der Verein dem Landesverband X angehört" bedeutet für sich allein nicht, daß eine vom Vorstand ohne Zustimmung der Mitgliederversammlung erklärte Kündigung der Mitgliedschaft des Vereins beim Landesverband unwirksam ist. Wenn es in der Satzung heißt, dem Vorstand obliege die Führung des Vereins nach der Satzung und den Beschlüssen der Mitgliederversammlung, so bedeutet diese Regelung für sich allein eine Beschränkung der Vertretungsmacht des Vorstands; sie stellt lediglich klar, daß die Mitgliederversammlung dem Vorstand Weisungen erteilen kann.[42]

Wie schwierig die Abgrenzung zwischen einer Beschränkung der Vertretungsmacht nach außen und einer nur als interne Ordnungsvorschrift ge-

---

39 BayObLGZ 1971, 266 = Rpfleger 1971, 352.
40 Dazu Näheres bei Rdnr. 313.
41 BGH MDR 1981, 26 = NJW 1980, 2799 = DNotZ 1981, 381.
42 Vgl. OLG Frankfurt Rpfleger 1977, 103.

dachten Satzungsbestimmung ist, zeigen auch zwei Entscheidungen des Kammergerichts. In der einen Entscheidung[43] hat das Kammergericht folgenden Grundsatz aufgestellt: „Vorschriften in der Satzung eines eingetragenen Vereins, daß Beschlüsse des Vorstands in gewissen Fällen der Zustimmung der Mitgliederversammlung bedürfen, bedeuten mangels besonderer Umstände nicht nur eine interne Bindung der Vorstandsmitglieder gegenüber dem Verein, sondern auch eine Beschränkung der Vertretungsmacht des Vorstands nach außen." Andererseits[44] hat das Kammergericht den vom Vorstand erklärten Austritt des Vereins aus einem Verband für rechtswirksam erklärt, obwohl nach der Satzung zu einer solchen Beschlußfassung die Ladung sämtlicher Vereinsmitglieder erforderlich war. Es fällt daher schwer, allgemeine Grundsätze dafür aufzustellen, ob eine das Geschäftsgebaren des Vorstands regelnde Satzungsvorschrift nur das „Innenverhältnis" betreffen oder „Außenwirkung" haben soll. Je bedeutungsvoller indes eine in der Satzungsbestimmung angesprochene Maßnahme für das Vermögen des Vereins oder für seine Stellung nach außen ist, desto mehr wird man in der satzungsmäßigen Verpflichtung des Vorstands, andere Organe des Vereins oder bestimmte Einzelpersonen an der Beschlußfassung zu beteiligen, auch eine Beschränkung der Vertretungsmacht des Vorstands erblicken dürfen. Besteht die Bedeutung einer Satzungsvorschrift aber weniger darin, die **Sachentscheidung** in der angegebenen Weise zu treffen, als vielmehr nur die **Form** zu bestimmen, wie der Vorstand Willenserklärungen gegenüber Dritten abgibt, so liegt darin regelmäßig keine Beschränkung der Vertretungsmacht. Die Bestimmung in der Satzung eines eingetragenen Vereins, daß der Vorstand außer mit seinem Namen mit dem Namen des Vereins zu unterzeichnen habe, stellt lediglich eine Ordnungsvorschrift dar, so daß das Fehlen des Vereinsnamens bei der Unterschrift des Vorstands die Erklärung nicht unwirksam macht.[45]

Wirksamkeit von Beschränkungen der Vertretungsmacht gegenüber Dritten

235 Auf eine durch die Satzung festgelegte Beschränkung der Vertretungsmacht des Vorstands kann sich der Verein nur berufen, wenn sie im Vereinsregister eingetragen oder dem Geschäftsgegner bekannt war. Der Geschäftsgegner braucht sie sogar in bestimmten Fällen selbst dann nicht gegen sich gelten zu lassen, wenn sie eingetragen war; hat nämlich der Geschäftsgegner, ohne daß ihm der Vorwurf der Fahrlässigkeit gemacht werden kann, keine Kenntnis von der Eintragung, dann braucht er die Vertretungsbeschränkung nicht gegen sich gelten zu lassen. Ein solcher Fall kann beispielsweise gegeben sein, wenn das Rechtsgeschäft wenige Stunden nach der Eintragung der Vertretungsbeschränkung abgeschlosssen worden ist.[46] Von einer solchen ungewöhnlichen Situation abgesehen wird man regelmäßig sagen können, daß der Geschäftsgegner fahrlässig handelt, wenn er es unterläßt, vor dem Geschäftsabschluß das Vereinsregister einzusehen, und deshalb von einer

[43] JW 1936, 2929.
[44] LZ 1930, 994.
[45] KG JW 1933, 1331.
[46] Mergelmeyer Rpfleger 1966, 197.

eingetragenen Vertretungsbeschränkung keine Kenntnis hat. Die Vertretungsbeschränkung muß jedoch unmittelbar aus dem Vereinsregister ersichtlich sein; eine Eintragung in der lediglich auf das Beschlußprotokoll verwiesen ist, genügt nicht.[47] Ist die Beschränkung in der Satzung enthalten und im Vereinsregister eingetragen, so wird der Geschäftspartner, der gutgläubig auf die unbeschränkte Vertretungsmacht des Vorstands vertraut, nicht geschützt.[48]

Eine **Veröffentlichung** der Eintragung im Vereinsregister über die Be- **236**
schränkung der Vertretungsmacht des Vorstands findet nicht statt.

Erteilung von Vollmacht durch den Vorstand

Der Vorstand kann einem Dritten oder auch einem oder mehreren seiner **237**
Mitglieder die Vollmacht erteilen, die jeweiligen Vorstandsbeschlüsse nach außen zu erklären.[49] Über die Vollmachtserteilung beschließt intern der Vorstand durch Beschlußfassung, nach außen bedarf es zur Vollmachtserteilung wie bei jedem Rechtsgeschäft der Erklärung so vieler Vorstandsmitglieder, wie im speziellen Fall zur Vertretung des Vereins erforderlich sind. Ob dabei die Vertretungsmacht der handelnden Vorstandsmitglieder von der internen Beschlußfassung über die Vollmachtserteilung abhängt, bestimmt sich nach den allgemeinen Grundsätzen.[50] Entsprechend vollzieht sich der Widerruf der Vollmacht. Ein Wechsel der Vorstandsmitglieder berührt den Fortbestand der Vollmacht nicht.[51]

Hinsichtlich des **Inhalts** der Vollmacht ist jedoch zu beachten, daß dem **238**
Bevollmächtigten nicht Befugnisse eingeräumt werden können, die im Ergebnis auf die Übertragung der **Organstellung** eines Vorstandsmitglieds oder **generell** auf die Umwandlung einer Mehr- oder Gesamtvertretungsmacht in eine Einzelvertretungsmacht hinauslaufen.[52] Der Vorstand kann deshalb eine **unwiderrufliche** Vollmacht nur für bestimmte Einzelgeschäfte erteilen, da andernfalls die Vorschriften über die Möglichkeit des Widerrufs der Vorstandsbestellung (§ 27 BGB) umgangen würden.[53] Unwirksam ist auch eine Vollmacht, mit der bei Gesamtvertretung ein Vorstandsmitglied von den übrigen Vorstandsmitgliedern *allgemein* zur Vertretung ermächtigt wird; die angestrebte Wirkung der Vollmachtserteilung kann nur durch eine Satzungsänderung herbeigeführt werden.[54]

„In-sich-Geschäfte" des Vorstands

Mitunter ergibt sich bei einem Verein die Situation, daß ein Vorstandsmit- **239**
glied mit dem Verein ein Rechtsgeschäft abschließen will. Hier ist § 181 BGB zu beachten, der grundsätzlich verbietet, daß ein Vertreter im Namen

---

47 BGHZ 18, 303 = NJW 1955, 1916.
48 Vgl. BayObLG NJW 1962, 2253; OLG Celle RdL 1965, 246.
49 BAG BB 1956, 79; KGJ 32, 187 (190).
50 Dazu eingehend bei Rdnr. 232; differenzierend Danckelmann NJW 1973, 735.
51 BayObLG Recht 1913 Nr. 1996; KGJ 32, 187.
52 Vgl. BGH WPM 1978, 1048; OLG Hamm OLGZ 1978, 21 (24) und OLGZ 1978, 26 = MDR 1978, 224; Mittenzwei MDR 1991, 492.
53 OLG München OLGZ 1965, 1; Soergel-Hadding § 26 Rdnr. 19.
54 BGH WPM 1978, 1047 (1048); OLG München NJW-RR 1991, 893.

des Vertretenen mit sich im eigenen Namen ein Rechtsgeschäft vornimmt, weil hierbei die Gefahr eines Mißbrauchs der Vertretungsmacht besteht (sog. Verbot des Selbstkontrahierens). Allerdings kann der „Geschäftsherr“, in unserem Fall der Verein, solche sogenannten In-sich-Geschäfte des Vorstands gestatten. Die Erlaubnis kann bereits in der Satzung festgelegt sein; ist dies nicht der Fall, so können In-sich-Geschäfte des Vorstands im Einzelfall durch Beschluß des für die Bestellung und Abberufung des Vorstands zuständigen Vereinsorgans (regelmäßig der Mitgliederversammlung) gestattet werden;[55] dagegen bedarf eine generelle Gestattung satzungsmäßiger Ermächtigung.[56] Die Befreiung des Vorstands oder eines bestimmten Vorstandsmitglieds von den Beschränkungen des § 181 BGB ist, sofern sie nicht nur einen Einzelfall betrifft, in zweckentsprechender Anwendung des § 64 Satz 2 BGB in das Vereinsregister einzutragen.[57]

Entgegennahme von Willenserklärungen beim mehrgliedrigen Vorstand

240 Auch wenn alle Vorstandsmitglieder nur gemeinsam den Verein vertreten können oder wenn mehrere zur Vertretung zusammenwirken müssen, genügt es nach § 28 Abs. 2 BGB für die Wirksamkeit von Erklärungen **gegenüber dem Verein,** wenn diese nur **einem** Mitglied des Vorstands zugehen (sogenannte Passivvertretung). Dies ist vor allem für Austrittserklärungen von praktischer Bedeutung.

241 Die Regelung der Vertretung nach Gesetz oder Satzung spielt ferner keine Rolle, wenn es auf die Kenntnis bestimmter rechtserheblicher Tatsachen ankommt. Hier muß sich der Verein schon das Wissen eines einzelnen Vorstandsmitglieds zurechnen lassen.[58] Die Vorschrift des § 28 Abs. 2 BGB kann durch die Satzung nicht abgeändert oder ausgeschlossen werden (§ 40 BGB). Die Erklärung oder Zustellung ist auch dann dem Verein wirksam zugegangen, wenn das empfangende Vorstandsmitglied die Erklärung oder das zugestellte Schriftstück absichtlich unterdrückt.[59]

Die Stellung des Vorstands in Prozessen des Vereins

242 Aus der Stellung des Vorstands als der eines gesetzlichen Vertreters ergibt sich, daß die Vorstandsmitglieder im Rechtsstreit des Vereins nicht als Zeugen vernommen werden dürfen;[60] nach Eröffnung des Konkursverfahrens über das Vermögen des Vereins ist jedoch ihre Vernehmung als Zeugen im

---

[55] Staudinger-Dilcher § 181 Rdnr. 36; Soergel-Hadding § 26 Rdnr. 22; a. A. Stöber, 6. Aufl. Rdnr. 135 (nur bei Ermächtigung in der Satzung).

[56] OLG München NJW-RR 1991, 893; BayObLG Rpfleger 1985, 301 (GmbH); a. A. 14. Aufl. und Soergel-Hadding aaO.

[57] Vgl. für die GmbH: BGHZ 87, 59; BayObLG WPM 1984, 1570; OLG Stuttgart OLGZ 1985, 39.

[58] RGZ 57, 94; 78, 354; 81, 436; 129, 49; BGH WPM 1959, 81; BGHZ 41, 282 (287); BGH NJW 1971, 1358; zur Kenntnis juristischer Personen des Privatrechts von rechtserheblichen Tatsachen siehe Baumann ZGR 1973, 284; zum Beginn der Ausschlußfrist des § 626 Abs. 2 BGB bei Kenntniserlangung durch Organmitglieder siehe Wiesner BB 1988, 1533.

[59] RG JW 1927, 1675; BGHZ 20, 149 = NJW 1956, 869.

[60] Vgl. RGZ 46, 318.

Prozeß des Konkursverwalters zugelassen worden.[61] Von diesem Sonderfall abgesehen, nimmt der Vorstand im Prozeß des Vereins als dessen Vertretungsorgan die Parteirolle ein. Er kann daher nach den Vorschriften der ZPO als Partei vernommen werden. Beim mehrgliedrigen Vorstand bestimmt das Gericht unter entsprechender Anwendung von § 449 ZPO, wen es vernehmen will, alle oder nur einzelne Vorstandsmitglieder (§ 455 Abs. 1 Satz 2 ZPO). Der Vorstand ist auch berechtigt, für den Verein Strafantrag zu stellen.[62] Der Vorstand vertritt den Verein auch im Privatklageverfahren,[63] nicht dagegen bei Beleidigung einzelner Vorstandsmitglieder, auch nicht, wenn sich die Beleidigung auf deren Vereinstätigkeit bezieht.[64] Daß ein Verein strafrechtlichen Ehrenschutz genießt, ist nunmehr in der Rechtsprechung des Bundesgerichtshofs anerkannt worden.[65] Wird nach dem Gesetz über Ordnungswidrigkeiten gegen den Verein eine Geldbuße festgesetzt (§ 30 Abs. 1 OWiG), so wird er in dem etwa sich anschließenden gerichtlichen Verfahren durch den Vorstand vertreten.[66]

Der Vorstand kann für den Verein Konkursantrag stellen oder das Vergleichsverfahren beantragen (§ 42 BGB).

Die Funktion des Vorstands im Offenbarungsverfahren gegen den Verein

Wenn von einem Gläubiger des Vereins gegen diesen das Offenbarungs- **243**
verfahren nach § 807 ZPO betrieben wird oder der Verein nach den Vorschriften des bürgerlichen Rechts zur Abgabe einer eidesstattlichen Versicherung[67] verurteilt ist (vgl. § 889 ZPO), obliegt die Abgabe der Versicherung dem Vorstand als dem Vertretungsorgan des (selbst handlungsunfähigen) Vereins. Daher sind zum entsprechenden Gerichtstermin bei einem **mehrköpfigen Vereinsvorstand** so viele Vorstandsmitglieder zu laden, wie nach dem Gesetz oder der Vereinssatzung zur Vertretung des Vereins erforderlich sind oder genügen.[68] Das bedeutet: bestimmt sich im Einzelfall die Vertretung des Vereins nach dem Gesetz, weil die Satzung hierüber schweigt, so sind so viele Vorstandsmitglieder zu laden, daß diese die Mehrheit[69] des Vorstands repräsentieren. Die **persönliche** Auswahl trifft das Gericht nach seinem pflichtgemäßen Ermessen; dabei sind nach Möglichkeit jene Vorstandsmitglieder heranzuziehen, von denen nach ihren Vereinsämtern anzunehmen ist, daß sie über die Vermögensverhältnisse des Vereins (oder die sonstigen zu offenbarenden Verhältnisse) am besten Bescheid wissen. Besteht aber eine von der gesetzlichen Regelung der Vertretungsmacht abweichende **Satzungsbestimmung,** so ist danach zu verfahren, unter Umständen also nur ein einziges (mit Einzelvertretungsbefugnis ausgestattetes) Vor-

---

[61] RG LZ 1914, 776.
[62] RGSt 15, 145; 35, 268; 44, 348.
[63] Staudinger-Coing § 26 Rdnr. 21.
[64] Vgl. RGSt 68, 124.
[65] BGHSt 6, 186 mit Übersicht über die frühere Rechtsprechung.
[66] Bode S. 50ff.
[67] Früher: Offenbarungseid.
[68] Schweyer Rpfleger 1970, 406; Stöber, 6. Aufl. Rdnr. 262.
[69] Siehe dazu bei Rdnr. 231.

standsmitglied zu laden. Sind zur Vertretung des Vereins im Offenbarungsverfahren mehrere Vorstandsmitglieder erforderlich, so ist die Abgabe der eidesstattlichen Versicherung mit der Folge der Eintragung des Vereins in das Schuldnerverzeichnis erst abgeschlossen, wenn alle die eidesstattliche Versicherung – nicht notwendig in demselben Termin – abgegeben haben.[70] Die Auffassung des Landgerichts Köln,[71] daß die von einem Vorstandsmitglied abgegebene Versicherung auch bei bestehender Mehr- oder Gesamtvertretung die übrigen Vorstandsmitglieder von ihrer Offenbarungspflicht befreie, läßt sich mit dem Begriff der Vertretung eines prozeßunfähigen Schuldners (hier: des eingetragenen Vereins) nicht vereinbaren.[72]

Ist in der Vereinsatzung einem Vorstandsmitglied Einzelvertretungsmacht eingeräumt, so **genügt** zwar die Abgabe der Offenbarungsversicherung durch dieses Vorstandsmitglied, aber der Gläubiger des Vereins hat keinen Anspruch darauf, daß das Vorstandsmitglied von seiner **Befugnis** zur Einzelvertretung des Vereins Gebrauch macht. Weigert sich also das zunächst geladene einzelvertretungsberechtigte Vorstandsmitglied, **allein** über das Vermögen des Vereins Auskunft zu geben, so greift die gesetzliche Regelung der Vertretung des Vereins Platz, so daß nunmehr auch die weiteren erforderlichen Vorstandsmitglieder zur Abgabe der Versicherung zu laden sind. Offenbarungspflichtig sind diejenigen Personen, die im Zeitpunkt des Offenbarungstermins – nicht im Zeitpunkt der Ladung zum Termin – dem Vorstand angehören.[73] Das ist in den Fällen von Bedeutung, in denen während des Offenbarungsverfahrens ein Wechsel im Vorstand eingetreten ist.

Gegenüber der hier vertretenen Auffassung über die Vertretung des Vereins im Offenbarungsverfahren wird im Schrifttum vereinzelt[74] für die entsprechende Anwendung der Vorschriften über die Parteivernehmung (§ 455 Abs. 1, § 449 ZPO) eingetreten. Danach soll das Gericht ohne Rücksicht darauf, wie im Einzelfall bei einem mehrgliedrigen Vereinsvorstand die Vertretung des Vereins geregelt ist, bestimmen, welches Vorstandsmitglied oder welche mehreren Vorstandsmitglieder die Offenbarungsversicherung zu leisten haben.

Legt der Vorstand (oder beim mehrgliedrigen Vorstand ein zur Vertretung des Vereins erforderliches Vorstandsmitglied) nach Zustellung der Ladung zum Offenbarungstermin sein Amt nieder, ohne daß ein neuer Vorstand bzw. ein neues Vorstandsmitglied bestellt wird, so reicht dies allein nicht aus, die Amtsniederlegung als gegen Treu und Glauben (§ 242 BGB) verstoßend und daher als unbeachtlich anzusehen und den Betreffenden weiterhin

---

[70] Schweyer Rpfleger 1970, 406; Zöller-Stöber, 18. Aufl. § 807 Rdnr. 10; vgl. Soergel-Hadding § 26 Rdnr. 14.

[71] Rpfleger 1970, 406.

[72] Ablehnend auch Soergel-Hadding § 26 Rdnr. 14 und Palandt-Heinrichs § 26 Rdnr. 7.

[73] OLG Schleswig Rpfleger 1979, 73 (GmbH); OLG Düsseldorf MDR 1961, 328; OLG Köln Rpfleger 1983, 361 (GmbH); E. Schneider MDR 1983, 724 (725); a. A. OLG Frankfurt Rpfleger 1976, 27 (maßgebend sei der Zeitpunkt der Zustellung der Ladung zum Termin).

[74] Ausführlich Behr Rpfleger 1978, 41 (Abgabe der Offenbarungsversicherung bei einer Mehrheit von gesetzlichen Vertretern).

als offenbarungspflichtig zu behandelnd.[75] Vielmehr sind positive Feststellungen des Vollstreckungsgerichts im Widerspruchsverfahren nach § 900 Abs. 5 ZPO erforderlich, daß der zum Offenbarungstermin Geladene sein Amt nur deshalb niedergelegt hat, um sich selbst der Offenbarungspflicht zu entziehen oder die Offenbarung des Vereinsvermögens zu verhindern. Vermutungen und Wahrscheinlichkeiten reichen dafür nicht aus, sondern der Gläubiger muß Tatsachen darlegen und gegebenenfalls unter Beweis stellen, aus denen sich die Treuwidrigkeit der Amtsniederlegung ergibt.[76]

In das Schuldnerverzeichnis darf nur der **Verein** eingetragen werden; dabei dürfen die Vorstandsmitglieder, die die eidesstattliche Versicherung nach § 807 ZPO abgegeben haben, nicht miteingetragen werden.[77]

Vertretung des Vereins gegenüber den Mitgliedern

Die Stellung des Vorstands als Handlungsorgan des Vereins äußert sich **244**
auch im Verhältnis des Vereins zu seinen Mitgliedern, also im internen, das Vereinsleben betreffenden Bereich.[78] Dabei ist es allerdings in erster Linie Sache der Vereinssatzung, welche Aufgaben hier dem Vorstand zugeteilt sind. Im Regelfall beruft der Vorstand die Mitgliederversammlung ein.[79]

Die Beschlußfassung des mehrgliedrigen Vorstands

Das Gesetz (§ 28 Abs. 1 BGB) bestimmt für die Beschlußfassung des **245**
mehrgliedrigen Vorstands, daß sie sich nach den Vorschriften richtet, die in den §§ 32 und 34 BGB für die Beschlußfassung der Mitgliederversammlung festgesetzt sind. Die **Satzung** kann jedoch von dieser Regelung abweichen.[80] Die gesetzlichen Vorschriften greifen also erst ein, wenn eine besondere Regelung in der Satzung fehlt. Im einzelnen ist auf folgendes hinzuweisen:

Ein Vorstandsbeschluß kann nach dem Gesetz nur in einer **Versammlung** des Vorstands (Vorstandssitzung) gefaßt werden; auf schriftlichem Wege ist er nur mit Zustimmung aller Vorstandsmitglieder zur Beschlußsache möglich. Von dieser gesetzlichen Regelung kann die Satzung jedoch abweichen. So kann sie beispielsweise bestimmen, daß ein Vorstandsbeschluß auch durch telefonische Absprache zustande kommen kann.

Zur **Beschlußfähigkeit** des Vorstandes ist nach dem **Gesetz** nicht erfor- **245a**
derlich, daß zur Vorstandssitzung eine Mindestzahl von Vorstandsmitgliedern erscheint. Häufig findet sich jedoch in der Vereinssatzung eine Bestimmung, daß zur Beschlußfähigkeit des Vorstands die Anwesenheit einer bestimmten Person (z. B. des Vorsitzenden oder des Stellvertreters), einer bestimmten Zahl von Vorstandsmitgliedern oder eines bestimmten Bruchteils der Vorstandsmitglieder (z. B. eines Drittels) erforderlich ist. Im letzteren

---

[75] OLG Köln Rpfleger 1983, 361 = MDR 1983, 676; E. Schneider MDR 1983, 724 (726); a. A. LG Hannover DGVZ 1981, 60; Stein-Jonas-Münzberg § 807 Anm. 46.

[76] E. Schneider MDR 1983, 724 (726).

[77] LG Braunschweig NdsRpfl. 1982, 139 (GmbH); a. A. Bondi ZZP 32, 235.

[78] KG Rpfleger 1978, 133 = OLGZ 1978, 272 (274) = MDR 1978, 576.

[79] Näheres bei Rdnr. 157.

[80] Mit Ausnahme des in § 34 BGB geregelten Stimmrechtsausschlusses (vgl. § 40 BGB; dazu eingehend Soergel-Hadding § 28 Rdnr. 2).

Fall ist bei der Feststellung, ob der Vorstand beschlußfähig ist, von der in der Satzung festgesetzten Zahl der Vorstandsmitglieder auszugehen, nicht etwa von der Zahl der Vorstandsmitglieder, die zur Zeit der Beschlußfassung dem Vorstand angehören.[81] Besteht beispielsweise nach der Satzung der Vorstand aus neun Personen und sind inzwischen drei Mitglieder ausgeschieden (durch Tod, Austritt, Ausschluß, Ablauf der Amtsdauer usw.), so ist in dem oben genannten Beispiel der Vorstand nur beschlußfähig, wenn mindestens drei Vorstandsmitglieder zur Vorstandssitzung erschienen sind.

Wenn die Satzung keine Bestimmung über die Beschlußfähigkeit des Vorstands enthält, so bedeutet das keineswegs, daß der Vorstand nur bei Anwesenheit aller Vorstandsmitglieder beschlußfähig ist,[82] vielmehr können in diesem Fall die zur Vorstandssitzung erschienenen Vorstandsmitglieder, etwa auch nur ein einziges Vorstandsmitglied, Beschlüsse fassen.

Problematisch ist jedoch vorweg, ob der Vorstand schon dadurch beschlußunfähig wird, daß ein Vorstandsmitglied (oder mehrere) aus dem Vorstand ausscheidet und damit der Vorstand nicht mehr die satzungsmäßige Zahl von Vorstandsmitgliedern hat. Zuzustimmen ist der Auffassung, daß ein nicht vollzählig besetzter Vorstand bis zu seiner Vervollständigung – unter Umständen auch durch das Gericht – keine Beschlüsse fassen kann.[83] Von einer Beschlußfassung des Vorstandes kann nur gesprochen werden, wenn der Vorstand überhaupt vorhanden ist, das heißt die nach der Satzung erforderlichen Mitglieder hat.[84] Wenn im Einzelfall etwas anderes gelten soll, also auch ein Rumpfvorstand Beschlüsse fassen darf, muß sich dies aus der Satzung ergeben. Dabei stellt sich die Frage, ob eine Satzungsbestimmung, wonach zur Beschlußfähigkeit des Vorstands die **Anwesenheit** einer bestimmten Anzahl oder eines Bruchteils der Vorstandsmitglieder notwendig ist, auch den Fall einschließt, daß im Zeitpunkt der Beschlußfassung dem Vorstand weniger Mitglieder angehören, als dies in der Satzung vorgeschrieben ist. Der Bundesgerichtshof hat dies im Fall eines unterbesetzten Aufsichtsrats einer Genossenschaft ohne weiteres bejaht.[85] Für den Aufsichtsrat einer Aktiengesellschaft ist das Problem im Gesetz (§ 108 Abs. 2 Satz 4 AktG) dahin gelöst, daß der Beschlußfähigkeit der Umstand nicht entgegensteht, daß dem Aufsichtsrat weniger Mitglieder als die durch Gesetz oder Satzung festgesetzte Zahl angehören. Als Ausdruck eines allgemeinen Rechtsgedankens des privaten Körperschaftsrechts ist diese Regelung wohl nicht anzusehen; eine entsprechende Anwendung auf die Beschlußfassung des Vereinsvorstands erscheint nicht vertretbar. Es kommt daher darauf an, welchen Zweck eine Satzungsbestimmung, die die Beschlußfähigkeit des Vorstands betrifft, verfolgt. Dies ist durch Auslegung der Satzung – unter Umständen mit Heranziehung der Vereinsübung – festzustellen. Im Zweifelsfall ist anzunehmen, daß eine solche Bestimmung nur verhüten will, daß durch eine zu geringe Zahl der an der Beschlußfassung mitwirkenden Perso-

---

[81] BGHZ 4, 224 (228) = NJW 1952, 343 für den Aufsichtsrat einer Genossenschaft.

[82] So nun auch R-D, 5. Aufl. Rdnr. 1468.

[83] OLG Hamburg Recht 1935 Nr. 6158 (Genossenschaft).

[84] So zutreffend Fuchs Recht 1912, 668; zustimmend R-D, 5. Aufl. Rdnr. 1468; BayObLGZ 1985, 24 (29); BayObLG Rpfleger 1988, 416.

[85] BGH wie Fn. 81.

nen eine Zufallsentscheidung ergeht; eine weitergehende Bedeutung in dem Sinn, daß die Beschlußfähigkeit auch dann gegeben ist, wenn nur die geforderte Mindestzahl von Vorstandsmitgliedern vorhanden (und erschienen) ist, ist jedoch nicht anzunehmen.

Zur Vorstandssitzung müssen alle Vorstandsmitglieder unter Angabe des Ortes und der Zeit der Sitzung geladen werden. Hinsichtlich des **Ortes,** an dem die Vorstandssitzungen abgehalten werden, ist der Satzung weiter Spielraum gelassen. Fehlt eine solche Regelung in der Satzung und sagt auch eine Geschäftsordnung darüber nichts aus, so kann derjenige, der für die Einberufung des Vorstandes zu einer Sitzung zuständig ist, von Fall zu Fall bestimmen, wo die Sitzung stattfindet. Sein Ermessen ist lediglich insoweit eingeschränkt, als sich die Wahl des Versammlungsortes im Rahmen des den übrigen Vorstandsmitgliedern Zumutbaren halten muß. Diese Grundsätze gelten auch hinsichtlich des **Zeitpunktes** der Vorstandssitzung. Auf anderweite Verpflichtungen der Vorstandsmitglieder sowie bekannte oder vorhersehbare Verhinderungen ist bei der Terminierung der Vorstandssitzung, soweit dies die zu beschließende Angelegenheit gestattet, Rücksicht zu nehmen. Die Einladung zur Vorstandssitzung ist entbehrlich, wenn Zeit und Ort der Vorstandssitzung ein für allemal festgesetzt sind,[86] was in einer Geschäftsordnung geschehen kann (z. B. Vorstandssitzungen finden jeden 1. Mittwoch des Monats um 20 Uhr im Clubheim statt). Unterbleibt die erforderliche Ladung auch nur eines einzigen Vorstandsmitglieds und nimmt dieses nicht von sich aus an der Sitzung teil, so sind die gefaßten Beschlüsse regelmäßig nichtig.[87] Es erscheint jedoch vertretbar, in dem Fall, daß die Ladung eines Vorstandsmitglieds versehentlich unterblieben ist, die Rechtsprechung, die der Bundesgerichtshof[88] für die unterbliebene Ladung von Mitgliedern zur Mitgliederversammlung aufgestellt hat, entsprechend anzuwenden und den Vorstandsbeschluß ausnahmsweise für gültig zu erachten, wenn – was im Streitfall der Verein zu beweisen hätte – feststeht, daß der Beschluß auch bei Beteiligung des nicht geladenen Vorstandsmitglieds gefaßt worden wäre. **245b**

Für die **Form** der Einladung (z. B. schriftlich, telefonisch, per Telefax, durch Anschlag im Clubheim) besteht keine gesetzliche Vorschrift. Anders als für die Berufung der Mitgliederversammlung (vgl. § 58 Nr. 4 BGB) verlangt das Gesetz nicht, daß in der Satzung bestimmt sein soll, in welcher Form die Einladung zur Vorstandssitzung zu geschehen hat. Natürlich kann die Satzung oder die Geschäftsordnung dies regeln; dann ist danach zu verfahren. Fehlt aber eine ausdrückliche Regelung, so liegt es näher, anzunehmen, daß die Form der Einladung zur Vorstandssitzung frei gewählt werden darf, als aus dem Schweigen der Satzung zu schließen, daß die Form einzuhalten sei, die für die Berufung der Mitgliederversammlung in der Satzung vorgeschrieben ist. Dafür spricht schließlich auch, daß die dem Vorstand regelmäßig übertragene Geschäftsführung des Vereins um so effektiver besorgt werden kann, je weniger sie in formeller Beziehung reglementiert ist. **245c**

---

86 RGZ 66, 369; vgl. BayObLGZ 7, 99.
87 OLG Schleswig NJW 1960, 1862.
88 BGHZ 59, 369; dazu im einzelnen bei Rdnr. 175.

245d Auch für die Ladungs**frist** wird aus einem Schweigen der Satzung nicht zwingend auf die Einhaltung der Frist zur Einberufung der Mitgliederversammlung geschlossen werden können, vor allem dann, wenn diese Frist ersichtlich auf die Verhältnisse der Vereinsmitglieder abgestellt ist und sie für ein häufiger tagendes Vereinsorgan, wie es der Vorstand in aller Regel ist, bei vernünftiger Auslegung der Satzung nicht gewollt sein kann. In einem solchen Falle wird die Ladungsfrist für Vorstandssitzungen in einer Geschäftsordnung geregelt werden dürfen, und bis zu ihrem Erlaß die Einhaltung einer angemessenen Frist Platz greifen.[89]

Die Anberaumung einer Vorstandssitzung und Ladung der Vorstandsmitglieder ist, wenn die Satzung nichts anderes bestimmt, Sache des Vorsitzenden des Vorstands. Ist nach der Satzung der erste Vorsitzende zur Einberufung der Versammlung zuständig, so ist eine Einberufung des Vorstands gegen seinen Willen durch ein anderes Vorstandsmitglied ungültig.[90] Davon zu unterscheiden ist der Fall, daß ein Vorstandsmitglied durch die Satzung mit der Stellvertretung des Vorsitzenden betraut ist; hier ist der Stellvertreter des Vorsitzenden befugt, eine Vorstandssitzung einzuberufen, wenn der Vorsitzende verhindert ist oder die Berufung grundlos unterläßt. Diese Befugnis wird aus der dem stellvertretenden Vorsitzenden eingeräumten Stellung hergeleitet, die ihn im Bedarfsfall zur Geschäftsführung anstelle des Vorsitzenden beruft. Derjenige, der zur Einberufung einer Vorstandsversammlung berechtigt ist, braucht die Einladung nicht persönlich vorzunehmen; er kann sich vielmehr eines anderen als sogenanntem Erfüllungsgehilfen bedienen. Es ist jedoch zweckmäßig, daß der Beauftragte bei der Unterzeichnung der Einladung deutlich macht, daß und in wessen Auftrag er handelt.

245e Voraussetzung eines gültigen Vorstandsbeschlusses ist ferner, daß die Gegenstände der Beschlußfassung des Vorstands (also die Tagesordnung) bei der Einladung mitgeteilt werden. Farblose Bezeichnungen wie z. B. „Verschiedenes" genügen nicht. Die Mitteilung ist, wenn auch in schlagwortartiger Form, so zu fassen, daß die Vorstandsmitglieder im wesentlichen erkennen können, worum es in der Vorstandssitzung geht, und sich entsprechend darauf vorbereiten können.[91] Die Mitteilung der **Tagesordnung** ist jedoch **entbehrlich,** wenn in der Satzung hierauf verzichtet ist. Enthält die Satzung nur für die Einberufung der Mitgliederversammlung eine solche Erleichterungsvorschrift, so bedarf es auch bei der Einberufung des Vorstandes der Angabe der Tagesordnung nicht.[91]

245f **Sämtliche Vorstandsmitglieder** können jedoch auch **ohne Beachtung von Verfahrensvorschriften** zu einer Vorstandssitzung zusammentreten und dort wirksame Beschlüsse fassen, wenn kein Vorstandsmitglied dem widerspricht.[92]

Soll die bereits anberaumte Vorstandssitzung aus irgendwelchen Gründen nicht abgehalten werden, ist sie von demjenigen **abzusagen,** der zur Einberufung befugt ist. Aus Gründen der Rechtssicherheit wird in der Rechtspre-

[89] Mergelmeyer Rpfleger 1966, 197 Fußn. 13; v. Zwehl NJW 1958, 1224.
[90] BayObLGZ 1928, 328 (335).
[91] BayObLG JFG 6, 230; R-D, 5. Aufl. Rdnr. 1467.
[92] Soergel-Hadding § 28 Rdnr. 4.

chung verlangt, daß die Absetzung, auch wenn sie nicht unter allen Umständen in der für die Einberufung gesetzlich oder satzungsmäßig vorgeschriebenen Form geschehen muß, eindeutig vorgenommen wird.[93] Andernfalls können in der trotzdem abgehaltenen Vorstandssitzung Beschlüsse gefaßt werden.

Eintragung abweichender Bestimmungen in das Vereinsregister

Über die Beschlußfassung des Vorstands enthält das Gesetz unmittelbar keine Vorschriften. Es verweist vielmehr in § 28 Abs. 1 BGB auf die für die Beschlüsse der Mitgliederversammlung bestehenden **gesetzlichen** Vorschriften (§§ 32, 34). Soweit Satzungsbestimmungen **hiervon** Abweichungen enthalten, sind sie in das Vereinsregister einzutragen und erlangen damit in gewissen Fällen Außenwirkung. **246**

Für die Beschlußfassung der Mitgliederversammlung stellt das **Gesetz** (§ 32 BGB) folgende Regeln auf:

1. Die Beschlußfassung erfolgt in einer **Versammlung** (mit Gelegenheit zu mündlicher Erörterung).
2. Der **Gegenstand der Beschlußfassung** (die sogenannte Tagesordnung) muß bei der Einladung zur Versammlung bezeichnet werden.
3. Beschlüsse werden mit Stimmenmehrheit gefaßt.[94]
4. Ohne Versammlung der Mitglieder ist ein Beschluß gültig, wenn alle Mitglieder ihre Zustimmung zu dem Beschluß **schriftlich** erklären.

Wenn die Satzung für die Beschlußfassung des Vorstands Bestimmungen enthält, in denen von diesen Regeln – erleichternd oder erschwerend – abgewichen wird, ist der Inhalt der abweichenden Bestimmung in das Vereinsregister einzutragen (§ 64 BGB). Dieses **Eintragungsgebot entfällt** jedoch, wenn es nach dem übrigen Inhalt der Satzung für die Wirksamkeit der Vertretungshandlungen des Vorstands nicht darauf ankommt, ob sie von einem ordnungsgemäßen Beschluß des Vorstands gedeckt sind. Das ist der Fall, wenn die Satzung – bei mehrgliedrigem Vorstand – eine eigene Regelung über die Vertretungsmacht der Vorstandsmitglieder enthält. Denn damit ist im Zweifel gewollt, ihnen die von weiteren Voraussetzungen, also auch von der internen Beschlußfassung, unabhängige Rechtsmacht zu verleihen, gegenüber Dritten zugunsten und zu Lasten des Vereins tätig zu werden.[95] Ein solcher Fall ist z. B. gegeben, wenn in der Satzung jedem Vorstandsmitglied Einzelvertretungsbefugnis erteilt[95] oder bestimmt ist, daß der Verein durch jeweils zwei Vorstandsmitglieder vertreten wird. Das gleiche gilt für alle sonst zulässigen Varianten der Vertretung ohne Rücksicht darauf, ob diese gegenüber der gesetzlichen Regelung der Vertretung (Vertretung durch die Mehrheit der Vorstandsmitglieder) eine Erleichterung oder eine Erschwerung darstellen. Das erwähnte Eintragungsgebot kann jedoch noch zum Zuge kommen, wenn die satzungsmäßige Regelung der Vertretungsmacht

---

[93] RGZ 166, 129 (133, für GmbH); siehe auch bei Rdnr. 157.

[94] Zur Berechnung siehe BGH NJW 1982, 1585 = MDR 1982, 551; vgl. auch Rdnr. 206.

[95] BGHZ 69, 250 = NJW 1977, 2310 = DNotZ 1978, 88; siehe dazu auch bei Rdnr. 232.

nur einen Teil der Vorstandsmitglieder betrifft. Ein solcher Fall liegt z. B. vor, wenn bei einem Vorstand, der aus drei oder mehr Mitgliedern besteht, in der Satzung einem einzelnen Vorstandsmitglied – etwa dem Vorsitzenden – das Recht eingeräumt ist, den Verein allein zu vertreten, und hinsichtlich der übrigen Vorstandsmitglieder nichts bestimmt ist. Dann bleibt für diese Vorstandsmitglieder die Möglichkeit bestehen, als Vorstandsmehrheit von der gesetzlichen Vertretungsmacht Gebrauch zu machen, so daß es hierfür auf die Erfordernisse einer ordnungsgemäßen Beschlußfassung des Vorstands ankommen kann.

Als abweichende Regelungen, die unter den soeben dargelegten Voraussetzungen in das Vereinsregister einzutragen sind, kommen hauptsächlich in Betracht eine Satzungsbestimmung, wonach bei der Einladung zur Vorstandssitzung der Gegenstand der Beschlußfassung (die Tagesordnung) nicht mitgeteilt werden muß, ferner Bestimmungen, die gestatten, daß ein Vorstandsbeschluß außerhalb einer Vorstandssitzung auch telefonisch gefaßt werden kann, oder die bei einer schriftlichen Beschlußfassung eine bestimmte Mehrheit genügen lassen. Viele Satzungen enthalten auch Bestimmungen über die Beschlußfähigkeit des Vorstands und verlangen z. B. die Anwesenheit einer bestimmten Zahl der Vorstandsmitglieder oder eines bestimmten Vorstandsmitglieds (etwa des Vorsitzenden). Solche Bestimmungen sind einzutragen, da das Gesetz an die Beschlußfähigkeit der Mitgliederversammlung keine besonderen Anforderungen stellt. Zu erwähnen sind in diesem Zusammenhang schließlich Satzungsvorschriften über die Abstimmung in der Vorstandssitzung. Diese sind einzutragen, soweit dabei von der Regelung des Gesetzes über die Beschlußfassung der Mitgliederversamlung abgewichen wird. Hierzu ist in § 32 BGB bestimmt, daß bei der Beschlußfassung die Mehrheit der **erschienenen** Mitglieder entscheidet. Daraus wurde gefolgert, daß bei der Ermittlung der Mehrheit Stimmenthaltungen und ungültige Stimmen von der Zahl der bei der Beschlußfassung anwesenden Mitglieder nicht abgezogen werden dürfen, so daß sich diese Stimmen wie Nein-Stimmen auswirkten. Dementsprechend wurden Satzungsbestimmungen, wonach bei der Beschlußfassung des Vorstands die Mehrheit der **abgegebenen Stimmen** entscheidet, als Abweichungen von der Regel in § 32 BGB angesehen und deren Eintragung in das Vereinsregister verlangt. Nunmehr hat jedoch der Bundesgerichtshof[96] entschieden, daß bei der Beschlußfassung der Mitgliederversammlung nach dem Gesetz (§ 32 BGB) die Mehrheit nur nach der Zahl der abgegebenen Ja- und Nein-Stimmen zu berechnen ist und Stimmenthaltungen nicht mitzuzählen sind. Aus dieser Grundsatzentscheidung ergibt sich für den Anwendungsbereich des § 64 BGB in der Registerpraxis, daß Satzungsbestimmungen, wonach die Beschlüsse des Vorstands mit der Mehrheit der abgegebenen Stimmen gefaßt werden, keine Abweichung von der Regelung in § 32 BGB darstellen und infolgedessen nicht in das Vereinsregister einzutragen sind. Dagegen fallen Bestimmungen, die für Vorstandsbeschlüsse eine andere als die einfache Stimmenmehrheit fordern oder für Stimmengleichheit eine positive Regelung treffen, nach wie vor unter das Eintragungsgebot.

[96] BGH wie Fn. 94.

Ein fehlerhaft zustande gekommener Vorstandsbeschluß kann durch einen Beschluß der Mitgliederversammlung nur „geheilt" werden, wenn diese in der betreffenden Angelegenheit eine eigene Zuständigkeit besitzt, z. B. wenn sie als vereinsinterne Berufungsinstanz über den vom Vorstand beschlossenen Ausschluß eines Mitglieds zu befinden hat.[97] Diese Zuständigkeit fehlt ihr aber bei Beschlüssen über Vertretungshandlungen des Vorstands. **247**

Die Beschlußfassung des Vorstands im einzelnen

Bei der Beschlußfassung des Vorstands entscheidet nach dem Wortlaut des Gesetzes die Mehrheit der **erschienenen** Vorstandsmitglieder (§ 32 Abs. 1 Satz 3 in Verbindung mit § 28 Abs. 1 BGB), so daß Stimmenthaltungen und ungültige Stimmen sich praktisch als Nein-Stimmen auswirken würden.[98] Diese bis zur 13. Auflage dieses Buches gezogene Folgerung wird nach der genannten Entscheidung des Bundesgerichtshofs[96] nicht mehr aufrechterhalten. Danach ist bei der Abstimmung in der Vorstandssitzung – ebenso wie bei der Abstimmung in der Mitgliederversammlung – die Mehrheit nur nach der Zahl der **abgegebenen** (gültigen) Ja- und Nein-Stimmen zu berechnen; Stimmenthaltungen und ungültige Stimmen sind nicht mitzuzählen. Ein in der Vorstandssitzung zur Abstimmung gestellter Antrag ist daher angenommen, wenn die Zahl der Ja-Stimmen größer ist als die Zahl der Nein-Stimmen. Haben beispielsweise von fünf anwesenden Vorstandsmitgliedern 2 sich der Stimme enthalten, so ist der Antrag angenommen, wenn von den übrigen drei Vorstandsmitgliedern mindestens zwei für den Antrag stimmen. Bei Gleichheit der Ja- und Nein-Stimmen ist der Antrag abgelehnt. Die Satzung kann jedoch von dieser gesetzlichen Regelung abweichen (§ 40 BGB), beispielsweise bestimmen, daß bei Stimmengleichheit die Stimme des Vorsitzenden den Ausschlag gibt. **248**

Die Entscheidung des Bundesgerichtshofs zur Auslegung des Begriffs „Mehrheit der erschienenen Mitglieder" veranlaßt uns, bei der Beurteilung, ob die Satzung für die Beschlußfassung des Vorstands eine vom Gesetz abweichende Regelung enthält, auf folgendes hinzuweisen: Bestimmt die Satzung, wie das in vielen Fällen so ist, daß bei der Beschlußfassung des Vorstands die Mehrheit der **erschienenen** Vorstandsmitglieder entscheidet, so wird damit lediglich der Wortlaut des Gesetzes übernommen. Daraus wird in aller Regel deutlich, daß die Satzung keine von der gesetzlichen Regelung abweichende Bestimmung treffen will, sondern diese lediglich – zur Klarstellung – wiedergibt. Der vom Bundesgerichtshof als die gesetzliche Regel für die Beschlußfassung im Verein aufgestellte Rechtssatz (Berechnung der Mehrheit nur nach der Zahl der Ja- und Nein-Stimmen) gilt daher auch für diese Satzungsvorschrift. Es empfiehlt sich jedoch, bei Gelegenheit den Wortlaut dieser Satzungsvorschrift diesem Rechtssatz anzupassen, um auch in Zukunft keinen Zweifel darüber aufkommen zu lassen, wie bei der Beschlußfassung des Vorstands die Mehrheit zu berechnen ist.

Ist nur **ein** Vorstandsmitglied erschienen, so kann dieses, falls die Satzung nicht die Anwesenheit einer größeren Zahl von Mitgliedern zur Beschlußfas-

[97] Vgl. RG Warn. 1913 Nr. 182.

[98] Siehe dazu bei Rdnr. 206.

sung verlangt, **einstimmig** beschließen.[99] Voraussetzung ist allerdings, daß der Gegenstand der Beschlußfassung weder die Vornahme eines Rechtsgeschäfts mit diesem Mitglied noch die Einleitung oder Erledigung eines Rechtsstreits zwischen ihm und dem Verein betrifft. Denn in diesem Fall hat das Mitglied kein Stimmrecht.[100] Die Vertretung eines Vorstandsmitglieds durch eine nicht dem Vorstand angehörende Person ist nicht zulässig.[101]

Dem Dritten gegenüber wird der ordnungsgemäß gefaßte Beschluß – sofern die Wirksamkeit des Rechtsgeschäfts überhaupt von der Beschlußfassung abhängt – erst wirksam, wenn er ihm mitgeteilt wird. Bis dahin handelt es sich bei dem gefaßten Beschluß um eine innere Angelegenheit,[102] so daß der Beschluß jederzeit aufgehoben oder abgeändert werden kann.[103]

Über eine schriftliche Niederlegung der Vorstandsbeschlüsse (Sitzungsprotokoll) enthält das Gesetz keine Vorschriften. Ist dies durch die Satzung vorgeschrieben, so wird man darin in der Regel keine Voraussetzungen für die **Wirksamkeit** eines Vorstandsbeschlusses, sondern lediglich eine Ordnungsvorschrift mit Beweisfunktion zu erblicken haben. Der Beschluß ist dann trotz unterbliebener Aufzeichnung gültig. Um spätere unerquickliche Erörterungen über die Geschäftsführung des Vorstands zu vermeiden, ist jedoch dringend zu empfehlen, Beschlüsse des Vorstands unter Angabe des Abstimmungsergebnisses schriftlich niederzulegen.

Stellvertretende Vorstandsmitglieder und Ersatzmitglieder

249 Für stellvertretende Vorstandsmitglieder einer Aktiengesellschaft bestimmt § 94 des Aktiengesetzes, daß die Vorschriften für die Vorstandsmitglieder auch für sie gelten. Damit wird zwar einer alten Übung vor allem der Großgesellschaften Rechnung getragen, zwischen „ordentlichen" und „stellvertretenden" Vorstandsmitgliedern zu unterscheiden und so innerhalb des Vorstands eine gewisse Rangordnung zu bilden, gleichzeitig wird aber im Gesetz zum Ausdruck gebracht, daß in rechtlicher Hinsicht ein Unterschied nicht besteht. Das stellvertretende Vorstandsmitglied einer Aktiengesellschaft ist also entgegen dem Wortsinn seiner Bezeichnung nicht nur im Vertretungsfall, sondern ständig Mitglied des Vorstands.[104] Ob und inwieweit es in seinen Geschäftsführungsbefugnissen oder in sonstiger Beziehung hinter einem ordentlichen Vorstandsmitglied zurücksteht, bestimmt sich in erster Linie nach der Geschäftsordnung und dem Anstellungsvertrag.

Für den eingetragenen Verein fehlt eine entsprechende gesetzliche Regelung, die stellvertretende Vorstandsmitglieder rechtlich den Vorstandsmitgliedern gleichstellt. Soll mit der Bezeichnung „Stellvertreter" ein stellvertretendes Vorstandsmitglied gemeint sein, das nur im Vertretungsfall Mitglied des Vorstands ist, so wäre eine solche bedingte Zugehörigkeit zum

---

[99] KGJ 42, 164 (166).
[100] Staudinger-Coing § 28 Rdnr. 6.
[101] OLG Hamm OLGZ 1978, 26 (29).
[102] RG Recht 1909 Nr. 3517 und 1920 Nr. 3229.
[103] OLG Nürnberg ZgGenW 11, 454.
[104] Zum Begriff des stellvertretenden Vorstandsmitglieds einer AG siehe Schlaus Betrieb 1971, 1653 und die dort angegebene Literatur.

Vertretungsorgan des Vereins unzulässig.[105] Ist hingegen dasselbe wie bei der Aktiengesellschaft gemeint, so handelt es sich um ein (ständiges) Mitglied des Vorstands, das mit der stellvertretenden Wahrnehmung eines **Vereinsamts** betraut ist, z. B. als stellvertretender Vorsitzender bezeichnet wird. In das Vereinsregister darf – anders als bei Aktiengesellschaft und GmbH in das Handelsregister[106] – die Eigenschaft als Stellvertreter aber nicht eingetragen werden;[107] deshalb empfiehlt es sich bei Anmeldungen, nicht vom Vorsitzenden und vom Stellvertreter, sondern vom 1. und 2. Vorsitzenden zu sprechen.

Der Stellvertreter rückt aber beim Ausscheiden des eigentlichen Amtsinhabers, z. B. des 1. Vorsitzenden, nicht ohne weiteres in dessen Vereinsamt ein. Denn in der Bestellung zum Stellvertreter kann in aller Regel nicht zugleich die (bedingte) Bestellung zum Nachfolger des betreffenden Amtsinhabers gefunden werden.[108]

Die Satzung kann vorsehen, daß bei der Bestellung der Vorstandsmitglieder bereits **Ersatzmitglieder** für die etwa während der Amtsperiode des Vorstands ausscheidenden Vorstandsmitglieder, und zwar für deren restliche Amtszeit, bestellt werden. Bei der Bestellung mehrerer Ersatzmitglieder ist die Reihenfolge festzulegen, in der sie zum Zuge kommen.

Der Wirkungskreis des Vorstands

Der Vorstand ist nach dem Gesetz nicht nur das Vertretungsorgan des Vereins, sondern auch, wie sich aus § 27 Abs. 3 BGB ergibt, das Organ, dem die **Geschäftsführung**[109] des Vereins obliegt. In der älteren obergerichtlichen Rechtsprechung[110] wurden keine Bedenken dagegen erhoben, daß in der Vereinssatzung die Geschäftsführung des Vereins einem anderen Vereinsorgan übertragen wird und die Funktion des Vorstands (im Sinne des Gesetzes) auf die Vertretung des Vereins nach außen beschränkt bleibt. In neuerer Zeit ist die Zulässigkeit einer solchen Regelung bezweifelt worden.[111] Aus § 64 Satz 2 BGB, wonach Satzungsbestimmungen, die die Beschlußfassung des Vorstands abweichend von der Vorschrift des § 28 Abs. 1 BGB regeln, in das Vereinsregister einzutragen sind, wurde gefolgert, daß eine ordnungsgemäße Beschlußfassung des Vorstands Voraussetzung für die Wirksamkeit seiner Außentätigkeit sei;[112] daher könne nicht die gesamte Geschäftsführung einem anderen Vereinsorgan als dem Vorstand übertragen werden.[113] Dem- **250**

105 Vgl. dazu OLG Celle Rpfleger 1968, 282 = NJW 1969, 326; BayObLGZ 1969, 33 = Rpfleger 1969, 130; Mittenzwei MDR 1991, 492 (495 f.).

106 Für die GmbH: Hachenburg-Mertens, 7. Aufl. § 44 Rdnr. 10.

107 BayObLGZ 1992, 16 (21) = NJW-RR 1992, 802 (803) = Rpfleger 1992, 255 (256).

108 BayObLG Rpfleger 1972, 400.

109 Einzelheiten bei Rdnr. 277.

110 KG RsprOLG 42, 196; BayObLGZ 1916, 134.

111 Mergelmeyer Rpfleger 1966, 197; BayObLGZ 1971, 266 = DNotZ 1972, 79 mit abl. Anm. von Wolfsteiner = Rpfleger 1971, 352; BayObLGZ 1972, 286 = Rpfleger 1972, 440 = DNotZ 1973, 47.

112 KG JW 1936, 2929 = HRR 1936 Nr. 1208; BayObLG wie Fn. 111; Staudinger-Coing § 28 Rdnrn. 7, 8.

113 BayObLG wie Fn. 111.

gegenüber hat der Bundesgerichtshof[114] entschieden, daß ein Verein, der durch seine Satzung den Vorstandsmitgliedern Einzelvertretungsmacht eingeräumt hat, in der Satzung die interne Beschlußfassung (Geschäftsführung) einem **anderen Organ** als dem Vorstand im Sinne des § 26 Abs. 2 BGB übertragen kann. Das ist im wesentlichen damit begründet worden, daß, wie sich aus § 40 BGB ergebe, die Abhängigkeit der Vertretungsmacht von der Beschlußfassung im Vereinsrecht durch die Satzung beseitigt werden könne. Verleihe aber die Satzung den Mitgliedern des Vorstands ausdrücklich Vertretungsmacht, so sei damit im Zweifel gewollt, ihnen die von weiteren Voraussetzungen unabhängige Rechtsmacht einzuräumen, gegenüber Dritten zugunsten und zu Lasten des Vereins rechtswirksam tätig zu werden; es solle dann insofern nichts anderes als etwa bei der Aktiengesellschaft, der GmbH, der Genossenschaft und den Personengesellschaften des Handelsrechts gelten, wo sich weder Dritte noch die Gesellschaft oder Genossenschaft auf abweichende oder fehlende Geschäftsführungsbeschlüsse berufen könnten, die Vertretungshandlung mithin in jedem Fall wirksam sei. Wenn aber Einzelvertretung und Unabhängigkeit der Vertretungsmacht von der Beschlußfassung auch im Vereinsrecht in Betracht komme, dann sei der Argumentation, zwischen geschäftsführendem und vertretungsberechtigtem Vorstand müsse immer Identität bestehen, weil sonst der Vorstand entgegen § 26 Abs. 2 BGB allein nicht handlungsfähig sei, der Boden entzogen. Dieser Auffassung, die einer weit verbreiteten Vereinspraxis entspricht, wonach in der Satzung die Geschäftsführung des Vereins einem „erweiterten Vorstand" oder einem „Gesamtvorstand" übertragen ist, ist zuzustimmen.

Der dem Bundesgerichtshof vorgelegte Sachverhalt gab allerdings keinen Anlaß, grundsätzlich zu der Frage Stellung zu nehmen, ob die Übertragung der Geschäftsführung auf ein anderes Vereinsorgan so weit gehen darf, daß dem Vorstand auch die zur Vertretung nach außen erforderliche Bildung eines Erklärungswillens entzogen wird. Diese Frage ist weiterhin zu verneinen.[115] Denn zum Wesen des Vorstands gehört die Fähigkeit, an der internen Beschlußfassung (Geschäftsführung) wenigstens insoweit teilzuhaben, als diese mit der Vertretungshandlung nach außen untrennbar zusammenhängt.

Bei Aufteilung der Geschäftsführung innerhalb des Vorstands nach klar abgegrenzten Sachgebieten (Vereinsämtern) besteht grundsätzlich keine gegenseitige Aufsichtspflicht der Vorstandsmitglieder,[116] jedenfalls dann nicht, wenn die Geschäftsverteilung bereits in der Satzung geregelt ist. Da für die Geschäftsführung des Vorstands das Auftragsrecht des BGB heranzuziehen ist (§ 27 Abs. 3 BGB), kann die Mitgliederversammlung dem Vorstand auch für einzelne Geschäfte Weisungen erteilen, sofern die Entscheidung über die Vornahme bestimmter Geschäfte nicht ausdrücklich in der Satzung dem Vorstand allein übertragen ist.

---

114 BGHZ 69, 250 = Rpfleger 1977, 406 = WPM 1977, 1256 = NJW 1977, 2310 mit Anm. von Kirberger NJW 1978, 415 = DNotZ 1978, 88 = BB 1977, 1518.

115 BayObLG wie Fn. 111; Danckelmann NJW 1973, 735 (738); Kirberger NJW 1978, 415 (416).

116 Erman-Westermann § 27 Anm. 6; Liebisch JherJ 83, 379.

Für die Erfüllung der besonderen bußgeldbewehrten Pflichten des Vereins haben jedoch alle Mitglieder des Vorstands unabhängig von der internen Geschäftsverteilung einzustehen.[117]

Die Bestellung des Vorstands

Für die Bestellung des Vorstands ist in erster Linie das in der Satzung **251** bestimmte Vereinsorgan zuständig. Dies wird regelmäßig die Mitgliederversammlung sein. Nicht selten überträgt jedoch die Satzung die Bestellung des Vorstands einem besonderen Organ (Präsidium, Verwaltungsrat, Beirat, Gesamtvorstand, Kuratorium, Direktorium usw.). In diesem Fall ist mit der Anmeldung des Vereins zur Eintragung in das Vereinsregister sowie bei der Anmeldung neu gewählter Vorstandsmitglieder auch eine Abschrift über die Bestellung dieses Organs beim Registergericht einzureichen.[118] Ergibt sich aus der Satzung nichts über die Zuständigkeit zur Vorstandsbestellung, so greift das Gesetz ein, das in § 27 BGB bestimmt, daß die Bestellung des Vorstands durch Beschluß der Mitgliederversammlung erfolgt. Über die Rechtsnatur der Bestellung werden im Fachschrifttum die verschiedensten Meinungen vertreten. Die wohl überwiegende Meinung geht dahin, in der Vorstandswahl einen Vereinsakt (Sozialakt der körperschaftlichen Willensbildung) zu erblicken.[119] Die Bestellung zum Vorstand wird aber nicht schon mit der Beschlußfassung, sondern erst mit der Annahme der Bestellungserklärung durch den Gewählten wirksam.[120] Diese Auffassung entspricht dem allgemeinen Grundsatz, daß niemand zur Besorgung fremder Angelegenheiten gezwungen werden kann, sowie der Überlegung, daß mit dem Amt eines Vorstands Pflichten und die Gefahr der Haftung verbunden sind.[121] Auch durch die Satzung kann ein Vereinsmitglied nicht verpflichtet werden, die Wahl zum Vorstand anzunehmen.[122] Daher muß sich, wenn die Vorstandswahl zur Eintragung in das Vereinsregister ohne Mitwirkung des Gewählten angemeldet wird, aus den mit der Anmeldung vorzulegenden Urkunden ergeben, daß der Gewählte die Wahl angenommen hat; es bedarf also einer entsprechenden Feststellung in der Versammlungsniederschrift (Versammlungsprotokoll)[121] oder, wenn der Vorstand in Abwesenheit gewählt wurde, der Vorlage seiner Annahmeerklärung. Die Bestellungserklärung obliegt dem Bestellungsorgan, das sich hierzu eines Bevollmächtigten bedienen kann. Einer besonderen Bestellungserklärung gegenüber dem Gewählten bedarf es aber nicht mehr, wenn dieser bei dem Beschlußakt zugegen ist.[123]

---

117 OLG Düsseldorf NStZ 1981, 265.

118 BayObLG Rpfleger 1984, 150 = DNotZ 1984, 485 = MDR 1984, 489; siehe auch bei Rdnr. 17.

119 Vgl. BGHZ 52, 316 (321); RG Recht 1936 Nr. 5423.

120 BayObLGZ 1981, 277; zur Unterscheidung zwischen dem Beschlußakt und der Bestellungserklärung vgl. BGHZ 52, 316 (321); ferner ausführlich Plander GmbHRdsch. 1968, 197 sowie Fleck Anm. zu LM § 181 BGB Nr. 13.

121 BayObLG Rpfleger 1981, 487 = MDR 1981, 1015.

122 RGRK-Steffen § 27 Rdnr. 3.

123 Vgl. BGH WPM 1961, 799.

252 Ein **Verzicht** des Gewählten zugunsten eines anderen, etwa eines Kandidaten mit der zweithöchsten Stimmenzahl, ist nicht möglich. In einem solchen Falle bedeutet der Verzicht die Nichtannahme der Wahl mit der Folge, daß ein neuer Wahlgang erforderlich wird.

Wählbarkeit

253 Es gibt keinen Rechtssatz, daß zum Vorstand einer Körperschaft nur ein Mitglied gewählt werden kann; sonst wäre § 9 Abs. 2 des Genossenschaftsgesetzes, der ausdrücklich bestimmt, daß der Vorstand einer Genossenschaft Genosse sein muß, überflüssig.[124] Deshalb kann auch ein Nichtmitglied in den Vorstand eines Vereins gewählt werden.[125] Selbstverständlich kann diese Möglichkeit durch die Satzung ausgeschlossen werden. Auch bei langer Vereinsübung, nur Vereinsmitglieder zum Vorstand zu bestellen, kann sich ein Gewohnheitsrecht gebildet haben, das beachtet werden muß. Auch aus der Eigenart eines Vereins (z. B. einer weltanschaulichen oder politischen Zielsetzung) kann sich auch ohne ausdrückliche Satzungsbestimmung aus dem Gesamtinhalt der Satzung das Verbot ergeben, einen Außenstehenden in den Vorstand zu wählen.[126]

Nach nunmehr herrschender Meinung kann auch eine juristische Person (z. B. Aktiengesellschaft, GmbH, Gemeinde) zum Vorstand bestellt werden,[127] nicht aber der Betriebsrat,[128] weil er keine Rechtsfähigkeit besitzt. Das Vorstandsamt wird dann durch das Vertretungsorgan der betreffenden juristischen Person ausgeübt.

Geschäftsunfähige können nicht zum Vorstand bestellt werden, wohl aber beschränkt Geschäftsfähige (z. B. Minderjährige),[129] dann aber muß der gesetzliche Vertreter der Annahme des Vorstandsamtes zustimmen.

254 Mitunter werden in der Satzung für die Wählbarkeit zum Vorstand oder bei einem mehrgliedrigen Vorstand zur Bekleidung bestimmter Vorstandsämter gewisse **persönliche Voraussetzungen** verlangt (Lebensalter, Dauer der Vereinszugehörigkeit, bestimmter Beruf oder eine bestimmte fachliche Eignung). Dann kann nur eine Person gewählt werden, die diese Voraussetzungen besitzt. Ergeben sich dabei Schwierigkeiten, dann hilft nur eine Satzungsänderung. Es ist jedoch stets zu prüfen, ob eine die Wählbarkeit näher regelnde Satzungsbestimmung tatsächlich so eng auszulegen ist, daß die persönlichen Voraussetzungen in jedem Fall vorliegen **müssen,** oder ob sie lediglich vorliegen **sollen,** was die Möglichkeit eröffnen würde, ausnahmsweise von der verlangten besonderen Qualifikation abzusehen. Für die Auslegung im einen wie im anderen Sinne können die Größe des Vereins, die Anforderungen, die ein bestimmtes Vorstandsamt an seinen Inhaber stellt, und auch die bisherige Handhabung der Satzung in früheren Fällen von Bedeutung sein.

---

[124] Vgl. Soergel-Hadding § 27 Rdnr. 3.
[125] BayObLG RsprOLG 15, 306; OLG Stuttgart Rpfleger 1964, 20.
[126] Soergel-Hadding § 27 Rdnr. 3.
[127] LG München I MittBayNot 1975, 9 mit ausführl. Begründung; RGRK-Steffen § 27 Rdnr. 2; Soergel-Hadding § 27 Rdnr. 5 mit weiteren Nachweisen.
[128] LG Augsburg Rpfleger 1975, 87.
[129] KG JW 1934, 3000.

Andere Formen der Bestellung des Vorstands

Statt durch die Wahl kann der Vorstand aufgrund der Satzung durch einen Außenstehenden bestellt werden, z. B. bei religiösen Vereinen durch die Kirchenbehörde.[130] Die Bestellung durch den Vorstand eines übergeordneten Verbandes wird ebenfalls für zulässig erachtet.[131] Auch der Arbeitgeber kann grundsätzlich in der Satzung einer in der Vereinsform geschaffenen betrieblichen Unterstützungseinrichtung zur Ernennung des Vorstands ermächtigt werden.[132] Diese Ermächtigung verschafft aber dem Arbeitgeber nicht ohne weiteres auch das Recht, sich selbst zum Vorstand der Unterstützungseinrichtung zu bestellen. Hierzu bedarf es einer besonderen Satzungsbestimmung.[133] Der Mitgliederversammlung des Unterstützungsvereins müssen jedoch nach der Satzung noch Befugnisse verbleiben, die das erforderliche Maß an Eigenständigkeit des Vereins gewährleisten.[134] Auch eine Selbstergänzung des Vorstandes (Kooptation) kann durch die Satzung zugelassen werden. Ferner kann in der Satzung zum Vorstand der jeweilige Inhaber eines bestimmten öffentlichen oder kirchlichen Amtes berufen werden.[135] Dabei wird man allerdings die Einschränkung zu machen haben, daß der Mitgliederversammlung die Befugnis zur Änderung der Satzung verbleiben muß, weil sonst die Bindung des Vorstandsamtes an ein Amt außerhalb des Vereins praktisch zur Unabsetzbarkeit des jeweiligen Vorstandes führen würde, was einen Verstoß gegen die zwingende Vorschrift des § 27 Abs. 2 BGB bedeuten würde. Mit dieser Einschränkung ist es auch zulässig, daß die Satzung eines in einen größeren Verband eingegliederten Vereins den jeweiligen Vorstand des übergeordneten Verbandes zum Vorstand des Vereins bestimmt, falls in der Satzung des Verbandes dem Vorstandsamt diese Funktion zugeordnet ist. **255**

Unbedenklich ist auch eine Satzungsvorschrift, die dem Inhaber eines Vorstandsamtes das Recht einräumt, seinen Nachfolger selbst zu bestimmen.

Das Wahlverfahren im Normalfall

Das in der Satzung für die Vorstandswahl vorgeschriebene Verfahren ist genau einzuhalten. Bei der Bedeutung, die der Vorstandswahl für den Verein zukommt, wird ein Satzungsverstoß regelmäßig zur Ungültigkeit der Wahl führen. Sofern in der Satzung nichts anderes bestimmt ist, ist nach der Rechtsprechung des Bundesgerichtshofs[136] gewählt, wer die **Mehrheit der abgegebenen gültigen Stimmen** erlangt hat. Die bis dahin herrschende Meinung, die auch bis zur 13. Auflage dieses Buchs vertreten wurde, daß es auf die Mehrheit der **erschienenen** Mitglieder ankomme, ist durch die **256**

130 BVerfG NJW 1991, 2623 (2626).
131 Soergel-Hadding § 27 Rdnr. 7; vgl. OLG Frankfurt Rpfleger 1979, 60 und Rpfleger 1981, 310.
132 BAG Betrieb 1965, 1364 = MDR 1965, 943 = BB 1965, 1028.
133 KG WPM 1966, 330 (331).
134 BayObLGZ 1975, 435 = Rpfleger 1976, 56; siehe auch Rdnr. 55.
135 BayObLG RsprOLG 15, 306; vgl. KG WPM 1969, 706.
136 Siehe Rdnr. 206.

Grundsatzentscheidung des Bundesgerichtshofs **überholt. Stimmenthaltungen** sind daher für das Wahlergebnis **ohne Bedeutung;** das gleiche gilt für ungültige Stimmen. Beispiel: wenn von 100 erschienenen und bei der Abstimmung anwesenden Mitgliedern 48 für A mit „Ja“, 47 mit „Nein“ gestimmt und 5 sich der Stimme enthalten oder ungültig abgestimmt haben, ist A gewählt.

Besondere Wahlverfahren

257 Wenn mehrere Vorstandsmitglieder zu wählen sind, erhebt sich die Frage, ob über die Besetzung sämtlicher Vorstandsposten in einem einzigen Wahlgang in Form einer Gesamtabstimmung über alle Kandidaten befunden werden kann oder ob über die Wahl jedes Kandidaten einzeln abgestimmt werden muß.[137] Wenn die Satzung nicht ein bestimmtes Wahlverfahren vorsieht, steht es im Ermessen des Versammlungsleiters, ob er eine Gesamt- oder eine Einzelabstimmung anordnet. Dabei ist Gesamtabstimmung aber nur zulässig, wenn jedes Mitglied so viele Stimmen hat, wie Kandidaten zu wählen sind und es von diesen Stimmen beliebigen Gebrauch machen, also auch weniger Stimmen abgeben kann, ohne daß hierdurch die Gültigkeit seiner Stimmabgabe in Frage gestellt ist.[138]

In dem Fall, daß nicht mehr Kandidaten vorhanden als Vorstandsämter zu vergeben sind, erscheint uns der Vorschlag von Obermüller[139] sehr praktikabel, der auch den Wünschen jener Mitglieder Rechnung trägt, die lieber eine Einzelabstimmung sähen: Der Versammlungsleiter läßt zunächst über die Wahl aller Kandidaten gleichzeitig, also in **einem** Wahlgang abstimmen, fordert jedoch diejenigen Mitglieder, die auch nur einen Kandidaten nicht wählen wollen, auf, mit „Nein“ zu stimmen bzw. ihren Willen durch Handzeichen kundzugeben. Wird hierbei die erforderliche Mehrheit erreicht, so sind alle Kandidaten gewählt und die Vorstandswahl ist beendet. Wird dagegen – infolge der Neinstimmen – die erforderliche Mehrheit nicht erreicht, so muß nunmehr über jeden Kandidaten einzeln abgestimmt werden. Es empfiehlt sich aber, daß der Versammlungsleiter die Mitgliederversammlung über dieses Wahlverfahren vorher ausführlich belehrt.[140] Dagegen ist ein Verfahren, bei dem mehr Kandidaten auf eine Liste gesetzt werden, als Vorstandsämter zu vergeben sind, und bei dem diejenigen gewählt sein sollen, welche die **relativ** meisten Stimmen bekommen haben, nur zulässig, wenn ein solcher Wahlmodus in der Satzung ausdrücklich zugelassen ist.[141]

Nicht zu beanstanden ist die Wahl mehrerer Vorstandsmitglieder in einem Wahlgang (Gesamtwahl) nach folgendem in der Satzung bestimmten Wahl-

---

137 Zum sog. Blockwahlsystem WPrüfG Berlin DÖV 1972, 352; dazu Link DÖV 1972, 331; Seifert DÖV 1972, 334; ferner BGH NJW 1974, 183; dazu Anm. von Hahn NJW 1974, 848; vgl. auch Barz, Freundesgabe für Hengeler (1972) S. 14 (Listenwahl zum Aufsichtsrat); ferner Naujoks DVBl. 1975, 244.

138 Vgl. BGH NJW 1989, 1150 (1151) für Wahlen zu einer Rechtsanwaltskammer.

139 Betrieb 1969, 2025.

140 Betrieb 1969, 2025.

141 BGH NJW 1989, 1212 (1213, dort auch zur Zulässigkeit der Stimmenhäufelung auf einzelne Kandidaten).

modus: Jedes stimmberechtigte Vereinsmitglied hat so viele Stimmen, wie Vorstandsmitglieder gewählt werden sollen. Gewählt ist, wer die meisten Stimmen auf sich vereinigt und zugleich die Mehrheit der abgegebenen Stimmen erreicht. Wird die Mehrheit der abgegebenen Stimmen nicht erreicht, so findet ein zweiter Wahlgang statt. Gewählt sind dann diejenigen Kandidaten, die in der Reihenfolge der für sie abgegebenen Stimmen die meisten Stimmen erhalten haben.[142]

Auch eine Mehrheits-Listenwahl ist nur zulässig, wenn sie in der Satzung vorgesehen ist.[143] Dabei handelt es sich um ein Wahlverfahren, bei dem mehrere Wahlvorschläge (Listen) vorliegen, in denen jeweils so viele Bewerber aufgeführt sind, wie Vorstandsmitglieder zu wählen sind. Die Vereinsmitglieder können dabei nur einem Wahlvorschlag (Liste) im ganzen ihre Stimme geben, ohne die Möglichkeit zu haben, für oder gegen einzelne auf einem Wahlvorschlag aufgeführte Bewerber zu stimmen oder sich bei einzelnen Bewerbern der Stimme zu enthalten.

Auf **schriftlichem Wege** können Vorstandsmitglieder, wenn die Satzung keine besondere Regelung enthält,[144] nur durch Zustimmung aller Vereinsmitglieder gewählt werden.[145]

Wahlausschuß

Bei vielen Vereinen hat es sich auch ohne entsprechende Satzungsbestimmung eingebürgert, daß zur Durchführung der Vorstandswahlen ein sogenannter Wahlausschuß gebildet wird, der den Wahlgang leitet, die Stimmen auszählt und sodann das Wahlergebnis bekanntgibt. Darin liegt kein Satzungsverstoß, mag auch die Satzung bestimmen, daß die Versammlung vom 1. Vorsitzenden usw. zu leiten ist. Denn bei vernünftiger Auslegung der Satzung darf sich der Vorstand jedenfalls dann vorübergehend der Versammlungsleitung enthalten, wenn er selbst bei der anstehenden Vorstandswahl kandidiert. In diesem Fall ist in der zeitweiligen Tätigkeit eines Wahlausschusses keine Versammlungsleitung durch einen Unbefugten zu erblikken.[146] Die Mitglieder des Wahlausschusses sind, vorausgesetzt, daß sie Vereinsmitglieder sind, berechtigt, sich an der Aussprache zu beteiligen, Anträge zur Wahl zu stellen und an der Abstimmung teilzunehmen. Nach Beginn der Wahlhandlung braucht der Wahlausschuß nicht mehr das Wort zur Frage der Wahl zu erteilen.[147] Die Tätigkeit des Wahlausschusses ist erst beendet, wenn sämtliche Wahlen, die auf der Tagesordnung stehen, durchgeführt sind. Der Vorsitzende des Wahlausschusses hat dann die Leitung der Versammlung wieder dem (neugewählten oder wiedergewählten) Vereinsvorstand zu übergeben. **258**

---

142 Vgl. BGH NJW 1989, 1150 und BGH NJW 1989, 1212.

143 OLG Frankfurt Rpfleger 1984, 360; s. aber BGH BB 1982, 1073 = MDR 1982, 647.

144 Dazu Rdnr. 210.

145 LG Ansbach MittBayNot 1971, 304 mit Anm. von Rapp.

146 OLG Köln Rpfleger 1985, 447.

147 RG 19. 3. 1913 – IV 580/12.

Eintragung der Vorstandswahl in das Vereinsregister

259 Mit der ordnungsgemäßen Durchführung der Wahl und ihrer Annahme durch den oder die Gewählten ist die Vorstandsbestellung rechtswirksam; sie bedarf also zu ihrer Wirksamkeit nicht der Eintragung in das Vereinsregister. Gleichwohl sind die Vorstandsmitglieder gesetzlich verpflichtet, jede Änderung des Vorstandes, die sich durch die Wahl ergeben hat, zur Eintragung in das Vereinsregister **anzumelden.**[148] Der Anmeldung ist eine Abschrift der Urkunde über die Änderung (z. B. des Versammlungsprotokolls) beizufügen. Die Anmeldung kann vom Registergericht durch Festsetzung eines Zwangsgeldes, das bis zu 1000 DM betragen kann, erzwungen werden. Die Eintragung hat nur die Wirkung einer an die Öffentlichkeit gerichteten Verlautbarung. Der nicht eingetragene, aber ordnungsgemäß bestellte Vorstand ist regelmäßiger Vorstand des Vereins[149] und als solcher zu allen Rechtsgeschäften legitimiert, die im Rahmen des Vereinszwecks und innerhalb der Grenzen seiner durch die Satzung bestimmten Vertretungsmacht liegen. Die Eintragung im Vereinsregister erleichtert ihm jedoch die Legitimation wesentlich. Ihre besondere Bedeutung liegt aber darin, daß ein zwischen dem bisherigen, noch eingetragenen Vorstand und einem gutgläubigen Dritten vorgenommenes Rechtsgeschäft für den Verein verbindlich ist (§ 68 BGB).

Die Neubestellung des Vorstands kann nicht mehr in das Vereinsregister eingetragen werden, wenn seine satzungsmäßige Amtszeit in dem Zeitpunkt, in dem die Eintragung vorzunehmen wäre, bereits abgelaufen ist.[150] Jedoch ist das Ausscheiden eines Vorstandsmitglieds auch dann einzutragen, wenn es – versehentlich oder mangels Anmeldung – nicht eingetragen war,[151] weil sich die Publizität des Vereinsregisters[152] auch auf das Ausscheiden nicht eingetragener Vorstandsmitglieder bezieht („Der nicht im Vereinsregister eingetragen gewesene A ist aus dem Vorstand ausgeschieden“).

260 Mitunter ist bei der Gründung eines Vereins der erste Vorstand in der Satzung und nicht in einem eigenen Wahlvorgang bestimmt. Dann ist zur Bestellung eines anderen Vorstandes **keine** Satzungsänderung erforderlich, sondern lediglich die Einhaltung des normalen Wahl- bzw. Bestellungsverfahrens.[153] Zu beachten ist, daß seit einer im Jahre 1964 vollzogenen Gesetzesänderung nur noch **Veränderungen** im Vorstand zur Eintragung in das Vereinsregister anzumelden sind, Wiederwahlen dagegen nicht mehr. Die meisten Registergerichte verlangen aber, daß Wiederwahlen formlos (Postkarte) mitgeteilt werden.

261 Gerichtlich bestellte Vorstandsmitglieder[154] werden von Amts wegen eingetragen.

---

[148] Dazu ausführlich bei Rdnrn. 392–395.
[149] BGH MittBayNot 1974, 199 (für den GmbH-Geschäftsführer).
[150] BayObLG Rpfleger 1986, 292 (295).
[151] Stöber, 6. Aufl. Rdnr. 322a.
[152] Siehe dazu bei Rdnr. 391.
[153] KG RsprOLG 3, 64 (für GmbH).
[154] Siehe Rdnr. 293.

Das Rechtsverhältnis des Vorstands zum Verein

Von der Vorstandsbestellung als organisatorischem Vereinsakt ist das Rechtsverhältnis zwischen dem Vorstand und dem Verein zu unterscheiden. Nach dem Gesetz (§ 27 Abs. 3 BGB) sind dabei die Bestimmungen des Auftragsrechts des BGB entsprechend anzuwenden. Das bedeutet in erster Linie, daß der Vorstand nur Anspruch auf den Ersatz seiner Aufwendungen hat, also ehrenamtlich tätig ist. Von diesem Modell des ehrenamtlichen nach Auftragsregeln tätigen Vorstands kann jedoch die Satzung abweichen (§ 40 BGB); dies ist vor allem für den Fall von Bedeutung, daß der Vorstand für seine Tätigkeit eine Vergütung erhalten soll. Durch eine solche Satzungsvorschrift wird dem Verein die rechtliche Möglichkeit eröffnet,[155] mit dem Vorstand einen entsprechenden Anstellungsvertrag abzuschließen. **262**

Für den Abschluß des Anstellungsvertrags ist das Vereinsorgan zuständig, dem die Vorstandsbestellung obliegt, falls das Anstellungsverhältnis im zeitlichen Zusammenhang mit der Vorstandsbestellung geregelt wird.[156] Alsdann bildet der das Organverhältnis betreffende Rechtsakt (die Vorstandsbestellung) mit der Regelung des Dienstverhältnisses eine Einheit, so daß es gerechtfertigt ist, die Vorschrift des § 27 Abs. 1 BGB, die an sich nur die Begründung (und Beendigung) des Organverhältnisses betrifft, auf die Gestaltung des Anstellungsverhältnisses entsprechend anzuwenden. Hat aber das für die Bestellung von Vorstandsmitgliedern zuständige Vereinsorgan (regelmäßig ist das die Mitgliederversammlung) die Regelung des Anstellungsverhältnisses einem aus seiner Mitte gebildeten Ausschuß übertragen, so darf dieser nicht durch den verfrühten Abschluß eines Anstellungsvertrages der Entscheidung des Gesamtorgans über die Bestellung vorgreifen.[157] Dies gilt auch für die Erneuerung und die Änderung des Anstellungsverhältnisses, ohne Rücksicht darauf, ob damit eine Neuregelung des Organverhältnisses vebunden ist.[158] **263**

Das Verhältnis zwischen dem Vereinsvorstand und den Vereinsmitgliedern

Der Vorstand steht nur zu dem Verein in einem Rechtsverhältnis, nicht dagegen zu den einzelnen Vereinsmitgliedern.[159] Bei Verletzung seiner Pflichten wird er daher nur dem Verein, nicht den Mitgliedern schadensersatzpflichtig.[160] Wenn ein Vereinsmitglied mit der Geschäftsführung des Vorstandes nicht einverstanden ist, so kann es sich lediglich an das dem Vorstand übergeordnete Vereinsorgan, in der Regel also an die Mitgliederversammlung, wenden. Außerhalb der Mitgliederversammlung ist der Vor- **264**

---

155 Vgl. BGH NJW-RR 1988, 745 (746 a. E.).

156 BGHZ 113, 237 = BGH JZ 1991, 1090 mit zust. Anm. von Hirte; siehe auch Baums ZGR 1993, 141; a. A. MünchKomm-Reuter, 3. Aufl. § 27 Rdnr. 1.

157 BGH MDR 1981, 293.

158 BGH NJW 1991, 1680 (GmbH) unter Aufgabe früherer Rechtsprechung; a. A. 14. Aufl.

159 Richter Rpfleger 1957, 406 (407, Vereinsmitglied und Vereinsvorstand im Verhältnis zueinander).

160 S. aber Rdnr. 335a mit Fn. 11; zum Anspruch eines vermögenslosen Vereins gegen ein Vorstandsmitglied, das die Entstehung einer Vereinsverbindlichkeit verschuldet hat, vgl. BGH WPM 1972, 1155.

stand nicht verpflichtet, sich mit einzelnen Vereinsmitgliedern über Beanstandungen seiner Geschäftsführung auseinanderzusetzen. Umstritten ist, ob – wie im Aktienrecht anerkannt –[161] dem Mitglied ein Klagerecht zuzubilligen ist, wenn Grundsatzfragen des Vereins oder Maßnahmen, die nach der Satzung von der Mitgliederversammlung zu entscheiden sind, vom Vorstand eigenmächtig an sich gezogen werden.[162] Jedes Vereinsmitglied hat aber Anspruch darauf, daß der Vorstand seine Mitgliedschaftsrechte nicht verletzt. Geschieht das, so begründet das – ähnlich der positiven Vertragsverletzung – Schadensersatzpflichten, für die der Verein nach § 31 BGB haftet.[163]

Gegen eine als Vereinsvorstand tätige Person (z. B. gegen den abberufenen Vorstand) kann ein Vereinsmitglied keine einstweilige Verfügung auf Unterlassung dieser Tätigkeit erwirken.[164]

Die Amtsdauer des Vorstands

265 Die Amtsdauer des Vorstands ist im Gesetz nicht geregelt. Es besteht auch keine Vorschrift, daß die Satzung eine solche Regelung enthalten muß. Die Satzung kann es daher dem für die Bestellung des Vorstands zuständigen Vereinsorgan (regelmäßig der Mitgliederversammlung) überlassen, im Bestellungsbeschluß die Amtsdauer des Vorstands festzulegen. In aller Regel wird jedoch die Amtsdauer des Vorstands in der Satzung selbst bestimmt. Dabei ist es zulässig, beim mehrköpfigen Vorstand die Amtszeiten der Vorstandsmitglieder unterschiedlich festzulegen. Schreibt die Satzung eine bestimmte Amtsdauer vor, so kann das Bestellungsorgan den Vorstand oder einzelne Vorstandsmitglieder weder auf einen kürzeren noch auf einen längeren Zeitraum bestellen. Die Amtszeit beginnt regelmäßig mit der Annahme der Bestellung (Wahl). Soll sie erst später beginnen, z. B. mit dem nächsten Vereinsgeschäftsjahr, muß dies in der Satzung so bestimmt sein. Um hier jeden Zweifel auszuschließen, ist eine Satzungsvorschrift über den Beginn der Amtszeit äußerst ratsam. Sieht die Satzung z. B. vor, daß die Amtszeit 3 Jahre beträgt, so ist damit regelmäßig nicht ein Zeitraum von 3 Geschäftsjahren gemeint. Eine **automatische Verlängerung** – also ohne eine Grundlage in der Satzung – der Amtsdauer des Vorstands bis zur Neuwahl oder Wiederwahl des Vorstands gibt es nicht.[165] Mit dem Ablauf der satzungsmäßigen Amtszeit endet das Amt des Vorstands.[166] Deshalb ist streng darauf zu achten, daß rechtzeitig eine Beschlußfassung des Bestellungsorgans (z. B. der Mitgliederversammlung) über die Neu- oder Wiederwahl des Vorstands stattfindet. Der Verein läuft bei nicht rechtzeitig vorgenommener Wahl Gefahr, keinen gesetzlichen Vertreter mehr zu haben, was zeitweilig zur völligen Lähmung der Vereinstätigkeit in rechtlicher und tatsächlicher Beziehung führen kann. Dieser Gefahr kann dadurch begegnet werden, daß in der

---

161 BGHZ 83, 122 (Holzmüller).

162 Vgl. dazu Grunewald ZIP 1989, 962 (965 f., bejahend) und MünchKomm-Reuter, 3. Aufl. § 38 Rdnr. 10 (verneinend).

163 Ausführlich Rdnr. 335 a.

164 OLG Düsseldorf MDR 1983, 488.

165 Vgl. RGZ 78, 52.

166 BGH WPM 1960, 1272; OLG München WPM 1970, 770.

Satzung bei der Festlegung der Amtsdauer zusätzlich bestimmt wird, daß der Vorstand bis zur Bestellung eines neuen Vorstands im Amt bleibt. Eine solche „Übergangsklausel" stellt jedoch für den Vorstand keinen Freibrief dar, die Neuwahl des Vorstands nach Belieben hinauszuschieben, sondern er bleibt verpflichtet, unverzüglich die Mitgliederversammlung (oder das sonst zuständige Bestellungsorgan) zwecks Neuwahl des Vorstandes einzuberufen. Gegen einen Mißbrauch der Übergangsklausel durch Verzögerung der Neuwahl kann auf dem Weg des § 37 BGB eingeschritten werden.[167]

Fehlt in der Satzung die genannte Übergangsklausel und ist aus irgendwelchen Gründen die rechtzeitige Abhaltung der Mitgliederversammlung nicht möglich, so hat der Vorstand vor Ablauf seiner Amtszeit die Versammlung wenigstens **einzuberufen,** selbst wenn der Versammlungstermin nach dem Ablauf der Amtszeit liegt. Da der Vorstand in diesem Zeitpunkt nicht mehr im Amt ist, muß die Mitgliederversammlung – wenn die Satzung für diese Situation keine andere Regelung vorsieht – den Versammlungsleiter bestimmen. Die Eröffnung der Versammlung obliegt aber noch dem Einberufer, also dem bisherigen Vorstand.

Hat der Vorstand es versäumt, vor Ablauf seiner Amtszeit die Mitglieder- **266**
versammlung wenigstens einzuberufen, so ist er nach neuerer Rechtsprechung[168] auch nach Ablauf seiner Amtszeit noch befugt, die Mitgliederversammlung einzuberufen. Voraussetzung ist allerdings, daß er im Vereinsregister eingetragen ist. Diese Befugnis ergibt sich aus der entsprechenden Anwendung einer aktienrechtlichen Vorschrift (§ 121 Abs. 2 AktG). Danach „gelten Personen, die in das Handelsregister als Vorstand eingetragen sind, als befugt, die Hauptversammlung einzuberufen". Dies gilt auch dann, wenn den Beteiligten bekannt ist, daß die als Vorstand eingetragene Person nicht oder nicht mehr Vorstand ist.[169] Durch diese Rechtsprechung ist auch die Beschlußfassung der Mitgliederversammlung eines Vereins, die von einem nicht mehr im Amt befindlichen, aber (noch) im Vereinsregister eingetragenen Vorstand einberufen wurde, gesichert. Ferner bedarf es in bestimmten Fällen nicht mehr der Bestellung eines Notvorstands durch das Gericht,[170] weil eben durch die wirksame Einberufung der Mitgliederversammlung durch den bisherigen Vorstand der Verein in der Lage ist, die erforderlichen Vorstandsmitglieder selbst zu bestellen.[171] Es wäre jedoch verfehlt, aus dieser Rechtsprechung den Schluß zu ziehen, daß damit das bewußte Verstreichenlassen der Amtszeit durch den Vorstand, ohne für eine rechtzeitige Neuwahl zu sorgen, gebilligt wird.

Enthält die Satzung keine Bestimmung über die Amtsdauer des Vor- **267**
stands, so liegt es im Ermessen der Mitgliederversammlung (oder des sonst zuständigen Bestellungsorgans), den Vorstand auf eine bestimmte Zeit oder

---

[167] Siehe Rdnr. 159.

[168] BGHZ 18, 334; KG Rpfleger 1971, 396; BayObLGZ 1972, 329 = Rpfleger 1973, 20; BayObLGZ 1985, 24; Richert NJW 1957, 1545; Stöber Rpfleger 1967, 342 (344); Palandt-Heinrichs § 70 Rdnr. 3.

[169] Vgl. KG WPM 1959, 513 (516); BayObLGZ 1985, 24.

[170] § 29 BGB; dazu bei Rdnrn. 293ff.

[171] BayObLGZ 1985, 24.

auf unbestimmte Zeit zu bestellen, in beiden Fällen mit der Möglichkeit des Widerrufs. Das Recht zum Widerruf der Vorstandsbestellung kann in der Satzung auf den Fall beschränkt werden, daß ein wichtiger Grund vorliegt. Ein weitgehender Ausschluß des Widerrufsrechts ist nicht zulässig.[172] Mit dieser Einschränkung ist auch die Bestellung des Vorstands auf Lebenszeit nicht zu beanstanden.

Früher wurde teilweise die Meinung vertreten, daß eine außerhalb des Vereins stehende Person oder Stelle, wenn sie zur Bestellung des Vorstands befugt ist, nicht das Recht habe, eine ungewöhnlich lange Amtszeit (etwa länger als vier Jahre) festzulegen.[173] Für eine solche Beschränkung besteht jedenfalls so lange kein Anlaß, wie der Mitgliederversammlung das Recht, die Satzung zu ändern, verbleibt und damit ein ausreichendes Gegengewicht gegen einen möglicherweise zu starken Fremdeinfluß besteht.[174]

Auch die Meinung, die Amtsdauer des Vorstands müsse in das Vereinsregister eingetragen werden, wenn sie nicht in der Satzung, sondern erst im Bestellungsbeschluß festgelegt ist,[175] kann nicht geteilt werden. Hierfür fehlt die gesetzliche Grundlage.

Der Widerruf der Vorstandsbestellung (Abberufung des Vorstands)

268 **Zuständig** für den Widerruf ist grundsätzlich das Vereinsorgan, das für die Bestellung des Vorstands zuständig ist,[176] wenn nichts bestimmt ist, die Mitgliederversammlung. Problematisch ist die Frage, ob die Mitgliederversammlung auch ohne spezielle Satzungsbestimmung neben dem für die Bestellung des Vorstandes zuständigen Organ stets das Recht hat, die Vorstandsbestellung aus wichtigem Grund zu widerrufen.[177] Aus dem Gesetz läßt sich ein solches Widerrufsrecht der Mitgliederversammlung nicht ableiten. Die in § 27 Abs. 2 BGB von Gesetzes wegen eingebaute Sicherung will lediglich gewährleisten, *daß* der Vorstand in jedem Fall bei Vorliegen eines wichtigen Grundes abberufen werden kann. Zur Erreichung dieses Sicherungszweckes bedarf es keiner besonderen Zuständigkeit der Mitgliederversammlung neben dem Bestellungsorgan, zumal die Mitgliederversammlung regelmäßig die Macht besitzt, sich gegenüber dem einem Widerruf abgeneigten Bestellungsorgan, notfalls durch dessen Abberufung und Neubesetzung, durchzusetzen.[178] Anders wird man den Fall zu beurteilen haben, daß die Bestellung des Vorstands nach der Satzung einer außerhalb des Vereins stehenden Person überlassen ist. Da nach dem Zweck des § 27 Abs. 2 BGB der Verein stets die Möglichkeit haben soll, mittels **seiner Organe** den Vorstand aus wichtigem Grund abzuberufen, wird man hier der Mitgliederversammlung das Widerrufsrecht zugestehen müs-

---

172 Vgl. RGZ 75, 234 (238).
173 R-D, 4. Aufl. Rdnr. 1015.
174 So jetzt auch R-D, 5. Aufl. Rdnr. 1234.
175 Staudinger-Coing § 27 Rdnr. 13; a. A. jetzt R-D, 5. Aufl. Rdnr. 1234.
176 BayObLG RsprOLG 32, 330.
177 Bejahend Staudinger-Coing § 27 Rdnr. 16 und RGRK-Steffen § 27 Rdnr. 5 unter Hinweis auf BayObLG RsprOLG 32, 330.
178 Im Ergebnis ebenso MünchKomm-Reuter § 27 Rdnr. 13.

sen, wenn die Satzung nicht ein anderes Organ des Vereins hierfür bestimmt hat.[179]

Der Widerruf (die Abberufung des Vorstands) ist jederzeit zulässig. Die Widerruflichkeit kann aber durch die Satzung auf den Fall beschränkt werden, daß ein wichtiger Grund vorliegt (§ 27 Abs. 2 BGB). Ist die **Amtszeit** in der Satzung **festgelegt,** so rechtfertigt dies allein nicht den Schluß, daß der Vorstand nur aus wichtigem Grund abberufen werden kann.[180] Als wichtigen Grund nennt das Gesetz **beispielsweise** grobe Pflichtverletzung oder Unfähigkeit zur ordnungsgemäßen Geschäftsführung. Die Satzung kann weitere Umstände als wichtigen Grund qualifizieren. Ein **Verschulden** des Vorstandsmitglieds ist nicht erforderlich.[181] Der wichtige Grund kann daher auch in wesentlich veränderten organisatorischen Verhältnissen des Vereins gegeben sein (z. B. bei beabsichtigter Verkleinerung des Vorstands). Auch ein Verhalten des Vorstands in seinem privaten Bereich kann einem wichtigen Grund für seine Abberufung darstellen.[182] Generell ist ein wichtiger Grund immer gegeben, wenn dem Verein die Beibehaltung des Vorstands (Vorstandsmitglieds) bis zum Ablauf seiner Amtszeit nicht mehr zuzumuten ist.[183] Als milderes Mittel, etwa bis zur Klärung der Vorwürfe, ist die vorläufige Amtsenthebung (Suspendierung) zulässig.[184] **269**

Satzungsbestimmungen, die das Recht, den Vorstand aus wichtigem Grund abzuberufen, wesentlich beschränken (z. B. die Festsetzung einer hohen Entschädigungs- oder Abfindungssumme oder das Erfordernis einer größeren als der einfachen Stimmenmehrheit), sind unwirksam.[185] Auch ein **Verzicht** des Vereins auf das Recht zum Widerruf ist unwirksam.[186]

Von der **Anhörung des Betroffenen** ist die Wirksamkeit des Widerrufs nicht abhängig.[187] Sie ist aber stets ein Gebot des Anstands. In besonderen Fällen kann es auch die Treuepflicht des Vereins gegenüber dem Vorstand gebieten, ihn vor seiner Abberufung zu hören.[188]

Aus der zwingenden Vorschrift des § 27 Abs. 2 BGB (vgl. § 40 BGB), wonach die Widerruflichkeit der Vorstandsbestellung nicht ausgeschlossen werden kann, ergibt sich, daß auch ein **Sonderrecht auf ein Vorstandsamt** (vgl. § 35 BGB) bei Vorliegen eines wichtigen Grundes entzogen werden kann.

An eine bestimmte **Form** ist der Widerruf nicht gebunden.

Die sachliche Berechtigung des Widerrufs hat der Rechtspfleger nicht zu prüfen.[189] Wenn nach der Satzung die Mitgliederversammlung über das Vor- **270**

---

[179] A. A. Soergel-Hadding § 27 Rdnr. 17.

[180] Soergel-Hadding § 27 Rdnr. 18; Staudinger-Coing § 27 Rdnr. 14.

[181] OLG Düsseldorf NJW 1989, 172 (GmbH).

[182] BGH WPM 1956, 865.

[183] Vgl. OLG Hamburg BB 1954, 978 (AG); vgl. BGH WPM 1985, 567 (GmbH).

[184] Soergel-Hadding § 27 Rdnr. 18; vgl. BGHZ 90, 92; BGH WPM 1987, 71 (GmbH).

[185] RGZ 75, 234 (238); RG JW 1915, 1106; BGHZ 86, 177 (179); Soergel-Hadding § 27 Rdnr. 19; a. A. R-D, 5. Aufl. Rdnr. 1309.

[186] RG LZ 1902, 309.

[187] BGH NJW 1960, 1861; Soergel-Hadding § 27 Rdnr. 18.

[188] Zutreffend R-D, 5. Aufl. Rdnr. 1298.

[189] BayObLG Recht 1914 Nr. 2963; Soergel-Hadding aaO.

liegen eines wichtigen Grundes zu entscheiden hat, so hat das Gericht (Rechtspfleger) nur zu prüfen, ob die erhobenen Vorwürfe einen wichtigen Grund darstellen, nicht, ob sie berechtigt sind.[190]

Die Regelung in § 84 Abs. 3 Satz 4 des Aktiengesetzes, wonach der Widerruf der Bestellung zum Vorstandsmitglied solange wirksam ist, bis seine Unwirksamkeit rechtskräftig festgestellt ist, kann nach Auffassung des Bundesgerichtshofs[191] auf den Vereinsvorstand nicht entsprechend angewandt werden. Denn beim eingetragenen Verein, so wird gesagt, bestehe wegen seiner andersartigen Zwecke und Betätigungen nicht in gleichem Maße das Bedürfnis nach ständiger Klarheit der Vertretungsverhältnisse. Dies mag auf den kleinen Geselligkeitsverein mit geringer rechtsgeschäftlicher Betätigung zutreffen. Bei größeren Vereinen und den Großvereinen sowie bei Vereinen mit vom Nebenzweckprivileg gedeckten wirtschaftlichem Geschäftsbetrieb erscheint es nahezu unerträglich, wenn unter Umständen jahrelang ungewiß ist, ob der Verein durch die betreffende Person rechtswirksam vertreten wird.

271 Der Ausschluß eines Vorstandsmitglieds aus dem Verein ist einem Widerruf der Vorstandsbestellung jedenfalls dann gleichzusetzen, wenn ein und dasselbe Vereinsorgan für den Ausschluß von Vereinsmitgliedern und den Widerruf der Vorstandsbestellung zuständig ist.[192] Fehlt es an dieser doppelten Zuständigkeit, dann wird man in aller Regel die Beendigung des Vorstandsamts in dem durch den Ausschluß bewirkten Verlust der Vereinsmitgliedschaft erblicken.[193] Auch im Ausspruch des Mißtrauens durch die Mitgliederversammlung kann bereits ein Widerruf der Bestellung des Vorstands liegen.[194] Für die Löschung des Vorstands im Vereinsregister wird jedoch ein Versammlungsprotokoll, aus dem sich lediglich ergibt, daß dem Vorstand das Mißtrauen ausgesprochen wurde, keine genügende Grundlage bilden.

Vom Widerruf der Vorstandsbestellung ist die Kündigung des Anstellungsverhältnisses zu unterscheiden. Aber in der Abberufung eines Vorstandsmitglieds liegt vielfach zugleich die fristlose Kündigung des Anstellungsvertrags, wenn sie erkennbar der Ausdruck eines Vertrauensverlustes ist, der die Rechtsbeziehungen zu dem Entlassenen in ihrer Gesamtheit belastet.[195]

Beendigung des Vorstandsamts aus anderen Gründen

272 Eine automatische Beendigung des Vorstandsamts tritt außer durch Tod, Geschäftsunfähigkeit und Ablauf der Amtsdauer auch dann regelmäßig ein, wenn das Vorstandsmitglied durch freiwilligen Austritt aus dem Verein ausscheidet; jedoch sind Ausnahmefälle denkbar, in denen trotz Verlustes der

---

[190] OLG Hamburg HansRGZ 1933 B 119; Soergel-Hadding aaO.

[191] BGH Betrieb 1977, 84; siehe auch bei Rdnr. 274 und BGH Rpfleger 1980, 424.

[192] Vgl. RG SeuffArch. 77 Nr. 17, wonach auch ein unwirksamer Ausschließungsbeschluß der Mitgliederversammlung einen wirksamen Widerruf der Vorstandsbestellung bedeuten kann.

[193] OLG Celle OLGZ 1980, 359.

[194] OLG Köln BlGenW 1934, 243.

[195] Vgl. BGHZ 18, 334 (340, Genossenschaft); BGH WPM 1971, 1150 (GmbH); BGH WPM 1973, 639 = NJW 1973, 1122 (Genossenschaft); BGH Betrieb 1975, 1548 (AG).

Vereinsmitgliedschaft das Vorstandsamt beibehalten wird. Das der Bestellung zugrundeliegende Rechtsverhältnis würde hierbei den Ausschlag geben.[196] Ist der Austritt erst nach einer bestimmten Kündigungsfrist oder zu einem späteren Zeitpunkt möglich, wird man in der Abgabe der Austrittserklärung eines Vorstandsmitglieds zugleich die Erklärung finden, daß es sein Amt niederlegt. Wird ein Vereinsmitglied, das dem Vorstand angehört, aus dem Verein ausgeschlossen, so verliert es damit, wenn die Satzung nicht ausdrücklich etwas anderes bestimmt, auch das Vorstandsamt.[197] Das Vorstandsamt endet ferner bei **Wegfall der persönlichen Eigenschaften und Voraussetzungen,** die nach der Satzung für die Vorstandsbestellung zwingend erforderlich sind (z. B. Zugehörigkeit zu einem bestimmten Beruf).[198] Das gleiche gilt, wenn der Inhaber eines bestimmten Amtes Vorstand des Vereins ist und das Amt aufgelöst wird.

Wird durch eine Satzungsänderung die Zahl der Vorstandsmitglieder verringert, ist dies ein zwingender Grund, die überzähligen Vorstandsmitglieder abzuberufen. Welche das sind, steht völlig im Ermessen des Bestellungsorgans, sofern nicht ein Vorstandsmitglied ein satzungsmäßiges Sonderrecht auf ein Vorstandsamt besitzt.[199] Zu prüfen ist aber, ob der satzungsändernde Beschluß nicht dahin auszulegen ist, daß die Verkleinerung des Vorstands erst nach Ablauf der Amtszeit der amtierenden Vorstandsmitglieder stattfinden soll. **273**

Die Amtsniederlegung

Das Vorstandsamt wird auch dadurch beendet, daß der Vorstand (Vorstandsmitglied) sein Amt niederlegt.[200] Die Erklärung, das Vorstandsamt niederzulegen, bedeutet die Kündigung des zwischen dem Verein und dem Vorstand bestehenden Innenverhältnisses (Geschäftsbesorgungsvertrag, Dienstvertrag), die gleichzeitig die mit diesem Rechtsverhältnis untrennbar verbundene Organstellung beseitigt.[201] Bei einem mehrköpfigen Vorstand ist die Amtsniederlegung die höchsteigene Angelegenheit jedes Vorstandsmitglieds. Daher bindet ein mit Mehrheit gefaßter Beschluß des Vorstands, die Ämter niederzulegen, die in der Minderheit gebliebenen Vorstandsmitglieder nicht.[202] **274**

Der **ehrenamtlich** tätige Vorstand kann zwar sein Amt jederzeit niederlegen,[203] er darf dies aber, sofern er nicht einen „wichtigen Grund" geltend macht, nicht „zur Unzeit" tun; das heißt, er muß dem Verein angemessene Zeit lassen, das freiwerdende Vorstandsamt anderweit zu besetzen. Besteht der Vorstand nur aus einer Person, so geschieht die ohne wichtigen Grund erklärte Amtsniederlegung stets zur Unzeit, weil damit der Verein zumindest zeitweilig handlungsunfähig wird. Das gleiche gilt für die Amtsnieder-

---

196 OLG Hamburg HansRGZ 1926 B 229.
197 OLG Celle OLGZ 1980, 359.
198 Soergel-Hadding § 27 Rdnr. 15.
199 RG SeuffArch. 64 Nr. 154 (GmbH); vgl. BGH DNotZ 1969, 377.
200 Allgemein zur Amtsniederlegung Richert SchlHAnz. 1956, 194.
201 KG Recht 1907 Nr. 1366 und KGJ 29, 98.
202 OLG Königsberg RsprOLG 41, 86; Soergel-Hadding § 28 Rdnr. 7.
203 KGJ 29, 98 (100); OLG Frankfurt Rpfleger 1978, 134 (135).

legung eines Vorstandsmitglieds, wenn dadurch die zur Vertretung des Vereins erforderlichen Vorstandsmitglieder nicht mehr vorhanden sind. Eine zur Unzeit erklärte Amtsniederlegung ist zwar grundsätzlich wirksam, sie verpflichtet aber zum Ersatz des dadurch dem Verein etwa entstandenen Schadens. Sie ist jedoch unwirksam und hat nicht das Ausscheiden des Betreffenden aus dem Vorstandsamt zur Folge, wenn *feststeht,* daß sie aus unredlichen oder gegen Treu und Glauben verstoßenden Gründen (§ 242 BGB) erklärt wurde.[204] Ein solcher Fall liegt zum Beispiel vor, wenn der Vorstand sein Amt allein deshalb niedergelegt hat, um sich der Abgabe der Offenbarungsversicherung (§ 807 ZPO) zu entziehen[205] oder die drohende Zustellung einer Klage gegen den Verein oder eines Vollstreckungstitels zu vereiteln.

Besteht mit dem Vorstand ein **Anstellungsvertrag,** so *darf* er sein Amt regelmäßig nur niederlegen, wenn er sich dabei auf einen wichtigen Grund beruft. Die Satzung kann für die Amtsniederlegung eine besondere Regelung treffen, sie kann aber die Amtsniederlegung aus wichtigem Grund nicht ausschließen oder erschweren. Erfolgt die Amtsniederlegung aus einem wichtigen Grund, den der Verein zu vertreten hat, so ist der Vorstand nicht genötigt, zugleich das Anstellungsverhältnis fristlos zu kündigen.[206]

Hiervon streng zu unterscheiden sind die Fragen, ob eine ohne Angabe von Gründen erklärte Amtsniederlegung durch den Vorstand (oder ein Vorstandsmitglied) wirksam ist und ob die aus wichtigem Grund erklärte Amtsniederlegung auch dann sofort wirksam ist, wenn über die objektive Berechtigung dieses Grundes gestritten wird. Für den eingetragenen Verein sind sie höchstrichterlich noch nicht eindeutig beantwortet worden. Dagegen hat der Bundesgerichtshof für den Geschäftsführer einer GmbH beide Fragen bejaht.[207] Während in der ersten Entscheidung auch der Rechtsgedanke des § 84 Abs. 3 S. 4 AktG herangezogen wird,[208] stellt die zweite Entscheidung nicht auf Besonderheiten des Rechts der Kapitalgesellschaften ab, sondern auf den Gesichtspunkt, daß unter Umständen jahrelange Ungewißheit über die Vertretungsverhältnisse bei einem Rechtsstreit über die Wirksamkeit der Amtsniederlegung durch das Vertretungsorgan schwer erträglich ist. Daher ist auch beim eingetragenen Verein die Amtsniederlegung durch den Vorstand (oder ein Vorstandsmitglied) solange für rechtswirksam zu erachten, bis ihre Unwirksamkeit rechtskräftig festgestellt[209] ist. An der etwaigen Haftung des zurückgetretenen Vorstands wegen Verletzung des Anstellungsvertrags ändert sich dadurch jedoch nichts.

Die Umstände, die im Einzelfall einen wichtigen Grund zur Amtsniederlegung abgeben, können naturgemäß vielfältige sein. Grundsätzlich kommt

---

204 E. Schneider MDR 1983, 724 (725) mit Nachw.

205 Vgl. OLG Köln Rpfleger 1983, 361 = MDR 1983, 676 (GmbH); E. Schneider MDR 1983, 724 (726); siehe auch Rdnr. 243 a. E.

206 Vgl. BGH WPM 1978, 319 (GmbH-Geschäftsführer).

207 BGH Rpfleger 1980, 424 (Streit um das Vorliegen eines wichtigen Grundes); BGH NJW 1993, 1198 (Amtsniederlegung ohne Angabe von Gründen).

208 Diese Vorschrift wurde in einer früheren Entscheidung des BGH für auf den Vereinsvorstand nicht entsprechend anwendbar erklärt, BGH Betrieb 1977, 84; dazu bei Rdnr. 270.

209 E. Schneider MDR 1983, 724 (726).

es darauf an, ob sie so beschaffen sind, daß dem Vorstand ein weiteres Verbleiben im Amt nicht zugemutet werden kann.

Unterschiedlich wird die Frage beantwortet, ob die Amtsniederlegung nur wirksam ist, wenn sie gegenüber einem anderen Vorstandsmitglied – beim Einmann-Vorstand an sich selbst – erklärt wird,[210] oder ob sie **auch** gegenüber dem für die Bestellung des Vorstands zuständigen Vereinsorgan (im Normalfall gegenüber der Mitgliederversammlung) wirksam erklärt werden kann.[211] Da nach allgemeiner Meinung für die Abberufung des Vorstands das Vereinsorgan zuständig ist, das den Vorstand zu bestellen hat, ist es nur folgerichtig, daß der Vorstand seinerseits die Beendigung seines Amtes durch eine entsprechende Erklärung gegenüber diesem Vereinsorgan herbeiführen kann. **275**

Hat der Vorstand sein Amt wirksam niedergelegt, so kann er sich nicht später durch Widerruf seiner Erklärung wieder in das Vorstandsamt einsetzen.[212] Legt er sein Amt mit der Erklärung nieder, daß er die Vereinsgeschäfte noch bis zur Erledigung einer bestimmten Angelegenheit weiterführe, so kann er darüber hinaus nur durch neue Wahl sein Amt weiterbehalten.[213] **276**

Die Geschäftsführung des Vorstands

Geschäftsführung ist jede im Dienst des Vereins stehende Tätigkeit, die sowohl rein tatsächlicher Art (z. B. Buch- und Kassenführung, Kontrollmaßnahmen), wie auch rechtsgeschäftlicher Art (z. B. Einstellung von Personal, Ein- und Verkäufe für den Verein, Einfordern von Mitgliedsbeiträgen) sein kann.[214] Jede Vertretungshandlung des Vorstands nach außen stellt zugleich einen Akt der Geschäftsführung dar. **277**

Für die Geschäftsführung des ehrenamtlich wie des gegen Entgelt tätigen Vorstands gelten nach § 27 Abs. 3 BGB im wesentlichen die Vorschriften, die das Gesetz für das Rechtsverhältnis zwischen dem Auftraggeber und dem Beauftragten aufstellt (§§ 664–670 BGB), entsprechend. Auf diese Grundregeln ist jedoch nur zurückzugreifen, soweit die Satzung keine andere Bestimmung trifft.[215]

Der Vorstand darf ohne ausdrückliche Erlaubnis in der Satzung die Geschäftsführung nicht **allgemein** einer anderen Person oder Stelle übertragen. Er braucht aber nicht jedes einzelne Geschäft persönlich vorzunehmen, sondern er darf hierfür konkrete Aufträge oder Vollmachten erteilen. Die Befugnis, die Geschäfte des Vereins zu führen, schließt auch das Recht ein, das zur Erledigung der Vorstandsgeschäfte erforderliche Hilfspersonal einzustellen. Ob der Vorstand hierzu der Zustimmung der Mitgliederversammlung oder eines anderen Vereinsorgans bedarf, bestimmt sich nach der Satzung

---

210 So Richter SchlHAnz. 1956, 195 hiergegen MünchKomm-Reuter, 3. Aufl. § 27 Rdnr. 18 (§ 181 BGB stehe entgegen).

211 So OLG Frankfurt Rpfleger 1978, 134; RGRK-Steffen § 27 Rdnr. 6; Soergel-Hadding § 27 Rdnr. 16; differenzierend Stöber, 6. Aufl. Rdnr. 114.

212 OLG Hamburg HansRGZ 1925 B 10 = JDR 24 zu § 27 BGB.

213 BayObLG Recht 1914 Nr. 734.

214 Soergel-Hadding § 26 Rdnr. 10.

215 Staudinger-Coing § 27 Rdnr. 23.

oder einer Geschäftsordnung. Wesentlich ist, daß der Vorstand auch bei Beschäftigung von Angestellten oder eines „Geschäftsführers" die Leitung des Vereins in der Hand behält.

Wenn der Vorstand aus mehreren Personen besteht, gilt für die Geschäftsführung nach dem Gesetz – ebenso wie für die Vertretung des Vereins nach außen – das Mehrheitsprinzip (§ 28 Abs. 1 BGB). Es liegt auf der Hand, daß dies schon bei einem kleineren Verein mit etwa vier Vorstandsmitgliedern zu praktischen Schwierigkeiten führt. Räumt die Satzung Vorstandsmitgliedern Einzelvertretungsbefugnis ein, so spricht sie ihm damit Einzelgeschäftsführungsbefugnis zu.[216] Davon kann nur in der Satzung, nicht durch internen Vorstandsbeschluß abgewichen werden.

Bei Großvereinen, deren Geschäftsführungsorgan sich nicht selten aus zehn und mehr Personen zusammensetzt, ist bei strikter Anwendung des Mehrheitsprinzip eine rasche Erledigung der laufenden Vereinsgeschäfte nicht mehr gewährleistet. Daher ist regelmäßig eine **Aufteilung der Geschäftsführung** nach Sachgebieten (Ressorts) geboten,[217] die es dem einzelnen Vorstandsmitglied gestattet, die in sein Sachgebiet fallenden laufenden Vereinsgeschäfte allein und eigenverantwortlich zu erledigen. Die grundsätzlichen Entscheidungen über die Geschäftsführung des Vereins sollten aber dem gesamten Vorstand vorbehalten bleiben. Die Aufteilung der laufenden Vereinsgeschäfte unter die Mitglieder des Vorstands kann bereits in der Satzung vorgenommen werden. Dafür reicht es allerdings nicht aus, wenn z. B. in der Satzung bestimmt ist, daß der Vorstand aus dem 1. Vorsitzenden, dem 2. Vorsitzenden, dem Schriftführer und dem Schatzmeister (Kassier) besteht. Denn es fehlt an der erforderlichen genauen Angabe, welches Sachgebiet mit dem einzelnen Vorstandsamt verbunden ist. Daher ist, um die Satzung nicht mit einer ins Einzelne gehenden Regelung zu belasten, zur klaren Aufteilung der Geschäftsführung eine Geschäftsordung (Vereinsordnung)[218] angebracht.

In der Regel ergeben sich für den Vereinsvorstand aus der Geschäftsführung folgende Pflichten:

Sorgfaltspflicht

278 Der Vorstand (bei Aufteilung der Geschäftsführung der einzelne Sachgebietsleiter) hat dem Verein – nicht den Vereinsmitgliedern – für ein Verschulden bei der Geschäftsführung einzustehen (§ 276 BGB).[219] Seine Handlungen und Unterlassungen muß er an der Sorgfalt messen lassen, die eine gewissenhafte und ihrer Aufgabe gewachsene Person anzuwenden pflegt (§ 276 BGB). Dabei sind die Umstände des Einzelfalls, insbesondere Art und Größe des Vereins, der Vereinszweck sowie auch ein wirtschaftlicher Nebenbetrieb des Vereins zu berücksichtigen. Daraus kann sich ergeben, daß der Vorstand schon für die Folgen einer leicht fahrlässigen Verletzung seiner

216 BGH MDR 1993, 186 = NJW 1993, 191.

217 Zur Aufteilung der Geschäftsführung in Ressorts ausführlich R-D, 5. Aufl. Rdnrn. 1484–1496; siehe auch Rdnr. 250a dieses Buches.

218 Dazu im einzelnen bei Rdnrn. 151–154.

219 Grunewald ZIP 1989, 962 (964).

Pflichten haftet.[220] Mit dem Mangel an Befähigung, Gewandtheit, Erfahrung kann er sich regelmäßig nicht entschuldigen; er muß vielmehr für die Kenntnisse und Fähigkeiten einstehen, die die übernommene Geschäftsaufgabe erfordert.[221] Daher sollte jeder, bevor er ein ihm angetragenes Vorstandsamt annimmt, sich selbstkritisch prüfen, ob er die erforderlichen Kenntnisse und Fähigkeiten besitzt[222] und auch über die für eine gewissenhafte Geschäftsführung notwendige Zeit verfügt. Die gleiche Überlegung sollte angestellt werden, wenn sich nach der Übernahme des Vorstandsamtes der Verein zu einem Unternehmen entwickelt, dessen Geschäftsführung einen ehrenamtlich tätigen Vorstand überfordert. In diesem Fall kommt eine Niederlegung des Amtes in Betracht.

Das mit einem Vorstandsamt verbundene Haftungsrisiko kann jedoch dadurch erheblich vermindert werden, daß der Vorstand in der Satzung oder im Anstellungsvertrag von der Haftung für einfache Fahrlässigkeit freigestellt wird.

Die arbeitsrechtlichen Grundsätze über eine Haftungsbeschränkung bei „gefahrengeneigter Arbeit" sind beim Vereinsvorstand, der wegen Verletzung seiner normalen Vorstandspflichten in Anspruch genommen wird, nicht anwendbar.[223] Dagegen kann sich ein Vereinsmitglied, das nicht dem Vorstand angehört, auf diese Grundsätze berufen und im Schadensfall vom Verein Freistellung von der Haftung gegenüber dem Geschädigten verlangen, wenn es ehrenamtlich eine schadensträchtige Vereinsaufgabe übernommen hat (z. B. die Führung einer Jugendgruppe in einem Pfadfinderverein) und dabei infolge einfacher Fahrlässigkeit einen Unfall verursacht hat.[224]

Der Vorstand, der wegen einer Pflichtwidrigkeit, z. B. wegen eines Kassenfehlbestandes, vom Verein haftbar gemacht wird, kann nicht einwenden, die Mitgliederversammlung habe ihn schlecht ausgewählt oder nicht genügend überwacht.[225] Dagegen kann sich der Vorstand darauf berufen, daß er die Maßnahme, die zu dem Schaden für den Verein geführt hat, auf Weisung oder mit Zustimmung der Mitgliederversammlung getroffen habe, da in der entsprechenden Regelung von § 93 Abs. 4 AktG und § 34 Abs. 4 GenG ein allgemeiner Grundsatz des Körperschaftsrechts zum Ausdruck kommt.[226] Dieser Einwand versagt jedoch, wenn der Vorstand die Mitgliederversammlung über die Sachlage unrichtig oder unvollständig unterrichtet oder auf ihm bekannte mögliche schädliche Folgen nicht hingewiesen hatte.[227] Ein **satzungswidriges** Verhalten des Vorstands wird jedoch durch das Einver-

---

220 BGH WPM 1975, 467 (Genossenschaft).

221 Vgl. RGZ 163, 200 (208, Genossenschaft); RG HRR 1941 Nr. 132; BGH NJW 1957, 832; BGH WPM 1971, 1548; R-D, 5. Aufl. Rdnr. 1930; siehe auch Kust WPM 1980, 758 (Zur Sorgfaltspflicht und Verantwortlichkeit eines ordentlichen und gewissenhaften Geschäftsleiters); vgl. ferner Kossen Betrieb 1988, 1785 (Haftung des Vorstands einer AG für Pflichtverletzungen).

222 R-D, 5. Aufl. Rdnr. 1930.

223 BGH WPM 1975, 467 (Genossenschaft).

224 BGHZ 89, 153.

225 Vgl. BGH NJW 1983, 1856 für den GmbH-Geschäftsführer.

226 Vgl. OLG Hamburg RsprOLG 6, 190 und 9, 266; Konzen NJW 1989, 2977 (GmbH).

227 R-D, 5. Aufl. Rdnr. 1935 mit Nachw.

ständnis der Mitgliederversammlung oder eines anderen zuständigen Vereinsorgans nicht entschuldigt.[228]

Buchführung

279 Der Vorstand ist verpflichtet, ordnungsgemäß Buch zu führen oder durch Beauftragte führen zu lassen. Dies ergibt sich aus § 259 BGB; zudem muß er jederzeit in der Lage sein, über den Vermögensstand des Vereins Auskunft zu geben. Er muß schon im Hinblick auf § 42 Abs. 2 BGB imstande sein, festzustellen, ob der Verein überschuldet ist. Überläßt der Vorstand die Buchführung einem Dritten, so haftet der Verein für unerlaubte Handlungen des Dritten, dessen Stellung und Wirkungskreis auf den Auftrag des Vorstands oder eines verfassungsmäßigen Vertreters zurückgehen, wenn eine Pflichtverletzung des Vorstands oder des verfassungsmäßigen Vertreters hinzukommt. Das ist z. B. der Fall, wenn bei Auswahl der Angestellten oder Beschaffung der Einrichtung oder bei Leitung der Verrichtung die im Verkehr erforderliche Sorgfalt nicht beobachtet wurde, wenn insbesondere die aus § 823 BGB herzuleitende allgemeine **Pflicht der Dienstaufsicht,** wozu namentlich auch die Pflicht gehört, die Dienstführung zu gewissen Zeiten nachzuprüfen, verletzt wurde, und dadurch eine Unordnung eingerissen ist, die den Boden für die Schädigung geschaffen hat.[229]

Erhaltung des Vereinsvermögens – Konkursantragstellung

280 Der Vorstand hat im Gläubigerinteresse auf die Erhaltung des zur Befriedigung der Gläubiger erforderlichen Vereinsvermögens zu achten. Er wird ihnen haftbar, wenn er schuldhaft ihre Befriedigung dadurch schmälert, daß er Vereinsvermögen unter die Mitglieder aufteilt, oder die zur Schuldentilgung benötigten Beiträge von den Mitgliedern nicht erhebt bzw. sie verjähren läßt. Ist Überschuldung eingetreten, worüber er sich nötigenfalls durch Aufstellung einer Bilanz zu vergewissern hat, so ist es seine **Pflicht, die Eröffnung des Konkursverfahrens oder des gerichtlichen Vergleichsverfahrens zu beantragen** (§ 42 Abs. 2 BGB). Diese Pflicht trifft jedes Vorstandsmitglied einzeln, auch wenn Gesamtvertretung besteht.[230] Hat die Verzögerung des Antrags zur Benachteiligung der Gläubiger geführt, so können diese die Vorstandsmitglieder, die schuldhaft gehandelt haben, als Gesamtschuldner in Anspruch nehmen.[231]

Nach dem Gesetz (§ 26 Abs. 2 S. 1 BGB) ist Vorstand des Vereins nur das Vereinsorgan, dessen Mitglieder – einzeln oder zusammen mit anderen Organmitgliedern – befugt sind, den Verein zu vertreten. Nur diese Personen sind daher als Vorstand in das Vereinsregister einzutragen. Mitglieder eines Vereinsorgans, dem abweichend von § 27 Abs. 3 BGB in der Satzung die

---

[228] RG SeuffArch. 61 Nr. 89.

[229] Vgl. RGZ 104, 141 (147); RG JW 1906, 427; 1911, 939; 1915, 397; 1932, 1039; 1938, 2019.

[230] Jaeger § 213 Anm. 7; LG Tübingen KTS 1961, 158.

[231] Vgl. RG HRR 1936 Nr. 524; RGRK-Steffen § 42 Rdnr. 4; vgl. auch K. Schmidt JZ 1978, 661 (Konkursantragspflichten bei der GmbH und bürgerliches Deliktsrecht); Dindel KTS 1991, 477.

Geschäftsführung des Vereins übertragen ist, sind keine Vorstandsmitglieder im Sinne des Gesetzes, sondern Mitglieder eines aufgrund der Satzung neben dem Vorstand gebildeten Vereinsorgans.[232] Die Pflicht zur Stellung des Konkurs- oder Vergleichsantrags trifft sie daher nicht.

Für die vergleichbaren Bestimmungen des § 64 GmbHG und des § 92 AktG ist zwar in Rechtsprechung und Schrifttum allgemein anerkannt, daß die Verpflichtung zur Stellung des Konkurs- oder Vergleichsantrags nicht nur die gesetzlichen Vertreter dieser Gesellschaften (Geschäftsführer bzw. Vorstand), sondern auch denjenigen trifft, der, ohne diese Organstellung zu bekleiden, tatsächlich wie ein solches Organ tätig wird. Für die Inanspruchnahme einer Person gemäß § 64 GmbHG ist dabei nach der Rechtsprechung des Bundesgerichtshofs[233] darauf abzustellen, ob der Betreffende die Geschicke der Gesellschaft – und zwar nicht nur durch interne Einwirkung auf die satzungsmäßigen Geschäftsführer, sondern durch eigenes, auch nach außen hervortretendes, üblicherweise der Geschäftsführung zuzurechnendes Handeln – so maßgeblich in die Hand genommen hat, daß ihm auch die Verantwortung für die rechtzeitige Stellung des Konkurs- oder Vergleichsantrags zufällt.

Gegen eine Übertragung dieser Grundsätze auf den eingetragenen Verein bestehen an sich keine rechtlichen Bedenken. Um jedoch Personen, die keine Vorstandsmitglieder im Sinne des Gesetzes sind, der Pflicht und der Verantwortung nach § 42 Abs. 2 BGB zu unterwerfen, genügt aber allein ihre Mitwirkung an der Beschlußfassung eines Vereinsorgans, dem die Geschäftsführung des Vereins obliegt, nicht.

Überschuldung ist dann vorhanden, wenn bei richtiger Bilanzierung die Aktivposten die Passivposten nicht mehr decken, wenn die Verbindlichkeiten aus dem vorhandenen Vermögen nicht mehr getilgt werden können. Der Begriff deckt sich nicht mit dem der Zahlungsunfähigkeit.

Das Konkursverfahren über das Vermögen des Vereins findet jedoch nicht nur bei Überschuldung, sondern auch bei Zahlungsunfähigkeit statt (§§ 213, 207 KO). Dazu ist auf folgendes hinzuweisen: Gegenüber den Gläubigern des Vereins ist der Vorstand zur Stellung des Konkurs- oder Vergleichsantrags nur bei Überschuldung des Vereins verpflichtet.[234] Gegenüber dem Verein besteht diese Pflicht jedoch sowohl bei Überschuldung als auch bei Zahlungsunfähigkeit des Vereins.[235] Dies folgt daraus, daß der Vorstand dem Verein gegenüber zur ordentlichen Geschäftsführung verpflichtet ist.

Zahlungsunfähigkeit ist das auf dem Mangel an Zahlungsmitteln beruhende, nicht nur vorübergehende Unvermögen des Schuldners, seine sofort zu erfüllenden Geldschulden noch im wesentlichen zu berichtigen. Die Zahlungsunfähigkeit muß äußerlich in Erscheinung getreten sein, sei es im Verhalten des Schuldners selbst, sei es in einem von seinem Willen unabhängigen Vorgang.[236] Zahlungsunfähigkeit ist hiernach insbesondere zu vermu-

---

[232] Dazu bei Rdnrn. 308–312.

[233] BGH NJW 1988, 1789 = DNotZ 1988, 793.

[234] Bei der Insolvenzreform soll dieser Unterschied zu den Kapitalgesellschaften beseitigt werden, vgl. Windel KTS 1991, 477 (494f.).

[235] So zutreffend MünchKomm-Reuter, 3. Aufl. § 42 Rdnr. 12.

[236] Jaeger § 102 Anm. 2.

ten, wenn **Zahlungseinstellung** erfolgt ist. Diese ist der häufigste Fall der Zahlungsunfähigkeit, aber nicht mit dieser identisch. Die Zahlungseinstellung ist die tatsächliche allgemeine und regelbildende Unterlassung der fälligen Schulderfüllungen aus dem Grunde der dauernden, nicht bloß vorübergehenden Unmöglichkeit zur Erfüllung aller vorkommenden Verbindlichkeiten.[237] Eine bloße Zahlungsstockung, die nur auf aller Voraussicht nach **vorübergehenden** Zahlungsschwierigkeiten beruht, ist noch keine Zahlungseinstellung.[238] Die Begleichung einzelner kleinerer, selbst fortlaufender Verpflichtungen schließt die Annahme der Zahlungseinstellung ebenso wenig aus wie das Vorhandensein ausreichender Vermögensgegenstände, die nicht augenblicklich verwertbar sind.[239]

Verhältnis des Vorstands zur Mitgliederversammlung und anderen Vereinsorganen

281 Der Vorstand ist vor allem verpflichtet, die Beschlüsse der ihm übergeordneten Vereinsorgane mit der nötigen Sorgfalt auszuführen.[240] Ob und in welchem Umfang der Vorstand an Weisungen der Mitgliederversammlung oder eines anderen Vereinsorgans (Aufsichtsrat, Beirat, Gesamtvorstand, erweiterter Vorstand usw.) gebunden ist, ergibt sich jeweils aus der Satzung. Gibt diese hierüber keinen Aufschluß, so spricht dies dafür, daß der Vorstand den Weisungen der Mitgliederversammlung, die ihm generell oder von Fall zu Fall erteilt werden, nachzukommen hat. Soll er dagegen einen eigenen ausschließlichen Zuständigkeitsbereich für bestimmte Vereinsangelegenheiten haben, und zwar in der Weise, daß er insoweit bei der Geschäftsführung keinerlei Weisungen anderer Vereinsorgane entgegenzunehmen braucht, so muß sich dies als eine Ausnahme von der Regel zweifelsfrei aus der Satzung ergeben. Der Vorstand muß jederzeit auf Verlangen der Mitgliederversammlung **Auskunft** über den Stand der Geschäfte, worunter alle Vereinsangelegenheiten zu verstehen sind, geben und nach Beendigung seines Amtes **Rechenschaft** ablegen. Während der Amtszeit besteht eine Pflicht zur Rechnungslegung stets dann, wenn die Satzung Vorschriften über das Geschäftsjahr und die Abhaltung einer Jahresmitgliederversammlung enthält. Auch ohne solche ausdrückliche Satzungsbestimmungen kann sich aus dem bisherigen Vereinsbrauch die Pflicht zur periodischen Berichterstattung ergeben. Zu einer ordentlichen Geschäftsführung gehört auch die **Information** der Vereinsmitglieder über die wesentlichen Vorkommnisse. Umfang und zeitlicher Abstand der Information richten sich nach dem Zweck des Vereins, seiner Größe und seinem organisatorischen Aufbau. Außerhalb der Mitgliederversammlung ist der Vorstand jedoch nach herrschender Meinung in der Rechtsprechung nicht verpflichtet, Mitgliedern Auskünfte zu erteilen.[241] In der Literatur wird dagegen dafür eingetreten, daneben ein individu-

---

[237] BGH WPM 1985, 396.

[238] OLG Hamburg MDR 1972, 959.

[239] RGZ 100, 65; Krakenberger § 98 Anm. 3.

[240] Zur Haftung von Vorstandsmitgliedern einer AG bei Ausführung von Hauptversammlungsbeschlüssen siehe Hefermehl, Festschrift für Schilling 1973, S. 159.

[241] Lepke NJW 1966, 2099; Soergel-Hadding § 27 Rdnr. 22a; vgl. BGH NJW 1960, 1151; 1962, 104; BayObLG NJW 1972, 1377 = Rpfleger 1972, 262 (für den Verwalter einer Wohnungseigentümergemeinschaft); KG NJW-RR 1987, 462 (WEG-Sache).

elles Informationsrecht des Mitglieds zuzulassen.[242] Das erscheint diskutabel, weil im Verein die Gefahr des Mißbrauchs des Informationsrechts zu gewerblichen Zwecken gering ist. Wird die Auskunft in der Mitgliederversammlung aus Rechtsgründen oder aus Gesichtspunkten verweigert, die nicht der Abwägung der Belange des Vereins gegen die Interessen des Mitglieds an der Beantwortung der Frage entspringen, so sind die Gerichte zur uneingeschränkten Nachprüfung berechtigt.[243] Um diese Nachprüfung durch das Gericht zu ermöglichen, hat der Vorstand seine Auskunftsverweigerung zu begründen. Dieser Begründungszwang kann jedoch nicht so weit gehen, daß der Vorstand dabei Dinge offenlegen muß, die nach seinem pflichtgemäßen Ermessen geheimgehalten werden müssen. Die richterliche Nachprüfung erstreckt sich auch darauf, ob die Begründung für die Auskunftsverweigerung nur einen Teil der gestellten Frage deckt. In diesem Fall ist der Vorstand verpflichtet, den übrigen Teil der Frage zu beantworten.[244] Mißachtet der Vorstand einen Beschluß der Mitgliederversammlung, so ist es Sache der Versammlung selbst, ihrem Willen, notfalls durch Abberufung des Vorstandes, Nachdruck zu verschaffen. Dagegen würde es einen Eingriff in die inneren Vereinsangelegenheiten bedeuten und der Verfassung des Vereins zuwiderlaufen, wollte man zum Zweck der Ausübung eines Drucks auf den Vorstand es zulassen, daß unter Umgehung der Mitgliederversammlung der ordentliche Richter angerufen wird.[245]

Rechenschafts- und Geschäftsbericht des Vorstandes

Der Geschäftsbericht hat vor allem die Aufgabe, den Verlauf des Geschäftsjahres und die Lage des Vereins darzustellen und den buchmäßigen Jahresabschluß zu erläutern. Er ist das wesentlichste Mittel, die Vereinsmitglieder über die Lage des Vereins zu unterrichten. Er ist daher mit großer Sorgfalt zu erstellen. Der Bericht muß unmißverständlich, vollständig und wahr sein. Er soll ja der Jahresmitgliederversammlung die Grundlage für ihre Beschlüsse (Entlastungserteilung, Wahlen usw.) geben. Er muß alles erörtern, was nach vernünftigem Ermessen und nach der Verkehrsanschauung zur Beurteilung der Vereinsverhältnisse nötig ist. Auch nach Schluß des Vereinsjahres eingetretene oder erst dann bekannt gewordene Vorgänge von besonderer Bedeutung sind mitzuteilen, weil sie die Beschlußfassung beeinflussen können. Üblich, aber nicht notwendig, dürfte es sein, sich auch über die Aussichten im neuen Geschäftsjahr zu äußern. Der Bericht darf nichts Wesentliches verschweigen, auch nicht etwas dem Verein Nachteiliges. Unberechtigtes Verschweigen kann die Unwirksamkeit eines auf dem Bericht fußenden Beschlusses über die Entlastung des Vorstands zur Folge haben. **282**

Wenn aus einem Geschäftsbericht nur die Gesamtbezüge der Vorstandsmitglieder ersichtlich sind, ist die Frage eines Vereinsmitglieds, wieviel da-

242 Becker, in: Europäisches Privatrecht, 1992, S. 215 (227); Grunewald ZIP 1989, 962.

243 BGH NJW 1962, 104 für AG-Vorstand.

244 BGH NJW 1960, 1151 für AG-Vorstand.

245 RGZ 79, 409 (422).

von auf die einzelnen Vorstandsmitglieder entfällt, zulässig. Die Auskunft kann im Klagewege erzwungen werden.[246]

Der Rechenschafts- und Geschäftsbericht darf sich nicht nur auf den Stand am Schluß des Geschäftsjahres erstrecken, er muß vielmehr die Gestaltung des Vermögensstandes und die Entwicklung der Verhältnisse des Vereins während des verflossenen Vereinsjahres ergeben. Er muß alle wichtigen Vereinsereignisse erwähnen, die von wesentlichem Einfluß auf das Vereinsleben waren. Dazu gehören z. B. der Ausgang eines wichtige Interessen des Vereins berührenden Prozesses, der Abschluß bedeutungsvoller Verträge, Unglücksfälle und sonstige Ereignisse, die ungünstig auf den Verein einwirkten, besondere Veranstaltungen, Wettbewerbe und ähnliches. Der Bericht hat ferner den Zu- und Abgang von Mitgliedern auszuweisen, bei Abgängen nach Möglichkeit auch den Grund des Ausscheidens der einzelnen Mitglieder. Er hat ferner die Einnahmen (Beiträge, Überschüsse aus Veranstaltungen, Schenkungen, Einnahmen aus Verpachtungen und dergl.) und die Ausgaben (Materialien-Ankauf, Schreib- und Portoauslagen, Gehälter, Aufwandsentschädigungen, Reisekosten, steuerliche Abgaben, Sitzungsgelder, Gratifikationen, Pauschalbeträge für Auslagen, Ausgaben für Miete, Pacht und dergl.) zu enthalten. Schwebende Verhandlungen, neuaufgenommene oder abgebrochene Beziehungen zu anderen Vereinen oder ganz allgemein zu Dritten sind zu erwähnen. Überschreitungen des von der Vorjahresmitgliederversammlung festgesetzten Voranschlags sind auf alle Fälle besonders anzuführen und zu begründen. Der Rechenschaftsbericht hat dann insbesondere auch den Jahresabschluß zu erläutern. Er braucht zwar nicht zu wiederholen, was sich aus dem Jahresabschluß selbst ergibt. Wesentliche Abweichungen von früheren Jahresabschlüssen sind daher zu erörtern. Dies kann für die Beurteilung der Lage des Vereins von besonderer Bedeutung sein.

Die Berichterstattung hat den Grundsätzen einer gewissenhaften und getreuen Rechenschaftslegung zu entsprechen; sie erfordert also auch eine Rechtfertigung getroffener Maßnahmen. Die Berichterstattung kann jedoch insoweit unterbleiben, als das überwiegende Interesse des Vereins oder der Allgemeinheit es erfordert. Das Verschweigen darf jedoch nicht zu falschen Angaben führen. Was der Bericht sagt, muß wahr sein; er braucht in diesem Ausnahmefall nur nicht vollständig zu sein. Ein überwiegendes Interesse des Vereins an der Geheimhaltung muß vorliegen. Schadet die Offenlegung dem Verein mehr, als sie einzelnen Vereinsmitgliedern nützt, so kann sie unterbleiben. Steuerliche Interessen oder die Möglichkeit unbequemer Anfragen und Erörterungen in der Presse entbinden jedoch im allgemeinen nicht von der Berichterstattung.

Der Bericht hat endlich die Beziehungen, die zu über- oder untergeordneten Vereinen bestehen, zu erwähnen. Er muß die Art der Beziehungen klar kennzeichnen. Auch wichtige Änderungen in der Art und dem Umfang dieser Beziehungen sind zu berichten. Aussichten und Zweck solcher Beziehungen sind nur anzugeben, wenn besondere Umstände eine Rechtfertigung hierfür erfordern.

---

[246] BGH NJW 1962, 104 (AG).

Wird der Rechenschafts- und Geschäftsbericht in schuldhafter Weise nicht oder nicht ordnungsgemäß erstattet, so liegt Pflichtverletzung vor, welche die Abberufung des Vorstands zur Folge haben kann, aber nicht muß. Trotz eines mangelhaften Berichtes könnte die Mitgliederversammlung Entlastung erteilen, weil sie in ihrer Beurteilung der Geschäftsführung des Vorstandes frei ist.

Schweigepflicht

Jedes Mitglied des Vorstandes hat auch eine Schweigepflicht über vertrau- **283**
liche Vorgänge und Mitteilungen. Die Vertraulichkeit kann sich aus der Natur der Sache oder aus einem ausdrücklichen Vorbehalt dessen, der dem Vorstand eine Mitteilung machte, ergeben.[247]

Einberufung der Mitgliederversammlung

Der Vorstand hat die Pflicht, die Mitgliederversammlung in den durch die **284**
Satzung bestimmten Fällen sowie dann einberufen, wenn das Interesse des Vereins es erfordert. § 36 BGB.[248]

Anmeldung zum Vereinsregister

Der Vorstand ist verpflichtet, die im Gesetz vorgeschriebenen Anmeldun- **285**
gen zum Vereinsregister zu tätigen.[249]

Bescheinigung über die Mitgliederzahl

Der Vorstand hat dem Registergericht auf Verlangen jederzeit eine Be- **286**
scheinigung über die Zahl der Mitglieder einzureichen, § 72 BGB.[250] Zur Bekanntgabe der Namen und Adressen der Mitglieder ist er aber gegenüber dem Registergericht nicht verpflichtet.

Pflichten des Vorstands nach Beendigung seines Amtes

Nach der Beendigung seines Amtes ist der Vorstand verpflichtet, alles, **287**
was er während seiner Amtszeit in dieser Eigenschaft erhalten hat, herauszugeben (Vereinsbücher, insbesondere die Mitgliederkartei, Korrespondenzen, Bereiche, Protokolle, Geschäftsunterlagen aller Art, Bankauszüge, Geld, Wertsachen usw.).[251]

Aufwendungen des Vorstands

Bei Rdnr. 262 wurde dargelegt, daß nach dem Gesetz der Vorstand, sofern **288**
die Satzung oder eine auf satzungsmäßiger Grundlage errichtete Vereinsordnung nichts anderes bestimmt, nur den Ersatz seiner Aufwendungen verlangen kann. Zum Begriff der „Aufwendungen" und zur Abgrenzung von einer

---

247 Vgl. § 93 Abs. 1 AktG; Schilling in GroßKomm. AktG § 93 Anm. 11.
248 Näheres bei Rdnr. 158.
249 Näheres bei Rdnrn. 392, 395, 396.
250 Eine amtliche Bescheinigung über die Mitgliederzahl darf aber das Registergericht nicht erteilen.
251 BGH NJW 1957, 832; Stöber, 6. Aufl. Rdnr. 129.

„Vergütung“ des Vorstands für seine Tätigkeit liegt jetzt eine ausführliche Entscheidung des Bundesgerichtshofs[252] vor. Danach sind Aufwendungen „alle Vermögensopfer mit Ausnahme der eigenen Arbeitszeit und Arbeitskraft, die der Vorstand zwecks Ausführung seines satzungsmäßigen Auftrags freiwillig, auf Weisung der hierzu befugten Vereinsorgane oder als notwendige Folge der Auftragsausführung erbringt. Dazu zählen alle Auslagen des Vorstands, insbesondere für Reisekosten, Post- und Telefonspesen, zusätzliche Beherbergungs- und Verpflegungskosten usw. Sie sind erstattungsfähig, soweit sie tatsächlich angefallen, für die Führung des übernommenen Amtes erforderlich sind und sich in einem angemessenen Rahmen halten. Alle darüber hinaus gewährten Leistungen des Vereins an den ehrenamtlichen Vorstand sind Vergütung, das heißt offenes oder verschleiertes Entgelt für die geleistete Tätigkeit als solche.“

Verdeckte Vergütung, so der Bundesgerichtshof weiter, sind insbesondere auch sämtliche Pauschalen, die nicht tatsächlich entstandenen und belegbaren Aufwand abdecken oder Ersatz für Kosten sind, die mit der in Frage stehenden Tätigkeit typischerweise verbunden sind und in dieser Höhe üblicherweise pauschal, ohne Einzelnachweis, erstattet werden. Wenn aber die Kosten, zu deren Abdeckung die betreffende Pauschale im allgemeinen gedacht ist, bei dem konkreten Vorstandsamt regelmäßig nicht anfallen, handelt es sich um eine verdeckte Vergütung. Dies kann etwa bei Sitzungs- oder Tagegeldern in Betracht kommen, die üblicherweise zur pauschalen Abgeltung auswärtiger Unterbringung und Verpflegung gezahlt werden, wenn diese Leistungen schon auf anderem Wege vom Verein erbracht werden. Keine Aufwendung ist vor allem die für die übernommene Vorstandstätigkeit eingesetzte **Arbeitszeit** und **Arbeitskraft** und das dadurch bedingte Vermögensopfer in Form anderweit entgehender Verdienstmöglichkeiten. Leistungen des Vereins, die zur Abgeltung dieses Opfers erbracht werden, sind rechtlich Vergütung, das heißt Entgelt für die übernommene Tätigkeit, mögen sie auch häufig anders, etwa als Aufwandsentschädigung o. ä. bezeichnet werden. Daher sind beispielsweise Pauschalen, die der Vorstand für die Beschäftigung eines Vertreters in seinem Geschäft erhält, keine erstattungsfähigen Aufwendungen, sondern Vergütung.

Wenn der Vorstand nach der Satzung eine „angemessene Vergütung“ für seine Tätigkeit erhält, kann im Streitfall das Gericht voll nachprüfen, ob die empfangenen Beträge eine angemessene Vergütung darstellen. Die Gewährung einer unangemessen hohen Vergütung wäre in diesem Fall satzungswidrig und müßte vom Vorstand zurückgezahlt werden. Darüber hinaus stellt die Annahme satzungswidrig überhöhter Vorstandsvergütungen auch eine Verletzung der Pflichten des Vorstands dar, die ihn gegenüber dem Verein schadensersatzpflichtig macht, sofern er die Unangemessenheit der von ihm in Anspruch genommenen Vergütungen kannte oder kennen konnte.

Diese Grundsätze für die Aufwendungen oder die Vergütung des Vorstands gelten entsprechend für die Aufwendungen oder die Vergütung, die die Mitglieder anderer Vereinsorgane (z. B. des Gesamtvorstands, des Verwaltungsrats, des Präsidiums oder des Ehrengerichts) beanspruchen können.

---

252 BGH NJW-RR 1988, 745.

Für die zur Besorgung der Vorstandsgeschäfte erforderlichen Aufwendungen (z. B. Reisekosten) kann der Vorstand vom Verein Vorschuß verlangen. Haben die Vorstandsmitglieder nach der Satzung oder einer auf satzungsmäßiger Grundlage erlassenen Vereinsordnung Anspruch auf eine „Aufwandsentschädigung", so können sie diese nicht selbst festsetzen.[253] Wenn die Satzung oder die Vereinsordnung hierfür nicht ein anderes Vereinsorgan bestimmt, ist dies Sache der Mitgliederversammlung.

Die Entlastung des Vorstands

Die Entlastung, die den Vorstand von dem nach der Satzung hierfür zuständigen Vereinsorgan – regelmäßig ist das die Mitgliederversammlung – erteilt wird, hat die Wirkung eines Verzichts des Vereins auf Bereicherungs- und Schadensersatzansprüche[254] sowie auf Kündigungsgründe,[255] die der Mitgliederversammlung bekannt sind oder bei sorgfältiger Prüfung bekannt sein konnten. Die Entlastung erstreckt sich auf Ersatzansprüche, die allen Vereinsmitgliedern privat bekannt geworden sind.[256] Die Grundlage des Entlastungsbeschlusses der Mitgliederversammlung bilden die Berichte und Vorlagen, insbesondere die jährlich oder periodisch vom Vorstand erstatteten Rechenschaftsberichte für den Zeitraum, auf den sich der Entlastungsbeschluß bezieht. Ansprüche, die aus den Rechenschaftsberichten des Vorstands und den der Mitgliederversammlung unterbreiteten Unterlagen (z. B. dem Jahresabschluß) nicht oder doch in wesentlichen Punkten nur so unvollständig erkennbar sind, daß die Vereinsmitglieder die Tragweite der ihnen abverlangten Entlastungsentschädigung bei Anlegung eines lebensnahen vernünftigen Maßstabs nicht zu überblicken vermögen, werden von der Verzichtswirkung nicht erfaßt.[257] Dies gilt vor allem für solche Ansprüche, die erst nach eingehendem Vergleich und rechtlicher Auswertung verschiedener Unterlagen ersichtlich sind, die der Mitgliederversammlung bei Fassung des Entlastungsbeschlusses nicht oder nicht vollständig vorliegen. Zwischen den Rechenschaftsberichten des Vorstands und der Verzichtswirkung der Entlastung besteht demnach eine Wechselbeziehung: je gründlicher und offener der Vorstand in seinen Rechenschaftsberichten seine Geschäftsführung darlegt, um so größer ist die Tragweite der von ihm erstrebten Entlastung. Von den einzelnen Vereinsmitgliedern kann jedoch regelmäßig nicht erwartet werden, daß sie aus eigener Kenntnis der Zusammenhänge und aufgrund selbständiger Untersuchungen imstande sind, das Ausmaß der ihnen mit dem Entlastungsbeschluß abverlangten Verzichtserklärung zu überblicken.[257] Ob ein Bericht der Rechnungsprüfer, der der Mitgliederversammlung vor der Fassung des Entlastungsbeschlusses erstattet wurde, eine so eingehende Information der Mitgliederversammlung darstellt, daß sie sich allein aufgrund dieses Berichts oder zusammen mit dem Rechenschaftsbe- 289

[253] RG Recht 1936 Nr. 5421.

[254] BGH NJW-RR 1988, 745 (748); BGHZ 97, 382 = NJW 1986, 2250; NJW 1987, 2430.

[255] Soergel-Hadding § 27 Rdnr. 24.

[256] BGH NJW 1959, 192.

[257] BGH NJW-RR 1988, 745 (748).

richt des Vorstands über das Ausmaß der Verzichtswirkung der Entlastung im klaren war oder sein mußte, hängt von den Umständen des Einzelfalls ab. Dabei ist zu berücksichtigen, daß sich der Auftrag der Rechnungsprüfer regelmäßig auf die Kassenführung sowie auf die Prüfung beschränkt, ob die Mittel wirtschaftlich verwendet wurden, ob die Ausgaben sachlich richtig sind und ob sie mit dem Haushaltsplan übereinstimmen.[258] Eine darüber hinausgehende Prüfung der Geschäftsvorgänge unter rechtlichen Gesichtspunkten, etwa darauf hin, ob bestimmte Ausgaben im Einklang mit der Satzung stehen, ist von den Rechnungsprüfern, die meistens ehrenamtlich tätig sind, in aller Regel nicht zu erwarten.[258]

Hat der Vorstand im Rahmen seiner Vertretungsmacht ein Geschäft bereits getätigt und „genehmigt" später die Mitgliederversammlung dieses Geschäft, so stellt das hinsichtlich dieses Geschäfts eine Entlastung des Vorstands dar.[259] Die Entlastung kann sich auf ein einzelnes Geschäft beziehen oder auf die ganze Geschäftsführung; sie kann sich auf bestimmte Zeitabschnitte oder auf die gesamte Amtsdauer des Vorstands erstrecken. Die Mitgliederversammlung kann sie dem einen Vorstandsmitglied erteilen, einem anderen versagen.[260] In diesem Fall ist eine getrennte Abstimmung geboten. Beschließt die Mitgliederversammlung, gegen ein früheres Vorstandsmitglied wegen dessen schlechter Geschäftsführung keine Maßnahmen zu ergreifen, so bedeutet das nur eine Anweisung an den amtierenden Vorstand, aber keine Entlastung des früheren Vorstandsmitglieds.[261]

Wird die Entlastung den Vorstandsmitgliedern einheitlich erteilt, so sind sämtliche Vorstandsmitglieder vom Stimmrecht ausgeschlossen. Auch bei getrennter Abstimmung können die jeweils nicht betroffenen Vorstandsmitglieder nur mitstimmen, wenn sich die Entlastung auf Vorgänge beziehen soll, an denen sie ganz unbeteiligt sind.[262] Im Falle des Ausschlusses vom Stimmrecht können Vorstandsmitglieder auch nicht als Bevollmächtigte anderer Mitglieder mitstimmen.

Wann der Vorstand zu entlasten ist, richtet sich zunächst nach der Satzung. Enthält diese hierüber keine Vorschrift, kann an sich jederzeit die Entlastung des Vorstands beantragt werden. Nach allgemeinem Vereinsbrauch ist jedoch über die Entlastung des Vorstands im Anschluß an seinen Rechenschaftsbericht zu befinden. Dies setzt jedoch voraus, daß in der Tagesordnung, sofern diese bei der Einladung zur Mitgliederversammlung mitzuteilen ist, die Beschlußfassung über die Entlastung des Vorstands enthalten war.

Die – regelmäßige – Zuständigkeit der Mitgliederversammlung für die Entlastung bedeutet nicht, daß der Verein vor einer Beschlußfassung über die Entlastung Ansprüche, die er aus der Geschäftsführung noch nicht entlasteter Vorstandsmitglieder gegen diese zu haben glaubt, nicht der gerichtlichen Klärung zuführen dürfe. Der Vorstand hat darüber zu entscheiden, ob derartige Ansprüche erhoben werden sollen, und macht sich unter Umstän-

---

258 BGH NJW-RR 1988, 745 (749); R-D, 5. Aufl. Rdnr. 1532.
259 RGZ 115, 246 (251).
260 Soergel-Hadding § 27 Rdnr. 24.
261 RG JW 1935, 921.
262 RGZ 55, 75; OLG Stuttgart LZ 1925, 722.

den schadensersatzpflichtig, wenn er begründete Ansprüche nicht verfolgt. Die Mitgliederversammlung kann allerdings beschließen, daß selbst berechtigte Ansprüche nicht verfolgt werden sollen.[263]

Für die Wirksamkeit der Entlastung ist es nicht erforderlich, daß bei der Beschlußfassung gerade das Wort „Entlastung" verwendet wird. Es genügt nach allgemeinen Auslegungsregeln jede Äußerung der Mitgliederversammlung (oder des nach der Satzung zuständigen Vereinsorgans), aus der sich der Wille ergibt, aus der Geschäftsführung des Vorstands oder einzelner Vorstandsmitglieder keine Ansprüche zu erheben. Das ist beispielsweise der Fall, wenn im Anschluß an den Geschäfts- und Rechenschaftsbericht des Vorstands die Geschäftsführung „gebilligt" wird. Auch ein Beschluß, mit dem dem Vorstand „das Vertrauen" ausgesprochen wird, kann nach den Umständen, unter denen er gefaßt wird, die Entlastung des Vorstands bedeuten.

Eine Klage des Vorstands gegen den Verein auf Entlastung, die das Reichsgericht[264] für zulässig erachtet hatte, wird jetzt im Schrifttum[265] überwiegend abgelehnt. Auch der Bundesgerichtshof[266] hat eine solche Klage des Geschäftsführers einer GmbH für unzulässig erklärt. Zulässig ist danach aber eine Klage auf Feststellung, daß von der Gesellschaft behauptete Ersatzansprüche nicht bestehen.[265] Diese Rechtsprechung ist entsprechend auf die Klagemöglichkeit des Vereinsvorstands heranzuziehen. Darüber hinaus ist der Auffassung zuzustimmen, daß bereits die allgemeine Verweigerung der Entlastung – nicht erst die Behauptung konkreter Ersatzansprüche durch den Verein – den Vorstand zur Erhebung der negativen Feststellungsklage berechtigt.[267] Die vorstehenden Ausführungen über die Entlastung des Vorstands gelten entsprechend für die Entlastung der Mitglieder anderer Vereinsorgane, die nach der Satzung Geschäftsführungsaufgaben oder Kontrollfunktionen zu erfüllen haben.

Die Haftung des Vereins für seine Organe

Aus der Stellung des Vorstands als notwendigem Organ des Vereins muß **290**
sich konsequenterweise ergeben, daß der Verein für alle rechtsgeschäftlichen und tatsächlichen Handlungen des Vorstandes, die aus irgendeinem Rechtsgrund zum Schadensersatz verpflichten, haftet.[268] Die zum Schadensersatz verpflichtenden Handlungen des Vorstandes werden damit **dem Verein als eigene Handlungen zugerechnet.** Ob sich allerdings aus der einzelnen Handlungsweise des Vorstandes eine Schadensersatzpflicht ergibt, ist eine andere Frage; sie beantwortet sich nach den allgemeinen Grundsätzen; insbesondere muß ein Ursachenzusammenhang zwischen Handlung und Schaden sowie ein Verschulden (Vorsatz, Fahrlässigkeit) gegeben sein; letzteres na-

---

263 BGH NJW 1957, 832.

264 RGZ 89, 396; RG JW 1936, 1893.

265 Z. B. MünchKomm-Reuter, 3. Aufl. § 27 Rdnr. 23; Soergel-Hadding § 27 Rdnr. 25.

266 BGHZ 94, 324 (328) = NJW 1986, 129.

267 K. Schmidt ZGR 1978, 440f.

268 Vgl. BayObLG Recht 1922 Nr. 780; siehe auch BGH LM Nr. 13 zu § 31; zur Vertretungsordnung juristischer Personen und deren Haftung gemäß § 31 BGB siehe auch Coing, Festschrift für Fischer, 1979, 65.

türlich nur dann, wenn im betreffenden Haftungstatbestand ein Verschulden erforderlich ist und es nicht etwa um eine sog. Gefährdungshaftung[269] handelt. Im einzelnen handelt es sich bei der Auslegung des § 31 BGB, der den Grundsatz der „Organhaftung" enthält, um schwierige und umstrittene Rechtsfragen, die im Rahmen dieser Darstellung nicht behandelt werden können. Insoweit muß auf die Spezialliteratur zu § 31 BGB verwiesen werden. Zu beachten sind jedoch die folgenden wesentlichen Gesichtspunkte:

1. Der Vorstand, auch ein einzelnes Vorstandsmitglied, muß bei der schädigenden Handlung in „amtlicher" Eigenschaft, eben als Vorstand und nicht als Privatperson, gehandelt haben.[270] Zwischen seinem Aufgabenbereich und dem schadenstiftenden Verhalten muß ein erkennbarer sachlicher, nicht bloß ein zufälliger, zeitlicher oder örtlicher, Zusammenhang bestehen.[271] Die „Handlung" des Vorstandes, die zu einem Schaden führt, kann auch in einer Unterlassung bestehen, wenn im Einzelfall eine Rechtspflicht zum Handeln besteht. Dies ist vor allem für die Fälle von Bedeutung, in denen der Vorstand seine allgemeine Aufsichtspflicht verletzt hat.[272]

2. Wenn der Vorstand die ihm auferlegte und im Vereinsregister eingetragene Beschränkung seiner Vertretungsmacht überschritten hat, kann sich der Dritte nur an den Vorstand persönlich als „Vertreter ohne Vertretungsmacht" nach § 179 BGB halten; er kann sich nicht, wenn vom Vorstand kein Schadensersatz zu erlangen ist, an den Verein halten. Würde man hier die Haftung des Vereins bejahen, so würde damit das dem Verein von Gesetzes wegen zugestandene Recht, die Vertretungsmacht des Vorstandes auch im Außenverhältnis zu beschränken, zunichte gemacht werden.[273]

Wenn der Vorstand dagegen seine Vertretungsmacht überschritten und **zugleich** eine unerlaubte Handlung, eine Vertragsverletzung oder eine andere zum Schadensersatz verpflichtende Handlung begangen hat, greift die Organhaftung des Vereins ein.[274] Stellt sich die Handlungsweise des Vorstandes als eine „unerlaubte Handlung" dar, so haftet der Verein schon aus diesem Grunde.[275] Die Frage nach den Grenzen seiner Vertretungmacht stellt sich hier nicht.[276] Freilich bleibt zu prüfen, ob die Überschreitung der dem Vorstand eingeräumten Vertretungsmacht sein schadenstiftendes Handeln so sehr außerhalb seines Aufgabenbereichs stellt, daß der innere Zusammenhang zwischen den Handlungen des Vorstandsmitglieds und dem allgemei-

---

[269] Zur Tierhalterhaftung eines Reitvereins gegenüber einem Vereinsmitglied siehe BGH NJW 1982, 763; OLG Celle NdsRpfl. 1982, 11; zur Frage, wann ein Reitverein sich von der Tierhalterhaftung nach § 833 S. 2 BGB entlasten kann, siehe BGH NJW-RR 1986, 572 = JR 1986, 240 mit Anm. von Haase.

[270] RGZ 128, 229 (233); 134, 375; BGH NJW 1952, 537; Soergel-Hadding § 31 Rdnrn. 21, 22.

[271] RGZ 104, 286; 162, 129; vgl. RG Recht 1921 Nr. 2133; BGHZ 49, 19/23; Soergel-Hadding § 31 Rdnrn. 21, 22; allgemein zur Organhaftung siehe auch Hassold JuS 1982, 583.

[272] Vgl. RG JW 1906, 547; RG Recht 1922 Nr. 781.

[273] Vgl. RGZ 162, 129 und 207; BGH NJW 1952, 537 (538); BGH LM Nr. 13 zu § 31 = MDR 1959, 203.

[274] Vgl. RGZ 162, 129 und 207; BGH NJW 1952, 537 (538); BGH LM Nr. 13 zu § 34 = MDR 1959, 203.

[275] Vgl. BGH NJW 1986, 2941 (Genossenschaft).

[276] BGH NJW 1952, 537 (538) für den persönlich haftenden Gesellschafter einer KG.

nen Rahmen der ihm übertragenen Obliegenheiten nicht mehr erkennbar und deshalb der Schluß geboten ist, daß er nur bei Gelegenheit, aber nicht in Ausführung der ihm obliegenden Verpflichtungen gehandelt hat.

3. Der Verein haftet auch, wenn lediglich eines von mehreren gesamtvertretungsberechtigten Mitgliedern in Ausübung der ihm zugewiesenen Geschäfte eine zum Schadensersatz verpflichtende Handlung begangen hat. Schon das Verschulden **eines** Vorstandsmitglieds genügt, um eine Haftung des Vereins zu begründen.[277]

Nach bisheriger Rechtsprechung[278] haftete der Verein nicht, wenn ein gesamtvertretungsberechtigtes Vorstandsmitglied die Unterschrift eines Mitzeichnungsberechtigten gefälscht hatte. Diese Rechtsprechung hat der Bundesgerichtshof ausdrücklich aufgegeben[279] und die Haftung des Vereins auch in diesem Fall grundsätzlich anerkannt.

Auch ein Vorstandsmitglied, das einen Schaden erlitten hat, kann sich auf die Organhaftung des Vereins nach § 31 BGB berufen, wenn es im Vorstand nicht selbst für das schadenstiftende Ereignis verantwortlich ist.[280]

Haftung des Vereins wegen Organisationsmangels

Die Rechtsprechung hat den Grundsatz entwickelt, daß jede juristische 291
Person, also auch der rechtsfähige Verein, eine besondere **Organisationspflicht** hat.[281] Darunter ist die Pflicht zu verstehen, für bestimmte wichtige Aufgabengebiete, deren Überwachung und Leitung ein besonderes Maß an Verantwortung erfordert, entweder ein Mitglied des Vorstandes oder einen „besonderen Vertreter" zu bestellen.[282] Unterläßt es der Verein, seine Organisation so zu gestalten, so wird ein Organisationsmangel angenommen, für den der Verein verantwortlich ist.[283] Auf diese Weise wird die Organhaftung des Vereins erweitert. Das wird vor allem dann von Bedeutung, wenn mit der Betreuung eines wichtigen Tätigkeitsbereichs lediglich eine Person ohne leitende Stellung beauftragt wurde. In einem solchen Falle kann sich der Verein nicht, wie sonst bei Handlungen eines „Verrichtungsgehilfen", damit entlasten, daß er bei der Auswahl der betreffenden Person die im Verkehr erforderliche Sorgfalt beobachtet habe (§ 831 BGB).[284] Ob allein das Vorhandensein eines Organisationsmangels bereits die Haftung des Vereins begründet oder ob außerdem zu fragen ist, ob der schadenstiftende Umstand hätte verhindert werden können, wenn eine Person mit der hervorgehobenen Stellung eines Vorstandsmitglieds oder eines besonderen Vertreters mit der Leitung dieses Tätigkeitsbereichs betraut worden wäre, ist streitig.[285] Für

[277] RGZ 57, 94; 74, 257; 78, 353; 81, 436; 110, 145.

[278] RGZ 134, 375; BGH BB 1967, 856 = WPM 1967, 714.

[279] BGHZ 98, 148 = NJW 1986, 2941 = WPM 1986, 1104; dazu Soergel-Hadding § 31 Rdnr. 25 a. E.; ebenso OLG München NJW-RR 1991, 672 (Vorspiegelung von Alleinvertretungsbefugnis).

[280] OLG Celle VersR 1977, 39; BGH NJW 1978, 2390 = Betrieb 1978, 1025 = WPM 1978, 722; BGH NJW 1984, 1884 = WPM 1984, 601.

[281] Vgl. dazu allgemein Brüggemeier AcP 191, 33 (Organisationshaftung).

[282] MünchKomm-Reuter § 31 Rdnr. 4.

[283] RGZ 89, 136; 157, 228; 162, 166; 166, 29; vgl. BGHZ 24, 213; 39, 130.

[284] Brüggemeier AcP 191, 33 (52f.).

[285] Vgl. hierzu Soergel-Hadding § 31 Rdnrn. 15–17.

einen andauernden verkehrsgefährdenden Zustand, z. B., wenn ein an belebter Straße gelegener Fußballplatz nicht genügend gegen hohe Bälle abgesichert ist, muß ein verfassungsmäßig berufener Vertreter, sei es ein Vorstandsmitglied oder ein besonderer Vertreter, die Verantwortung tragen.[286]

Hat der Verein seine Organisationspflicht erfüllt, so haftet er für die Handlungen seiner sonstigen Angestellten jedoch nur nach den allgemeinen Vorschriften (§§ 278, 831 BGB).

Für unerlaubte Handlungen der Angestellten, deren Stellung und Wirkungskreis auf den Auftrag des Vorstands oder eines verfassungsmäßigen Vertreters zurückgehen, hat der Verein deshalb nur dann einzustehen, wenn die Pflichtverletzung eines seiner Vertreter hinzukommt. Die Haftung kann dadurch begründet sein, daß der verfassungsmäßige Vertreter gem. § 831 BGB bei der Auswahl des Angestellten oder Beschaffung der Einrichtungen oder bei Leitung der Verrichtung die im Verkehr erforderliche Sorgfalt nicht beobachtet hat. Dies ist z. B. dann der Fall, wenn er es versäumt hat, die nötigen Sicherheitsmaßnahmen zu treffen oder die erforderlichen Anweisungen über deren Handhabung zu erlassen; auch die Verletzung der aus § 823 BGB herzuleitenden allgemeinen Pflicht zur **Dienstaufsicht** fällt hierunter.[287] Andererseits ist eine Anweisung entbehrlich, wenn ohnedies die sachgemäße Besorgung mit Sicherheit erwartet werden kann.[288]

Der Verein haftet, wenn unter den Augen seiner Vertreter ein Mißbrauch eingerissen ist.[289] Andererseits läßt die Kenntnis des Vorstands von dem rechtswidrigen Verhalten eines leitenden Angestellten die Schadensersatzansprüche des Vereins gegen den Angestellten unberührt.[290]

Ausnahmsweise ist dem Vorstand eines gemeinnützigen Vereins nicht zuzumuten, die Aufsicht über den ärztlichen Anstaltsleiter auf Angelegenheiten auszudehnen, deren Beurteilung rein fachliche Kenntnisse voraussetzt, welche der Vorstand nicht haben kann.[291]

Ein Sportverein kann durch entsprechende Satzungsbestimmung seine Haftung aus der Verletzung von Verkehrssicherungspflichten gegenüber den Vereinsmitgliedern ausschließen.[292]

Ausweitung der Organhaftung durch die Rechtsprechung

292 Nach dem Wortlaut des § 31 BGB haftet der Verein – unter den dort genannten Voraussetzungen – für Handlungen des Vorstands, eines Mitglieds des Vorstands oder eines anderen verfassungsmäßig berufenen Vertre-

---

286 Vgl. BGH NJW 1960, 252; OLG Nürnberg VersR 1977, 1134 (Beschaffenheit eines Spielfeldes); zur Verkehrssicherungspflicht eines Eishockeyvereins siehe andererseits LG Freiburg VersR 1981, 1139 (Puck verletzt Zuschauer).

287 RGZ 104, 141; RG JW 1906, 427; 1911, 939; 1913, 924; 1915, 397; 1923, 1026; 1932, 1039; vgl. auch BGH LM Nr. 23 zu § 823 BGB.

288 Vgl. RG Warn. 1912 Nr. 410; RG JW 1915, 397.

289 RG JW 1906, 547.

290 BAG Betrieb 1956, 1081.

291 RG JW 1912, 339.

292 LG Karlsruhe VersR 1987, 1023; siehe aber auch Rdnr. 335 a bei Fn. 10.

ters. Die Rechtsprechung[293] hat jedoch den Personenkreis, für den der Verein nach § 31 BGB haftet, wesentlich ausgeweitet[294] und den Begriff des „verfassungsmäßigen Vertreters" folgendermaßen definiert: „Verfassungsmäßig berufene Verteter im Sinne des § 31 BGB sind nicht nur Personen, deren Tätigkeit in der Satzung der juristischen Person vorgesehen ist, auch brauchen sie nicht mit rechtsgeschäftlicher Vertretungsmacht ausgestattet zu sein. Es braucht sich auch nicht um einen Aufgabenbereich innerhalb der geschäftsführenden Verwaltungstätigkeit der juristischen Person handeln. Vielmehr genügt es, daß dem Vertreter durch die allgemeine Betriebsregelung und Handhabung bedeutsame, wesensmäßige Funktionen der juristischen Person zur selbständigen, eigenverantwortlichen Erfüllung zugewiesen sind, daß er also die juristische Person auf diese Weise repräsentiert."

Damit erstreckt sich die Haftung des Vereins nach § 31 BGB auf die Tätigkeit von leitenden Angestellten (vgl. §§ 25 Abs. 3 BetrVG; 3 Abs. 3 Nr. 2 MitbestG) in selbständiger verantwortlicher Stellung mit einer wenn auch begrenzten Außenwirkung.[295] Auch ehrenamtlich tätige Vereinsfunktionäre mit entsprechendem Wirkungskreis gehören zu den Personen, für die der Verein haftet. Je nach der Organisation des Vereins kommen hier der Geschäftsführer des Vereins, der Leiter der Vereinsgeschäftsstelle, der Leiter einer Vereinsabteilung (Sportabteilung), der Leiter einer vereinseigenen Sozialeinrichtung (Behandlungs- und Betreuungszentrum), der Vorstand einer unselbständigen Untergliederung[296] oder Fachgruppe eines Gesamtvereins und sonstige Personen mit vergleichsweise verantwortungsvollen Funktionen, die sie für die Öffentlichkeit als **Repräsentanten des Vereins** erscheinen lassen, in Betracht. Diese erweiterte Haftungszurechnung rechtfertigt sich daraus, daß es dem Verein nicht freistehen kann zu entscheiden, für wen er gemäß § 31 BGB haften will.[297]

Persönliche Haftung von Vereinsrepräsentanten

Neben dem Verein haften alle Vereinsrepräsentanten, gleichgültig, ob es **292a**
sich um verfassungsmäßige Vertreter im vorstehenden Sinn handelt, persönlich als Gesamtschuldner für von ihnen begangene unerlaubte Handlungen nach den allgemeinen Vorschriften (§§ 823, 840 Abs. 1 BGB). Durch die Haftung des Vereins wird die des Handelnden also nicht etwa verdrängt. Diese Haftung besteht auch in Fällen des Organisationsverschulden, wobei die neuere Rechtsprechung des Bundesgerichtshofs hier sehr weit geht und eine Garantenstellung von Repräsentanten für die ihnen übertragenen organisatorischen Aufgaben bejaht.[298] So soll das Organ einer juristischen Person beispielsweise selbst deliktisch bei Verletzung eines verlängerten Eigentums-

---

293 BGHZ 49, 19 (21) = LM Nr. 14 zu § 31 m. Anm. Rietschel = NJW 1968, 391 = MDR 1968, 228 = WPM 1968, 35; vgl. auch BGH NJW 1977, 2259; NJW 1980, 115; NJW 1986, 2941.

294 Dazu eingehend Soergel-Hadding § 31 Rdnrn. 10, 11.

295 Soergel-Hadding § 31 Rdnrn. 10f.

296 BGH WM 1985, 570 = MDR 1985, 921; R-D, 5. Aufl. Rdnr. 1892.

297 BGH NJW 1982, 1144 (1145).

298 BGHZ 109, 297 = JZ 1990, 486 mit abl. Anm. von Mertens-Mertens (GmbH-Geschäftsführer).

vorbehalts haften, auch wenn es weder den Liefervertrag selbst abgeschlossen hat noch die dem Eigentumsvorbehalt zuwiderlaufende Verarbeitung veranlaßt hat. Im Innenverhältnis ist das Organ dem Verein bei Delikten kraft Gesetzes (§ 840 Abs. 2 BGB), sonst nach Maßgabe des Anstellungsverhältnisses oder der Vorschriften über den Auftrag ausgleichspflichtig.[299]

292b In Rechtsprechung und Literatur bisher nicht erörtert ist die Frage, ob sich aus einer sog. **Schirmherrschaft** haftungsrechtliche Konsequenzen ergeben können. Darunter versteht man die Empfehlung höher gestellter Persönlichkeiten (Minister u. dgl.) für einen Verein oder eine bestimmte Vereinsveranstaltung. Das Publikum sieht eine solche Schirmherrschaft regelmäßig als Gewähr für die Seriosität des Vereins oder der von ihm ausgerichteten oder betreuten Veranstaltung an. Bei Kapitalanlagen haften nach gefestigter Rechtsprechung des Bundesgerichtshofs nicht nur die Gründer, Initiatoren und Gestalter einer Kapitalanlagegesellschaft für die Richtigkeit und Vollständigkeit des Emissionsprospekts, sondern auch alle Personen, die hinter der Gesellschaft stehen und unter Umständen auch diejenigen, die mit ihrer Duldung oder Billigung als Referenz benannt werden.[300] Es liegt nahe, auch von demjenigen, der eine Schirmherrschaft übernimmt, zu verlangen, daß er sich über das Unternehmen, das er mit seinem Namen wie mit einem „Gütezeichen" versieht, unterrichtet, und ihn haften zu lassen, wenn er dies unterläßt und denen, die sich im Vertrauen auf die Schirmherrschaft an dem Verein oder der Vereinsveranstaltung beteiligen, ein Schaden entsteht. Der für die Rechtsprechung zur Prospekthaftung entwickelte Gedanke des Vertrauensschutzes ist auch bei dieser Fallgestaltung tragfähig.

Die Bestellung von Vorstandsmitgliedern durch das Gericht

293 Das Gesetz hat für den Fall vorgesorgt, daß der Verein zeitweilig ohne Vorstand ist oder daß beim mehrgliedrigen Vorstand einzelne Vorstandsmitglieder fehlen. In dringenden Fällen hat das Amtsgericht Hilfestellung zu leisten und die erforderlichen Mitglieder des Vorstandes zu bestellen (§ 29 BGB).[301] Voraussetzung ist zunächst, daß mindestens ein nach der Satzung für die Beschlußfassung oder Vertretung erforderliches Vorstandsmitglied aus dem Vorstand ausgeschieden bzw. aus tatsächlichen oder rechtlichen Gründen an der Amtsausübung gehindert ist.[302] Dies ist z. B. bei Tod, Geschäftsunfähigkeit, Ablauf der Amtsdauer, Widerruf der Vorstandsbestellung, Amtsniederlegung, nichtiger Vorstandswahl,[303] längerer schwerer Krankheit oder längerer Abwesenheit der Fall. Grundsätzliche Verweige-

---

299 Soergel-Hadding § 31 Rdnr. 28.

300 BGH NJW 1992, 2148 (2149).

301 Dazu allgemein v. Kalm MDR 1956, 17; Meltendorf JR 1956, 5 (6). Zur entsprechenden Anwendung des § 29 BGB auf den nichtrechtsfähigen Verein vgl. bejahend Habscheid MDR 1952, 653 und 1953, 728; RGRK-Steffen § 54 Rdnr. 9 m. w. N.; verneinend Krönig MDR 1953, 217; RGZ 147, 121 (124); zur Anwendbarkeit dieser Vorschrift auf politische Parteien vgl. R-D, 5. Aufl. Rdnr. 1257 und LG Berlin NJW 1970, 1047 (bejahend); Hahn NJW 1973, 2012 und OLG Hamm NJW-RR 1989, 1532 (verneinend; zuständig sei das Parteischiedsgericht).

302 Soergel-Hadding § 29 Rdnr. 6; MünchKomm-Reuter, 3. Aufl. § 29 Rdnr. 7.

303 LG Düsseldorf Rpfleger 1987, 72.

rung der Geschäftsführung gehört ebenfalls hierher.[304] Dagegen darf das Gericht nicht schon deshalb eingreifen, weil der Vorstand in einer bestimmten Angelegenheit untätig bleibt oder ein Handeln ablehnt. Differenzen innerhalb des Vorstandes können nicht durch gerichtliche Notbestellung anderer Personen beseitigt werden.[305] Das Gericht hat auch keine Handhabe, einen Vorstand wegen Unfähigkeit zu entlassen.[306] Die Bestellung eines Notvorstands ist selbst dann nicht geboten, wenn der derzeitige Amtsinhaber unzweckmäßige oder treuwidrige Handlungen vornimmt.[307] Hier muß sich der Verein mit seinen eigenen satzungsgemäßen Mitteln, in erster Linie durch entsprechende Beschlüsse der Mitgliederversammlung, selbst helfen. Die Bestellung eines Notvorstands ist jedoch vertretbar, wenn infolge von Amtsniederlegungen und Amtsenthebungen die Rechtslage für die Beteiligten so verworren erscheint, daß kein Vorstandsmitglied zur Wahrnehmung der notwendigen Geschäftsführungsmaßnahmen unangefochten fähig ist.[308] Aus Rechtsgründen kann eine Verhinderung eines Vorstandsmitglieds vorliegen, wenn es in einer bestimmten Angelegenheit kein Stimmrecht besitzt (§ 34 BGB), desgleichen, wenn ein Vorstandsmitglied mit dem Verein ein In-sich-Geschäft i. S. von § 181 BGB abschließen will. Weitere Voraussetzung für ein Tätigwerden des Gerichts ist es, daß ein **dringender Fall** vorliegt. Ein solcher ist zunächst gegeben, wenn ein sofortiges Handeln erforderlich ist, um Schaden für den Verein oder andere Beteiligte zu vermeiden, oder wenn eine notwendige Handlung nur sofort vorgenommen werden kann.[309] Der drohende Schaden braucht kein Vermögensschaden zu sein.[310] So kann eine Notbestellung durch das Gericht geboten sein, wenn auf satzungsgemäßem Weg die Bestellung durch ein Vereinsorgan nicht rasch genug erfolgen kann, etwa deshalb, weil die Satzung für die Einberufung der Mitgliederversammlung eine Frist von zwei Monaten bestimmt. Ist der bisherige Vorstand infolge Ablaufs seiner Amtszeit oder aus anderen Gründen nicht mehr im Amt und hat die Amtszeit des neubestellten Vorstands noch nicht begonnen (etwa deshalb, weil sie nach der Satzung erst mit dem nächsten Geschäftsjahr beginnt), so kann, wenn eine beschlossene Satzungsänderung dringend wirksam werden soll, zur Vornahme der Anmeldung der Satungsänderung eine Notbestellung durch das Gericht erfolgen.[311]

Ein „dringender Fall" ist auch gegeben, wenn ein Gläubiger den Verein verklagen will oder die Zwangsvollstreckung gegen den Verein durch Zustellung des Vollstreckungstitels eingeleitet werden soll.[312]

---

304 KG JW 1937, 1730 = JFG 15, 101 (GmbH); BayObLG Rpfleger 1983, 74.

305 OLG Frankfurt NJW 1966, 504 (GmbH); BayObLGZ 1985, 24; BayObLG Rpfleger 1983, 74.

306 KG JW 1937, 1730; OLG Frankfurt NJW 1966, 504.

307 Vgl. OLG Frankfurt GmbHRdsch. 1986, 432 (GmbH).

308 Vgl. LG Bonn Rpfleger 1987, 460.

309 Staudinger-Coing § 29 Rdnr. 7.

310 Vgl. OLG Bremen NJW 1955, 1925

311 BayObLGZ 1934, 196; KGJ 23, 105; vgl. OLG Düsseldorf Rpfleger 1976, 358 (GmbH); dort auch zur Abgrenzung zwischen dem Notvertreter des § 29 BGB und dem Pfleger gem. § 1913 BGB.

312 Vgl. BayObLGZ 1985, 24; siehe auch bei Rdnr. 266.

Ein Bedürfnis für die Bestellung von Vorstandsmitgliedern durch das Gericht ist zu verneinen, wenn es im Einzelfall zur Behebung der vom Antragsteller geltend gemachten „Notlage" genügt, daß in entsprechender Anwendung des § 121 Abs. 2 Satz 2 des Aktiengesetzes die Mitgliederversammlung mit satzungsgemäßer Frist zwecks Fassung der erforderlichen Beschlüsse einberufen werden kann.[313] Die Anwendbarkeit dieser Vorschrift auf den Vorstand eines eingetragenen Vereins ist jetzt allgemein anerkannt. Danach gelten Personen, die in das Vereinsregister als Vorstand eingetragen sind, als befugt, die Mitgliederversammlung einzuberufen. Diese Befugnis besteht sowohl in dem Fall, daß die eingetragenen Personen, aus welchem Grund auch immer, aus dem Vorstand ausgeschieden sind, als auch dann, wenn ihre Bestellung zum Vorstand von vornherein unwirksam war. Beim mehrköpfigen (mehrgliedrigen) Vorstand erstreckt sie sich nicht nur auf die Vornahme der äußeren Einberufungshandlung (z. B. der schriftlichen Einladung zur Mitgliederversammlung), sondern auch auf die im Einzelfall etwa notwendige Beschlußfassung[312] des Vorstands über die Einberufung der Mitgliederversammlung. Wenn es also im Verfahren nach § 29 BGB nur darum geht, eine Mitgliederversammlung, die einen neuen Vorstand wählen soll, wirksam einzuberufen, ist die Bestellung eines Notvorstands durch das Gericht in der Regel nur erforderlich, wenn von den im Vereinsregister als Vorstand eingetragenen Personen die nach der Satzung zur Mitwirkung bei der Einberufung der Mitgliederversammlung erforderlichen entweder verhindert sind oder es ablehnen, von der oben dargelegten Einberufungsbefugnis Gebrauch zu machen.

Mitunter kann zweifelhaft sein, ob der Verein überhaupt noch besteht oder ob er (z. B. wegen Wegfalls sämtlicher Mitglieder oder Vollbeendigung des Vereins nach Liquidation) erloschen ist. Hierzu wird die Auffassung vertreten, daß die Bestellung eines Notvorstands nur abgelehnt werden dürfe, wenn es offensichtlich sei, daß der Verein nicht mehr existiere.[314] Dem ist zuzustimmen, wenn der Fall so liegt, daß eine umgehende Entscheidung des Gerichts geboten ist. Wenn jedoch die glaubhaft gemachte Dringlichkeit der Notvorstandsbestellung noch kurzfristige Ermittlungen (§ 12 FGG) zuläßt, sind diese vorzunehmen.

294 **Zuständig** für die Notbestellung ist das Amtsgericht (Rechtspfleger), das für den Bezirk, in dem der Verein seinen Sitz hat, das Vereinsregister führt. Das Gericht darf jedoch nicht von sich aus tätig werden, sondern grundsätzlich nur auf **Antrag** eines Beteiligten. Nur in ganz besonders gelagerten Fällen kann das Amtsgericht auch ohne Antrag eines Beteiligten einen Notvorstand bestellen. Ist im Vereinsregister ein Vorstand eingetragen, dessen Amtszeit seit langem abgelaufen ist, und kommt eine Bestellung eines neuen Vorstands nicht zustande, so kann, wenn mit Sicherheit von keinem Beteiligten ein Antrag auf Bestellung eines Notvorstands zu erwarten ist, von Amts wegen ein Notvorstand zur Anmeldung des Ausscheidens des einge-

---

[313] Dazu bei Rdnr. 157.

[314] Vgl. OLG Frankfurt JZ 1952, 565; BayObLG JZ 1960, 254; Staudinger-Coing § 29 Rdnr. 7 a. E.

tragenen Vorstands bestellt werden.[315] Als Beteiligte sind jedes Vereinsmitglied,[316] jedes Vorstandsmitglied, jeder Gläubiger des Vereins sowie jeder, der gegen den Verein ein Recht verfolgt, anzusehen.[317] Ferner ist auch derjenige Beteiligter, gegen den der Verein Klage erhoben hat.[318] Antragsberechtigt ist auch eine andere Körperschaft, der der Verein als Mitglied angehört.[319] Erfordert nach der Satzung der Beitritt zum Verein einen Beschluß des Vorstands, so kann in besonders gelagerten Fällen derjenige, der die Mitgliedschaft erwerben will, als Beteiligter angesehen werden; dabei ist allerdings an das Vorliegen eines dringenden Bedürfnisses ein strenger Maßstab anzulegen. Dem Konkursgericht selbst steht kein Antragsrecht zu.[320] Am Verfahren über die Bestellung eines Notvorstands und ihren Widerruf ist aber der Konkursverwalter des Vereins beteiligt.[321] Der Antrag bedarf keiner besonderen Form; er kann schriftlich oder zu Protokoll des Urkundsbeamten der Geschäftsstelle des Amtsgerichts (Registergerichts) gestellt werden. Der Antragsteller kann bestimmte Personen als Notvorstandsmitglieder vorschlagen; dann ist es zweckmäßig, Erklärungen der vorgeschlagenen Personen beizufügen, aus denen sich ergibt, daß sie für den Fall ihrer Bestellung durch das Gericht bereit sind, das Amt zu übernehmen. Das Gericht ist jedoch an Vorschläge des Antragstellers nicht gebunden.[322] Andererseits darf es die Notbestellung nicht deshalb ablehnen, weil ihm keine Vorschläge für die Besetzung des Vorstandes unterbreitet wurden. In diesem Fall muß es sich um eine geeignete und zur Übernahme des Amtes bereite Persönlichkeit bemühen. Dabei kann in bestimmten Fällen (z. B. bei Vereinen mit einem wirtschaftlichen Nebenbetrieb) die Einschaltung der zuständigen Industrie- und Handelskammer oder der Handwerkskammer hilfreich sein. Bei der Auswahl der gerichtlich zu bestellenden Vorstandsmitglieder wird das Gericht mit Umsicht und Sorgfalt vorzugehen haben. Ergibt sich aus der Begründung des Antrags oder aus früheren gerichtsbekannten Vorgängen, daß sich innerhalb des Vereins Gruppen mit unterschiedlicher oder gar entgegengesetzter Zielsetzung gebildet haben, so wird es sich empfehlen, keinen besonders engagierten und exponierten Vertreter einer Gruppe zu bestellen,[323] möglicherweise sogar keine der vorgeschlagenen Personen, sondern einen neutralen Dritten, notfalls ein Nichtvereinsmitglied. Andererseits gibt es Fälle, in denen das Bedürfnis für eine Notbestellung zutage tritt, ohne daß sich dahinter ein Machtkampf innerhalb des Vereins verbirgt. Hierher gehört der häufige Fall, daß die Wahl des amtierenden Vorstands lediglich aus formalen Gründen unwirk-

---

[315] BayObLGZ 1988, 410 (413) = NJW-RR 1989, 765; ferner kann im Fall des § 73 BGB (Entziehung der Rechtsfähigkeit) die Bestellung eines Notvorstands von Amts wegen in Betracht kommen, dazu bei Rdnr. 366.

[316] BayObLGZ 1989, 298 (302).

[317] KG RsprOLG 4, 256; RJA 13, 112; WPM 1967, 83; siehe auch BayObLGZ 1971, 178 (180); 1976, 126 = Rpfleger 1976, 357.

[318] BayObLGZ 1971, 178 = Rpfleger 1971, 311.

[319] OLG Hamm OLGZ 1965, 329; KG OLGZ 1967, 97; Jansen § 160 Rdnr. 11.

[320] BayObLGZ 1948–1951, 340.

[321] Vgl. BayObLG NJW-RR 1988, 929 (für die AG).

[322] BayObLGZ 1978, 248.

[323] BayObLG Rpfleger 1992, 114.

sam war. Hier wird das Gericht trotz der ungültigen Wahl den faktischen Willen der Vereinsmitglieder in aller Regel respektieren und den Betreffenden zum Notvorstand bestellen, falls er sich dazu bereit erklärt. Wenn in der Satzung bestimmt ist, daß der Vorstand (oder das „fehlende" Vorstandsmitglied) eine besondere Qualifikation oder einen bestimmten Beruf haben muß, soll sich das Gericht bemühen, für das Amt des Notvorstands eine Persönlichkeit zu gewinnen, die diesen Anforderungen entspricht.[324] Ergeben sich dabei aber Schwierigkeiten, so rechtfertigt es der Zweck des § 29 BGB, auch eine andere Person zum Notvorstand zu bestellen. In diesem Fall ist es jedoch regelmäßig angezeigt, die Befugnisse des Notvorstands auf das Nötigste zu beschränken. Die Bestellung eines Notvorstands ist regelmäßig von der Zahlung eines Gebührenvorschusses durch den Antragsteller abhängig zu machen (§§ 8, 121 KostO).

Eine ausdrückliche gesetzliche Pflicht, die gerichtliche Ergänzung des Vorstands zu beantragen, besteht für die noch im Amt befindlichen Vorstandsmitglieder nicht. Diese Pflicht kann sich jedoch aus dem Gesichtspunkt einer ordnungsgemäßen Geschäftsführung ergeben, und ihre Vernachlässigung kann zu Schadensersatzansprüchen des Vereins führen.

295 Besteht Streit oder Unklarheit darüber, ob noch Vorstandsmitglieder vorhanden sind, z. B. ob die vom Antragsteller behauptete Amtsniederlegung des Vorstands wirksam ist, so hat hierüber das Amtsgericht nach Vornahme der erforderlichen Ermittlungen zu befinden;[325] dabei ist jedoch zu beücksichtigen, daß es sich bei dem Verfahren nach § 29 BGB um ein summarisches, auf rasche Entscheidung angelegtes Verfahren („in dringenden Fällen") handelt.

296 Der Bestellungsbeschluß ist jedenfalls dann zu **begründen,** wenn ein Vorschlag des Antragstellers oder Einwendungen anderer Beteiligter – sei es gegen die Notbestellung als solche, sei es gegen die Person des Notvorstands – nicht berücksichtigt wurden.[326]

Der Beschluß wirkt rechtsbegründend,[327] die Notbestellung bleibt also wirksam bis zur Aufhebung des Beschlusses durch den Amtsrichter oder das Beschwerdegericht, selbst wenn die Voraussetzungen für die Notbestellung nicht gegeben waren. Umstritten ist, ob der Beschluß nach § 16 Abs. 1 FGG mit der Bekanntgabe an den Antragsteller oder an den Notvorstand oder an beide wirksam wird.[328] Da der Bestellungsbeschluß dem Bestellten mit der Übertragung des Vorstandsamts eine neue, mit Rechten und Pflichten verbundene Rechtsposition verschafft, ist der Bestellte als derjenige anzusehen, den der Beschluß „angeht". Mit der Bekanntgabe an ihn wird daher der Beschluß wirksam.[329] Da der Beschluß auch dem Antragsteller als Beteiligtem mitzuteilen ist, wird im übrigen das Problem nur akut, wenn die Be-

---

[324] Vgl. BayObLG Rpfleger 1992, 114; BayObLG NJW 1981, 995 = MDR 1981, 322 = Rpfleger 1981, 115 (Notgeschäftsführer einer GmbH).

[325] § 12 FGG; BayObLG Recht 1914 Nr. 735.

[326] Vgl. BayObLG Rpfleger 1981, 115 = NJW 1981, 995.

[327] Vgl. RGZ 105, 401 (403); RG JW 1918, 361; BGHZ 24, 47 (51); BayObLGZ 1980, 306 (310).

[328] In BGHZ 6, 232 offen gelassen.

[329] MünchKomm-Reuter, 3. Aufl. § 29 Rdnr. 11; Keidel-Kuntze-Winkler § 16 Rdnr. 10.

kanntgabe des Beschlusses an einen der beiden Beteiligten unterbleibt oder wenn beide Bekanntgaben zeitlich auseinanderfallen. Eine förmliche Zustellung des Beschlusses ist nicht erforderlich, weil gegen den Beschluß die unbefristete Erinnerung (Beschwerde) stattfindet, also der Fall des § 16 Absatz 2 Satz 1 FGG nicht gegeben ist. Soweit noch amtierende Vorstandsmitglieder vorhanden sind, ist ihnen von der Notbestellung Mitteilung zu machen.

Von der Wirksamkeit des Bestellungs**beschlusses** ist der Antritt des Vorstandsamts zu unterscheiden. Dieser ist erst vollzogen, wenn der Bestellte das Amt **annimmt.** Die Annahme braucht nicht ausdrücklich erklärt zu werden, sie kann sich auch daraus ergeben, daß der Bestellte die Amtstätigkeit aufnimmt. Damit Bestellungsbeschluß und Amtsantritt des Bestellten zusammenfallen, ist es zweckmäßig, daß sich das Gericht vor dem Bestellungsbeschluß der Bereitschaft des zu Bestellenden, das Amt anzunehmen, versichert.[330]

Das gerichtlich bestellte Vorstandsmitglied erhält regelmäßig die volle Rechtsstellung, die das „fehlende" Vorstandsmitglied nach der Satzung und dem Gesetz innehat. Das Amtsgericht kann jedoch die Befugnisse des Bestellten auf einzelne oder auf einen bestimmten Kreis von Angelegenheiten beschränken.[331] Denn die Verfügung des Gerichts stellt einen wesentlichen Eingriff in das Bestellungsrecht des zuständigen Vereinsorgans (regelmäßig der Mitgliederversammlung) dar; dieser ist daher nicht weiter auszudehnen, als es nach Art und Dringlichkeit des vom Antragsteller geltend gemachten Bedürfnisses erforderlich ist.[330] Es kann daher im Einzelfall genügen, den Bestellten nur zur Einberufung und Leitung einer Mitgliederversammlung mit der Tagesordnung „Neuwahl des Vorstands" zu ermächtigen.[332] Durch Beschränkungen der (aktiven) Vertretungsmacht des Bestellten wird seine Rechtsmacht zum Empfang von Willenserklärungen (§ 28 Abs. 2 BGB) nicht eingeschränkt. Wird nach der Satzung der Verein durch zwei Vorstandsmitglieder vertreten und ist ein Vorstandsmitglied noch vorhanden, genügt als geringerer Eingriff in die Vereinsautonomie die Bestellung eines gesamtvertretungsberechtigten (statt eines einzelvertretungsberechtigten) Notvorstands.[333] **297**

Das Amtsgericht kann den Notvorstand auch nur für eine bestimmte Zeit (z. B. drei Monate) bestellen.[334] Dies wird sich schon deshalb empfehlen, weil durch eine **befristete Bestellung** auf den Notvorstand der gebotene Druck ausgeübt wird, das Erforderliche innerhalb einer angemessenen Frist zu veranlassen. **298**

Besteht der Vorstand nach der Satzung aus mehreren Personen mit Gesamtvertretungsbefugnis und sind sämtliche weggefallen, so genügt es nicht, daß das Gericht als „Notvorstand" nur eine einzige Person bestellt, wie es **299**

---

[330] Vgl. LG Siegen MDR 1951, 102; Keidel-Kuntze-Winkler § 160 Rdnr. 9.

[331] RGZ 68, 180; RAG HRR 1938 Nr. 81; KG JFG 13, 82; BayObLGZ 1976, 126 = Rpfleger 1976, 357; Jansen § 160 FGG Rdnr. 13; Stöber, 6. Aufl. Rdnr. 144; a. A. Planck § 29 Anm. 3 (Beschränkung nur im Innenverhältnis möglich).

[332] Staudinger-Coing § 29 Rdnr. 10.

[333] BayObLGZ 1989, 298 (307).

[334] RG Recht 1918 Nr. 831.

das Kammergericht[335] und mit ihm die ganz herrschende Meinung für zulässig erachtet. Denn das gerichtlich bestellte Vorstandsmitglied kann nicht mehr Befugnisse haben, als ihm nach der Satzung zustehen. Ein solcher Machtzuwachs des gerichtlich bestellten Vorstandsmitglieds läßt sich auch nicht mit der rechtsgestaltenden Kraft des Bestellungsbeschlusses begründen; diese heilt lediglich Mängel des **Bestellungsverfahrens,** kann aber an dem satzungsgemäßen Unvermögen des bestellten Vorstandsmitglieds nichts ändern. In diesem Fall hilft nur eine Ergänzung des Bestellungsbeschlusses durch Bestellung weiterer Vorstandsmitglieder, und zwar so vieler, wie nach der Satzung zur Vertretung des Vereins erforderlich sind.

Dem Gebot der Satzungstreue entspricht es auch, daß das Gericht bei der Bestellung fehlender Vorstandsmitglieder die Ersatzpersonen mit der entsprechenden Bezeichnung ihrer Vereinsfunktion versieht (Vorsitzender, Kassier, Schriftführer usw.), falls sich diese aus den Registerakten ergibt. Denn mit der schlichten Bestellung zum Vorstandsmitglied können Unklarheiten über die Geschäftsführungsbefugnis und die sonstigen satzungsmäßigen Zuständigkeiten des oder der Bestellten entstehen.

300 Die Bestellung eines Vorstands darf der Registerrechtspfleger ablehnen, wenn es offensichtlich ist, daß jener die Tätigkeit, an der dem Antragsteller gelegen ist, nicht entfalten kann.[336]

301 Der Notvorstand erwirbt keinen Anspruch auf **Vergütung** gegen den Staat oder den Antragsteller, sondern nach § 612 BGB gegen den Verein,[337] jedenfalls dann, wenn der Bestellte nicht Mitglied des Vereins ist oder der Vorstand nach der Satzung Anspruch auf Vergütung (nicht nur auf Ersatz seiner Aufwendungen) hat. Erklärt sich ein Vereinsmitglied bereit, ein nach der Satzung ehrenamtliches Vorstandsamt als Notvorstand zu übernehmen, so erlangt es damit regelmäßig keinen Anspruch auf eine Vergütung, sondern nur auf Ersatz seiner Auslagen. Umgekehrt kann sich der Verein nicht darauf berufen, daß der Vorstand nach der Satzung ehrenamtlich tätig sei, wenn das Gericht eine Person zum Notvorstand ernennt, die lediglich aufgrund ihres Berufes (z. B. Rechtsanwalt, Bücherrevisor) bereit ist, die Bestellung anzunehmen. Das Amtsgericht (Rechtspfleger) darf mit dem Notvorstand eine bestimmte Vergütung vereinbaren, die für den Verein verbindlich ist;[338] dann aber besteht kein triftiger Grund, dem Gericht die Befugnis abzusprechen, die Vergütung des Notvorstands auf Antrag festzusetzen.[339]

302 Die vom Gericht bestellten Vorstandsmitglieder sind von Amts wegen in das Vereinsregister einzutragen, desgleichen die im Bestellungsbeschluß verfügte Beschränkung ihrer Vertretungsmacht.

---

335 OLGZ 1965, 322; 1968, 200 (207).

336 OLG Frankfurt JZ 1952, 565.

337 BGH WPM 1969, 600; BayObLG Rpfleger 1975, 354 (für GmbH-Notgeschäftsführer).

338 Vgl. BayObLGZ 1955, 288 (293); LG Siegen MDR 1951, 102; Möhring BB 1953, 1037.

339 Vgl. BayObLGZ 1973, 59 (62f.) = WPM 1973, 345; LG Hamburg MDR 1971, 298; AG Charlottenburg MDR 1978, 49 (Stiftung); Palandt-Heinrichs § 29 Rdnr. 9; a. A. BayObLG NJW-RR 1988, 1500 (GmbH); Soergel-Hadding § 29 Rdnr. 14; Keidel-Kuntze-Winkler § 160 Rdnr. 9 und jetzt auch Stöber, 6. Aufl. Rdnr. 149.

Gegen die Bestellung eines Notvorstands kann jedes Vereinsmitglied und jedes Vorstandsmitglied Rechtsbehelfe bzw. Rechtsmittel ergreifen (Erinnerung/Beschwerde, weitere Beschwerde).[340] Erinnerung (Beschwerde) und weitere Beschwerde sind an keine Frist gebunden; Anwaltszwang besteht lediglich für die schriftliche Einlegung der weiteren Beschwerde (§ 29 FGG). Bei Ablehnung des Bestellungsantrags steht dem Antragsteller der gleiche Rechtsmittelweg offen. 303

Die **Amtsdauer** des Notvorstands **endet automatisch** mit dem Wegfall des Bestellungsgrundes,[341] also regelmäßig mit der Wahl eines Vorstandes bzw. Vorstandsmitglieds durch das zuständige Vereinsorgan. Wird der gerichtlich Bestellte gewählt, so handelt es sich dabei nicht um eine Wiederwahl, so daß die Wahl zur Eintragung in das Vereinsregister angemeldet werden muß, selbst dann, wenn der Betreffende vor seiner gerichtlichen Bestellung bereits dieses Vorstandsamt bekleidete. Wurde der Notvorstand nur für eine bestimmte Zeit bestellt, so endet seine Amtszeit mit dem Zeitablauf auch dann, wenn der Bestellungsgrund noch nicht weggefallen ist. In einem solchen Fall ist entweder ein Verlängerungsantrag vor Ablauf der Amtszeit oder, nach ihrem Ablauf, ein neuer Antrag eines Beteiligten erforderlich. Dabei wird jedoch erneut die Dringlichkeit einer Verlängerung bzw. erneuten Bestellung zu prüfen sein; u. U. kommt die Bestellung einer anderen Person zum Notvorstand in Betracht. Für die im Schrifttum teilweise vertretene Meinung, es bedürfe zur Beendigung des Amtes des Notvorstandes einer formellen Entlassungsverfügung des Gerichts, fehlt es an der gesetzlichen Grundlage.[342] Dagegen erscheint es zweckmäßig, von dem Notvorstand nach Beendigung seiner Tätigkeit die Ausfertigung des Bestellungsbeschlusses zurückzufordern, um eine mißbräuchliche Verwendung zu unterbinden. 304

Legt der Notvorstand sein Amt nieder, so bedarf es zur neuerlichen Bestellung eines Notvorstands, wenn der Bestellungsgrund nach § 29 BGB fortbesteht, keines neuen Antrags eines Beteiligten; das Gericht muß vielmehr von sich aus einen anderen Notvorstand bestellen.[343] 305

Mitunter ergibt sich aus dem Verhalten des Notvorstands die Notwendigkeit, ihn vorzeitig **abzuberufen.** Als Gründe hierfür kommen u. a. Nichterfüllung des Auftrags, Täuschung der Mitglieder über die Eigenschaft als Notvorstand, unverhältnismäßig lange Verzögerung der Einberufung der Mitgliederversammlung oder Handlungen in Betracht, die dem Vereinszweck oder dem Zweck der gerichtlichen Bestellung zuwiderlaufen. Zur Abberufung des von ihm bestellten Vorstandes ist das Gericht bei Vorliegen eines wichtigen Grundes auch von Amts wegen berechtigt; es kann dann ohne weiteres eine andere Person zum Notvorstand bestellen. Ein Recht, die Abberufung zu beantragen, steht jedem Vereinsmitglied und jedem Vor- 306

---

340 BayObLGZ 1989, 298 (302).

341 RG JW 1918, 361.

342 Soergel-Hadding § 29 Rdnr. 15; das BayObLG Rpfleger 1987, 250 (251) hält im Fall des Notliquidators einer GmbH die förmliche Abberufung im Interesse der Klarstellung für angezeigt.

343 Vgl. Soergel-Hadding § 29 Rdnr. 15; Staudinger-Coing § 29 Rdnr. 10; Stöber, 6. Aufl. Rdnr. 148; a. A. MünchKomm-Reuter, 3. Aufl. § 29 Rdnr. 14; hier 13. Aufl.

standsmitglied zu.[344] Einem **Dritten** steht ein solches Antragsrecht nicht zu; er kann lediglich die Abberufung des Notvorstands durch das Gericht **anregen.** Leistet das Gericht dieser Anregung keine Folge, so steht ihm ein Beschwerderecht nur zu, wenn er durch die Nichtbefolgung seiner Anregung in seiner Rechtsstellung (nicht nur in seinem wirtschaftlichen Interesse) beeinträchtigt ist (§ 20 Abs. 1 FGG). Wenn auch das Antragsrecht des Dritten auf **Bestellung** eines Notvorstandes der Notwendigkeit entspringt, daß der Verein im Rahmen des zwischen dem Dritten und dem Verein bestehenden Rechtsverhältnisses vertreten wird, so hört der Dritte mit der Bestellung des Notvorstandes auf, an den Verhältnissen des Vereins beteiligt zu sein. Ob und in welcher Weise der Notvorstand die Interessen des Vereins wahrnimmt, berührt nicht den Rechtkreis des Antragstellers. Ihm kann ein Recht, die Abberufung eines Notvorstands deshalb zu beantragen, weil sich der Notvorstand seiner Auffassung nach nicht richtig verhält, ebenso wenig zugebilligt werden, wie er eine rechtliche Befugnis hätte, die Bestellung eines Vorstandes aufgrund der Satzung, etwa durch Wahl der Mitgliederversammlung, anzufechten.[343]

Wird der Beschluß des Amtsgerichts, mit dem der Notvorstand abberufen wurde, durch das Beschwerdegericht aufgehoben, so hat dies nicht zur Folge, daß der Abberufene ohne weiteres wieder die Rechtsstellung eines Notvorstands erlangt.[345]

307 Nach Beendigung seines Amtes hat der Notvorstand alle Vereinsunterlagen an den Nachfolger im Vereinsamt herauszugeben und die verlangten Auskünfte zu erteilen.[346]

4. Sonstige Vereinsorgane

Vorstandschaft, Gesamtvorstand, geschäftsführender Vorstand, Beirat, Aufsichtsrat, Ausschuß u. ä.

308 Als körperschaftlicher Zusammenschluß einer Anzahl von Personen muß der Verein mindestens zwei Organe haben: die Mitgliederversammlung und den Vorstand. Im übrigen kann der Verein seine Organisation frei gestalten und dazu auch weitere Vereinsorgane in der Satzung bilden. Häufig wird ein solches weiteres Vereinsorgan in den Vereinssatzungen als Vorstandschaft, Gesamtvorstand, erweiterter Vorstand, geschäftsführender Vorstand, Präsidium, Direktorium, Kuratorium, Verwaltungsrat, Aufsichtsrat, Beirat oder Ausschuß bezeichnet. Auch am Vereinszweck ausgerichtete oder aus älteren gesetzlichen Regelungen übernommene Bezeichnungen (z. B. Schützenmeisteramt) sind dabei anzutreffen. Bei Bezeichnungen dieses Organs, die den Bestandteil „Vorstand" enthalten, besteht die Gefahr einer Verwechslung des so bezeichneten Organs mit dem eigentlichen Vorstand im Sinne des § 26 BGB. Solche Bezeichnungen sollten daher vermieden werden, wenn sie auch aus Rechtsgründen nicht zu beanstanden sind. Eine verbreitete, leider unaus-

---

344 KG OLGZ 1967, 97 = NJW 1967, 933 = WPM 1967, 83; BayObLGZ 1978, 247.
345 BayObLGZ 1978, 243 (248) = Betrieb 1978, 2165.
346 Vgl. BGHZ 24, 47 (53); R-D, 5. Aufl. Rdnr. 1282.

rottbare Übung bei der Abfassung von Vereinssatzungen besteht darin, dieses Organ ebenfalls als „Vorstand" und den wirklichen Vorstand als „ Vorstand im Sinne des Gesetzes" oder als „ Vorstand im Sinne des § 26 BGB" zu bezeichnen. Die Rechtsprechung nimmt dieses zwar (wenn auch wohl mit Unbehagen) hin,[1] dennoch besteht bei einer derartigen Satzungsgestaltung die Gefahr, daß die Satzung vom Registergericht wegen ungenügender Bestimmtheit ihres Inhalts beanstandet wird.[2] Wenn nämlich die Unterscheidung der beiden Organe – einmal „Vorstand", ein andermal „Vorstand im Sinne des Gesetzes (oder: des § 26 BGB)" – in der Satzung nicht konsequent beibehalten und vielleicht ab und zu nur vom „Vorstand" gesprochen wird, können Zweifel entstehen, welches Organ gemeint ist. Freilich ist nach der Vorstellung der Vereinsgründer und der Verteilung der Vereinsaufgaben in der Satzung oft nicht der Vorstand, sondern der Gesamtvorstand (oder wie immer dieses Organ bezeichnet ist) das für das Vereinsleben wichtigere Vereinsorgan, so daß es verständlich ist, ihm auch einen dieser Bedeutung entsprechenden Namen zu geben; auch das Interesse des Vereins an der Bereitschaft bestimmter Persönlichkeiten, sich in dieses Organ wählen zu lassen, mag bei der Organbenennung eine Rolle spielen. Dies alles darf aber nicht dazu führen, daß durch verwirrende Organbezeichnungen die gebotene Klarheit und Bestimmtheit der Satzung in Frage gestellt wird.

Die Aufgaben dieses Organs bestimmen sich ausschließlich nach der Satzung. Diese sollte sich daher so genau wie möglich äußern. Dem Organ können grundsätzlich alle Befugnisse eingeräumt werden, soweit diese nicht im Gesetz zwingend dem Vorstand oder der Mitgliederversammlung vorbehalten sind. Es kann ihm die Überwachung des Vorstands, ein Weisungsrecht gegenüber dem Vorstand, einzelne Bereiche der Geschäftsführung, ja sogar die gesamte Geschäftsführung des Vereins übertragen werden.[3] Unbedenklich ist es ferner, die Vertretungsmacht des Vorstands (nach außen) in der Weise zu beschränken, daß er für bestimmte Geschäfte der Zustimmung dieses Organs bedarf. Dagegen ist es nicht zulässig, dem Vorstand die Vertretung des Vereins ganz zu entziehen.[4] **309**

Die Satzung soll, wenn sie ein solches Organ – oder weitere Organe – vorsieht, auch Bestimmungen über seine Zusammensetzung, Bestellung, Amtsdauer und Beschlußfassung treffen.

Ob außer anderen Personen auch die Vorstandsmitglieder (oder ein Teil von ihnen, z. B. der 1. Vorsitzende) diesem Organ angehören, wird sich in erster Linie nach den Aufgaben bestimmen, die dem Organ zugewiesen sind. Gehört es zu den Aufgaben dieses Organs, den Vorstand zu kontrollieren, so dürfen Vorstandsmitglieder diesem Organ nicht angehören, denn niemand kann im Rechtssinn sich selber kontrollieren.[5] Die Unvereinbarkeit von Ge- **310**

[1] Vgl. KG RJA 11, 265; BayObLGZ 1916, 135; BayObLG MittBayNot 1976, 210; LG Wuppertal MittRhNotK 1975, 653.

[2] Vgl. BayObLGZ 1971, 266 = Rpfleger 1971, 352; BayObLGZ 1972, 286 = Rpfleger 1972, 440.

[3] Siehe Rdnr. 250.

[4] Dazu auch bei Rdnr. 225.

[5] Vgl. OLG Frankfurt Betrieb 1981, 2220 und 1987, 85 für den Aufsichtsrat einer GmbH.

schäftsführung und Geschäftsführungskontrolle gehört zu den zwingenden Grundsätzen des Vereinsrechts, an denen die Satzungsautonomie eines Vereins ihre Grenze findet. Obliegt dagegen die Geschäftsführung ganz oder teilweise diesem Organ, bestehen keine rechtlichen Bedenken dagegen, daß auch Vorstandsmitglieder – neben weiteren Personen – dem Organ angehören. Eine solche Organbesetzung wird in der Regel bei einem erweiterten Vorstand, einem Gesamtvorstand oder geschäftsführenden Vorstand veranlaßt sein. Die Satzung kann aber auch zwischen dem Vorstand und dem weiteren Organ eine personelle Trennung vorschreiben. Auch Nichtvereinsmitglieder können als Organmitglieder vorgesehen werden, sofern dem nicht der Zweck des Vereins oder die bisherige Übung im Verein entgegensteht.

Enthält die Satzung keine besonderen Vorschriften über die Beschlußfassung des Organs, so greifen – wie für den Vorstand – die gesetzlichen Vorschriften über die Beschlußfassung der Mitgliederversammlung und den Stimmrechtsausschuß entsprechend ein.

311 Bei Meinungsverschiedenheiten unter den Mitgliedern des Organs ist zunächst die Mitgliederversammlung zur Entscheidung anzurufen: vorher kann die Sache nicht vor das Gericht gebracht werden.[6]

312 Alle im Gesetz für den „Vorstand“ gegebenen Vorschriften, insbesondere die Bestimmungen in den §§ 26, 28, 29, 42, 59 Abs. 1, 64, 67, 68, 69, 70, 71, 72, 73, 77 und 78 BGB betreffen nicht die Mitglieder dieses weiteren Vereinsorgans.[7]

Besondere Vertreter gemäß § 30 BGB

313 Für einzelne Geschäftsbereiche (besondere Abteilung örtlicher und sachlicher Art; abgeschlossenes Sachgebiet einer Vereinsverwaltung;[8] Leitung einer unselbständigen Untergliederung; eigenverantwortliche Leitung einer selbständigen Vereinseinrichtung, auch eines wirtschaftlichen Nebenbetriebs) kann die Satzung neben dem Vorstand besondere Vertreter gem. § 30 BGB vorsehen.[9] Beim Fehlen einer entsprechenden Satzungsbestimmung wäre eine Bestellung unzulässig und daher unwirksam.[10] Die Bestellung eines besonderen Vertreters für sämtliche Vorstandsgeschäfte ist unzulässig.[11]

Die Bestellung und Abberufung der „besonderen Vertreter“ bestimmt sich zunächst nach der Satzung; schweigt diese, so ist hierfür die Mitgliederver-

---

[6] RG Recht 1912 Nr. 3021; über Verantwortlichkeit, Haftung und Rechtsschutz des Organs vgl. Hölters BB 1977, 105; ferner Verhoeven BB 1978, 335, jeweils bezüglich des Beirats einer GmbH, sowie Hölters Betrieb 1980, 2225 (Beirat bei der GmbH & Co. KG).

[7] Zur Notbestellung fehlender Mitglieder einer „Vorstandschaft“ gemäß § 29 BGB vgl. BayObLG Rpfleger 1980, 260 (Rechtsprechungsübersicht).

[8] RGRK-Steffen § 30 Rdnr. 1.

[9] RGZ 53, 277; 74, 255; 91, 4; RG JW 1912, 338; vgl. BGH WuW 1989, 242.

[10] Burhoff Rdnr. 200; a. A. Palandt-Heinrichs § 30 Rdnr. 4; bei fehlender Regelung in der Satzung könne die Bestellung auf einer langen Übung beruhen.

[11] OLG Hamm OLGZ 1978, 21 (24).

sammlung zuständig. Wenn die Satzungsbestimmung, durch welche der Geschäftskreis eines besonderen Vertreters umrissen wird, keine genauere Begrenzung der Vertretungsmacht enthält, so ist die Satzung dahin zu verstehen, daß der besondere Vertreter innerhalb des Geschäftskreises für alle einschlägigen Rechtsgeschäfte Vertretungsmacht haben soll.[12] Die Satzung kann aber die Vertretungsmacht des besonderen Vertreters beschränken oder ganz ausschließen,[13] etwa in der Weise, daß der besondere Vertreter bei Rechtsgeschäften, die in seinen Geschäftskreis fallen, nur zusammen mit einem Vorstandsmitglied zur Vertretung des Vereins ermächtigt wird oder daß er rechtsgeschäftlich überhaupt nur mit Vollmacht des Vorstandes handeln darf.[12] Eine Beschränkung oder ein gänzlicher Ausschluß der Vertretungsmacht des besonderen Vertreters ist in das Vereinsregister einzutragen und gilt dann in gleicher Weise gegen Dritte wie die eingetragene Beschränkung der Vertretungsmacht des Vorstandes. Eine Beschränkung der Vertretungsmacht durch bloße interne Anweisung braucht ein Dritter nur gegen sich gelten zu lassen, wenn er sie kannte oder fahrlässigerweise nicht kannte.[14]

Diese besonderen Vertreter haben sowohl dem Verein wie auch Dritten gegenüber innerhalb ihres Wirkungskreises **dieselbe Stellung wie der Vorstand.** Sie sind demzufolge auch **im Vereinsregister einzutragen,** wenn auch § 64 BGB eine Eintragung nicht ausdrücklich vorsieht. Es wäre sinnwidrig, dem Dritten die Nachprüfung, ob der Verein durch eine für ihn abgegebene Erklärung gebunden wird, durch den Registerinhalt nur bei einer Vertretung durch den Vorstand und nicht auch dann zu ermöglichen, wenn satzungsgemäß statt des Vorstands besondere Vertreter handeln. Diesen können gerade die wichtigsten Geschäfte übertragen sein.[15]

Zum besonderen Vertreter des Vereins für einen bestimmten Geschäftskreis kann auch ein Vorstandsmitglied bestellt werden.[16] Die Eigenschaft als besonderer Vertreter wird auch nicht dadurch beeinträchtigt, daß dieser an Weisungen eines übergeordneten Organs gebunden ist.[17] Ob eine solche Gebundenheit eine Beschränkung der Vertretungsmacht des besonderen Vertreters nach außen bedeutet oder nur das Innenverhältnis betrifft, ist eine Frage der Auslegung der Satzung. Im Zweifelsfall ist eine Beschränkung der Vertretungsmacht nach außen nicht anzunehmen.

Der Verein ist für den Schaden verantwortlich, den ein besonderer Vertreter durch eine in Ausführung der ihm zustehenden Verrichtungen begangene, zum Schadensersatz verpflichtende Handlung einem Dritten zufügt, § 31 BGB.[18]

---

12 Staudinger-Coing § 30 Rdnr. 8.

13 In RGZ 157, 228 (236) offen gelassen.

14 RGZ 94, 318 (320); RGRK-Steffen § 30 Rdnr. 1.

15 KG RsprOLG 44, 115; KG JFG 2, 280; BayObLG MDR 1981, 668 = Rpfleger 1981, 310; Palandt-Heinrichs § 30 Rdnr. 6 und § 66 Rdnr. 3; Keidel-Schmatz-Stöber Rdnr. 1093; a. A. RGRK-Steffen § 67 Rdnr. 1; Jansen § 159 Rdnr. 5; Kirberger Rpfleger 1979, 5 (10); differenzierend Soergel-Hadding § 30 Rdnr. 14.

16 OLG Hamburg RsprOLG 8, 14; RGZ 117, 61 (64); RG Recht 1909 Nr. 790.

17 RGZ 157, 236.

18 Näheres bei Rdnr. 290.

Prüfung der Geschäftsführung

314 Eine regelmäßige Prüfung der Geschäftsführung, wie sie für die Genossenschaft gesetzlich vorgeschrieben ist (§ 53 GenG), kennt das Vereinsrecht nicht. Gleichwohl sind solche Prüfungen jedenfalls bei den größeren Vereinen sehr gebräuchlich. Die Prüfung durch sogenannte **Revisoren** (üblich sind 2 Personen) kann in der Satzung angeordnet werden. Sie kann aber auch generell oder von Fall zu Fall durch die Mitgliederversammlung beschlossen werden. Die Revisoren haben die Geschäftsführung des Vorstands und der sonstigen Vereinsorgane unvermutet und unangemeldet zu überprüfen. Sie können alle Bücher und Schriften des Vereins einsehen. Wieweit die Überwachung zu gehen hat, läßt sich nicht allgemein sagen. Es entscheidet, was man den Revisoren verständigerweise zumuten kann. Die Vereinsorgane sind jedenfalls verpflichtet, alles zu tun, um den Revisoren die Erfüllung ihrer Pflichten zu ermöglichen und zu erleichtern. Bei der Ausübung der Revisionstätigkeit dürfen sich die Revisoren nicht blind auf die Angaben des Vorstands verlassen. Sie brauchen zwar nicht alle Buchungsvorgänge nachzuprüfen, sie sollen sich aber vom Gang der Angelegenheiten des Vereins unterrichten, soweit es der Prüfungszweck erfordert. Ein Schweigerecht hat der Vorstand oder ein sonstiges Vereinsorgan gegenüber den Revisoren nicht. Die Revisoren dürfen und müssen gegebenenfalls Auskunft über sämtliche Vereinsverhältnisse verlangen. Ihnen ist nichts zu verbergen. Der Vorstand darf einen in den gesetzlichen Grenzen verlangten Bericht nicht verweigern und nie falsch berichten, etwa irgend etwas Wesentliches verschweigen. Die Revisoren dürfen die Barbestände an Geld, Wertpapieren und Waren untersuchen. Sie müssen insbesondere nachprüfen, ob die Bücher ordnungsgemäß geführt werden und mit dem Jahresabschluß übereinstimmen. Sie können sich auf Stichproben in den Büchern, Schriften und Beständen beschränken, wenn sie keinen Grund zur eingehenden Prüfung finden. Die Revisoren haben den Jahresabschluß und den Geschäftsbericht zu prüfen und der Mitgliederversammlung darüber zu berichten. In dem Bericht haben sie mitzuteilen, in welcher Art und in welchem Umfang sie die Geschäftsführung während des Geschäftsjahres geprüft haben und ob die Prüfung zu wesentlichen Beanstandungen Anlaß gegeben hat. Was eine wesentliche Beanstandung ist, ist Frage des Einzelfalls. Ein Weisungsrecht gegenüber dem Vereinsorgan haben die Revisoren nicht.

Zu Revisoren Mitglieder eines Vereinsorgans zu bestellen, ist sinnwidrig, da es ja gerade ihre Aufgabe ist, die Tätigkeit des Vorstands und der anderen Vereinsorgane zu überwachen. Wenn die Satzung oder der Versammlungsbeschluß nichts anderes bestimmt, können mit der Prüfung auch Nichtmitglieder (auch eine juristische Person, z. B. Treuhand-GmbH) beauftragt werden.

315 In manchen Vereinen ist es üblich, statt Revisoren **Rechnungsprüfer** zu bestellen.

Mit dieser Bezeichnung kann eine Beschränkung der Prüfung auf die Übereinstimmung zwischen den Ein- und Ausgabenbelegen und dem Kassenbestand gewollt sein; es kann aber auch eine umfassende Revision der Geschäftsführung bezweckt werden. Umgekehrt kann sich aus der Vereinsübung ergeben, daß die „Revisoren" nur Rechnungsprüfungsaufgaben wahrnehmen sollen. Im Zweifel bestimmt die Mitgliederversammlung Gegenstand und Umfang der Prüfung.

V. Schiedsgericht[1]

Die Satzung kann bestimmen, daß über Streitigkeiten zwischen Mitglie- **316**
dern oder zwischen Mitgliedern und dem Verein ein Schiedsgericht anstelle des ordentlichen Gerichts zu entscheiden hat. Die Formvorschrift des § 1027 Abs. 1 ZPO braucht dabei nicht eingehalten zu werden, da es sich um eine sog. statutarische Schiedsklausel handelt (§ 1048 ZPO).[2] Für künftige Streitigkeiten kann dies auch mit Wirkung gegen eine überstimmte Minderheit beschlossen werden. Neu eintretende Mitglieder sind automatisch an die Schiedsklausel gebunden. Auch die gerichtliche Nachprüfung von Vereinsstrafen einschließlich des Ausschlusses aus dem Verein kann einem Schiedsgericht übertragen, der ordentliche Rechtsweg also – mit Ausnahme der Aufhebungsklage gegen den Schiedsspruch – ausgeschlossen werden.[3] Auf Dritte, auch auf Angestellte des Vereins, die dem Verein nicht angehören, kann die Schiedsgerichtsbarkeit nicht durch die Satzung, sondern nur mittels individueller Schiedsverträge erstreckt werden.[4] Als Dritter hat auch ein Vereinsmitglied zu gelten, wenn der Streitgegenstand nicht in einem Mitgliedschaftsverhältnis begründet ist. Nach der Auffassung des Bundesgerichtshofs ist aber die Bestimmung in einem Schiedsvertrag, wonach ein nur aus Mitgliedern des Vereins zu bildendes Schiedsgericht über Streitigkeiten zwischen Vereinsmitgliedern und Nichtmitgliedern zu entscheiden hat, grundsätzlich unwirksam; der Schiedsspruch eines so besetzten Schiedsgerichts sei aufzuheben.[5] Demgegenüber hat das Oberlandesgericht Hamburg entschieden, daß eine solche Bestimmung in einem Schiedsvertrag auch für ein Nichtmitglied verbindlich sein kann, wenn keine Umstände erkennbar

---

[1] Spezialliteratur: Vollmer, Satzungsmäßige Schiedsklauseln, 1970; Kleinmann, Schiedsklauseln in Vereins- und Gesellschaftssatzungen, BB 1970, 1076; Nicklisch, Schiedsgerichtsklauseln und Gerichtsstandvereinbarungen in Verbandssatzungen und Allgemeinen Geschäftsbedingungen, BB 1972, 1285; Preis, Schiedsverträge innerhalb von sozialen Gewaltverhältnissen, Betrieb 1972, 1723; Lukes, Erstreckung der Vereinsgewalt auf Nichtmitglieder durch Rechtsgeschäft, Festschrift für Westermann S. 325; Schwab, Schiedsrichterernennung und Schiedsrichtervertrag, Festschrift für Schiedermair S. 449; K. Schmidt, Statutarische Schiedsklauseln, JZ 1989, 1077; ferner Habscheid und Ernemann KTS 1976, 1.

[2] K. Schmidt JZ 1989, 1077 (1082); RGZ 153, 267; a. A. Soergel-Hadding § 25 Rdnr. 26.

[3] Zur Zuständigkeit des ordentlichen Gerichts zum Erlaß einer einstweiligen Verfügung trotz Vorliegens einer Schiedsgerichtsordnung vgl. OLG Hamm MDR 1973, 521.

[4] Staudinger-Coing vor § 21 Rdnr. 52; vgl. RG JW 1939, 1338; OLG Düsseldorf NJW 1950, 876; zum Anwendungsbereich einer in einem Vertrag enthaltenen Schiedsklausel, nach der „jede etwaige Streitigkeit aus Anlaß dieses Vertrags" durch ein Schiedsgericht entschieden werden soll, siehe BGH NJW 1980, 2022.

[5] BGH NJW 1969, 750 = WPM 1969, 216 = BGHZ 51, 255; dazu Kornblum ZZP 82, 480; vgl. ferner OLG München WRP 1983, 115.

sind, die die Schiedsrichter als befangen erscheinen lassen.[6] Dieser Meinung ist im Ergebnis zuzustimmen. Der vom Bundesgerichtshof von der Vereinszugehörigkeit der Schiedsrichter gezogene Schluß auf ihre generelle Befangenheit ist, wie Bülow[7] und Bettermann[8] überzeugend nachgewiesen haben, keineswegs zwingend. Die Interessen des Nichtmitglieds sind im Einzelfall durch das Recht, die Schiedsrichter aus konkretem Anlaß wegen Besorgnis der Befangenheit abzulehnen, ausreichend geschützt.

Nach dem Grundsatz, daß die Satzung eines rechtsfähigen Vereins sämtliche das Vereinsleben bestimmenden Leitprinzipien und Grundsatzregelungen, soweit sie nicht bereits gesetzlich festgelegt sind, enthalten muß,[9] ist eine Schiedsklausel nur dann gültig, wenn die Satzung selbst die wesentlichen Punkte festlegt.[10] Hierzu gehören insbesondere die Zusammensetzung des Schiedsgerichts und die Regeln über die Auswahl und Bestellung der Schiedsrichter. Diese Bestimmungen sind Grundentscheidungen, die nicht einem Vereinsorgan oder einer – außerhalb der Satzung erlassenen – **Schiedsgerichtsordnung** überlassen bleiben können.[10] Dem Grundsatz der Einbindung einer Schiedsgerichtsordnung in die Satzung ist jedoch genügt, wenn in der Satzung die Schiedsgerichtsordnung zu ihrem Bestandteil erklärt ist und die Schiedsgerichtsordnung beim Registergericht eingereicht wird.[11]

317 Das Schiedsgericht darf nicht mit einem **Vereinsausschuß** verwechselt werden, der über die Festsetzung einer Vereinsstrafe und über den Ausschluß eines Mitglieds zu befinden hat. Denn das Schiedsgericht ist kein Vereinsorgan; es hat eine richterliche Funktion und daher grundsätzlich Rechtsentscheidungen zu fällen. Das mit der Vereinsstrafgewalt (Disziplinargewalt) ausgestattete Organ des Vereins ist kein Gericht, wenn es auch gewisse allgemein gültige Verfahrensgrundsätze zu beachten hat, damit das Verfahren nicht zu einem Willkürakt wird und sich das betroffene Mitglied sachgerecht verteidigen kann.[12] Bei einem in der Satzung vorgesehenen **„Ehrengericht“** ist daher zu prüfen, ob es ein Schiedsgericht oder ein Disziplinarorgan des Vereins ist. Wenn eine Vereinssatzung bei Streitigkeiten zwischen dem Verein und seinen Mitgliedern die Anrufung eines „Schiedsgerichts“ und gegen dessen Entscheidung die Anrufung der Mitgliederversammlung vorschreibt, so handelt es sich um keine echte Schiedsgerichtsbarkeit, die die Einrede des § 1027a ZPO rechtfertigt,[13] sondern um eine Regelung, die es den Vereinsmitgliedern zur Pflicht macht, vor einer Klage beim ordentlichen Gericht zunächst den vereinsinternen Rechtsweg zubeschreiten. Eine Klage beim ordentlichen Gericht, die erhoben wird, ehe der vereinsinterne Rechtsweg erschöpft ist, ist unzulässig.

---

[6] MDR 1975, 409.
[7] NJW 1970, 585.
[8] MDR 1975, 410.
[9] BGHZ 47, 172 (177) siehe auch Rdnr. 32.
[10] BGHZ 88, 314 (316); dort auch zur Nichtigkeit einer Schiedsklausel wegen Verstoßes gegen § 91 Abs. 1 S. 1 GWB.
[11] OLG München BB 1977, 865.
[12] Vgl. BGH BB 1967, 732; RGZ 113, 321 (323); vgl. auch Schopp Rpfleger 1959, 335 (339).
[13] OLG Nürnberg OLGZ 1975, 437.

Die Aufgaben und die Zuständigkeit eines Schiedsgerichts müssen in der Satzung festgelegt werden.[14] Eine in der Satzung eines Vereins enthaltene Bestimmung, alle Streitigkeiten zwischen den Mitgliedern und dem Verein seien unter Ausschluß des Rechtswegs durch ein Schiedsgericht zu regeln, erfaßt nicht die Klage auf Feststellung der Unwirksamkeit eines Beschlusses der Mitgliederversammlung. Denn die Parteien können sich über einen derartigen Streitgegenstand nicht vergleichen. Daher kann über diese Feststellungsklage nur im ordentlichen Rechtsweg entschieden werden.[15] **318**

Das Schiedsgericht besteht üblicherweise aus drei Mitgliedern, nämlich einem Vorsitzenden und je einem von jeder Partei zu benennenden Beisitzer. Beisitzer können auch Vereinsmitglieder,[16] nicht aber Vorstandsmitglieder[17] sein. Denn ein Mitglied, das zugleich Vereinsorgan ist, wäre als Schiedsrichter in Streitigkeiten des Vereins zugleich auch Partei. Es kann auch satzungsmäßig bestimmt werden, daß die Schiedsrichter einen bestimmten Beruf haben müssen oder einen bestimmten Berufsstand nicht angehören dürfen. Für das Verfahren und die Entscheidung des Vereinsschiedsgerichts gelten die allgemeinen Grundsätze der Schiedsgerichtsbarkeit.[18]

Die **Ablehnung eines Schiedsrichters** wegen Besorgnis der Befangenheit ist in ihrer Voraussetzung und ihrer Wirkung durch die §§ 1032 und 1045 ZPO besonders geregelt. Danach wird die Ablehnung eines bestellten Schiedsrichters erst dadurch wirksam, daß ein entsprechendes Ablehnungsgesuch von dem zuständigen ordentlichen Gericht für begründet erklärt wird. Die Entscheidung über die Ablehnung eines Schiedsrichters kann nicht dem Schiedsgericht selbst übertragen werden. Hier hat stets das ordentliche Gericht zu entscheiden.[19] Auch ist die Ablehnung eines Schiedsrichters wegen der Besorgnis der Befangenheit nicht mehr möglich, sobald der Schiedsspruch erlassen und beim ordentlichen Gericht niedergelegt ist.[20] Diese besondere Regelung kann nicht durch Irrtumsanfechtung wieder beseitigt werden.[21] **319**

Ist in der Satzung ein Schiedsgericht vorgesehen, so ist es für alle ihm zugewiesenen Aufgaben ausschließlich zuständig. Die schiedsgerichtliche Zuständigkeit kann sich im allgemeinen im Hinblick auf § 39 Abs. 2 BGB nicht über den Zeitpunkt des Ausscheidens des Mitglieds hinaus erstrekken.[22] Ausgeschiedene Mitglieder unterliegen nur dann noch dem satzungsgemäßen Schiedsgericht, wenn Ansprüche aus Verhältnissen vor dem Austritt des Mitglieds streitig sind.[23] **320**

Das Schiedsgericht hat den Sachverhalt genauestens zu ermitteln, soweit es die Ermittlung für erforderlich hält, es kann insbesondere auch Zeugen und **321**

---

[14] Zur Rechtsnatur des Schiedsgerichts einer politischen Partei vgl. OLG Frankfurt NJW 1970, 2250 = MDR 1971, 57.

[15] BGH MDR 1951, 674 (für AG).

[16] RGZ 113, 321.

[17] RG JW 1918, 732; zur Frage der Vereinbarkeit von gesetzlicher (Mit-)Vertretung einer Verfahrenspartei und Schiedsrichteramt s. Kornblum BB 1977, 675.

[18] Staudinger-Coing vor § 21 Rdnr. 53.

[19] BGH NJW 1957, 791.

[20] RGZ 145, 171; BGH NJW 1952, 27.

[21] BGH BB 1955, 296.

[22] RGZ 88, 395.

[23] RGZ 113, 321 (323).

Sachverständige vernehmen, aber nicht beeiden, Rechtsanwälte dürfen als Bevollmächtigte nicht zurückgewiesen werden. Die Verhandlung vor dem Schiedsgericht ist, wenn die Verfahrensordnung nichts anderes bestimmt, nicht öffentlich.[24] **Rechtliches Gehör** ist wie vor einem staatlichen Gericht zu gewähren.[25] Entscheidend für den zu fällenden Schiedsspruch ist, sofern die Satzung nichts anders bestimmt, einfache Stimmenmehrheit.

322 Gegen den Schiedsspruch ist die **Aufhebungsklage,** die nur auf bestimmte in § 1041 ZPO aufgeführte Gründe, insbesondere auf die Versagung des rechtlichen Gehörs (§ 1041 Nr. 4 ZPO), gestützt werden kann, zulässig; insoweit kann der ordentliche Rechtsweg nicht ausgeschlossen werden.

Muß das ordentliche Gericht einen Schiedsspruch auslegen, so darf es in der Regel die Schiedsrichter nicht als Zeugen über den Sinn des Schiedsspruchs vernehmen. Das gilt selbst dann, wenn die Parteien die Schiedsrichter von der Wahrung des Beratungsgeheimnisses entbunden haben.[26]

Muster einer Schiedsgerichtsordnung siehe bei Rdnr. 474.

VI. Vereinsverband und Gesamtverein[1]

323 Wenn mehrere Vereine den gleichen oder einen ähnlichen Zweck verfolgen, führt dies häufig zu der Feststellung, daß die gemeinsamen Interessen durch einen Zusammenschluß der Vereine auf überörtlicher, überregionaler, Landes- oder Bundesebene wirkungsvoller vertreten werden können. Da aber die einzelnen Vereine dabei in aller Regel ihre Selbständigkeit nicht völlig aufgeben wollen, ein Zusammenschluß durch Verschmelzung[2] (Fusion) also ausscheidet, bietet sich die Gründung eines Verbandes an, dessen Mitglieder die betreffenden Vereine sind. Für einen solchen Verband hat sich der Begriff **„Vereinsverband"** inzwischen wohl durchgesetzt. Der Rechtsform nach ist er entweder rechtsfähiger oder nichtrechtsfähiger Verein. Die Gründung eines rechtsfähigen Vereinsverbands unterscheidet sich von der eines „gewöhnlichen" rechtsfähigen Vereins nur dadurch, daß die Gründer regelmäßig nur Vereine[3] (rechtsfähige oder nichtrechtsfähige) sind: es ist aber nicht ausgeschlossen, daß außer Vereinen sich auch natürliche Personen an der Gründung eines Vereinsverbandes beteiligen oder diesem später beitreten, wenn die Verbandssatzung dies zuläßt. In der Gründungsversammlung des Vereinsverbands werden die Mitgliedsvereine durch den jeweiligen Vorstand in vertretungsberechtigter Zahl rechtswirksam vertreten, falls die

---

[24] Schwab-Walter S. 145; R-D, 5. Aufl. Rdnr. 2618; zur Öffentlichkeit von Parteigerichten siehe Henke NVwZ 1982, 84.

[25] BGH NJW 1990, 2199 (2200).

[26] BGH BB 1957, 379.

[1] Spezialliteratur: Säcker, Probleme der Repräsentation von Großvereinen, München 1986: U. Schmidt, Die Mitgliedschaft in Verbänden, Diss. Köln 1988; Schaible, Der Gesamtverein und seine vereinsmäßig organisierten Untergliederungen, Baden-Baden 1992 (Besprechung Waldner NJW 1993, 3185); König, Der Verein im Verein, Frankfurt 1992.

[2] Dazu bei Rdnr. 358.

[3] RG Gruch. 54, 649.

Satzung der Mitgliedsvereine (auch Anschlußvereine genannt) keine diesbezüglichen Beschränkungen der Vertretungsmacht (§ 26 Abs. 2 Satz 2 BGB) enthalten. Soll der Vereinsverband die Rechtsfähigkeit durch Eintragung im Vereinsregister erlangen, bedarf es entgegen der Meinung des Landgerichts Mainz[4] – wie bei jeder Errichtung eines rechtsfähigen Vereins – der Unterzeichnung der Verbandssatzung durch die Vertreter von mindestens sieben Mitgliedsvereinen. Daß diese ihrerseits im Einzelfall eine weitaus größere Zahl von Mitgliedern als sieben haben, ist kein Grund, von der Einhaltung der Vorschrift des § 59 Abs. 2 BGB (und des § 56 BGB) abzusehen; ebensowenig verfängt der Hinweis darauf, daß diese Bestimmung „nur" eine Sollvorschrift sei (siehe § 60 BGB).[5] Setzen sich die Gründungsmitglieder eines Vereins, der die Rechtsfähigkeit durch Eintragung in das Vereinsregister erlangen will, aus natürlichen und juristischen Personen (z. B. GmbH oder eingetragenen Vereinen) zusammen und werden die juristischen Personen von den natürlichen Personen beherrscht und repräsentiert, so ist für die Feststellung, ob die Mindestzahl von sieben Mitgliedern erreicht ist, nur die Zahl der natürlichen Personen maßgebend.[6]

Durch die Mitgliedschaft beim Vereinsverband geht der vereinsrechtliche Status der Mitgliedsvereine nicht verloren. Diese werden zwar regelmäßig einen mehr oder minder großen Teil ihrer Autonomie an den Vereinsverband abgeben müssen,[7] da sonst der mit dem Zusammenschluß erstrebte Zweck nicht zu verwirklichen wäre. Die Unterordnung der Mitgliedsvereine unter den Verbandswillen darf aber nicht so weit ausgedehnt werden, daß die Mitgliedsvereine in **totale Abhängigkeit** vom Verband geraten.[8] Dies ist vom Registergericht zu beachten, wenn es mit der Prüfung der Satzung von Mitgliedsvereinen (bei deren Ersteintragung oder bei Satzungsänderungen) befaßt ist. Die Unterordnung der Mitgliedsvereine wird dadurch vollzogen, daß diese die entsprechenden Vorschriften der Verbandssatzung wörtlich, sinngemäß oder durch bestimmte Verweisung in die eigenen Satzungen übernehmen.[9]

Wer die Mitgliedschaft in einem verbandsangehörigen Verein erwirbt, **324**
wird damit nicht ohne weiteres auch Mitglied des Verbandes. Hierfür ist erforderlich, daß die Verbandssatzung – wenn sie überhaupt die Mitgliedschaft von natürlichen Personen (im Gegensatz zu juristischen Personen) vorsieht – bestimmt, daß der Erwerb der Mitgliedschaft im Mitgliedsverein zugleich die Mitgliedschaft im Verband begründet, und außerdem, daß sich auch aus Satzung des Mitgliedsvereins die Doppelmitgliedschaft ergibt.[10] Zum Verhältnis des Verbands zum Mitglied eines Mitgliedsvereins hat das

---

[4] MDR 1978, 312; ihm stimmen Staudinger-Coing § 56 Rdnr. 2 zu.

[5] Ebenso LG Hamburg Rpfleger 1981, 198.

[6] OLG Stuttgart Rpfleger 1983, 318 = OLGZ 1983, 307 = MDR 1983, 840.

[7] RGRK-Steffen vor § 21 Rdnr. 25.

[8] RGRK-Steffen aaO; vgl. OLG Frankfurt NJW 1983, 2576; OLG Hamm NJW-RR 1988, 183 = DNotZ 1988, 159.

[9] Ernst S. 84, 85; vgl. Bauernfeind NJW 1959, 379; Schopp Rpfleger 1959, 335 (338); hinsichtlich der Grundsätze, die bei der Verweisung auf die Verbandssatzung zu beachten sind, siehe Rdnr. 132.

[10] BGHZ 28, 131; ausführlich zur „Zweitmitgliedschaft" Beuthien ZGR 1989, 255.

Reichsgericht[11] ausgeführt: „Der Beitritt des einzelnen Vereins zum Verband bringt aber die Vereinsmitglieder auch in gewisse unmittelbare Beziehungen nach Maßgabe der Satzung des Verbandes zu diesem und seinen Organen, da nur so der Zweck des Verbandes, den der Verein mit dem Beitritt zu dem seinigen macht, zu erreichen ist. Dementsprechend sind die Mitglieder der Verbandsvereine den Bestimmungen der Satzung des Verbandes und seinen die Mitglieder der Verbandsvereine angehenden weiteren Satzungen, insbesondere den Wettsegelbestimmungen unterworfen und unterstehen auch der Strafgewalt des Vorstandes nach den Bestimmungen der Verbandssatzung. Danach besteht aber nicht nur eine unmittelbare, auf der Grundlage der Satzung erwachsene Vertragsbeziehung zwischen dem Verband und den einzelnen Verbandsvereinen derart, daß letztere die Verbandssatzung bei ihren Mitgliedern zur Geltung zu bringen hätten, sondern durch den Beitritt der einzelnen Vereine zum Verband werden auch die Mitglieder der Vereine in den angegebenen Beziehungen satzungsgemäß dem Verband unmittelbar verpflichtet."

Ob und inwieweit der Verband – vom Fall der Doppelmitgliedschaft abgesehen – die Disziplinarbefugnisse gegenüber den Mitgliedern der Mitgliedsvereine besitzt, ist dennoch umstritten. Geklärt ist lediglich, daß der Verband nicht befugt ist, Mitglieder aus den Mitgliedsvereinen auszuschließen.[12] Im übrigen wird man, wenn nicht in der Satzung der Mitgliedsvereine die Ausübung ihrer Vereinsgewalt dem Verband überlassen ist, die Vereinsgewalt des Verbands nur in dem Bereich anerkennen können, in dem eine unmittelbare, vom Verband eröffnete und vom Einzelmitglied tatsächlich wahrgenommene Beziehung zwischen Verband und Einzelmitglied besteht.[13] Dies ist z. B. bei der Teilnahme an Veranstaltungen des Verbandes oder bei der Benützung seiner Einrichtungen der Fall.[13]

325 Satzungsbestimmungen eines Verbandes, mit denen dieser den Inhalt seiner Rechtsbeziehungen zu Nichtmitgliedern, die seine Einrichtungen benützen wollen, vorweg bestimmt, unterliegen – ähnlich wie Allgemeine Geschäftsbedinungen – der Inhaltskontrolle nach § 242 BGB.[14]

326 Die **Mitgliedsrechte** der Mitgliedsvereine im Vereinsverband werden, soweit die Verbandssatzung keine andere Regelung trifft (z. B. durch Einrichtung der Mitgliederversammlung als Versammlung von Delegierten der Mitgliedsvereine), durch ihre Vorstände (Vorstandsmitglieder in vertretungsberechtigter Zahl) wahrgenommen. Wenn die Mitgliederversammlung des Vereinsverbandes als Versammlung von Delegierten der Mitgliedsvereine satzungsgemäß eingerichtet ist, ist zu beachten, daß die Delegierten des jeweiligen Mitgliedsvereins nicht als dessen Vertretungsorgan, sondern als zur Willensbildung des Verbands berufene Funktionäre handeln. Sie können daher nicht ohne Zustimmung der Mitgliedsvereine (die von deren Vorständen erteilt werden müßte) eine Satzungsänderung beschließen, wonach die Mitgliedsvereine aus dem Verband ausscheiden und

---

[11] SeuffArch. 59 Nr. 118.
[12] BGHZ 28, 131 (134); OLG Karlsruhe MDR 1970, 324.
[13] Vgl. Ernst S. 87ff.; ferner OLG Karlsruhe MDR 1970, 324.
[14] BGH WPM 1972, 1249.

deren Mitglieder nunmehr unmittelbar die Mitglieder (Einzelmitglieder) des Verbandes sind.[15]

Bestimmt die Satzung eines Vereinsverbandes, daß das Stimmrecht der Mitglieder durch mehrere Vertreter ausgeübt wird und daß die Stimmen eines Mitglieds nur einheitlich abgegeben werden dürfen, so ist nach Auffassung des Oberverwaltungsgerichts Koblenz eine geheime Abstimmung unzulässig.[16]

Die **Auflösung** des Vereinsverbandes hat für die Mitgliedsvereine die Fol- 327
ge, daß jene Bestimmungen in ihren Satzungen, die die Befugnisse des Verbandes regeln, gegenstandslos werden und die Mitgliedsvereine ihre volle Autonomie wieder erlangen.

Ganz anders als beim Vereinsverband ist die vereinsrechtliche Situation 328
beim sogenannten **Gesamtverein** (im Schrifttum auch als Hauptverein oder Zentralverein bezeichnet). Während es sich beim Vereinsverband um den Zusammenschluß von Vereinen handelt, der sich „horizontal" vollzieht, entsteht ein Gesamtverein dadurch, daß ein Verein durch gebietsweise Erfassung seiner Mitglieder seine Organisation untergliedert („vertikale Gliederung"). Die Bildung von Untergliederungen ist häufig dadurch veranlaßt, daß zentral vom Verein aus infolge seines gewachsenen Umfangs die Vereinsgeschäfte nicht mehr bewältigt werden können und sich daher die Notwendigkeit ergibt, bestimmte Aufgaben des Vereins auf örtliche Geschäftsbereiche zu verteilen.[17] Auch die Erwägung, daß bei großer Mitgliederzahl das Vereinsleben besser gedeiht, wenn es sich in kleineren, den Mitgliedern jeweils näher stehenden Organisationseinheiten abspielt, kann den Anstoß zur Errichtung von Untergliederungen geben. Ob diese unselbständige, lediglich örtlich vom Zentrum der Vereinsverwaltung abgesetzte Verwaltungsstellen des Gesamtvereins sind oder die Qualität von Vereinen besitzen, richtet sich danach, mit welcher Verfassung sie vom Gesamtverein ausgestattet werden.

Die Bildung einer Untergliederung als **Verein** – man spricht hier von 329
einem **Zweigverein** – erfordert, wie bei jedem Verein, einen auf gewisse Dauer angelegten, körperschaftlich organisierten Zusammenschluß von Personen, der vom Wechsel der Mitglieder unabhängig ist, einen Gesamtnamen (Vereinsnamen) führt und über die für eine Körperschaft unerläßlichen Organe – Mitgliederversammlung und Vorstand – verfügt.[18] Wenn der Zweigverein die Rechtsform eines nichtrechtsfähigen Vereins hat, ist es nicht erforderlich, daß Zweck und Organisation in einer von ihm selbst beschlossenen Satzung festgelegt sind; sie können sich auch aus der Satzung des Gesamtvereins ergeben.[19] Auch eine solche Satzung ist aber eine des Zweigvereins, mag

---

[15] BGH NJW 1980, 2707 = Rpfleger 1980, 463 = MDR 1981, 119; siehe ferner bei Rdnr. 332; zur Delegiertenwahl im Vereinsverband s. Reuter ZHR 1984, 523 (532).

[16] NVwZ 1987, 917.

[17] Wagner JW 1924, 1120; Schaible S. 17.

[18] Siehe auch bei Rdnrn. 1, 224; zur Qualifizierung der Handballabteilung eines Sportvereins als Zweigverein siehe KG OLGZ 1983, 272 (273 f.).

[19] BGHZ 90, 331 = NJW 1984, 2223; vgl. BGHZ 73, 275 (278) = NJW 1979, 1402; OLG Bamberg NJW 1982, 895; KG OLGZ 1983, 272; Soergel-Hadding vor § 21 Rdnr. 53.

sie auch ungeschrieben sein und (nur) auf ständiger Übung beruhen.[20] Schreibt die Satzung des Gesamtvereins, was sie kann, vor, daß der Zweigverein die Rechtsfähigkeit besitzen muß, so muß die Satzung des Zweigvereins den Anforderungen der §§ 57 und 58 BGB entsprechen. Als Teil der Organisation des Gesamtvereins darf der Zweigverein keinen anderen als den Zweck des Gesamtvereins verfolgen. Auch im übrigen Inhalt darf die Satzung des Zweigvereins nicht gegen die Satzung des Gesamtvereins verstoßen.[21] Die Fassung der Satzungsbestimmungen kann der Gründungsversammlung des Zweigvereins überlassen oder vom Gesamtverein vorgeschrieben werden (z. B. in Form einer Mustersatzung).[22] Die Eingriffe des Gesamtvereins in die Autonomie des Zweigvereins dürfen aber nicht dazu führen, daß diesem jede eigene Willensbildung und eigenständige Entfaltung eines Vereinslebens genommen werden.[23] Die Satzung des Gesamtvereins muß dem Zweigverein auch die Freiheit lassen, seine wesentlichen Organe – Mitgliederversammlung und Vorstand – selbst personell zu besetzen.[24]

Wird in der Satzung des Zweigvereins auf Vorschriften der Satzung des Gesamtvereins verwiesen, so ist dies zulässig, wenn die Verweisung widerspruchsfrei und verständlich gefaßt ist und sie sich auf bestimmte einzelne Vorschriften der Satzung des Gesamtvereins bezieht.[25] Außerdem muß die Satzung des Gesamtvereins zu den Registerakten des Zweigvereins gegeben werden.

Eine Verweisung, die sich auf die Satzung des Gesamtvereins in deren jeweils geltender Fassung bezieht, kommt nur unter engen Voraussetzungen in Betracht: In jedem Fall muß bei einer Änderung der in Bezug genommenen Satzungsbestimmung des Gesamtvereins diese Änderung auch beim Registergericht der Untergliederung angemeldet werden (§ 71 BGB) und in das Vereinsregister der Untergliederung eingetragen werden. Es unterliegt der Prüfung durch das Registergericht der Untergliederung, ob die Grenzen zulässiger Fremdbestimmung überschritten werden. Mit der Anmeldung sind der satzungsändernde Beschluß des Gesamtvereins und der Nachweis über dessen Eintragung im Vereinsregister des Gesamtvereins vorzulegen. Sind alle diese Voraussetzungen erfüllt, ist eine solche dynamische Verweisung zulässig und wirksam.[26] Die Untergliederung, der die Änderung zu weit geht, hat stets die Möglichkeit, die Anmeldung bei ihrem Registergericht zu unterlassen und so für sich nicht wirksam werden zu lassen.

Anders als beim Vereinsverband sind die Mitglieder des Zweigvereins **immer** auch Mitglieder des Gesamtvereins. Der Zweigverein selbst ist regelmäßig nicht Mitglied des Gesamtvereins.[27] Die Mitgliedschaft im Gesamtverein wird durch den Beitritt zum Zweigverein erworben („gestufte Mehr-

---

20 Schaible S. 36f.
21 RGRK-Steffen vor § 21 Rdnr. 26.
22 BayObLGZ 1977, 6 (9); OLG Karlsruhe OLGZ 1978, 226; R-D, 5. Aufl. Rdnr. 2668.
23 Vgl. RG Recht 1928 Nr. 1802.
24 Vgl. RGZ 73, 92 (97); RG JW 1927, 2363; BAG AP Nr. 5 zu § 36 ZPO.
25 OLG Hamm NJW-RR 1988, 183 = DNotZ 1988, 159.
26 Vgl. Schaible S. 41; a. A. OLG Hamm NJW-RR 1988, 183.
27 BGHZ 89, 152 (156); Schaible S. 78.

fachmitgliedschaft").[28] Ebenso hat der Austritt aus dem Zweigverein die Beendigung der Mitgliedschaft im Gesamtverein zur Folge.

Da das Recht, sich durch Beschluß der Mitgliederversammlung aufzulösen (§ 41 Satz 1 BGB), einem Verein nicht entzogen werden kann, kann weder die Satzung des Gesamtvereins noch die Satzung des Zweigvereins bestimmen, daß der Zweigverein durch den Beschluß eines Organs des Gesamtvereins aufgelöst werden kann. Dagegen kann bestimmt werden, daß ein von der Mitgliederversammlung des Zweigvereins gefaßter Auflösungsbeschluß zu seiner Wirksamkeit der Zustimmung des Gesamtvereins bedarf.[29]

Die Auflösung des Gesamtvereins bewirkt auch die Auflösung des Zweigvereins.[30] Denn aus der in der Satzung des Zweigvereins eingegangenen Bindung an den Gesamtverein ergibt sich – jedenfalls durch Auslegung der Zweigvereinssatzung –, daß die Dauer des Zweigvereins an den Bestand des Gesamtvereins geknüpft ist. Das schließt nicht aus, daß der infolge der Auflösung des Gesamtvereins aufgelöste Zweigverein seine Fortsetzung als unabhängiger Verein bei entsprechender Umgestaltung seiner Satzung beschließt.

Gestattet der Gesamtverein einem Zweigverein, den geschützten Bestandteil seines Vereinsnamens in den Namen des Zweigvereins aufzunehmen, so ist diese Erlaubnis in der Regel auf die Dauer der Zugehörigkeit des Zweigvereins zum übergeordneten Gesamtverein beschränkt.[31]

Eine **unselbständige Untergliederung** liegt vor, wenn sie **keine vereins-** **330**
mäßige Verfassung besitzt.[32] Sie tritt nach außen nur im Namen des Gesamtvereins auf, der allein berechtigt und verpflichtet sein kann.[33] Ist der Leiter (Vorstand) einer unselbständigen Untergliederung auf Grund der Satzung des Geamtvereins zum „besonderen Vertreter" (§ 30 BGB) bestellt, so besitzt er für alle Geschäfte, die gewöhnlich bei der Untergliederung anfallen, Vertretungsmacht für den Gesamtverein.[34] Ohne satzungsmäßige Vertretungsmacht kann der Leiter der unselbständigen Untergliederung für den Gesamtverein nur auf Grund einer Vollmacht des Vorstands des Gesamtvereins handeln.[35] Demgegenüber kann der Zweigverein (vertreten durch seinen Vorstand) alle Rechtsgeschäfte im eigenen Namen vornehmen, die seine Angelegenheiten betreffen, soweit die Satzung des Gesamtvereins nicht entgegensteht.[36]

Die unselbständige Untergliederung kann nur mit Zustimmung des Gesamtvereins enstehen. Wenn Mitglieder ohne Anregung seitens des Gesamtvereins in einem bestimmten Bereich eine Gruppe bilden, wird diese erst dann eine Untergliederung des Gesamtvereins, wenn sie der Gesamtverein als solche anerkennt und die etwa noch erforderlichen organisatorischen

---

[28] BGH NJW 1979, 1402; Schaible S. 62ff.
[29] Vgl. zu dieser umstrittenen Frage Rdnr. 355 und die dort in Fn. 9–11 gegebenen Nachweise.
[30] RGRK-Steffen vor § 21 Rdnr. 26.
[31] BGH GRUR 1976, 644 mit Anm. von Fezer.
[32] Vgl. R-D, 5. Aufl. Rdnr. 2677.
[33] RGRK-Steffen aaO.
[34] Dazu auch bei Rdnr. 313.
[35] Vgl. Wagner JW 1924, 1120.
[36] RGRK-Steffen aaO.

Maßnahmen trifft. Ebensowenig kann eine unselbständige Untergliederung sich selbst auflösen; die Auflösung kann nur der Gesamtverein verfügen. Den in der Untergliederung zusammengefaßten Mitgliedern des Gesamtvereins steht es natürlich frei, satzungsgemäß aus dem Verein auszutreten. Der Vorstand einer unselbständigen Untergliederung ist aber nicht befugt, im Namen der Angehörigen der Untergliederung deren Austritt aus dem Gesamtverein zu erklären; hierzu bedarf er vielmehr der entsprechenden Vollmachten.[35]

Da unselbständige Untergliederungen keine Vereine (Zweigvereine) sind, können sie weder mit dem Gesamtverein noch untereinander Verträge schließen. Aus demselben Grund können sie auch kein Vermögen erwerben. Alles, was die unselbständige Untergliederung besitzt, ist Eigentum des Gesamtvereins. Zuwendungen an die Untergliederung (Schenkungen oder auf Grund von Verfügungen von Todes wegen) stehen dem Gesamtverein zu, der sie bestimmungsgemäß zu verwenden, also gegebenenfalls der Untergliederung zur Verfügung zu stellen hat.[35]

Die Untergliederung kann als solche weder klagen noch verklagt werden, weder im Verhältnis zu Dritten noch zum Gesamtverein.[37] Die Prozeßfähigkeit der einzelnen Mitglieder wird davon nicht berührt.[38]

Die Organisation der Untergliederung und ihre Aufgaben bestimmen sich nach der Satzung des Gesamtvereins. Regelmäßig werden der Untergliederung der Einzug der Mitgliederbeiträge und deren Abführung an den Gesamtverein nach Abzug eines für den Bedarf der Untergliederung bestimmten Prozentsatzes übertragen.[39] Der Gesamtverein kann der Untergliederung auch eine Satzung geben, nach der die Angehörigen der Untergliederung einen Vorstand wählen und über bestimmte Angelegenheiten in einer Mitgliederversammlung beschließen.[40] An der Willensbildung des Gesamtvereins müssen die in Untergliederungen zusammengefaßten Mitglieder mindestens mittelbar durch Delegierte (Vertreter) in der Mitgliederversammlung (Hauptversammlung, Generalversammlung usw.) des Gesamtvereins beteiligt sein.

---

[37] Wagner aaO; zur Parteifähigkeit des Bezirksverbandes einer politischen Partei siehe § 3 des Parteiengesetzes, dazu BGH MDR 1970, 913; zur aktiven Parteifähigkeit von gewerkschaftlichen Bezirksverbänden im Zivilprozeß vgl. Fenn ZZP 86, 177 und BGH Betrieb 1972, 928; zur aktiven Parteifähigkeit eines Bezirksverbandes der SPD vgl. OLG Köln NJW 1978, 227; zur passiven Parteifähigkeit eines Ortsverbandes der CDU vgl. LG Bonn NJW 1976, 810); zur Parteifähigkeit eiens Ortsverbandes der CSU vgl. OLG Bamberg NJW 1982, 895; zur Parteifähigkeit regionaler Untergliederungen politischer Parteien siehe Kainz NJW 1985, 2616; zur passiven Parteifähigkeit des Kommunistischen Bundes Westdeutschland – Bezirk Unterer Neckar vgl. OLG Karlsruhe Justiz 1978, 104; grundsätzlich zur aktiven Parteifähigkeit des Kreisverbandes einer politischen Partei siehe OLG Frankfurt OLGZ 1984, 468 = MDR 1984, 1030; zur Aktivlegitimation der Mitglieder eines Ortsverbandes einer politischen Partei für die Klage auf Feststellung der Ungültigkeit von Wahlen im Ortsverband und zur Passivlegitimation des Kreisverbandes der Partei siehe KG NJW 1988, 3159.

[38] Zum Gerichtsstand für Streitigkeiten zwischen überregionalen Vereinen und ihren Mitgliedern vgl. LG Frankfurt NJW 1977, 538 mit abl. Anm. von Dütz = Betrieb 1977, 2217; ferner Schrader MDR 1976, 725.

[39] R-D, 5. Aufl. Rdnr. 2677; vgl. OLG Hamburg Recht 1908 Nr. 2452.

[40] Vgl. R-D, 5. Aufl. Rdnr. 2668.

Die Frage, ob eine vom Gesamtverein geschaffene Unterorganisation ein nichtrechtsfähiger Zweigverein oder eine unselbständige Untergliederung ist, kann nur im Einzelfall nach dem Gesamtbild, das sich aus der Satzung des Gesamtvereins, den Satzungen oder Ordnungen der Unterorganisation sowie aus dem organisatorischen Aufbau des Gesamtvereins ergibt, beantwortet werden. Der Bezeichnung, die der Gesamtverein der Unterorganisation gegeben hat, kommt dabei keine besondere Bedeutung zu. So sagt die Bezeichnung einer Organisationseinheit als Ortsgruppe, Ortsverein, Ortsverband, Sektion, Bezirksgruppe, Bezirksverband, Landesverband, Gau usw.[41] allein nichts über ihre rechtliche Qualifikation aus. Maßgebend ist vielmehr, ob die betreffende Einheit die **Verfassung eines Vereins** nach allgemeinen Grundsätzen, wenn auch mit weitgehender Beschränkung der Vereinsautonomie, besitzt oder nicht besitzt.[42] **331**

Mitunter ergibt sich bei einem Vereinsverband aus organisatorischen Gründen das Bedürfnis, an die Stelle der Mitgliedsvereine unmittelbar deren Mitglieder als Verbandsmitglieder treten zu lassen. Wie ein solches Vorhaben rechtlich zu bewerkstelligen ist, ist bisher in der Rechtsprechung nicht geklärt.[43] Die „sauberste" Lösung besteht in der Auflösung des Vereinsverbandes und seiner Neugründung (mit der rechtlichen Konstruktion eines Gesamtvereins) und entsprechender Regelung der Einzelmitgliedschaftsverhältnisse. Dieser Weg erweist sich aber oft wegen der mit der Auflösung des Verbandes verbundenen steuerlichen Konsequenzen als nicht gangbar. Zur Vermeidung der Verbandsauflösung läßt sich das angestrebte Ziel, die Mitgliedsvereine gegen deren Mitglieder auszuwechseln, daher nur auf dem komplizierten Weg einer Satzungsänderung erreichen. Dafür kommt etwa folgendes Verfahren in Betracht: Die Mitgliederversammlung (Delegiertenversammlung) des Verbandes beschließt eine Änderung der Verbandssatzung, wonach nunmehr Mitglieder des Verbandes die einzelnen Mitglieder der bisherigen Mitgliedsvereine sind. Da diese Satzungsänderung das Ausscheiden der bisherigen Mitgliedsvereine aus dem Verband zur Folge hat, müssen die Mitgliedsvereine, vertreten durch ihre Vorstände, der von der Delegiertenversammlung des Verbandes beschlossenen Satzungsänderung zustimmen.[44] Da jedoch der Verband nicht allein durch seine Satzung bestimmen kann, daß die Mitglieder anderer Vereine – nämlich der bisherigen Mitgliedsvereine – seine Mitglieder sind, müssen auch die Satzungen der bisherigen Mitgliedsvereine dahin geändert werden, daß mit der Mitgliedschaft im Verein zugleich die Einzelmitgliedschaft im Verband erworben wird.[45] Schließlich ist zur Auswechslung der Mitglieder des Verbandes er- **332**

[41] Einzelne Fälle: RGZ 73, 92 (Bezirksgruppe); RGZ 118, 196 (Gau eines Arbeitnehmerverbandes); RGZ 121, 294 (Verwaltungsstelle einer Gewerkschaft); BayObLGZ 1977, 6 (Bezirksverband des Bayer. Bauernverbandes im Jahre 1949); OLG Köln NJW 1978, 227 (Bezirksverband der SPD); LG Bonn NJW 1976, 810 (Ortsverband der CDU); OLG Karlsruhe Justiz 1978, 104 (Bezirk des Kommun. Bundes Westdeutschland); BGH NJW 1979, 1402 (Ortsverein der SPD); OLG Bamberg NJW 1982, 895 (Ortsverband der CSU).

[42] LG Frankfurt NJW 1661; R-D, 5. Aufl. Rdnr. 2666, 2677.

[43] Offen gelassen in BGH NJW 1980, 2707 = Rpfleger 1980, 463 = MDR 1981, 119.

[44] BGH wie Fn. 43.

[45] Vgl. BGHZ 28, 131 = NJW 1958, 1867 = MDR 1958, 905 = BB 1958, 1074.

forderlich, daß die Satzungsänderungen beim Verband und bei den bisherigen Mitgliedsvereinen gleichzeitig durch Eintragung in das jeweilige Vereinsregister (§ 71 BGB) wirksam werden. Dies läßt sich durch eine Absprache mit dem Registergericht erreichen.

VII. Die Vereinsmitglieder

333 Die **Mitgliedschaft**[1] im Verein ist **kein Vermögensrecht,** sondern ein Personenrechtsverhältnis, das alle Rechte und Pflichten der Vereinsmitglieder nach Gesetz und Satzung umfaßt. Es entsteht bei den Gründern des Vereins durch den Gründungsvertrag, später durch Beitritt zum Verein, und bewirkt die Eingliederung in die Vereinsorganisation, die Unterwerfung des Mitglieds unter die Vereinsgewalt sowie ein durch den Vereinszweck bestimmtes Treueverhältnis zwischen Mitglied und Verein.[2] Die Mitgliedschaft ist nach dem Gesetz weder übertragbar noch vererblich. Die Satzung kann jedoch von dieser Regelung abweichen.[3]

Nach der Regelung des Gesetzes haben alle Vereinsmitglieder gleiche Rechte und Pflichten.[4] Dagegen kann die Satzung verschiedene Klassen von Mitgliedern mit unterschiedlichen Rechten und Pflichten bilden (z. B. ordentliche, außerordentliche, fördernde, korrespondierende Mitglieder, Ehrenmitglieder).[5] Wird eine solche Einteilung vorgenommen, ist darauf zu achten, daß dann auch für jede einzelne Kategorie von Mitgliedern in der Satzung festgelegt wird, welche Rechte und Pflichten sie hat.[6]

334 Das BGB enthält über die **Zahl der Vereinsmitglieder** nur insoweit Bestimmungen, als es zur Eintragung eines Vereins im Vereinsregister die Zugehörigkeit von mindestens sieben Mitgliedern zum Verein vorschreibt (§ 56 BGB) und weiter bestimmt, daß einem eingetragenen Verein die Rechtsfähigkeit zu entziehen ist, wenn seine Mitgliederzahl unter drei gesunken ist (§ 73 BGB). Dem Verein ist es im übrigen aber freigestellt, hinsichtlich der Zahl der Vereinsmitglieder noch sonstige Bestimmungen zu treffen. Die Satzung kann insbesondere eine Höchstzahl vorsehen.

Man unterscheidet zwischen allgemeinen Mitgliedsrechten und Sonderrechten.

335 **Die allgemeinen Mitgliedsrechte** sind Rechte, welche allen Mitgliedern gleichmäßig zustehen. Insbesondere hat jedes Mitglied das Recht, nicht entgegen den geltenden vereinsrechtlichen Bestimmungen benachteiligt zu wer-

---

[1] Spezialliteratur: U. Schmidt, Die Mitgliedschaft in Verbänden, Frankfurt 1989.

[2] Palandt-Heinrichs § 38 Rdnr. 1; Lutter AcP 180, 84 (110); Dütz Festschrift für Herschel 1981, 57; siehe auch Rdnr. 348.

[3] Zur Rechtsnachfolge in die Vereins- und Verbandsmitgliedschaft, insbesondere beim Unternehmerwechsel siehe die Monographie von Sernetz, Bielefeld 1973; ferner Reuter ZHR 1981, 273 f.

[4] RGZ 73, 191.

[5] K. Schmidt JZ 1991, 157 (158); zum Ausschluß von Ehrenmitgliedern aus dem Verein vgl. BGHZ 28, 131 (134) und KG Recht 1917 Nr. 755; hinsichtlich der rechtlichen Bedeutung der Ernennung zum Ehrenmitglied des Vorstands vgl. v. Braunbehrens BB 1981, 2100 (Ehrenmitglied des Aufsichtsrats einer AG).

[6] Vgl. RG JW 1906, 500.

den; hierzu gehören auch Vereinsordnungen.[7] Auch für die Zukunft hat das Mitglied ein Recht darauf, daß es in bezug auf seine Rechte nicht ohne sachlichen Grund ungünstiger gestellt wird als die übrigen Mitglieder.[8]

Aus der Verletzung des für das Körperschaftsrecht geltenden Grundsatzes der Gleichbehandlung aller Mitglieder durch den Vorstand ergeben sich Schadensersatzpflichten, für die der Verein nach § 31 BGB haftet.[9] Die Vereinssatzung kann dabei die Haftung für vorsätzliches oder grob fahrlässiges Handeln nicht ausschließen.[10] Daneben kann der Vorstand selbst deliktisch haften, da das Mitgliedschaftsrecht als sonstiges Recht i. S. des § 823 Abs. 1 BGB anerkannt ist. Dies gilt nur dann nicht, wenn der Vorstand in Vollzug eines Beschlusses der Mitgliederversammlung gehandelt hat, dann ist er nur ausführendes Organ und deshalb nicht persönlich verantwortlich.[11] Zweifelhaft ist allerdings der Umfang (Zuweisungsgehalt) des Mitgliedschaftsrechts. Die Verletzung bloßer Vermögensinteressen der Mitglieder dürfte noch nicht ausreichen.[12] **335a**

Die allgemeinen Mitgliedsrechte ergeben sich aus dem Gesetz, aus der Satzung und aus Beschlüssen der Mitgliederversammlung. Aus dem Gesetz ergibt sich das Recht auf Sitz und Stimme in der Mitgliederversammlung (§ 32 BGB),[13] ferner das Minderheitsrecht nach § 37 BGB.[14]

Weitere Rechte ergeben sich aus dem Gesetz nicht ausdrücklich, insbesondere ist keine dem § 716 BGB entsprechende Vorschrift enthalten, doch wird man den Mitgliedern unter besonderen Umständen **das Recht auf Einsicht der Bücher und Schriften** des Vereins nicht versagen können.[15] Das Verlangen auf Einsicht in die Mitgliederliste oder die Urkunden über den Ein- und Austritt der Mitglieder kann von einem Mitglied bei Darlegung eines berechtigten Interesses sogar im Rechtsweg verfolgt werden, weil es sich hier nicht nur um eine innere Vereinsangelegenheit, sondern um die Rechtsbeziehungen des Mitglieds zum Verein und den anderen Vereinsmitgliedern handelt, Beziehungen, die durch das Gesetz geregelt sind und den Schutz der Staatsgewalt genießen (vgl. §§ 810, 811 BGB).[16] Die Einsicht in die Mitglie- **336**

---

[7] BGHZ 110, 323 (327) = NJW 1990, 2877 (2878). Zu Vereinsordnungen siehe Rdnr. 151.

[8] RGZ 49, 198 und 112, 124.

[9] BGHZ 90, 92 (95); 110, 323 (327) = NJW 1990, 2877 (2878); dazu kritisch Hadding Festschrift für Kellermann 1991, S. 91, und K. Schmidt JZ 1991, 157 (160); siehe auch OLG Stuttgart RdL 1971, 12; zur vereinsrechtlichen Begründung des Gleichbehandlungsprinzips vgl. Voges, Die AG 1975, 197.

[10] AG Bückeburg NJW-RR 1991, 1007; siehe aber auch bei Rdnr. 291 Fn. 292.

[11] BGHZ 110, 323 (334f.) = NJW 1990, 2877 (2880).

[12] K. Schmidt JZ 1991, 157 (162); siehe aber auch BGHZ 110, 323: infolge Verschuldens des Vereins unbrauchbarer Schiffsneubau eines Seglervereinsmitglieds.

[13] Das Stimmrecht und die Fälle des Stimmrechtsausschlusses sind bei Rdnrn. 198, 202 ausführlich behandelt.

[14] Siehe bei Rdnr. 159.

[15] RGZ 49, 142 (149, GmbH); Planck § 35 Anm. 3; vgl. LG Mainz BB 1989, 812 zum Recht auf Einsicht in den Geschäftsbericht eines wirtschaftlichen Vereins. Für den Idealverein kann aber grundsätzlich nichts anderes gelten.

[16] OLG Breslau ZAnwKBrsl 1925, 73 zu § 810 BGB; zur Vollstreckung eines solchen Urteils vgl. OLG Hamm Betrieb 1973, 2443. Zur Frage des Datenschutzes bei der Einsicht siehe Pardey NJW 1989, 1647 (Informelles Selbstbestimmungsrecht und Akteneinsicht).

derliste muß bei größeren Vereinen schon deswegen gewährt werden, weil ja die wenigsten Mitglieder sich persönlich kennen und es ihnen sonst unmöglich würde, von dem Minderheitsrecht nach § 37 BGB Gebrauch zu machen. Die Einsicht kann jedoch verweigert werden, wenn sie offensichtlich einem gesetz- oder satzungswidrigen Zweck dienen soll.

Das Vereinsmitglied kann verlangen, daß der Verein ihm ein Exemplar der Vereinssatzung aushändigt. Es braucht sich nicht auf die beim Registergericht vorliegende Satzung verweisen zu lassen.[17]

337 Jedes Mitglied, auch ein korporatives, hat, sofern die Satzung nichts anderes bestimmt, nur *eine* Stimme.[18]

338 Es ist an sich nicht unzulässig, daß durch die Satzung die Rechte von Mitgliedergruppen verschieden gestaltet werden; die unterschiedliche Behandlung von Mitgliedern muß jedoch auf sachlichen Voraussetzungen beruhen.[19] Eine Vereinssatzung verstößt nicht ohne weiteres gegen das Verbot der Ungleichbehandlung, wenn sie nicht sogleich alle denkbaren gleichwertigen Fälle erfaßt, die im Verein auftreten können; es kann genügen, daß der Verein die Satzung später anpaßt, sobald er erkennt, daß weitere Fälle in derselben Weise regelungsbedürftig sind.[20]

339 Durch die Satzung kann das Recht auf Sitz und Stimme in der Mitgliederversammlung jedenfalls einer bestimmten Kategorie von Mitgliedern, wie außerordentlichen, auswärtigen, fördernden, Ehrenmitgliedern und dgl. entzogen sein. Es kann den einzelnen Mitgliedern auch ein erhöhtes Stimmrecht bei erhöhter Beitragsleistung u. dgl. eingeräumt werden (Sonderrecht), §§ 32, 40 BGB. Das Recht aus § 37 BGB (Verlangen einer Minderheit der Mitglieder auf Einberufung einer Mitgliederversammlung) kann den Mitgliedern nicht genommen werden.

340 Aus der Mitgliedschaft erwächst grundsätzlich das Recht, die **Einrichtungen** des Vereins (z. B. Sportanlagen, Clubheim, Vereinsbücherei usw.) nach Maßgabe einer etwa bestehenden Benützungsordnung in Anspruch zu nehmen.[21] Wenn einer bestimmten Gruppe von Mitgliedern das Benützungsrecht nicht oder nur eingeschränkt zustehen soll, bedarf es einer entsprechenden Regelung in der Satzung. Auch zum Ausschluß eines bestimmten Kreises von Mitgliedern von einer Vereinsveranstaltung (z. B. von den Spielen um die Clubmeisterschaft der Tennisabteilung eines Sportvereins) ist eine entsprechende Grundlage in der Satzung erforderlich.[22]

Die den Mitgliedern in der Satzung eingeräumten sonstigen Rechte können jedoch nicht so weit gehen, daß die Mitglieder Miteigentum am Vereinsvermögen erhalten.[23] Dagegen wird es für zulässig erachtet, den Mitgliedern als solchen Gerechtsame an den Vereinsgrundstücken einzuräumen, die wie

---

[17] LG Karlsruhe Rpfleger 1987, 164.

[18] Einzelheiten siehe bei Rdnr. 198.

[19] RG JW 1938, 1329; KG NJW 1962, 1917.

[20] BGH NJW 1971, 879.

[21] Zum Recht eines Mitglieds auf Teilnahme an einer Vereinsmesse siehe OLG Düsseldorf WuW 1981, 366.

[22] OLG Celle WPM 1988, 495 mit Anm. von Grunewald.

[23] Dazu eingehend Ballerstedt, Mitgliedschaft und Vermögen beim rechtsfähigen Verein, Festschrift für Knur, S. 1ff.

dingliche Rechte gegen Dritte geschützt werden, aber nicht die Befriedigung der Gläubiger aus dem ihnen haftenden Vereinsvermögen ausschließen.[24] Vereine mit wirtschaftlichem Nebenbetrieb sind berechtigt, Vereinsmitgliedern Vorzugspreise einzuräumen. Diese Vorzugspreise gelten nicht als verbotene Sonderpreise, sondern als Unkostenbeiträge.[25] Im übrigen sind Sonderpreisverträge, die ein Verein mit einem Dritten abschließt, ihrem vollen Inhalt nach nichtig, § 134 BGB, § 1 RabG.

Ein Verbraucherverein verstößt gegen § 6 UWG, wenn er Mitgliedsausweise ausgibt, die dazu bestimmt sind, die Ausweisinhaber zum Einkauf bei sogenannten Vertragshändlern zu berechtigen.[26]

Eine **Schmälerung oder Entziehung der allgemeinen Mitgliedsrechte** 341
kann, wenn sie auf einfachem Vereinsbeschluß beruhen, wiederum durch solchen, sonst nur durch Satzungsänderung herbeigeführt werden. Hierbei ist jedoch immer der Grundsatz der Gleichbehandlung zu beachten. Unzulässig ist es daher, einzelne Mitglieder oder eine bestimmte Gruppe von Mitgliedern ohne ihre Zustimmung schlechter zu stellen als die anderen.[27] Jedoch kann ein Verein, der durch satzungsändernden Beschluß die objektiven Voraussetzungen für die Zugehörigkeit zu einer bestimmten Mitgliedergruppe verschärft, zugleich bestimmen, daß Mitglieder, die den geänderten Merkmalen dieser Gruppe nicht mehr entsprechen, in eine Gruppe mit minderen Rechten herabgestuft werden.[28]

Jedes Mitglied ist berechtigt, die Ungültigkeit von Beschlüssen im Klage- 342
weg feststellen zu lassen[29] und zwar auch dann, wenn weder ein Sonderrecht vorliegt noch ihm eine Sonderstellung auferlegt wird. Die Klage auf Feststellung, daß Beschlüsse der Mitgliederversammlung wegen Satzungsverstoßes nichtig sind, ist nicht an eine Frist gebunden. Die Vorschriften des AktG (§ 246) und des GenG (§ 51) sind auf eingetragene Vereine nicht anwendbar.[30] Auch die Streitwertbestimmung des § 247 AktG kann nicht angewendet werden.[31] Schließlich ist auch **wegen Beschränkung der Mitgliedschaftsrechte** gegenüber dem Verein der **Rechtsweg** grundsätzlich zulässig.[32]

Der Beschluß eines zuständigen Vereinsorgans in einer inneren Angele- 343
genheit des Vereins kann, sofern kein Sonderrecht oder Gläubigerrecht eines Vereinsmitglieds verletzt ist, vom Gericht in sachlicher Hinsicht nur darauf

---

[24] RGRK-Steffen § 38 Rdnr. 8.

[25] Michel-Weber-Gries § 1 Rdnr. 50, 88; vgl. auch OLG Hamm Betrieb 1977, 446 (unzulässige Gewährung von Preisnachlässen an Vereinsmitglieder); OLG Stuttgart WRP 1981, 54 (Unzulässige Rabatte beim Verkauf an Vereine); zur Zulässigkeit von Rabatten an Sportvereine siehe das Gutachten des Gutachter-Ausschusses für Wettbewerbsfragen, WRP 1981, 63.

[26] BGH NJW 1975, 877.

[27] Planck § 35 Anm. 4.

[28] BGH NJW 1971, 879.

[29] KG NJW 1988, 3159; dort auch zur Anfechtung von Wahlen im unselbständigen Ortsverband einer politischen Partei.

[30] OLG Schleswig NJW 1960, 1862; vgl. KG Rpfleger 1971, 396; BGHZ 59, 369 = NJW 1973, 235 = Rpfleger 1973, 86; siehe auch Rdnr. 212.

[31] BGH NJW-RR 1992, 1209.

[32] RG Warn. 1925 Nr. 13; RG JW 1925, 224; OLG Celle WPM 1988, 495.

nachgeprüft werden, ob eine gesetzwidrige, satzungswidrige, sittenwidrige oder offenbar unbillige Maßnahme vorliegt.[33]

Sonderrechte der Mitglieder

344 Der Begriff „Sonderrechte" ist umstritten. Im allgemeinen versteht man darunter Vorrechte, welche die anderen Mitglieder nicht haben. Sie sind Mitgliederrechte, die außer auf dem Erwerb der Mitgliedschaft auf weiteren Umständen beruhen, die nicht allen Mitgliedern gemein sind.[34] Sie können sog. **Organschafts- oder** auch **Wertrechte** sein. Organschaftsrechte können sein: erhöhtes Stimmrecht,[35] dauernder Sitz im Vorstand oder in einem anderen Vereinsorgan, das Recht eines Mitglieds zur Bestellung und Abberufung des Vorstands, ein Vetorecht bei Vereinsbeschlüssen, ein Vorrecht bei Aufnahme in eine Anstalt des Vereins u. dgl. mehr. Zu den Wertrechten gehören diejenigen Rechte, die den einzelnen Mitgliedern aus einem besonderen, aber in ihrer Eigenschaft als Mitglieder geschlossenen Vertrag gegen den Verein zustehen.[36]

Ein **Sonderrecht** kann außer bestimmten einzelnen Mitgliedern des Vereins auch **einer Gruppe** nicht von vornherein bestimmter einzelner Mitglieder zustehen.[37] Kein Sonderrecht, sondern ein allgemeines Mitgliedschaftsrecht ist das Recht eines Mitglieds, in bezug auf seine Rechte und Pflichten nicht aus sachwidrigen Gründen schlechter als die übrigen Mitglieder gestellt zu werden (Grundsatz der Gleichbehandlung der Mitglieder).[38]

Zur Begründung eines Sonderrechts ist stets eine entsprechende Festlegung in der **Satzung** erforderlich.[39] In der Rechtsprechung ist die Frage noch nicht behandelt worden, ob eine Satzungsbestimmung zulässig ist, wonach bestimmten Vereinsorganen (z. B. dem Vorstand) oder Fachgruppen ein prozentual festgelegtes Stimmrecht (z. B. 20%) zusteht. Gegen die Zulässigkeit einer solchen „Stimmrechtsbündelung" hat sich Kirberger ausgesprochen.[40]

Sonderrecht eines Mitglieds können nicht ohne dessen Zustimmung durch Beschluß der Mitgliederversammlung – auch nicht durch Änderung der Satzung – beeinträchtigt werden, § 35 BGB.[41] Die Zustimmung des Mitglieds bedarf keiner besonderen Form. Wird das Sonderrecht wegen schweren, den Verein gefährdenden Mißbrauchs (z. B. bei erhöhtem Stimmrecht) hinfällig, dann entfällt auch die Bevorrechtigung hinsichtlich der Mitgliedschaft. Artet die Handhabung des Ausschließungsrechts in reine Willkür und offenbare Unbilligkeit gegen einzelne Mitglieder aus, so ist richterliche Nichtigkeitser-

---

[33] BGH BB 1956, 481; siehe ferner Rdnr. 110 (Umfang der gerichtlichen Nachprüfung des Ausschlusses).

[34] Gadow Gruch. 66, 514; vgl. auch BGH WPM 1968, 1350 zur Vereinbarung von Sonderrechten für einen GmbH-Gesellschafter.

[35] RG JW 1911, 747.

[36] RG HRR 1931 Nr. 98.

[37] RG HRR 1926 Nr. 353.

[38] RGZ 112, 124; BGHZ 47, 381 (386); 55, 381 (385); BGH NJW 1954, 593 und 1960, 2142; RGRK-Steffen § 35 Rdnr. 3; h. M.

[39] BGH MDR 1970, 913; Palandt-Heinrichs § 35 Rdnr. 1.

[40] BB 1974, 1000; siehe auch Rdnr. 198.

[41] RGZ 80, 389; KGJ 53, 101.

klärung des Ausschließungsrechts möglich. Gegenüber den weitgehenden Rechten eines Einzelnen muß dem Verein ein Klagerecht auf Entziehung der sonderrechtlichen Organstellung gegeben werden. Ist aber das Sonderrecht nach der Satzung auf dauernde Mitgliedschaft gerichtet, so ist die Entziehungsklage nicht statthaft.[42]

Im Rechtsstreit über die Beeinträchtigung eines Sonderrechts können alle materiellen Fragen vom ordentlichen Gericht nachgeprüft werden. Der Umfang der richterlichen Nachprüfungsbefugnis ist hier im Gegensatz zu anderen inneren Vereinsangelegenheiten nicht beschränkt.[43]

Die Ausübung der Mitgliedschaftsrechte kann nicht einem anderen über- 345
lassen werden, sofern die Satzung nichts anderes bestimmt, §§ 38 Satz 2, 40 BGB. Dies ist insbesondere wichtig für die Ausübung des Stimmrechts. Ausübung durch gesetzliche Vertreter ist aber regelmäßig zulässig, soweit sich nicht aus dem Vereinszweck das Gegenteil ergibt.[44] Ist nach der Satzung Stimmabgabe durch Bevollmächtigte zulässig, so könne diese auch Nichtmitglieder sein.[45] Ob **minderjährige Mitglieder** ein Stimmrecht haben und wie sie es gegebenenfalls ausüben können, bestimmt sich zunächst nach der Satzung.[46] Ist der gesetzliche Vertreter durch die Satzung von der Stimmabgabe nicht ausgeschlossen, so ist er stets berechtigt, für den Minderjährigen abzustimmen.[47] Die Stimmabgabe durch den Minderjährigen selbst ist nur mit Einwilligung des gesetzlichen Vertreters wirksam. §§ 107, 111 S. 1 BGB. Im Normalfall wird der gesetzliche Vertreter, der dem Minderjährigen den Beitritt zu einem Verein erlaubt hat, damit einverstanden sein, daß der Minderjährige seine Mitgliedschaftsrechte und damit auch das Stimmrecht nach seinem Ermessen ausübt.[48] Auf diese Vermutung wird sich aber ein umsichtiger Versammlungsleiter nicht verlassen, sondern stets die Vorlage der **schriftlichen** Einwilligung des gesetzlichen Vertreters verlangen und die Stimmabgabe durch den Minderjährigen zurückweisen, wenn ihm die Einwilligung nicht sofort vorgelegt wird. Der gesetzliche Vertreter kann seine Entscheidung allgemein, z. B. schon in der Beitrittserklärung oder für den Einzelfall treffen. Er kann sich dabei nach dem Gegenstand der Beschlußfassung richten und dem Minderjährigen bezüglich einzelner Punkte der Tagesordnung die Abstimmung erlauben, bezüglich anderer Punkte sie nicht gestatten.[49]

Die sogenannten **Gläubigerrechte** sind Rechte, die nicht aus der Mitglied- 346
schaft hergeleitet werden. Ein Gläubigerrecht des Mitglieds dem Verein gegenüber kann entstehen, wenn es zu dem Verein, unabhängig von seiner Mitgliedschaft, in Rechtsbeziehungen getreten ist (Hingabe von Darlehen, Abschluß von Miet- und Pachtverträgen usw.). Das Mitglied steht dann in

---

[42] Schultze JherJ 75, 455.
[43] BGH LM Nr. 2 zu § 35; Soergel-Hadding § 35 Rdnr. 20.
[44] Soergel-Hadding § 38 Rdnr. 20.
[45] RG Recht 1928 Nr. 2244; Soergel-Hadding § 38 Rdnr. 6; a. A. Palandt-Heinrichs § 38 Rdnr. 3.
[46] Zur Rechtsstellung eines Minderjährigen im Verein ausführlich Reichert RdJ 1971, 234 und Kunz ZBlJR 1978, 453; s. auch Hofmann Rpfleger 1986, 5.
[47] Enneccerus-Nipperdey § 112 II; Hamelbeck NJW 1962, 722.
[48] KG RsprOLG 15, 234.
[49] Hammelbeck NJW 1962, 722.

solchen Fällen zum Verein wie jeder außenstehende Vereinsgläubiger. Diese Rechte sind veräußerlich und können im Konkurs des Vereins geltend geamcht werden.

347 Das Gesetz spricht nicht von **Pflichten der Mitglieder.** Sie können nur durch die Satzung festgelegt werden, nicht durch „einfachen"[50] Beschluß der Mitgliederversammlung. Ein solcher Beschluß benügt nur, wenn es sich um die nähere Ausgestaltung der satzungsmäßig bestimmten Leistungen handelt.[51] Die Mitgliedspflichten können nach Art und Struktur des Vereins sehr verschieden sein. In Betracht kommt die Pflicht, bestimmte regelmäßige Beiträge zu leisten. Die Satzung kann ferner die Mitglieder verpflichten, außerordentliche Beiträge (Umlagen) in Geld, Sachwerten oder Dienstleistungen zu erbringen, schließlich auch die unbeschränkte oder auf einen bestimmten Betrag beschränkte Mithaftung der Mitglieder für die Schulden des Vereins festlegen.[52] Mitgliedspflichten können auch darin bestehen, zur Förderung des Vereinszwecks näher beschriebene Handlungen vorzunehmen oder solche zu unterlassen und sich in bestimmter Weise am Vereinsleben zu beteiligen. Für alle in der Satzung festgelegten Mitgliedspflichten gilt der Grundsatz der **Gleichbehandlung** der Mitglieder, d. h. die Mitglieder dürfen ohne sachlichen Grund nicht ungleich belastet werden.

Sonderpflichten können einzelnen Mitgliedern nur mit ihrer Zustimmung auferlegt werden,[53] denn das Mitglied hat ein Recht darauf, daß es in bezug auf seine Pflichten nicht ungünstiger gestellt wird als die übrigen Mitglieder.[54]

348 Auch ohne eine ausdrückliche gesetzliche Vorschrift wird man eine **Treuepflicht** der Mitglieder gegenüber dem Verein bejahen müssen, die weitergeht und intensiviert ist als der allgemeine Grundsatz von Treu und Glauben nach § 242 BGB.[55] Inhalt und Umfang der Treuepflicht bestimmen sich nach der Art des Vereinszwecks, der inneren Geschlossenheit der Vereinigung, dem Grad der persönlichen Bindung und der Personenbezogenheit des Mitgliedschaftsverhältnisses.[56] Diese Treuepflicht gibt dem Verein erst die innere Berechtigung, ein Mitglied aus gegebenem Anlaß auszuschließen oder mit einer Vereinsstrafe zu belegen. Freilich äußert sie sich in erster Linie darin, alles zu unterlassen, was dem Vereinszweck schadet. Dies ist z. B. der Fall, wenn sich Vereinsmitglieder an Werbeaktionen zugunsten eines anderen Vereins mit gleicher oder ähnlicher Zielsetzung beteiligen.[57] Die Verletzung einer vereinsinternen Treuepflicht kann nicht nur die Ausschließung des betreffenden Mitglieds aus dem Verein rechtfertigen, sondern auch **Schadensersatzansprüche** des Vereins auslösen, z. B. auf Ersatz entgangener Mitgliederbeiträge.[57] Dagegen hat die obergerichtliche Rechtsprechung noch nicht eindeutig zu der Frage Stellung genommen, ob dem Verein gegen das

---

50 Gemeint ist ein Beschluß, der keine Satzungsänderung herbeiführen will.
51 RG JW 1916, 128.
52 RGRK-Steffen § 38 Rdnr. 10.
53 RGRK-Steffen § 35 Rdnr. 1.
54 RGZ 49, 198; 112, 114.
55 Soergel-Hadding § 38 Rdnrn. 23, 24.
56 So zutreffend Dütz, Festschrift für Herschel, S. 63.
57 BGH WPM 1977, 1166 = Betrieb 1977, 2226.

Mitglied ein Anspruch auf **Unterlassung** des treuwidrigen Verhaltens zusteht, der auch im Prozeßweg verfolgt werden kann.[58] Im Schrifttum mehren sich die Stimmen, die einen solchen Anspruch bejahen.[59] In der Tat sind keine durchgreifenden rechtlichen Bedenken ersichtlich. Das Rechtsschutzbedürfnis für eine Unterlassungsklage wird regelmäßig nicht schon deshalb zu verneinen sein, weil dem Verein nach der Satzung die Möglichkeit gegeben ist, gegen das treuwidrige Verhalten des Mitglieds mit Vereinsstrafen bis hin zum Ausschluß aus dem Verein anzugehen. Schließlich wird der Umstand, daß das Verhalten des Mitglieds nach der Satzung durch Vereinsstrafen geahndet werden kann, in der Regel nicht den Schluß rechtfertigen, daß sich der Verein damit des Rechts begeben habe, den Unterlassungsanspruch gerichtlich geltend zu machen.

Die Mitglieder haben keine nach außen wirkende Rechtsstellung. Dies 349
folgt aus der rechtlichen Verselbständigung des eingetragenen Vereins als einer juristischen Person. Das Vermögen des Vereins ist nicht auch Vermögen der Mitglieder.[60] Für die Schulden des Vereins haben sie nur aufzukommen, wenn hierfür ein besonderer Verpflichtungsgrund (durch Einzelvertrag oder durch besondere Satzungsvorschrift) gegeben ist. Abgesehen davon können die Mitglieder nur in ganz besonders gelagerten Fällen im Wege der sogenannten **Durchgriffshaftung** für die Verbindlichkeiten des Vereins in Anspruch genommen werden.[61]

Vereinsstrafen[62]

Außer dem Ausschluß aus dem Verein als der schwersten Vereinsstrafe 350
kann die Satzung für Verstöße gegen die Mitgliedspflichten Disziplinarmaßnahmen der verschiedensten Art vorsehen (z. B. Rüge, Verweis, zeitweilige Suspendierung von einem Vereinsamt, befristeter Ausschluß von den Vereinseinrichtungen, Sperre durch einen Sportverband).[63] Aber auch die An-

[58] Vgl. RG HRR 1928 Nr. 1551; von BGH WPM 1977, 1166 offen gelassen.

[59] Ermann-Westermann § 38 Rdnr. 2; MünchKomm-Reuter, 3. Aufl. § 38 Rdnr. 26; R-D, 5. Aufl. Rdnr. 619; Dütz, Festschrift für Herschel, S. 64; ders. Festschrift für Hilger und Stumpf S. 99.

[60] Vgl. Ballerstedt Festschrift für Knur, S. 1.

[61] BGH NJW 1970, 2015 = JZ 1970, 668 Anm. von K. Schmidt; siehe auch OLG Karlsruhe WPM 1978, 962 = Betrieb 1978, 1640 (Einmann-GmbH); allgemein zum Durchgriff bei juristischen Personen: Bauschke BB 1975, 1322; Coing NJW 1977, 1973.

[62] Spezialliteratur: van Look, Vereinsstrafen als Vertragsstrafen, Berlin 1990; Meyer-Cording, Die Vereinsstrafe, Tübingen 1957; Reiss, Die Strafgewalt der Vereine, Diss. Köln 1968; Ernst, Die Vereinsgewalt, Diss. Köln 1969; Schlosser MDR 1967, 844; derselbe, Vereins- und Verbandsgerichtsbarkeit, München 1972; Beuthien BB Beilage 12/1968; Wiedemann JZ 1968, 219; Preis Betrieb 1971, 1570 (zur Problematik der privaten Gerichtsbarkeit); Westermann, JZ 1972, 537 (zur Legitimität der Verbandsgerichtsbarkeit); Weitnauer, Festschrift für Reinhardt, S. 179 (Vereinsstrafe, Vertragsstrafe und Betriebsstrafe); Bruder MDR 1973, 897; Larenz, Gedächtnisschrift für Rolf Dietz, S. 45 (zur Rechtsmäßigkeit einer Vereinsstrafe); Lukes, Festschrift für H. Westermann, S. 325 (Erstreckung der Vereinsgewalt auf Nichtmitglieder durch Rechtsgeschäft); Vieweg JZ 1984, 167 (Die gerichtliche Nachprüfung von Vereinsstrafen und -entscheidungen).

[63] Zur Sperre als Vereinsstrafe bei nachgewiesenem Doping von Sportlern vgl. Turner MDR 1991, 569; Vieweg NJW 1991, 1511 (Doping und Verbandsrecht).

drohung von **Geldstrafen** für bestimmte Verstöße ist grundsätzlich zulässig.[64] Diese können erhebliche wirtschaftliche Bedeutung erlangen. Vereinsstrafen in Form von Geldstrafen finden sich in vielen Satzungen von Unternehmerverbänden und anderen Großvereinen. Dabei kann für bestimmte Fehlhandlungen des Mitglieds die Höhe der Geldstrafe bereits in der Satzung festgelegt werden; es kann aber in der Satzung auch nur der „Strafrahmen" bestimmt werden und die Festsetzung der Geldstrafe im Einzelfall dem Vereinsorgan überlassen werden, das nach der Satzung für die Verhängung der Vereinsstrafen zuständig ist. Diese letztere Regelung ist vorzuziehen, weil dabei die Umstände des Einzelfalls berücksichtigt und so offenbar unbillige Strafen vermieden werden können, die einer gerichtlichen Überprüfung nicht standhalten würden. Selten praktikabel, aber immerhin erwähnenswert ist, daß zur Sicherung von Geldstrafen den Mitgliedern in der Satzung auch die Pflicht auferlegt werden kann, Wechsel oder Wertpapiere beim Verein zu hinterlegen, wobei dem Verein das Recht eingeräumt wird, bei Verwirkung der Strafe die Wertpapiere zu verwerten und den Erlös zur Bezahlung der Geldstrafe zu verwenden. Bei einer solchen ungewöhnlichen Regelung handelt es sich, rechtlich gesehen, um eine besondere Art der satzungsmäßig begründeten Pflicht zur Leistung von „Beiträgen" (vgl. § 58 Nr. 2 BGB).[65]

Die Strafvorschrift, gleich welcher Art, darf nicht gegen die guten Sitten oder ein gesetzliches Verbot verstoßen. Die von einem Verein über seine Mitglieder verhängten Geldstrafen sind in der Regel nicht Vertragsstrafen im Sinne der §§ 339ff. BGB[66] sondern sie sind ein Akt der Selbstverwaltung und Selbstbestimmung des Vereins, dem sich die Vereinsmitglieder schon von vornherein dadurch, daß sie dem Verein beitraten und dessen Satzung anerkannten, in dem Sinne unterworfen haben, daß nur die zuständigen Vereinsorgane über eine sachliche Berechtigung der Strafe befinden sollen. Es dürfen nur solche Straf- und Disziplinarmaßregeln angewandt werden, die die Satzung vorsieht.[67] Auch ein „Teilausschluß" eines Mitglieds, d.h. die Aberkennung einzelner Rechte unter Belassung wesentlicher Vorteile der Mitgliedschaft, bedarf daher einer satzungsmäßigen Grundlage.[68] Strafen, die eine Vereinssatzung zur Sicherung mitgliedschaftlicher Pflichten vorsieht, können vom **ordentlichen Gericht** nur in demselben Maß **nachgeprüft** werden, wie die strafweise Ausschließung eines Mitglieds, also darauf, ob der Strafbeschluß in der Satzung eine Stütze findet, das vorgeschriebene Verfahren beachtet ist, die Strafvorschrift gesetz- oder satzungswidrig ist und ob die Bestrafung etwa offenbar unbillig ist.[69] Außerdem unterliegt nach der neuen Rechtsprechung des Bundesgerichtshofs[70] die Tatsachenermittlung durch das Vereinsorgan der vollen Nachprüfung durch das staatliche Gericht. Diesen Grundsatz der vollen Nachprüfbarkeit der Tatsachenermitt-

---

64 RGZ 73, 191; 125, 340; 151, 229; JW 1915, 1426; 1927, 691; 1937, 1753; HRR 1928 Nr. 1178; 1929 Nr. 792; BGHZ 21, 370 = NJW 1956, 1793.

65 Dazu Näheres bei Rdnr. 120.

66 RG Gruch. 71, 73; vgl. OLG Frankfurt GRUR 1985, 992 (zu § 339 BGB).

67 BGHZ 47, 172 (177f.).

68 Schulze NJW 1991, 3264 (3265).

69 BGHZ 21, 370 = NJW 1956, 1793; OLG Oldenburg ZgGenW 1989, 272 mit Anm. von Aldejohann; OLG Köln NJW-RR 1993, 891; siehe auch bei Rdnr. 110.

70 BGHZ 87, 337 = NJW 1984, 918 = WPM 1983, 1208; siehe auch bei Rdnr. 112.

lung des Vereinsgerichts (z. B. Ehrengerichts) hat das Oberlandesgericht Düsseldorf[71] für den Fall eingeschränkt, daß ein Vereinsgericht gegen ein Vereinsmitglied wegen seiner gegen ein anderes Vereinsmitglied gerichteten Werbung eine Vereinsstrafe verhängt. Danach kann das staatliche Gericht die vom Vereinsgericht getroffene tatsächliche Feststellung, wie die betreffende Werbung von dem angesprochenen Publikum verstanden wird, nur darauf hin überprüfen, ob sie grob unbillig oder willkürlich erscheint.

Die von einem Berufsverband gegen eines seiner Mitglieder wegen unseriöser Werbemethoden verhängte Vereinsstrafe kann vom ordentlichen Gericht sachlich darauf nachgeprüft werden, ob sie als diskriminierende Maßnahme gegen § 25 GWB verstößt.[72] Vereinsstrafen, die im Rahmen der Vereinsautonomie wegen Verstoßes gegen das Gesetz gegen den unlauteren Wettbewerb ausgesprochen werden, verstoßen jedoch in der Regel nicht gegen § 25 GWB.[73]

In bestimmten Fällen kann sich eine Vereinsstrafe auf die Berufsausübung oder die wirtschaftliche Stellung einer dem Verein nicht angehörenden Person in schwerwiegender Weise auswirken (z. B. wenn ein Verband von Funktaxiunternehmern gegen ein Mitglied eine Vermittlungssperre verhängt, die zur Folge hat, daß ein bei dem Mitglied angestellter Fahrer seinen Arbeitsplatz verliert). Hier kann der von der Vereinsstrafe mittelbar Betroffene vom Verein nach § 826 BGB die Beseitigung der Diskriminierung verlangen, wenn der Verein nicht nachweist, daß er Gründe hat, die bei einer Abwägung der berechtigten Interessen des Vereins und seiner Mitglieder und des Interesses des Betroffenen die Maßnahme als gerechtfertigt erscheinen lassen.[74]

Ein Verein kann seinen Mitgliedern auch die Einhaltung eines mit öffentlicher Strafe belegten Gesetzes zur Pflicht machen und die Verletzung dieser Vereinspflicht mit Geldstrafen bedrohen.[75] Die Tat muß schon zur Zeit ihrer Begehung mit Vereinsstrafe bedroht gewesen sein. Der Grundsatz des Art. 103 Abs. 2 GG und des § 1 des StGB gilt auch für das Vereinsrecht.[76] Die Verhängung einer Vereinsstrafe erfordert nicht unbedingt ein Verschulden.[77] Die Disziplinarmaßregel darf aber nur während der Zugehörigkeit des Mitglieds zum Verein getroffen werden.[78] Zulässig ist sie jedoch noch zwischen der Austrittserklärung und dem Zeitpunkt, in dem der Austritt wirksam wird.[79] Wiederholte Bestrafung auf Grund desselben Tatbestandes ist nicht zulässig.[80] Aus dem Strafbeschluß muß sich ergeben, wegen welcher Handlungen die Strafe ausgesprochen wurde.[81]

---

71 NJW-RR 1987, 697.
72 BGH BB 1962, 7.
73 OLG Düsseldorf NJW-RR 1987, 697.
74 BGH MDR 1980, 736.
75 BGH NJW 1957, 1793.
76 RGZ 125, 338.
77 BGHZ 29, 352 = NJW 1959, 982; Turner MDR 1991, 569 (570).
78 RGZ 122, 266; 143, 1.
79 RG HRR 1928 Nr. 1.
80 RG Recht 1929 Nr. 475.
81 RGZ 147, 14; OLG Düsseldorf MDR 1981, 843.

An das Vereinsstrafverfahren sind dieselben Mindestanforderungen zu stellen wie an ein Vereinsausschlußverfahren (siehe dazu Rdnrn. 99–105).

351 Das Gericht kann den Bestrafungsbeschluß des Vereins nur entweder bestätigen oder für unwirksam erklären, aber nicht selbst die Strafe auf einen angemessenen Betrag herabsetzen.[82] Jedoch kann durch einstweilige Verfügung der Vollzug der Vereinsstrafe ausgesetzt werden.[82a]

Mitglieder können also in der Regel die getroffenen Maßnahmen durch gerichtliche Klage nicht mit Aussicht auf Erfolg bekämpfen, wenn Bestrafung in der Satzung vorgesehen, das Vereinsstrafverfahren satzungsgemäß durchgeführt, der Sachverhalt durch das Vereinsorgan einwandfrei festgestellt und die ausgesprochene Vereinsstrafe weder willkürlich noch offenbar unbillig ist. Wenn die Bestrafung das Mitglied aber nicht nur in seiner Betätigung innerhalb des Vereins, sondern auch in seiner Rechtsstellung außerhalb des Vereins beschränkt (z. B. Spielverbot bei einem Sportverein), muß dem Mitglied das Recht zugebilligt werden, die gerichtliche Entscheidung darüber anzurufen, ob ihm sein Recht auf die allen Mitgliedern gebührende Gleichberechtigung an den Vereinsunternehmungen in unzulässiger Weise genommen worden ist.[83]

352 Ist gegen die ausgesprochene Strafe nach der Satzung ein vereinsinternes Rechtsmittel gegeben (z. B. Anrufung der Mitgliederversammlung oder einer Berufungskammer des Ehrengerichts), so ist die Klage auf Feststellung der Unwirksamkeit der Strafe grundsätzlich erst zulässig, wenn das Mitglied von diesem vereinsinternen Rechtsmittel Gebrauch gemacht hat. Voraussetzung ist jedoch, daß das bestrafte Vereinsmitglied aus der Satzung ersehen kann, welche rechtlichen Folgen es hat, wenn es das vereinsinterne Rechtsmittel nicht ergreift.[84] Dabei widerspricht es allgemeinen rechtsstaatlichen Verfahrensgrundsätzen, wenn dem Rechtsmittel in der Satzung keine aufschiebende Wirkung beigemessen und der sofortige Vollzug nicht auf solche Fälle beschränkt wird, in denen besondere Umstände dies rechtfertigen.[85]

VIII. Das Ende des Vereins

Man unterscheidet nach dem BGB zwischen der Auflösung des Vereins und dem Verlust bzw. der Entziehung der Rechtsfähigkeit.

Die Auflösung des Vereins

Sie tritt ein

353 1. durch Beschluß der Mitgliederversammlung,

---

[82] Vgl. BayObLGZ 1959, 457 (468, Wohnungseigentumssache).
[82a] OLG Köln NJW-RR 1993, 891.
[83] RG LZ 1916, 53.
[84] BGH BB 1967, 602; siehe dazu auch bei Rdnr. 108.
[85] OLG Köln NJW-RR 1993, 891.

2. durch Ablauf der in der Satzung bestimmten Zeitdauer oder durch Eintritt sonstiger satzungsmäßiger Umstände,[1]
3. durch Staatsakt auf Grund des öffentlichen Vereinsrechts,
4. regelmäßig durch Sitzverlegung ins Ausland,
5. durch Wegfall sämtlicher Mitglieder.

Der Verein kann durch Beschluß der Mitgliederversammlung aufgelöst 354
werden (§ 41 Satz 1 BGB). Da diese Vorschrift in § 40 BGB nicht genannt ist, kann den Mitgliedern das Recht, den Verein aufzulösen, durch die Satzung nicht genommen werden.[2] Dagegen wird es teilweise für zulässig erachtet, in der Satzung das Auflösungsrecht neben der Mitgliederversammlung noch einem weiteren Vereinsorgan (z. B. dem Vorstand) oder sogar einem Dritten – insbesondere bei Eingliederung des Vereins in einen größeren Verband – einzuräumen:[3] Es bestehe kein Grund zu der Annahme, daß § 41 Satz 1 BGB das Auflösungsrecht ausschließlich der Mitgliederversammlung vorbehalten habe, zumal andere Organe befugt sein könnten, die Satzung und sogar den Vereinszweck zu ändern; es genüge, daß der Mitgliederversammlung das Auflösungsrecht erhalten bleibe.

Diese Meinung berücksichtigt jedoch nicht genügend, daß es sich bei der Selbstauflösung des Vereins um eine Entscheidung handelt, die in ihrer Bedeutung mit keinem anderen Vereinsbeschluß vergleichbar ist, sondern sozusagen das Gegenstück zur Gründung des Vereins darstellt. Es hat daher seinen guten Grund, daß der Gesetzgeber in § 41 Satz 1 BGB das Recht, den Verein aufzulösen, der Mitgliederversammlung als dem obersten Vereinsorgan zugesprochen und mit der Gestaltung dieser Vorschrift als zwingendes Recht – anders als bei den Bestimmungen in §§ 32 und 33 BGB – der Vereinssatzung insoweit nicht gestattet hat, „ein anderes zu bestimmen", also eine Regelung zu treffen, die es ermöglicht, daß ein anderes Vereinsorgan als die Mitgliederversammlung – möglicherweise gegen deren erklärten Willen – den Verein auflöst.[4]

Für den Beschluß der Mitgliederversammlung, den Verein aufzulösen, ist nach dem Gesetz eine Mehrheit von drei Viertel der „erschienenen" Mitglieder erforderlich; darunter ist jedoch eine Mehrheit von drei Viertel der abgegebenen gültigen Stimmen zu verstehen.[5] Stimmenthaltungen und ungültige Stimmen bleiben daher außer Betracht. Die Satzung kann jedoch statt der Dreiviertelmehrheit „etwas anderes bestimmen". Sie kann daher die **Auflösung erschweren,** indem sie z. B. für den Beschluß eine noch größere Mehrheit (z. B. $\frac{4}{5}$), einen einstimmigen Beschluß, einen Beschluß mit Zustimmung sämtlicher Vereinsmitglieder oder gar Beschlußfassung in mehreren Mitgliederversammlungen verlangt. Die Auflösung kann aber auch **erleich-**

---

[1] Siehe auch BGH WPM 1980, 1286; dazu Reuter ZHR 145, 273 (282ff.); a. A. MünchKomm-Reuter, 3. Aufl. § 41 Rdnr. 16 hinsichtlich satzungsmäßig bestimmter Auflösungsgründe.

[2] KG DJ 1936, 1948 (1949); Soergel-Hadding § 41 Rdnr. 3; RGRK-Steffen § 41 Rdnr. 2; Stöber, 6. Aufl. Rdnr. 270.

[3] KG aaO; KG OLGZ 1968, 200 (206); OLG Karlsruhe JW 1936, 3266 (3267); OLG Stuttgart DRpfl. 1936 Rspr. Nr. 34.

[4] Vgl. OLG Stuttgart Rpfleger 1986, 262 (263) = NJW-RR 1986, 995; wie hier jetzt auch Stöber, 6. Aufl. Rdnr. 270; zum Meinungsstand s. Böttcher Rpfleger 1988, 169.

[5] Dazu Näheres bei Rdnrn. 206, 207.

tert[6] werden, indem z. B. eine geringere qualifizierte Mehrheit (z. B. ⅔) oder ausdrücklich die einfache Mehrheit der abgegebenen gültigen Stimmen in der Satzung für genügend erklärt wird. Die allgemeine Formulierung, Beschlüsse würden mit einfacher Mehrheit gefaßt, genügt dafür nicht.[7]

Statt in einer Mitgliederversammlung kann ein gültiger Auflösungsbeschluß durch **schriftliche Zustimmung** aller Vereinsmitglieder gefaßt werden (§ 32 Abs. 2 BGB);[8] die Satzung kann aber auch für die schriftliche Beschlußfassung eine abweichende Regelung treffen (§§ 40, 41 Satz 2 BGB).

Wird die Auflösung einer **Partei** in das freie Belieben einer autoritären Spitze aus wenigen Funktionären gestellt, so ist eine dahingehende Satzungsbestimmung oder eine einzelne Ermächtigung wegen Verstoßes gegen die zwingende Vorschrift des Art. 21 Abs. 1 Satz 3 GG nichtig.[9]

355 Umstritten ist die Frage, ob die Satzung bestimmen kann, daß die von der Mitgliederversammlung beschlossene Auflösung des Vereins der **Genehmigung eines (dem Verein nicht angehörenden) Dritten** bedarf.[10] Im Schrifttum wird sie überwiegend verneint.[11] Dagegen haben das Landgericht Aachen[12] und das Bayer. Oberste Landesgericht[13] keinen Anstoß daran genommen, daß in der Satzung eines dem Deutschen Caritasverband eingegliederten Vereins ein Auflösungsbeschluß der Mitgliederversammlung von der Genehmigung des zuständigen Diözesan-Bischofs abhängig gemacht wurde. Diesen Entscheidungen kommt nicht nur für die besonderen Verhältnisse solcher kirchlicher Vereine, sondern für die grundsätzliche Behandlung des Problems Bedeutung zu. Der Rechtsauffassung, die einen solchen Genehmigungsvorbehalt in der Satzung als durch § 41 Satz 2 BGB (Zulässigkeit einer anderen Bestimmung über die Beschlußfassung) gedeckt ansieht, ist zuzustimmen. Mit ihr wird die vom Kammergericht entwickelte Rechtsprechung, wonach die Wirksamkeit eines satzungsändernden Beschlusses grundsätzlich von der Zustimmung eines Nichtmitglieds abhängig gemacht werden kann,[14] für die Beschlußfassung über die Auflösung des Vereins fortgeführt.[15] Zu bedenken ist auch, daß der Dritte dadurch, daß er die Zustimmung verweigert, nur wenig erreichen kann: Die Mitglieder des Vereins können geschlossen austreten und den Verein so zum Erlöschen bringen. Gegen den Willen der Mitglieder kann der Dritte also das Fortbestehen des Vereins nicht erzwingen.[16]

---

[6] A. A. MünchKomm-Reuter, 3. Aufl. § 41 Rdnr. 13 für Vereine ohne Aufnahmefreiheit.

[7] OLG Hamm OLGZ 1990, 257 (261) = NJW-RR 1990, 532 (534).

[8] Stöber, 6. Aufl. Rdnr. 270; a. A. MünchKomm-Reuter, 3. Aufl. § 41 Rdnr. 13 (Auflösungsbeschluß außerhalb der Mitgliederversammlung ist als Austritt sämtlicher Mitglieder zu verstehen).

[9] Vgl. BVerfGE 2, 40f.

[10] Dazu grundsätzlich Dütz Festschrift für Herschel S. 55 (Tendenzaufsicht im Vereinsrecht).

[11] Soergel-Hadding § 41 Rdnr. 3; RGRK-Steffen § 41 Rdnr. 2; Stöber, 6. Aufl. Rdnr. 270.

[12] DVBl. 1976, 914.

[13] BayObLGZ 1979, 303 = Rpfleger 1979, 416 = NJW 1980, 1756.

[14] Siehe Rdnr. 136.

[15] Ebenso OLG Köln Rpfleger 1992, 112 (114).

[16] Schaible S. 50.

Das BVerfG hat es zudem als verfassungswidrig angesehen, einem religiösen Verein schon deshalb die Eintragung in das Vereinsregister zu verwehren, weil in seiner Satzung vorgesehen ist, daß ein außenstehender Dritter das Recht hat, den Verein auch gegen den Willen der Mitglieder aufzulösen.[17] Allerdings fordern die religiöse Vereinigungsfreiheit (Art. 4 Abs. 1 und 2 GG i. V. m. Art. 140 GG, 137 III WRV) und das kirchliche Selbstbestimmungsrecht (Art. 4 Abs. 1 und 2 GG i. V. m. Art. 140 GG, 137 III WRV), daß zur Wahrung der Identität der Glaubenslehre Eingriffsbefugnisse einer hierarchisch übergeordneten Instanz akzeptiert werden müssen. Wenn sich diese auf das religiöse oder kirchliche Lehramt beschränken, kann ihr auch das Recht, einen Verein wegen Abweichung von der Glaubenslehre aufzulösen, zugestanden werden.[18] Das BVerfG argumentiert aber im Grunde nicht mit den Kirchenartikeln, sondern mit dem allgemeinen Grundrecht der Vereinigungsfreiheit (Art. 9 Abs. 1 GG) und den beiden gegenläufigen Tendenzen der Vereinsautonomie.[19] Entscheidend ist also sowohl bei religiösen als auch bei anderen Vereinen, daß die Einschaltung des Dritten nicht dazu führen darf, daß der Verein unter Berücksichtigung des übrigen Satzungsinhalts völlig dem Fremdeinfluß des Dritten unterworfen ist und zu einer Verwaltungsstelle oder dem Sondervermögen eines anderen herabsinkt.[20] Unter dieser und nur unter dieser Voraussetzung ist das Auflösungsrecht eines Dritten bei Vereinen aller Art unbedenklich.

Der Verein wird ferner aufgelöst durch Ablauf der in der Satzung festge- **356**
legten **Zeitdauer,** ohne daß es eines besonderen Auflösungsbeschlusses bedarf. Die Mitgliederversammlung kann jedoch, solange die Liquidation noch nicht beendet ist, die **Fortsetzung** des Vereins beschließen. Dazu bedarf es einer Satzungsänderung hinsichtlich der Satzungsbestimmung über die Zeitdauer des Vereins.

Mangels Beschränkung auf eine bestimmte Zeitdauer gilt der Verein als auf unbestimmte Zeit errichtet. Bei Beschränkung der Zeitdauer muß diese nicht gerade kalendermäßig bestimmt sein. Die Endzeit darf subjektiv unbestimmt sein, sofern sie nur objektiv als sicher erscheint. Dabei können auch Ereignisse außerhalb des Vereins maßgebend sein.[21] Mit Ablauf der Zeitdauer tritt die Auflösung des Vereins ein. Zur Abänderung der Zeitdauer ist Einstimmigkeit des Satzungsänderungsbeschlusses nur erforderlich, wenn den Mitgliedern ein Sonderrecht auf Beibehaltung der bestehenden Regelung eingeräumt ist.[22]

Die Auffassung der älteren Literatur, daß der Verein von selbst ohne Beschluß der Mitgliederversammlung aufgelöst sei, wenn der Vereinszweck erreicht ist, wird heute nicht mehr vertreten.[23] Es wird vielmehr auch in

---

[17] BVerfG NJW 1991, 2623 (2626).

[18] OLG Köln NJW 1992, 1048; a. A. OLG Stuttgart NJW-RR 1986, 995 = Rpfleger 1986, 262 (263) = MDR 1986, 583; Stöber, 6. Aufl. Rdnr. 270; hier 14. Aufl.

[19] Vgl. dazu Rdnr. 39a; richtig MünchKomm-Reuter, 3. Aufl. § 41 Rdnr. 15.

[20] Siehe auch bei Rdnr. 136. Gänzlich ablehnend zu Beschränkungen des Einflußrechts Schockenhoff AcP 193, 35 (67).

[21] Hachenburg § 3 Rdnrn. 47, 48.

[22] Vgl. RG LZ 1908, 857 (für GmbH).

[23] Vgl. Staudinger-Coing § 41 Rdnr. 7; Soergel-Hadding vor §§ 41–53 Rdnr. 21.

diesem Fall mit Recht ein Auflösungsbeschluß der Mitgliederversammlung verlangt. Damit wird die Eintragung der Auflösung in das Vereinsregister auf eine feste urkundliche Grundlage gestellt, wie dies nach § 74 BGB bei allen anderen Tatbeständen der Auflösung und der Entziehung der Rechtsfähigkeit der Fall ist. Ein förmlicher Auflösungsbeschluß der Mitgliederversammlung ist schon deshalb geboten, um festzustellen, in welchem Zeitpunkt der Verein aufgelöst wurde. Außerdem hat dann die Mitgliederversammlung noch die Möglichkeit, eine Änderung des Vereinszwecks zu beschließen und so den Verein am Leben zu erhalten. Jahrelange Untätigkeit führt allein nicht zur Auflösung des Vereins.[24]

Wird infolge der Veränderung der tatsächlichen Verhältnisse die Durchführung des satzungsmäßigen Vereinszwecks unmöglich (z. B. durch Bebauung der nach der Satzung kleingärtnerischen Zwecken dienenden Grundstücke), so hat das weder die Auflösung des Vereins noch die Entstehung eines neuen, an die gewandelten Verhältnisse angepaßten Vereinszwecks zur Folge; der Vereinszweck schrumpft vielmehr auf die ihm noch unterzuordnenden Restaufgaben, insbesondere die Verwaltung des Vereinsvermögens zusammen.[25]

357 **Der Verein kann** auch aus Gründen der öffentlichen Ordnung und Sicherheit **durch die zuständige Verwaltungsbehörde** auf Grund des öffentlichen Vereinsrechts **aufgelöst** werden.

358 Die **Verschmelzung** (Fusion, Vereinigung) mehrerer Vereine ist im BGB nicht geregelt, sondern lediglich für Prüfungsverbände in §§ 63e–i GenG. Nach der herrschenden Ansicht können die Verschmelzungsbestimmungen des Aktiengesetzes (§§ 339ff.) und des Genossenschaftsgesetzes (§ 93a) auf Vereine nicht entsprechend angewendet werden.[26] Da auch eine Funktionsnachfolge oder Verbandsnachfolge dem geltenden Recht unbekannt ist,[27] kann hiernach eine Verschmelzung von Vereinen nur auf zweierlei Weise herbeigeführt werden:[28]

(a) Der eine Verein wird aufgelöst und seine Mitglieder treten zum anderen (aufnehmenden) Verein über. Der Beschluß, den Verein mit einem anderen Verein zu verschmelzen, ist als Auflösungsbeschluß auszulegen.[26] Da die Auflösung des Vereins notwendig die Liquidation des Vereinsvermögens nach sich zieht (§ 47 BGB), ist vor dem Auflösungsbeschluß der aufnehmende Verein durch Satzungsänderung, die erst mit der Eintragung in das Vereinsregister wirksam wird (§ 71 BGB), als Anfallberechtigter zu bestimmen. Was die Notwendigkeit der Liquidation nach § 49 BGB anlangt, so wird im Schrifttum überwiegend die Auffassung vertreten, sie sei entbehrlich oder sie vereinfache sich, wenn ein Verpflichtungsvertrag zur Übertragung des Vereinsvermögens (§ 311 BGB) geschlossen und sodann die Einzelübertragung der Vermögensgegenstände auf den aufnehmenden Verein mit der Folge

---

[24] Vgl. OLG München Recht 1938 Nr. 7891 = JFG 18, 183.
[25] BGH NJW 1968, 545.
[26] Böhringer BWNotZ 1990, 5 (7); OLG Hamburg RsprOLG 22, 113; ausführlich OLG Hamburg MDR 1972, 236 m. Nachw.
[27] KG NJW 1969, 752 = OLGZ 1969, 224.
[28] Zur Durchführung, insbesondere zum Verschmelzungsbeschluß vgl. Stoltenberg S. 53ff.

seiner Haftung nach § 419 BGB vorgenommen werde.[29] Eine solche Abwicklung des Vereinsvermögens erscheint unter dem Vorbehalt vertretbar, daß dies zu keiner Schlechterstellung der Gläubiger des aufgelösten Vereins – verglichen mit ihrer Stellung bei Durchführung der Liquidation gemäß § 49 BGB – führt. Dies kann im Einzelfall zweifelhaft sein, z. B. wenn der aufnehmende Verein verschuldet ist.

(b) Beide Vereine lösen sich auf und es wird ein neuer Verein gegründet, der die Mitglieder der beiden Vereine aufnimmt. Hinsichtlich der Abwicklung der beiden Vereinsvermögen gilt sinngemäß das unter a) Gesagte.

(c) Eine globale Überführung der Mitgliedschaften in den übernehmenden bzw. neugegründeten Verein ist weder durch Satzungsänderung beim aufgelösten noch durch Satzungsänderung beim aufnehmenden Verein möglich.[30] Entsprechendes gilt im Fall der Neugründung eines Vereins. Es bedarf vielmehr des Einzel-Beitritts zum aufnehmenden bzw. neuen Verein.[26] Die betreffende Satzung kann durch eine besondere Regelung den Beitritt der aus Anlaß der Verschmelzung hinzukommenden Mitglieder erleichtern.[31] Eine Verschmelzung zweier Vereine, die nach den vorstehenden Ausführungen zu vollziehen ist, stellt auch die Eingliederung eines Vereins in einen anderen Verein (Gesamtverein) als dessen unselbständige Untergliederung dar.[31]

Die Verschmelzung von Vereinen hat im Prozeß der deutschen Vereini- **358a**
gung erhebliche praktische Bedeutung erlangt. Die vorstehend dargestellte herrschende Ansicht erweist sich angesichts der sich dadurch stellenden Herausforderungen als unbefriedigend.[32] Der Vorschlag, auf die Verschmelzung die Vorschriften der §§ 93a ff. GenG als sachnächste Regelung entsprechend anzuwenden,[33] verdient daher ernsthafte Beachtung. Dabei hat auch die Überlegung Gewicht, daß es möglicherweise durch Art. 9 Abs. 1 GG verfassungsrechtlich geboten sein kann, Vereinen eine Verschmelzung ohne Auflösung und Abwicklung zu ermöglichen.[34] Dies gilt besonders dann, wenn – wie bei wirtschaftlichen Vereinen nach § 22 BGB wegen der Verschärfung der durch die Rechtsprechung an die Konzessionierung gestellten Anforderungen[35] – eine Neugründung nicht mehr möglich ist.

Ein vom zuständigen Vereinsorgan aufgelöster Verein kann mit der für die **359**
Auflösung vorgesehenen Stimmenmehrheit[36] die Auflösung wieder rückgängig machen und die **Fortsetzung des Vereins** beschließen, wenn er die Auflösung noch nicht durchgeführt hat.

---

29 BAG ZIP 1989, 1012 (1019); RGRK-Steffen § 41 Rdnr. 2; Palandt-Heinrichs § 41 Rdnr. 5; wohl auch Soergel-Hadding vor §§ 41–53 Rdnr. 7; vom OLG Hamburg MDR 1972, 236 offen gelassen; einschränkend R–D, 5. Aufl. Rdnr. 2261.

30 Böhringer BWNotZ 1990, 5 (12); BAG ZIP 1989, 1012 (1019); a. A. Rieble JZ 1991, 658: Begründung in der Satzung entsprechend der automatischen Vermittlung der Mitgliedschaft beim Gesamtverein, vgl. Rdnr. 324.

31 Stöber, 6. Aufl. Rdnr. 290.

32 Christoph DtZ 1990, 257 (261); Drobnig-Becker-Remien S. 87ff.

33 Rieble JZ 1991, 658 (659).

34 Rieble JZ 1991, 658; Drobnig-Becker-Remien S. 31ff.

35 BVerwG NJW 1979, 2261.

36 A. A. LG Frankenthal Rpfleger 1955, 106; Keidel-Schmatz-Stöber Rdnr. 1127 (bei Selbstauflösung mit einfacher Mehrheit); Palandt-Heinrichs § 41 Rdnr. 7 (mit satzungsändernder Mehrheit).

Bei einem unwirksam gefaßten Auflösungsbeschluß infolge nationalsozialistischer Herrschaft kann ein **Verein** nur dann **wieder aufleben,** wenn dessen Mitglieder nach 1945 sich sofort wieder zusammengefunden haben und den Verein fortsetzten. Die Rechtsfähigkeit ist unter diesen Umständen nicht verlorengegangen. Die Auflösung hatte nur die Wirkung einer Lahmlegung des Vereins. Hatten sich aber die Mitglieder mit der Auflösung abgefunden und den Vereinszweck nicht mehr weiter verfolgt, so ist dieses Verhalten als Zustimmung zu der unfrei und nicht satzungsgemäß vorgenommenen Auflösung zu werten.[37]

Erlöschen des Vereins durch Wegfall sämtlicher Mitglieder

360 Der Wegfall **sämtlicher** Mitglieder durch Tod, Austritt oder auf sonstige Weise hat nicht nur die Auflösung des Vereins zur Folge, sondern sein völliges **Erlöschen.**[38] Er besteht auch nicht als Liquidationsverein (§ 49 Abs. 2 BGB) fort.[39] Ein Verein ohne Mitglieder ist begrifflich undenkbar, weil jede Willensbildung, auch zum Zweck der Liquidation, unmöglich geworden ist. Es kommt in diesem vom Gesetz nicht ausdrücklich vorgesehenen Fall auch keine Entziehung der Rechtsfähigkeit durch das Amtsgericht (§ 73 BGB) in Betracht. Der Verein erlischt im Gegensatz zu dem Fall, daß wenigstens noch 1 Mitglied vorhanden ist,[40] ohne weiteres. Mangels Mitglieder kann der Verein auch nicht als nichtrechtsfähiger Verein weiterbestehen. Zwar hat auch dann eine Vermögensabwicklung in entsprechender Anwendung des § 45 BGB stattzufinden; diese ist aber nicht durch einen Liquidator (§ 48 BGB) vorzunehmen, sondern durch einen vom Amtsgericht gemäß § 1913 BGB zu bestellenden Pfleger.[41] Wenn das Registergericht den Wegfall sämtlicher Mitglieder mit der erforderlichen Sicherheit feststellen kann, ist der Verein von Amts wegen im Vereinsregister zu löschen (§§ 159, 142 FGG). Ist dagegen das Vorhandensein von Mitgliedern zweifelhaft, so ist ein gestellter Löschungsantrag zurückzuweisen;[42] der Antragsteller mag die Frage im Prozeßweg klären. Auf das Vorhandensein von Vereinsvermögen kommt es dabei nicht an.

Der Löschungsvermerk kann seinerseits nach §§ 159, 142 FGG von Amts wegen gelöscht und damit die Eintragung des Vereins wieder hergestellt werden, wenn es sich herausstellt, daß entgegen der früheren Feststellung doch nicht sämtliche Vereinsmitglieder weggefallen sind.[43] In diesem Fall sollte aber das Registerblatt umgeschrieben werden, weil infolge der mehreren Löschungen der Registerinhalt für das einsichtnehmende Publikum nicht mehr ohne weiteres verständlich ist.

---

[37] BGHZ 16, 143 = NJW 1956, 138; BGHZ 19, 51.
[38] BGH WPM 1976, 686; dazu kritisch K. Schmidt JZ 1987, 394.
[39] A. A. für den Fall, daß der Verein sich bei Wegfall seiner Mitglieder bereits in Liquidation befindet, KG OLGZ 1968, 201.
[40] BGH WPM 1965, 1132.
[41] BGHZ 19, 51 (57); BAG NJW 1967, 1437; LG Frankenthal Rpfleger 1991, 503.
[42] OLG Frankfurt Rpfleger 1992, 28.
[43] Sauter Rpfleger 1954, 290; Stöber, 6. Aufl. Rdnr. 348.

Sitzverlegung ins Ausland

Der Beschluß, den Sitz des Vereins an einen Ort im Ausland zu verlegen, ist nach herrschender Ansicht als Auflösungsbeschluß unter Neugründung des Vereins am neuen Sitz zu behandeln.[44] Wenn jedoch das ausländische Recht den Verein als juristische Person „übernimmt", ist für die Annahme eines konkludenten Auflösungsbeschlusses kein Anlaß.[44a] **361**

Der Verlust der Rechtsfähigkeit

Der Verlust der Rechtsfähigkeit tritt ein mit der **Eröffnung des Konkursverfahrens,** § 42 I BGB. Das Konkursverfahren findet statt im Fall der Zahlungsunfähigkeit, § 102 KO, und im Fall der Überschuldung, §§ 207, 213 KO. Auch nach der Auflösung des Vereins ist das Konkursverfahren möglich, solange die Verteilung des Vermögens nicht vollzogen ist. Zur Stellung des Konkursantrags sind jeder Gläubiger, jedes Vorstandsmitglied und jeder Liquidator berechtigt, §§ 208 I, 213 KO. Im Falle der Überschuldung ist der Vorstand bzw. Liquidator den Gläubigern gegenüber verpflichtet, die Eröffnung des Konkursverfahrens oder des gerichtlichen Vergleichsverfahrens zu beantragen, § 42 II BGB.[45] Die Vorstandsmitglieder bzw. Liquidatoren sind für den Fall einer schuldhaften Verzögerung des Antrags den Gläubigern für den daraus entstandenen Schaden als Gesamtschuldner verantwortlich (§ 42 II BGB), und zwar auch den Gläubigern, die nach Eintritt der Überschuldung hinzugekommen sind.[46] Wird der Konkurseröffnungsbeschluß auf sofortige Beschwerde des Vereins gemäß § 116 KO aufgehoben, gilt der Verlust der Rechtsfähigkeit als nicht eingetreten.[47] Die bis dahin vom Konkursverwalter vorgenommenen Rechtshandlungen bleiben aber wirksam.[48] Wird der Konkurs nach Schlußverteilung oder Zwangsvergleich aufgehoben oder das Verfahren eingestellt (§§ 202, 204 KO), so lebt die Rechtsfähigkeit nicht wieder auf. **362**

Wenn dem Vorstand, wie das die Regel ist, auch die Geschäftsführung des Vereins obliegt (§ 27 Abs. 3 BGB), ergibt sich daraus für ihn gegenüber dem Verein die Pflicht, Konkurs- bzw. Vergleichsantrag zu stellen, und zwar sowohl bei Überschuldung als auch bei Zahlungsunfähigkeit des Vereins.[49] Im Gegensatz zur Eröffnung des Konkursverfahrens hat die Eröffnung des **gerichtlichen Vergleichsverfahrens** nicht den Verlust der Rechtsfähigkeit zur Folge.[50]

---

[44] BayObLG JZ 1993, 372 mit Anm. v. Ebenroth-Auer; RGRK-Steffen § 41 Rdnr. 2 a. E.

[44a] MünchKomm-Reuter, 3. Aufl. § 41 Rdnr. 11.

[45] Siehe dazu auch Rdnr. 280.

[46] BGHZ 29, 100 (104, zur GmbH); Palandt-Heinrichs § 42 Rdnr. 4; Windel KTS 1991, 477 (506f.).

[47] Vgl. KGJ 39, 135; 47, 249.

[48] Vgl. RAG Recht 1938 Nr. 4167; Böhle-Stamschräder-Kilger § 109 Anm. 4.

[49] So zutreffend MünchKomm-Reuter, 3. Aufl. § 42 Rdnr. 12; siehe auch bei Rdnr. 280.

[50] RGRK-Steffen § 42 Rdnr. 5; allgemeine Meinung.

Im Fall der Konkurseröffnung kommt neben der Liquidation des vom Konkursbeschlag erfaßten Vereinsvermögens (vgl. § 1 KO) noch die Liquidation des konkursfreien Vermögens in Betracht; letztere ist Sache des Vorstands, sofern keine anderen Personen zu Liquidatoren bestellt sind (§ 48 Abs. 1 BGB).

Trotz des Konkursverfahrens bleiben alle Vereinsorgane, insbesondere der Vorstand und die Mitgliederversammlung bestehen. Das Verwaltungs- und Verfügungsrecht über das vom Konkurs erfaßte Vereinsvermögen steht jedoch allein dem Konkursverwalter zu; eine nach der Satzung bestehende Beschränkung der Vertretungsmacht des Vorstands oder das Erfordernis der Zustimmung bestimmter Vereinsorgane zur Verfügung über Vereinsvermögen gilt für den Konkursverwalter nicht.

Die den Verein als Gemeinschuldner treffenden Pflichten hat der Vorstand zu erfüllen, der auch die Rechte des Vereins im Konkursverfahren ausübt.[51]

363 **Der Verein kann auch auf die Rechtsfähigkeit verzichten.**[52] Er besteht dann als nichtrechtsfähiger Verein fort. Hierzu bedarf es eines Beschlusses der Mitgliederversammlung und dessen Eintragung in das Vereinsregister. Problematisch ist die Frage, ob es für diese Beschlußfassung der für einen **Auflösungsbeschluß** erforderlichen (satzungsmäßigen oder gesetzlichen) Mehrheit oder der – möglicherweise nach der Satzung davon abweichenden – für eine **Satzungsänderung** erforderlichen Mehrheit bedarf. Da ein Beschluß, auf die Rechtsfähigkeit des Vereins zu verzichten, den Verein als Personenverband bestehen lassen und nur seine Rechtsform ändern will, ist der Auffassung zuzustimmen, daß ein solcher Beschluß mit der für eine Satzungsänderung erforderlichen Mehrheit zu fassen ist;[53] es gilt dann in dieser Beziehung nichts anderes als für die Umwandlung eines nichtrechtsfähigen Vereins in einen rechtsfähigen Verein.[54]

Dagegen ist weiterhin daran festzuhalten, daß auch im Fall des Verzichts auf die Rechtsfähigkeit formell die Liquidation des Vereinsvermögens stattfindet.[55] Denn nach § 45 Abs. 1, § 47 BGB muß außer bei der Auflösung auch bei der Entziehung oder dem Verlust der Rechtsfähigkeit eine Liquidation stattfinden, sofern nicht das Vereinsvermögen an den Fiskus (oder eine ihm nach Art. 85 EGBGB gleichgestellte Körperschaft oder Anstalt) fällt.[56] An dieser zwingenden Vorschrift ist auch nicht mit der Erwägung vorbeizukommen, daß der Verein sich mit einem Verzicht auf die Rechtsfähigkeit freiwillig dieser Qualität begibt. Die Streitfrage ist jedoch von geringer praktischer Bedeutung, weil die Liquidation hier in **vereinfachter Form** durchgeführt werden kann.[57]

---

[51] Vgl. RGZ 127, 198 (200); KGJ 48, 134 (135); R–D, 5. Aufl. Rdnr. 2037.

[52] Stoltenberg S. 93f.; BayObLGZ 1959, 152 (159), 287 (294); dazu eingehend Kollhosser ZIP 1984, 1434; s. auch Stolte Diss. Münster 1984.

[53] Stoltenberg S. 96; Stöber, 6. Aufl. Rdnr. 291.

[54] Dazu bei Rdnr. 14. Urabstimmung der Mitglieder ist auch bei einer politischen Partei nicht erforderlich, OLG Hamburg MDR 1992, 1191.

[55] Staudinger-Coing § 41 Rdnr. 18; a. A. Stöber, 6. Aufl. Rdnr. 291; Soergel-Hadding vor §§ 41–53 Rdnr. 8, zum Meinungsstreit ausführlich Stoltenberg S. 101ff.

[56] RGRK-Steffen § 47 Rdnr. 1.

[57] RGRK-Steffen § 47 Rdnr. 2; vgl. § 49 Abs. 1 S. 3 BGB.

Die durch die Eintragung in das Vereinsregister erlangte Rechtsfähigkeit geht ferner verloren, wenn der Verein gemäß §§ 159, 142 FGG von Amts wegen im Vereinsregister **gelöscht** wird.[58] 364

Die Entziehung der Rechtsfähigkeit

Dem Verein kann die Rechtsfähigkeit entzogen werden, wenn er durch einen gesetzwidrigen Beschluß der Mitgliederversammlung oder durch gesetzwidriges Verhalten des Vorstands das Gemeinwohl gefährdet, ferner wenn der Verein in der Satzung als idealer Verein gekennzeichnet ist, nach der Eintragung sich aber herausstellt, daß sein Hauptzweck ein wirtschaftlicher ist.[59] 365

Nach § 30 Abs. 2 Nr. 2 des Vereinsgesetzes ist eine Entziehung der Rechtsfähigkeit aufgrund des § 43 BGB weiterhin zulässig. Regelmäßig wird nur ein grober Verstoß gegen wichtige öffentlich-rechtliche Bestimmungen das Gemeinwohl gefährden.[60] Verstöße gegen gesetzliche Bestimmungen, die den Schutz der Mitglieder oder einzelner Vereinsgläubiger bezwecken, oder Satzungswidrigkeiten rechtfertigen jedoch die Entziehung der Rechtsfähigkeit nicht.[61] Ein Verschulden der Mitgliederversammlung oder des Vorstandes wird nicht vorausgesetzt.

Bei eingetragenen Vereinen kommt es darauf an, ob sie bei Angabe des später verfolgten Zweckes in der Satzung die Eintragung hätten erlangen dürfen. Es macht deshalb nichts aus, wenn statt des in der Satzung angegebenen idealen Zweckes ein anderer idealer Zweck verfolgt wird. Wohl aber ist die Entziehung der Rechtsfähigkeit zulässig, wenn der vom Verein später verfolgte Zweck auf einen wirtschaftlichen Geschäftsbetrieb gerichtet ist, da dies die Eintragung ausgeschlossen hätte.[62]

Die Entziehung der Rechtsfähigkeit nach § 43 Abs. 2 BGB ist nicht nur zulässig, wenn der Hauptzweck ein wirtschaftlicher ist, sondern auch dann, wenn der vom Verein unterhaltene wirtschaftliche Nebenbetrieb einen Umfang angenommen hat, der nicht mehr durch das Nebenzweckprivileg gedeckt ist.[63]

Die Zuständigkeit[64] und das Verfahren bestimmen sich in den vorstehenden Fällen nach den für streitige Verwaltungssachen geltenden Vorschriften.

Dem Verein ist ferner die Rechtsfähigkeit durch das **Amtsgericht** (Kreisgericht; zuständig jeweils der Rechtspfleger) zu entziehen, wenn die Zahl der Vereinsmitglieder unter 3 sinkt. Die Entziehung erfolgt auf Antrag des Vorstands und, wenn der Antrag nicht binnen 3 Monaten gestellt wird, von Amts wegen nach Anhörung des Vorstands, § 73 BGB. Der Beschluß ist dem Vorstand **zuzustellen.** Gegen den Beschluß findet die sofortige Erinnerung zum Amtsrichter statt (Frist 2 Wochen ab Zustellung, §§ 160a FGG, 11 366

[58] Näheres bei Rdnrn. 410–414.

[59] § 43 Abs. 1 und 2 BGB; PrOVG JW 1916, 1289.

[60] Vgl. Soergel-Hadding § 43 Rdnr. 3.

[61] RGRK-Steffen § 43 Rdnr. 2; Soergel-Hadding § 43 Rdnr. 3.

[62] Vgl. KG RsprOLG 44, 184; BayObLGZ 1978, 87 (89) = MittBayNot 1978, 100 (101).

[63] Siehe dazu Rdnr. 47.

[64] Die für die Entziehung zuständigen Behörden in den einzelnen Bundesländern sind bei Soergel-Hadding § 44 Rdnr. 2 aufgeführt.

Abs. 1 RPflG). Hält dieser sie für unbegründet, entscheidet das Landgericht. Gegen dessen Entscheidung ist die sofortige weitere Beschwerde zum Oberlandesgericht[65] gegeben. Der Verein verliert die Rechtsfähigkeit erst mit der Rechtskraft des Beschlusses, § 160a FGG. Das Gericht kann jederzeit, um sich Gewißheit über die Zahl der Vereinsmitglieder zu verschaffen, vom Vorstand die Einreichung einer von ihm unterschriebenen Bescheinigung über die Zahl der Vereinsmitglieder verlangen, § 72 BGB. Das Gericht kann aber auch gemäß § 12 FGG sonstige Ermittlungen zur Feststellung der Mitgliederzahl veranstalten. Falls ein Vorstand nicht mehr vorhanden ist, was in solchen Fällen häufig vorkommt, hat das Gericht gemäß § 29 BGB zu verfahren und einen Vorstand zu bestellen, und zwar auch von Amts wegen, da sonst die vom Gesetz vorgeschriebene Entziehung nicht durchgeführt werden könnte. Solange die Rechtsfähigkeit nicht entzogen ist, kann der Verein auch nur aus **einem** Mitglied bestehen. Verschiedentlich wird im Schrifttum angenommen, das Registergericht könne die Entziehung der Rechtsfähigkeit zurückstellen, wenn glaubhaft gemacht werde, daß sich die Zahl der Vereinsmitglieder alsbald wieder auf 3 oder darüber erhöhe.[66] Obergerichtliche Rechtsprechung zu dieser Frage ist nicht bekannt geworden. Grundsätzliche Bedenken gegen eine solche Registerpraxis bestehen nicht.

367 Die Tatsache, daß der Verein aufgelöst oder ihm die Rechtsfähigkeit entzogen ist, ist **in das Vereinsregister einzutragen** (§ 74 Abs. 1 S. 1 BGB); der Grund der Auflösung oder der Entziehung der Rechtsfähigkeit wird nicht eingetragen. Im Falle der Konkurseröffnung wird der Verlust der Rechtsfähigkeit nicht eingetragen (§ 74 Abs. 1 S. 2 BGB), da nach § 75 BGB ohnehin die Eröffnung des Konkurses auf Anzeige des Konkursgerichts von Amts wegen einzutragen ist.[67]

Einzutragen ist auch, daß der Verein auf die Rechtsfähigkeit verzichtet hat. Diese Eintragung ist zwar im Gesetz nicht ausdrücklich angeordnet, sie ist aber die unabweichbare Folge davon, daß die Rechtsprechung den Verzicht eines Vereins auf die Rechtsfähigkeit zuläßt.

Die Auflösung des Vereins durch Beschluß der Mitgliederversammlung, durch Ablauf der in der Satzung bestimmten Zeitdauer oder durch Eintritt der in der Satzung angegebenen Bedingung ist vom Vorstand (durch Vorstandsmitglieder in der zur Vertretung des Vereins erforderlichen Anzahl) beim zuständigen Registergericht zur Eintragung in das Vereinsregister **anzumelden** (§ 74 Abs. 2 S. 1 BGB). Ist der Verein durch Beschluß der Mitgliederversammlung aufgelöst worden, so ist der Anmeldung eine Abschrift des Auflösungsbeschlusses beizufügen (§ 74 Abs. 2 S. 2 BGB).

Beruht die Auflösung auf einer Verbotsverfügung nach § 3 des Vereinsgesetzes, so erfolgt die Eintragung auf Anzeige der zuständigen Behörde (§ 7 Abs. 2 VereinsG).

Wird dem Verein auf Grund des § 43 BGB die Rechtsfähigkeit entzogen, so wird dies auf Anzeige der zuständigen Behörde eingetragen (§ 74 Abs. 3

---

[65] In Bayern zum Obersten Landesgericht, in Brandenburg zum Besonderen Senat des Bezirksgerichts.

[66] Staudinger-Coing § 73 Rdnr. 2; Soergel-Hadding § 73 Rdnr. 2; MünchKomm-Reuter, 3. Aufl. § 73 Rdnr. 2.

[67] RGRK-Steffen § 74 Rdnr. 1.

BGB). Die Entziehung der Rechtsfähigkeit durch das Amtsgericht auf Grund des § 73 BGB (Herabsinken der Mitgliederzahl unter drei) wird von Amts wegen eingetragen.

Die rechtlichen Folgen des Vereinsendes

Mit der Auflösung des Vereins oder der Entziehung der Rechtsfähigkeit fällt das Vermögen an die in der Satzung bestimmten Personen. Unter „Anfall" ist mit Ausnahme des Anfalls an den Fiskus regelmäßig keine Gesamtrechtsnachfolge zu verstehen, sondern nur der Erwerb eines schuldrechtlichen **Anspruchs** auf das Vereinsvermögen, das nach Befriedigung der Gläubiger übrig bleibt.[68] **368**

Ein satzungsmäßig für den Fall der Auflösung vorgesehenes **Anfallrecht eines Dritten** kann jederzeit durch Satzungsänderung aufgehoben werden. Eine vertragliche Bindung des Vereins in dieser Beziehung durch den Gründungsvertrag, etwa in der Gestalt eines Vertrages zugunsten Dritter, ist ausgeschlossen.[69]

Die Satzung kann aber auch vorschreiben, daß die Anfallberechtigten durch Beschluß der Mitgliederversammlung oder eines anderen Vereinsorgans bestimmt werden. Die Mitgliederversammlung kann auch ohne eine solche Vorschrift das Vermögen einer öffentlichen Stiftung oder Anstalt zuweisen.

Fehlt es an einer Bestimmung des Anfallberechtigten, so fällt das Vermögen, wenn der Verein nach seiner Satzung ausschließlich den Interessen seiner Mitglieder diente, an die zur Zeit der Auflösung oder der Entziehung der Rechtsfähigkeit vorhandenen Mitglieder zu gleichen Teilen, andernfalls an den Fiskus des Landes, in dessen Gebiet der Verein seinen Sitz hatte, § 45 Abs. 3 BGB.

Sind die anfallberechtigten Mitglieder nicht zu ermitteln, so sind sie in entsprechender Anwendung des § 50 BGB öffentlich zur Anmeldung aufzufordern; nach Ablauf der Sperrfrist ist das Vermögen an die bis dahin sich meldenden Mitglieder auszufolgen.[70]

Fällt das Vermögen an den Fiskus, so findet **kein Liquidationsverfahren** **369**
statt, sondern es finden die Vorschriften über eine dem Fiskus als gesetzlichem Erben anfallende Erbschaft entsprechende Anwendung, § 46 BGB. Es hat also die Feststellung des gesetzlichen Anfallrechts durch das Nachlaßgericht zu erfolgen, § 1964 BGB. Nach Feststellung des Anfallrechts durch das Nachlaßgericht steht jedem, der ein berechtigtes Interesse glaubhaft macht, das Recht der Einsicht in die diesem Ergebnis vorausgegangenen Ermittlungen zu. Von den betreffenden Schriftstücken kann auch eine beglaubigte Abschrift gefordert werden, § 78 FGG. Bis zur Feststellung der Anfallberechtigung kann das Nachlaßgericht für das Vereinsvermögen einen Pfleger bestellen, § 1960 BGB.

---

[68] Soergel-Hadding § 45 Rdnr. 3; KGJ 25, 130; 43, 184; zum Begriff „Anfall des Vereinsvermögens" siehe auch OLG Celle NdsRpfl. 1983, 143.

[69] RGZ 169, 65.

[70] LG Berlin NJW 1958, 1874.

Der Vermögensübergang geschieht als Ganzes kraft Gesetzes, § 1922 I BGB. Einzelner Übertragungsakte (Übergabe, Auflassung, Abtretung) bedarf es daher nicht. Der Fiskus kann den Erwerb nicht ausschlagen. § 1942 Abs. 2 BGB; zum Nachweis des Vermögensübergangs, vor allem zur Grundbuchberichtigung, braucht er einen Erbschein.[71] Gegen den Fiskus als Nachfolger in das Vereinsvermögen und von ihm kann ein Recht erst geltend gemacht werden, wenn das Nachlaßgericht den Fiskus als Anfallberechtigten festgestellt hat, § 1966 BGB. Er haftet auf alle Fälle nur mit dem Vereinsvermögen, §§ 2011 BGB, 780 ZPO. Der Fiskus hat das Vermögen tunlichst in einer den Zwecken des Vereins entsprechenden Weise zu verwenden, § 46 Satz 2 BGB.

Die dem Fiskus auferlegte Verwendungspflicht ist keine einklagbare privatrechtliche Pflicht, sondern eine öffentlich-rechtliche Auflage, deren Erfüllung den zuständigen Behörden obliegt.[72]

370 Fällt das Vermögen nicht an den Fiskus, muß eine **Liquidation** stattfinden, § 47 BGB, und zwar auch dann, wenn der Verein zweifelsfrei keine Verbindlichkeiten hat.[73] Die dem Interesse der Gläubiger dienende Liquidation muß auch dann, wenigstens in vereinfachter Form, durchgeführt werden, wenn die Mitgliederversammlung bei oder vor der Auflösung beschlossen hat, daß der Verein als nichtrechtsfähiger bestehen bleibt.[74] Die Liquidation kann also nicht ausgeschlossen werden.

Die Liquidation dient dem Schutz der Gläubiger und der Anfallberechtigten und erfolgt durch den Vorstand. Doch können zu Liquidatoren auch andere Personen bestellt werden, auch eine juristische Person.[75]

Für die Bestellung der Liquidatoren sind die für die Bestellung des Vorstands geltenden Vorschriften maßgebend, § 48 I BGB. Im Konkursfall kann die Bestellung auch schon während des Verfahrens erfolgen.[76] Die Mitglieder des Vorstandes sind also verpflichtet, das Amt der Liquidatoren zu übernehmen, sofern nicht andere Personen zu Liquidatoren bestellt werden. Besondere Liquidatoren können bestellt werden sowohl auf Grund der Satzung, wenn sie eine entsprechende Bestimmung enthält, als auch durch Mitgliederversammlungsbeschluß (einfache Stimmenmehrheit, wenn die Satzung nichts anderes vorsieht) oder auf Beschluß des zur Bestellung des Vorstandes zuständigen Organs, wenn zugleich der Vorstand gemäß § 27 BGB abberufen wird oder sein Amt freiwillig niederlegt. Die Liquidatoren können durch die Mitgliederversammlung wieder abberufen und durch andere ersetzt werden. Unter den in § 29 BGB bestimmten Voraussetzungen können Liquidatoren auch durch das Amtsgericht (Registergericht) bestellt werden.

371 **Die Liquidatoren haben die rechtliche Stellung des Vorstands,** soweit sich nicht aus dem Wesen der Liquidation ein anderes ergibt, § 48 II BGB. Sie haben also vor allem den Liquidationsverein gerichtlich und außerge-

---

71 OLG Hamm OLGZ 1966, 109.
72 RGRK-Steffen § 46 Rdnr. 2.
73 Grziwotz DStR 1992, 1404.
74 RGRK-Steffen § 41 Rdnr. 5; a. A. mit beachtlichen Gründen K. Schmidt, Verbandszweck S. 292ff.; Soergel-Hadding § 47 Rdnr. 1.
75 RGRK-Steffen § 48 Rdnr. 1; OLG Karlsruhe JFG 3, 210.
76 KG JW 1935, 3636 = HRR 1935 Nr. 1653.

richtlich zu vertreten und die Geschäfte des Vereins zu führen. Die Geschäftsführung kann ihnen weder durch die Satzung noch durch Mitgliederversammlungsbeschluß entzogen werden, wohl aber kann ihnen von der Mitgliederversammlung eine Weisung über die Art der Geschäftsführung erteilt werden. Eine solche Weisung ist aber für die Liquidatoren nur verbindlich, wenn und soweit sie nicht in Widerspurch zum Liquidationszweck und den gesetzlichen Pflichten der Liquidatoren steht.[77] Die Liquidatoren haben auch das Recht, Beiträge zur Durchführung der Liquidation zu erheben, falls in der Satzung das Recht zur Festsetzung von Beiträgen dem Vorstand eingeräumt ist und die Satzung außerdem bestimmt, daß die Beitragspflicht auch während der Liquidation fortbesteht.[78] Die Liquidatoren können, wie Vorstandsmitglieder, nicht als Zeugen in Sachen des Vereins auftreten. Die Vertretungsmacht eines Liquidators umfaßt die Befugnis, den Verein in einem Rechtsstreit zu vertreten, in dem ein Mitglied beantragt hat, die Nichtigkeit des Auflösungsbeschlusses festzustellen.

Die Liquidatoren sind im Vereinsregister einzutragen. Die Anmel- 372
dung hat durch den Vorstand, bei späteren Anmeldungen durch die Liquidatoren in öffentlich beglaubigter Form zu erfolgen.[79] Der Anmeldung der durch Beschluß der Mitgliederversammlung bestellten Liquidatoren ist eine Abschrift des Beschlusses beizufügen. Die Eintragung gerichtlich bestellter Liquidatoren erfolgt von Amts wegen, §§ 76, 77 BGB.

Sind **mehrere Liquidatoren** bestellt, so ist für ihre Beschlüsse Überein- 373
stimmung aller erforderlich, sofern nicht ein anderes in der Satzung oder im Bestellungsbeschluß bestimmt ist, § 48 III BGB. Bei Zustellungen an den Liquidationsverein bzw. bei Erklärungen ihm gegenüber genügt die Zustellung bzw. die Abgabe der Erklärung an einen Liquidator (§ 48 Abs. 2 mit § 28 Abs. 2 BGB). Enthält die Satzung oder der Bestellungsbeschluß eine von § 48 III BGB abweichende Beschlußfassung der Liquidatoren, muß dies im Vereinsregister eingetragen werden, § 76 I BGB. Ist die Bestimmung über eine vom Einstimmigkeitsprinzip abweichende Beschlußfassung in der Satzung enthalten, so kann sie zweckmäßigerweise schon bei der Eintragung des Vereins miteingetragen werden; entsprechend ist zu verfahren, wenn die Bestimmung durch eine Satzungsänderung getroffen wird.

Das **Eintragungsgebot** nach § 76 Abs. 1 Satz 2 BGB **entfällt** jedoch, wenn es für die Wirksamkeit der Vertretungshandlungen der Liquidatoren (nach außen) auf die (interne) Beschlußfassung nicht ankommen kann.[80] Das ist der Fall, wenn die Vertretungsmacht der Liquidatoren in der Satzung abweichend vom Gesetz geregelt ist. Eine solche Regelung kann sich auch daraus ergeben, daß die Satzung lediglich für die Vertretungsmacht der Vorstandsmitglieder eine besondere Bestimmung enthält (z. B. jedem Vorstandsmitglied Einzelvertretungsmacht verleiht), denn nach § 48

---

[77] Staudinger-Coing § 48 Rdnr. 4.

[78] Vgl. RG HRR 1937 Nr. 429a; für den Fall des Vereinskonkurses s. BGH NJW 1986, 1604.

[79] Siehe auch bei Rdnr. 396.

[80] Siehe dazu auch die Ausführungen bei Rdnr. 246 zum Anwendungsbereich des § 64 Satz 2 BGB.

Abs. 2 BGB haben die Liquidatoren die rechtliche Stellung des Vorstands, soweit sich nicht aus dem Zweck der Liquidation ein anderes ergibt.

Im Hinblick auf den Zweck der Liquidation fallen natürlich für die Liquidatoren alle diejenigen Verpflichtungen weg, die für den Vorstand vor der Auflösung des Vereins bestanden, um den satzungsgemäß festgelegten Vereinszweck zu erreichen.[81]

374 **Satzungsänderungen** sind im Liquidationsstadium nur zulässig, wenn sie dem Zweck und Wesen der Liquidation nicht widersprechen.[82] Der Beitritt neuer Mitglieder ist während des Liquidationsstadiums nicht möglich. Dagegen ist der Austritt eines Mitglieds unter Einhaltung der Satzungsbestimmungen für zulässig zu erachten. Die gegenteilige Ansicht dürfte mit der zwingenden Vorschrift des § 39 Abs. 1 BGB nicht zu vereinbaren sein.

375 Die Liquidatoren haben die laufenden Geschäfte des Vereins zu beendigen, die Forderungen einzuziehen, das übrige Vermögen in Geld umzusetzen, die Gläubiger zu befriedigen und den Überschuß den Anfallberechtigten auszuhändigen; zur Beendigung schwebender Geschäfte können sie auch neue Geschäfte eingehen, § 49 Abs. 1 BGB. Diese Vorschrift ist zwingender Natur und kann weder durch Mitgliederversammlungsbeschluß noch durch die Satzung geändert oder aufgehoben werden. Die Liquidatoren haben also alle Geschäfte, die vor Eintritt der Liquidation bereits eingegangen waren, insbesondere auch Prozesse, die durch die Liquidation nicht unterbrochen werden, zu Ende zu führen. Sie können zu diesem Zweck auch neue Geschäfte eingehen, es muß hierbei jedoch ein Zusammenhang zwischen dem alten und dem neuen Geschäft bestehen. Das neue Geschäft darf nur zu dem Zweck eingegangen werden, um das alte Geschäft überhaupt oder vorteilhafter erledigen zu können. Die Liquidatoren sind auch berechtigt, Zuwendungen, die die Mittel zur Tilgung von Verbindlichkeiten gewähren, anzunehmen.[83] Sie sind weiter verpflichtet, die Forderungen einzuziehen; hierunter fallen außer den Forderungen an Dritte auch diejenigen gegen die Vereinsmitglieder, vor allem aus Beitragsrückständen. Wenn es der raschen Durchführung der Liquidation dienlich ist, können die Liquidatoren ausstehende, in naher Zukunft noch nicht fällige Forderungen anderweitig, z. B. durch Verkauf, verwerten. Sie haben ferner das übrige Vermögen bestmöglich in Geld umzusetzen. Die Einziehung der Forderungen sowie die Umsetzung des übrigen Vermögens in Geld darf jedoch unterbleiben, soweit diese Maßnahmen nicht zur Befriedigung der Gläubiger oder zur Verteilung des Überschusses unter die Anfallberechtigten erforderlich sind, § 49 Abs. 1 Satz 3 BGB. Die Liquidatoren sind weiter verpflichtet, die Gläubiger des Vereins zu befriedigen, § 49 Abs. 1 Satz 1 BGB. Sie haben zu diesem Zweck die Auflösung des Vereins oder die Entziehung der Rechtsfähigkeit **öffentlich bekanntzumachen** und dabei die Gläubiger zur Anmeldung ihrer Ansprüche aufzufordern, auch wenn alle Gläubiger bekannt sind.[84] In welchem Blatt das zu geschehen hat, bestimmt sich in erster Linie nach der Satzung.

---

81 Allgemein über Liquidationszweck und Vertretungsmacht der Liquidatoren K. Schmidt AcP 174, 55.

82 RGZ 121, 246; 138, 79.

83 BayObLG RJA 16, 242.

84 Grziwotz DStR 1992, 1404 (1405); siehe Muster Nr. 32 bei Rdnr. 471.

Fehlt eine solche Bestimmung in der Satzung, so ist die Bekanntmachung in dem Blatt zu veröffentlichen, das für die amtlichen Bekanntmachungen des **Amtsgerichts** bestimmt ist, in dessen Bezirk der Verein seinen Sitz hatte (§ 50 Abs. 1 Satz 3 BGB). Dieses Blatt kann, muß aber nicht dasselbe sein wie das für die Bekanntmachung der Eintragungen in das Handelsregister nach § 10 HGB, § 11 HRV bestimmte Blatt. Ferner kann sich in den Ländern, in denen das Vereinsregister für mehrere Amtsgerichte von einem Amtsgericht geführt wird, eine Divergenz ergeben. Maßgebend ist dann nicht das Amtsblatt des registerführenden Amtsgerichts, sondern das Amtsblatt des Gerichts des Vereinssitzes.[85] Das hat seinen guten Grund. Denn die Vereinsgläubiger, an die sich die Bekanntmachung wendet, haben in der Regel zu dem Ort, an dem der Verein seinen Sitz hatte, und damit auch zu dem Amtsblatt dieses Ortes die nähere Beziehung. Es ist von großer Bedeutung, daß die Bekanntmachung in dem richtigen Blatt erfolgt, denn eine anderweitige Veröffentlichung wäre wirkungslos. Die Bekanntmachung gilt mit dem Ablauf des zweiten Tages nach der Einrückung in das Blatt oder – bei mehrmaliger Veröffentlichung – der ersten Einrückung als bewirkt. Bekannte Gläubiger sind durch besondere Mitteilung zur Anmeldung aufzufordern, § 50 BGB. Einmalige Bekanntmachung genügt. Sie kann in kürzester Form erfolgen, etwa dergestalt: Der Verein ... ist aufgelöst. Gläubiger wollen ihre Ansprüche dem unterfertigten Liquidator melden ... (Name und Anschrift des Liquidators).

Wenn die Vereinsmitglieder anfallberechtigt sind, kann es vorkommen, **376**
daß die Liquidatoren aus den vorhandenen Vereinsunterlagen nicht feststellen können, welche Personen im Zeitpunkt der Auflösung bzw. der Entziehung der Rechtsfähigkeit dem Verein angehörten. In diesem Fall sind die unbekannten Vereinsmitglieder in entsprechender Anwendung des § 50 BGB öffentlich aufzufordern, sich zu melden.[86] Diese Aufforderung kann vom Liquidator zusammen mit der Aufforderung an die Gläubiger veröffentlicht werden.

Es ist zweckmäßig für die Liquidatoren, mit der Umsetzung des vorhan- **377**
denen Vermögens in Geld so lange zu warten, bis bei den gegebenen Verhältnissen vernünftigerweise von sämtlichen Gläubigern des Vereins die Anmeldung von Ansprüchen erwartet werden kann. Erst nach diesem Zeitpunkt können die Liquidatoren sich schlüssig werden, wie die Liquidation am zweckmäßigsten sowohl für die Gläubiger als auch für die Anfallberechtigten durchzuführen ist. Ergäbe sich, daß genügend flüssige Mittel zur Befriedigung der Gläubiger vorhanden wären, so könnte das übrige Vereinsvermögen auf Wunsch der Anfallberechtigten auch ohne Versilberung verteilt werden. Ergibt sich eine **Überschuldung des Vereins,** haben die Liquidatoren die Eröffnung des Konkursverfahrens oder des gerichtlichen Vergleichsverfahrens zur Abwendung des Konkurses zu beantragen, § 53 I BGB. Bei Verzögerung der Antragstellung sind die Liquidatoren, denen ein Verschulden zur Last fällt, den Gläubigern für den daraus entstehenden Scha-

---

[85] Zutreffend Stöber, 6. Aufl. Rdnr. 280.

[86] Grziwotz DStR 1992, 1404 (1405); LG Berlin NJW 1958, 1874 und 1959, 58 mit Anm. von Kubisch.

den gesamtschuldnerisch verantwortlich, § 53 II BGB. Die Eröffnung des Vergleichsverfahrens bzw. des Konkursverfahrens ist in das Vereinsregister von Amts wegen einzutragen, §§ 108 VerglO, 112, 113 KO, § 75 BGB.

378 Meldet ein **bekannter Gläubiger**[87] sich trotz Aufforderung nicht, so ist der geschuldete Betrag, wenn die allgemeinen Voraussetzungen für eine Hinterlegung nach § 372 BGB gegeben sind, für den Gläubiger zu hinterlegen, § 52 I BGB. Unter geschuldetem Betrag ist alles zu verstehen, was zur Hinterlegung geeignet ist. Nach § 372 BGB ist auch dann ein Recht zur Hinterlegung vorhanden, wenn der Schuldner, also der Verein, infolge einer nicht auf Fahrlässigkeit beruhenden Ungewißheit über die Person des Gläubigers seine Verbindlichkeit nicht oder nicht mit Sicherheit erfüllen kann. Eine solche Ungewißheit kann durch Erbfolge, Abtretung u. dgl. entstehen.

379 **Ist die Berichtigung einer Verbindlichkeit streitig,** so ist dem Gläubiger Sicherheit zu leisten, ehe das Vermögen den Anfallberechtigten ausgehändigt werden darf, § 52 II BGB. Die Liquidation gilt als nicht beendet, solange die zwingenden Vorschriften der §§ 50, 51 BGB nicht beachtet werden.[88]

Die Gläubiger haben, wenn begründete Besorgnis besteht, daß Vereinsvermögen verteilt wird, ohne daß ihre Forderungen befriedigt oder sichergestellt sind, gegen die Liquidatoren einen klagbaren Anspruch auf Unterlassung; als einstweiliger Rechtsschutz kommt eine einstweilige Verfügung gegen die Liquidatoren in Betracht, mit der ihnen untersagt wird, das Vereinsvermögen ohne Berücksichtigung des Antragstellers zu verteilen.[89]

380 Nach Befriedigung oder Sicherstellung der Gläubigerforderungen bzw. Hinterlegung der entsprechenden Beträge haben die Liquidatoren dann den **Überschuß den Anfallberechtigten auszufolgen,** § 49 I Satz 1 BGB. Die Verteilung des Vermögens darf jedoch nicht vor dem Ablauf eines Jahres nach der Bekanntmachung der Auflösung des Vereins oder der Entziehung der Rechtsfähigkeit erfolgen, § 51 BGB. Fristberechnung siehe §§ 187 I, 188 II BGB. Dieses sog. **Sperrjahr** muß auf alle Fälle abgewartet werden, ehe die Verteilung des Vereinsvermögens erfolgen darf. Ist nach Ablauf des Sperrjahres die Liquidation nicht beendet, so sind auch dann noch Gläubiger, die sich melden oder sonst bekannt werden, zu befriedigen oder sicherzustellen. Hätten trotzdem Anfallberechtigte schon Vermögen erhalten, würden sie dem Verein – nicht den Gläubigern[89a] – gegenüber auf Rückgabe der gesetzwidrig erlangten Leistungen haften. Solche Leistungen wären vom Liquidator gemäß § 812 BGB zurückzufordern. Diesen Anspruch des Vereins könnten nicht befriedigte Gläubiger pfänden und sich überweisen lassen. Die Aushändigung des Überschusses des Vereinsvermögens erfordert jedoch nicht auch die Verteilung des Vereinsvermögens unter den Anfallberechtigten durch die Liquidatoren; die Verteilung ist Sache der Anfallberechtigten selbst. Mit der Aushändigung des Vermögensrestes ist die Liquidation been-

[87] Zu den Begriffen „bekannter Gläubiger" und „unbekannter Gläubiger" siehe K. Schmidt ZIP 1981, 1 (2) (Zur Gläubigersicherung im Liquidationsrecht der Kapitalgesellschaften, Genossenschaften und Vereine), wonach „bekannt" auch der unbekannte Gläubiger einer dem Liquidator bekannten Forderung ist.

[88] BayObLG RsprOLG 40, 101 (103).

[89] So zutreffend K. Schmidt ZIP 1981, 1 (2).

[89a] Grziwotz DStR 1992, 1404 (1405).

det. Die Liquidatoren haben dann noch die Verpflichtung, der Mitgliederversammlung **Schlußrechnung** zu erstatten, §§ 48 II, 27 III BGB. Sie haben dann auch ein Recht auf **Entlastung.**

Erlischt der Verein während eines Rechtsstreits, weil die Liquidation beendet und sein Vermögen verteilt ist, so ist die gegen ihn gerichtete Klage als unzulässig abzuweisen.[90]

Für die Führung der Vereinsgeschäfte sind die Liquidatoren nur dem Ver- **381**
ein, nicht auch den einzelnen Vereinsmitgliedern, Gläubigern, Anfallberechtigten oder sonstigen Dritten haftbar. Den Gläubigern des Vereins gegenüber würden sie sich nur dann unmittelbar für den entstandenen Schaden haftbar machen, wenn sie absichtlich oder fahrlässig ihre Pflichten nach den §§ 42 Abs. 2, 50–52 BGB verletzt oder vor Befriedigung der Gläubiger Vermögen an die Anfallberechtigten ausgehändigt hätten. Die Haftung der Liquidatoren ist eine gesamtschuldnerische.

Ob die **Bücher und Schriften des Vereins** nach Beendigung der Liquida- **382**
tion noch **aufzubewahren** sind, sagt das BGB nicht.[91] Die Vorschriften des Handelsrechts über Aufbewahrung der Bücher und Schriften (§ 44 HGB) sind wohl hier entsprechend anzuwenden. Zweckmäßig ist es, wenn die letzte Mitgliederversammlung hierüber Beschluß faßt. Die Liquidatoren können aber nicht vom Registergericht durch Zwangsgeld angehalten werden, nach Beendigung der Liquidation die Bücher und Schriften dem Verein in Verwahrung zu geben. Die Erfüllung dieser Pflicht kann nur im Klageweg durchgesetzt werden.[92]

Durch die neuen Vorschriften über die Führung des Vereinsregisters[93] ist **383**
geklärt, daß die **Beendigung der Liquidation** in das Vereinsregister **einzutragen** ist. Die Eintragung setzt eine entsprechende Anmeldung der Liquidatoren, die jedoch mangels gesetzlicher Handhabe nicht durch Zwangsgeld erzwungen werden kann,[94] voraus. Wird die Beendigung der Liquidation vor Ablauf des Sperrjahres angemeldet,[95] so besteht in der Regel Anlaß, von den Liquidatoren die Erklärung zu verlangen, daß kein Vereinsvermögen mehr vorhanden, solches auch nicht an die Anfallberechtigten verteilt wurde und keine Prozesse anhängig sind.[96] Nach Auffassung des Oberlandesgerichts Düsseldorf[97] stehen Prozesse, die für den Verein wirtschaftlich bedeutungslos sind, der Beendigung der Liquidation nicht entgegen. Schon mit Rücksicht auf einen etwaigen Kostenerstattungsanspruch des Vereins wird man aber vor der Beendigung eines Prozesses die Liquidation nicht als beendet behandeln können. Dagegen wird die Beendigung nicht dadurch ausge-

---

[90] BGHZ 74, 212 = JZ 1979, 567 mit Anm. von Theil; Rosenberg-Schwab-Gottwald § 43 III 2; a. A. BAG NJW 1982, 1831 im Fall der Klage eines Arbeitnehmers auf Feststellung der Unwirksamkeit der fristlosen Kündigung.

[91] Allgemein über Grenzen von Buchführungs- und Aufbewahrungspflichten Radke BB 1977, 1529.

[92] Vgl. BayObLG NJW 1968, 56 für GmbH.

[93] Z. B. für Bayern: JMBek. vom 4. 9. 1981 Nr. 2.4.5. (JMBl. 1981, 170); für Hessen; RdErl. vom 6. 11. 1981 § 7 Nr. 4e (JMBl. 1981, 587).

[94] LG Siegen Rpfleger 1991, 115 mit zust. Anm. von Meyer-Stolte.

[95] Dazu KG RsprOLG 19, 376 (GmbH); OLG Düsseldorf NJW 1966, 1034.

[96] KG DR 1941, 2130 (GmbH).

[97] NJW 1966, 1034; in RGZ 77, 268 (273) nicht entschieden.

schlossen, daß die Geschäftsbücher und die sonstigen Vereinsunterlagen noch vorhanden sind; sie stellen kein verteilbares Vereinsvermögen dar.

384 Wenn sich nach Beendigung der Liquidation für den Verein noch Vermögen herausstellt, muß die **Liquidation** auf Antrag eines Gläubigers oder eines Anfallberechtigten **wiederaufgenommen** werden. Die Rechtsfähigkeit lebt dann insoweit wieder auf, nicht aber die Vertretungsbefugnis des früheren Liquidators.[98] Vielmehr ist gemäß § 29 BGB der bisherige oder ein anderer Liquidator neu zu bestellen.

385 Ist ein Verein, der bereits aufgelöst wurde und sein ganzes Vermögen den Anfallberechtigten ausgefolgt hat, als Erbe eingesetzt, so kann er im allgemeinen nicht mehr Erbe werden, denn er hat seine Tätigkeit zur Verwirklichung des Vereinszwecks eingestellt. Kann jedoch der Wille des Erblassers dahingehend ausgelegt werden, daß der Anfallberechtigte den Vereinszweck weiter durchführt (z. B. Fortführung eines Frauengesundheitszentrums), dann gilt der Anfallberechtigte als unmittelbarer Erbe. Die Erbschaft fällt dem Anfallberechtigten zu mit der Auflage, sie zum Besten der von dem Verein bis zu seiner Auflösung betriebenen Einrichtung (z. B. Gesundheitszentrum) zu verwenden.[99]

IX. Der Verkehr mit dem Amtsgericht

Allgemeines

386 Die Vereinssachen werden grundsätzlich bei dem Amtsgericht erledigt, in dessen Bezirk der Verein seinen Sitz hat. Durch § 55 BGB sind aber die Landesjustizverwaltungen in die Lage versetzt, die Behandlung der Vereinssachen aus mehreren Gerichtsbezirken bei **einem** Amtsgericht zu konzentrieren. Eine solche Konzentration besteht in Baden-Württemberg, Berlin, Hamburg, Rheinland-Pfalz und Nordrhein-Westfalen. Innerhalb des Amtsgerichts ist für sämtliche Vereinssachen der **Rechtspfleger** zuständig. Der Amtsrichter wird damit nur befaßt, wenn der Rechtspfleger ihm eine Sache, beispielsweise wegen rechtlicher Schwierigkeiten vorlegt (§ 5 RPflG) oder wenn eine Entscheidung des Rechtspflegers mit dem Rechtsbehelf der Erinnerung angefochten wird (§ 11 Abs. 1 RPflG). Der Rechtspfleger ist bei seinen Entscheidungen nur dem Gesetz unterworfen. Er entscheidet, von der Bindung an die Rechtsauffassung des Richters abgesehen, selbständig.

Das Amtsgericht ist nicht befugt, in das innere Vereinsleben einzugreifen. Nur in den Fällen der §§ 29, 37, 73 BGB erstreckt sich seine Tätigkeit über die einer registrierenden Behörde hinaus. Es hat sich aber sonst jeder Kontrolle der Tätigkeit der Vereinsorgane zu enthalten. Nur diese sind dem Verein für die Erfüllung ihrer Pflichten verantwortlich und haben bei deren Verletzung Schadensersatz zu leisten. Das oberste Organ des Vereins, die Mitgliederversammlung, der in der Regel (§ 27 Abs. 1, § 40 BGB) die Bestellung der übrigen Organe zusteht, hat über die Klagen und Beschwerden wegen deren Geschäftsführung zu entscheiden. Die Mitgliederversammlung kann die Geltendmachung von Schadensersatzansprüchen und nötigenfalls die Entfer-

[98] Grziwotz DStR 1992, 1813 (1815).
[99] BayObLG RsprOLG 40, 101 (104).

nung vom Amt beschließen.[1] Das Amtsgericht hat im allgemeinen nur dafür Sorge zu tragen, daß die nach den Bestimmungen des BGB im Vereinsregister vorzunehmenden Eintragungen formgerecht vom Vorstand bzw. Liquidator angemeldet (beantragt) werden, u. U. hat es die hierzu Verpflichteten zur Anmeldung durch Androhung und Festsetzung eines Zwangsgeldes anzuhalten. Die Eigenschaft des Anmeldenden als Vorstand (Liquidator) ist vom Gericht zu prüfen.[2] Wenn das Amtsgericht jedoch Anlaß zu Bedenken gegen die materielle Richtigkeit und Wirksamkeit der formell ordnungsgemäß angemeldeten Vorgänge, Beschlüsse und dergleichen hat, so hat es nicht nur das Recht, sondern auch die Pflicht zur Prüfung, § 12 FGG.[3]

Das Gericht hat die ihm geeignet erscheinenden Beweise zu erheben. Umfang und Art der Beweisaufnahme stehen im pflichtgemäßen Ermessen des Gerichts. Das Gericht darf nicht Beweisanträge der Beteiligten abwarten, ist aber auch nicht an gestellte Beweisanträge gebunden und nicht verpflichtet, Beweisanträge zu berücksichtigen, wenn es die angebotenen Beweise nach den sonstigen Ergebnissen der Ermittlungen oder aus Rechtsgründen für überflüssig oder unerheblich hält.[4] Das Gericht kann auch das Ergebnis früherer Ermittlungen benutzen und weitere Beweiserhebungen ablehnen, wenn es diese nicht für erforderlich hält.[5]

Aussetzung des Registerverfahrens

Das Registergericht hat zwar grundsätzlich die Tat- und Rechtsfragen, **387**
von denen seine Verfügung abhängt, nach Vornahme der erforderlichen Ermittlungen selbst zu prüfen und zu entscheiden. Es kann aber auch, wenn eine von ihm zu erlassende Verfügung (z. B. die Eintragung eines Vorstandswechsels) von der Beurteilung eines streitigen Rechtsverhältnisses abhängt, seine Verfügung **aussetzen,** bis über das Rechtsverhältnis im Prozeß entschieden ist.[6] Über die Aussetzung befindet das Amtsgericht nach seinem pflichtgemäßen Ermessen. Ist bereits ein Rechtsstreit anhängig, so ist es in den meisten Fällen sinnvoll, das Registerverfahren auszusetzen, zumal über die streitigen Rechtsverhältnisse endgültig nur im Zivilprozeß entschieden werden kann. Es wäre höchst unzweckmäßig, neben dem Zivilprozeß ein den gleichen Feststellungen dienendes Verfahren vor dem Registergericht durchzuführen. Selbst wenn dieses Verfahren trotz derselben Beweisnotwendigkeit früher zum Abschluß gebracht werden könnte als der Zivilprozeß, wäre seinem Ergebnis im Hinblick auf einen möglichen anderen Ausgang des Zivilprozesses kein Bestand gesichert.[7] Ungültige Beschlüsse der

---

[1] BayObLG RsprOLG 41, 17.

[2] BayObLG JFG 1, 273.

[3] Vgl. KGJ 41, 157; OLG Hamburg RsprOLG 32, 335; OLG Frankfurt BB 1979, 68; LG Bremen MDR 1974, 134 (sittenwidrige Gestaltung der Satzung); zum Umfang der Prüfungspflicht des Registergerichts vgl. Müller Rpfleger 1970, 375; siehe ferner Rdnr. 390.

[4] BayObLGZ 1903, 3 und 91 (94); 1904, 414; 1918–19, 250; Jansen § 12 Rdnrn. 39, 40.

[5] OLG Braunschweig JFG 4, 43.

[6] §§ 159, 127 FGG; BayObLGZ 1963, 15 (18); BayObLG Rpfleger 1983, 74.

[7] BayObLGZ 1963, 15 (18); BayObLG Rpfleger 1983, 74.

Mitgliederversammlung eines Vereins können nicht durch Eintragung in das Vereinsregister Wirksamkeit erlangen.

Eine Aussetzung des Verfahrens vor dem Registergericht ist jedoch nicht zulässig, wenn die Interessen des Vereins eine umgehende Entscheidung des Registergerichts verlangen, wie dies z. B. regelmäßig bei einem Antrag auf Bestellung eines Notvorstandes durch das Gericht (§ 29 BGB) der Fall ist.[8]

Lehnt der Rechtspfleger es ab, das Eintragungsverfahren (z. B. die Eintragung einer Vorstandswahl) auszusetzen, so ist gegen diese Entscheidung als Rechtsbehelf die (unbefristete) Erinnerung zum Amtsrichter, gegebenenfalls als Beschwerde zum Landgericht sowie weitere Beschwerde zum Oberlandesgericht – in Bayern zum Obersten Landesgericht – gegeben.[9]

Einsicht in das Vereinsregister

388 Das Vereinsregister ist öffentlich und hat den Zweck, die tatsächlichen und rechtlichen Verhältnisse des Vereins jederzeit für Dritte leicht feststellbar zu machen und damit die Verkehrssicherheit zu erhöhen. Daher ist auch die Einsicht des Vereinsregisters jedem Dritten während der Dienststunden des Gerichts ohne weiteres gestattet. Ein Interesse oder gar ein rechtliches Interesse braucht nicht nachgewiesen zu werden. Dasselbe gilt auch von den Schriftstücken, die der Verein bei dem Registergericht eingereicht hat (§ 79 BGB). Die Akteneinsicht erstreckt sich aber nicht auf beigezogene Akten. Die Einsicht in diese kann vielmehr nur mit Zustimmung der zuständigen Behörde gestattet werden.[10] Mündliche Unterrichtung eines Beteiligten durch den Richter oder Rechtspfleger kann das Recht auf Akteneinsicht nicht ersetzen.[11] Ein Recht auf Akteneinsicht besteht jedoch nicht, wenn es sich um Schriftstücke handelt, die eine im Justizverwaltungs- oder Dienstaufsichtswege zu erledigende Angelegenheit betreffen.[12]

Registerauszüge und Abschriften

389 Von den Registereintragungen und von den Akten kann sich jeder Abschriften anfertigen. Von den Eintragungen können auch ohne Nachweis eines besonderen Interesses Abschriften gefordert werden, die auf Verlangen zu beglaubigen sind (§ 79 BGB), von den eingereichten Schriftstücken aber nur, wenn ein berechtigtes Interesse glaubhaft gemacht wird, § 34 FGG.

Der Nachweis, daß der Vorstand aus den im Vereinsregister eingetragenen Personen besteht, wird Behörden gegenüber[13] durch ein Zeugnis des Amtsgerichts über die Eintragung geführt, § 69 BGB. Das Zeugnis erstreckt sich nicht nur auf die Rechtsstellung als Vorstand, sondern auch auf den Umfang seiner Vertretungsmacht,[14] der nach § 26 Abs. 2 BGB beschränkt sein kann.

---

[8] Von BayObLG Rpfleger 1983, 74 offen gelassen.
[9] Vgl. BayObLG Rpfleger 1983, 9 (13).
[10] BGH NJW 1952, 305; OLG München HRR 1936 Nr. 568.
[11] OLG Hamm JMBlNRW 1952, 95.
[12] KG RJA 15, 253.
[13] Auch gegenüber dem Grundbuchamt; vgl. Horber-Demharter § 32 Rdnr. 6.
[14] MünchKomm-Reuter, 3. Aufl. § 69 Rdnr. 1; Staudinger-Coing § 69 Rdnr. 1.

Aber auch für eine Privatperson bedeutet es einen gewissen Rechtsschutz, wenn sie sich vor Abschluß eines Rechtsgeschäfts mit dem Verein dieses Zeugnis des Amtsgerichts vorlegen läßt. Wenn nämlich die in dem Zeugnis genannten Personen in Wirklichkeit nicht mehr der Vorstand des Vereins sind, kann sie sich auf das amtsgerichtliche Zeugnis berufen und so dem Vorwurf fahrlässiger Unkenntnis von der fehlenden Vertretungsmacht begegnen.[15] Das Amtsgericht hat auf Verlangen eine Bescheinigung darüber zu erteilen, daß bezüglich des Gegenstandes einer Eintragung weitere Eintragungen nicht vorhanden sind oder daß eine bestimmte Eintragung nicht erfolgt ist (Negativattest), § 162 FGG. Zu weiteren Auskünften ist das Gericht nicht verpflichtet. Hat der Vorstand auf Verlangen des Registergerichts gemäß § 72 BGB eine Bescheinigung über die Zahl der Mitglieder ausgestellt, so ist gleichwohl das Registergericht nicht berechtigt, hierüber eine amtliche Bescheinigung zu erteilen.[16] Eine von § 162 FGG nicht gedeckte Bescheinigung des Registergerichts stellt keine öffentliche Urkunde im Sinne des § 415 ZPO dar.[17]

Die Bedeutung der Registereintragungen

Die Eintragungen im Vereinsregister besagen im allgemeinen nur, daß in **390** formgerechter Weise bestimmte Vorgänge, die sich im Verein zugetragen haben, zur Eintragung **angemeldet** wurden. Ob diese Erklärungen und die hierauf erfolgten Einträge aber den Tatsachen entsprechen, das beweist das Register nicht; denn das Amtsgericht darf nicht ohne besondere Anhaltspunkte auf bloße Vermutung hin eine Anmeldung beanstanden und vom Anmeldenden den Nachweis für die Richtigkeit seiner Erklärung verlangen. Die Prüfung des Registerrechtspflegers[18] hat sich demzufolge vor allem auf das Vorliegen der formalen Erfordernisse der Anmeldung, insbesondere die Eintragungfähigkeit der angemeldeten Tatsachen, die Zuständigkeit des angegangenen Gerichtes, die Legitimation des Anmeldenden, Einhaltung der vorgeschriebenen Form und der gesetzlichen Vorschriften über den Inhalt der Anmeldung sowie dessen Vereinbarkeit mit Gesetz und Satzung zu erstrecken. Aber schon mit Rücksicht auf die durch die Eintragung begründete Vermutung der Richtigkeit der eingetragenen Tatsachen muß dem Rechtspfleger daneben auch ein gewisses **sachliches** Prüfungsrecht zustehen. Er ist weder verpflichtet noch berechtigt, Tatsachen einzutragen, deren Unwahrheit offenkundig bzw. gerichtskundig ist. Auch erhebliche Bedenken gegen die Richtigkeit, die sich aus der Anmeldung oder sonstigen Umständen ergeben, dürfen nicht ohne weiteres unberücksichtigt

---

[15] MünchKomm-Reuter, 3. Aufl. § 69 Rdnr. 2; Soergel-Hadding § 69 Rdnr. 2; Staudinger-Coing § 69 Rdnr. 3.

[16] Vgl. Hornung Rpfleger 1971, 296 (298).

[17] Vgl. OLG Hamm Rpfleger 1968, 122.

[18] Zum Umfang der Prüfungspflicht siehe RGZ 104, 341 (343); BGHZ 8, 318 (321f.); OLG Frankfurt BB 1979, 68; BayObLGZ 1981, 289 (294) = Rpfleger 1981, 488; BayObLG DNotZ 1987, 353; ferner ausführlich Müller Rpfleger 1970, 375; vgl. auch Hornung Rpfleger 1978, 46; allgemein zu den Aufgaben öffentlicher Register Reithmann DNotZ 1979, 67.

bleiben. Der Rechtspfleger wird in solchen Fällen gemäß § 12 FGG Ermittlungen anstellen und die Eintragung abzulehnen haben, wenn sich der Verdacht bestätigt.[19] Umfang und Grenzen dieses sachlichen Prüfungsrechts sind fließend.[20] Jedoch findet nach herrschender Meinung das Gesetz zur Regelung der allgemeinen Geschäftsbedingungen auf Vereinssatzungen keine Anwendung.[21] Sollte im Vereinsregister eine Eintragung vorgenommen worden sein, die von dem Inhalt des bei der Anmeldung übergebenen Vereinsbeschlusses abweicht, so bleibt der Vereinsbeschluß maßgebend.

In einzelnen Fällen wird die Rechtswirksamkeit bestimmter Vorgänge erst durch die Eintragung herbeigeführt. Die Eintragung hat hier eine rechtserzeugende (konstitutive) Wirkung. So erlangt der Idealverein erst mit der Eintragung Rechtsfähigkeit. Ebenso werden Satzungsänderungen erst mit der Eintragung wirksam. Das Prüfungsrecht des Rechtspflegers bei dieser Gruppe von Eintragungen geht weiter.[22] Der Rechtspfleger ist demgemäß grundsätzlich berechtigt und verpflichtet, neben der Gesetzmäßigkeit und Gültigkeit der Anmeldung die Wahrheit der angegebenen Tatsachen zu prüfen. Der Umfang des Prüfungsrechts ist aber auch hier begrenzt.[23] Der Rechtspfleger darf nicht nach Art des Grundbuchverkehrs für alle tatsächlichen Voraussetzungen urkundliche Nachweise verlangen. Es dürfen den Anmeldenden auch hier nicht Nachweise auferlegt werden, die über das den Umständen nach billigerweise einzuhaltende Maß hinausgehen. Wenn sich nicht besondere Zweifel ergeben, wird sich der Rechtspfleger im allgemeinen mit der Erklärung der gehörig legitimierten Beteiligten begnügen müssen. Er wird insbesondere nur Verletzungen zwingender Normen des Gesetzes und der Satzung beanstanden, während Verstöße gegen nachgiebige Vorschriften keinen Anlaß zur Ablehnung der Eintragung geben können.[24]

Bei allen sonstigen einzutragenden Tatsachen (Vorstands- und Liquidatorenbestellung und -abberufung, Auflösung, Entziehung der Rechtsfähigkeit) ist die wirkliche Rechtslage allein entscheidend; die Wirksamkeit ist hier von der Eintragung unabhängig.[25]

---

[19] KGJ 27, 56; BayObLGZ 1963, 15 (18); OLG Hamburg RsprOLG 32, 355 und JFG 11, 175.

[20] KGJ 30, 109; 33, 128; 39, 122; 46, 164.

[21] MünchKomm-Basedow, 3. Aufl. AGBG § 23 Rdnr. 9; Schlünder § 23 Rdnr. 10; Palandt-Heinrichs AGBG §§ 23, 24 Rdnr. 4; a. A. Eickmann Rpfleger 1978, 1 (6).

[22] Zur Satzungsprüfung im Eintragungsverfahren des Vereins ausführlich BayObLGZ 1981, 289 (294, insoweit in Rpfleger 1981, 488 nicht abgedruckt), ferner OLG Köln NJW 1989, 173 (174). Die Auffassung des OLG Stuttgart (Justiz 1980, 354), wonach bei der Eintragung einer GmbH der Registerrichter die Klarstellung mißverständlicher Satzungsbestandteile verlangen muß, ist auf das Vereinseintragungsverfahren nicht übertragbar, OLG Köln MittRhNotK 1993, 217 (219); vgl. auch BayObLG Rpfleger 1985, 197 (GmbH).

[23] Zu den Grenzen registergerichtlicher Prüfungsrechte und Prüfungspflichten siehe auch Baums, Eintragung und Löschung von Gesellschafterbeschlüssen, 1981, S. 21ff. sowie Mummenhoff S. 98 und K. Schmidt ZHR 1983, 43 (62).

[24] OLG Köln MittRhNotK 1993, 217; BayObLGZ 1910, 644; 1914, 366; BayObLG RsprOLG 23, 373.

[25] BayObLG Rpfleger 1983, 74.

Vertrauensschutz

Das Vereinsregister gewährt im Gegensatz zum Grundbuch nur einen beschränkten Vertrauensschutz.[26] Während der Inhalt des Grundbuchs im rechtsgeschäftlichen Verkehr zugunsten eines Gutgläubigen als richtig gilt (§ 892 BGB), gibt es einen solchen Rechtssatz beim Vereinsregister nicht. Hier schützt die Regelung in § 68 BGB denjenigen, der gutgläubig oder in nicht vorwerfbarer Unkenntnis des Registerinhalts mit dem „bisherigen Vorstand" ein Rechtsgeschäft oder eine Rechtshandlung vornimmt. Darunter sind Personen zu verstehen, deren Zugehörigkeit zum Vorstand beendet ist. Dabei wird unterschieden, ob sie noch im Vereinsregister eingetragen sind oder ob die Änderung des Vorstands (d. h. die Tatsache, daß die Betreffenden nicht mehr Mitglieder des Vorstands sind) bereits eingetragen ist. **391**

Wenn das Ausscheiden des bisherigen Vorstands (ohne Rücksicht darauf, ob er eingetragen war!) noch nicht im Vereinsregister eingetragen ist, wird derjenige, der mit ihm oder ihm gegenüber in Unkenntnis der im Vorstand eingetretenen Änderung ein Rechtsgeschäft oder eine Rechtshandlung (z. B. Aufnahme in den Verein, Erklärung des Austritts, Kündigung eines Mietvertrags, Mahnung) vornimmt, geschützt. Der Fall wird dann rechtlich so behandelt, wie wenn der bisherige Vorstand noch der wirkliche Vorstand gewesen wäre.[27] Der Verein kann sich also im Streitfall nicht darauf berufen, daß der bisherige Vorstand im Zeitpunkt, in dem das Rechtsgeschäft abgeschlossen wurde, bereits zurückgetreten, abgewählt, wegen Ablaufs der Amtszeit oder aus sonstigen Gründen nicht mehr im Amt war. Dagegen wird das Vertrauen in die Geschäftsfähigkeit des Vorstands nicht geschützt. Wird der Vorstand also unerkennbar geisteskrank, dann kann sich der Verein stets auf die Nichtigkeit der von ihm vorgenommenen Rechtsgeschäfte berufen.[28] Ebenso wenig kann sich der gutgläubige Dritte darauf verlassen, daß der eingetragene Vorstand seinerzeit rechtsgültig bestellt worden ist. Auf diesen Umstand erstreckt sich der Vertrauensschutz des Vereinsregisters nicht.[29] War die Bestellung (z. B. die Wahl) der im Vereinsregister als Vorstand eingetragenen Personen unwirksam, so kann sich der Verein gegenüber dem Dritten auf ihre fehlende Vertretungsmacht berufen. Der Abschluß eines Rechtsgeschäfts mit dem im Vereinsregister eingetragenen Vorstand gibt daher dem Vertragspartner keine absolute Sicherheit für die Wirksamkeit des Rechtsgeschäfts; hierzu ist noch die Feststellung erforderlich, daß die Bestellung des eingetragenen Vorstands rechtsgültig war. Selbst wenn bei Abschluß des Rechtsgeschäfts mit dem bisherigen Vorstand die Änderung des Vorstands bereits im Vereinsregister eingetragen war, also aus dem Register zu ersehen war, daß die für den Verein handelnden Personen nicht mehr dem Vorstand angehören, braucht der Dritte die Änderung des Vorstands nicht gegen sich gelten zu lassen, wenn er sie nicht kannte und seine Unkenntnis auch nicht auf Fahrlässigkeit beruhte. Praktische Bedeu-

---

[26] Dazu eingehend Ripfel JurBüro 1970, 273; siehe auch Reithmann DNotZ 1979, 67 (78).

[27] Stöber, 6. Aufl. Rdnr. 305c.

[28] BGH NJW 1991, 2566 (GmbH).

[29] Vgl. BayObLGZ 1986, 528.

tung erlangt diese gesetzliche Regelung vor allem in den Fällen, in denen eine Willenserklärung gegenüber einem bisherigen Vorstandsmitglied abgegeben wird, z. B. die Erklärung des Austritts aus dem Verein. Denn daß Personen, die aus dem Vorstand ausgeschieden sind, sich nach Eintragung der Vorstandsänderung im Register noch aktiv an der Vertretung des Vereins beteiligen, wird wohl nur selten vorkommen.

Wenn der Dritte es vor Abschluß des Rechtsgeschäfts mit dem Verein unterlassen hat, das Vereinsregister einzusehen oder durch Beauftragte einsehen zu lassen, ist ihm regelmäßig der Vorwurf zu machen, er habe die im Verkehr erforderliche Sorgfalt außer acht gelassen, also fahrlässig gehandelt (§ 276 BGB). Seine Unkenntnis der eingetragenen Vorstandsänderung hat er daher selbst verschuldet. Anders ist der Fall zu beurteilen, wenn ihm bei Abschluß des Rechtsgeschäfts ein beglaubigter Auszug aus dem Vereinsregister vorgelegt wird, der die für den Verein handelnden Personen noch als den Vereinsvorstand ausweist, während in Wirklichkeit ihr Vorstandamt beendet ist. Ein solcher Registerauszug dient zwar nach § 69 BGB nur gegenüber Behörden zum Nachweis der Vorstandseigenschaft der für den Verein handelnden Personen. Wenn aber eine Privatperson sich mit einem Beweismittel begnügt, das (sogar) im Behördenverkehr ausreicht, kann ihr dies billigerweise nicht als Fahrlässigkeit angelastet werden.[30] Ein Registerauszug ist allerdings dann nicht mehr als ausreichendes Beweismittel anzusehen, wenn er vor längerer Zeit ausgestellt ist.

Der Vertrauensschutz des Vereinsregisters erstreckt sich im Sinn der vorstehenden Ausführungen auch auf Satzungsbestimmungen, die den Umfang der Vertretungsmacht des Vorstands beschränken oder die Beschlußfassung des Vorstands abweichend von der Vorschrift des § 28 Abs. 1 BGB regeln (§ 70 BGB). Ist z. B. eine Satzungsbestimmung, wonach der Vorstand für Rechtsgeschäfte über 3000 DM der Zustimmung der Mitgliederversammlung bedarf, entgegen § 64 BGB nicht in das Vereinsregister eingetragen worden, so kann sich der Verein gegenüber dem Vertragspartner, der diese Satzungsbestimmung nicht kannte, nicht darauf berufen, daß der Vorstand den Vertrag ohne Zustimmung der Mitgliederversammlung abgeschlossen hat.

Die Rechtsprechung hat noch nicht zu der Frage Stellung genommen, ob die gesetzlichen Bestimmungen über den Vertrauensschutz des Vereinsregisters auf die „besonderen Vertreter"[31] des Vereins entsprechend anzuwenden sind. Da diese auch im Verhältnis zu Dritten innerhalb ihres Wirkungskreises dieselbe Stellung wie der Vorstand haben, ist es nach obergerichtlicher Rechtsprechung[32] geboten, sie in das Vereinsregister einzutragen. Dieses Eintragungsgebot hat zwangsläufig zur Folge, daß die „besonderen Vertreter" auch hinsichtlich des Vertrauensschutzes des Vereinsregisters dem Vorstand gleichzustellen sind.[33]

---

30 Staudinger-Coing § 69 Rdnr. 3; MünchKomm-Reuter, 3. Aufl. § 69 Rdnr. 2; Palandt-Heinrichs § 70 Rdnr. 5; Soergel-Hadding § 69 Rdnr. 2.

31 Dazu bei Rdnr. 313.

32 Siehe Rdnr. 313 Fn. 15.

33 MünchKomm-Reuter, 3. Aufl. § 68 Rdnr. 2 a. E.

Die Anmeldungen zum Vereinsregister

Zur Eintragung in das Vereinsregister sind vom Vorstand anzumelden: **392** Der Verein, jede Änderung des Vorstands einschließlich solcher Änderungen, bei denen zwar die Vorstandsmitglieder dieselben bleiben, aber die Vorstandsämter wechseln; der Anmeldung dieser Veränderungen bedarf es aber nur, wenn sie Einfluß auf die Vertretungsmacht der Vorstandsmitglieder haben. Ferner sind anzumelden: die Änderung der Satzung, die Auflösung des Vereins und die bestellten Liquidatoren. Wiederwahlen der Vorstandsmitglieder brauchen nach der Änderung des § 67 Abs. 1 BGB nicht mehr angemeldet zu werden. Die „Anmeldung" hat die rechtliche Bedeutung eines **Antrags** auf Eintragung in das Vereinsregister.[34] Sie muß schriftlich abgefaßt sein und die Unterschriften müssen öffentlich – regelmäßig von einem Notar – beglaubigt werden.[35] Wird die Anmeldung von mehreren Personen vorgenommen, so können diese ihre Unterschriften zu unterschiedlichen Zeiten und an verschiedenen Orten leisten. Die Unterschriftsbeglaubigung ist auch dann erforderlich, wenn die betreffende Unterschrift aufgrund einer früheren Anmeldung dem Gericht bereits bekannt ist.

Die Beglaubigung der Unterschrift kann auch in der Weise erfolgen, daß die vor einem Notar vollzogene Unterschrift zusammen mit dem Beglaubigungsvermerk fotokopiert wird und der Notar dann auf der Fotokopie beglaubigt, daß diese mit der Urschrift übereinstimmt (vgl. § 39 BeurkG). Ebenso kann anstelle der Urschrift eines Protokolls (z. B. der Mitgliederversammlung) eine notariell beglaubigte Fotokopie eingereicht werden.

Der **Widerruf** (die Zurücknahme) einer beim Registergericht bereits ein- **393** gereichten Anmeldung bedarf (mangels gesetzlicher Vorschrift) keiner besonderen Form; er kann daher auch mündlich erklärt werden. Wenn jedoch der Widerruf seinerseits zurückgenommen werden, also die ursprüngliche Anmeldung ihre Gültigkeit behalten soll, ist die Widerrufserklärung – wie die ursprüngliche Anmeldung – öffentlich (notariell) zu beglaubigen.[36] Wenn die Anmeldung vom Registergericht bereits vollzogen, also die beantragte Eintragung schon geschehen ist, ist eine Zurücknahme der Anmeldung nicht mehr möglich. In diesem Fall käme nur eine Löschung der betreffenden Eintragung, wenn sie unzulässig war, nach §§ 159, 142 FGG in Betracht.

Die Anmeldung kann auch durch einen **Bevollmächtigten** vorgenommen **394** werden; die Vollmacht muß aber öffentlich (notariell) beglaubigt sein.[37] Mit der Anmeldung beim Registergericht ist die Urschrift (das Original) oder eine „Ausfertigung" der Vollmachtsurkunde vorzulegen; eine beglaubigte Abschrift genügt nicht.[38]

Auch ohne besondere Vollmacht ist der Notar, der die Unterschriften der Anmeldenden beglaubigt hat, zur Einreichung der Anmeldung beim Regi-

---

[34] Zur Rechtsnatur einer Registeranmeldung und deren Inhalt siehe BayObLG Rpfleger 1985, 241 (Anmeldung der Neufassung einer GmbH-Satzung).

[35] Infolge Aufhebung des § 128 FGG können Anmeldungen nicht mehr zu Protokoll der Geschäftsstelle des Registergerichts erklärt werden. S. auch Rdnr. 140 Fn. 40 zur Rechtslage in Hessen, Rheinland-Pfalz und Baden-Württemberg.

[36] KG RsprOLG 43, 205 und 299.

[37] KGJ 26, 232.

[38] RGZ 88, 431.

stergericht ermächtigt. Dies gilt aber nach § 129 FGG nur bei Anmeldungen, für die eine (öffentlich-rechtliche und daher mit Zwangsgeld erzwingbare) Pflicht zur Anmeldung besteht. Darunter fallen alle oben genannten Rechtsvorgänge im Verein mit Ausnahme der Anmeldung des Vereins zur Eintragung in das Vereinsregister; denn insoweit besteht eine öffentlich-rechtliche Pflicht zur Anmeldung nicht.

Die Vornahme der Anmeldungen beim mehrgliedrigen Vorstand

395 In der Rechtsprechung wie im Schrifttum besteht seit langem Streit darüber, ob beim mehrgliedrigen (mehrköpfigen) Vereinsvorstand die Anmeldungen zum Vereinsregister von **sämtlichen** Mitgliedern des Vorstands (im Sinne des § 26 BGB vorgenommen werden müssen oder ob es genügt, daß dabei nur so viele Vorstandsmitglieder mitwirken, wie im Einzelfall zur **Vertretung** des Vereins erforderlich sind.[39] Diese Frage ist keine rein akademische, sondern sie hat, wenn man den mit einer Anmeldung verbundenen Aufwand an Zeit und Kosten berücksichtigt, für viele Vereine mit einem oft vielköpfigen Vorstand doch erhebliche praktische Bedeutung.

Für die Anmeldung einer Satzungsänderung – und damit wohl grundsätzlich für alle „späteren Anmeldungen" – hat der Bundesgerichtshof[40] entschieden, daß die Mitwirkung von Vorstandsmitgliedern in vertretungsberechtigter Zahl genügt. Damit reduziert sich der Meinungsstreit für die Vereinspraxis auf die Frage, ob bei der Anmeldung des Vereins zur Eintragung in das Vereinsregister die Mitwirkung aller Vorstandsmitglieder erforderlich ist oder ob auch in diesem Fall nur so viele Vorstandsmitglieder den Verein anmelden müssen, wie zur Vertretung des Vereins notwendig sind. Die erstere Meinung wendet die Regelung im GmbH-Recht (§ 78 GmbHG) auf den Verein entsprechend an;[41] nach der letzteren Auffassung, der wir beitreten, besteht kein Grund, zwischen der Anmeldung des Vereins (Erstanmeldung) und den späteren Anmeldungen zu unterscheiden, so daß in beiden Fällen die Anmeldung durch Vorstandsmitglieder in vertretungsberechtigter Zahl genügt.[42]

Die noch überwiegende Gegenmeinung, die dafür eintritt, daß die Anmeldungen zum Vereinsregister in allen Fällen von sämtlichen Vorstandsmitgliedern vorgenommen werden müssen, geht davon aus, daß die Vorstandsmitglieder bei der jeweiligen Anmeldung nicht in Vertretung des Vereins,

---

[39] Für Anmeldung durch sämtliche Vorstandsmitglieder: KG RsprOLG 3, 38; OLG Hamm Rpfleger 1980, 384 und Rpfleger 1983, 487 = OLGZ 1984, 15 (jedenfalls bei der Erstanmeldung des Vereins); LG Düsseldorf NJW 1949, 787; LG Wuppertal MDR 1951, 735; LG Stade MDR 1962, 50; LG Lüneburg DNotZ 1964, 491; Palandt-Heinrichs § 59 Rdnr. 1; R–D, 5. Aufl. Rdnr. 142; für Anmeldung durch Vorstandsmitglieder in vertretungsberechtigter Zahl: BayObLG Rpfleger 1981, 487 = DNotZ 1982, 115 (Vorstandsänderung); LG Bremen NJW 1949, 345; Stöber, 6. Aufl. Rdnr. 298; Rpfleger 1967, 342 und 1980, 369.

[40] BGHZ 96, 245 = NJW 1986, 1033 = Rpfleger 1986, 184 = DNotZ 1986, 276; zustimmend insbes. Kirberger ZIP 1986, 346.

[41] Bumiller-Winkler § 159 Anm. 3a; Keidel-Kuntze-Winkler § 159 Rdnr. 18; MünchKomm-Reuter § 67 Rdnr. 2.

[42] Ebenso Kirberger ZIP 1986, 346 und jetzt auch BayObLG Rpfleger 1991, 207 (kritisch Buchberger Rpfleger 1991, 347); Keidel-Schmatz-Stöber Rdnr. 1081a.

sondern in Erfüllung einer ihnen selbst persönlich auferlegten Pflicht handelten.[43] Daran ist richtig, daß die im Gesetz jeweils „dem Vorstand" auferlegte Pflicht, eine bestimmte Anmeldung vorzunehmen, jedes Mitglied des Vorstands betrifft; insoweit kann – wenn auch mißverständlich – von einer „persönlichen" Pflicht der Vorstandsmitglieder gesprochen werden. Damit ist aber nicht gesagt, daß es zur Erfüllung der Anmeldepflicht des Vorstands der Mitwirkung aller Vorstandsmitglieder bei der Anmeldung bedarf. Dies ist auch dem § 77 BGB nicht zu entnehmen,[44] da diese Vorschrift offensichtlich nur die **Form** der Anmeldung regeln will. Auch aus § 78 BGB, wonach die Mitglieder des Vorstandes zur Befolgung der dort genannten Vorschriften über die Anmeldungen (die Erstanmeldung gehört nicht dazu) durch Festsetzung von Zwangsgeld anzuhalten sind, läßt sich die Mitwirkungspflicht aller Vorstandsmitglieder nicht ableiten.[45] Denn damit wird dem Amtsgericht nur ein Mittel an die Hand gegeben, die betreffenden Anmeldungen notfalls zu erzwingen. Mit der Frage, wieviele Vorstandsmitglieder bei der Anmeldung mitwirken müssen, befaßt sich diese Vorschrift nicht. Es liegt daher nahe, an die Vornahme einer Anmeldung, also eines Antrags an das Amtsgericht, eine bestimmte Eintragung im Vereinsregister vorzunehmen, keine strengeren Anforderungen zu stellen als an andere Rechtshandlungen des Vorstands als Vertretungsorgan des Vereins. Daher genügt auch für eine wirksame Anmeldung des Vereins, daß sie von so vielen Vorstandsmitgliedern vorgenommen wird, wie zur Vertretung des Vereins notwendig sind. Das bedeutet, daß sich die jeweils erforderliche Zahl von Vorstandsmitgliedern nach der Satzung oder, wenn diese keine besondere Regelung über die Vertretung des Vereins enthält, nach dem Gesetz bestimmt. Im letzteren Fall genügt daher die Mehrheit der Vorstandsmitglieder.[46]

Auch die ersten **Liquidatoren** sind vom Vorstand in vertretungsberechtig- **396**
ter Zahl von Vorstandsmitgliedern anzumelden (§ 76 BGB). Dies gilt sowohl für den Fall, daß der Vorstand selbst Liquidator ist, als auch für die Bestellung einer anderen Person zum Liquidator.[47] Daß damit – abweichend von der Regel – die Anmeldepflicht dem bisherigen Vorstand in alter Eigenschaft[48] auferlegt ist, ist kein Grund, einen mit dem Vorstand nicht personengleichen Liquidator für berechtigt zu halten, die Auflösung des Vereins und sich selbst als Liquidator anzumelden.[49] Anders ist es nur, wenn der Vorstand vor Wirksamwerden des Auflösungsbeschlusses aus dem Amt geschieden und bereits ein Liquidator bestellt ist.[50] Hier wäre es unangebrachter Formalismus, allein für diese Anmeldung die Bestellung eines Notvorstandes nach § 29 BGB zu verlangen.

---

[43] OLG Hamm Rpfleger 1980, 384 = DNotZ 1982, 118; bestätigt für die Erstanmeldung durch OLG Hamm Rpfleger 1983, 487 = DNotZ 1985, 115.

[44] Zutreffend BayObLG Rpfleger 1981, 487; BGH wie Fn. 40.

[45] BayObLG wie Fn. 44.

[46] Dazu bei Rdnr. 231.

[47] LG Köln MittRhNotK 1979, 171; Staudinger-Coing § 74 Rdnr. 3 und § 76 Rdnr. 2; RGRK-Steffen § 76 Rdnr. 2; Soergel-Hadding § 76 Rdnr. 2.

[48] So MünchKomm-Reuter § 76 Rdnr. 2.

[49] So aber Stöber, 6. Aufl. Rdnr. 296 und Keidel-Schmatz-Stöber Rdnr. 1124 Fn. 64; LG Bielefeld NJW 1987, 1089 (für GmbH).

[50] OLG Düsseldorf Rpfleger 1990, 369.

Bescheinigung über die Zahl der Vereinsmitglieder

397 Der Vorstand ist ferner verpflichtet, jederzeit auf Verlangen des Gerichts eine Bescheinigung über die Zahl der Vereinsmitglieder einzureichen (§ 72 BGB). Es genügt hier die einfache Mitteilung des Vorstands, daß zur Zeit der Verein soundsoviele Mitglieder hat. Solche Bescheinigungen werden vom Amtsgericht hauptsächlich in den Fällen der §§ 37 und 73 BGB verlangt.

Das Zwangsgeldverfahren

398 Das Amtsgericht (Rechtspfleger) hat das Recht, aber auch die Pflicht, die Vorstandsmitglieder und die Liquidatoren durch die Festsetzung eines **Zwangsgeldes** dazu anzuhalten, ihre gesetzlichen Pflichten gegenüber dem Amtsgericht zu erfüllen (§ 78 BGB). Die Bezeichnung „Zwangsgeld" ist – ohne sachliche Änderung – an die Stelle der früheren Bezeichnung „Ordnungsstrafe" getreten. Dadurch kommt jetzt deutlicher zum Ausdruck, daß es sich nicht um Sühne für Pflichtversäumnisse oder gar um eine Kriminalstrafe, sondern lediglich um ein Mittel handelt, gesetzlich vorgeschriebene Handlungen zu erzwingen.[51] Durch Zwangsgeld **erzwingbar** sind die **Anmeldungen** von Änderungen des Vorstands (nebst einer Abschrift der Urkunde über die Änderung), von Satzungsänderungen (nebst Ur- und Abschrift des Änderungsbeschlusses), der Auflösung des Vereins (nebst Abschrift des Auflösungsbeschlusses der Mitgliederversammlung) sowie der Liquidatoren (u. U. nebst Abschrift des Bestellungsbeschlusses) und der für sie besonders bestimmten Vertretungsmacht sowie vom Gesetz abweichender Bestimmung über ihre Beschlußfassung (nebst Abschrift der entsprechenden Urkunde). Erzwingbar ist ferner die Bescheinigung über die Zahl der Vereinsmitglieder. **Nicht erzwingbar** sind die Anmeldung des Vereins zwecks Eintragung in das Vereinsregister und die Anmeldung, daß die Liquidation beendet ist.

Das Zwangsgeldverfahren (§§ 132–139, 159 FGG) richtet sich gegen die Vorstandsmitglieder oder Liquidatoren **persönlich,** nicht etwa gegen den Vorstand als Vereinsorgan oder gegen den Verein als solchen.[52] Das Zwangsgeld kann daher auch nicht aus dem Vermögen des Vereins beigetrieben werden.[53] Auch die Kosten des Verfahrens treffen nur die verurteilten Vorstandsmitglieder oder Liquidatoren, nicht den Verein.

Besteht der Vorstand aus mehreren Personen, so ist das Zwangsgeldverfahren gegen sämtliche Vorstandsmitglieder zu betreiben, ohne Rücksicht darauf, ob in der Satzung die Vertretungsmacht der Vorstandsmitglieder abweichend von der Vertretungsmacht, wie sie sich aus dem Gesetz ergibt, geregelt ist. Denn die gesetzlichen Pflichten, deren Erfüllung erzwungen werden soll, sind von allen Vorstandsmitgliedern „geschuldet", und diese „Schuld" bleibt bestehen, bis sie vom Vorstand durch die zur Vertretung des

---

[51] Vgl. BayObLG FamRZ 1975, 279; BayObLG Rpfleger 1979, 215.
[52] KGJ 26, 232; LG Lübeck SchlHAnz. 1984, 115.
[53] Staudinger-Coing § 78 Rdnr. 3.

Vereins erforderliche Zahl von Vorstandsmitgliedern erfüllt ist; dafür kann bei entsprechender Regelung der Vertretungsmacht in der Satzung ein einziges Vorstandsmitglied genügen. Hat aber ein – nicht ausreichender – Teil der Vorstandsmitglieder seiner gesetzlichen Pflicht (z. B. zur Anmeldung) genügt, so darf das Zwangsgeldverfahren nur gegen die übrigen – säumigen – Vorstandsmitglieder betrieben werden.[54]

Das Zwangsgeldverfahren ist einzuleiten, sobald das Registergericht, gleichgültig auf welche Weise, **glaubhafte Kenntnis** davon hat, daß sich bei einem Verein ein eintragungspflichtiger Vorgang ereignet hat; volle Gewißheit ist also nicht erforderlich.[55] Die endgültige Klärung ist dem weiteren Gang des Verfahrens, insbesondere dem Einspruchsverfahren vorbehalten. Daher darf das Registergericht den Antrag eines Vereinsmitglieds, die Vorstandsmitglieder unter Androhung eines Zwangsgeldes zur Anmeldung einer von der Mitgliederversammlung beschlossenen Satzungsänderung anzuhalten, nicht ohne weitere Prüfung nur deshalb zurückweisen, weil es Zweifel hat, ob die Satzungsänderung wirksam beschlossen worden ist.[56] Das Zwangsgeldverfahren darf aber nur in den im Gesetz ausdrücklich genannten Fällen eingeleitet werden. Es ist nicht dazu da, andere Handlungen der Vorstandsmitglieder oder der Liquidatoren zu erzwingen.[57]

Bei Einleitung des Verfahrens ist zunächst den Beteiligten unter Androhung eines bestimmten Zwangsgelds aufzugeben, innerhalb einer bestimmten Frist ihren gesetzlichen Verpflichtungen nachzukommen oder die Unterlassung mittels Einspruchs gegen die Verfügung zu rechtfertigen, §§ 159, 132 FGG. Fehlt in der gerichtlichen Verfügung der Hinweis auf die Möglichkeit des Einspruchs, so ist die Verfügung auf Beschwerde hin aufzuheben.[58] Es genügt nicht, daß allgemein „ein Zwangsgeld" angedroht wird; es muß vielmehr eine bestimmte Summe angedroht werden. Der Bundesgerichtshof[59] hat zwar für den Fall des § 33 FGG entschieden, daß auch ein durch einen Höchstbetrag begrenztes Zwangsgeld (z. B. „bis zu 1000 DM") angedroht werden darf. Da aber im Fall des § 133 FGG kein Raum ist für irgendwelche Ermessungserwägungen (wie im Fall des § 135 Abs. 2 Satz 2 FGG), sondern ohne weiteres „das angedrohte Zwangsgeld" festzusetzen ist, wird man für das Zwangsgeldverfahren nach §§ 132ff. FGG an der Androhung eines betragsmäßig bestimmten Zwangsgelds festhalten müssen. Davon geht auch § 119 Abs. 2 erster Halbsatz KostO aus. Notwendiger Inhalt dieser Androhungsverfügung ist ferner die möglichst genaue Bezeichnung dessen, was von dem Betroffenen verlangt wird.[60] Die Frist muß so bemessen werden, daß es dem Anmeldepflichtigen möglich ist, seine Verpflichtung innerhalb der Frist zu erfüllen.[61] Sie darf auch bei einer wiederholten Aufforde-

---

[54] BayObLG Rpfleger 1978, 254 und 450; Stöber, 6. Aufl. Rdnr. 353.
[55] KGJ 30, 116; Keidel-Kuntze-Winkler § 132 Rdnr. 13.
[56] OLG Frankfurt Rpfleger 1979, 60 = OLGZ 1979, 5 = DNotZ 1979, 620.
[57] Vgl. OLG Hamm Betrieb 1979, 306.
[58] OLG Hamm Rpfleger 1986, 390.
[59] NJW 1973, 2288.
[60] OLG Hamm JMBlNRW 1960, 22; BayObLGZ 1967, 458; 1978, 319 (322); Jansen § 132 Rdnr. 51; Keidel-Kuntze-Winkler § 132 Rdnr. 24.
[61] Jansen § 132 Rdnr. 54.

rung zur Anmeldung (§ 133 FGG) nicht eine bloße Nachfrist sein.[62] Das Zwangsgeld beträgt jeweils mindestens 5 DM und höchstens 1000 DM (Art. 6 Abs. 1 EGStGB). Der auf 10000 DM erhöhte Festsetzungsrahmen für das Zwangsgeld in Handelssachen gilt hier nicht. Die Verfügung ist denjenigen, an die sie sich richtet, durch Zustellung oder zu Protokoll bekanntzumachen (§ 16 Abs. 2 und 3 FGG).[63] Wird diese besondere Form der Bekanntmachung nicht gewahrt, beginnt die Frist nicht zu laufen und ein Zwangsgeld nach § 133 FGG darf nicht festgesetzt werden.[64]

Der weitere Gang des Zwangsgeldverfahrens

399 Wird der Verfügung innerhalb der Frist oder wenigstens vor Festsetzung des Zwangsgelds nachgekommen, ist das Verfahren beendet; die Androhung verliert ihre Wirksamkeit. Einer förmlichen Aufhebung der Androhungsverfügung bedarf es nicht. Wird Einspruch erhoben, so hat das Gericht, wenn der Einspruch sich ohne weiteres als begründet erweist, seine Verfügung aufzuheben. Wird der fristgerecht eingelegte Rechtsbehelf als „Beschwerde" bezeichnet, so ist er als Einspruch zu behandeln.[65] Erweist er sich nicht ohne weiteres als begründet, ist vom Amtsgericht Termin zur Verhandlung über den Einspruch anzuberaumen. Die Beteiligten sind hierzu zu laden. Soweit nicht persönliches Erscheinen angeordnet ist, können sie sich durch Bevollmächtigte vertreten lassen. Die Bevollmächtigten haben auf Anordnung des Gerichts oder auf Verlangen eines Beteiligten die Bevollmächtigung durch eine öffentlich beglaubigte Vollmacht nachzuweisen, § 13 FGG. Seitens des Gerichts wird aber regelmäßig keine Veranlassung bestehen, von einem Rechtsanwalt die Vorlage der Vollmacht zu verlangen, da anzunehmen ist, daß er nicht ohne Auftrag tätig wird. Erscheint der Beteiligte in dem Termin nicht, hat das Gericht nach Lage der Sache zu entscheiden, §§ 159, 134 Abs. 2 FGG. Die Verhandlung ist nicht öffentlich. Ein Verstoß würde jedoch keinen Beschwerdegrund bilden.

Wird der Einspruch für begründet erachtet, ist die Androhungsverfügung aufzuheben. Erweist sich der Einspruch als unbegründet, ist er durch Beschluß zu verwerfen und das angedrohte Zwangsgeld festzusetzen, §§ 159, 135 Abs. 2 FGG; der Rechtspfleger kann jedoch ein geringeres als das angedrohte Zwangsgeld festsetzen oder überhaupt von einer Festsetzung absehen. Letzteres wird in Betracht kommen, wenn eine umstrittene Rechtsfrage im Wege des Zwangsgeldverfahrens geklärt werden soll (z. B. die Frage, ob alle Vorstandsmitglieder einen bestimmten Vorgang anmelden müssen), und die Beteiligten nach den Umständen des Falles die Gewähr dafür bieten, daß sie nach rechtskräftiger Entscheidung über ihren Einspruch auch ohne Festsetzung eines Zwangsgelds das tun, was das Gericht von ihnen verlangt hat.[66] Kommt es zu der Festsetzung eines Zwangsgelds, so müssen dem

---

62 OLG Karlsruhe RsprOLG 36, 193; OLG München JFG 22, 205; Jansen § 132 Rdnr. 52.

63 BayObLG NJW 1974, 755.

64 Jansen § 132 Rdnr. 54.

65 KG RsprOLG 7, 346.

66 Vgl. BayObLGZ 1970, 317 (319) = Rpfleger 1971, 109.

Beteiligten auch die Kosten des Verfahrens auferlegt werden.[67] Nach Festsetzung des Zwangsgelds ist eine neuerliche Androhungsverfügung zu erlassen und in dieser Weise fortzufahren, bis der gesetzlichen Verpflichtung genügt ist. Häufig kommt es vor, daß gegen die erste Androhungsverfügung nichts unternommen wird, sondern erst gegen die nach der Festsetzung des Zwangsgelds erlassene neuerliche Androhungsverfügung Einspruch eingelegt wird. Erweist sich dieser als begründet, so kann der Rechtspfleger nach pflichtgemäßem Ermessen das festgesetzte Zwangsgeld ermäßigen oder ganz aufheben, § 136 FGG. Geschieht das und ist das Zwangsgeld schon bezahlt oder beigetrieben, so muß es zurückvergütet werden.[68]

Das Ergebnis der mündlichen Verhandlung ist aktenkundig zu machen. Eine Vorschrift, daß der Gang der mündlichen Verhandlung in einem Protokoll festzuhalten ist, besteht nicht. Es braucht auch kein Urkundsbeamter zugezogen zu werden.

Hat ein Beteiligter ohne sein Verschulden die Einspruchsfrist versäumt, **400** kann er Antrag auf **„Wiedereinsetzung in den vorigen Stand“** stellen, wenn er innerhalb von zwei Wochen, berechnet vom Wegfall des Hindernisses an, Einspruch einlegt und die Tatsachen, die die Wiedereinsetzung begründen sollen, glaubhaft macht. Die Frist gilt jedoch nicht für die Angabe der die Wiedereinsetzung begründenden Tatsachen sowie die Angabe und Beibringung der Mittel für ihre Glaubhaftmachung.[69] Ist der zur Begründung des Wiedereinsetzungsantrags innerhalb dieser Frist vorgetragene Sachverhalt in wesentlichen Punkten unrichtig, so kann eine nach dem Ablauf der Frist erfolgte Richtigstellung bei der Entscheidung über den Wiedereinsetzungsantrag nicht berücksichtigt werden. Allenfalls können noch solche nachträglich vorgebrachten Erklärungen mitberücksichtigt werden, die der Vervollständigung und Ergänzung des ursprünglichen tatsächlichen Vorbringens dienen, soweit das Gericht von sich aus nach § 12 FGG auf eine Klarstellung hätte hinwirken müssen.[70] Der Antrag ist jedoch nur innerhalb eines Jahres, vom Ende der versäumten Frist an berechnet, zulässig. §§ 159, 137, 22 Abs. 2 FGG.

Mit dem Zwangsgeld zu belegen sind die anmeldepflichtigen Einzelperso- **401** nen, nicht der Vorstand als Organ und auch nicht der Verein.[71] Demzufolge findet auch keine Zwangsvollstreckung wegen des Zwangsgelds in das Vereinsvermögen statt. Umwandlung eines nicht beitreibbaren Zwangsgelds in eine Freiheitsstrafe ist ausgeschlossen.[72]

Gegen den Beschluß, durch den das Zwangsgeld festgesetzt oder der Ein- **402** spruch verworfen wird, findet die befristete Erinnerung (2 Wochen ab Zustellung) statt, §§ 159, 139 FGG, § 11 Abs. 1 RPflG. Diese ist auch nach Bezahlung des Zwangsgelds noch zulässig.[73] Über die Erinnerung entscheidet der Registerrichter, wenn er sie für zulässig und begründet erachtet.

---

[67] § 138 FGG; Keidel-Kuntze-Winkler § 138 Rdnr. 1.
[68] BayObLGZ 1955, 124 (131); Keidel-Kuntze-Winkler § 136 Rdnr. 7.
[69] BGH NJW 1962, 202.
[70] BGH BB 1963, 579.
[71] KGJ 26, 232; LG Lübeck SchlHAnz. 1984, 115.
[72] Keidel-Kuntze-Winkler § 33 Rdnr. 20.
[73] BayObLG NJW 1974, 775.

Andernfalls legt er sie dem Beschwerdegericht zur Entscheidung vor und unterrichtet hiervon die Beteiligten. In diesem Fall gilt die Erinnerung als sofortige Beschwerde gegen den Beschluß des Rechtspflegers (§ 11 Abs. 2 RPflG). In der Beschwerdeinstanz entscheidet in Vereinssachen die Zivilkammer, nicht die Kammer für Handelssachen.[74] Gegen die Entscheidung des Landgerichts findet sofortige weitere Beschwerde zum Oberlandesgericht (in Bayern zum Obersten Landesgericht) statt. Hat am Landgericht fälschlich die Kammer für Handelssachen entschieden, so ist umstritten, ob ein absoluter Beschwerdegrund vorliegt (§§ 551 Nr. 4 ZPO; 27 Satz 2 FGG) und deshalb stets die Entscheidung aufzuheben und die Sache an die zuständige Zivilkammer des Landgerichts zurückzuverweisen ist.[74a] Die Rechtsmittel gegen die Festsetzung eines Zwangsgelds sind auf eine Nachprüfung des **Verfahrens** beschränkt, wenn der Beteiligte von der Möglichkeit, Einspruch einzulegen, bisher noch keinen Gebrauch gemacht hatte, § 139 FGG. Ist das Zwangsgeld festgesetzt worden, weil gegen die Androhungsverfügung kein Einspruch eingelegt wurde (§ 133 FGG), so hat es regelmäßig keinen Zweck, gegen die Festsetzung vorzugehen. Der richtige Weg ist vielmehr, gegen die neuerliche Androhungsverfügung rechtzeitig Einspruch einzulegen. Wird dieser aus sachlichen Gründen verworfen, so kann **nunmehr** der Fall im Rechtsmittelweg zur vollen Nachprüfung gestellt werden.

403 Wird die aufgegebene Verpflichtung zwar nach Erlaß des Zwangsgeldfestsetzungsbeschlusses, jedoch zugleich mit der Einlegung der Beschwerde erfüllt, so muß das Beschwerdegericht diesen Umstand als neue Tatsache berücksichtigen und die Zwangsgeldfestsetzung aufheben.[75] Mit der Aufhebung der Zwangsgeldfestsetzung wird die mit ihr verbundene Androhung eines erneuten Zwangsgeldes gegenstandslos, ohne daß es hierfür einer weiteren gerichtlichen Verfügung bedarf.[75] Der Betroffene kann nicht verlangen, daß das erledigte Zwangsverfahren fortgesetzt und dessen Rechtswidrigkeit festgestellt wird.[76]

Vollstreckung des Zwangsgelds

404 Das Zwangsgeld wird nach der Justizbeitreibungsordnung und der Einforderungs- und Beitreibungsanordnung (EBAO) vom 20. 11. 1974 eingefordert und gegebenenfalls beigetrieben. Mit dem Zweck des Zwangsgeldes, die Vorstandsmitglieder oder Liquidatoren zur Erfüllung ihrer Pflichten gegenüber dem Amtsgericht, insbesondere zur Vornahme der erforderlichen Anmeldungen anzuhalten, sind Vollstreckungserleichterungen durch Gewährung von Teilzahlungen oder ein Gnadenerweis nicht zu vereinbaren;[77] allenfalls kann der Rechtspfleger einen kurzfristigen Vollstreckungsaufschub verfügen.

---

[74] KG RJA 5, 187.

[74a] Bejahend BayObLG NJW 1988, 1099.

[75] BayObLG Rpfleger 1979, 215; siehe auch BayObLG Rpfleger 1984, 140 (143).

[76] BayObLG Rpfleger 1984, 140 (143, Übersicht).

[77] OLG Karlsruhe FamRZ 1980, 624 im Fall des § 33 FGG; Keidel-Kuntze-Winkler § 33 Rdnr. 31.

Antrag auf Entziehung der Rechtsfähigkeit

Sinkt die Mitgliederzahl unter drei, so ist vom Vorstand Antrag auf Entziehung der Rechtsfähigkeit zu stellen, § 73 BGB. Der Antrag kann beim Registergericht zu Protokoll des Urkundsbeamten der Geschäftsstelle oder schriftlich eingereicht werden. Der Antrag ist zurückzuweisen, wenn sich die Zahl der Mitglieder aus den überreichten Unterlagen und den Ermittlungen des Gerichts nicht sicher ergibt.[78] Muster eines solchen Antrags siehe bei Rdnr. 466. **405**

Bestellung eines Notvorstands

Ist der Verein ohne Vorstand oder fehlt die erforderliche Zahl von Vorstandsmitgliedern, so kann in dringenden Fällen bis zur Behebung des Mangels das zuständige Amtsgericht auf Antrag eines Beteiligten einen Vorstand bestellen, § 29 BGB.[79] Der Antrag kann wiederum entweder zu Protokoll des Urkundsbeamten der Geschäftsstelle des Amtsgerichts oder schriftlich gestellt werden. Muster eines solchen Antrags siehe bei Rdnr. 455. **406**

Antrag einer Minderheit von Mitgliedern

Eine Minderheit von Mitgliedern kann auf Antrag zur Einberufung einer Mitgliederversammlung mit einer bestimmten Tagesordnung ermächtigt werden.[80] Muster eines Antrags siehe bei Rdnr. 458. **407**

Reihenfolge der Bearbeitung von Anmeldungen

Im Gegensatz zum Grundbuchverfahren (vgl. § 17 GBO) gibt es im Vereinsrecht keine Bestimmung, nach der es für die Erledigung von Anmeldungen und Anträgen auf den Zeitpunkt ihres Eingangs beim Amtsgericht ankäme. Es besteht kein Vorrang eines früher eingereichten Antrags vor einem später eingegangenen.[81] Das willkürliche Zurückstellen bzw. Nichtbearbeiten eines Antrags zugunsten eines später eingegangenen kann jedoch eine Amtspflichtverletzung darstellen, vor allem dann, wenn dem früher angemeldeten Verein dadurch die Namensführung im Hinblick auf § 57 Abs. 2 BGB (Verwechslungsgefahr) unmöglich gemacht wird. **408**

Allgemeines zum Schriftverkehr

Bei allen Einreichungen und Mitteilungen an das Amtsgericht ist besonders darauf zu achten, daß der Betreff (insbesondere der Name des Vereins) und das gerichtliche Aktenzeichen angegeben werden. Es erleichtert dies den Verkehr mit dem Amtsgericht und erspart manche Unannehmlichkeit. **409**

---

78 OLG Frankfurt Rpfleger 1992, 28.
79 Einzelheiten siehe ausführlich bei Rdnr. 293.
80 Einzelheiten siehe ausführlich bei Rdnr. 164.
81 KG Recht 1930 Nr. 778; Keidel-Kuntze-Winkler § 159 Rdnr. 28.

Amtslöschung von Eintragungen im Vereinsregister

410 Gegen eine Eintragung in das Vereinsregister kann nicht mit der Erinnerung (Beschwerde) vorgegangen werden. Dagegen ist dem Registergericht (Rechtspfleger) mit den §§ 159, 142 FGG ein Verfahren an die Hand gegeben, Eintragungen, die wegen Mangels einer wesentlichen Voraussetzung unzulässig waren, von Amts wegen zu löschen.[82] Die Löschung kann auch vom Landgericht (als Gericht erster Instanz) angeordnet werden, § 143 FGG. § 144 FGG, der die Löschung einer Kapitalgesellschaft als nichtig ermöglicht, ist auf Vereine nicht anwendbar.[83] Ebenso findet bei Vereinen keine Löschung wegen Vermögenslosigkeit aufgrund des § 2 des Gesetzes vom 9. 10. 1934 (RGBl. S. 914) statt.

Da Gegenstand des Amtslöschungsverfahrens nur eine bestimmte **Eintragung** im Vereinsregister ist, können unzulässige Satzungsbestimmungen, die in der Gründungssatzung (der „Ursatzung") enthalten sind, deren Inhalt aber nicht im Vereinsregister eingetragen ist, nicht gelöscht werden. Denn nach § 59 BGB ist der Verein, nicht die Satzung, zur Eintragung in das Vereinsregister anzumelden. Auch aus § 64 BGB ergibt sich, daß nur der Inhalt bestimmter Satzungsvorschriften und nicht etwa die Satzung im ganzen eingetragen wird. Die Satzung ist zwar mit der Anmeldung des Vereins beim Registergericht einzureichen, und sie wird auch zu den Registerakten genommen, sie ist aber nicht Registerinhalt und unterliegt daher auch nicht im ganzen dem Vertrauensschutz des Vereinsregisters (§§ 68, 70 BGB). Deshalb kann beispielsweise eine sittenwidrige Bestimmung in der Ursatzung über den Ausschluß der Vereinsmitglieder nicht „gelöscht" werden, weil hierüber keine Eintragung im Vereinsregister besteht. Allenfalls kommt bei nichtigen, inhaltlich nicht eingetragenen Bestimmungen der Ursatzung eine Überprüfung der Zulässigkeit der Gesamteintragung des Vereins unter dem Gesichtspunkt in Betracht, ob aus der Teilnichtigkeit der Satzung ihre gänzliche Unwirksamkeit folgt.[84] Dagegen können alle Satzungsvorschriften – auch solche ohne besonderen eintragungspflichtigen Inhalt –, die durch **Satzungsänderung** in die Satzung aufgenommen wurden, Gegenstand eines Amtslöschungsverfahrens sein. Die insoweit verschiedene Behandlung von Bestimmungen der Ursatzung und nachträglich in die Satzung aufgenommenen Bestimmungen ergibt sich daraus, daß letztere im Vereinsregister eingetragen werden (§ 71 BGB).

Grundsätzliche Voraussetzung einer Amtslöschung ist es, daß die Unzulässigkeit der betreffenden Eintragung nach Überprüfung aller hierfür maßgeblichen Umstände, ohne vernünftigen Zweifel zu bejahen ist.[85] Ist dies nicht der Fall, so ist derjenige, der eine Eintragung gelöscht haben will, auf

---

[82] OLG Hamburg KGJ 33, 315; KGJ 41, 102; KG RJA 13, 119; 15, 39; 17, 110; KG JFG 1, 253.

[83] Vgl. Witkowski Recht 1910, 83.

[84] Vgl. BGHZ 47, 172 (180) und die Ausführungen bei Rdnr. 36.

[85] RGZ 122, 312; 132, 314; BayObLGZ 1958, 16 (21); KG JFG 18, 308 (315); BayObLGZ 1979, 351 = Rpfleger 1980, 15; OLG Hamm Rpfleger 1978, 132 = MDR 1978, 575.

den Prozeßweg zu verweisen.[86] Die Löschung ist regelmäßig nur veranlaßt, wenn das Fortbestehen der Eintragung Schädigungen Berechtigter zur Folge hätte oder dem öffentlichen Interesse widerspräche.[87] Die Einleitung des Amtslöschungsverfahrens bezüglich einer Vorstandseintragung, deren Richtigkeit zweifelhaft ist, kann daher nicht mit der Begründung abgelehnt werden, es bestehe kein öffentliches Interesse an der Löschung der Eintragung.[88] Die Löschung einer Eintragung kann unterbleiben, wenn sie niemand nützt, aber schwere wirtschaftliche Nachteile für den Betroffenen mit sich bringt.[89] Ob demnach eine Löschung von Amts wegen erfolgen soll, ist dem pflichtgemäßen Ermessen des Rechtspflegers anheimgestellt.[90] Eine Satzungsbestimmung, wonach die Mitgliedschaft ruht, solange ein Mitglied gegen den Verein Klage führt oder das satzungsgemäß vorgesehene Schiedsgerichtsverfahren betreibt, verstößt nicht zweifelsfrei gegen zwingende gesetzliche Vorschriften, so daß die Amtslöschung dieser Bestimmung im Vereinsregister nicht geboten ist.[91] In der Praxis kommt es nicht selten vor, daß die Beteiligten einen tatsächlich bestrittenen und in den Rechtsfolgen nicht eindeutigen Sachverhalt zum Gegenstand einer Löschungsanregung machen, um einen kostspieligen Feststellungsprozeß vor dem ordentlichen Gericht zu vermeiden. Hier ist seitens des Registergerichts zwar Zurückhaltung geboten; andererseits darf das Gericht auf eine Löschungsanregung nicht einfach untätig bleiben, sondern muß in die sachliche Prüfung der Löschungsvoraussetzungen eintreten.[92] Führt das Registergericht das Löschungsverfahren auf Anweisung des Beschwerdegerichts durch, ist es an dessen Beurteilung nicht gebunden.[93] Da es sich um ein Amtsverfahren handelt, ist ein Antrag eines Beteiligten nicht erforderlich. Das Löschungsverfahren kann auch ohne Anregung von dritter Seite vom Rechtspfleger aufgrund ihm aus den Registerakten oder auf sonstige Weise bekannt gewordener Tatsachen aufgegriffen werden. Regelmäßig bildet aber eine an das Gericht herangetragene Anregung den Anlaß, die Löschungsfrage zu prüfen. Eine unzulässige Beschwerde (Erinnerung) gegen eine Eintragung kann in eine solche Anregung umgedeutet werden. Folgt der Rechtspfleger der Löschungsanregung nach sachlicher Prüfung nicht, so hat er dies in einer entsprechenden Verfügung zu begründen und diese demjenigen bekanntzumachen, von dem die Löschungsanregung ausging. Gegen die ablehnende Verfügung steht dem Dritten der Rechtsbehelf der

---

86 BayObLGZ 1979, 351 = Rpfleger 1980, 15; OLG Hamm Rpfleger 1978, 132; OLG Frankfurt OLGZ 1982, 33; Stöber, 6. Aufl. Rdnr. 350.

87 KG NJW 1965, 254 (255); BayObLG Rpfleger 1978, 249/250; Keidel-Kuntze-Winkler § 142 Rdnr. 19 mit weit. Nachweisen.

88 BayObLGZ 1986, 528.

89 OLG Schleswig, Rpfleger 1990, 303 (304); BayObLG aaO = ZgGenW 1981, 330 mit teilw. ablehnender Anm. von Mummenhoff; vgl. OLG Hamm Rpfleger 1969, 350.

90 KG HRR 1930 Nr. 765; BayObLG Rpfleger 1978, 249 (250); BayObLGZ 1986, 528; OLG Hamm Rpfleger 1981, 66 (67); a. A. MünchKomm-Reuter, 3. Aufl. §§ 21, 22 Rdnr. 53; K. Schmidt JR 1987, 177 (178); Böttcher Rpfleger 1988, 169 (170, Pflicht des Gerichts zum Rechtsvollzug).

91 BayObLGZ 1979, 351 = Rpfleger 1980, 15.

92 BayObLG JFG 5, 280; 6, 230; OLG Frankfurt Rpfleger 1976, 213.

93 BayObLG NJW-RR 1993, 698 = Rpfleger 1993, 347.

(unbefristeten) Erinnerung aber nur dann zu, wenn durch das Bestehenlassen der fraglichen Eintragung im Vereinsregister ein **Recht** des Dritten – nicht nur ein wirtschaftliches oder sonstiges Interesse – beeinträchtigt wird; § 20 Abs. 1 FGG.[94] Ist – wie etwa bei der behaupteten Namensrechtsbeeinträchtigung – die Tatsache, von der die Rechtsbeeinträchtigung abhängt, identisch mit der, die für die Begründetheit des Rechtsmittels maßgeblich ist, so genügt es für die Zulässigkeit, daß die Beeinträchtigung schlüssig behauptet wird.[95] Hat ein **Vereinsmitglied** die Löschung einer Eintragung angeregt, so steht ihm ebenfalls grundsätzlich ein Recht zur Erinnerung nur zu, wenn ein bestimmtes persönliches Recht des Mitglieds verletzt ist.[96] Dabei genügt es nicht, daß lediglich behauptet wird, ein Recht sei verletzt worden; vielmehr muß das tatsächliche Vorbringen des Mitglieds, seine Richtigkeit unterstellt, bei zutreffender rechtlicher Würdigung die Rechtsbeeinträchtigung ergeben.[97] Eine Rechtsbeeinträchtigung und damit ein Beschwerderecht ist aber angenommen worden, wenn das Vereinsmitglied die Löschung eines Beschlusses der Mitgliederversammlung begehrt, den es wegen Verstoßes gegen das Gesetz oder die Satzung auch mit einer Klage auf Feststellung der Unwirksamkeit angreifen könnte. Unter dieser Voraussetzung stellt sich die Anregung eines Löschungsverfahrens nach § 142 FGG lediglich als eine andere Form dar, das Anfechtungsrecht geltend zu machen.[98] Die Entscheidung des Beschwerdegerichts, mit der es das Registergericht anweist, ein Löschungsverfahren durchzuführen, ist nicht anfechtbar. Statthaft ist nur der Widerspruch gegen die Löschungsankündigung.[99]

411 Gelangt der Rechtspfleger nach sachlicher Prüfung zu dem Ergebnis, daß eine Löschung veranlaßt ist, so hat er die Beteiligten hiervon zu benachrichtigen und ihnen zugleich eine angemessene Frist zur Geltendmachung eines Widerspruchs zu setzen (Löschungsankündigung, §§ 159, 142 Abs. 2 FGG). In dieser Ankündigung muß zum Ausdruck kommen, daß die Löschung der näher bezeichneten Eintragung erfolgen wird, wenn nicht innerhalb der gesetzten Frist Widerspruch erhoben wird. Es ist zweckmäßig, in der Löschungsankündigung den Beteiligten kurz die Gründe darzulegen, warum die betreffende Eintragung gelöscht werden soll; auf diese Weise wird mancher Beteiligte davon absehen, Widerspruch gegen die Löschungsankündigung zu erheben. Die Löschungsankündigung ist den Beteiligten regelmäßig förmlich durch **Zustellung** von Amts wegen bekannt zu machen (§ 16 Abs. 2 FGG). Hat sich ein Rechtsanwalt als Verfahrensbevollmächtigter gemeldet, so ist an diesen zuzustellen.[100] Eine Verlängerung der Frist ist mög-

---

94 KGJ 28, 39, 228; 37, 152, 199; 41, 157.

95 BayObLG NJW 1992, 2362; vgl. auch BayObLG Rpfleger 1988, 531 (532, Erbscheinsverfahren).

96 OLG Stuttgart Rpfleger 1970, 283; OLG Köln OLGZ 1984, 401 (402).

97 OLG Stuttgart Rpfleger 1970, 283.

98 KGJ 37, 153; 41, 157; KG BB 1967, 1308; BayObLGZ 1955, 333 (339) und BayObLGZ 1986, 528; a. A. OLG Hamm Betrieb 1976, 575.

99 BayObLG NJW-RR 1993, 698 = Rpfleger 1993, 347; siehe dazu Rdnr. 411.

100 § 176 ZPO entsprechend; KG NJW-RR 1993, 187; a. A. OLG Hamm Rpfleger 1992, 112.

lich, auch nach ihrem Ablauf.[101] Der Rechtsbehelf gegen die Löschungsankündigung ist der **„Widerspruch"**. Erhebt jedoch ein Beteiligter statt dessen „Beschwerde" oder „Erinnerung", sollte der Rechtspfleger dies als Widerspruch behandeln. Auch ein nach Fristablauf, aber noch vor Eintragung des Löschungsvermerks eingegangener Widerspruch wird verschiedentlich für beachtlich gehalten.[102]

Wird der Widerspruch für begründet erachtet, hat der Rechtspfleger die Löschungsankündigung aufzuheben, andernfalls ist der Widerspruch durch Beschluß zurückzuweisen. Gegen diesen Beschluß findet befristete Erinnerung (2 Wochen ab Zustellung) zum Amtsrichter statt; hält dieser die Erinnerung für unbegründet, legt er sie dem Landgericht vor, das sie nunmehr als sofortige Beschwerde gegen den Beschluß des Rechtspflegers behandelt (§ 11 Abs. 1 und 2 RPflG). Gegen die Entscheidung des Landgerichts ist die sofortige weitere Beschwerde gegeben. Zur Entscheidung hierüber ist das Oberlandesgericht – in Bayern das Oberste Landesgericht – zuständig.

Da eine Eintragung nur dann gelöscht werden darf, wenn der Mangel der Eintragung im Zeitpunkt der Entscheidung über die Löschung noch fortbesteht,[103] erledigt sich das Löschungsverfahren in der Hauptsache, wenn die beanstandete Eintragung durch eine zulässige Eintragung ersetzt (z. B. der täuschende Vereinsname geändert wird)[104] oder die Unzulässigkeit der Eintragung auf andere Weise (z. B. durch Nachholung der Anmeldung bei rechtserzeugender Eintragung) behoben wird.

Gelöscht darf eine Eintragung erst werden, wenn Widerspruch nicht erhoben oder wenn ein den Widerspruch zurückweisender Beschluß formell **rechtskräftig** geworden ist. Ein ungesetzlich vorgenommener vorzeitiger Vollzug der Löschung kann aber nicht verhindern, daß noch gegen eine Entscheidung des Beschwerdegerichts in offener Frist sofortige weitere Beschwerde eingelegt werden kann.[105] Der Verein ist dann trotz der Löschung für das Verfahren der weiteren Beschwerde noch als eingetragener Verein zu behandeln und durch den zuletzt eingetragenen Vorstand ordnungsgemäß vertreten.[106]

Mit der Löschung der Gesamteintragung verliert der Verein die Rechtsfähigkeit.

Nicht selten nimmt ein Amtslöschungsverfahren folgenden Verlauf: Das **412**
Amtsgericht (Kreisgericht) hat die Amtslöschung abgelehnt; gegen diese Entscheidung hat jemand Erinnerung (Beschwerde) erhoben, der keine Beschwerdeberechtigung (§ 20 FGG) besitzt. In diesem Fall kann das Landgericht (Bezirksgericht; nach Vorlage der Erinnerung durch den Amtsrichter gemäß § 11 Abs. 2 RPflG) als **Beschwerdegericht** davon absehen, die Be-

---

101 Keidel-Kuntze-Winkler § 141 Rdnr. 10; a. A. Jansen § 141 Rdnr. 12: Fristverlängerung nur vor ihrem Ablauf zulässig.

102 Keidel-Kuntze-Winkler § 141 Rdnr. 10; Jansen § 141 Rdnr. 15.

103 BayObLG Rpfleger 1985, 484 (487).

104 OLG Hamm Rpfleger 1978, 132.

105 BayObLGZ 1930, 242; 1933, 364; OLG München JFG 16, 71 (73); KG JFG 9, 143.

106 BayObLG 6. 4. 1955 BReg. 2 Z 244/54.

schwerde als unzulässig zu verwerfen; statt dessen kann es von § 143 FGG Gebrauch machen und über die Löschungsfrage als **Gericht erster Instanz** (also nicht als Beschwerdegericht) befinden. Bejaht das Landgericht die Löschungsfrage, so darf es aber nicht sofort die Löschung der betreffenden Eintragung anordnen, sondern muß das oben beschriebene Verfahren nach §§ 142 Abs. 2, 141 Abs. 3, 4 FGG einschlagen (Löschungsankündigung, Entscheidung über einen etwaigen Widerspruch usw.).[107] Gegen die Entscheidung des Landgerichts, durch die der Widerspruch gegen die Löschungsankündigung des Landgerichts zurückgewiesen wurde, findet die „sofortige" (d.h. fristgebundene) Beschwerde („Erstbeschwerde") zum Oberlandesgericht – in Bayern zum Obersten Landesgericht, in Brandenburg zum Besonderen Senat des Bezirksgerichts – statt.[108] Die weitere Beschwerde ist ausgeschlossen. Dieses Verfahren ist aber nur dann angebracht, wenn die Sache mit einer unzulässigen Beschwerde an das Landgericht gelangt ist und die Unzulässigkeit darauf beruht, daß sich die Beschwerde entweder gegen eine Eintragung richtet oder es an einer Rechtsbeeinträchtigung des Beschwerdeführers fehlt.[109] Bei zulässiger Beschwerde sollte das Landgericht dagegen als Beschwerdegericht entscheiden, um die dritte, also die Rechtsbeschwerdeinstanz nicht auszuschalten.

Die Voraussetzungen der Amtslöschung im einzelnen

413 Sie sind verschieden zu beurteilen, je nachdem, ob es sich um eine rechtsbegründende (konstitutive) oder eine rechtsbekundende (deklaratorische) Eintragung handelt. Rechtsbegründende Eintragungen (z. B. die Eintragung einer Satzungsänderung) können auch gelöscht werden, wenn sie unter Verletzung wesentlicher **Verfahrensvorschriften** vorgenommen wurden, weil dann die vom Gesetz geforderte formelle Voraussetzung für den Eintritt des rechtlichen Erfolgs fehlt.[110] Bei rechtsbekundenden Eintragungen (z. B. Eintragung eines Vorstandswechsels) rechtfertigt ein Verfahrensmangel die Löschung nicht, wenn das mit der Eintragung Verlautbarte sachlich richtig ist. Unter einer „Eintragung" ist auch ein Löschungsvermerk zu verstehen, so daß es möglich ist, durch die Löschung eines Löschungsvermerks den früheren Registerstand wiederherzustellen. In diesen Fällen empfiehlt sich aber eine Umschreibung des Registerblatts, weil durch die wiederholten Löschungen die Registerlage für den Laien kaum mehr verständlich geworden ist. Das Löschungsverfahren hat nicht nur den Zweck, wesentliche Mängel zu beseitigen, die im Zeitpunkt der Eintragung vorlagen, sondern auch die Aufgabe, Eintragungen, die ursprünglich richtig waren, aber nachträglich unrichtig geworden sind, zu beseitigen. Ein solcher Fall kann z. B. vorliegen, wenn sachliche Umstände, die ursprünglich die Eintragung eines Vereinsnamens rechtfertigten, später weggefallen sind.[111] Da § 37 HGB (Firmenmiß-

---

[107] BayObLGZ 1975, 332 (334) mit Nachweisen = Rpfleger 1976, 400; OLG Stuttgart Justiz 1974, 129.

[108] BayObLGZ Rpfleger 1983, 9 (13).

[109] BayObLG NJW 1992, 2362.

[110] Keidel-Kuntze-Winkler § 142 Rdnr. 13; Jansen § 142 Rdnr. 6; Richert NJW 1958, 894; BayObLGZ 1955, 333 (340); KG OLGZ 1965, 315; OLG Hamm NJW 1963, 1554.

[111] RGZ 169, 147 (152); KG NJW 1965, 25; BayObLG Rpfleger 1975, 400.

brauchsverfahren) auf die Führung unzulässiger Vereinsnamen nicht entsprechend angewendet werden kann,[112] ist das Löschungsverfahren seitens des Gerichts der einzige Weg, auf eingetragene Vereine, die einen unzulässigen Namen führen, einen Druck auf Namensänderung auszuüben oder sie aus dem Vereinsregister zu entfernen.

Nicht immer ist die Frage einfach zu beantworten, wann ein Mangel der Eintragungsvoraussetzung „wesentlich" ist. In den folgenden Fällen ist das Fehlen einer wesentlichen Voraussetzung bejaht und eine Amtslöschung für gerechtfertigt erklärt worden:

a) die Eintragung eines Vereins, dessen Zweck **nach der Satzung** auf einen **414**
wirtschaftlichen Geschäftsbetrieb gerichtet ist.[113] Betreibt dagegen ein eingetragener Verein **satzungswidrig** in der Hauptsache einen wirtschaftlichen Geschäftsbetrieb, so kommt nicht das Amtslöschungsverfahren durch das Registergericht in Betracht, sondern nur das Verwaltungsverfahren zwecks Entzugs der Rechtsfähigkeit nach §§ 43, 44 BGB.[114] Wenn sich aber ein solcher Verein in seinem Namen als gemeinnützig bezeichnet, in Wirklichkeit aber einen wirtschaftlichen Geschäftsbetrieb als Einnahmequelle einzelner Vorstandsmitglieder unterhält, läßt sich eine Amtslöschung unter dem Gesichtspunkt rechtfertigen, daß der Vereinsname nunmehr zur Täuschung der Öffentlichkeit über die Verhältnisse des Vereins geeignet ist (entsprechende Anwendung des § 18 Abs. 2 HGB);[115]

b) eine unwirksame Gründung;[116]

c) die Eintragung eines Vereins ohne Anmeldung;[117]

d) wenn die Vorschriften über die Beteiligung der zuständigen Verwaltungsbehörde bei der Eintragung des Vereins und bei Satzungsänderungen nicht eingehalten wurden (§§ 61, 63, 71 BGB);[118]

e) wenn der Name des Vereins zu Täuschungen Anlaß gibt;[119]

f) wenn eine Satzungsänderung nicht vom wirklichen Vorstand angemeldet wurde;[120]

g) wenn die Eintragung durch Täuschung des Registerrichters (Rechtspflegers) herbeigeführt wurde;[121]

h) wenn die Satzung nicht den in § 57 Abs. 1 BGB vorgeschriebenen Inhalt hatte;[122] dagegen rechtfertigen Satzungsmängel nach § 58 BGB oder ein

---

[112] BayObLG 14. 6. 1967 BReg. 2 Z 80/67; vgl. auch BayObLG Rpfleger 1980, 15.

[113] Kopp NJW 1989, 2497 (2503); OLG Hamm Rpfleger 1993, 249; KG NJW-RR 1993, 187 (188) = MDR 1993, 79; RGZ 154, 344; KG JFG 3, 259; OLG München JFG 20, 61; BayObLG Rpfleger 1978, 249 (250); OLG Frankfurt BB 1966, 52; AG Mannheim MDR 1955, 620.

[114] Siehe dazu Rdnr. 365; a. A. LG Hamburg ZIP 1986, 229; K. Schmidt JR 1987, 177; Rpfleger 1988, 45; NJW 1993, 1225; Böttcher Rpfleger 1988, 169 (170).

[115] Siehe dazu Rdnr. 59.

[116] KG RsprOLG 36, 188.

[117] Josef ZBlFG 21, 325.

[118] Siehe dazu Rdnrn. 22ff.

[119] KG JFG 3, 259; BayObLGZ 1959, 287; BayObLGZ 1971, 329 = NJW 1972, 957 = Rpfleger 1972, 14; BayObLGZ 1975, 332; siehe auch bei Rdnr. 59.

[120] BayObLG JFG 1, 273.

[121] RG HRR 1928 Nr. 1958.

[122] Dazu ausführlich Spitzenberg Rpfleger 1971, 242.

Verstoß gegen § 57 Abs. 2 BGB (deutliche Unterscheidbarkeit des Vereinsnamens) die Löschung nicht;[123]

i) wenn die Eintragung auf dem Beschluß einer nicht ordnungsgemäß einberufenen Mitgliederversammlung beruht.[124]

414a Wenn dem Verein die Eigenschaft einer **Körperschaft des öffentlichen Rechts** verliehen wurde, ist es angebracht, ihn – mit ausdrücklicher Angabe des Grundes – im Vereinsregister zu löschen. Denn der Zweck der Eintragung, nämlich die Erlangung der Rechtsfähigkeit, ist hinfällig geworden, da der Verein nun als Körperschaft des öffentlichen Rechts ohnehin rechtsfähig ist.[125]

Ausschließung und Ablehnung des Registerrichters (Rechtspflegers)

415 Die Mitgliedschaft eines Richters, Rechtspflegers oder Urkundsbeamten bei dem Verein bildet als solche keinen Ausschließungsgrund im Sinne des § 6 Abs. 1 Nr. 1 FGG. Wenn die Betreffenden jedoch dem Vorstand des Vereins angehören, sind sie aufgrund des § 6 Abs. 1 Nr. 4 FGG als gesetzliche Vertreter ausgeschlossen, es sei denn, es handle sich nur um den Vollzug ordnungsgemäß zur Eintragung in das Vereinsregister angemeldeter Beschlüsse der Mitgliederversammlung.[126]

Die Ablehnung eines Registerrichters oder Rechtspflegers wegen Befangenheit ist seit der Entscheidung des Bundesverfassungsgerichts vom 8. 2. 1967[127] möglich, da § 6 Abs. 2 Satz 2 FGG für verfassungswidrig erklärt wurde und damit nichtig ist.[128]

X. Eintragung eines Vereinsunternehmens in das Handelsregister

416 Bei Rdnr. 47 wurde dargelegt, daß der eingetragene Verein unter bestimmten Voraussetzungen zur Erreichung seines nichtwirtschaftlichen („ideellen“) Hauptzweckes einen wirtschaftlichen Geschäftsbetrieb unterhalten darf. Wenn nun dieser Geschäftsbetrieb ein vollkaufmännisches Grundhandelsgeschäft (z. B. eine größere Buchhandlung) darstellt oder ein sonstiges gewerbliches Unternehmen vorliegt, das nach Art und Umfang einen in kaufmännischer Weise eingerichteten Geschäftsbetrieb erfordert (z. B. Thea-

---

[123] BayObLG NJW 1972, 957 = Rpfleger 1972, 14; BayObLG Rpfleger 1986, 292 (296) (Übersicht).

[124] OLG Schleswig NJW 1960, 1862; BayObLGZ 1963, 15 (18); OLG Hamm OLGZ 1965, 65 = DNotZ 1966, 56 = MDR 1966, 48; Keidel-Kuntze-Winkler § 159 Rdnr. 24. In diesem Fall ist aber im Hinblick auf BGHZ 59, 369 = NJW 1973, 235 sowie die Ausführungen bei Rdnrn. 213, 214 Zurückhaltung bei der Amtslöschung angebracht.

[125] Auweder Rpfleger 1959, 45.

[126] Keidel Rpfleger 1957, 10.

[127] NJW 1967, 1123 = BVerfGE 21, 139 (147f.).

[128] Vgl. auch BGH NJW 1967, 155 und ausführlich zur Ablehnung von Gerichtspersonen in der freiwilligen Gerichtsbarkeit Keidel Rpfleger 1969, 181. Zur Selbstablehnung eines Richters siehe BayObLGZ 1979, 295 = Rpfleger 1979, 423 (entsprechende Anwendung des § 48 Abs. 1 ZPO); vgl. auch OLG Stuttgart Justiz 1969, 226.

ter, Kino, Reisebüro), dann muß dieser wirtschaftliche Nebenbetrieb in das Handelsregister eingetragen werden;[1] §§ 1, 2, 4, 33 HGB. Die Anmeldung zum Handelsregister ist Pflicht des Vereinvorstandes; das Registergericht kann sie durch Zwangsgelder, die bis zu 10000 DM betragen können, erzwingen; § 14 HGB. Anmeldepflichtig sind sämtliche Vorstandsmitglieder ohne Rücksicht auf eine ihnen etwa erteilte Einzelvertretungsbefugnis, § 33 HGB. Die **Form** der Anmeldung ist die gleiche wie bei der Anmeldung des Vereins zum Vereinsregister, also schriftlich mit notarieller Beglaubigung der Unterschrift. Zuständig ist das Gericht, das für den Bezirk, in dem sich die Niederlassung des Vereinsunternehmens befindet, das Handelsregister führt. Das für das Vereinsregister zuständige Amtsgericht und das für das Handelsregister des kaufmännischen Nebenbetriebs zuständige Registergericht können also verschiedene Amtsgerichte sein.

Die **Anmeldung** hat zu enthalten:

1. Daß der namentlich zu bezeichnende Verein das Unternehmen betreibt;
2. Die Firma des Unternehmens; sie muß den Bestimmungen der §§ 18 Abs. 2 und 30 HGB entsprechen; regelmäßig enthält sie den Namen des Vereins; wenn der Verein das Unternehmen von einem früheren Inhaber mit dem Recht der Firmenfortführung erworben hat (§ 22 HGB), kann die bisherige Firma (mit oder ohne Nachfolgerzusatz) beibehalten werden;[2]
3. Den Sitz des Vereins und den Ort der Niederlassung des Unternehmens;
4. Den Gegenstand des Unternehmens (z. B. Betrieb einer Buchhandlung);
5. Die Mitglieder des Vereinsvorstands (Familienname, Vorname, Stand und Wohnort), die Urkunde über ihre Bestellung ist im Original oder in beglaubigter Abschrift beizufügen;
6. Enthält die Vereinssatzung besondere Bestimmungen über die Vertretungsbefugnis der Vorstandsmitglieder[3] oder über die Zeitdauer des Unternehmens, so sind auch diese Bestimmungen anzumelden; die Satzung des Vereins ist im Original oder in beglaubigter Abschrift vorzulegen;
7. Eine etwa vom Vereinsvorstand für seinen kaufmännischen Nebenbetrieb erteilte Prokura (Familienname, Vorname und Wohnort des Prokuristen).

Die Mitglieder des Vorstands haben ihre Unterschrift (nicht die Firma) zur Aufbewahrung bei dem Registergericht zu zeichnen (§ 35 HGB). Die Zeichnung geschieht, wie die Anmeldung, in öffentlich beglaubigter Form.

Veränderungen sind ebenfalls anzumelden, und zwar:

a) Änderungen der obengenannten eintragungspflichtigen Tatsachen, insbesondere Wechsel der Vorstandsmitglieder;

---

[1] Siehe dazu auch die kontroversen Abhandlungen von Sack ZGR 1974, 179 (Der „vollkaufmännische Idealverein") und K. Schmidt ZGR 1975, 477 (Sieben Leitsätze zum Verhältnis zwischen Vereinsrecht und Handelsrecht).

[2] KG HRR 1932 Nr. 253.

[3] Siehe dazu Rdnrn. 231, 234; darunter fällt auch eine Beschränkung der Vertretungsmacht des Vorstands gemäß § 26 Abs. 2 Satz 2 BGB; ebenso Würdinger in Großkomm. HGB 3. Aufl. § 33 Anm. 12; Schlegelberger HGB 5. Aufl. § 33 Rdnr. 6; R-D, 5. Aufl. Rdnr. 2404; a. A. MünchKomm-Reuter, 3. Aufl. §§ 21, 22 Rdnr. 19 mit Fn. 57.

b) Änderungen der Vereinssatzung; diese sind, obgleich die Satzung selbst nicht eingetragen ist, gemäß § 34 Abs. 2 HGB in das Handelsregister einzutragen;

c) die Auflösung des Vereins (z.B. durch Auflösungsbeschluß, Zeitablauf); die Auflösung durch Konkurseröffnung braucht nicht angemeldet zu werden. Gleichzeitig sind die Liquidatoren und etwaige besondere Bestimmungen über ihre Vertretungsbefugnis anzumelden. Die Liquidatoren haben ihre Unterschrift zu zeichnen.

Ist jedoch bereits das Erlöschen der Firma des Unternehmens angemeldet, so bedarf es einer Anmeldung der Auflösung des Vereins und der bestellten Liquidatoren nicht mehr, weil mit der Eintragung, daß die Firma erloschen ist, das Registerblatt des Unternehmens im Handelsregister geschlossen wird;

d) die Verlegung der Niederlassung des Unternehmens. Das Verfahren richtet sich nach § 13c HGB;

e) die Errichtung einer Zweigniederlassung des Unternehmens;

f) das Erlöschen der Firma des Unternehmens. Die Firma erlischt, wenn der Verein den wirtschaftlichen Nebenbetrieb aufgibt oder wenn er in so vermindertem Umfang betrieben wird, daß eine vollkaufmännische Betriebsführung nicht mehr erforderlich ist. Dagegen bedeutet die Auflösung des Vereins nicht ohne weiteres das Erlöschen der Firma seines wirtschaftlichen Geschäftsbetriebes; die Firma erlischt vielmehr regelmäßig erst mit der Beendigung der Liquidation des Vereins.

Im Gegensatz zur erstmaligen Anmeldung des kaufmännischen Nebenbetriebes brauchen bei der Anmeldung der oben dargestellten Veränderungen nur so viele Vorstandsmitglieder mitzuwirken, wie zur Vertretung des Vereins erforderlich sind.[4]

Gerichtlich bestellte Vorstandsmitglieder oder Liquidatoren werden von Amts wegen in das Handelsregister eingetragen, ebenso Eröffnung, Aufhebung oder Einstellung des Konkurs- und Vergleichsverfahren.[5]

XI. Hinweise zum Steuerrecht

416a Für die steuerliche Behandlung des eingetragenen Vereins können im folgenden nur Hinweise gegeben werden.[1] Entscheidend ist dabei, ob der Verein gemeinnützige, mildtätige oder kirchliche Zwecke (im folgenden kurz: gemeinnützige Zwecke) verfolgt oder nicht. Für die „gewöhnlichen" Vereine gelten die allgemeinen Steuergesetze; ein besonderes Vereinssteuergesetz gibt es nicht. Gemeinnützige Vereine unterliegen dagegen zahlreichen Steuerbegünstigungen. In schwierigen Fällen und allgemein ab einem bestimm-

[4] Das ergibt sich daraus, daß in § 33 Abs. 1 HGB Anmeldung durch sämtliche Mitglieder des Vorstands, in § 34 Abs. 3 HGB dagegen Anmeldung durch „den Vorstand" verlangt wird.

[5] Keidel-Schmatz-Stöber Rdnr. 222.

[1] Spezialliteratur: Märkle, Der Verein im Zivil- und Steuerrecht, 8. Aufl. Stuttgart 1992; Enders MDR 1981, 984 und 1982, 107; Weber-Endlich BB 1981, 1330; zu wirtschaftlichen Vereinen nach § 22 BGB vgl. Stoltenberg S. 7ff.

ten Umfang steuerlich relevanter Tätigkeit wird es unentbehrlich sein, sich beim Finanzamt beraten zu lassen oder einen Steuerberater hinzuziehen. Daran sollte jedes Vorstandsmitglied denken, das nicht selbst über steuerliche Kenntnisse verfügt, da nach der Rechtsprechung gesetzliche Vertreter juristischer Personen unter bestimmten Voraussetzungen persönlich haften können, wenn diese ihre steuerlichen Pflichten nicht erfüllen.[2]

1. Voraussetzungen der Gemeinnützigkeit

Welche Vereine gemeinnützig sind, regeln die §§ 51–68 AO. Ein gemeinnütziger Verein muß ausschließlich (§ 56 AO) und unmittelbar (§ 57 AO) einen gemeinnützigen (§ 52 AO), mildtätigen (§ 53 AO) oder kirchlichen (§ 54 AO) Zweck selbstlos[3] (§ 55 AO) fordern oder unterstützen, was sich aus der Satzung ergeben muß (§ 60 AO),[4] die zugleich den Zweck zu bestimmen hat, für den das Vereinsvermögen im Fall der Auflösung zu verwenden ist (§ 61 AO). Ein spezielles Anerkennungsverfahren, mit dem das Vorliegen der Gemeinnützigkeit festgestellt würde, sieht das Gesetz nicht vor.[5] Ob die Voraussetzungen vorliegen, entscheidet das Finanzamt bei der jeweiligen Steuerveranlagung. Solange eine solche nicht durchgeführt ist, kann dem Verein eine **vorläufige Bescheinigung** erteilt werden, wenn das Finanzamt die Satzung geprüft hat und hiernach eine spätere Anerkennung wahrscheinlich ist.[6] Sie berechtigt den Verein, vorläufig steuerbegünstigte Spenden entgegenzunehmen, kann aber vom Finanzamt jederzeit widerrufen werden, wenn die tatsächliche Tätigkeit des Vereins die Anerkennung nicht rechtfertigt. Erstreben die Gründer eines Vereins die Anerkennung der Gemeinnützigkeit, so sollten sie einen Satzungsentwurf vorab dem zuständigen Finanzamt zuleiten und dort überprüfen lassen. So können die Anforderungen der Finanzverwaltung schon bei der Gründung berücksichtigt werden; eine Nachbesserung aus rein formalen Gründen wird dadurch erspart. Für diese Anforderungen ist neben den §§ 54 bis 68 AO vor allem der Anwendungserlaß zur Abgabenordnung, eine allgemeine Verwaltungsvorschrift, maßgebend.[7] Zur Rechnungslegung und Publizität sind gemeinnützige Vereine ohne Rücksicht auf ihre Größe nicht verpflichtet.[8] **416b**

Die gemeinnützigen Zwecke sind in § 52 AO datailliert geregelt, ohne daß deshalb alle Zweifel ausgeräumt wären, da die Grundvoraussetzung „Förde- **416c**

---

[2] Vgl. BFH NJW 1980, 2151.

[3] Ältere Vereinssatzungen brauchen nicht allein deswegen geändert zu werden, weil in ihnen auf Vorschriften des Steueranpassungsgesetzes oder der Gemeinnützigkeitsverordnung verwiesen oder das Wort „selbstlos" nicht verwendet wird (BMF-Schreiben vom 1. 10. 1976, BStBl. 1976 I 586).

[4] Bezugnahme auf die Satzung eines anderen Vereins genügt dafür nicht, BFH BB 1989, 1476.

[5] Lutter BB 1988, 489 (494).

[6] Sie genügt auch für die vorläufige Befreiung von den Gerichtskosten, soweit das Landesrecht (vgl. Rdnr. 430) eine solche vorsieht, LG Verden NdsRpfl. 1989, 180.

[7] BMF-Schreiben vom 24. 9. 1987, BStBl. 1987 I 644, geändert – soweit hier von Bedeutung – durch BMF-Schreiben vom 7. 12. 1990, BStBl. 1990 I 818.

[8] Dazu kritisch Lutter BB 1988, 489.

rung der Allgemeinheit" ebenso wertausfüllungsbedürftig ist wie die Begriffe „Kunst",[9] „Kultur", „Förderung des demokratischen Staatswesens".[10] Jedenfalls darf der Personenkreis, dem die Vereinstätigkeit zugute kommen kann, nicht begrenzt sein. Bei Vereinen, die ihren Zweck vorwiegend durch Teilnahme der Mitglieder an den Vereinsaktivitäten verfolgen, muß der Zugang zum Verein grundsätzlich jedem offenstehen.[11] Zu hohe Aufnahmegebühren oder Mitgliedsbeiträge können deshalb die Anerkennung der Gemeinnützigkeit hindern.[12] Eine besondere Regelung besteht für Kleingärtnervereine (§ 2 BKleingG).[13]

416d Die Anforderungen an die **Selbstlosigkeit** der Förderung oder Unterstützung der verfolgten Zwecke ergeben sich aus dem Text des § 55 AO. Entscheidend ist, daß Mitglieder beim Ausscheiden nicht mehr zurückerhalten, als sie eingelegt haben und daß sie während der Dauer ihrer Mitgliedschaft keine unangemessenen Vergütungen erhalten. Für Sportler gilt die besondere Regelung des § 67a AO; nach dem Anwendungserlaß darf eine pauschale Aufwandsentschädigung hier nicht über 700 DM monatlich hinausgehen, sonst ist keine Gemeinnützigkeit mehr gegeben. Damit auch bei einer Auflösung des Vereins die Verwendung seines Vermögens ausschließlich für gemeinnützige Zwecke sichergestellt ist, muß entweder die Satzung den Verwendungszweck so genau angeben, daß anhand der Satzung geprüft werden kann, ob der Zweck steuerbegünstigt ist (§ 61 Abs. 1 AO), oder es muß vorgesehen sein, daß der Beschluß über die Verwendung des Vermögens bei Auflösung erst nach Einwilligung des Finanzamts ausgeführt werden darf (§ 61 Abs. 2 AO).

416e Die gemeinnützigen Zwecke müssen **ausschließlich** (§ 56 AO) und **unmittelbar** (§ 57 AO) verfolgt werden. Allerdings gewährt § 58 AO in den praktisch wichtigsten Fällen Erleichterungen: Der Verein muß den gemeinnützigen Zweck nicht selbst verfolgen; es genügt, wenn er – in Übereinstimmung mit seiner Satzung – die Mittel für die Verwirklichung der Zwecke durch eine andere Körperschaft beschafft (Förder- und Spendensammelvereine, § 58 Nr. 1 AO). Bei Sportvereinen ist eine Förderung auch des bezahlten Sports unschädlich (§ 58 Nr. 9 AO). Damit ein Verein kontinuierlich leistungsfähig bleibt, gestattet das Gesetz auch die Bildung einer freien Rücklage für einen Teil des Überschusses aus der Vermögensverwaltung (§ 58 Nr. 7 Buchst. a AO) und einer zweckgebundenen Rücklage für die Verwirklichung der Vereinszwecke (§ 58 Nr. 6 AO).

---

[9] So soll nach BFH NJW 1990, 2024 die Zauberkunst keine „Kunst" i. S. dieser Bestimmung sein, während Schach im Gesetz ausdrücklich als Sport anerkannt ist.

[10] Diese muß nicht „staatstragend" sein: Auch der Schutz von Natur und Umwelt gegen die Planung von Großprojekten (Bahntrassen, Atomanlagen) ist ein gemeinnütziger Zweck, vgl. BFH NJW 1985, 454.

[11] Die Gemeinnützigkeit eines Vereins, der die Förderung der Frau in der Gesellschaft zum Ziel hat, wird aber nicht dadurch in Frage gestellt, daß nur Frauen Mitglieder werden können.

[12] Die Finanzverwaltung zieht die Obergrenze bei jährlich 2000 DM Mitgliedsbeitrag und 3000 DM Aufnahmegebühr, BMF-Schreiben vom 7. 8. 1991, BStBl. 1991 I 792.

[13] Vom 28. 2. 1983, BGBl. I 210; eine Mustersatzung für Kleingärtnervereine in MittRhNotK 1985, 109.

Größere Vereine unterhalten oft **wirtschaftliche Geschäftsbetriebe,** entfalten also Tätigkeiten, durch die nachhaltig Einnahmen erzielt werden sollen und die über die reine Vermögensverwaltung hinausgehen. So ist es etwa Betreiben eines wirtschaftlichen Geschäftsbetriebs, wenn ein Kulturverein Bücher verlegt oder ein Vereinsgasthaus unterhält, Filme verleiht, oder gegen Eintrittsgeld Festlichkeiten veranstaltet, oder wenn ein Verband der freien Wohlfahrtspflege Altkleider sammelt.[14] Für die steuerliche Beurteilung entscheidend ist, ob es sich bei dem wirtschaftlichen Geschäftsbetrieb um einen **Zweckbetrieb** handelt. Zweckbetriebe (§§ 65–68 AO) verwirklichen den gemeinnützigen Zweck und genießen deshalb die gleichen Steuerbegünstigungen. Soweit Umsatzsteuer zu entrichten ist, gilt der ermäßigte Steuersatz von 7% (§ 12 II UStG). Dagegen werden Einkünfte, Umsätze und Vermögen eines wirtschaftlichen Geschäftsbetriebs, der kein Zweckbetrieb ist, nach den allgemeinen Steuergesetzen beurteilt. Was wirtschaftlicher Geschäftsbetrieb, was (steuerunschädliche) Vermögensverwaltung ist, kann im Einzelfall zweifelhaft sein. Für die Abgrenzung sind außer § 14 AO die Körperschaftsteuerrichtlinien[15] zu beachten. Hiernach sind die Unterhaltung einer Vereinsgeschäftsstelle und die Herausgabe einer Vereinszeitschrift keine wirtschaftlichen Geschäftsbetriebe, wohl aber der Anzeigenteil einer solchen Zeitschrift. Vermietung und Verpachtung von Grundbesitz ist Vermögensverwaltung, wenn sie nicht kurzfristig an ständig wechselnde Mieter erfolgt. Ähnlich ist es bei der Werbung: Betreibt der Verein selbst Werbung für ein Industrieunternehmen, so ist dies wirtschaftlicher Geschäftsbetrieb, vermietet er seine Werbeflächen langfristig an eine Werbeagentur, so ist dies Vermögensverwaltung. **416f**

Wann ein Zweckbetrieb gegeben ist, wird durch die §§ 65–68 AO und den Anwendungserlaß hierzu bis in die Einzelheiten geregelt. Es bestehen Obergrenzen für die Einnahmen, die insbesondere für die Tätigkeit von Sportvereinen von Bedeutung sind. Für einen Katalog von Einrichtungen wird durch § 68 AO klargestellt, daß diese stets als Zweckbetrieb anzusehen sind. Von praktischer Bedeutung ist dabei vor allem § 68 Nr. 7 AO, der kulturelle Veranstaltungen wie Konzerte und Kunstausstellungen zu Zweckbetrieben erklärt. Dagegen sind gesellige Veranstaltungen und auch der Verkauf von Speisen und Getränken gelegentlich kultureller Veranstaltungen seit einer am 1. 1. 1990 in Kraft getretenen Gesetzesänderung nicht mehr steuerbegünstigt. **416g**

2. Einzelne Steuerarten

Körperschaftsteuer

Jeder eingetragene Verein unterliegt mit seinen gesamten Einkünften grundsätzlich der Körperschaftsteuer, die – wie die Einkommensteuer bei natürlichen Personen – eine Ertragsteuer ist, die aus dem zu versteuernden Einkommen erhoben wird; der Steuersatz beträgt 46% (§ 23 II KStG). Für 1991 und 1992 wurde ein Solidaritätszuschlag erhoben, der ab 1995 wieder eingeführt werden soll. Allerdings müssen nur die wenigsten Vereine Kör- **416h**

[14] BGH NJW 1992, 3319.
[15] Neubekanntmachung vom 14. 3. 1991, BStBl. 1991 Sondernummer 1.

perschaftsteuer zahlen. Insbesondere sind die gemeinnützigen Vereine nach § 5 KStG von der Körperschaftsteuer befreit; sie müssen diese Steuer nur für Einkünfte aus einem wirtschaftlichen Geschäftsbetrieb entrichten, der kein Zweckbetrieb ist. Körperschaftsteuer wird erst erhoben, wenn die Einnahmen hieraus 60000 DM im Jahr übersteigen (§ 64 III AO) und das zu versteuernde Einkommen 7500 DM im Jahr übersteigt (§ 24 KStG). Beiträge und Spenden sind als Einnahmen von der Körperschaftsteuer befreit, soweit die Beiträge nicht ein Entgelt der Mitglieder für bestimmte Leistungen enthalten. So sind z. B. Beiträge zu einem Haus- und Grundbesitzer- oder Mieterverein in einen steuerfreien Teil, den „echten Beitrag", und einen steuerpflichtigen Teil für die Gewährung von Rechtsberatung und Prozeßvertretung aufzuteilen.

Gewerbesteuer

416i Der Gewerbesteuer unterliegen die wirtschaftlichen Geschäftsbetriebe eines Vereins. Bei einem gemeinnützigen Verein sind die Zweckbetriebe von der Gewerbesteuer befreit (§ 3 Nr. 6 GewStG); wie bei der Körperschaftsteuer besteht eine Besteuerungsgrenze von 60000 DM (§ 64 III AO). Der ideelle Vereinsbereich und die Vermögensverwaltung unterliegen in keinem Fall der Gewerbesteuer. Besteuert werden der Gewerbeertrag und das Gewerbekapital. Der Gewerbeertrag setzt sich aus dem Gewinn und Hinzurechnungen (z. B. Zinsaufwendungen für Dauerschulden) unter Vornahme bestimmter Kürzungen zusammen. Das Gewerbekapital errechnet sich aus dem Einheitswert des Betriebsvermögens. Einzelheiten sind den §§ 7 bis 10a, 12 GewStG zu entnehmen. Die Gewerbesteuer wird von den Gemeinden nach örtlich unterschiedlichen Hebesätzen erhoben. Das Finanzamt erläßt also nur einen Gewerbesteuermeßbescheid, der Grundlage für die Festsetzung der Gewerbesteuer im Gewerbesteuerbescheid ist.

Umsatzsteuer

416j Vereine, die als Unternehmer, d. h. als nachhaltige Tätigkeit zur Erzielung von Einnahmen, Lieferungen oder sonstige Leistungen gegen Entgelt ausführen, müssen für diese Umsätze Umsatzsteuer entrichten (§ 2 UStG). Nachhaltigkeit liegt bereits bei regelmäßiger Wiederholung der Tätigkeit vor; auch wenn ein Musikverein nur einmal jährlich ein Sängerfest veranstaltet und dabei Eintrittsgeld erhebt, ist er umsatzsteuerlicher Unternehmer. Einnahmen aus Beiträgen und Spenden lösen keine Umsatzsteuer aus, weil der Verein in diesen Fällen keine Leistung erbringt. Das gilt auch dann, wenn die Mitglieder im Beitrag enthaltene Leistungen in Anspruch nehmen können. Wird dagegen für solche Leistungen ein besonderes Entgelt erhoben, dann sind sie umsatzsteuerpflichtig, auch wenn die Leistungen nur gegenüber Vereinsmitgliedern erbracht werden. Nicht besteuert werden die Vermietung und Verpachtung von Grundstücken und Räumen, wohl aber die Vermietung von Betriebsvorrichtungen. Vermietet ein Sportverein also z. B. eine Squash-Halle, so muß das Entgelt in einem umsatzsteuerpflichtigen und einen umsatzsteuerfreien Teilbetrag aufgespalten werden. Zahlreiche weitere Steuerbefreiungen, die z. T. auch für Vereine von Bedeutung sind, enthält

§ 4 UStG. Ein Verein braucht keine Umsatzsteuer zu zahlen, wenn der Umsatz im vergangenen Kalenderjahr 25 000 DM nicht überschritten hat und im laufenden Kalenderjahr 100 000 DM voraussichtlich nicht überschreiten wird. Die Umsatzsteuer wird nach dem Entgelt berechnet; der Steuersatz beträgt 15% (§ 12 UStG). Für Leistungen gemeinnütziger Vereine beträgt er nur 7%, wenn es sich um Leistungen eines Zweckbetriebs handelt; bei anderen wirtschaftlichen Geschäftsbetrieben ist der normale Steuersatz anzuwenden. Die Umsatzsteuer wird als Mehrwertsteuer erhoben, d. h. der Unternehmer muß sie nur auf den von ihm geschaffenen Mehrwert bezahlen. Von der zu entrichtenden Mehrwertsteuer kann er nämlich die in seinen Eingangsrechnungen ausgewiesenen Umsatzsteuerbeträge als Vorsteuer abziehen, soweit die in Anspruch genommenen Leistungen den umsatzsteuerpflichtigen Bereich betreffen (§ 15 UStG); notfalls muß auch hier eine Aufspaltung erfolgen. Gemeinnützige Vereine können die Vorsteuer pauschalieren (§ 23a UStG). Vereine, die steuerpflichtige Umsätze erzielen, müssen monatliche Umsatzsteuervoranmeldungen beim Finanzamt abgeben, wenn die Steuerschuld des Vorjahrs mehr als 6000 DM betragen hat; bei geringeren Steuerbeträgen genügt die vierteljährliche oder jährliche Abgabe der Steuererklärungen.

Vermögensteuer

Vereine sind grundsätzlich mit ihrem Gesamtvermögen vermögensteuer- **416k** pflichtig, gemeinnützige Vereine dagegen nur mit ihren wirtschaftlichen Zweckbetrieben (§ 3 VStG); dabei gelten die gleichen Grundsätze wie bei der Körperschaftsteuer. Vermögensteuer wird aber nur erhoben, wenn das Gesamtvermögen mindestens 20 000 DM beträgt (§ 8 VStG). Bei einem gemeinnützigen Verein ist nur das dem wirtschaftlichen Geschäftsbetrieb dienende Betriebsvermögen steuerpflichtig; es bleibt ein Betrag von 125 000 DM steuerfrei; von einem höheren Betrag sind weitere 25% von der Vermögensteuer befreit. Der Steuersatz beträgt jährlich 0,6%.

Grundsteuer

Die Grundsteuer wird von den Gemeinden für die in ihrem Bezirk gelege- **416l** nen Grundstücke erhoben. Ähnlich wie bei der Gewerbesteuer setzt das Finanzamt nur den Grundsteuermeßbetrag fest, aus dem die Gemeinde anhand ihres Hebesatzes die Steuer berechnet und durch Grundsteuerbescheid gegen den Verein festsetzt. Gemeinnützige Vereine sind von der Grundsteuer befreit, wenn ihnen Grundbesitz gehört, der für einen gemeinnützigen Zweck verwendet wird und nicht zu Wohnzwecken genutzt wird. Für Grundstücke, auf denen ein wirtschaftlicher Geschäftsbetrieb, der kein Zweckbetrieb ist, unterhalten wird, ist dagegen Grundsteuer zu zahlen.

Erbschaft- und Schenkungsteuer

Wenn ein Verein eine Zuwendung unter Lebenden oder durch Erbfall **416m** erwirbt, unterliegt dieser Vorgang der Erbschaft- bzw. Schenkungsteuer.

Steuerfrei bleibt ein Betrag von 3000 DM; für höhere Erwerbe ist eine nach der Höhe des Erwerbs von 20% bis 70% gestaffelte Steuer zu entrichten (§§ 16, 19 ErbStG). Mehrere Zuwendungen von derselben Person innerhalb von 10 Jahren werden zusammengerechnet (§ 14 ErbStG). Gemeinnützige Vereine sind mit allen Vermögenserwerben von dieser Steuer befreit (§ 13 I Nr. 16 ErbStG), gleichgültig, ob der Erwerb durch Schenkung oder Erbschaft erfolgt und worin der Erwerb besteht. Die Steuerbefreiung fällt allerdings rückwirkend weg, wenn die Voraussetzungen für die Gemeinnützigkeit innerhalb von 10 Jahren nach der Zuwendung wegfallen und das Vermögen für einen nicht begünstigten Zweck verwendet wird.

Lohnsteuer

416n Vereine, die Arbeitnehmer beschäftigen, müssen für diese wie jeder andere Arbeitgeber Lohnsteuer abführen. Arbeitnehmer sind Personen, die weisungsgebunden sind und bestimmte örtlich und zeitlich festgelegte Beschäftigungen haben. Das können auch Aushilfs- und Nebentätigkeiten sein. Keine Arbeitnehmer sind Vereinsmitglieder, die ihre Leistungen aus Gefälligkeit oder gelegentlich wegen ihrer persönlichen Verbundenheit mit dem Verein erbringen und keine Vergütung oder nur Abgeltung ihrer Auslagen oder ihres Mehraufwands erhalten (Verpflegung, Reisekosten, Porto, Telefon). Wird dagegen Funktionsträgern eine laufende pauschale Vergütung gezahlt, handelt es sich grundsätzlich um Arbeitslohn. Die Grenze von 700 DM monatlich, die für die Gemeinnützigkeit von Amateursportvereinen maßgeblich ist (s. o. Rdnr. 416d), spielt hier keine Rolle. Begünstigt ist dagegen die Nebentätigkeit als Übungsleiter, Ausbilder oder Erzieher für einen gemeinnützigen Verein. Einnahmen aus einer solchen Nebentätigkeit sind bis zur Höhe von 2400 DM jährlich als „Aufwandsentschädigung" steuerfrei (§ 3 Nr. 26 EStG). Soweit der Verein Arbeitnehmer beschäftigt, muß er die Lohnsteuer vom Arbeitslohn einbehalten und an das Finanzamt abführen. Dazu muß er sich entweder eine Lohnsteuerkarte vorlegen lassen oder bei kurzfristigen oder geringfügigen Beschäftigungen (nicht mehr als 86 Stunden monatlich mit einem Arbeitslohn von nicht mehr als 520 DM) eine Pauchalversteuerung vornehmen (§ 40a EStG).

Rennwett- und Lotteriesteuer

416o Veranstaltet ein Verein eine öffentliche Lotterie oder Ausspielung (Tombola), so kann Lotteriesteuer anfallen; der Steuersatz beträgt 16⅔% des Nennwerts der Lose. In aller Regel wird diese Steuer aber nicht anfallen, denn nach § 18 Rennwett- und Lotteriegesetz befreit sind Tombolas, bei denen der Gesamtpreis der Lose 1200 DM nicht übersteigt, wenn nicht die Gewinne ganz oder teilweise in Bargeld bestehen. Vor allem aber sind behördlich genehmigte Lotterien und Ausspielungen, die gemeinnützigen Zwecken dienen, steuerfrei, wenn der Gesamtpreis der Lose 75 000 DM nicht übersteigt.

3. Spendenabzug

Spenden und Mitgliedsbeiträge an Vereine können vom Geber unter bestimmten Voraussetzungen als Sonderausgaben abgezogen werden (§ 10b EStG). Hier ist allerdings zwischen den mildtätigen, kirchlichen, religiösen und wissenschaftlichen Zwecken einerseits und anderen gemeinnützigen Zwecken andererseits zu unterscheiden. Spenden und Beiträge für die erstgenannten Zwecke sind stets steuerbegünstigt und abziehbar. Bei den übrigen gemeinnützigen Zwecken ist nach § 48 EStDV weitere Voraussetzung, daß der gemeinnützige Zweck als besonders förderungswürdig anerkannt ist. Als Zuwendungen kommen sowohl Geld- als auch Sachleistungen in Betracht. Allerdings sind unentgeltliche Arbeitsleistungen der Vereinsmitglieder keine Sachspenden, da insoweit kein Abfluß aus ihrem Vermögen anzunehmen ist. **416p**

Gemeinnützige Vereine, die keine mildtätigen, kirchlichen, religiösen oder wissenschaftlichen Zwecke verfolgen, sind nicht ohne weiteres auch spendenbegünstigt. Es kommt vielmehr darauf an, welche Art von gemeinnützigen Zwecken sie verfolgen. Nach Anlage 7 EStR sind beispielsweise die Förderung der Jugendpflege, die Förderung der Rettung aus Lebensgefahr und die Förderung des Tierschutzes als besonders förderungswürdig anerkannt. Bei anderen gemeinnützigen Zwecken ist die besondere Förderungswürdigkeit und damit die Spendenbegünstigung aber nur unter der Voraussetzung anerkannt, daß Zuwendungsempfänger eine juristische Person des öffentlichen Rechts oder eine öffentliche Dienststelle ist. Dazu gehören insbesondere die Förderung des Sports, die Förderung kultureller Zwecke, die Förderung der Entwicklungshilfe und die Förderung der Gleichberechtigung von Männern und Frauen. **416q**

Ein Verein, der die letztgenannten gemeinnützigen Zwecke verfolgt, darf also nicht selbst Spendenquittungen ausstellen. Vielmehr muß die Spende an eine juristische Person des öffentlichen Rechts gegeben werden, i. d. R, an die Gemeinde, in der der Verein seinen Sitz hat. Diese leitet die Zuwendung dann an den vom Spender bestimmten gemeinnützigen Verein für dessen begünstigte Zwecke weiter (sog. **„Durchlaufspenden“**). Für Geldspenden ist diese Unterscheidung ohne praktische Bedeutung. Für diese ist sogar zugelassen, daß der Verein die Spenden auf einem besonderen Sammelkonto selbst entgegennimmt und an die Durchlaufstelle weiterleitet, die sie nach Prüfung wieder an den Verein überweist (sog. **„Listenverfahren“**). **416r**

Ein erheblicher Nachteil für einen Verein, der Spenden nur über eine Durchlaufstelle erhalten kann, besteht darin, daß Mitgliedsbeiträge bei Vereinen mit diesen Zwecken (v. a. also Sportvereinen) nicht abzugsfähig sind. Diese Beiträge werden aufgrund der Satzung dem Verein geschuldet und können deshalb nicht über eine juristische Person des öffentlichen Rechts – auch nicht im Listenverfahren – geleistet werden. Auch der Verzicht auf einen Aufwendungserstattungsanspruch (z. B. wegen entgeltlicher Arbeitsleistungen, Fahrtkosten usw.) kann einem solchen Verein nicht als Sachspende zugewendet werden, da auch insoweit nur der Verein Empfänger der Leistung sein kann. Auch die Abtretung des Kostenerstattungsanspruchs an die Durchlaufstelle reicht nicht aus. Hier muß also der Verein die Zahlung **416s** tatsächlich erbringen und sodann vom Mitglied als Geldspende über die Durchlaufstelle wieder entgegennehmen. Nur Vereine, die selbst berechtigt sind, Spendenquittungen auszustellen, können solche Verzichtserklärungen unmittelbar als Sachspende entgegennehmen. Aufgrund des § 48 IV EStDVO besteht eine Sonderregelung für die Vereine, die im Katalog des Art. 111 II EStR genannt sind. An diese – aber nicht an deren etwaige Untergliederungen! – können Mitgliedsbeiträge und Spenden mit Abzugsmöglichkeit als Sonderausgaben geleistet werden.

416t Voraussetzung für den Spendenabzug ist die Vorlage einer **Spendenbescheinigung.** Aus der Spendenbescheinigung muß hervorgehen, daß der Empfänger zu den begünstigten Vereinen gehört und die Zuwendung für einen der begünstigten Zwecke verwenden wird. Bei Sachspenden müssen der Wert und die genaue Bezeichnung der gespendeten Sache ersichtlich sein. Es empfiehlt sich, daß der Verein das amtliche Muster für die Spendenbescheinigung verwendet. Bei Zuwendungen von bis zu 100 DM genügt dem Finanzamt als Spendennachweis der Zahlungsbeleg, wenn der Verein selbst eine Spendenbescheinigung erteilen darf (vgl. Rdnr. 416r) und der Verwendungszweck der Zuwendung und die Angaben zur Steuerbefreiung auf dem vom Verein hergestellten Einzahlungsbeleg aufgedruckt sind. Bei der Angabe des Finanzamts, der Steuernummer und des Datums des letzten Steuerbescheids zum Nachweis der Tatsache, daß der Verein zu den begünstigten Körperschaften gehört, ist darauf zu achten, daß zwischen dem angegebenen Datum des Steuerbescheids um dem Tag der Spendenbescheinigung nicht mehr als fünf Jahre (bei vorläufigen Bescheinigungen[16] nicht mehr als drei Jahre) liegen dürfen; andernfalls ist die Bescheinigung nicht ausreichend.[17]

XII. Anhang

1. Gerichtskosten

417 Die für die Tätigkeit des Amtsgerichts anfallenden Kosten berechnen sich nach der Kostenordnung.

Kostenpflichtig sind hiernach:

a) Eintragungen im Vereinsregister, soweit sie nicht von Amts wegen erfolgen;

b) Abweisende Beschlüsse des Gerichts, die auf Anmeldung erfolgen, und die Zurücknahme von Anmeldungen;

c) Gerichtliche Beschlüsse in den Verfahren nach den §§ 29, 37, 73 BGB;

d) Zwangsgeldverfahren nach den §§ 132–139, 159 FGG;

e) Postgebühren für Zustellungen durch die Post mit Zustellungsurkunde und Gebühren für Zustellungen durch Justizbedienstete nach §§ 211, 212 ZPO (§ 137 Nr. 2 KostO);

f) Auslagen des Gerichts für Veröffentlichung der Neueintragung des Vereins, § 137 Nr. 3 KostO.

---

[16] Vgl. dazu Rdnr. 416b.

[17] BMF-Schreiben vom 22. 3. 1993, NJW 1993, 2087.

Kostenschuldner ist der Antragsteller; mehrere haften als Gesamtschuldner (§§ 2, 5 KostO). Das Gericht kann einen Kostenvorschuß erheben (§ 8 KostO).[1]

Zu a) Eintragungen im Vereinsregister

Für Eintragungen im Vereinsregister werden gemäß § 80 KostO erhoben: 418

1. Für die erste Eintragung des Vereins das Doppelte der vollen Gebühr;
2. Für alle späteren Eintragungen die volle Gebühr;
3. Für die Löschung der Gesamteintragung die Hälfte der vollen Gebühr.

Werden aufgrund derselben Anmeldung mehrere spätere Eintragungen vorgenommen, so wird die Gebühr nur einmal erhoben.

Der Wert bestimmt sich nach § 30 Abs. 2 KostO.

Was unter „erster Eintragung" des Vereins zu verstehen ist, ist ohne weiteres klar. Es ist nur zu erwähnen, daß die Eintragung eines Vereins nach dessen Sitzverlegung im Vereinsregister des Amtsgerichts des neuen Sitzes nicht als Ersteintragung, sondern als spätere Eintragung zu bewerten ist.

Unter „spätere Eintragungen" fallen insbesondere Änderungen der Vorstandsmitglieder und der Liquidatoren, ferner Änderungen der Satzung und Auflösung des Vereins.

Eintragungen von gerichtlich bestellten Vorstandsmitgliedern und Liquidatoren, der Entziehung der Rechtsfähigkeit, der Eröffnung des Konkursverfahrens oder des gerichtlichen Vergleichsverfahrens fallen nicht hierunter. Diese Eintragungen sind gebührenfrei, weil sie ein Nebengeschäft der jeweiligen gerichtlichen Handlung darstellen und durch deren Gebühr abgegolten sind, §§ 87, 121 KostO; siehe unter c).

Unter „Löschung der Gesamteintragung" fällt nicht die Eintragung, daß der Verein aufgelöst ist; diese ist vielmehr eine „spätere Eintragung" gemäß § 80 Abs. 1 Nr. 2 KostO.[2] Die Löschung der Gesamteintragung erfolgt erst, wenn die Beendigung der Liquidation angemeldet und hierauf der Verein im Register gelöscht wird; siehe dazu Rdnr. 383.

Zu b) Abweisende gerichtliche Beschlüsse

Wird ein Antrag auf Eintragung in das Vereinsregister zurückgewiesen, so wird die 419
Hälfte der vollen Gebühr, höchstens jedoch ein Betrag von DM 60,– erhoben. Wird ein Antrag zurückgenommen, bevor über ihn eine Entscheidung ergangen ist oder die beantragte Handlung stattgefunden hat, so wird ein Viertel der vollen Gebühr, höchstens jedoch ein Betrag von DM 35,– erhoben. In beiden Fällen sind aber mindestens DM 15,– zu zahlen, § 33 KostO. Der für die beantragte Amtshandlung oder Entscheidung bestimmte Gebührensatz darf nicht überschritten werden. Im Falle einer teilweisen Zurückweisung oder Zurücknahme ist die Gebühr nach dem Wert des zurückgewiesenen oder zurückgenommenen Teils, jedoch nur insoweit zu erheben, als die Gebühr für die Erledigung des ganzen Antrags die Gebühr für die teilweise Erledigung übersteigt, § 130 KostO.

Diese Bestimmungen beziehen sich nur auf solche Fälle, in denen für das beantragte Geschäft eine Gebühr angefallen wäre, wenn dem Antrag stattgegeben worden wäre. Diese Gebühr wird jedoch nicht erhoben, wenn es sich um Anregungen handelt und diese Anregungen als Antrag bezeichnet sind: z. B. Antrag = Anregung auf Einleitung eines Amtslöschungsverfahrens.[3]

---

1 Zu den Folgen der Nichterhebung eines Kostenvorschusses vgl. BayObLG Rpfleger 1992, 223 mit abl. Anm. von Röseler.

2 K-L-B-R § 80 Rdnr. 4.

3 KG RsprOLG 39, 103 und KGJ 29 B 7 (9).

Die Zurückweisungsgebühr wird ferner nicht erhoben, wenn an sich eine Verfahrensgebühr nach § 121 KostO erhoben wird. Hier wird nur die Verfahrensgebühr in voller Höhe erhoben.

Der Wert bei Zurücknahme und Zurückweisung ist der gleiche, wie wenn dem Antrag stattgegeben worden wäre.[4]

Bei Zurücknahme entsteht die Gebühr nur dann, wenn über den Antrag noch keine Entscheidung ergangen ist oder die beantragte Handlung noch nicht stattgefunden hat. Durch die Zurücknahme einer bloßen Anregung entsteht die Gebühr nicht.[5]

Bei Zurückweisung oder Zurücknahme eines Antrags kann von der Erhebung von Kosten abgesehen werden, wenn der Antrag auf unverschuldeter Unkenntnis der tatsächlichen oder rechtlichen Verhältnisse beruht, § 16 Abs. 2 gilt entsprechend – § 130 Abs. 5 KostO. Die Beteiligten haben nachzuweisen, daß ihnen die tatsächlichen Verhältnisse nicht bekannt waren und auch nicht bekannt geworden wären, wenn sie die im Verkehr erforderliche Sorgfalt beobachtet hätten, § 276 BGB. Auch Unwissenheit kann ausnahmsweise Gebühren- und Auslagenfreiheit begründen. Rechtsunkenntnis ist aber regelmäßig kein solcher Grund.

Zu c) Beschlüsse gem. §§ 29, 37, 73 BGB

420 Für die gerichtliche Erledigung der in diesen Vorschriften erwähnten Geschäfte (Bestellung eines Notvorstands,[6] Ermächtigung der Minderheit der Mitglieder zur Einberufung einer Mitgliederversammlung, Entziehung der Rechtsfähigkeit durch das Gericht bei Herabsinken der Mitgliederzahl unter drei) wird das Doppelte der vollen Gebühr erhoben, § 121 KostO.

Der Wert wird nach § 30 Abs. 2 KostO berechnet. Die Eintragungen, die aufgrund dieser Verfügung im Vereinsregister vorgenommen werden, sind gebührenfrei; siehe unter a).

Zu d) Zwangsgeldfestsetzungsverfahren nach §§ 132–139, 159 FGG

421 Es handelt sich hier um das Verfahren gegen Mitglieder des Vorstands oder Liquidatoren zur Erzwingung von Anmeldungen oder Einreichung von Schriftstücken. In diesem Verfahren wird in jeder Instanz das Dreifache der vollen Gebühr erhoben, und zwar sowohl für die Festsetzung des Zwangsgeldes wie für die Verwerfung des Einspruchs. Die Gebühr wird nach dem festgesetzten oder angedrohten Betrag des Zwangsgeldes berechnet; sie darf den Betrag des Zwangsgeldes nicht übersteigen.[7] Jede Wiederholung des Zwangsgeldes gilt als ein besonderes Verfahren. Für die Androhung eines Zwangsgeldes werden Gebühren nicht erhoben, § 119 KostO.

Erinnerungs- und Beschwerdeverfahren

422 Die Anrufung des Richters gegen Entscheidungen des Rechtspflegers (sogenannte Erinnerung) ist als solche stets gebührenfrei. Falls aber der Richter die Erinnerung für nicht begründet erachtet und sie deshalb dem Landgericht – als Beschwerde gegen die Entscheidung des Rechtspflegers – vorlegt, entstehen für das Beschwerdeverfahren vor dem Landgericht die anschließend beschriebenen Gebühren, wobei jedoch eine

---

[4] KG RsprOLG 9, 229.

[5] KG KGJ 29 B 7 (10).

[6] Die Gebühr für die Bestellung eines Notvorstands hat der Antragsteller – nicht der Verein – zu zahlen (LG Frankenthal Rpfleger 1981, 373).

[7] Das gilt auch für die Zurückweisung der Beschwerde gegen ein vom Registergericht festgesetzes Zwangsgeld; § 131 Abs. 2 KostO ist hier nicht anwendbar (BayObLGZ 1969, 110 = Rpfleger 1969, 254).

Gebühr nicht erhoben wird, wenn die Beschwerde vor einer landgerichtlichen Verfügung zurückgenommen wird. Im Beschwerdeverfahren wird für die Verwerfung einer (unzulässigen) Beschwerde oder für die Zurückweisung einer (unbegründeten) Beschwerde die Hälfte der vollen Gebühr erhoben; bei Zurücknahme der Beschwerde fällt nur ein Viertel der vollen Gebühr an (§ 131 Abs. 2 KostO). Erledigt sich die Beschwerde auf andere Weise, so fällt die Gebühr nicht an.[8] Wird der Beschwerde in vollem Umfang stattgegeben, so entsteht keine Gebühr; das gleiche ist zunächst der Fall, wenn die Sache an die untere Instanz zurückverwiesen wird.[9] All das gilt auch für Beschwerden gegen Zwischenverfügungen des Registergerichts.[10] Für Beschwerden gegen Festsetzungen von Zwangsgeld gilt das oben unter d) Gesagte (dreimal volle Gebühr).

Im Verfahren der weiteren Beschwerde (§ 27 FGG) entstehen Gebühren unter den gleichen Voraussetzungen wie im Verfahren der Erstbeschwerde.

Beglaubigte Abschriften, Bescheinigungen

Für die Erteilung einer **beglaubigten Abschrift** aus dem Vereinsregister (Registerauszug) wird eine Rahmengebühr von DM 15,– bis DM 35,– erhoben; bei Bemessung der Gebühr innerhalb des Rahmens sind die Größe des Vereins, das jährliche Beitragsaufkommen, sein Vermögen sowie der Vereinszweck angemessen zu berücksichtigen. Außer der Gebühr werden Schreibauslagen erhoben, und zwar unabhängig von der Art der Herstellung für die ersten 50 Seiten je 1 DM; für weitere Seiten je 0,30 DM (§§ 89, 136 KostO). **423**

Für die **Bescheinigung,** daß der Vorstand des Vereins aus den im Vereinsregister eingetragenen Personen besteht (§ 69 BGB), gilt das gleiche wie für die beglaubigten Abschriften. Jede einzelne beglaubigte Abschrift und Bescheinigung unterliegt der Gebühr des § 89 KostO besonders; hierbei ist es gleichgültig, ob die Abschriften oder Bescheinigungen den gleichen Inhalt haben, ob sie gleichzeitig beantragt sind und ob sie derselben Person erteilt werden. Für die zweite und die weiteren Abschriften bzw. Bescheinigungen, die demselben Antragsteller erteilt werden, ist aber nur die Mindestgebühr von 15 DM zu erheben (§ 17 Abs. 1 KostVfg).

Einsicht in das Vereinsregister und die Registerakten

Diese Einsichten sind gebührenfrei (§ 90 KostO). **424**

Rechtsmittel gegen die Kostenrechnung

Die Kosten werden bei dem Gericht angesetzt, bei dem die Angelegenheit anhängig ist oder zuletzt anhängig war, auch wenn die Kosten bei einem ersuchten Gericht entstanden sind oder die Angelegenheit bei einem anderen Gericht anhängig war. Die Kosten eines Rechtsmittelverfahrens werden bei dem mit dem Rechtsmittel befaßten Gericht angesetzt. **425**

Über Erinnerungen des Kostenschuldners und der Staatsklasse gegen den Kostenansatz (die Kostenrechnung) entscheidet das Gericht, bei dem die Kosten angesetzt sind. Für diese Entscheidung ist in Vereinssachen der Rechtspfleger zuständig. Hat jedoch der nach der Geschäftsverteilung zuständige Rechtspfleger selbst als Kostenbe-

---

[8] BayObLG Rpfleger 1963, 310 = MDR 1963, 690; vgl. K-L-B-R § 131 Rdnr. 13.

[9] K-L-B-R § 131 Rdnr. 10.

[10] K-L-B-R § 131 Rdnr. 11; vgl. OLG Celle JVBl. 1960, 162.

amter die Kostenrechnung aufgestellt, so ist er davon ausgeschlossen, über die Erinnerung gegen diese Kostenrechnung zuentscheiden; an seine Stelle tritt der in der Geschäftsverteilung bestimmte Vertreter.[11]

Gegen die Entscheidung des Rechtspflegers ist die sogenannte Durchgriffserinnerung (auch Eventualbeschwerde genannt) nach § 11 RPflG gegeben. Dabei ist aber die Besonderheit zu beachten, daß die Beschwerde nur zulässig ist, wenn der „Wert des Beschwerdegegenstandes" 100 DM übersteigt. Darunter ist der Betrag zu verstehen, um den der Kostenschuldner den Kostenbetrag gegenüber der Entscheidung des Rechtspflegers herabgesetzt oder die Staatskasse (Bezirksrevisor) ihn hinaufgesetzt haben will.[12] Das bedeutet für die Fälle, in denen die genannte Beschwerdesumme nicht erreicht wird, daß die Entscheidung des Rechtspflegers zwar durch den Richter derselben Instanz, aber nicht durch das Beschwerdegericht überprüft werden kann. Bestritten ist, wie der Instanzrichter zu verfahren hat, wenn er die Erinnerung für nicht begründet hält und die Beschwerdesumme von 100 DM nicht erreicht ist.[13]

Gegen die Entscheidung, die ein Landgericht als Beschwerdegericht trifft, ist die weitere Beschwerde (Rechtsbeschwerde) nur statthaft, wenn sie das Landgericht im Tenor oder in den Entscheidungsgründen wegen der grundsätzlichen Bedeutung der zur Entscheidung stehenden Frage zuläßt (§ 14 Abs. 3 Satz 2 KostO). Die weitere Beschwerde ist aber im Gegensatz zur Erstbeschwerde nicht von einer Beschwerdesumme abhängig. Erinnerungen und Beschwerden gegen den Kostenansatz können in allen Fällen zu Protokoll der Geschäftsstelle oder schriftlich ohne Mitwirkung eines Rechtsanwalts eingelegt werden (§ 14 Abs. 4 KostO). Das Verfahren über die Erinnerung und Beschwerde ist gebührenfrei; außergerichtliche Kosten der Beteiligten werden nicht erstattet (§ 14 Abs. 5 KostO).

Der Kostenansatz kann auch im Verwaltungsweg berichtigt werden, solange nicht eine gerichtliche Entscheidung getroffen ist (§ 14 Abs. 6 KostO).

2. Notarkosten

426 In Vereinsregistersachen ist die Mitwirkung eines Notars nur bei Anmeldungen zum Vereinsregister zwingend vorgeschrieben. Auch hier beschränkt sich die Tätigkeit des Notars regelmäßig darauf, die Unterschriften der anmeldenden Personen zu beglaubigen. Für diese Beglaubigung erhält der Notar ein Viertel der vollen Gebühr, mindestens 15 DM und höchstens 250 DM (§§ 140, 33, 45 KostO).

Daß die Beschlüsse der Mitgliederversammlung eines Vereins oder die Beschlüsse eines anderen Vereinsorgans von einem Notar zu beurkunden sind, schreibt das Gesetz nicht vor. Daher kommt eine solche Beurkundungstätigkeit des Notars nur in Ausnahmefällen in Betracht. Hierfür entsteht eine doppelte Gebühr (§ 47 KostO).

Für Anträge und Beschwerden, die der Notar aufgrund der von ihm aufgenommenen oder entworfenen Urkunde (Anmeldung, Satzung) bei Gericht, Behörden oder anderen Dienststellen einreicht, erhält er die Hälfte der vollen Gebühr, wenn es notwendig ist, den Antrag oder die Beschwerde tatsächlich oder rechtlich näher zu begründen, und der Beteiligte dies verlangt (§ 146 Abs. 2 KostO).

Zu den jeweiligen Gebühren des Notars kommt die Mehrwertsteuer hinzu, derzeit also 15%.

---

[11] BayObLG Rpfleger 1974, 391 = JurBüro 1975, 46.

[12] K-L-B-R § 14 Rdnr. 138.

[13] Für Vorlegung der Erinnerung an das Beschwerdegericht, das dann die Beschwerde als unzulässig verwirft: KG Rpfleger 1971, 15; OLG Frankfurt Rpfleger 1971, 396. Für endgültige Entscheidung durch den Instanzrichter: OLG Hamm Rpfleger 1971, 215.

3. Berechnung der Gebühren

Sämtliche Gebühren – Gerichtsgebühren wie Notargebühren – werden nach dem Wert berechnet, den das betreffende gebührenpflichtige Geschäft hat (Geschäftswert). In Vereinssachen wird der Geschäftswert nach §§ 28, 30 Abs. 2 KostO festgesetzt. Das Gericht (d. h. der Rechtspfleger) setzt den Geschäftswert durch Beschluß gebührenfrei fest, wenn ein Zahlungspflichtiger oder die Staatskasse es beantragt oder es sonst angemessen erscheint (§ 31 KostO). Gegen die Geschäftswertfestsetzung kann der Zahlungspflichtige oder die Staatskasse in der gleichen Weise angehen wie gegen den Kostenansatz (siehe Rdnr. 425). Der Geschäftswert beträgt im Regelfall 5000 DM. Er kann aber nach Lage des Falles niedriger oder höher, jedoch nicht unter 200 DM und nicht über 1 Million DM angenommen werden. Im Vordergrund stehen die Bedeutung des Geschäfts (z. B. die Eintragung eines Vorstandswechsels), das Interesse der Beteiligten daran und die Vermögenslage des Vereins.[14] Dient der Verein unmittelbar gemeinnützigen oder sozialen Zwecken, so kann dies eine niedrigere Festsetzung des Geschäftswerts rechtfertigen.[15] Das Vermögen des Vereins darf weder den einzigen Maßstab für die Wertbemessung bilden noch darf es ganz außer Betracht gelassen werden.[16] Dabei sind vereinseigene Grundstücke, Gebäude und Anlagen (z. B. Sportanlagen) nicht einfach mit dem Verkehrswert anzusetzen. Der Nutzungswert dieses zumeist zweckgebundenen Vereinsvermögens entspricht nicht einem bestimmten Prozentsatz des Verkehrswertes vergleichbarer Baugrundstücke. Maßgebend sind vielmehr die Zahl der Vereinsmitglieder und das dadurch bedingte Beitragsaufkommen. Diese Umstände und nicht die theoretisch möglichen Erlöse für praktisch unveräußerliche Vereinsgrundstücke stellen geeignete Anknüpfungspunkte für eine vom Regelwert (5000 DM) abweichende Bemessung des Geschäftswerts für Einträge im Vereinsregister dar.[17] 427

Werden gleichzeitig mehrere Vorgänge angemeldet, die denselben Gegenstand haben, wird die Gebühr nur einmal nach dem Wert dieses Gegenstandes berechnet, § 44 KostO (z. B. mehrere getrennt beschlossene Satzungsänderungen).[18]

Der Geschäftswert für die Erstbeschwerde und die weitere Beschwerde ist gemäß § 30 KostO nach freiem Ermessen zu bestimmen (§ 131 Abs. 2 KostO). Dieser Geschäftswert ist also nicht immer der gleiche, wie der für das Verfahren bei dem Registergericht maßgebende. Für den Beschwerdewert ist in erster Linie das Interesse des Beschwerdeführers an einer obsiegenden Entscheidung maßgeblich; bei der nach freiem Ermessen zu treffenden Festsetzung des Geschäftswerts sind die insoweit für den ersten Rechtszug geltenden Regeln des Kostenrechts nur als Anhaltspunkte heranzuziehen.[19]

Der Betrag der vollen (10/10) Gebühr ergibt sich aus der Gebührentabelle (siehe Seite 388). 428

Demnach beträgt im Normalfall (Geschäftswert 5000 DM) die Notargebühr

a) für den Entwurf der Vereinssatzung 104 DM;

b) für den Entwurf einer Anmeldung 26 DM;

c) für die Beglaubigung der Unterschrift unter einer Anmeldung 15 DM (Mindestgebühr), wenn der Notar weder die Vereinssatzung noch die Anmeldung entworfen hat; hinzu kommt jeweils die Mehrwertsteuer von 15%.

Die Gebühr für die Eintragung des Vereins beträgt in diesem Fall 104 DM. Dazu kommen die Auslagen des Registergerichts für die Bekanntmachung der Eintragung 429

---

[14] BayObLGZ 1979, 223 = Rpfleger 1979, 398 = JurBüro 1979, 1691.
[15] Vgl. BayObLG Rpfleger 1960, 187; AG Krefeld KostRspr. § 30 KostO Nr. 41.
[16] KG JVBl. 1941, 71.
[17] BayObLGZ 1979, 223.
[18] Mümmler JurBüro 1975, 1445; s. OLG Köln Jur Büro 1987, 88.
[19] BayObLG Rpfleger 1975, 109.

im Amtsblatt. Diese liegen je nach der Zeitung und der Länge des Veröffentlichungstextes in der Regel zwischen 30 und 100 DM.

4. Gebührenbefreiung

430 Aufgrund landesrechtlicher Vorschriften sind in den Ländern Baden-Württemberg, Berlin, Hamburg, Niedersachsen, Nordrhein-Westfalen, Saarland und Schleswig-Holstein Vereine, die gemeinnützigen Zwecken (s. o. Rdnr. 416a) dienen, von der Zahlung der Gerichtsgebühren nach der Kostenordnung befreit, soweit die Angelegenheit nicht einen steuerpflichtigen wirtschaftlichen Geschäftsbetrieb (s. o. Rdnr. 416f) betrifft. Die steuerliche Behandlung ist durch eine Bescheinigung des Finanzamts (Freistellungsbescheid, vorläufige Bescheinigung[20] oder sonstige Bestätigung) dem Registergericht nachzuweisen. Eine vergleichbare Regelung besteht auch in Hessen, dagegen nicht in Bayern, Sachsen, Thüringen, Sachsen-Anhalt, Brandenburg und Mecklenburg-Vorpommern. In Bremen können auf Antrag die Kosten erlassen werden, wenn es zur Förderung gemeinnütziger oder mildtätiger Zwecke angezeigt erscheint. Die Auslagen des Gerichts müssen aber in jedem Fall bezahlt werden.

Für Vereine, die mildtätige oder kirchliche Zwecke verfolgen (nicht aber für Vereine, die „nur" gemeinnützige Zwecke verfolgen!) sind auch die Notargebühren ermäßigt (§ 144 Abs. 2 KostO). Diese Ermäßigung tritt aber nur ein, wenn der Geschäftswert 50 000 DM übersteigt, so daß sie für Vereine kaum praktische Bedeutung haben dürfte.[21]

5. Neue Bundesländer

430a Für Registergerichte und Notare in den neuen Bundesländern gelten die Maßgaben von Kap. III Sachgeb. A Abschn. III Nr. 20 EVertr.: Die Gebühren ermäßigen sich für Kostenschuldner, die ihren Wohnsitz oder Sitz der Hauptniederlassung im Beitrittsgebiet haben, um 20%.[22]

6. Bemerkungen zum nichtrechtsfähigen Verein

431 Bei vielen Vereinsgründungen, aber auch bei Vereinen, die bereits längere Zeit ohne Eintragung in das Vereinsregister existieren, taucht die Frage auf, welche wesentlichen Unterschiede zwischen einem eingetragenen Verein und einem nicht eingetragenen Verein mit „idealer" Zweckbestimmung bestehen.[23] Es erscheint daher angebracht, die Unterschiede zwischen den beiden Typen des Idealvereins zu erörtern und damit im Einzelfall die Entscheidung, ob der Verein in das Vereinsregister eingetragen werden soll, zu erleichtern.

---

[20] LG Verden NdsRpfl. 1989, 180.

[21] Einzelheiten bei Waldner Rdnr. 368 ff.

[22] Näheres und Kostentabellen bei Waldner Rdnr. 29a.

[23] Einschlägiges Schrifttum: Denecke JR 1951, 742 (Zur Haftung des nichtrechtsfähigen Vereins); Habscheid AcP 155, 375 (Der nicht rechtsfähige Verein zwischen juristischer Person und Gesellschaft); Schumann, Zur Haftung des nicht rechtsfähigen Vereins, Köln 1956; Weimar MDR 1975, 288 (Rechtsfragen beim nichtrechtsfähigen Verein); Weimar MDR 1976, 638 (Risiken aus einer Mitgliedschaft bei Vereinen und Gesellschaften); Kertess, Diss. Göttingen 1982 (Zur Haftung des für einen nichtrechtsfähigen Verein Handelnden gemäß § 54 S. 2 BGB); Stoltenberg MDR 1989, 494 (Rechtsfähigkeit nicht rechtsfähiger Vereine); Reuter Festschrift für Semler 1993, S. 931 (Der nicht rechtsfähige wirtschaftliche Verein).

Vorweg ist zu bemerken, daß der nicht eingetragene Idealverein ebenso ein körperschaftlich organisierter Zusammenschluß ist wie der eingetragene Verein. Dem nicht eingetragenen Verein fehlt lediglich die Rechtsfähigkeit, und auf diesem Umstand beruhen die wesentlichen rechtlichen Unterschiede zwischen den beiden Vereinsformen. **432**

Beim nichtrechtsfähigen Idealverein sind Träger der Rechte und Pflichten nicht der Verein als eigene Rechtsperson, sondern die Vereinsmitglieder selbst in gesamthänderischer Verbundenheit.[24] Dies hat an sich zur Folge, daß die Mitglieder für die vom Vorstand in ihrem Namen eingegangenen Verbindlichkeiten persönlich als Gesamtschuldner haften. Durch die Vereinssatzung kann jedoch die Vertretungsmacht des Vorstandes, der beim nichtrechtsfähigen Verein nicht die Rechtsstellung eines gesetzlichen Vertreters des Vereins, sondern die eines Bevollmächtigten[25] der Gesamtheit der Mitglider hat, dahin beschränkt werden, daß die Mitglieder nur mit ihrem Anteil am Vereinsvermögen haften. Eine solche Haftungsbeschränkung kann der Vereinssatzung auch ohne ausdrückliche Bestimmung entnommen werden, weil sich eine gefestigte Verkehrsanschauung gebildet hat, daß der Vorstand nur eine in dieser Beziehung beschränkte Vollmacht hat und der Vertragspartner auch nicht mit der persönlichen Haftung der Mitglieder rechnet.[26] Das Haftungsrisiko der Mitglieder eines nichtrechtsfähigen Idealvereins ist damit praktisch ausgeschlossen. **433**

Anders stellt sich die **haftungsrechtliche Situation** für jene Personen dar, die im Namen des Vereins bei der Vornahme eines Rechtsgeschäfts aktiv mitwirken. Diese haften persönlich; wenn mehrere Personen handeln, haften sie als Gesamtschuldner (§ 54 Satz 2 BGB). Ob der jeweils Handelnde Vertretungsmacht hat, spielt keine Rolle.[27] Daher haften auch die Vorstandsmitglieder, die das Rechtsgeschäft eingehen, persönlich, nicht jedoch jene Vorstandsmitglieder, die zwar den Abschluß des Rechtsgeschäfts mitbeschlossen haben, aber nach außen nicht tätig geworden sind.[28] Die Haftung der für den Verein rechtsgeschäftlich Handelnden kann nicht durch die Satzung ausgeschlossen werden. Der Haftungsausschluß muß vielmehr mit dem Geschäftsgegner vereinbart werden.[29] Die persönliche Haftung des für einen nichtrechtsfähigen Verein Handelnden erlischt durch die spätere Eintragung des Vereins in das Vereinsregister nur für solche Geschäfte, bei deren Abschluß die Eintragung bereits beschlossen und in die Wege geleitet worden war.[30] Bei deliktischem Handeln ist § 31 BGB entsprechend anzuwenden (hierzu s. o. Rdnr. 290). **434**

Das Fehlen der Rechtsfähigkeit hat ferner zur Folge, daß der nicht eingetragene Idealverein als solcher im Zivilprozeß nicht als Kläger auftreten kann.[31] Die Klage kann nur von der Gesamtheit der Mitglieder, die in der Klageschrift einzeln und vollständig angegeben sein müssen, erhoben werden.[32] Die Mitglieder werden im **435**

---

[24] Stoltenberg MDR 1989, 494 (495).

[25] Staudinger-Coing § 54 Rdnr. 36; RGZ 57, 92.

[26] Erman-Westermann § 54 Rdnr. 12; Schumann (Fn. 23), S. 20.

[27] RGZ 90, 173; RG Recht 1920 Nr. 4; vgl. BGH 1957, 1186; MünchKomm-Reuter, 3. Aufl. § 54 Rdnr. 32.

[28] Erman-Westermann § 54 Rdnr. 15.

[29] RGZ 82, 298; RG JW 1937, 382; vgl. BGH NJW 1957, 1186; MünchKomm-Reuter 3. Aufl. § 54 Rdnr. 38.

[30] OLG Düsseldorf MDR 1984, 489.

[31] Vgl. OLG Koblenz NJW-RR 1993, 697; Jung NJW 1986, 157; s. aber auch LG Aachen NJW 1977, 255 (für den Gegendarstellungsanspruch aus § 11 PresseGNRW).

[32] RGZ 57, 92; 78, 101 (105); für Gewerkschaften ist die aktive Parteifähigkeit ausnahmsweise von BGHZ 42, 210 (214) und BGHZ 50, 325 (327, 334) anerkannt; für Parteien und ihre Gebietsverbände der höchsten Stufe ergibt sie sich aus § 3 des Parteiengesetzes. Zum ganzen jetzt umfassend Schulz, Die Parteifähigkeit nicht rechtsfähiger Vereine im Zivilprozeß, Baden-Baden 1992.

Prozeß vom Vorstand vertreten, der den Nachweis seiner Vollmacht durch Vorlage der Vereinssatzung und den Bestellungsbeschluß führt.[33]

436 Ein weiterer bedeutsamer Unterschied gegenüber dem eingetragenen Verein besteht im Bereich des **Grundbuchrechts.** Eine Eintragung des nichtrechtsfähigen Vereins als Grundstückseigentümer oder Inhaber eines Grundpfandrechts oder eines sonstigen dinglichen Rechts ist unzulässig.[34] Vielmehr müssen als Berechtigte alle Mitglieder mit dem Vermerk eingetragen werden, daß ihnen das betreffende Recht als Mitglieder des – namentlich zu bezeichnenden – nichtrechtsfähigen Vereins „zur gesamten Hand" zusteht.[35] Im Schrifttum mehren sich zwar die Stimmen, die eine Eintragung auf den Vereinsnamen befürworten.[36] Die Rechtsprechung hat jedoch diesen Vorschlag bisher noch nicht aufgenommen. Auch sonstige rechtliche Konstruktionen,[37] mit denen die Eintragung aller Mitglieder des nichtrechtsfähigen Vereins in das Grundbuch vermieden werden soll, erweisen sich – nicht zuletzt wegen der damit verbundenen weiteren Rechtsakte und deren Kosten – als wenig befriedigend. Der Erwerb von Grundeigentum oder einer Grundstücksberechtigung wird daher für den nicht eingetragenen Idealverein in aller Regel seine Eintragung in das Vereinsregister erfordern.

437 Auch auf dem Gebiet des **Erbrechts** ergeben sich aus dem Fehlen der Rechtsfähigkeit für den nicht eingetragenen Idealverein gewisse rechtliche Schwierigkeiten. Das Reichsgericht hat die Erbfähigkeit eines nichtrechtsfähigen Vereins grundsätzlich verneint. Die Vereinsmitglieder können jedoch als Erben mit der Auflage eingesetzt werden, die Erbschaft dem Verein zu überlassen.[38]

Schließlich fehlt dem nicht eingetragenen Idealverein auch die **Wechselfähigkeit.**[39]

438 Auch innerhalb der **Vereinsorganisation** können sich für den nichtrechtsfähigen Verein aus dem Fehlen der Rechtsfähigkeit Abweichungen gegenüber den Verhältnissen beim eingetragenen Verein ergeben. Im neueren Schrifttum wird zwar überwiegend die Auffassung vertreten, daß die vereinsrechtlichen Vorschriften des Bürgerlichen Gesetzbuchs (§§ 21 ff.), soweit sie nicht die Rechtsfähigkeit des Vereins (bzw. die Eintragung im Vereinsregister) voraussetzen, auch für den nichtrechtsfähigen Verein gelten. Die Rechtsprechung hat jedoch bei der Anwendung einzelner dieser Vorschriften offenbar noch Hemmungen. So ist die Anwendung des § 29 BGB (Bestellung eines Notvorstands durch das Gericht) umstritten.[40] Auch in bezug auf die Anwendung des § 37 Abs. 2 BGB (Ermächtigung einer bestimmten Minderheit der Vereinsmitglieder zur Einberufung der Mitgliederversammlung durch das Gericht) ist die Rechtsprechung uneinheitlich.[41]

Die Erkenntnis, daß die Verweisung in § 54 BGB auf Gesellschaftsrecht überholt ist, hat zwar den Weg eröffnet, bei nichtrechtsfähigen Personenvereinigungen, die wie ein rechtsfähiger Verein mit einer körperschaftlichen Verfassung und einem Gesamtnamen ausgestattet sind, im Zweifel Vereinsrecht gelten zu lassen, jedoch bleibt ein

---

33 RGZ 57, 92.

34 RGZ 127, 309 (311 f.); BGHZ 43, 316 (320).

35 § 47 GBO; vgl. RG JFG 3, 1; RGZ 127, 309; OLG Zweibrücken Rpfleger 1986, 12 (Bezirksverband einer politischen Partei); zur Grundbuchfähigkeit des nichtrechtsfähigen Vereins vgl. auch Böhringer BWNotZ 1985, 108 und Jung NJW 1986, 157.

36 Stoltenberg MDR 1989, 494 (497); Morlok-Schulte-Trux NJW 1992, 2058 (für politische Parteien).

37 Vgl. die von R-D, 5. Aufl. bei Rdnr. 2506 genannten Fälle.

38 RG Recht 1929 Nr. 975; vgl. auch KG NJW 1935, 3638.

39 RGZ 112, 124 (125); kritisch Stoltenberg MDR 1989, 494 (497); a. A. R-D, 5. Aufl. Rdnr. 2504.

40 Siehe bei Rdnr. 293.

41 Verneinend: KG JW 1935, 3636 (3638) = HRR 1935 Nr. 1653; bejahend: LG Heidelberg NJW 1975, 1661.

Freiraum für individuelle Rechtsgestaltung, der Mischformen mit vereinsmäßigen und gesellschaftsrechtlichen Bezügen gestattet, so daß es sachgerecht sein kann, in einem Bereich nach Vereinsrecht, in einem anderen nach Gesellschaftsrecht zu verfahren.[42]

Nach diesem Überblick, der nur die praktisch wichtigsten Unterschiede zwischen einem rechtsfähigen und einem nichtrechtsfähigen Idealverein erfassen will, läßt sich im allgemeinen wohl sagen, daß jedenfalls ein Idealverein mit kleinem oder mittlerem Mitgliederbestand, der keinen Grundstückserwerb bezweckt und die persönliche Haftung der rechtsgeschäftlich Handelnden nicht scheut, auch ohne Eintragung in das Vereinsrecht auskommen kann. **439**

---

[42] Vgl. BGH WPM 1979, 969 (970) zur entsprechenden Anwendung des § 39 Abs. 2 BGB auf den nichtrechtsfähigen Verein; siehe auch Reuter Festschrift für Semler 1993, S. 931 für den wirtschaftlichen Verein.

Zweiter Teil
Muster für Satzungen,[1] Anträge, Protokolle und gerichtliche Verfügungen

1. Kurze Satzung

§ 1 440

Der Name des Vereins lautet „Frauen-Literaturverein Bettina". Er hat seinen Sitz in Treuen/Vogtl. und soll in das Vereinsregister eingetragen werden. Nach der Eintragung führt er den Zusatz „e. V.".

§ 2

Zweck des Vereins ist die Pflege der Frauenliteratur und der Geselligkeit und der Kampf gegen die Benachteiligung der Frau im Literaturbetrieb.

Zur Verwirklichung des Vereinszwecks veranstaltet der Verein Lesungen von Autorinnen, die Herausgabe einer Frauen-Literaturzeitschrift, sog. Turmfeste und ähnliche Unternehmungen.

§ 3

Mitglied des Vereins kann jede Frau werden, die sich den Zielen des Vereins verbunden fühlt. Über den schriftlichen Aufnahmeantrag entscheiden die Vorstandsfrauen.

§ 4

Der Austritt aus dem Verein ist jederzeit zulässig. Er erfolgt durch schriftliche Erklärung gegenüber einer Vorstandsfrau. Ein Mitglied kann aus dem Verein ausgeschlossen werden, wenn sein Verhalten in grober Weise gegen die Interessen des Vereins verstößt. Über den Ausschluß beschließt die Mitgliederversammlung mit Dreiviertelmehrheit der abgegebenen Stimmen.

§ 5

Der Jahresbeitrag wird von der Mitgliederversammlung festgesetzt.

§ 6

Der Vorstand besteht aus zwei gleichberechtigten Vorstandsfrauen. Jede von ihnen ist einzeln zur Vertretung des Vereins berechtigt. Die Vorstandsfrauen müssen Vereinsmitglieder sein. Die Vorstandsfrauen werden von der Mitgliederversammlung auf die Dauer von zwei Jahren gewählt; sie bleiben jedoch auch nach Ablauf der Amtszeit bis zur Neuwahl des Vorstands im Amt.

---

[1] Weitere Satzungsmuster bei Ott, Die Vereinssatzung, München 1992, und Vogel, Die Vereinssatzung, 6. Aufl. Heidelberg 1991.

§ 7

Die ordentliche Mitgliederversammlung findet jährlich, möglichst in der Woche vor dem Internationalen Frauentag statt. Außerdem muß die Mitgliederversammlung einberufen werden, wenn das Interesse des Vereins es erfordert oder wenn die Einberufung von einem Zehntel der Mitglieder unter Angabe des Zwecks und der Gründe vom Vorstand schriftlich verlangt wird.

§ 8

Jede Mitgliederversammlung wird von einer Vorstandsfrau schriftlich unter Einhaltung einer Einladungsfrist von zwei Wochen einberufen. Dabei ist die vom Vorstand festgesetzte Tagesordnung mitzuteilen.

§ 9

Die Mitgliederversammlung wird von den Vorstandsfrauen, im Verhinderungsfall von einer allein geleitet. Sind beide verhindert, wählt die Mitgliederversammlung aus ihrer Mitte die Versammlungsleiterin. Die Mitgliederversammlung kann eine Ergänzung der vom Vorstand festgesetzten Tagesordnung beschließen. Soweit die Satzung nichts anderes bestimmt, entscheidet bei der Beschlußfassung der Mitgliederversammlung die Mehrheit der abgegebenen gültigen Stimmen: Stimmenthaltungen bleiben daher außer Betracht. Zur Änderung der Satzung ist eine Mehrheit von zwei Dritteln, zur Änderung des Vereinszwecks und zur Auflösung des Vereins ist eine Mehrheit von neun Zehnteln der abgegebenen Stimmen erforderlich. Die Art der Abstimmung wird grundsätzlich von der Versammlungsleiterin festgesetzt. Die Abstimmung muß jedoch schriftlich durchgeführt werden, wenn ein Drittel der bei der jeweiligen Abstimmung anwesenden Mitglieder dies beantragt.

§ 10

Die Beschlüsse der Mitgliederversammlung sind zu Beweiszwecken in ein Beschlußbuch einzutragen und von der jeweiligen Versammlungsleiterin zu unterschreiben. Dabei sollen Ort und Zeit der Versammlung sowie das jeweilige Abstimmungsergebnis festgehalten werden.

Die vorstehende Satzung wurde am . . . errichtet.

(Die Satzungsurkunde ist anschließend von allen Personen, welche in der Gründungsversammlung dem Verein beigetreten sind, deutlich zu unterschreiben. Mindestens sind sieben Unterschriften erforderlich.)

2. Ausführliche Satzung eines gemeinnützigen Vereins

441 **§ 1 Name, Sitz, Geschäftsjahr**

Der Verein führt den Namen „Verein zur Förderung körperbehinderter Kinder" und soll in das Vereinsregister eingetragen werden; nach der Eintragung führt er den Zusatz „e. V.".

Der Verein hat seinen Sitz in München.

Das Geschäftsjahr des Vereins ist das Kalenderjahr.

§ 2 Der Zweck des Vereins

Zweck des Vereins ist die Förderung körperbehinderter Kinder.

Der Verein verfolgt ausschließlich und unmittelbar gemeinnützige Zwecke im Sinne des Abschnitts „Steuerbegünstigte Zwecke" der Abgabenordnung.

Der Satzungszweck wird verwirklicht insbesondere durch folgende Maßnahmen:

Beratung der Eltern und der sonstigen Erziehungsberechtigten körperbehinderter Kinder;

Einflußnahme auf die Errichtung von Spezialbehandlungszentren durch die Gebietskörperschaften;

Aufklärung der Öffentlichkeit über die Probleme des körperbehinderten Kindes.

Der Verein ist selbstlos tätig; er verfolgt nicht in erster Linie eigenwirtschaftliche Zwecke.

Mittel des Vereins dürfen nur für die satzungsmäßigen Zwecke verwendet werden. Die Mitglieder erhalten keine Gewinnanteile und in ihrer Eigenschaft als Mitglieder auch keine sonstigen Zuwendungen aus Mitteln des Vereins. Es darf keine Person durch Ausgaben, die dem Zweck des Vereins fremd sind, oder durch unverhältnismäßig hohe Vergütungen begünstigt werden.

Bei Auflösung des Vereins oder bei Wegfall seines bisherigen Zweckes fällt das Vermögen des Vereins an das Bayerische Rote Kreuz zwecks Verwendung für die Förderung des öffentlichen Gesundheitswesens.

Alle Inhaber von Vereinsämtern sind ehrenamtlich tätig. Jeder Beschluß über die Änderung der Satzung ist vor dessen Anmeldung beim Registergericht dem zuständigen Finanzamt vorzulegen.

§ 3 Erwerb der Mitgliedschaft

Mitglied des Vereins kann jede volljährige Person werden. Über den schriftlichen Antrag entscheidet der Vorstand. Der Antrag soll den Namen, das Alter, den Beruf und die Anschrift des Antragstellers sowie die Angabe enthalten, ob er Vater (Mutter) eines körperbehinderten Kindes ist; gegebenenfalls ist das Alter des Kindes anzugeben.

Gegen den ablehnenden Bescheid des Vorstands, der mit Gründen zu versehen ist, kann der Antragsteller Beschwerde erheben. Die Beschwerde ist innerhalb eines Monats ab Zugang des ablehnenden Bescheids schriftlich beim Vorstand einzulegen. Über die Beschwerde entscheidet die nächste ordentliche Mitgliederversammlung.

§ 4 Beendigung der Mitgliedschaft

Die Mitgliedschaft endet

a) mit dem Tod des Mitglieds;
b) durch freiwilligen Austritt;
c) durch Streichung von der Mitgliederliste;
d) durch Ausschluß aus dem Verein.

Der freiwillige Austritt erfolgt durch schriftliche Erklärung gegenüber einem Mitglied des Vorstands. Er ist nur zum Schluß eines Kalenderjahres unter Einhaltung einer Kündigungsfrist von drei Monaten zulässig.

Ein Mitglied kann durch Beschluß des Vorstands von der Mitgliederliste gestrichen werden, wenn es trotz zweimaliger Mahnung mit der Zahlung des Beitrags im Rückstand ist. Die Streichung darf erst beschlossen werden, nachdem seit der Absendung des zweiten Mahnschreibens drei Monate verstrichen und die Beitragsschulden nicht beglichen sind. Die Streichung ist dem Mitglied mitzuteilen.

Ein Mitglied kann, wenn es gegen die Vereinsinteressen gröblich verstoßen hat, durch Beschluß des Vorstands aus dem Verein ausgeschlossen werden. Vor der Beschlußfassung ist dem Mitglied unter Setzung einer angemessenen Frist Gelegenheit zu geben, sich persönlich vor dem Vorstand oder schriftlich zu rechtfertigen. Eine schriftliche Stellungnahme des Betroffenen ist in der Vorstandssitzung zu verlesen. Der Beschluß über den Ausschluß ist mit Gründen zu versehen und dem Mitglied mittels eingeschriebenen Briefes bekanntzumachen. Gegen den Ausschließungsbeschluß des Vorstands steht dem Mitglied das Recht der Berufung an die Mitgliederversammlung zu. Die Berufung hat aufschiebende Wirkung. Die Berufung muß innerhalb einer Frist von einem Monat ab Zugang des Ausschließungsbeschlusses beim Vorstand schriftlich eingelegt werden. Ist die Berufung rechtzeitig eingelegt, so hat der Vorstand innerhalb von zwei Monaten die Mitgliederversammlung zur Entscheidung über die Berufung einzuberufen. Geschieht das nicht, gilt der Ausschließungsbeschluß als nicht erlassen. Macht das Mitglied von dem Recht der Berufung gegen den Ausschließungsbeschluß keinen Gebrauch oder versäumt es die Berufungsfrist, so unterwirft es sich damit dem Ausschließungsbeschluß mit der Folge, daß die Mitgliedschaft als beendet gilt.

§ 5 Mitgliedsbeiträge

Von den Mitgliedern werden Beiträge erhoben. Die Höhe des Jahresbeitrags und dessen Fälligkeit werden von der Mitgliederversammlung bestimmt. Mitglieder, die den Vorstand ermächtigen, den Beitrag durch Abbuchung von ihrem Konto einzuziehen, erhalten einen Nachlaß von 5%.

Ehrenmitglieder sind von der Beitragspflicht befreit.

§ 6 Organe des Vereins

Organe des Vereins sind

a) der Vorstand
b) der Beirat
c) die Mitgliederversammlung.

§ 7 Der Vorstand

Der Vorstand des Vereins besteht aus vier Personen, nämlich dem 1. Vorsitzenden, dem 2. Vorsitzenden, dem Schatzmeister und dem Schriftführer.

Der Verein wird gerichtlich und außergerichtlich durch zwei Mitglieder des Vorstands, darunter der 1. Vorsitzende oder der 2. Vorsitzende, vertreten. Rechtsgeschäfte mit einem Geschäftswert über 3000,– DM sind für den Verein nur verbindlich, wenn die Zustimmung des Beirats hierzu schriftlich erteilt ist.

§ 8 Die Zuständigkeit des Vorstands

Der Vorstand ist für die Angelegenheiten des Vereins zuständig, soweit sie nicht durch die Satzung einem anderen Vereinsorgan zugewiesen sind. Er hat vor allem folgende Aufgaben:

1. Vorbereitung der Mitgliederversammlungen und Aufstellung der Tagesordnungen;
2. Einberufung der Mitgliederversammlung;
3. Ausführung der Beschlüsse der Mitgliederversammlung;
4. Aufstellung eines Haushaltsplans für jedes Geschäftsjahr; Buchführung; Erstellung eines Jahresberichts;
5. Abschluß und Kündigung von Arbeitsverträgen;
6. Beschlußfassung über Aufnahme, Streichung und Ausschluß von Mitgliedern.

Der Vorstand ist verpflichtet, in allen wichtigen Angelegenheiten die Meinung des Beirats einzuholen.

§ 9 Amtsdauer des Vorstands

Der Vorstand wird von der Mitgliederversammlung auf die Dauer von zwei Jahren, vom Tage der Wahl an gerechnet, gewählt; er bleibt jedoch bis zur Neuwahl des Vorstands im Amt. Jedes Vorstandsmitglied ist einzeln zu wählen. Wählbar sind nur Vereinsmitglieder. Der 1. Vorsitzende oder der 2. Vorsitzende soll ein Facharzt für Orthopädie sein. Scheidet ein Mitglied des Vorstands während der Amtsperiode aus, so wählt der Vorstand ein Ersatzmitglied für die restliche Amtsdauer des Ausgeschiedenen.

§ 10 Beschlußfassung des Vorstands

Der Vorstand faßt seine Beschlüsse im allgemeinen in Vorstandssitzungen, die vom Vorsitzenden, bei dessen Verhinderung vom stellvertretenden Vorsitzenden, schriftlich, fernmündlich oder telegrafisch einberufen werden. In jedem Fall ist eine Einberufungsfrist von einer Woche einzuhalten. Einer Mitteilung der Tagesordnung bedarf es nicht. Der Vorstand ist beschlußfähig, wenn mindestens zwei Vorstandsmitglieder, darunter der 1. Vorsitzende oder der 2. Vorsitzende, anwesend sind. Bei der Beschlußfassung entscheidet die Mehrheit der abgegebenen gültigen Stimmen. Bei Stimmengleichheit entscheidet die Stimme des Leiters der Vorstandssitzung. Die Vorstandssitzung leitet der 1. Vorsitzende, bei dessen Verhinderung der 2. Vorsitzende. Die Beschlüsse des Vorstands sind zu Beweiszwecken in ein Beschlußbuch einzutragen und vom Sitzungsleiter zu unterschreiben. Die Niederschrift soll Ort und Zeit der Vorstandssitzung, die Namen der Teilnehmer, die gefaßten Beschlüsse und das Abstimmungsergebnis enthalten.

Ein Vorstandsbeschluß kann auf schriftlichem Wege gefaßt werden, wenn alle Vorstandsmitglieder ihre Zustimmung zu der zu beschließenden Regelung erklären.

Die Vereinigung mehrerer Vorstandsämter in einer Person ist unzulässig.

§ 11 Der Beirat

Der Beirat besteht aus fünf Mitgliedern. Er wird auf die Dauer von drei Jahren, vom Tage der Wahl an gerechnet, von der Mitgliederversammlung gewählt; er bleibt jedoch bis zur Neuwahl des Beirats im Amt. Jedes Mitglied des Beirats ist einzeln zu wählen. Wählbar sind nur Vereinsmitglieder, die dem Verein mindestens zwei Kalenderjahre angehören; dies gilt nicht für die ersten Mitglieder des Beirats nach der Gründung des Vereins. Drei Mitglieder des Beirats sollen Erziehungsberechtigte körperbehinderter Kinder sein. Vorstandsmitglieder können nicht zugleich Mitglieder des Beirats sein.

Der Beirat hat die Aufgabe, den Vorstand in wichtigen Vereinsangelegenheiten zu beraten. Er unterrichtet sich durch Abhaltung von Sprechstunden oder in sonst geeigneter Weise über die Anliegen der Vereinsmitglieder und macht dem Vorstand Vorschläge für die Geschäftsführung. Bei Rechtsgeschäften mit einem Geschäftswert von mehr als 3000,– DM beschließt er, ob dem Rechtsgeschäft zugestimmt wird.

Mindestens einmal im Vierteljahr soll eine Sitzung des Beirats stattfinden. Der Beirat wird vom 1. Vorsitzenden oder vom 2. Vorsitzenden des Vereins schriftlich, fernmündlich oder telegrafisch mit einer Frist von mindestens einer Woche einberufen. Einer Mitteilung der Tagesordnung bedarf es nicht. Der Beirat muß einberufen werden, wenn mindestens zwei Beiratsmitglieder die Einberufung schriftlich vom Vorstand verlangen. Wird dem Verlangen innerhalb einer Frist von zwei Wochen nicht entsprochen, sind die Beiratsmitglieder, die die Einberufung des Beirats vom Vorstand verlangt haben, berechtigt, selbst den Beirat einzuberufen.

Zu den Sitzungen des Beirats haben alle Vorstandsmitglieder Zutritt, auch das Recht zur Diskussion, aber kein Stimmrecht. Die Vorstandsmitglieder sind von den Sitzungen des Beirats zu verständigen.

Die Sitzungen des Beirats werden vom 1. Vorsitzenden, bei dessen Verhinderung vom 2. Vorsitzenden des Vereins geleitet; ist auch dieser verhindert, leitet das Beiratsmitglied die Sitzung, das am längsten dem Verein angehört. Im Zweifelsfall bestimmen die erschienenen Beiratsmitglieder den Sitzungsleiter.

Der Beirat bildet seine Meinung durch Beschlußfassung. Bei der Beschlußfassung entscheidet die Mehrheit der abgegebenen gültigen Stimmen.

Scheidet ein Mitglied des Beirats vorzeitig aus, so wählt der Beirat für die restliche Amtsdauer des ausgeschiedenen Mitglieds ein Ersatzmitglied.

Die Beschlüsse des Beirats sind zu Beweiszwecken in ein Beschlußbuch einzutragen und vom jeweiligen Sitzungsleiter zu unterschreiben.

§ 12 Die Mitgliederversammlung

In der Mitgliederversammlung hat jedes Mitglied – auch ein Ehrenmitglied – *eine* Stimme. Zur Ausübung des Stimmrechts kann ein anderes Mitglied schriftlich bevollmächtigt werden. Die Bevollmächtigung ist für jede Mitgliederversammlung gesondert zu erteilen. Ein Mitglied darf jedoch nicht mehr als drei fremde Stimmen vertreten.

Die Mitgliederversammlung ist ausschließlich für folgende Angelegenheiten zuständig:

1. Genehmigung des vom Vorstand aufgestellten Haushaltsplans für das nächste Geschäftsjahr; Entgegennahme des Jahresberichts des Vorstands; Entlastung des Vorstands;
2. Festsetzung der Höhe und der Fälligkeit des Jahresbeitrags;
3. Wahl und Abberufung der Mitglieder des Vorstands und des Beirats;
4. Beschlußfassung über Änderung der Satzung und über die Auflösung des Vereins;
5. Beschlußfassung über die Beschwerde gegen die Ablehnung des Aufnahmeantrags sowie über die Berufung gegen einen Ausschließungsbeschluß des Vorstands;
6. Ernennung von Ehrenmitgliedern.

In Angelegenheiten, die in den Zuständigkeitsbereich des Vorstands fallen, kann die Mitgliederversammlung Empfehlungen an den Vorstand beschließen. Der Vorstand kann seinerseits in Angelegenheiten seines Zuständigkeitsbereichs die Meinung der Mitgliederversammlung einholen.

§ 13 Die Einberufung der Mitgliederversammlung

Mindestens einmal im Jahr, möglichst im letzten Quartal, soll die ordentliche Mitgliederversammlung stattfinden. Sie wird vom Vorstand unter Einhaltung einer Frist von zwei Wochen schriftlich unter Angabe der Tagesordnung einberufen. Die Frist beginnt mit dem auf die Absendung des Einladungsschreibens folgenden Tag. Das Einladungsschreiben gilt dem Mitglied als zugegangen, wenn es an die letzte vom Mitglied dem Verein schriftlich bekanntgegebene Adresse gerichtet ist. Die Tagesordnung setzt der Vorstand fest.

§ 14 Die Beschlußfassung der Mitgliederversammlung

Die Mitgliederversammlung wird vom 1. Vorsitzenden, bei dessen Verhinderung vom 2. Vorsitzenden oder einem anderen Vorstandsmitglied geleitet. Ist kein Vorstandsmitglied anwesend, bestimmt die Versammlung den Leiter. Bei Wahlen kann die Versammlungsleitung für die Dauer des Wahlganges und der vorhergehenden Diskussion einem Wahlausschuß übertragen werden.

Der Protokollführer wird vom Versammlungsleiter bestimmt; zum Protokollführer kann auch ein Nichtmitglied bestimmt werden.

Die Art der Abstimmung bestimmt der Versammlungsleiter. Die Abstimmung muß schriftlich durchgeführt werden, wenn ein Drittel der bei der Abstimmung anwesenden stimmberechtigten Mitglieder dies beantragt.

Die Mitgliederversammlung ist nicht öffentlich. Der Versammlungsleiter kann Gäste zulassen. Über die Zulassung der Presse, des Rundfunks und des Fernsehens beschließt die Mitgliederversammlung.

Die Mitgliederversammlung ist beschlußfähig, wenn mindestens ein Drittel sämtlicher Vereinsmitglieder anwesend ist. Bei Beschlußunfähigkeit ist der Vorstand verpflichtet, innerhalb von vier Wochen eine zweite Mitgliederversammlung mit der gleichen Tagesordnung einzuberufen; diese ist ohne Rücksicht auf die Zahl der erschienenen Mitglieder beschlußfähig. Hierauf ist in der Einladung hinzuweisen.

Die Mitgliederversammlung faßt Beschlüsse im allgemeinen mit einfacher Mehrheit der abgegebenen gültigen Stimmen; Stimmenthaltungen bleiben daher außer Betracht. Zur Änderung der Satzung ist jedoch eine Mehrheit von drei Viertel der abgegebenen gültigen Stimmen, zur Auflösung des Vereins eine solche von vier Fünfteln erforderlich. Eine Änderung des Zwecks des Vereins kann nur mit Zustimmung aller Mitglieder beschlossen werden. Die schriftliche Zustimmung der in der Mitgliederversammlung nicht erschienenen Mitglieder kann nur innerhalb eines Monats gegenüber dem Vorstand erklärt werden.

Für Wahlen gilt folgendes: Hat im ersten Wahlgang kein Kandidat die Mehrheit der abgegebenen gültigen Stimmen erreicht, findet eine Stichwahl zwischen den Kandidaten statt, welche die beiden höchsten Stimmenzahlen erreicht haben.

Über die Beschlüsse der Mitgliederversammlung ist ein Protokoll aufzunehmen, das vom jeweiligen Versammlungsleiter und dem Protokollführer zu unterzeichnen ist. Es soll folgende Feststellungen enthalten: Ort und Zeit der Versammlung, die Person des Versammlungsleiters und des Protokollführers, die Zahl der erschienenen Mitglieder, die Tagesordnung, die einzelnen Abstimmungsergebnisse und die Art der Abstimmung. Bei Satzungsänderungen soll der genaue Wortlaut angegeben werden.

Während der Mitgliederversammlung besteht Rauchverbot.

§ 15 Nachträgliche Anträge zur Tagesordnung

Jedes Mitglied kann bis spätestens eine Woche vor dem Tag der Mitgliederversammlung beim Vorstand schriftlich beantragen, daß weitere Angelegenheiten nachträglich auf die Tagesordnung gesetzt werden. Der Versammlungsleiter hat zu Beginn der Mitgliederversammlung die Tagesordnung entsprechend zu ergänzen. Über Anträge auf Ergänzung der Tagesordnung, die erst in der Mitgliederversammlung gestellt werden, beschließt die Mitgliederversammlung. Zur Annahme des Antrags ist eine Mehrheit von drei Viertel der abgegebenen gültigen Stimmen erforderlich.

§ 16 Außerordentliche Mitgliederversammlungen

Der Vorstand kann jederzeit eine außerordentliche Mitgliederversammlung einberufen. Diese muß einberufen werden, wenn das Interesse des Vereins es erfordert oder wenn die Einberufung von einem Zehntel aller Mitglieder schriftlich unter Angabe des Zwecks und der Gründe vom Vorstand verlangt wird. Für die außerordentliche Mitgliederversammlung gelten die §§ 12, 13, 14 und 15 entsprechend.

§ 17 Auflösung des Vereins und Anfallberechtigung

Die Auflösung des Vereins kann nur in einer Mitgliederversammlung mit der im § 14 festgelegten Stimmenmehrheit beschlossen werden. Sofern die Mitgliederversammlung nichts anderes beschließt, sind der Vorsitzende und der stellvertretende Vorsitzende gemeinsam vertretungsberechtigte Liquidatoren. Die vorstehenden Vorschriften gelten entsprechend für den Fall, daß der Verein aus einem anderen Grund aufgelöst wird oder seine Rechtsfähigkeit verliert.

Die vorstehende Satzung wurde in der Gründungsversammlung vom ... errichtet.

(Es folgen die deutlichen Unterschriften der dem Verein in der Gründungsversammlung beigetretenen Personen; mindestens sind sieben Unterschriften erforderlich.)

3. Satzung eines Firmen-Unterstützungsvereins

442 § 1 Name, Sitz und Zweck des Vereins

1. Der Verein führt den Namen „Unterstützungseinrichtung der Firma ...". Er soll in das Vereinsregister eingetragen werden.
2. Der Verein hat seinen Sitz in ...
3. Der Verein ist eine Unterstützungseinrichtung der Firma ... Er hat den Zweck, den aktiven und den ehemaligen Betriebsangehörigen sowie deren Familienangehörigen und Hinterbliebenen in Fällen unverschuldeter Not, insbesondere in Sterbefällen, unter Ausschluß eines Rechtsanspruchs einmalige, mehrmalige oder laufende Unterstützungen zu gewähren.

§ 2 Aufnahme in den Verein, Beiträge

1. Mitglied kann nur werden, wer dem Betrieb der Firma ... mindestens ein Kalenderjahr angehört. Ein Rechtsanspruch auf Aufnahme in den Verein besteht nicht. Über den schriftlich zu stellenden Aufnahmeantrag entscheidet der Vorstand. Die Aufnahme des Antragstellers oder die Ablehnung des Antrags mit Begründung ist dem Antragsteller schriftlich mitzuteilen. Gegen die Ablehnung des Aufnahmeantrags kann der Bewerber innerhalb eines Monats beim Vorstand schriftlich Einspruch einlegen, über den die nächste ordentliche Mitgliederversammlung entscheidet.
2. Von den Mitgliedern dürfen keine Beiträge, Umlagen, Zuschüsse oder sonstige Leistungen gefordert werden.

§ 3 Beendigung der Mitgliedschaft

Die Mitgliedschaft endet

a) durch Tod;
b) durch Austritt aus dem Verein zum Ende eines Kalenderjahres unter Einhaltung einer Kündigungsfrist von drei Monaten. Die Austrittserklärung ist nur wirksam, wenn sie gegenüber einem Mitglied des Vorstands schriftlich abgegeben wird;
c) durch Ausschluß.
   Der Ausschluß ist nur aus wichtigem Grund statthaft. Er erfolgt durch einstimmigen Beschluß des Vorstands;
d) durch Ausscheiden aus den Diensten der Firma ...
   Dies gilt nicht, wenn das Mitglied bei einem Betriebsinhaberwechsel von dem Betriebsnachfolger übernommen wird.

§ 4 Die Organe des Vereins

Die Organe des Vereins sind

a) der Vorstand,
b) die Mitgliederversammlung.

§ 5 Der Vorstand

Der Vorstand besteht aus einem Vorsitzenden und zwei weiteren Vorstandsmitgliedern.

Der Vorsitzende wird von der Leitung der Firma ... bestellt. Ein Vorstandsmitglied wird vom Betriebsrat aus dem Kreis seiner Mitglieder bestellt. Das dritte Vorstandsmitglied wird von der Mitgliederversammlung aus dem Kreis der nicht dem Betriebsrat angehörenden Betriebsangehörigen gewählt.

Die Mitglieder des Vorstands brauchen nicht Vereinsmitglieder zu sein.

Die Amtsdauer der Vorstandsmitglieder beträgt drei Jahre, jedoch bleiben die Vorstandsmitglieder solange im Amt, bis ein Nachfolger bestellt bzw. gewählt ist.

Der Verein wird gerichtlich und außergerichtlich durch den Vorsitzenden zusammen mit einem weiteren Vorstandsmitglied vertreten.

§ 6 Zuständigkeit des Vorstands

Der Vorstand ist für alle Vereinsangelegenheiten zuständig, soweit diese nicht der Mitgliederversammlung in der Satzung übertragen sind. Er ist beschlußfähig, wenn mindestens zwei Vorstandsmitglieder anwesend sind. Er beschließt mit der einfachen Mehrheit der abgegebenen Stimmen, soweit die Satzung nichts anderes bestimmt. Bei Stimmengleichheit ist der Antrag abgelehnt. Die Sitzungen des Vorstands werden vom Vorsitzenden einberufen und geleitet. Die Einberufung bedarf keiner besonderen Form. Die Tagesordnung braucht bei der Einberufung nicht mitgeteilt zu werden. Eine Einberufungsfrist von mindestens einer Woche ist einzuhalten. Ist der Vorsitzende verhindert, an der Vorstandssitzung teilzunehmen, wird diese von dem älteren Vorstandsmitglied geleitet. Über die Beschlüsse des Vorstands ist zu Beweiszwecken eine Niederschrift aufzunehmen, die vom Sitzungsleiter und dem Protokollführer zu unterschreiben ist.

Der Vorstand kann für die Geschäfte der laufenden Verwaltung des Vereins einen Geschäftsführer bestellen. Dieser ist berechtigt, an den Sitzungen des Vorstands mit beratender Stimme teilzunehmen.

§ 7 Die Mitgliederversammlung

Die Mitgliederversammlung ist zuständig

a) für die Genehmigung der Jahresrechnung und des Jahresberichts des Vorstands sowie für die Entscheidung über den Einspruch gegen die Ablehnung eines Aufnahmeantrags;
b) für die Entlastung des Vorstands und die Wahl eines Vorstandsmitglieds (vgl. § 5) und dessen Abberufung sowie für die Änderung der Satzung;
c) zur Beschlußfassung über die Auflösung des Vereins (vgl. § 17).

Die ordentliche Mitgliederversammlung soll in den ersten sechs Monaten des Jahres stattfinden. Sie wird vom Vorsitzenden des Vorstands mit einer Frist von drei Wochen mittels schriftlicher Einladung einberufen. Bei der Einberufung muß die Tagesordnung mitgeteilt werden.

Die Mitgliederversammlung wird vom Vorsitzenden des Vorstands oder einem anderen Vorstandsmitglied geleitet. Sie ist beschlußfähig, wenn ein Drittel der Vereinsmitglieder anwesend ist. Bei Beschlußunfähigkeit ist innerhalb von zwei Monaten eine weitere Mitgliederversammlung mit der gleichen Tagesordnung einzuberufen, die ohne Rücksicht auf die Zahl der anwesenden Mitglieder beschlußfähig ist. Auf diese Besonderheit ist in der Einladung hinzuweisen. Die Mitgliederversammlung beschließt mit der Mehrheit der abgegebenen gültigen Stimmen, soweit die Satzung nicht eine andere Mehrheit bestimmt.

Anträge außerhalb der vom Vorstand aufgestellten, in der Einladung bekanntgegebenen Tagesordnung werden in der Mitgliederversammlung nur behandelt, wenn sie spätestens eine Woche vor dem Tag der Versammlung beim Vorstand schriftlich eingereicht sind.

§ 8 Außerordentliche Mitgliederversammlungen

Eine außerordentliche Mitgliederversammlung ist einzuberufen, wenn
a) das Interesse des Vereins es erfordert,
b) ein Zehntel der Vereinsmitglieder dies vom Vorstand unter Angabe des Zwecks und der Gründe schriftlich verlangt.

Im übrigen gelten die Bestimmungen für die ordentliche Mitgliederversammlung entsprechend.

§ 9

Über die Beschlüsse jeder Mitgliederversammlung ist zu Beweiszwecken eine Niederschrift durch einen von der Versammlung gewählten Protokollführer aufzunehmen. Die Niederschrift ist vom Versammlungsleiter und dem Protokollführer zu unterschreiben.

§ 10 Stimmrecht

Jedes Mitglied hat eine Stimme. Das Stimmrecht kann nur persönlich ausgeübt werden.

§ 11 Vereinsvermögen, Anlage, Erträge

Das Vereinsvermögen wird gebildet aus freiwilligen Zuwendungen der Firma ... oder Dritter sowie aus den Erträgnissen von Vermögensanlagen.

Der Verein erwirbt gegen die Firma ... keinen Rechtsanspruch auf die Gewährung von Zuwendungen, und zwar auch dann nicht, wenn diese längere Zeit oder regelmäßig gewährt wurden.

Das Vereinsvermögen ist zinstragend anzulegen, soweit es nicht für die Unterstützungsleistungen benötigt wird. Die Gewährung von Darlehen an die Firma ... zu einem angemessenen Zinsfuß ist zulässig. Das Vereinsvermögen darf nur für Vereinszwecke und für die anfallenden Verwaltungskosten verwendet werden.

Die Mitglieder des Vorstands dürfen keine Vergütungen erhalten. Auslagen sind zu erstatten, soweit diese den Rahmen des Üblichen nicht übersteigen.

§ 12 Geschäftsjahr

Das Geschäftsjahr ist das Kalenderjahr.

§ 13 Ausschluß des Rechtsanspruchs auf Unterstützungen

Die Leistungsempfänger haben keinen Rechtsanspruch auf Leistungen des Vereins. Auch durch wiederholte oder regelmäßige Zahlung von Altersbeihilfen, Witwen-, Waisen- und Sterbegeldern und anderen Unterstützungen wird weder ein Rechtsanspruch gegen den Verein noch gegen die Firma ... begründet. Alle Zahlungen erfolgen freiwillig und mit der Möglichkeit jederzeitigen Widerrufs. Jeder Leistungsempfänger hat eine schriftliche Erklärung darüber abzugeben, daß ihm die freiwillige Natur der Leistungen bekannt ist. Die Erklärung hat sich auch darauf zu erstrecken, daß der Leistungsempfänger mit dem Ausschluß jeden Rechtsanspruchs auf Leistungen sowie auch damit einverstanden ist, daß auch durch wiederholte oder regelmäßige Zahlungen kein Rechtsanspruch auf Leistungen erworben werden kann.

Die Erklärung hat folgenden Wortlaut:

„Es ist mir bekannt, daß alle Leistungen des Vereins freiwillig gewährt werden. Es ist mir ferner bekannt, daß mir auch durch wiederholte oder regelmäßige Leistungen weder ein Anspruch gegen den Verein noch gegen die Firma ... erwächst. Mit dem Ausschluß jeden Rechtsanspruches bin ich einverstanden.

Datum ... Unterschrift ...

§ 14 Satzungsänderungen

Beschlüsse über Satzungsänderungen, die den Charakter des Vereins als aufsichtsfreie Unterstützungseinrichtung betreffen, insbesondere der § 1 Nrn. 1 und 3, § 2 Nr. 2, § 11 und § 13 der Satzung, unterliegen der Prüfung durch die Versicherungsaufsichtsbehörde und sind ihr vor der Anmeldung der Satzungsänderungen beim Registergericht mitzuteilen. Sie bedürfen einer ⅔-Mehrheit der abgegebenen Stimmen.

§ 15 Leistungsplan

Der Vorstand stellt die Richtlinien auf, nach denen die Leistungen gewährt werden können.

Die Entscheidungen des Vorstands bezüglich der zu gewährenden Unterstützungen sind unanfechtbar.

§ 16 Abtretungs- und Verpfändungsverbot

Die Abretung oder die Verpfändung von Zusagen auf Unterstützungen ist untersagt.

§ 17 Auflösung des Vereins

Der Verein wird aufgelöst

a) durch Auflösung der Firma ...
Die Auflösung des Vereins tritt in diesem Fall am Ende des Monats ein, in dem die Auflösung der Firma ... in das Handelsregister eingetragen wurde;

b) durch Beschluß der Mitgliederversammlung. Er bedarf einer Mehrheit von vier Fünftel aller Vereinsmitglieder und der Zustimmung des Inhabers bzw. gesetzlichen Vertreters der Firma ...

Im Falle der Auflösung darf das Vereinsvermögen nur gemäß § 2 Abs. 3 der Satzung verwendet werden. Ist dies nicht möglich, darf es nur zu einem Zweck verwendet werden, dem das zuständige Finanzamt schriftlich zugestimmt hat.

Im Falle der Auflösung des Vereins erfolgt die Liquidation durch die zur Zeit der Auflösung amtierenden Vorstandsmitglieder. Ist in dem maßgebenden Zeitpunkt kein Vorstandsmitglied mehr im Amt, wird der Liquidator durch den Inhaber bzw. den gesetzlichen Vertreter der Firma ... bestimmt.

Die Satzung wurde in der Gründungsversammlung vom ... errichtet. (Es folgen mindestens sieben Unterschriften von Vereinsmitgliedern.)

4. Protokoll über die Gründung eines Vereins

Heute, am 2. November 1980, fanden sich im Turnsaal der Volksschule an der Nürnberger Straße in München auf Einladung von Frau Doris Hübner die in der beigefügten Anwesenheitsliste genannten 75 Damen und Herren zur Beschlußfassung über die Gründung eines Vereins als Selbsthilfeorganisation von Eltern körperbehinderter Kinder ein. **443**

Frau Doris Hübner begrüßte die Erschienenen, gab einen Überblick über die Situation der körperbehinderten Kinder und schlug vor, eine Selbsthilfeorganisation in der Form eines eingetragenen Vereins zu gründen. Dem Vorschlag wurde allseits zugestimmt. Frau Hübner schlug hierauf vor, Herrn Oberarzt Dr. Grimm die weitere Leitung der Versammlung zu übertragen. Dem stimmten die Anwesenden zu. Herr Oberarzt Dr. Grimm übernahm hierauf die Versammlungsleitung. Zum Protokollführer wurde durch Zuruf Herr Franz Moser gewählt, der das Amt annahm. Herr Dr. Grimm gab sodann folgende Tagesordnung bekannt:

Beratung und Feststellung der Vereinssatzung:

Wahl der Vorstandsmitglieder und der Mitglieder des Beirats;

Festsetzung des ersten Jahresbeitrags;

Beschlußfassung über Organisationsfragen.

Gegen die vorgeschlagene Tagesordnung erhob sich kein Widerspruch. Herr Dr. Grimm verlas anschließend den Entwurf einer Satzung. Nach längerer Diskussion stellte Dr. Grimm die Satzung in der sich aus der Anlage ergebenden Fassung zur Abstimmung. Die Satzung wurde durch Handzeichen von allen Anwesenden angenommen. Herr Dr. Grimm stellte hierauf fest, daß damit der Verein zur Förderung körperbehinderter Kinder gegründet ist und forderte die Versammlungsteilnehmer auf, ihren Beitritt durch Unterzeichnung der Satzung zu bestätigen. Die Anwesenden unterzeichneten daraufhin die Satzung.

Anschließend wurde die Wahl der Vorstandsmitglieder durch Handzeichen durchgeführt. Sie hatte folgendes Ergebnis:

Vorsitzender: Oberarzt Dr. Grimm, München, 74 Ja-Stimmen, 1 Enthaltung;

Stellv. Vorsitzender: Frau Doris Hübner, München; 57 Ja-Stimmen, 3 Nein-Stimmen, 15 Enthaltungen;

Schatzmeister: Herr Uwe Petersen, Bankkaufmann, Starnberg; 74 Ja-Stimmen, 1 Enthaltung;

Schriftführer: Frau Stefanie Jäger, München; 74 Ja-Stimmen, 1 Enthaltung;

Zu Mitgliedern des Beirats wurden jeweils mit 74 Stimmen bei 1 Enthaltung gewählt:

1. Frau Ingrid Marx, Hausfrau, München;
2. Frau Annemie Kölb, Filialleiterin in Ebersberg;
3. Herr Dr. Ernst Waldmann, Wirtschaftsprüfer in München;
4. Herr Josef Binder, Kaufmann in München;
5. Herr Ernst Maurer, Journalist in München.

Sämtliche Gewählten erklärten, daß sie die Wahl annehmen.

Auf Vorschlag von Schatzmeister Petersen beschloß die Versammlung einstimmig, daß der Jahresbeitrag für das Jahr 1981 60 DM beträgt und am 1. Januar 1981 fällig ist. Der Vorstand wird ermächtigt, die Zahlung des Jahresbeitrags in monatlichen Raten zu bewilligen.

Die Versammlung erörterte anschließend Probleme der Behandlung körperbehinderter Kinder und die Finanzierung eines Behandlungszentrums.

Vorsitzender Dr. Grimm gab bekannt, daß die erste Sitzung des Vorstands am 6. November 1980 20 Uhr in seiner Wohnung, Bavariaring 9, stattfindet.

Mit dem Dank an die Erschienenen schloß Dr. Grimm um 22.15 Uhr die Versammlung.

München, den 2. November 1980

Dr. Grimm Moser

5. Anmeldung eines Vereins zur Eintragung in das Vereinsregister

An das 444
Amtsgericht München

Die unterzeichneten sämtlichen[2] Vorstandsmitglieder des am 2. November 1980 in München gegründeten Vereins zur Förderung körperbehinderter Kinder melden hiermit zur Eintragung in das Vereinsregister an:

1. Den Verein,
2. Die Mitglieder des Vorstands:
   1. Vorsitzender: Oberarzt Dr. Hans Grimm, München, Bavariaring 9; 2. Vorsitzender: Doris Hübner, Hausfrau, München, Schellingstraße 27/VI;
   Schatzmeister: Uwe Petersen, Bankkaufmann, Starnberg, Ludwig-Thoma-Straße 4;
   Schriftführer: Stefanie Jäger, kaufm. Angestellte in München, Rosenbuschstraße 23.

Nach § 7 der Satzung wird der Verein durch zwei Mitglieder des Vorstands, darunter der 1. Vorsitzende oder der 2. Vorsitzende, vertreten. Rechtsgeschäfte mit einem Geschäftswert über 3000 DM (dreitausend Deutsche Mark) sind für den Verein nur verbindlich, wenn die Zustimmung des Beirats hierzu schriftlich erteilt ist.

Wir überreichen in der Anlage: Urschrift und 2 Abschriften der Satzung sowie eine Abschrift des Protokolls der Gründungsversammlung vom 2. 11. 1980, aus dem sich auch unsere Wahl zu Mitgliedern des Vorstands ergibt. Eine Abschrift der Satzung ist für die Verwaltungsbehörde bestimmt.

Der Verein hat zur Zeit 75 Mitglieder. Der Jahresbeitrag beträgt 60 DM. Die Geschäftsstelle des Vereins befindet sich in München, Rosenbuschstraße 23.

Bei der Festsetzung des Geschäftswerts für die Eintragung bitten wir, den sozialen Zweck des Vereins zu berücksichtigen.

Dr. Hans Grimm   Doris Hübner
Uwe Petersen   Stefanie Jäger

Es folgt der Beglaubigungsvermerk des Notars über die Echtheit der vor ihm geleisteten Unterschriften.

6. Gerichtliche Verfügung der Zulassung dieser Vereinsmeldung

Amtsgericht München   München, den 445
Registergericht
AR ....

Verfügung

I. Die Anmeldung des Vereins wird zugelassen.
II. Mitteilung von I an Verwaltungsbehörde – Landeshauptstadt München, Amt für öffentliche Ordnung – unter Beifügung
   a) einer Ablichtung der Anmeldung (Bl. .... d. A.) und
   b) der Abschrift der Satzung (Bl. .... d. A.) sowie
   c) einer Ablichtung der Abschrift des Protokolls der Gründungsversammlung vom 2. 11. 1980 (Bl. .... d. A.)
III. WV m. E. oder nach 6 Wochen.

Seibold
Rechtspfleger

---

[2] Zur Zulässigkeit der Anmeldung durch die Vorstandsmitglieder in vertretungsberechtigter Zahl siehe bei Rdnr. 395.

7. Mitteilung der Zulassung einer Anmeldung an die Verwaltungsbehörde

446 Amtsgericht München München, den ....
Registergericht
AR ....
VR ....

An die
Landeshauptstadt München
Amt für öffentliche Ordnung
....

Anmeldung eines Vereins / Anmeldung einer Satzungsänderung

Der nach den beigefügten Unterlagen gegründete Verein ....

Die nach den beigefügten Unterlagen geschlossene Satzungsänderung vom .... ist zur Eintragung in das Vereinsregister angemeldet worden.

Die Anmeldung ist zugelassen worden.

Gemäß § 61 BGB – in Verb. mit § 71 BGB – wird gebeten, innerhalb von sechs Wochen ab Zugang dieser Mitteilung bekanntzugeben, ob gegen die Eintragung Einspruch erhoben wird. Auf § 63 BGB wird hingewiesen.

Zum Vorstand des Vereins ist/sind bestellt: ....

Als Zustelladresse des Vereins ist angegeben ....

Die beigefügten Anlagen können dort verbleiben.

Seibold
Rechtspfleger

8. Gerichtliche Verfügung der Eintragung eines neuen Vereins

447 Amtsgericht München München, den ....
Registergericht
AR ....

Verfügung

I. Eintragung im Vereinsregister des AG München Nr. ....
Spalte
1 : 1

2 (Name u. Sitz):	Verein zur Förderung körperbehinderter Kinder eingetragener Verein. Sitz: München
3 (Vorstand):	1. Vorsitzender: Dr. Hans Grimm, Oberarzt in München, 2. Vorsitzender: Doris Hübner, Hausfrau in München Schatzmeister: Uwe Petersen, Bankkaufmann in Starnberg Schriftführer: Stefanie Jäger, Angestellte in München
4 (Rechtsverhältnisse):	Die Satzung ist errichtet am 2. November 1980. Der Verein wird durch zwei Mitglieder des Vorstands, darunter der 1. Vorsitzende oder der 2. Vorsitzende, vertreten. Die Vertretungsmacht des Vorstandes ist in der

Weise beschränkt, daß er zu Rechtsgeschäften mit einem Wert von mehr als 3000 DM der schriftlichen Zustimmung des Beirats bedarf.

5b (Bemerkungen): Satzung Blatt .... Eintr. Vfg. Blatt ....

II. Veröffentlichung im Amtsblatt des AG München: Name, Sitz des Vereins, Tag der Eintragung.

III. Urschrift der Satzung mit der Bescheinigung der Eintragung versehen zurückgeben. Abschrift der Satzung beglaubigen und zu den Akten nehmen.

IV. Bekanntmachung der Eintragung an sämtliche Vorstandsmitglieder.

V. Akten und Karteiblatt anlegen; Statistik.

VI. Zum Kostenbeamten

Seibold
Rechtspfleger

9. Einladung zu einer Mitgliederversammlung

Frauen-Literaturverein Bettina e. V. **448**

Einladung

zu der am 2. März 1993 – 20.30 Uhr – in Treuen/Vogtl., Querstr. 50, in der Gastwirtschaft „Mutterland" (Nebenzimmer) stattfindenden

Mitgliederversammlung

Tagesordnung:
1. Geschäftsbericht der Vorstandsfrauen über das Jahr 1992; Entlastung der Vorstandsfrauen
2. Satzungsänderung (§ 4 – Zuständigkeit für Festsetzung des Beitrages –; § 23 – Anfall des Vereinsvermögens bei Vereinsauflösung)
3. Neuwahl der Vorstandsfrauen
4. Verschiedenes.

Um pünktliches Erscheinen wird gebeten.
Treuen, den 10. Februar 1993

Franziska Külz
Klara Moppel
Vorstandsfrauen

10. Einladung zur wiederholten Mitgliederversammlung nach beschlußunfähiger erster Versammlung

Frauen-Literaturverein Bettina e. V. **449**

Einladung

zu der am 4. Mai 1993 – 20 Uhr – in Treuen/Vogtl., Querstr. 50, in der Gastwirtschaft „Mutterland" (Nebenzimmer) stattfindenden

Mitgliederversammlung

Tagesordnung: (hier sind dieselben Tagesordnungspunkte einzusetzen, welche die Einladung zur ersten Mitgliederversammlung enthielt).

Die auf den 2. März 1993 einberufene Mitgliederversammlung war nach § ... der Satzung nicht beschlußfähig, da zu wenige Mitglieder erschienen waren. Deshalb ist die Abhaltung einer zweiten Mitgliederversammlung erforderlich. Es wird ausdrücklich darauf hingewiesen, daß diese nun auf den 4. 5. 1993 einberufene Mitgliederversammlung nach der Satzung **ohne Rücksicht auf die Zahl der erschienenen Mitglieder** beschlußfähig sein wird.
Um zahlreiches und pünktliches Erscheinen wird gebeten.

Treuen, den 4. April 1993

Franziska Külz
Klara Moppel
Vorstandsfrauen

11. Protokoll einer Mitgliederversammlung mit Vorstandswahl und Satzungsänderung

450 Protokoll der Mitgliederversammlung des Frauen-Literaturvereins Bettina e. V.
Zeit: 4. Mai 1993
Ort: Treuen/Vogtl., Querstraße 50, Gastwirtschaft „Mutterland"
Versammlungsleiterinnen:
Vorstandsfrauen Franziska Külz und Klara Moppel; nach der Neuwahl Klara Moppel und Anna Schultz
Protokollführerin: Ernestine Klitz

Die Vorstandsfrauen eröffneten um 20.30 Uhr die Mitgliederversammlung, begrüßten die Erschienenen und stellten fest, daß die Versammlung satzungsgemäß einberufen und beschlußfähig ist. Hierauf gaben sie die im Einladungsschreiben mitgeteilte Tagesordnung bekannt:

1. Geschäftsbericht der Vorstandsfrauen; Entlastung der Vorstandsfrauen;
2. Satzungsänderung (§ 4 – Zuständigkeit für die Festsetzung des Beitrags –; § 23 – Anfall des Vereinsvermögens bei Vereinsauflösung –);
3. Neuwahl der Vorstandsfrauen;
4. Verschiedenes.

Zu Punkt 1: Die Vorstandsfrau Franziska Külz berichtete, daß der Verein im Jahre 1992 an Mitgliedsbeiträgen und einem Zuschuß der Stadt Treuen/Vogtl. insgesamt 1612 DM eingenommen hat. Dem stehen 1327 DM Ausgaben gegenüber. Das Barvermögen des Vereins hat sich demnach um 285 DM erhöht und beträgt jetzt 527 DM. Im vergangenen Jahr sind 12 Mitglieder eingetreten und 14 Mitglieder ausgetreten. Die Mitgliederzahl beträgt somit 83. Die Vorstandsfrau Klara Moppel berichtete ferner, daß im Berichtsjahr 9 Veranstaltungen des Vereins (Vorträge, Ausflüge, Turmfest in Perlas) stattgefunden haben.

Der Bericht wurde von der Versammlung beifällig aufgenommen. Anna Taper erkundigte sich nach dem Grund der Austritte. Die Vorstandsfrau Franziska Külz erklärte, daß diese wegen Wohnsitzverlegung erfolgt seien.

Maria Hofmann dankte den Vorstandsfrauen für die im Berichtsjahr geleistete Arbeit und beantragte, ihnen Entlastung zu erteilen. Der Antrag wurde mit 54 Stimmen bei 2 Enthaltungen angenommen.

Zu Punkt 2 der Tagesordnung schlug die Vorstandsfrau Klara Moppel vor, § 4 der Satzung wie folgt zu ändern: „Der Jahresbeitrag wird von den Vorstandsfrauen festgesetzt." Nach kurzer Aussprache wurde diese Satzungsänderung durch Handzeichen mit 48 Stimmen gegen 8 Stimmen beschlossen. Klara Moppel schlug weiter vor, § 23 der Satzung wie folgt zu ändern: „Bei Auflösung des Vereins fällt das Vereinsvermögen an die Stadt Treuen/Vogtl.“. Die Änderung wurde einstimmig angenommen.

Zu Punkt 3 der Tagesordnung: Durch Zuruf wurde ein Wahlausschuß, bestehend aus den Frauen Sachs, Pültz und Fischer gebildet. Die schriftlich vorgenommenen Wahlen hatten folgendes Ergebnis:

Zu Vorstandsfrauen wurden gewählt:

Klara Moppel, Logopädin in Treuen/Vogtl., mit 45 gegen 8 Stimmen bei 3 Stimmenthaltungen,

Anna Schultz, Landwirtin in Hundsgrün, mit 40 Stimmen gegen 16 Stimmen. Die Gewählten nahmen die Wahl an.

Hierauf übernahmen Klara Moppel und Anna Schultz die Versammlungsleitung.

Zu Punkt 4 der Tagesordnung: Pia Müller beantragte, die bisherige Vorstandsfrau Franziska Külz in Anerkennung ihrer Verdienste zum Ehrenmitglied zu ernennen. Klara Moppel bedauerte, diesen Antrag nicht zur Abstimmung stellen zu können, da nach der Satzung nur über solche Gegenstände Beschluß gefaßt werden könne, die spätestens 3 Tage vor der Versammlung bei den Vorstandsfrauen schriftlich eingereicht seien. Der Antrag könne daher erst in der nächsten Mitgliederversammlung behandelt werden.

Die Versammlung erörterte dann die Möglichkeiten, die Vereinsveranstaltungen in einem größeren Rahmen abzuhalten. Mit dem Dank an die Mitglieder schlossen die Vorstandsfrauen um 23.30 Uhr die Versammlung.

Franziska Külz
Klara Moppel
Anna Schultz
Versammlungsleiterinnen

Ernestine Klitz
Protokollführerin

12. Auszug aus dem Versammlungsprotokoll für das Registergericht

Auszug aus dem Protokoll über die Mitgliederversammlung des Frauen-Literaturvereins Bettina e. V. **451**

Zeit: 4. Mai 1993

Ort: Treuen/Vogtl., Querstr. 50, Gastwirtschaft „Mutterland“

Anwesend: 56 Mitglieder

Versammlungsleiterinnen: Franziska Külz, Klara Moppel nach der Neuwahl:
Klara Moppel, Anna Schultz

Protokollführerin: Ernestine Klitz.

Die Vorstandsfrauen Franziska Külz und Klara Moppel eröffneten um 20.30 Uhr die Mitgliederversammlung, begrüßten die Erschienenen und stellten fest, daß die Versammlung ordnungsgemäß einberufen wurde und beschlußfähig ist. Hierauf gaben sie die im Einladungsschreiben mitgeteilte Tagesordnung bekannt:

1. Geschäftsbericht der Vorstandsfrauen über das Jahr 1992; Entlastung der Vorstandsfrauen
2. Satzungsänderung (§ 4 – Zuständigkeit für die Festsetzung des Beitrags –; § 23 – Anfall des Vereinsvermögens bei Vereinsauflösung –)
3. Neuwahl des Vorstandes
4. Verschiedenes.

Zu Punkt 2: Mit 48 gegen 8 Stimmen (durch Handzeichen) wurde folgende Änderung des § 4 der Satzung beschlossen:
„Der Jahresbeitrag wird von den Vorstandsfrauen festgesetzt."
Ferner wurde einstimmig folgende Änderung des § 23 der Satzung beschlossen:
„Bei Auflösung des Vereins fällt das Vereinsvermögen an die Stadt Treuen/Vogtl."

Zu Punkt 3: Die schriftlich vorgenommene Wahl des Vorstandes hatte folgendes Ergebnis:

Zu Vorstandsfrauen wurden gewählt:
Klara Moppel, Logopädin in Treuen/Vogtl., mit 45 gegen 8 Stimmen bei 3 Stimmenthaltungen;
Anna Schultz, Landwirtin in Hundsgrün, mit 40 Stimmen gegen 16 Stimmen.
Die Gewählten nahmen die Wahl an.
Hierauf übernahmen die neugewählten Vorstandsfrauen die Versammlungsleitung.
Schluß der Versammlung: 23.30 Uhr.

Franziska Külz
Klara Moppel
Anna Schultz
Versammlungsleiterinnen

Ernestine Klitz
Protokollführerin

13. Anmeldung einer Satzungsänderung und Vorstandswahl

452 Frauen-Literaturverein Bettina e. V.

An das
Amtsgericht – Registergericht –
Auerbach/Vogtl.

Betrifft: Frauen-Literaturverein Bettina e. V., VR ....

Zur Eintragung in das Vereinsregister wird folgendes angemeldet:

1. Im Vorstand des Vereins ist eine Änderung eingetreten. In der Mitgliederversammlung vom 4. 5. 1993 wurden die Vorstandsfrauen des Vereins neu gewählt.
   Zu Vorstandsfrauen wurden
   Klara Moppel, Logopädin in Treuen/Vogtl. und
   Anna Schultz, Landwirtin in Hundsgrün
   gewählt.
   Franziska Külz ist aus dem Vorstand ausgeschieden.
2. In derselben Mitgliederversammlung wurde die Änderung der §§ 4 (Zuständigkeit für Festsetzung des Beitrags) und 23 (Anfall des Vereinsvermögens nach Auflösung des Vereins) der Satzung beschlossen.
   Wir übergeben in der Anlage Urschrift und Abschrift eines Auszuges aus dem Versammlungsprotokoll vom 4. 5. 1993.
   Wir versichern, daß die Versammlung satzungsgemäß einberufen wurde und daß die gefaßten Beschlüsse ordnungsgemäß zustande kamen.
   Treuen, den ....
   Klara Moppel Anna Schultz
   Es folgt der Beglaubigungsvermerk eines Notars über die Echtheit der Unterschriften.

14. Zulassung der Anmeldung einer Satzungsänderung

Amtsgericht Auerbach/Vogtl. Auerbach, den 453
Registergericht
VR ....

Verfügung

I. Die Anmeldung der am 4. 5. 1993 beschlossenen Satzungsänderung wird zugelassen.
II. Die Eintragung der Vorstandswahl wird bis zur Entscheidung über die Eintragung der Satzungsänderung zurückgestellt.
III. Mitteilung der Zulassung der Satzungsänderung an das Landratsamt Auerbach – Amt für öffentliche Ordnung – unter Beifügung
   a) einer Ablichtung der Anmeldung,
   b) einer Ablichtung der Abschrift des Auszuges aus dem Versammlungsprotokoll vom 4. 5. 1993,
IV. W. V. mit Einlauf oder nach 6 Wochen.

Seibold
Rechtspflegerin

15. Gerichtliche Verfügung der Eintragung einer Satzungsänderung und Vorstandswahl

Amtsgericht Auerbach/Vogtl. Auerbach, den 454
Registergericht
VR ....

Verfügung

I. Einzutragen in das Vereinsregister Nr. .... in Spalte

1 (Nr. der Eintragung):	2
3 (Vorstand):	Anna Schultz, Landwirtin in Hundsgrün
4 (Rechtsverhältnisse):	Die Mitgliederversammlung vom 4. 5. 1993 hat die Änderung der §§ 4 (Zuständigkeit für Festsetzung des Beitrags) und 23 (Anfall des Vereinsvermögens bei Auflösung des Vereins) nach näherer Maßgabe des eingereichten Protokolls beschlossen. Franziska Külz ist aus dem Vorstand ausgeschieden. Anna Schultz ist in den Vorstand gewählt.
5b (Bemerkungen):	Beschluß Bl. ...... EintrVfg. Bl. ......

II. Bei Eintragung Nr. 1 in Sp. 3 das Vorstandsmitglied Franziska Külz röten. Bei Eintragung Nr. 2 in Sp. 4 den Satz 2 röten.
III. Abschrift des Satzungsänderungsbeschlusses beglaubigen; Urschrift mit der Bescheinigung der Eintragung versehen und an Vorstand zurücksenden.
IV. Bekanntmachung der Eintragung an Vorstand.
V. Statistik
VI. Bewerten

Seibold
Rechtspflegerin

16. Antrag auf Bestellung eines Notvorstands gemäß § 29 BGB zu Protokoll des Urkundsbeamten der Geschäftsstelle

455 (Der Antrag kann auch schriftlich – ohne notarielle Beglaubigung der Unterschrift – gestellt werden.)

Amtsgericht Auerbach/Vogtl. Auerbach, den 15. 6. 1993
Registergericht
Gegenwärtig: Justizobersekretär Müller
als Urkundsbeamter der Geschäftsstelle

Protokoll

Frau ... über ihre Person ausgewiesen durch ... erklärt: Ich bin Mitglied des Frauen-Literaturvereins Bettina e. V. mit dem Sitz in Treuen. Das Vorstandsmitglied, Frau Anna Huber, ist verstorben. Hierzu übergebe ich die dem Vogtland-Anzeiger vom 9. 6. 1993 entnommene Todesanzeige ihres Witwers. Das weitere im Vereinsregister eingetragene Vorstandsmitglied, Martha Reich, hat in der Mitgliederversammlung vom 20. 5. 1993 ihr Amt niedergelegt. Der Verein ist daher z. Zt. ohne gesetzlichen Vertreter. Da zur Einberufung der Mitgliederversammlung zwecks Neuwahl des Vorstands nur der Vorstand befugt ist, beantrage ich, das Gründungsmitglied, Frau Renate Stephan, die allseits das Vertrauen der Mitglieder genießt, zum Vorstand des Vereins zu bestellen. Ich übergebe eine Erklärung von Frau Stephan, daß sie bereit ist, das Amt eines Notvorstandes zu übernehmen.

v. g. u.

17. Gerichtlicher Beschluß auf Bestellung eines Notvorstandes gemäß § 29 BGB

456 Nachdem Frau Reich auf Anfrage des Registergerichts ihre Amtsniederlegung bestätigt und erklärt hat, daß sie mit dem Verein nichts mehr zu tun haben will, erläßt der Rechtspfleger folgenden

Amtsgericht Auerbach/Vogtl. Auerbach, den 26. 6. 1993
Registergericht

Beschluß

Frau Renate Stephan, Buchhändlerin in Plauen, Widemayerstraße 7, wird zum Vorstand des Frauen-Literaturvereins Bettina e. V. mit dem Sitz in Treuen bestellt.

Gründe:

Die in § 29 BGB bestimmten Voraussetzungen für die Bestellung eines Notvorstands durch das Amtsgericht sind gegeben: Als Vereinsmitglied ist der Antragsteller ein Beteiligter im Sinne dieser Vorschrift. Er hat glaubhaft gemacht, daß der Verein derzeit keinen Vorstand hat: Der Tod des Vorstandsmitglieds Anna Huber ist durch die vorgelegte Todesanzeige ihres Witwers hinreichend glaubhaft gemacht. Ferner besteht kein Anlaß, die Wirksamkeit der Amtsniederlegung des weiteren Vorstandsmitglieds Martha Reich in Zweifel zu ziehen. Diese wäre zwar, da sie noch im Vereinsregister eingetragen ist, zur Einberufung der Mitgliederversammlung in entsprechender Anwendung des § 121 Abs. 2 Satz 2 AktG befugt (KG Rpfleger 1971, 396; BayObLG Rpfleger 1973, 20). Sie hat aber dem Registergericht unmißverständlich erklärt, daß sie von dieser Befugnis keinen Gebrauch machen will. Daher bedarf es zur Einberufung der Mitgliederversammlung eines vom Registergericht bestellten Vorstands. Diese Bestellung ist dringend geboten, da der Verein sonst weiterhin handlungsunfähig bleibt.

Frau Renate Stephan ist, wie glaubhaft gemacht wurde, Gründungsmitglied des Vereins und als solches geeignet, das Amt eines Notvorstands zu versehen. Umstände, die gegen ihre Bestellung sprächen, sind nicht ersichtlich.

Vorsorglich wird darauf hingewiesen, daß der Notvorstand in erster Linie die Aufgabe hat, das Ausscheiden der Vorstandsmitglieder Huber und Reich zur Eintragung in das Vereinsregister anzumelden und, sobald als möglich, die Mitgliederversammlung zur Wahl eines Vorstands einzuberufen. Mit der ordnungsgemäßen Wahl des Vorstands und der Annahme der Wahl durch die Gewählten endet das Amt des Notvorstands.

Verfügung:

I. Bekanntmachung des Beschlusses durch formlose Mitteilung an
   a) Antragsteller,
   b) Notvorstand

II. Eintragen in das Vereinsregister Nr. ... in Spalte

1 (Nr. der Eintragung):	3
3 (Vorstand):	Renate Stephan, Buchhändlerin in Plauen
4 (Rechtsverhältnisse):	Renate Stephan ist durch Beschluß des Amtsgerichts Auerbach vom 26. Juni 1993 gemäß § 29 BGB zum Vorstand bestellt. Von Amts wegen eingetragen.
5b (Bemerkungen):	EintrVfg. Bl. ....

III. Bekanntmachung der Eintragung an Vorstand.

IV. Bewerten (§ 121 KostO)

V. WV m. E. oder nach 6 Monaten (Prüfung, ob Vorstandswahl stattgefunden hat; ggf. Abberufung des Notvorstands)

Seibold
Rechtspflegerin

18. Schriftliches Verlangen gemäß § 37 BGB an den Vorstand auf Einberufung einer außerordentlichen Mitgliederversammlung mit einer bestimmten Tagesordnung

An Waltraud Schmitz
Handelsvertreterin
Oelsnitz/V., Leopoldstr. 39

Treuen, den 457

Die unterzeichneten 23 Mitglieder verlangen hiermit gemäß § 7 der Satzung, daß Sie als Vorstand des Frauen-Literaturvereins Bettina e. V. binnen eines Monats eine außerordentliche Mitgliederversammlung mit der Tagesordnung „Abberufung des Vorstandes und Neuwahl" einberufen.

Gründe:

Wie bekannt wurde, sind Sie vor kurzem dem Verein „Fidelitas" in Plauen als Mitglied beigetreten und dort zur stellvertretenden Vorsitzenden gewählt worden. Da der genannte Verein ebenfalls ein Literaturverein ist, muß befürchtet werden, daß Sie die Interessen des Frauen-Literaturvereins Bettina e. V. nicht mehr in dem Maße wahrnehmen, wie es erforderlich wäre. Ein Beweis für diese Vermutung dürfte es sein, daß Sie den Versammlungen des Frauen-Literaturvereins Bettina e. V. seit 2 Monaten nicht mehr beigewohnt haben. Wir stellen daher obiges Verlangen, um den Mitgliedern Gelegenheit zu geben, zu entscheiden, ob Sie als Vorstand noch tragbar sind.

Folgen 23 Unterschriften

19. Schriftlicher Antrag dieser Mitglieder an das Amtsgericht auf Ermächtigung zur Selbstberufung der Versammlung gemäß § 37 BGB

458 An das Amtsgericht Treuen, den ....
Auerbach/Vogtl.
Betrifft: Frauen-Literaturverein Bettina e. V., VR ....

Die unterzeichneten Mitglieder des Frauen-Literaturvereins Bettina e. V. haben am .... an den Vorstand des Vereins, Frau Waltraud Schmitz, Handelsvertreterin in Oelsnitz, Leopoldstraße 39, das schriftliche Verlangen gestellt, binnen eines Monats eine außerordentliche Mitgliederversammlung mit der Tagesordnung „Abberufung des Vorstands und Neuwahl" einzuberufen. Die Gründe für dieses Verlangen sind aus beiliegendem Durchschlag des an den Vorstand gerichteten Briefes vom .... ersichtlich. Da der Vorstand diesem Verlangen bis heute nicht nachgekommen ist, beantragen die Unterzeichneten, sie selbst zur Einberufung der außerordentlichen Mitgliederversammlung mit der angegebenen Tagesordnung zu ermächtigen. Wir haben Anna Bamberger, Treuen, Häberlstraße 22, die mitunterzeichnet, bevollmächtigt, in unserem Namen die Mitgliederversammlung einzuberufen, sobald unserem Antrag durch das Gericht stattgegeben ist. Wir beantragen ferner, Anna Bamberger mit der Leitung der Versammlung zu betrauen, um einen reibungslosen und unparteiischen Ablauf der Versammlung zu gewährleisten.

Nach unserem Wissen besteht der Verein derzeit aus 68 Mitgliedern. Nach § 7 der Satzung ist ein Zehntel der Vereinsmitglieder berechtigt, vom Vorstand der Einberufung einer außerordentlichen Mitgliederversammlung mit einer bestimmten Tagesordnung schriftlich zu verlangen. Da die unterzeichneten 23 Mitglieder das Verlangen gestellt haben, sind die formellen Voraussetzungen zur Ermächtigung durch das Gericht gegeben.

Folgen 23 Unterschriften

20. Gerichtlicher Beschluß auf Ermächtigung zur Einberufung einer außerordentlichen Mitgliederversammlung gemäß § 37 BGB

459 Aktenzeichen: VR ....
Amtsgericht Auerbach/Vogtl. Auerbach, den ....

I.

Verfügung

Die Mitglieder .... (folgen die Namen der Antragsteller) des Frauen-Literaturvereins Bettina e. V. mit dem Sitz in Treuen werden auf ihren Antrag vom .... ermächtigt, eine Mitgliederversammlung des Vereins mit der Tagesordnung „Abberufung des Vorstandes und Neuwahl" einzuberufen.

Der Vorsitz in dieser Mitgliederversammlung wird dem Vereinsmitglied, Frau Ulla Merkl, Geschäftsinhaberin in Plauen, Giselastraße 9, übertragen.

Gründe:

Der Antrag ist nach § 37 Abs. 2 BGB statthaft. Er ist auch begründet. Nach § 7 der Satzung des Vereins kann ein Zehntel der Vereinsmitglieder vom Vorstand schriftlich unter Angabe des Zweckes und der Gründe verlangen, daß er eine Mitgliederversammlung mit einer bestimmten Tagesordnung einberuft. Der Verein hat derzeit 68 Mitglieder. Dies ergibt sich mit genügender Sicherheit aus der Bescheinigung über die

Zahl der Vereinsmitglieder, die der Vorstand am .... dem Gericht vorgelegt hat. Die 23 Antragstellerinnen repräsentieren somit ein Zehntel der Vereinsmitglieder. Sie haben sich auch ordnungsgemäß mit ihrem Verlangen zunächst an den Vorstand gewandt. In ihrem Schreiben vom .... haben sie dem Vorstand als Zweck der Mitgliederversammlung die Beschlußfassung über die Abberufung und Neuwahl des Vorstandes bekanntgegeben und außerdem im einzelnen die Gründe hierfür dargelegt.

Der Vorstand hat dem Verlangen der Antragstellerinnen nicht entsprochen. Wie sich aus seinem Schreibenvom .... an das Gericht ergibt, hält er sich nicht für verpflichtet, eine Mitgliederversammlung einzuberufen, da die Behauptung der Antragstellerinnen, Frau Schmitz sei einem anderen Literaturverein beigetreten und habe dort das Amt eines Vorstandsmitglieds übernommen, jeglicher Grundlage entbehre. Hierauf kommt es jedoch in diesem Verfahren nicht an. Das Gericht hatte lediglich zu prüfen, ob die Mitgliederversammlung für den Gegenstand, über den sie nach dem Verlangen der Minderheit beschließen soll, zuständig ist, und ob die Minderheit etwa mit ihrem Antrag gesetzwidrige Ziele verfolgt. Die Mitgliederversammlung ist nach § 6 der Satzung für die Wahl und die Abberufung des Vorstandes zuständig. Dafür, daß die Antragsteller gesetzwidrige Ziele verfolgen, fehlt jeglicher Anhaltspunkt.

Der Vorstand hat zwar schließlich in Aussicht gestellt, eine Mitgliederversammlung „zu gegebener Zeit" selbst einzuberufen. Diese Erklärung genügt nicht, um dem Gericht die Gewißheit zu verschaffen, daß die Antragsteller innerhalb einer zumutbaren Frist auch ohne gerichtliche Hilfe die Einberufung einer Mitgliederversammlung mit der gewünschten Tagesordnung erreichen werden.

Die Antragsteller sind daher zur Einberufung der Mitgliederversammlung mit der Tagesordnung „Abberufung des Vorstandes und Neuwahl" zu ermächtigen. Vorsorglich wird darauf hingewiesen, daß bei der Einberufung der Mitgliederversammlung auf die vorstehende gerichtliche Verfügung Bezug genommen werden muß (§ 37 Abs. 2 S. 3 BGB).

Da das Verhalten des Vorstandes den Gegenstand der Erörterung und der Beschlußfassung der Mitgliederversammlung bildet, erschien es im Interesse eines sachlichen Verlaufs der Versammlung angezeigt, statt des Vorstandes eine andere Person mit der Führung des Vorsitzes zu betrauen. Die Antragsteller haben hierfür Frau Anna Bamberger vorgeschlagen. Diese gehört jedoch zu den Antragstellern und ist daher an dem Verlauf der Versammlung interessiert. Das Gericht hat deshalb das langjährige Vereinsmitglied, Frau Ulla Merkl mit der Führung des Vorsitzes betraut, nachdem diese versichert hat, daß sie an dem Ausgang der Auseinandersetzung nicht interessiert sei.

Einer Entscheidung, wer die Gerichtskosten dieses Verfahrens zu tragen hat, bedarf es nicht, weil sich die Kostenfolge unmittelbar aus dem Gesetz ergibt und vom Kostenbeamten selbständig zu beachten ist. Es bestand auch kein Anlaß, aus Billigkeitsgründen eine Anordnung über die Erstattung außergerichtlicher Kosten zu treffen (§ 13a FGG).

II. Zustellung a) an die Antragsteller
b) an Waltraud Schmitz

III. Bewerten (§ 121 KostO).

Seibold
Rechtspflegerin

21. Vollmacht zur Vertretung in der Mitgliederversammlung

(kommt nur in Betracht, wenn die Satzung eine Vertretung gestattet)

460 Hiermit erteile ich Frau Rudolphine Blau, Treuen, Wotanstraße 7, Vollmacht, mich in der Mitgliederversammlung vom .... des Frauen-Literaturvereins Bettina e. V. zu vertreten und meine Mitgliedschaftsrechte, insbesondere mein Stimmrecht für mich auszuüben.

Die Vollmacht darf nicht auf einen anderen übertragen werden.

Treuen, den ....

Ella Hug

22. Gerichtlicher Hinweis zur Anmeldung von Satzungsänderungen und Vorstandswahlen

461 Amtsgericht München München, den ....

Registergericht

Aktenz.: VR ....

An den Vorstand

des Vereins ....

Sehr geehrte Damen und Herren!

Aus den Registerakten, die über den von Ihnen vertretenen Verein geführt werden, ergibt sich, daß seit dem .... 19... weder eine Veränderung in der Zusammensetzung des Vereinsvorstandes noch eine Satzungsänderung zur Eintragung in das Vereinsregister angemeldet worden ist.

Es besteht daher Veranlassung, darauf hinzuweisen, daß Sie als Mitglieder des Vorstands verpflichtet sind, etwa in der Zwischenzeit eingetretene Veränderungen im Vorstand sowie die beschlossenen Satzungsänderungen bei dem Registergericht anzumelden. Ist der Verein aufgelöst worden, so muß die Auflösung durch die Vorstandsmitglieder oder, falls diese nicht mehr im Amt sind, durch den Liquidator des Vereins angemeldet werden.

Es wird vorsorglich darauf hingewiesen, daß das Registergericht aufgrund gesetzlicher Vorschrift gehalten ist, die gebotenen Anmeldungen durch Festsetzung eines Zwangsgelds zu erzwingen.

Die Anmeldung muß nach dem Gesetz schriftlich mit notarieller Beglaubigung der Unterschriften vorgenommen werden.

Mit der Anmeldung sind die Niederschriften (Versammlungsprotokolle), aus denen sich die Neuwahlen, Beschlüsse über Satzungsänderung oder die Auflösung des Vereins ergeben, in Abschrift vorzulegen. Bei Satzungsänderungen ist außerdem das Original der Niederschrift einzureichen.

Sollte die Zahl der Vereinsmitglieder unter drei gesunken sein, ist der Vorstand verpflichtet, bei dem Registergericht zu beantragen, daß dem Verein die Rechtsfähigkeit entzogen wird.

Sie werden gebeten, die erforderlichen Anmeldungen und Anträge alsbald beim Registergericht einzureichen oder kurz mitzuteilen, daß anmeldepflichtige Vorgänge der oben dargelegten Art nicht angefallen sind.

Hochachtungsvoll

Seibold

Rechtspflegerin

23. Förmliche Aufforderung zur Anmeldung einer Vorstandswahl und einer Satzungsänderung mit Androhung eines Zwangsgelds

Amtsgericht München München, den **462**
Registergericht
Aktenz.: VR ....

I. Verfügung

Als Vorstandsmitglied des Vereins .... werden Sie hiermit unter Androhung eines Zwangsgelds von 50 DM (Fünfzig Deutsche Mark) gemäß den §§ 67, 71, 77 und 78 BGB sowie den §§ 159, 132-139 des Gesetzes über die Angelegenheiten der freiwilligen Gerichtsbarkeit (FGG) aufgefordert, innerhalb einer Frist von zwei Wochen die seit dem .... eingetretenen Veränderungen im Vorstand des Vereins sowie die beschlossenen Änderungen der Satzung zur Eintragung in das Vereinsregister anzumelden oder die Unterlassung der Anmeldung mittels Einspruchs gegen diese Verfügung innerhalb derselben Frist zu rechtfertigen.

Die Anmeldung muß schriftlich mit notarieller Beglaubigung Ihrer Unterschrift vorgenommen werden. Mit der Anmeldung ist die Abschrift der Niederschrift (Versammlungsprotokoll) vorzulegen, aus der sich die Veränderung im Vorstand (Vorstandswahl) ergibt. Bei der Anmeldung der Satzungsänderung ist außer der Abschrift der Niederschrift, die den satzungsändernden Beschluß enthält, auch das Original der Niederschrift vorzulegen. Letzteres erhalten Sie nach der Eintragung der Satzungsänderung in das Vereinsregister zurück.

II. Zustellung der Verfügung an sämtliche Vorstandsmitglieder
III. WV nach 3 Wochen.

Seibold
Rechtspflegerin

24. Festsetzung des angedrohten Zwangsgelds und neuerliche Aufforderung zur Anmeldung

Amtsgericht München München, den **463**
Registergericht
Aktenz.: VR ....
Betrifft: Vereinsregister des Vereins ....

I. Beschluß

1. Gegen Frau .... Vorstandsmitglied des Vereins .... wird ein Zwangsgeld von 50 DM (Fünfzig Deutsche Mark) festgesetzt.
2. Frau .... hat die Kosten des Verfahrens zu tragen.

Gründe:

.... wurde mit der Verfügung vom .... unter Androhung eines Zwangsgelds von 50 DM aufgegeben, innerhalb von 2 Wochen die seit dem .... eingetretenen Veränderungen im Vorstand des Vereins .... sowie die beschlossenen Satzungsänderungen zur Eintragung in das Vereinsregister anzumelden. Dieser Aufforderung ist Frau .... bis jetzt nicht nachgekommen; sie hat auch nicht Einspruch gegen die Verfügung vom .... erhoben. Daher ist das angedrohte Zwangsgeld festzusetzen; Frau .... hat die Kosten des Verfahrens zu tragen (§§ 67, 71, 77, 78 BGB, §§ 159, 133, 138 FGG).

II. Verfügung

Als Vorstandsmitglied des Vereins wird Frau .... hiermit unter Androhung eines Zwangsgelds von 200 DM (Zweihundert Deutsche Mark) aufgefordert, innerhalb einer Frist von zwei Wochen die seit dem .... eingetretenen Veränderungen im Vorstand des Vereins sowie die beschlossenen Änderungen der Satzung zur Eintragung in das Vereinsregister anzumelden oder die Unterlassung der Anmeldung mittels Einspruchs gegen diese Verfügung innerhalb derselben Frist zu rechtfertigen. Die Anmeldung muß schriftlich mit notarieller Beglaubigung der Unterschrift vorgenommen werden. Wegen der Unterlagen, die bei der Anmeldung vorzulegen sind, wird auf die Verfügung vom .... Bezug genommen.

III. Beschluß zu I und Verfügung zu II
zustellen an Frau ....

IV. WV nach 3 Wochen.

Seibold
Rechtspflegerin

25. Anmeldung des von einem eingetragenen Verein betriebenen Handelsgeschäfts

464 An das
Amtsgericht – Registergericht –
Chemnitz

Die unterzeichneten sämtlichen Vorstandsmitglieder des Frauen-Literaturvereins Bettina e. V. mit dem Sitz in Treuen/Vogtl. melden zur Eintragung in das Handelsregister folgendes an:

Der Frauen-Literaturverein Bettina e. V. mit dem Sitz in Treuen/Vogtl. betreibt in Treuen unter der Firma „Buchverlag des Frauen-Literaturvereins Bettina" einen Buchverlag. Zweck des Vereins ist die Pflege der Frauenliteratur und der Geselligkeit und der Kampf gegen die Benachteiligung der Frau im Literaturbetrieb. Die Mitglieder des Vorstands sind:

1. Klara Moppel, Logopädin in Treuen/Vogtl.
2. Anna Schultz, Landwirtin in Hundsgrün.

Die Vorstandsmitglieder sind nach der Vereinssatzung je einzeln zur Vertretung des Vereins ermächtigt.

Wir übergeben je eine notariell beglaubigte Abschrift der Satzung des Vereins und der Niederschrift über die Mitgliederversammlung vom 4. 5. 1993, aus der sich unsere Wahl zum Vorstand des Vereins ergibt.

Zur Aufbewahrung bei dem Registergericht zeichnen wir unsere Unterschrift wie folgt:

Klara Moppel Anna Schultz

Wir bemerken noch:

Das Geschäftslokal befindet sich in Treuen/Vogtl., Schreiersgrüner Straße 218.

Bezüglich der Eintragungsfähigkeit des Handelsgeschäfts nehmen wir auf die beigefügte Stellungnahme der Industrie- und Handelskammer Bezug.

Klara Moppel Anna Schultz

(Es folgt der Beglaubigungsvermerk eines Notars)

26. Antrag an das Amtsgericht auf Entziehung der Rechtsfähigkeit gemäß § 73 BGB

Waltraud Schmitz Treuen, den **465**
Leopoldstraße 39

An das
Amtsgericht – Registergericht –
Auerbach/Vogtl.

Betrifft: Frauen-Literaturverein Bettina e. V. Aktenzeichen VR ....

Da der Verein einschließlich meiner Person nur noch zwei Mitglieder hat, beantrage ich als einzelvertretungsberechtigte Vorstandsfrau pflichtgemäß, dem Verein die Rechtsfähigkeit zu entziehen. Das zweite noch vorhandene Mitglied ist Frau Franziska Huber, Plauen, Ottostraße 6, die die Mitgliederliste führt und über den Mitgliederschwund Auskunft geben kann.

Waltraud Schmitz

(Eine Beglaubigung der Unterschrift ist nicht erforderlich)

27. Gerichtsbeschluß über die Entziehung der Rechtsfähigkeit

Amtsgericht Auerbach/Vogtl. Auerbach, den **466**
Registergericht
Aktenz.: VR ....

I. Beschluß:

Auf den Antrag des Vorstands des Frauen-Literaturvereins Bettina e. V. mit dem Sitz in Treuen wird dem Verein gemäß § 73 BGB die Rechtsfähigkeit entzogen, da nach dem Ergebnis der Ermittlungen der Verein nur noch zwei Mitglieder hat.

II. Zustellung des Beschlusses an Waltraud Schmitz.

III. WV mit Rechtskraft.

Seibold
Rechtspflegerin

28. Eintragungsverfügung nach Entziehung der Rechtsfähigkeit

Amtsgericht Auerbach/Vogtl. Auerbach, den **467**
Registergericht
Aktenz.: VR ....

Verfügung

I. Feststellung: Der Beschluß vom .... ist rechtskräftig.

II. Eintragen in das Vereinsregister des AG Auerbach Nr. ...... in Spalte
1: 9
4 (Rechtsverhältnisse): Dem Verein wurde durch Beschluß vom .... die Rechtsfähigkeit entzogen. Von Amts wegen eingetragen.

III. Kartei, Aktenverzeichnis, Kontrollverzeichnis und Aktendeckel berichtigen; Statistik.

IV. Eintragungsmitteilung an Waltraud Schmitz.

V. Verständigung der Verwaltungsbehörde.

Seibold
Rechtspflegerin

29. Anmeldung der Auflösung des Vereins

468 Frauen-Literaturverein Bettina e. V. in Liquidation
Treuen, den ....

An das
Amtsgericht – Registergericht –
Auerbach/Vogtl.

Betrifft: Frauen-Literaturverein Bettina e. V. in Treuen, VR ......

Zur Eintragung in das Vereinsregister melden wir an, daß der Verein durch Beschluß der Mitgliederversammlung vom .... aufgelöst worden ist.

Zu Liquidatorinnen wurden bestellt:

1. Frau Rebecca Castrioti, Notargehilfin in Treuen,
2. Frau Anneliese Schneeberger, kaufm. Angestellte in Hundsgrün.

Jede Liquidatorin ist allein zur Vertretung des Vereins berechtigt.

Die Anschrift des Vereins ist nunmehr: Treuen/Vogtl., Querstr. 98, per Adresse Rebecca Castrioti.

Wir versichern, daß die Versammlung satzungsgemäß einberufen wurde und daß der Auflösungsbeschluß mit der erforderlichen Mehrheit gefaßt wurde.

In der Anlage übergeben wir eine Abschrift des Versammlungsprotokolls.

Klara Moppel   Anna Schultz

Es folgt der Beglaubigungsvermerk eines Notars über die Echtheit der Unterschriften.

30. Gerichtliche Verfügung der Eintragung der Vereinsauflösung

469 Amtsgericht Auerbach/Vogtl.
Registergericht
Auerbach, den ....

Verfügung

I. Eintragen in das Vereinsregister Nr. .... in Spalte

1 (Nr. der Eintragung):	3
3 (Vorstand, Liquidatoren):	Liquidatoren: Rebecca Castrioti, Notargehilfin in Treuen Anneliese Schneeberger, kaufm. Angestellte in Hundsgrün
4 (Rechtsverhältnisse):	Die Mitgliederversammlung vom .... hat die Auflösung des Vereins beschlossen. Jeder Liquidator ist allein zur Vertretung des Vereins berechtigt.
5b (Bemerkungen):	Beschluß Bl. ...; EintrVfg. Bl. ...

II. Im Eintrag 2 die Sp. 3 und in Sp. 4 den Satz 3 röten.

III. Bekanntmachung der Eintragung an
a) Rebecca Castrioti
b) Anneliese Schneeberger

IV. Bewerten

V. Kartei und Aktendeckel berichtigen; Statistik

Seibold
Rechtspflegerin

31. Öffentliche Bekanntmachung der Auflösung des Vereins durch die Liquidatoren

Frauen-Literaturverein Bettina e. V. Treuen/Vogtl., den 7. 9. 1993 **470**
in Liquidation

Öffentliche Bekanntmachung
der Auflösung des „Frauen-Literaturvereins Bettina e. V." in Treuen/Vogtl.

Der Frauen-Literaturverein Bettina e. V. in Treuen/Vogtl. ist aufgelöst worden und befindet sich in Liquidation. Die Gläubiger des Vereins werden aufgefordert, ihre Ansprüche gegen den Verein bis zum 31. 12. 1994 bei einer der unterzeichneten Liquidatorinnen anzumelden.
Rebecca Castrioti
Treuen/Vogtl., Querstr. 98
Anneliese Schneeberger
Hundsgrün Hs. Nr. 40

(Die Bekanntmachung erfolgt in dem in der Satzung für Veröffentlichungen bestimmten Blatt. Fehlt in der Satzung diese Bestimmung, erfolgt die Bekanntmachung in dem Amtsblatt des Amtsgerichtes, in dessen Bezirk der Verein seinen Sitz hatte.)

32. Löschung eines eingetragenen Vereins im Vereinsregister nach Verleihung der Eigenschaft einer Körperschaft des öffentlichen Rechts

Amtsgericht München München, den **471**
Registergericht
Aktenz.: VR ....

Verfügung

I. Eintragen im Vereinsregister Nr. ......
in Spalte
1 : 7
4 : Der Verein ist durch Entschließung des .... Staatsministeriums für .... vom .... nun Körperschaft des öffentlichen Rechts. Der Eintrag im Vereinsregister wird von Amts wegen gelöscht.

II. Eintragungsmitteilung an Verein.

III. Aktendeckel und Kartei berichtigen; Statistik.

IV. Akten weglegen.

Seibold
Rechtspflegerin

33. Eintragungsverfügung bei Wegfall sämtlicher Mitglieder des Vereins

472 Amtsgericht München — München, den . . . .
Registergericht
Aktenz.: VR . . . .

Verfügung

I. Eingetragen in das Vereinsregister Nr. . . . .
in Spalte
1 : 7
4 (Rechtsverhältnisse): Infolge Wegfalls sämtlicher Mitglieder ist der Verein erloschen.
Von Amts wegen eingetragen.

II. Verständigung des letztbekannten Vorstands von der Eintragung.

III. Verständigung der Verwaltungsbehörde von der Eintragung.

IV. Kartei, Aktenverzeichnis, Kontrollverzeichnis und Aktendeckel berichtigen; Statistik.

V. Akten weglegen.

Seibold
Rechtspflegerin

34. Schiedsgerichtsordnung

473 § 1

Die nachstehende Schiedsgerichtsordnung findet Anwendung in allen Fällen, in denen zwischen dem Verein und seinen Mitgliedern untereinander die Entscheidung eines Rechtsstreits durch ein Schiedsgericht erfolgt. (§ . . . der Satzung.)

Zusammensetzung des Schiedsgerichts

§ 2

Das Schiedsgericht setzt sich zusammen aus einem Obmann und zwei Beisitzern. Der Obmann muß die Befähigung zum Richteramt haben.

§ 3

Jede Partei hat das Recht, einen Beisitzer zu ernennen.

Der Obmann wird von der zuständigen Industrie- und Handelskammer ernannt. Mangels anderer Vereinbarung ist diejenige Industrie- und Handelskammer zuständig, in deren Bezirk die klagende Partei ihren Wohnsitz hat. Der Obmann kann für den Einzelfall oder für einen bestimmten Zeitraum oder bis auf Widerruf (bei Schiedsverträgen mit ständig vorgesehenem Schiedsgericht) ernannt werden.

§ 4

Die klagende Partei hat den von ihr ernannten Beisitzer zusammen mit der Erhebung der Klage zu bezeichnen.

Die beklagte Partei ist mit der gemäß § 12 Abs. II vorgesehenen Bekanntgabe der Klage aufzufordern, den von ihr ernannten Beisitzer binnen zwei Wochen zu bezeichnen.

Bezeichnet die klagende Partei nicht gemäß Abs. I ihren Beisitzer oder kommt die beklagte Partei der Aufforderung gemäß Abs. II nicht nach, so ernennt an Stelle der säumigen Partei die in § 3 bezeichnete Industrie- und Handelskammer den Beisitzer.

§ 5

Fällt ein Beisitzer durch Tod oder aus einem anderen Grunde fort oder verweigert ein Beisitzer die Übernahme oder Fortführung des Schiedsrichteramtes, so ist die Partei, welche den betreffenden Beisitzer ernannt hat, aufzufordern, binnen einer Frist von zwei Wochen einen neuen Beisitzer zu ernennen. Erfolgt die Ernennung nicht innerhalb dieser Frist, so wird ein neuer Beisitzer von der in § 3 bezeichneten Industrie- und Handelskammer ernannt.

Fällt der Obmann durch Tod oder aus einem anderen Grunde fort oder verweigert er die Übernahme oder Fortführung des Schiedsrichteramtes, so wird ein neuer Obmann durch die in § 3 bezeichnete Industrie- und Handelskammer ernannt.

Einer Verweigerung der Übernahme oder Fortführung des Schiedsrichteramtes ist es gleichzuachten, wenn ein Schiedsrichter trotz zweimaliger Aufforderung binnen zwei Wochen keine Erklärung abgibt. In der zweiten Aufforderung muß auf die Bedeutung mangelnder Erklärung hingewiesen sein.

§ 6

Die Schiedsrichter sind verpflichtet, ihr Amt gewissenhaft zu erfüllen und ihre Stimme unparteiisch abzugeben. Kein Schiedsrichter darf in der anhängig gemachten Streitsache mit einer Partei in Fühlung treten oder sie beraten.

Schiedsrichter kann niemand sein, bei dem die Ausschließungsgründe des § 41 der Zivilprozeßordnung vorliegen.[3]

Schiedsrichter soll ferner niemand sein, der an der zur Verhandlung stehenden Streitsache mittelbar oder unmittelbar beteiligt ist. Wirkt ein solcher Schiedsrichter an einem Schiedsspruch mit, ohne daß eine der Parteien die Mitwirkung gehörig gerügt hat, so wird dadurch die Rechtsgültigkeit des ergangenen Schiedsspruchs nicht berührt.

§ 7

Die Abstimmung bei den Schiedsgerichten erfolgt mit einfacher Stimmenmehrheit.

---

[3] § 41 ZPO: Ein Richter ist von der Ausübung des Richteramtes kraft Gesetzes ausgeschlossen:

1. in Sachen, in denen er selbst Partei ist, oder bei denen er zu einer Partei in dem Verhältnis eines Mitberechtigten, Mitverpflichteten oder Regreßpflichtigen steht;
2. in Sachen seines Ehegatten, auch wenn die Ehe nicht mehr besteht;
3. in Sachen einer Person, mit der er in gerader Linie verwandt, verschwägert, in der Seitenlinie bis zum 3. Grade oder bis zum 2. Grade verschwägert ist oder war;
4. in Sachen, in denen er als Prozeßbevollmächtigter oder Beistand einer Partei bestellt oder als gesetzlicher Vertreter einer Partei aufzutreten berechtigt ist oder gewesen ist;
5. in Sachen, in denen er als Zeuge oder Sachverständiger vernommen ist;
6. in Sachen, in denen er in einem früheren Rechtszuge oder im schiedsrichterlichen Verfahren bei dem Erlaß der angeforderten Entscheidung mitgewirkt hat, sofern es sich nicht um die Tätigkeit eines beauftragten oder ersuchten Richters handelt.

§ 8

Wird von den beiden Parteien bei Beginn des Schiedsverfahrens vereinbart, daß gegen die Entscheidung des Schiedsgerichts eine Berufung an ein Oberschiedsgericht möglich ist, so gelten für die Zusammensetzung des Oberschiedsgerichts die gleichen Bestimmungen wie für das Schiedsgericht erster Instanz mit der Maßgabe, daß Obmann und Beisitzer weder direkt noch indirekt beim Verfahren der ersten Instanz mitgewirkt haben dürfen.

Mangels anderer Vereinbarungen hat die Durchführung der Berufung zur Voraussetzung, daß

1. die Berufung innerhalb 10 Tagen nach erfolgter Zustellung des Schiedsspruchs beim Obmann des Schiedsgerichts erster Instanz mit Einschreibebrief eingereicht ist,
2. eine schriftliche Begründung für die Berufung spätestens innerhalb weiterer 10 Tage eingebracht wird.

Verfahren vor dem Schiedsgericht

§ 9

Der Obmann bestimmt Ort und Zeit der mündlichen Verhandlung des Schiedsgerichts.

§ 10

Die Erhebung der Klage ist an eine bestimmte Form und einen bestimmten Inhalt nicht gebunden. Die Klage soll schriftlich erhoben werden. Es soll der der Klage zugrundeliegende Sachverhalt dargestellt und ein Klageantrag gestellt werden.

Die Klage ist der beklagten Partei im Wortlaut oder dem Inhalt nach bekanntzugeben mit der Aufforderung zur Rückäußerung innerhalb einer Woche.

Die an die Klage anschließenden Schriftsätze sind der anderen Partei im Wortlaut oder dem Inhalt nach bekanntzugeben.

§ 11

Zu den mündlichen Verhandlungen des Schiedsgerichts sind die Parteien sowie erforderlichenfalls Zeugen und Sachverständigen zu laden. Die Ladung soll durch Einschreibebrief erfolgen, es ist eine Ladungsfrist von mindestens 3 Tagen einzuhalten.

§ 12

Die Parteien können sich durch einen ...., ferner durch einen bei einem deutschen Gericht zugelassenen Rechtsanwalt vertreten lassen. Die Kosten für die Vertretung oder Beratung einer Partei gehen, ohne Rücksicht auf den Ausgang des Verfahrens und den im Schiedsspruch zu treffenden Kostenentscheid, stets zu Lasten der vertretenen Partei.

Das Schiedsgericht hat das Recht, einen ihm ungeeignet erscheinenden Parteivertreter zurückzuweisen und der Partei anheimzustellen, entweder selbst zu den Verhandlungen zu erscheinen oder einen anderen Vertreter zu bestellen.

Bei der Vertretung durch Dritte oder durch nicht zeichnungsberechtigte Angestellte einer Partei ist schriftliche Vollmacht erforderlich.

§ 13

Die mündlichen Verhandlungen des Schiedsgerichts sind nicht öffentlich. Im Zweifel entscheidet der Obmann über die Zulassung zu den Verhandlungen. Nach Schluß der Verhandlungen findet die Beratung des Schiedsgerichts statt.

§ 14

Wenn sich die beklagte Partei zu dem Inhalt der Klage nicht schriftlich geäußert hat und zu der mündlichen Verhandlung weder selbst erscheint noch sich ordnungsgemäß vertreten läßt, so kann das Schiedsgericht die Behauptungen der klagenden Partei als zugestanden betrachten und annehmen, daß die beklagte Partei weitere Erklärungen nicht abzugeben hat.

§ 15

Das Schiedsgericht kann auf Antrag einer Partei oder von sich aus zur Klärung des Sachverhalts den Parteien die Vorlage der Bücher und Geschäftspapiere aufgeben.

§ 16

Das Schiedsgericht soll vor Erlaß des Schiedsspruchs stets den Versuch machen, die Streitsache durch einen Vergleich zu erledigen. Kommt es zu einem Vergleich, so hat sich der Schuldner gemäß § 1044a ZPO der sofortigen Zwangsvollstreckung aus dem Vergleich zu unterwerfen.

Der Vergleich ist unter Angabe des Tages seines Zustandekommens von den Schiedsrichtern und den Parteien zu unterschreiben und auf der Geschäftsstelle des zuständigen Gerichts (§ 24) niederzulegen.

§ 17

Wird von einer Partei der Einwand erhoben, daß das Schiedsgericht nicht zuständig sei, so entscheidet das Schiedsgericht nach Prüfung der Unterlagen selbst über seine Zuständigkeit.

§ 18

Der Schiedsspruch ist zu begründen und vom Obmann zu unterzeichnen. Den Parteien ist eine Ausfertigung des Schiedsspruchs zuzustellen.

§ 19

Ein Antrag auf Aufhebung eines Schiedsspruchs gemäß § 1041 ZPO kann nicht darauf gestützt werden, daß der Schiedsspruch nicht oder nicht genügend oder falsch begründet sei.

§ 20

Die mit dem Schiedsverfahren zusammenhängenden Arbeiten wie Führung der Schiedsgerichtsakten, Korrespondenz mit den Parteien und Schiedsrichtern, Ladung der Parteien und erforderlichenfalls der Zeugen und Sachverständigen obliegen dem Obmann.

Der Obmann kann diese Arbeiten einer dritten Person übertragen. Bei Schiedsverträgen mit ständig vorgesehenem Schiedsgericht kann zur Erledigung dieser Arbeiten ein besonderes Schiedsgerichtssekretariat gebildet werden.

Kosten des Verfahrens

§ 21

Die Kosten des Verfahrens werden vom Schiedsgericht festgesetzt. Die Kostenfestsetzung und die Kostenschuldner sind in den Schiedsspruch oder in den Vergleich mit aufzunehmen.

Das Schiedsgericht kann von sich aus oder auf Antrag einer Partei die Durchführung des Verfahrens oder bestimmter, im Lauf des Verfahrens gestellter Anträge (Ladung von Zeugen und Sachverständigen, Buchprüfungen u. dgl.) von der Hinterlegung eines angemessenen Kostenvorschusses abhängig machen.

Ist von den Parteien bei Beginn des Schiedsverfahrens die Berufung an ein Oberschiedsgericht vorgesehen worden, so muß die Berufung einlegende Partei auf Aufforderung der anderen Partei binnen einer Frist von zwei Wochen den doppelten Betrag der Kosten des Schiedsgerichts erster Instanz hinterlegen; wird dieser Betrag nicht innerhalb der Frist hinterlegt, so wird der Schiedsspruch des Schiedsgerichts erster Instanz rechtskräftig.

§ 22

Die Beisitzer üben ihr Amt als Ehrenamt aus und haben lediglich den Ersatz ihrer baren Auslagen, die durch ihre Mitwirkung beim Schiedsverfahren entstanden sind, zu beanspruchen.

Der Obmann erhält für seine Tätigkeit ein angemessenes Honorar. Er soll hierüber sofort nach Übernahme seines Amtes mit den Parteien eine Vereinbarung treffen. Als Richtlinie für das Honorar des Obmannes soll gelten, daß drei Rechtsanwaltsgebühren erster Instanz berechnet werden. Mangels anderer Vereinbarungen bemißt sich das Honorar des Obmannes nach dieser Richtlinie.

§ 23

Der dem Rechtsstreit zugrundeliegende Streitwert wird durch Beschluß des Schiedsgerichts festgesetzt. Ergeben sich im Laufe des Verfahrens vor dem Beschluß des Schiedsgerichts über den Streitwert Meinungsverschiedenheiten, so hat der Obmann eine einstweilige Entscheidung zu treffen, vorbehaltlich der endgültigen Festsetzung durch das Schiedsgericht.

§ 24

Das im Zusammenhang mit dem Schiedsverfahren zuständige Gericht ist das Amts- oder Landgericht, welches im Schiedsvertrag als solches bezeichnet ist. In Ermangelung einer derartigen Bezeichnung ist das Amts- oder Landgericht zuständig, das für den Sitz der klagenden Partei in Frage kommt.

Die Beeidigung von Zeugen und Sachverständigen oder die Abnahme eines Parteieides kann abweichend von dem sonst für das Schiedsverfahren zuständigen Gericht durch das Gericht erfolgen, das für den Wohn- oder Aufenthaltsort der Betreffenden zuständig ist.

Dritter Teil
Gesetzestexte[1]

Auszüge

1. Bürgerliches Gesetzbuch (BGB)

Vom 18. August 1896 (RGBl. S. 195)

§ 12 [Namensrecht]

Wird das Recht zum Gebrauch eines Namens dem Berechtigten von einem anderen bestritten oder wird das Interesse des Berechtigten dadurch verletzt, daß ein anderer unbefugt den gleichen Namen gebraucht, so kann der Berechtigte von dem anderen Beseitigung der Beeinträchtigung verlangen. Sind weitere Beeinträchtigungen zu besorgen, so kann er auf Unterlassung klagen.

§ 21 [Idealverein]

Ein Verein, dessen Zweck nicht auf einen wirtschaftlichen Geschäftsbetrieb gerichtet ist, erlangt Rechtsfähigkeit durch Eintragung in das Vereinsregister des zuständigen Amtsgerichts.

§ 22 [Wirtschaftlicher Verein]

Ein Verein, dessen Zweck auf einen wirtschaftlichen Geschäftsbetrieb gerichtet ist, erlangt in Ermangelung besonderer *reichs*gesetzlicher Vorschriften Rechtsfähigkeit durch staatliche Verleihung. Die Verleihung steht dem *Bundesstaate* zu, in dessen Gebiete der Verein seinen Sitz hat.

§ 23 [Ausländischer Verein]

Einem Vereine, der seinen Sitz nicht in einem *Bundesstaate* hat, kann in Ermangelung besonderer *reichs*gesetzlicher Vorschriften Rechtsfähgikeit durch Beschluß des *Bundesrats*[2] verliehen werden.

§ 24 [Sitz]

Als Sitz eines Vereins gilt, wenn nicht ein anderes bestimmt ist, der Ort, an welchem die Verwaltung geführt wird.

§ 25 [Verfassung]

Die Verfassung eines rechtsfähigen Vereins wird, soweit sie nicht auf den nachfolgenden Vorschriften beruht, durch die Vereinssatzung bestimmt.

---

[1] Es werden jeweils nur die für das Vereinsrecht in Betracht kommenden Bestimmungen wiedergegeben.

[2] Des Bundesministers des Innern (Art. 129 GG).

§ 26 [Vorstand; Vertretungsmacht]

Der Verein muß einen Vorstand haben. Der Vorstand kann aus mehreren Personen bestehen.

Der Vorstand vertritt den Verein gerichtlich und außergerichtlich; er hat die Stellung eines gesetzlichen Vertreters. Der Umfang seiner Vertretungsmacht kann durch die Satzung mit Wirkung gegen Dritte beschränkt werden.

§ 27 [Bestellung und Geschäftsführung des Vorstands]

Die Bestellung des Vorstandes erfolgt durch Beschluß der Mitgliederversammlung.

Die Bestellung ist jederzeit widerruflich, unbeschadet des Anspruchs auf die vertragsgemäße Vergütung. Die Widerruflichkeit kann durch die Satzung auf den Fall beschränkt werden, daß ein wichtiger Grund für den Widerruf vorliegt; ein solcher Grund ist insbesondere grobe Pflichtverletzung oder Unfähigkeit zur ordnungsmäßigen Geschäftsführung.

Auf die Geschäftsführung des Vorstandes finden die für den Auftrag geltenden Vorschriften der §§ 664 bis 670 entsprechende Anwendung.

§ 28 [Beschlußfassung des Vorstands; Passivvertretung]

Besteht der Vorstand aus mehreren Personen, so erfolgt die Beschlußfassung nach den für die Beschlüsse der Mitglieder des Vereins geltenden Vorschriften der §§ 32, 34.

Ist eine Willenserklärung dem Vereine gegenüber abzugeben, so genügt die Abgabe gegenüber einem Mitgliede des Vorstandes.

§ 29 [Notbestellung durch Amtsgericht]

Soweit die erforderlichen Mitglieder des Vorstandes fehlen, sind sie in dringenden Fällen für die Zeit bis zur Behebung des Mangels auf Antrag eines Beteiligten von dem Amtsgericht zu bestellen, das für den Bezirk, in dem der Verein seinen Sitz hat, das Vereinsregister führt.

§ 30 [Besondere Vertreter]

Durch die Satzung kann bestimmt werden, daß neben dem Vorstande für gewisse Geschäfte besondere Vertreter zu bestellen sind. Die Vertretungsmacht eines solchen Vertreters erstreckt sich im Zweifel auf alle Rechtsgeschäfte, die der ihm zugewiesene Geschäftskreis gewöhnlich mit sich bringt.

§ 31 [Haftung des Vereins für Organe]

Der Verein ist für den Schaden verantwortlich, den der Vorstand, ein Mitglied des Vorstandes oder ein anderer verfassungsmäßig berufener Vertreter durch eine in Ausführung der ihm zustehenden Verrichtungen begangene, zum Schadensersatze verpflichtende Handlung einem Dritten zufügt.

§ 32 [Mitgliederversammlung]

Die Angelegenheiten des Vereins werden, soweit sie nicht von dem Vorstand oder einem anderen Vereinsorgan zu besorgen sind, durch Beschlußfassung in einer Versammlung der Mitglieder geordnet. Zur Gültigkeit des Beschlusses ist erforderlich, daß der Gegenstand bei der Berufung bezeichnet wird. Bei der Beschlußfassung entscheidet die Mehrheit der erschienenen Mitglieder.

Auch ohne Versammlung der Mitglieder ist ein Beschluß gültig, wenn alle Mitglieder ihre Zustimmung zu dem Beschlusse schriftlich erklären.

§ 33 [Satzungsänderung]

Zu einem Beschlusse, der eine Änderung der Satzung enthält, ist eine Mehrheit von drei Vierteilen der erschienen Mitglieder erforderlich. Zur Änderung des Zweckes des Vereins ist die Zustimmung aller Mitglieder erforderlich; die Zustimmung der nicht erschienenen Mitglieder muß schriftlich erfolgen.

Beruht die Rechtsfähigkeit des Vereins auf Verleihung, so ist zu jeder Änderung der Satzung staatliche Genehmigung oder, falls die Verleihung durch den *Bundesrat* erfolgt ist, die Genehmigung des *Bundesrates* erforderlich.

§ 34 [Ausschluß vom Stimmrecht]

Ein Mitglied ist nicht stimmberechtigt, wenn die Beschlußfassung die Vornahme eines Rechtsgeschäfts mit ihm oder die Einleitung oder Erledigung eines Rechtsstreits zwischen ihm und dem Vereine betrifft.

§ 35 [Sonderrechte]

Sonderrechte eines Mitglieds können nicht ohne dessen Zustimmung durch Beschluß der Mitgliederversammlung beeinträchtigt werden.

§ 36 [Berufung der Mitgliederversammlung]

Die Mitgliederversammlung ist in den durch die Satzung bestimmten Fällen sowie dann zu berufen, wenn das Interesse des Vereins es erfordert.

§ 37 [Berufung auf Verlangen einer Minderheit]

Die Mitgliederversammlung ist zu berufen, wenn der durch die Satzung bestimmte Teil oder in Ermangelung einer Bestimmung der zehnte Teil der Mitglieder die Berufung schriftlich unter Angabe des Zweckes und der Gründe verlangt.

Wird dem Verlangen nicht entsprochen, so kann das Amtsgericht die Mitglieder, die das Verlangen gestellt haben, zur Berufung der Versammlung ermächtigen; es kann Anordnungen über die Führung des Vorsitzes in der Versammlung treffen. Zuständig ist das Amtsgericht, das für den Bezirk, in dem der Verein seinen Sitz hat, das Vereinsregister führt. Auf die Ermächtigung muß bei der Berufung der Versammlung Bezug genommen werden.

§ 38 [Mitgliedschaft]

Die Mitgliedschaft ist nicht übertragbar und nicht vererblich. Die Ausübung der Mitgliedschaftsrechte kann nicht einem anderen überlassen werden.

§ 39 [Austritt]

Die Mitglieder sind zum Austritt aus dem Vereine berechtigt.

Durch die Satzung kann bestimmt werden, daß der Austritt nur am Schlusse eines Geschäftsjahrs oder erst nach dem Ablauf einer Kündigungsfrist zulässig ist; die Kündigungsfrist kann höchstens zwei Jahre betragen.

§ 40 [Nachgiebige Vorschriften]

Die Vorschriften des § 27 Abs. 1, 3, des § 28 Abs. 1 und der §§ 32, 33, 38 finden insoweit keine Anwendung, als die Satzung ein anderes bestimmt.

§ 41 [Auflösung]

Der Verein kann durch Beschluß der Mitgliederversammlung aufgelöst werden. Zu dem Beschluß ist eine Mehrheit von drei Vierteilen der erschienenen Mitglieder erforderlich, wenn nicht die Satzung ein anderes bestimmt.

§ 42 [Verlust der Rechtsfähigkeit; Konkurs]

Der Verein verliert die Rechtsfähigkeit durch die Eröffnung des Konkurses.

Der Vorstand hat im Falle der Überschuldung die Eröffnung des Konkursverfahrens oder des gerichtlichen Vergleichsverfahrens zu beantragen. Wird die Stellung des Antrags verzögert, so sind die Vorstandsmitglieder, denen ein Verschulden zur Last fällt, den Gläubigern für den daraus entstehenden Schaden verantwortlich; sie haften als Gesamtschuldner.

§ 43 [Entziehung der Rechtsfähigkeit]

Dem Vereine kann die Rechtsfähigkeit entzogen werden, wenn er durch einen gesetzwidrigen Beschluß der Mitgliederversammlung oder durch gesetzwidriges Verhalten des Vorstandes das Gemeinwohl gefährdet.

Einem Vereine, dessen Zweck nach der Satzung nicht auf einen wirtschaftlichen Geschäftsbetrieb gerichtet ist, kann die Rechtsfähigkeit entzogen werden, wenn er einen solchen Zweck verfolgt.

Einem Vereine, dessen Rechtsfähigkeit auf Verleihung beruht, kann die Rechtsfähigkeit entzogen werden, wenn er einen anderen als den in der Satzung bestimmten Zweck verfolgt.

§ 44 [Zuständigkeit und Verfahren]

Die Zuständigkeit und das Verfahren bestimmen sich in den Fällen des § 43 nach dem Recht des Landes, in dem der Verein seinen Sitz hat.

Beruht die Rechtsfähigkeit auf Verleihung durch den *Bundesrat,* so erfolgt die Entziehung durch Beschluß des *Bundesrats.*

§ 45 [Anfall des Vereinsvermögens]

Mit der Auflösung des Vereins oder der Entziehung der Rechtsfähigkeit fällt das Vermögen an die in der Satzung bestimmten Personen.

Durch die Satzung kann vorgeschrieben werden, daß die Anfallberechtigten durch Beschluß der Mitgliederversammlung oder eines anderen Vereinsorgans bestimmt werden. Ist der Zweck des Vereins nicht auf einen wirtschaftlichen Geschäftsbetrieb gerichtet, so kann die Mitgliederversammlung auch ohne eine solche Vorschrift das Vermögen einer öffentlichen Stiftung oder Anstalt zuweisen.

Fehlt es an einer Bestimmung der Anfallberechtigten, so fällt das Vermögen, wenn der Verein nach der Satzung ausschließlich den Interessen seiner Mitglieder diente, an die zur Zeit der Auflösung oder der Entziehung der Rechtsfähigkeit vorhandenen Mitglieder zu gleichen Teilen, anderenfalls an den Fiskus des *Bundesstaats,* in dessen Gebiet der Verein seinen Sitz hatte.

§ 46 [Anfall an den Fiskus]

Fällt das Vereinsvermögen an den Fiskus, so finden die Vorschriften über eine dem Fiskus als gesetzlichem Erben anfallende Erbschaft entsprechende Anwendung. Der Fiskus hat das Vermögen tunlichst in einer den Zwecken des Vereins entsprechenden Weise zu verwenden.

§ 47 [Liquidation]

Fällt das Vereinsvermögen nicht an den Fiskus, so muß eine Liquidation stattfinden.

§ 48 [Liquidatoren]

Die Liquidation erfolgt durch den Vorstand. Zu Liquidatoren können auch andere Personen bestellt werden; für die Bestellung sind die für die Bestellung des Vorstandes geltenden Vorschriften maßgebend.

Die Liquidatoren haben die rechtliche Stellung des Vorstandes, soweit sich nicht aus dem Zwecke der Liquidation ein anderes ergibt.

Sind mehrere Liquidatoren vorhanden, so ist für ihre Beschlüsse Übereinstimmung aller erforderlich, sofern nicht ein anderes bestimmt ist.

§ 49 [Aufgaben der Liquidatoren]

Die Liquidatoren haben die laufenden Geschäfte zu beendigen, die Forderungen einzuziehen, das übrige Vermögen in Geld umzusetzen, die Gläubiger zu befriedigen und den Überschuß den Anfallberechtigten auszuantworten. Zur Beendigung schwebender Geschäfte können die Liquidatoren auch neue Geschäfte eingehen. Die Einziehung der Forderungen sowie die Umsetzung des übrigen Vermögens in Geld darf unterbleiben, soweit diese Maßregeln nicht zur Befriedigung der Gläubiger oder zur Verteilung des Überschusses unter die Anfallberechtigten erforderlich sind.

Der Verein gilt bis zur Beendigung der Liquidation als fortbestehend, soweit der Zweck der Liquidation es erfordert.

§ 50 [Bekanntmachung]

Die Auflösung des Vereins oder die Entziehung der Rechtsfähigkeit ist durch die Liquidatoren öffentlich bekannt zu machen. In der Bekanntmachung sind die Gläubiger zur Anmeldung ihrer Ansprüche aufzufordern. Die Bekanntmachung erfolgt durch das in der Satzung für Veröffentlichungen bestimmte Blatt, in Ermangelung eines solchen durch dasjenige Blatt, welches für Bekanntmachungen des Amtsgerichts bestimmt ist, in dessen Bezirk der Verein seinen Sitz hatte. Die Bekanntmachung gilt mit dem Ablaufe des zweiten Tages nach der Einrückung oder der ersten Einrückung als bewirkt.

Bekannte Gläubiger sind durch besondere Mitteilung zur Anmeldung aufzufordern.

§ 51 [Sperrjahr]

Das Vermögen darf den Anfallberechtigten nicht vor dem Ablauf eines Jahres nach der Bekanntmachung der Auflösung des Vereins oder der Entziehung der Rechtsfähigkeit ausgeantwortet werden.

§ 52 [Sicherung für Gläubiger]

Meldet sich ein bekannter Gläubiger nicht, so ist der geschuldete Betrag, wenn die Berechtigung zur Hinterlegung vorhanden ist, für den Gläubiger zu hinterlegen.

Ist die Berichtigung einer Verbindlichkeit zur Zeit nicht ausführbar oder ist eine Verbindlichkeit streitig, so darf das Vermögen den Anfallberechtigten nur ausgeantwortet werden, wenn dem Gläubiger Sicherheit geleistet ist.

§ 53 [Schadensersatzpflicht der Liquidatoren]

Liquidatoren, welche die ihnen nach dem § 42 Abs. 2 und den §§ 50 bis 52 obliegenden Verpflichtungen verletzen oder vor der Befriedigung der Gläubiger Vermögen den Anfallberechtigten ausantworten, sind, wenn ihnen ein Verschulden zur Last fällt, den Gläubigern für den daraus entstehenden Schaden verantwortlich; sie haften als Gesamtschuldner.

§ 54 [Nichtrechtsfähige Vereine]

Auf Vereine, die nicht rechtsfähig sind, finden die Vorschriften über die Gesellschaft Anwendung.[3] Aus einem Rechtsgeschäft, das im Namen eines solchen Vereins einem Dritten gegenüber vorgenommen wird, haftet der Handelnde persönlich: handeln mehrere, so haften sie als Gesamtschuldner.

§ 55 [Zuständigkeit des Amtsgerichts]

Die Eintragung eines Vereins der im § 21 bezeichneten Art in das Vereinsregister hat bei dem Amtsgerichte zu geschehen, in dessen Bezirke der Verein seinen Sitz hat.

Die Landesjustizverwaltungen können die Vereinssachen einem Amtsgericht für die Bezirke mehrerer Amtsgerichte zuweisen.

§ 56 [Mindestmitgliederzahl]

Die Eintragung soll nur erfolgen, wenn die Zahl der Mitglieder mindestens sieben beträgt.

§ 57 [Satzung, Mindesterfordernisse]

Die Satzung muß den Zweck, den Namen und den Sitz des Vereins enthalten und ergeben, daß der Verein eingetragen werden soll.

Der Name soll sich von den Namen der an demselben Orte oder in derselben Gemeinde bestehenden eingetragenen Vereine deutlich unterscheiden.

§ 58 [Weitere Erfordernisse]

Die Satzung soll Bestimmungen enthalten:

1. über den Eintritt und Austritt der Mitglieder;
2. darüber, ob und welche Beiträge von den Mitgliedern zu leisten sind;
3. über die Bildung des Vorstandes;
4. über die Voraussetzungen, unter denen die Mitgliederversammlung zu berufen ist, über die Form der Berufung und über die Beurkundung der Beschlüsse.

§ 59 [Anmeldung]

Der Vorstand hat den Verein zur Eintragung anzumelden.

Der Anmeldung sind beizufügen:

1. die Satzung in Urschrift und Abschrift;
2. eine Abschrift der Urkunden über die Bestellung des Vorstandes.

Die Satzung soll von mindestens sieben Mitgliedern unterzeichnet sein und die Angabe des Tages der Errichtung enthalten.

---

[3] Siehe auch bei Rdnrn. 431–439.

§ 60 [Zurückweisung der Anmeldung]

Die Anmeldung ist, wenn den Erfordernissen der §§ 56 bis 59 nicht genügt ist, von dem Amtsgericht unter Angabe der Gründe zurückzuweisen.

§ 61 [Einspruchsrecht der Verwaltungsbehörde][4]

Wird die Anmeldung zugelassen, so hat das Amtsgericht sie der zuständigen Verwaltungsbehörde mitzuteilen.

Die Verwaltungsbehörde kann gegen die Eintragung Einspruch erheben, wenn der Verein nach dem öffentlichen Vereinsrecht unerlaubt ist oder verboten werden kann.

§ 62 [Mitteilung des Einspruchs]

Erhebt die Verwaltungsbehörde Einspruch, so hat das Amtsgericht den Einspruch dem Vorstande mitzuteilen.

§ 63 [Voraussetzungen der Eintragung]

Die Eintragung darf, sofern nicht die Verwaltungsbehörde dem Amtsgericht mitteilt, daß Einspruch nicht erhoben werde, erst erfolgen, wenn seit der Mitteilung der Anmeldung an die Verwaltungsbehörde sechs Wochen verstrichen sind und Einspruch nicht erhoben ist oder wenn der erhobene Einspruch seine Wirksamkeit verloren hat.

Der Einspruch wird unwirksam, wenn die nach den Bestimmungen des Vereinsgesetzes zuständige Behörde nicht binnen eines Montas nach Einspruchserhebung ein Verbot des Vereins ausgesprochen hat oder wenn das rechtzeitig ausgesprochene Verbot zurückgenommen oder unanfechtbar aufgehoben worden ist.

§ 64 [Inhalt der Eintragung]

Bei der Eintragung sind der Name und der Sitz des Vereins, der Tag der Errichtung der Satzung sowie die Mitglieder des Vorstandes im Vereinsregister anzugeben. Bestimmungen, die den Umfang der Vertretungsmacht des Vorstandes beschränken oder die Beschlußfassung des Vorstandes abweichend von der Vorschrift des § 28 Abs. 1 regeln, sind gleichfalls einzutragen.

§ 65 [Zusatz zum Vereinsnamen]

Mit der Eintragung erhält der Name des Vereins den Zusatz „eingetragener Verein".

§ 66 [Bekanntmachung]

Das Amtsgericht hat die Eintragung durch das für seine Bekanntmachungen bestimmte Blatt zu veröffentlichen.

Die Urschrift der Satzung ist mit der Bescheinigung der Eintragung zu versehen und zurückzugeben. Die Abschrift wird von dem Amtsgericht beglaubigt und mit den übrigen Schriftstücken aufbewahrt.

---

[4] Die §§ 61–63 BGB gelten nicht für politische Parteien, § 37 des Gesetzes über die politischen Parteien (Parteiengesetz i. d. F. der Bekanntmachung vom 3. 3. 1989, BGBl. I S. 327).

§ 67 [Änderung des Vorstandes]

Jede Änderung des Vorstands ist von dem Vorstand zur Eintragung anzumelden. Der Anmeldung ist eine Abschrift der Urkunde über die Änderung beizufügen.

Die Eintragung gerichtlich bestellter Vorstandsmitglieder erfolgt von Amts wegen.

§ 68 [„Negative Publizität"]

Wird zwischen den bisherigen Mitgliedern des Vorstandes und einem Dritten ein Rechtsgeschäft vorgenommen, so kann die Änderung des Vorstandes dem Dritten nur entgegengesetzt werden, wenn sie zur Zeit der Vornahme des Rechtsgeschäfts im Vereinsregister eingetragen oder dem Dritten bekannt ist. Ist die Änderung eingetragen, so braucht der Dritte sie nicht gegen sich gelten zu lassen, wenn er sie nicht kennt, seine Unkenntnis auch nicht auf Fahrlässigkeit beruht.

§ 69 [Registerauszug]

Der Nachweis, daß der Vorstand aus den im Register eingetragenen Personen besteht, wird Behörden gegenüber durch ein Zeugnis des Amtsgerichts über die Eintragung geführt.

§ 70 [Beschränkung der Vertretungsmacht und Beschlußfassung des Vorstands]

Die Vorschriften des § 68 gelten auch für Bestimmungen, die den Umfang der Vertretungsmacht des Vorstandes beschränken oder die Beschlußfassung des Vorstandes abweichend von der Vorschrift des § 28 Abs. 1 regeln.

§ 71 [Änderung der Satzung]

Änderungen der Satzung bedürfen zu ihrer Wirksamkeit der Eintragung in das Vereinsregister. Die Änderung ist von dem Vorstande zur Eintragung anzumelden. Der Anmeldung ist der die Änderung enthaltende Beschluß in Urschrift und Abschrift beizufügen.

Die Vorschriften des §§ 60 bis 64 und des § 66 Abs. 2 finden entsprechende Anwendung.

§ 72 [Bescheinigung der Mitgliederzahl]

Der Vorstand hat dem Amtsgericht auf dessen Verlangen jederzeit eine von ihm vollzogene Bescheinigung über die Zahl der Vereinsmitglieder einzureichen.

§ 73 [Entziehung der Rechtsfähigkeit]

Sinkt die Zahl der Vereinsmitglieder unter drei herab, so hat das Amtsgericht auf Antrag des Vorstandes und, wenn der Antrag nicht binnen drei Monaten gestellt wird, von Amts wegen nach Anhörung des Vorstandes dem Vereine die Rechtsfähigkeit zu entziehen.

§ 74 [Auflösung des Vereins]

Die Auflösung des Vereins sowie die Entziehung der Rechtsfähigkeit ist in das Vereinsregister einzutragen. Im Falle der Eröffnung des Konkurses unterbleibt die Eintragung.

Wird der Verein durch Beschluß der Mitgliederversammlung oder durch den Ablauf der für die Dauer des Vereins bestimmten Zeit aufgelöst, so hat der Vorstand die

Auflösung zur Eintragung anzumelden. Der Anmeldung ist im ersteren Falle eine Abschrift des Auflösungsbeschlusses beizufügen.

Wird dem Verein auf Grund des § 43 die Rechtsfähigkeit entzogen, so erfolgt die Eintragung auf Anzeige der zuständigen Behörde.

§ 75 [Eröffnung des Konkurses]

Die Eröffnung des Konkurses ist von Amts wegen einzutragen. Das gleiche gilt von der Aufhebung des Eröffnungsbeschlusses.

§ 76 [Liquidatoren]

Die Liquidatoren sind in das Vereinsregister einzutragen. Das gleiche gilt von Bestimmungen, welche die Beschlußfassung der Liquidatoren abweichend von der Vorschrift des § 48 Abs. 3 regeln.

Die Anmeldung hat durch den Vorstand, bei späteren Änderungen durch die Liquidatoren zu erfolgen. Der Anmeldung der durch Beschluß der Mitgliederversammlung bestellten Liquidatoren ist eine Abschrift des Beschlusses, der Anmeldung einer Bestimmung über die Beschlußfassung der Liquidatoren eine Abschrift der die Bestimmung enthaltenden Urkunde beizufügen.

Die Eintragung gerichtlich bestellter Liquidatoren geschieht von Amts wegen.

§ 77 [Form der Anmeldung]

Die Anmeldungen zum Vereinsregister sind von den Mitgliedern des Vorstandes sowie von den Liquidatoren mittels öffentlich beglaubigter Erklärung zu bewirken.

§ 78 [Festsetzung von Zwangsgeld]

Das Amtsgericht kann die Mitglieder des Vorstandes zur Befolgung der Vorschriften des § 67 Abs. 1, des § 71 Abs. 1, des § 72, des § 74 Abs. 2 und des § 76 durch Festsetzung von Zwangsgeld anhalten.

In gleicher Weise können die Liquidatoren zur Befolgung der Vorschriften des § 76 angehalten werden.

§ 79 [Einsicht in das Vereinsregister]

Die Einsicht des Vereinsregisters sowie der von dem Vereine bei dem Amtsgericht eingereichten Schriftstücke ist jedem gestattet. Von den Eintragungen kann eine Abschrift gefordert werden, die Abschrift ist auf Verlangen zu beglaubigen.

§ 107 [Einwilligung des gesetzlichen Vertreters]

Der Minderjährige bedarf zu einer Willenserklärung, durch die er nicht lediglich einen rechtlichen Vorteil erlangt, der Einwilligung seines gesetzlichen Vertreters.

§ 110 [„Taschengeldparagraph"]

Ein von dem Minderjährigen ohne Zustimmung des gesetzlichen Vertreters geschlossener Vertrag gilt als von Anfang an wirksam, wenn der Minderjährige die vertragsmäßige Leistung mit Mitteln bewirkt, die ihm zu diesem Zwecke oder zu freier Verfügung von dem Vertreter oder mit dessen Zustimmung von einem Dritten überlassen worden sind.

§ 111 [Einseitiges Rechtsgeschäft]

Ein einseitiges Rechtsgeschäft, das der Minderjährige ohne die erforderliche Einwilligung des gesetzlichen Vertreters vornimmt, ist unwirksam. Nimmt der Minderjährige mit dieser Einwilligung ein solches Rechtsgeschäft einem anderen gegenüber vor, so ist das Rechtsgeschäft unwirksam, wenn der Minderjährige die Einwilligung nicht in schriftlicher Form vorlegt und der andere das Rechtsgeschäft aus diesem Grunde unverzüglich zurückweist. Die Zurückweisung ist ausgeschlossen, wenn der Vertreter den anderen von der Einwilligung in Kenntnis gesetzt hatte.

§ 112 [Selbständiger Betrieb eines Erwerbsgeschäfts]

Ermächtigt der gesetzliche Vertreter mit Genehmigung des Vormundschaftsgerichts den Minderjährigen zum selbständigen Betrieb eines Erwerbsgeschäfts, so ist der Minderjährige für solche Rechtsgeschäfte unbeschränkt geschäftsfähig, welche der Geschäftsbetrieb mit sich bringt. Ausgenommen sind Rechtsgeschäfte, zu denen der Vertreter der Genehmigung des Vormundschaftsgerichts bedarf.

Die Ermächtigung kann von dem Vertreter nur mit Genehmigung des Vormundschaftsgerichts zurückgenommen werden.

§ 129 [Öffentliche Beglaubigung]

Ist durch Gesetz für eine Erklärung öffentliche Beglaubigung vorgeschrieben, so muß die Erklärung schriftlich abgefaßt und die Unterschrift des Erklärenden von einem Notar beglaubigt werden. ...

Die öffentliche Beglaubigung wird durch die notarielle Beurkundung der Erklärung ersetzt.

§ 130 [Wirksamwerden der Willenserklärung]

Eine Willenserklärung, die einem anderen gegenüber abzugeben ist, wird, wenn sie in dessen Abwesenheit abgegeben wird, in dem Zeitpunkte wirksam, in welchem sie ihm zugeht. Sie wird nicht wirksam, wenn dem anderen vorher oder gleichzeitig ein Widerruf zugeht.

Auf die Wirksamkeit der Willenserklärung ist es ohne Einfluß, wenn der Erklärende nach der Abgabe stirbt oder geschäftsunfähig wird.

Diese Vorschriften finden auch dann Anwendung, wenn die Willenserklärung einer Behörde gegenüber abzugeben ist.

§ 133 [Auslegung einer Willenserklärung]

Bei der Auslegung einer Willenserklärung ist der wirkliche Wille zu erforschen und nicht an dem buchstäblichen Sinne des Ausdrucks zu haften.

§ 134 [Gesetzliches Verbot]

Ein Rechtsgeschäft, das gegen ein gesetzliches Verbot verstößt, ist nichtig, wenn sich nicht aus dem Gesetz ein anderes ergibt.

§ 138 [Sittenwidriges Rechtsgeschäft; Wucher]

Ein Rechtsgeschäft, das gegen die guten Sitten verstößt, ist nichtig.

Nichtig ist insbesondere ein Rechtsgeschäft, durch das jemand unter Ausbeutung der Zwangslage, der Unerfahrenheit, des Mangels an Urteilsvermögen oder der erheblichen Willensschwäche eines anderen sich oder einem Dritten für eine Leistung Vermögensvorteile versprechen oder gewähren läßt, die in einem auffälligen Mißverhältnis zu der Leistung stehen.

§ 139 [Teilnichtigkeit]

Ist ein Teil eines Rechtsgeschäfts nichtig, so ist das ganze Rechtsgeschäft nichtig, wenn nicht anzunehmen ist, daß es auch ohne den nichtigen Teil vorgenommen sein würde.

§ 157 [Auslegung von Verträgen]

Verträge sind so auszulegen, wie Treu und Glauben mit Rücksicht auf die Verkehrssitte es erfordern.

§ 164 [Wirkung der Erklärung des Vertreters]

Eine Willenserklärung, die jemand innerhalb der ihm zustehenden Vertretungsmacht im Namen des Vertretenen abgibt, wirkt unmittelbar für und gegen den Vertretenen. Es macht keinen Unterschied, ob die Erklärung ausdrücklich im Namen des Vertretenen erfolgt oder ob die Umstände ergeben, daß sie in dessen Namen erfolgen soll.

Tritt der Wille, in fremdem Namen zu handeln, nicht erkennbar hervor, so kommt der Mangel des Willens, im eigenen Namen zu handeln, nicht in Betracht.

Die Vorschriften des Abs. 1 finden entsprechende Anwendung, wenn eine gegenüber einem anderen abzugebende Willenserklärung dessen Vertreter gegenüber erfolgt.

§ 177 [Vertragsabschluß durch Vertreter ohne Vertretungsmacht]

Schließt jemand ohne Vertretungsmacht im Namen eines anderen einen Vertrag, so hängt die Wirksamkeit des Vertrags für und gegen den Vertretenen von dessen Genehmigung ab.

Fordert der andere Teil den Vertretenen zur Erklärung über die Genehmigung auf, so kann die Erklärung nur ihm gegenüber erfolgen; eine vor der Aufforderung dem Vertreter gegenüber erklärte Genehmigung oder Verweigerung der Genehmigung wird unwirksam. Die Genehmigung kann nur bis zum Ablaufe von zwei Wochen nach dem Empfange der Aufforderung erklärt werden; wird sie nicht erklärt, so gilt sie als verweigert.

§ 178 [Widerrufsrecht des anderen Teils]

Bis zur Genehmigung des Vertrags ist der andere Teil zum Widerrufe berechtigt, es sei denn, daß er den Mangel der Vertretungsmacht bei dem Abschlusse des Vertrags gekannt hat.

Der Widerruf kann auch dem Vertreter gegenüber erklärt werden.

§ 179 [Haftung des Vertreters ohne Vertretungsmacht]

Wer als Vertreter einen Vertrag geschlossen hat, ist, sofern er nicht seine Vertretungsmacht nachweist, dem anderen Teil nach dessen Wahl zur Erfüllung oder zum Schadensersatze verpflichtet, wenn der Vertretene die Genehmigung des Vertrags verweigert.

Hat der Vertreter den Mangel der Vertretungsmacht nicht gekannt, so ist er nur zum Ersatz desjenigen Schadens verpflichtet, welchen der andere Teil dadurch erleidet, daß er auf die Vertretungmacht vertraut, jedoch nicht über den Betrag des Interesses hinaus, welches der andere Teil an der Wirksamkeit des Vertrags hat.

Der Vertreter haftet nicht, wenn der andere Teil den Mangel der Vertretungsmacht kannte oder kennen mußte. Der Vertreter haftet auch dann nicht, wenn er in der

Geschäftsfähigkeit beschränkt war, es sei denn, daß er mit Zustimmung seines gesetzlichen Vertreters gehandelt hat.

§ 180 [Einseitiges Rechtsgeschäft]

Bei einem einseitigen Rechtsgeschäft ist Vertretung ohne Vertretungsmacht unzulässig. Hat jedoch derjenige, welchem gegenüber ein solches Rechtsgeschäft vorzunehmen war, die von dem Vertreter behauptete Vertretungsmacht bei der Vornahme des Rechtsgeschäfts nicht beanstandet oder ist er damit einverstanden gewesen, daß der Vertreter ohne Vertretungsmacht handele, so finden die Vorschriften über Verträge entsprechende Anwendung. Das gleiche gilt, wenn ein einseitiges Rechtsgeschäft gegenüber einem Vertreter ohne Vertretungsmacht mit dessen Einverständnis vorgenommen wird.

§ 181 [„Selbstkontrahieren"]

Ein Vertreter kann, soweit nicht ein anderes ihm gestattet ist, im Namen des Vertretenen mit sich im eigenen Namen oder als Vertreter eines Dritten ein Rechtsgeschäft nicht vornehmen, es sei denn, daß das Rechtsgeschäft ausschließlich in der Erfüllung einer Verbindlichkeit besteht.

§ 187 [Fristbeginn]

Ist für den Anfang einer Frist ein Ereignis oder ein in den Lauf eines Tages fallender Zeitpunkt maßgebend, so wird bei der Berechnung der Frist der Tag nicht mitgerechnet, in welchen das Ereignis oder der Zeitpunkt fällt.

Ist der Beginn eines Tages der für den Anfang einer Frist maßgebende Zeitpunkt, so wird dieser Tag bei der Berechnung der Frist mitgerechnet. Das gleiche gilt von dem Tage der Geburt bei der Berechnung des Lebensalters.

§ 188 [Fristende]

Eine nach Tagen bestimmte Frist endigt mit dem Ablaufe des letzten Tages der Frist.

Eine Frist, die nach Wochen, nach Monaten oder nach einem mehrere Monate umfassenden Zeitraume – Jahr, halbes Jahr, Vierteljahr – bestimmt ist, endigt im Falle des § 187 Abs. 1 mit dem Ablaufe desjenigen Tages der letzten Woche oder des letzten Monats, welcher durch seine Benennung oder seine Zahl dem Tage entspricht, in den das Ereignis oder der Zeitpunkt fällt, im Falle des § 187 Abs. 2 mit dem Ablaufe desjenigen Tages der letzten Woche oder des letzten Monats, welcher dem Tage vorhergeht, der durch seine Benennung oder seine Zahl dem Anfangstage der Frist entspricht.

Fehlt bei einer nach Monaten bestimmten Frist in dem letzten Monate der für ihren Ablauf maßgebende Tag, so endigt die Frist mit dem Ablaufe des letzten Tages dieses Monats.

§ 195 [Regelmäßige Verjährungsfrist]

Die regelmäßige Verjährungsfrist beträgt dreißig Jahre.

§ 197 [Vierjährige Verjährungsfrist]

In vier Jahren verjähren die Ansprüche auf Rückstände von Zinsen mit Einschluß der als Zuschlag zu den Zinsen zum Zwecke allmählicher Tilgung des Kapitals zu entrichtenden Beträge, die Ansprüche auf Rückstände von Miet- und Pachtzinsen, soweit sie nicht unter die Vorschrift des § 196 Abs. 1 Nr. 6 fallen, und die Ansprüche auf Rückstände von Renten, Auszugsleistungen, Besoldungen, Wartegeldern, Ruhegehalten, Unterhaltsbeiträgen und allen anderen regelmäßig wiederkehrenden Leistungen.

§ 276 [Haftung für eigenes Verschulden]

Der Schuldner hat, sofern nicht ein anderes bestimmt ist, Vorsatz und Fahrlässigkeit zu vertreten. Fahrlässig handelt, wer die im Verkehr erforderliche Sorgfalt außer acht läßt. Die Vorschriften der §§ 827, 828 finden Anwendung.

Die Haftung wegen Vorsatzes kann dem Schuldner nicht im voraus erlassen werden.

§ 278 [Verschulden des Erfüllungsgehilfen]

Der Schuldner hat ein Verschulden seines gesetzlichen Vertreters und der Personen, deren er sich zur Erfüllung seiner Verbindlichkeit bedient, in gleichem Umfange zu vertreten wie eigenes Verschulden. Die Vorschrift des § 276 Abs. 2 findet keine Anwendung.

§ 372 [Gegenstand und Voraussetzung der Hinterlegung]

Geld, Wertpapiere und sonstige Urkunden sowie Kostbarkeiten kann der Schuldner bei einer dazu bestimmten öffentlichen Stelle für den Gläubiger hinterlegen, wenn der Gläubiger im Verzuge der Annahme ist. Das gleiche gilt, wenn der Schuldner aus einem anderen in der Person des Gläubigers liegenden Grunde oder infolge einer nicht auf Fahrlässigkeit beruhenden Ungewißheit über die Person des Gläubigers seine Verbindlichkeit nicht oder nicht mit Sicherheit erfüllen kann.

§ 626 [Fristlose Kündigung aus wichtigem Grund]

Das Dienstverhältnis kann von jedem Vertragsteil aus wichtigem Grund ohne Einhaltung einer Kündigungsfrist gekündigt werden, wenn Tatsachen vorliegen, auf Grund derer dem Kündigenden unter Berücksichtigung aller Umstände des Einzelfalles und unter Abwägung der Interessen beider Vertragsteile die Fortsetzung des Dienstverhältnisses bis zum Ablauf der Kündigungsfrist oder bis zu der vereinbarten Beendigung des Dienstverhältnisses nicht zugemutet werden kann.

Die Kündigung kann nur innerhalb von zwei Wochen erfolgen. Die Frist beginnt mit dem Zeitpunkt, in dem der Kündigungsberechtigte von den für die Kündigung maßgebenden Tatsachen Kenntnis erlangt. Der Kündigende muß dem anderen Teil auf Verlangen den Kündigungsgrund unverzüglich schriftlich mitteilen.

§ 627 [Fristlose Kündigung bei Vertrauensstellung]

Bei einem Dienstverhältnis, das kein Arbeitsverhältnis im Sinne des § 622 ist, ist die Kündigung auch ohne die im § 626 bezeichnete Voraussetzung zulässig, wenn der zur Dienstleistung Verpflichtete, ohne in einem dauernden Dienstverhältnis mit festen Bezügen zu stehen, Dienste höherer Art zu leisten hat, die auf Grund besonderen Vertrauens übertragen zu werden pflegen.

Der Verpflichtete darf nur in der Art kündigen, daß sich der Dienstberechtigte die Dienste anderweit beschaffen kann, es sei denn, daß ein wichtiger Grund für die unzeitige Kündigung vorliegt. Kündigt er ohne solchen Grund zur Unzeit, so hat er dem Dienstberechtigten den daraus entstehenden Schaden zu ersetzen.

§ 664 [Persönliche Verpflichtung: Haftung für Gehilfen]

Der Beauftragte darf im Zweifel die Ausführung des Auftrags nicht einem Dritten übertragen. Ist die Übertragung gestattet, so hat er nur ein ihm bei der Übertragung zur Last fallendes Verschulden zu vertreten. Für das Verschulden eines Gehilfen ist er nach § 278 verantwortlich.

Der Anspruch auf Ausführung des Auftrags ist im Zweifel nicht übertragbar.

§ 665 [Abweichung von Weisungen]

Der Beauftragte ist berechtigt, von den Weisungen des Auftraggebers abzuweichen, wenn er den Umständen nach annehmen darf, daß der Auftraggeber bei Kenntnis der Sachlage die Abweichung billigen würde. Der Beauftragte hat vor der Abweichung dem Auftraggeber Anzeige zu machen und dessen Entschließung abzuwarten, wenn nicht mit dem Aufschube Gefahr verbunden ist.

§ 666 [Auskunfts- und Rechenschaftspflicht]

Der Beauftragte ist verpflichtet, dem Auftraggeber die erforderlichen Nachrichten zu geben, auf Verlangen über den Stand des Geschäfts Auskunft zu erteilen und nach der Ausführung des Auftrags Rechenschaft abzulegen.

§ 667 [Herausgabepflicht des Beauftragten]

Der Beauftragte ist verpflichtet, dem Auftraggeber alles, was er zur Ausführung des Auftrags erhält und was er aus der Geschäftsbesorgung erlangt, herauszugeben.

§ 668 [Verzinsung des verwendeten Geldes]

Verwendet der Beauftragte Geld für sich, das er dem Auftraggeber herauszugeben oder für ihn zu verwenden hat, so ist er verpflichtet, es von der Zeit der Verwendung an zu verzinsen.

§ 669 [Vorschuß]

Für die zur Ausführung des Auftrags erforderlichen Aufwendungen hat der Auftraggeber dem Beauftragten auf Verlangen Vorschuß zu leisten.

§ 670 [Ersatz von Aufwendungen]

Macht der Beauftragte zum Zwecke der Ausführung des Auftrags Aufwendungen, die er den Umständen nach für erforderlich halten darf, so ist der Auftraggeber zum Ersatze verpflichtet.

§ 671 [Widerruf, Kündigung]

Der Auftrag kann von dem Auftraggeber jederzeit widerrufen, von dem Beauftragten jederzeit gekündigt werden.

Der Beauftragte darf nur in der Art kündigen, daß der Auftraggeber für die Besorgung des Geschäfts anderweit Fürsorge treffen kann, es sei denn, daß ein wichtiger Grund für die unzeitige Kündigung vorliegt. Kündigt er ohne solchen Grund zur Unzeit, so hat er dem Auftraggeber den daraus entstehenden Schaden zu ersetzen.

Liegt ein wichtiger Grund vor, so ist der Beauftragte zur Kündigung auch dann berechtigt, wenn er auf das Kündigungsrecht verzichtet hat.

§ 705 [Inhalt des Gesellschaftsvertrages]

Durch den Gesellschaftsvertrag verpflichten sich die Gesellschafter gegenseitig, die Erreichung eines gemeinsamen Zweckes in der durch den Vertrag bestimmten Weise zu fördern, insbesondere die vereinbarten Beiträge zu leisten.

§ 706 [Beiträge der Gesellschafter]

Die Gesellschafter haben in Ermangelung einer anderen Vereinbarung gleiche Beiträge zu leisten.

Sind vertretbare oder verbrauchbare Sachen beizutragen, so ist im Zweifel anzunehmen, daß sie gemeinschaftliches Eigentum der Gesellschafter werden sollen. Das gleiche gilt von nicht vertretbaren und nicht verbrauchbaren Sachen, wenn sie nach einer Schätzung beizutragen sind, die nicht bloß für die Gewinnverteilung bestimmt ist.

Der Beitrag eines Gesellschafters kann auch in der Leistung von Diensten bestehen.

§ 709 [Gemeinschaftliche Geschäftsführung]

Die Führung der Geschäfte der Gesellschaft steht den Gesellschaftern gemeinschaftlich zu; für jedes Geschäft ist die Zustimmung aller Gesellschafter erforderlich.

Hat nach dem Gesellschaftsvertrage die Mehrheit der Stimmen zu entscheiden, so ist die Mehrheit im Zweifel nach der Zahl der Gesellschafter zu berechnen.

§ 716 [Kontrollrecht der Gesellschafter]

Ein Gesellschafter kann, auch wenn er von der Geschäftsführung ausgeschlossen ist, sich von den Angelegenheiten der Gesellschaft persönlich unterrichten, die Geschäftsbücher und die Papiere der Gesellschaft einsehen und sich aus ihnen eine Übersicht über den Stand des Gesellschaftsvermögens anfertigen.

Eine dieses Recht ausschließende oder beschränkende Vereinbarung steht der Geltendmachung des Rechtes nicht entgegen, wenn Grund zu der Annahme unredlicher Geschäftsführung besteht.

§ 717 [Nichtübertragbarkeit der Gesellschafterrechte]

Die Ansprüche, die den Gesellschaftern aus dem Gesellschaftsverhältnisse gegeneinander zustehen, sind nicht übertragbar. Ausgenommen sind die einem Gesellschafter aus seiner Geschäftsführung zustehenden Ansprüche, soweit deren Befriedigung vor der Auseinandersetzung verlangt werden kann, sowie die Ansprüche auf einen Gewinnanteil oder auf dasjenige, was dem Gesellschafter bei der Auseinandersetzung zukommt.

§ 718 [Gesellschaftsvermögen]

Die Beiträge der Gesellschafter und die durch die Geschäftsführung für die Gesellschaft erworbenen Gegenstände werden gemeinschaftliches Vermögen der Gesellschafter (Gesellschaftsvermögen).

Zu dem Gesellschaftsvermögen gehört auch, was auf Grund eines zu dem Gesellschaftsvermögen gehörenden Rechtes oder als Ersatz für die Zerstörung, Beschädigung oder Entziehung eines zu dem Gesellschaftsvermögen gehörenden Gegenstandes erworben wird.

§ 719 [Gesamthänderische Bindung]

Ein Gesellschafter kann nicht über seinen Anteil an dem Gesellschaftsvermögen und an den einzelnen dazu gehörenden Gegenständen verfügen; er ist nicht berechtigt, Teilung zu verlangen.

Gegen eine Forderung, die zum Gesellschaftsvermögen gehört, kann der Schuldner nicht eine ihm gegen einen einzelnen Gesellschafter zustehende Forderung aufrechnen.

§ 723 [Kündigung durch Gesellschafter]

Ist die Gesellschaft nicht für eine bestimmte Zeit eingegangen, so kann jeder Gesellschafter sie jederzeit kündigen. Ist eine Zeitdauer bestimmt, so ist die Kündigung vor dem Ablaufe der Zeit zulässig, wenn ein wichtiger Grund vorliegt; ein solcher Grund ist insbesondere vorhanden, wenn ein anderer Gesellschafter eine ihm nach dem Gesellschaftsvertrag obliegende wesentliche Verpflichtung vorsätzlich oder aus grober Fahrlässigkeit verletzt oder wenn die Erfüllung einer solchen Verpflichtung unmöglich wird. Unter der gleichen Voraussetzung ist, wenn eine Kündigungsfrist bestimmt ist, die Kündigung ohne Einhaltung der Frist zulässig.

Die Kündigung darf nicht zur Unzeit geschehen, es sei denn, daß ein wichtiger Grund für die unzeitige Kündigung vorliegt. Kündigt ein Gesellschafter ohne solchen Grund zur Unzeit, so hat er den übrigen Gesellschaftern den daraus entstehenden Schaden zu ersetzen.

Eine Vereinbarung, durch welche das Kündigungsrecht ausgeschlossen oder diesen Vorschriften zuwider beschränkt wird, ist nichtig.

§ 724 [Kündigung bei Gesellschaft auf Lebenszeit oder fortgesetzter Gesellschaft]

Ist eine Gesellschaft für die Lebenszeit eines Gesellschafters eingegangen, so kann sie in gleicher Weise gekündigt werden wie eine für unbestimmte Zeit eingegangene Gesellschaft. Dasselbe gilt, wenn eine Gesellschaft nach dem Ablaufe der bestimmten Zeit stillschweigend fortgesetzt wird.

§ 726 [Auflösung der Gesellschaft wegen Erreichen oder Unmöglichwerden des Gesellschaftszwecks]

Die Gesellschaft endigt, wenn der vereinbarte Zweck erreicht oder dessen Erreichung unmöglich geworden ist.

§ 727 [Tod eines Gesellschafters]

Die Gesellschaft wird durch den Tod eines Gesellschafters aufgelöst, sofern nicht aus dem Gesellschaftsvertrage sich ein anderes ergibt.

Im Falle der Auflösung hat der Erbe des verstorbenen Gesellschafters den übrigen Gesellschaftern den Tod unverzüglich anzuzeigen und, wenn mit dem Aufschube Gefahr verbunden ist, die seinem Erblasser durch den Gesellschaftsvertrag übertragenen Geschäfte fortzuführen, bis die übrigen Gesellschafter in Gemeinschaft mit ihm anderweit Fürsorge treffen können. Die übrigen Gesellschafter sind in gleicher Weise zur einstweiligen Fortführung der ihnen übertragenen Geschäfte verpflichtet. Die Gesellschaft gilt insoweit als fortbestehend.

§ 728 [Auflösung durch Konkurs eines Gesellschafters]

Die Gesellschaft wird durch die Eröffnung des Konkurses über das Vermögen eines Gesellschafters aufgelöst. Die Vorschriften des § 727 Abs. 2 Satz 2, 3 finden Anwendung.

§ 730 [Auseinandersetzung; Geschäftsführung]

Nach der Auflösung der Gesellschaft findet in Ansehung des Gesellschaftsvermögens die Auseinandersetzung unter den Gesellschaftern statt.

Für die Beendigung der schwebenden Geschäfte, für die dazu erforderliche Eingehung neuer Geschäfte sowie für die Erhaltung und Verwaltung des Gesellschaftsvermögens gilt die Gesellschaft als fortbestehend, soweit der Zweck der Auseinandersetzung es erfordert. Die einem Gesellschafter nach dem Gesellschaftsvertrage zustehende Befugnis zur Geschäftsführung erlischt jedoch, wenn nicht aus dem Vertrage sich ein anderes ergibt, mit der Auflösung der Gesellschaft; die Geschäftsführung steht von der Auflösung an allen Gesellschaftern gemeinschaftlich zu.

§ 731 [Verfahren bei Auseinandersetzung]

Die Auseinandersetzung erfolgt in Ermangelung einer anderen Vereinbarung in Gemäßheit der §§ 732 bis 735. Im übrigen gelten für die Teilung die Vorschriften über die Gemeinschaft.

§ 732 [Rückgabe von Gegenständen]

Gegenstände, die ein Gesellschafter der Gesellschaft zur Benutzung überlassen hat, sind ihm zurückzugeben. Für einen durch Zufall in Abgang gekommenen oder verschlechterten Gegenstand kann er nicht Ersatz verlangen.

§ 733 [Berichtigung der Schulden und Erstattung der Einlagen]

Aus dem Gesellschaftsvermögen sind zunächst die gemeinschaftlichen Schulden mit Einschluß derjenigen zu berichtigen, welche den Gläubigern gegenüber unter den Gesellschaftern geteilt sind oder für welche einem Gesellschafter die übrigen Gesellschafter als Schuldner haften. Ist eine Schuld noch nicht fällig oder ist sie streitig, so ist das zur Berichtigung Erforderliche zurückzubehalten.

Aus dem nach der Berichtigung der Schulden übrigbleibenden Gesellschaftsvermögen sind die Einlagen zurückzuerstatten. Für Einlagen, die nicht in Geld bestanden haben, ist der Wert zu ersetzen, den sie zur Zeit der Einbringung gehabt haben. Für Einlagen, die in der Leistung von Diensten oder in der Überlassung der Benutzung eines Gegenstanden bestanden haben, kann nicht Ersatz verlangt werden.

Zur Berichtigung der Schulden und zur Rückerstattung der Einlagen ist das Gesellschaftsvermögen, soweit erforderlich, in Geld umzusetzen.

§ 734 [Verteilung des Überschusses]

Verbleibt nach der Berichtigung der gemeinschaftlichen Schulden und der Rückerstattung der Einlagen ein Überschuß, so gebührt er den Gesellschaftern nach dem Verhältnis ihrer Anteile am Gewinne.

§ 735 [Nachschußpflicht bei Verlust]

Reicht das Gesellschaftsvermögen zur Berichtigung der gemeinschaftlichen Schulden und zur Rückerstattung der Einlagen nicht aus, so haben die Gesellschafter für den Fehlbetrag nach dem Verhältnis aufzukommen, nach welchem sie den Verlust zu tragen haben. Kann von einem Gesellschafter der auf ihn entfallende Beitrag nicht erlangt werden, so haben die übrigen Gesellschafter den Ausfall nach dem gleichen Verhältnisse zu tragen.

§ 736 [Ausscheiden eines Gesellschafters]

Ist im Gesellschaftsvertrage bestimmt, daß, wenn ein Gesellschafter kündigt oder stirbt oder wenn der Konkurs über sein Vermögen eröffnet wird, die Gesellschaft unter den übrigen Gesellschaftern fortbestehen soll, so scheidet bei dem Eintritt eines solchen Ereignisses der Gesellschafter, in dessen Person es eintritt, aus der Gesellschaft aus.

§ 737 [Ausschließung eines Gesellschafters]

Ist im Gesellschaftsvertrage bestimmt, daß, wenn ein Gesellschafter kündigt, die Gesellschaft unter den übrigen Gesellschaftern fortbestehen soll, so kann ein Gesellschafter, in dessen Person ein die übrigen Gesellschafter nach § 723 Abs. 1 Satz 2 zur Kündigung berechtigender Umstand eintritt, aus der Gesellschaft ausgeschlossen werden. Das Ausschließungsrecht steht den übrigen Gesellschaftern gemeinschaftlich zu. Die Ausschließung erfolgt durch Erklärung gegenüber dem auszuschließenden Gesellschafter.

§ 823 [Unerlaubte Handlungen; Schadensersatzpflicht]

Wer vorsätzlich oder fahrlässig das Leben, den Körper, die Gesundheit, die Freiheit, das Eigentum oder ein sonstiges Recht eines anderen widerrechtlich verletzt, ist dem anderen zum Ersatze des daraus entstehenden Schadens verpflichtet.

Die gleiche Verpflichtung trifft dagegen denjenigen, welcher gegen ein den Schutz eines anderen bezweckendes Gesetz verstößt. Ist nach dem Inhalte des Gesetzes ein Verstoß gegen dieses auch ohne Verschulden möglich, so tritt die Ersatzpflicht nur im Falle des Verschuldens ein.

§ 824 [Kreditgefährdung]

Wer der Wahrheit zuwider eine Tatsache behauptet oder verbreitet, die geeignet ist, den Kredit eines anderen zu gefährden oder sonstige Nachteile für dessen Erwerb oder Fortkommen herbeizuführen, hat dem anderen den daraus entstehenden Schaden auch dann zu ersetzen, wenn er die Unwahrheit zwar nicht kennt, aber kennen muß.

Durch eine Mitteilung, deren Unwahrheit dem Mitteilenden unbekannt ist, wird dieser nicht zum Schadensersatze verpflichtet, wenn er oder der Empfänger der Mitteilung an ihr ein berechtigtes Interesse hat.

§ 826 [Sittenwidrige vorsätzliche Schädigung]

Wer in einer gegen die guten Sitten verstoßenden Weise einem anderen vorsätzlich Schaden zufügt, ist dem anderen zum Ersatze des Schadens verpflichtet.

§ 831 [Haftung für den Verrichtungsgehilfen]

Wer einen anderen zu einer Verrichtung bestellt, ist zum Ersatze des Schadens verpflichtet, den der andere in Ausführung der Verrichtung einem Dritten widerrechtlich zufügt. Die Ersatzpflicht tritt nicht ein, wenn der Geschäftsherr bei der Auswahl der bestellten Person und, sofern er Vorrichtungen oder Gerätschaften zu beschaffen oder die Ausführung der Verrichtung zu leiten hat, bei der Beschaffung oder der Leitung die im Verkehr erforderliche Sorgfalt beobachtet oder wenn der Schaden auch bei Anwendung dieser Sorgfalt entstanden sein würde.

Die gleiche Verantwortlichkeit trifft denjenigen, welcher für den Geschäftsherrn die Besorgung eines der im Abs. 1 Satz 2 bezeichneten Geschäfte durch Vertrag übernimmt.

§ 1913 [Pflegschaft für unbekannte Beteiligte]

Ist unbekannt oder ungewiß, wer bei einer Angelegenheit der Beteiligte ist, so kann dem Beteiligten für diese Angelegenheit, soweit eine Fürsorge erforderlich ist, ein Pfleger bestellt werden. Insbesondere kann einem Nacherben, der noch nicht erzeugt ist oder dessen Persönlichkeit erst durch ein künftiges Ereignis bestimmt wird, für die Zeit bis zum Eintritte der Nacherbfolge ein Pfleger bestellt werden.

§ 1922 [Gesamtrechtsnachfolge]

Mit dem Tode einer Person (Erbfall) geht deren Vermögen (Erbschaft) als Ganzes auf eine oder mehrere andere Personen (Erben) über.

...

§ 1942 [Anfall der Erbschaft]

Die Erbschaft geht auf den berufenen Erben unbeschadet des Rechtes über, sie auszuschlagen (Anfall der Erbschaft).

Der Fiskus kann die ihm als gesetzlichen Erben angefallene Erbschaft nicht ausschlagen.

2. Einführungsgesetz zum Bürgerlichen Gesetzbuche (EGBGB)

Vom 18. August 1896 (RGBl. S. 604)

Art. 82 [Verfassung konzessionierter Vereine]

Unberührt bleiben die Vorschriften der Landesgesetze über die Verfassung solcher Vereine, deren Rechtsfähigkeit auf staatlicher Verleihung beruht.

Art. 83 [Waldgenossenschaften]

Unberührt bleiben die landesgesetzlichen Vorschriften über Waldgenossenschaften.

Art. 84 [Rechtsfähigkeit von Religionsgesellschaften][5]

Art. 85 [Anfall des Vereinsvermögens]

Unberührt bleiben die landesgesetzlichen Vorschriften, nach welchen im Falle des § 45 Abs. 3 des Bürgerlichen Gesetzbuchs das Vermögen des aufgelösten Vereins an Stelle des Fiskus einer Körperschaft, Stiftung oder Anstalt des öffentlichen Rechtes anfällt.

---

[5] Nach Art. 137 Abs. 4 WRV „erwerben Religionsgesellschaften die Rechtsfähigkeit nach den allgemeinen Vorschriften des bürgerlichen Rechts" (somit nach §§ 21 ff. BGB). Die Vorschrift ist Bestandteil des Grundgesetzes, Art. 140 GG. Hierdurch ist der früher in Art. 84 enthaltene Vorbehalt der Landesgesetzgebung hinfällig geworden.

Art. 231 § 2 Vereine

Rechtsfähige Vereinigungen, die nach dem Gesetz über Vereinigungen – Vereinigungsgesetz – vom 21. Februar 1990 (GBl. I Nr. 10 S. 75), zuletzt geändert durch Gesetz vom 22. 6. 1990 (GBl. I Nr. 37 S. 470, berichtigt im GBl. I Nr. 39 S. 547), vor dem Wirksamwerden des Beitritts entstanden sind, bestehen fort.

Auf sie sind ab dem Tag des Wirksamwerdens des Beitritts die §§ 21 bis 79 des Bürgerlichen Gesetzbuchs anzuwenden.

Die in Absatz 1 genannten Vereinigungen führen ab dem Wirksamwerden des Beitritts die Bezeichnung „eingetragener Verein".

Auf nicht rechtsfähige Vereinigungen im Sinn des Gesetzes über Vereinigungen – Vereinigungsgesetz – vom 21. Februar 1990 findet ab dem Tag des Wirksamwerdens des Beitritts § 54 des Bürgerlichen Gesetzbuchs Anwendung.

3. Gesetz über die Angelegenheiten der freiwilligen Gerichtsbarkeit (FGG)

Vom 17. Mai 1898 (RGBl. S. 189) i. d. Fassung der Bekanntmachung vom 20. Mai 1898 (RGBl. S. 771)

§ 6 [Ausschließung des Richters][6]

Ein Richter ist von der Ausübung des Richteramtes kraft Gesetzes ausgeschlossen:

1. in Sachen, in denen er selbst beteiligt ist oder in denen er zu einem Beteiligten in einem Verhältnis eines Mitberechtigten oder Mitverpflichteten steht:
2. in Sachen eines Ehegatten, auch wenn die Ehe nicht mehr besteht;
3. in Sachen einer Person, mit der er in gerader Linie oder im zweiten Grade der Seitenlinie verwandt oder verschwägert ist oder war;
4. in Sachen, in denen er als Vertreter eines Beteiligten bestellt oder als gesetzlicher Vertreter eines solchen aufzutreten berechtigt ist.

Ein Richter kann sich der Ausübung seines Amtes wegen Befangenheit enthalten. *Die Ablehnung eines Richters ist ausgeschlossen.*[7]

§ 7 [Handlungen eines unzuständigen oder ausgeschlossenen Richters]

Gerichtliche Handlungen sind nicht aus dem Grunde unwirksam, weil sie von einem örtlich unzuständigen Gericht oder von einem Richter vorgenommen sind, der von der Ausübung des Richteramts kraft Gesetzes ausgeschlossen ist.

§ 11 [Aufnahme von Anträgen und Erklärungen]

Anträge und Erklärungen können zu Protokoll der Geschäftsstelle des zuständigen Gerichts oder der Geschäftsstelle eines Amtsgerichts erfolgen.

§ 12 [Untersuchungsgrundsatz; Ermittlungen von Amts wegen]

Das Gericht hat von Amts wegen die zur Feststellung der Tatsachen erforderlichen Ermittlungen zu veranstalten und die geeignet erscheinenden Beweise aufzunehmen.

---

[6] Wegen Ausschließung des Rechtspflegers siehe § 10 RPflG.

[7] § 6 Abs. 2 S. 2 nichtig wegen Verstoßes gegen Art. 101 Abs. 1 S. 2 GG; Beschl. des BVerfG vom 8. 2. 1967 (BGBl. I S. 502).

§ 13 [Beistände; Bevollmächtigte]

Die Beteiligten können mit Beiständen erscheinen. Sie können sich, soweit nicht das Gericht das persönliche Erscheinen anordnet, auch durch Bevollmächtigte vertreten lassen. Die Bevollmächtigten haben auf Anordnung des Gerichts oder auf Verlangen eines Beteiligten die Bevollmächtigung durch eine öffentlich beglaubigte Vollmacht nachzuweisen.

§ 13a [Kosten]

Sind an einer Angelegenheit mehrere Personen beteiligt, so kann das Gericht anordnen, daß die Kosten, die zur zweckentsprechenden Erledigung der Angelegenheit notwendig waren, von einem Beteiligten ganz oder teilweise zu erstatten sind, wenn dies der Billigkeit entspricht. Hat ein Beteiligter Kosten durch ein unbegründetes Rechtsmittel oder durch grobes Verschulden veranlaßt, so sind ihm die Kosten aufzuerlegen.

Die Vorschriften des § 91 Abs. 1 Satz 2 und der §§ 102[8] bis 107 der Zivilprozeßordnung gelten entsprechend.

Unberührt bleiben bundesrechtliche Vorschriften, die die Kostenerstattung abweichend regeln.

§ 16 [Wirksamwerden und Bekanntmachung der gerichtlichen Verfügungen]

Gerichtliche Verfügungen werden mit der Bekanntmachung an denjenigen, für welchen sie ihrem Inhalte nach bestimmt sind, wirksam.

Die Bekanntmachung erfolgt, wenn mit ihr der Lauf einer Frist beginnt, durch Zustellung nach den für die Zustellung von Amts wegen geltenden Vorschriften der Zivilprozeßordnung; durch die Landesjustizverwaltung kann jedoch für Zustellungen im Auslande eine einfachere Art der Zustellung angeordnet werden. In denjenigen Fällen, in welchen mit der Bekanntmachung nicht der Lauf einer Frist beginnt, soll in den Akten vermerkt werden, in welcher Weise, an welchem Orte und an welchem Tage die Bekanntmachung zur Ausführung gebracht ist; durch die Landesjustizverwaltung kann näher bestimmt werden, in welcher Weise in diesen Fällen die Bekanntmachung zur Ausführung gebracht werden soll.

Einem Anwesenden kann die Verfügung zu Protokoll bekanntgemacht werden. Auf Verlangen ist ihm eine Abschrift der Verfügung zu erteilen.

§ 19 [Beschwerde]

Gegen die Verfügungen des Gerichts erster Instanz findet das Rechtsmittel der Beschwerde statt.

Über die Beschwerde entscheidet das Landgericht.

§ 20 [Beschwerdeberechtigte]

Die Beschwerde steht jedem zu, dessen Recht durch die Verfügung beeinträchtigt ist.

Soweit eine Verfügung nur auf Antrag erlassen werden kann und der Antrag zurückgewiesen worden ist, steht die Beschwerde nur dem Antragsteller zu.

---

[8] § 102 ZPO aufgehoben durch Gesetz vom 27. 11. 1964 (BGBl. I S. 933).

§ 20a [Anfechtung von Kostenentscheidungen]

Die Anfechtung der Entscheidung über den Kostenpunkt ist unzulässig, wenn nicht gegen die Entscheidung in der Hauptsache ein Rechtsmittel eingelegt wird.

Ist eine Entscheidung in der Hauptsache nicht ergangen, so findet gegen die Entscheidung über den Kostenpunkt die sofortige Beschwerde statt, wenn der Wert des Beschwerdegegenstandes einhundert Deutsche Mark übersteigt.

§ 21 [Einlegung der Beschwerde]

Die Beschwerde kann bei dem Gerichte, dessen Verfügung angefochten wird, oder bei dem Beschwerdegericht eingelegt werden.

Die Einlegung erfolgt durch Einreichung einer Beschwerdeschrift oder durch Erklärung zu Protokoll der Geschäftsstelle desjenigen Gerichts, dessen Verfügung angefochten wird, oder der Geschäftsstelle des Beschwerdegerichts.

§ 22 [Sofortige Beschwerde; Wiedereinsetzung in den vorigen Stand]

Die sofortige Beschwerde ist binnen einer Frist von zwei Wochen einzulegen. Die Frist beginnt mit dem Zeitpunkt, in welchem die Verfügung dem Beschwerdeführer bekannt gemacht worden ist.

Einem Beschwerdeführer, der ohne sein Verschulden verhindert war, die Frist einzuhalten, ist auf Antrag von dem Beschwerdegerichte die Wiedereinsetzung in den vorigen Stand zu erteilen, wenn er die Beschwerde binnen zwei Wochen nach der Beseitigung des Hindernisses einlegt und die Tatsachen, welche die Wiedereinsetzung begründen, glaubhaft macht. Eine Versäumung der Frist, die in dem Verschulden eines Vertreters ihren Grund hat, wird als eine unverschuldete nicht angesehen. Gegen die Entscheidung über den Antrag findet die sofortige weitere Beschwerde statt. Nach dem Ablauf eines Jahres, von dem Ende der versäumten Frist an gerechnet, kann die Wiedereinsetzung nicht mehr beantragt werden.

§ 23 [Neues Vorbringen]

Die Beschwerde kann auf neue Tatsachen und Beweise gestützt werden.

§ 24 [Aufschiebende Wirkung]

Die Beschwerde hat nur dann aufschiebende Wirkung, wenn sie gegen eine Verfügung gerichtet ist, durch die ein Ordnungs- oder Zwangsmittel festgesetzt wird.

Das Gericht, dessen Verfügung angefochten wird, kann anordnen, daß die Vollziehung auszusetzen ist.

Das Beschwerdegericht kann vor der Entscheidung eine einstweilige Anordnung erlassen, es kann insbesondere anordnen, daß die Vollziehung der angefochtenen Verfügung auszusetzen ist.

§ 26 [Wirksamwerden der Beschwerdeentscheidung]

Die Entscheidung des Beschwerdegerichts wird in den Fällen, in welchen die sofortige weitere Beschwerde stattfindet, erst mit der Rechtskraft wirksam. Das Beschwerdegericht kann jedoch die sofortige Wirksamkeit der Entscheidung anordnen.

§ 27 [Weitere Beschwerde]

Gegen die Entscheidung des Beschwerdegerichts ist das Rechtsmittel der weiteren Beschwerde zulässig, wenn die Entscheidung auf einer Verletzung des Gesetzes beruht. Die Vorschriften der §§ 550, 551, 561, 563 der Zivilprozeßordnung finden entsprechende Anwendung.

§ 28 [Gericht der weiteren Beschwerde]

Über die weitere Beschwerde entscheidet das Oberlandesgericht.[9]

Will das Oberlandesgericht bei der Auslegung einer reichsgesetzlichen Vorschrift, welche eine der im § 1 bezeichneten Angelegenheiten betrifft, von der auf weitere Beschwerde ergangenen Entscheidung eines anderen Oberlandesgerichts, falls aber über die Rechtsfrage bereits eine Entscheidung des Bundesgerichtshofs ergangen ist, von dieser abweichen, so hat es die weitere Beschwerde unter Begründung seiner Rechtsauffassung dem Bundesgerichtshof vorzulegen. Der Beschluß über die Vorlegung ist dem Beschwerdeführer bekanntzumachen.

In den Fällen des Abs. 2 entscheidet über die weitere Beschwerde der Bundesgerichtshof.

§ 29 [Einlegung der weiteren Beschwerde; sofortige weitere Beschwerde]

Die weitere Beschwerde kann bei dem Gericht erster Instanz, bei dem Landgericht oder bei dem Oberlandesgericht eingelegt werden. Erfolgt die Einlegung durch Einreichung einer Beschwerdeschrift, so muß diese von einem Rechtsanwalt unterzeichnet sein. Der Zuziehung eines Rechtsanwalts bedarf es nicht, wenn die Beschwerde von einer Behörde oder von einem Notar eingelegt wird, der in der Angelegenheit für den Beschwerdeführer einen Antrag bei dem Gericht erster Instanz gestellt hat.

Soweit eine Verfügung der sofortigen Beschwerde unterliegt, findet auch gegen die Entscheidung des Beschwerdegerichts die sofortige weitere Beschwerde statt.

Das Gericht erster Instanz und das Landgericht sind nicht befugt, der weiteren Beschwerde abzuhelfen.

Im übrigen finden die Vorschriften über die Beschwerde entsprechende Anwendung.

§ 34 [Akteneinsicht, Abschriften]

Die Einsicht der Gerichtsakten kann jedem insoweit gestattet werden, als er ein berechtigtes Interesse glaubhaft macht. Das gleiche gilt von der Erteilung einer Abschrift; die Abschrift ist auf Verlangen von der Geschäftsstelle zu beglaubigen.

Die Einsicht der Akten und die Erteilung von Abschriften ist insoweit zu versagen, als § 1758 des Bürgerlichen Gesetzbuchs entgegensteht.

§ 127 [Aussetzung der Verfügung]

Das Registergericht kann, wenn eine von ihm zu erlassende Verfügung von der Beurteilung eines streitigen Rechtsverhältnisses abhängig ist, die Verfügung aussetzen, bis über das Verhältnis im Wege des Rechtsstreits entschieden ist. Es kann, wenn

---

[9] In Bayern das Bayer. Oberste Landesgericht (Art. 11 Abs. 3 Nr. 1 BayAGGVG vom 23. 6. 1981); in Rheinland-Pfalz das Oberlandesgericht Zweibrücken (§ 4 Abs. 3 Gerichtsorganisationsgesetz vom 5. 10. 1977 (GVBl. S. 333), geändert durch Gesetz vom 16. 9. 1982 (GVBl. S. 337); in Brandenburg der Besondere Senat des BezG Potsdam (Kap. III. A. III. Nr. 1 Buchst. l Abs. 3 Nr. 2 EVertr.).

der Rechtsstreit nicht anhängig ist, einem der Beteiligten eine Frist zur Erhebung der Klage bestimmen.

§ 128 [Protokollierung der Anmeldungen][10]

§ 129 [Antragsrecht des Notars]

Ist die zu einer Eintragung erforderliche Erklärung von einem Notar beurkundet oder beglaubigt, so gilt dieser als ermächtigt, im Namen des zur Anmeldung Verpflichteten die Eintragung zu beantragen.

...

§ 130 [Form der Eintragung; Bekanntmachung]

Jede Eintragung soll den Tag, an welchem sie erfolgt ist, angeben und mit der Unterschrift des zuständigen Beamten versehen werden.

Jede Eintragung soll demjenigen, welcher sie beantragt hat, bekanntgemacht werden. Auf die Bekanntmachung kann verzichtet werden.

§ 132 [Einschreiten des Registergerichts]

Sobald das Registergericht von einem sein Einschreiten nach den §§ 14, 125a Abs. 2, § 335 des Handelsgesetzbuchs, §§ 407, 408 des Aktiengesetzes, § 28 Abs. 4 des Einführungsgesetzes zum Aktiengesetz, § 21 des Gesetzes über die Rechnungslegung von bestimmten Unternehmen und Konzernen vom 15. August 1969 (Bundesgesetzbl. I S. 1189), § 79 Abs. 1 des Gesetzes betreffend die Gesellllschaften mit beschränkter Haftung, § 37 Abs. 1 des Gesetzes über die Kapitalerhöhung aus Gesellschaftsmitteln und über die Verschmelzung von Gesellschaften mit beschränkter Haftung oder § 12 des Gesetzes zur Ausführung der EWG-Verordnung über die Europäische wirtschaftliche Interessenvereinigung rechtfertigenden Sachverhalt glaubhafte Kenntnis erhält, hat es dem Beteiligten unter Androhung eines Zwangsgeldes aufzugeben, innerhalb einer bestimmten Frist seiner gesetzlichen Verpflichtung nachzukommen oder die Unterlassung mittels Einspruchs gegen die Verfügung zu rechtfertigen. § 335 Satz 2 bis 7 des Handelsgesetzbuches bleibt unberührt.

Die Beschwerde gegen diese Verfügung ist unzulässig.

§ 133 [Festsetzung des Zwangsgelds; Wiederholung der Verfügung]

Wird innerhalb der bestimmten Frist weder der gesetzlichen Verpflichtung genügt noch Einspruch erhoben, so ist das angedrohte Zwangsgeld festzusetzen und zugleich die frühere Verfügung unter Androhung eines erneuten Zwangsgelds zu wiederholen.

In gleicher Weise ist fortzufahren, bis der gesetzlichen Verpflichtung genügt oder Einspruch erhoben wird.

§ 134 [Einspruch, Termin]

Wird rechtzeitig Einspruch erhoben, so hat das Gericht, wenn sich der Einspruch nicht ohne weiteres als begründet ergibt, zur Erörterung der Sache den Beteiligten zu einem Termine zu laden.

Das Gericht kann, auch wenn der Beteiligte nicht erscheint, nach Lage der Sache entscheiden.

---

[10] § 128 aufgehoben durch Beurkundungsgesetz vom 28. 8. 1969 (BGBl. I S. 1513).

§ 135 [Entscheidung über den Einspruch]

Wird der Einspruch für begründet erachtet, so ist die erlassene Verfügung aufzuheben.

Anderenfalls hat das Gericht den Einspruch zu verwerfen und das angedrohte Zwangsgeld festzusetzen. Das Gericht kann, wenn die Umstände es rechtfertigen, von der Festsetzung eines Zwangsgeldes absehen oder ein geringeres als das angedrohte Zwangsgeld festsetzen.

Im Falle der Verwerfung des Einspruchs hat das Gericht zugleich eine erneute Verfügung nach § 132 zu erlassen. Die in dieser Verfügung bestimmte Frist beginnt mit dem Eintritte der Rechtskraft der Verwerfung des Einspruchs.

§ 136 [Einspruch gegen die wiederholte Verfügung]

Wird im Falle des § 133 gegen die wiederholte Verfügung Einspruch erhoben und dieser für begründet erachtet, so kann das Gericht, wenn die Umstände es rechtfertigen, zugleich ein früher festgesetztes Zwangsgeld aufheben oder an dessen Stelle ein geringeres Zwangsgeld festsetzen.

§ 137 [Wiedereinsetzung in den vorigen Stand]

Gegen die Versäumung der Einspruchsfrist ist auf Antrag nach Maßgabe des § 22 Abs. 2 die Wiedereinsetzung in den vorigen Stand zu erteilen.

§ 138 [Kosten]

Bei der Festsetzung des Zwangsgeldes sind dem Beteiligten zugleich die Kosten des Verfahrens aufzuerlegen.

§ 139 [Sofortige Beschwerde]

Gegen den Beschluß, durch welchen das Zwangsgeld festgesetzt oder der Einspruch verworfen wird, findet die sofortige Beschwerde statt.

Ist das Zwangsgeld nach Maßgabe des § 133 festgesetzt, so kann die Beschwerde nicht darauf gestützt werden, daß die Verfügung, durch welche das Zwangsgeld angedroht worden ist, nicht gerechtfertigt gewesen sei.

§ 141 [Löschung einer Firma]

(1) ...

(2) ...

(3) Wird Widerspruch erhoben, so entscheidet über ihn das Gericht. Gegen die den Widerspruch zurückweisende Verfügung findet die sofortige Beschwerde statt.

(4) Die Löschung darf nur erfolgen, wenn Widerspruch nicht erhoben oder wenn die den Widerspruch zurückweisende Verfügung rechtskräftig geworden ist.

§ 142 [Löschung unzulässiger Eintragungen]

Ist eine Eintragung in das Handelsregister bewirkt, obgleich sie wegen Mangels einer wesentlichen Voraussetzung unzulässig war, so kann das Registergericht sie von Amts wegen löschen. Die Löschung geschieht durch Eintragung eines Vermerkes.

Das Gericht hat den Beteiligten von der beabsichtigten Löschung zu benachrichtigen und ihm zugleich eine angemessene Frist zur Geltendmachung eines Widerspruchs zu bestimmen.

Auf das weitere Verfahren finden die Vorschriften des § 141 Abs. 3, 4 Anwendung.

§ 143 [Löschung auf Verfügung des Landgerichts]

Die Löschung einer Eintragung kann gemäß den Vorschriften des § 142 auch von dem Landgerichte verfügt werden, welches dem Registergericht im Instanzenzuge vorgeordnet ist. Die Vorschrift des § 30 Abs. 1 Satz 2 findet Anwendung.

Gegen die einen Widerspruch zurückweisende Verfügung des Landgerichts findet die sofortige Beschwerde an das Oberlandesgericht[11] mit der Maßgabe statt, daß die Vorschriften des § 28 Abs. 2, 3 zur entsprechenden Anwendung kommen.

Die weitere Beschwerde ist ausgeschlossen.

§ 144 [Löschung nichtiger Gesellschaften]

Eine in das Handelsregister eingetragene Aktiengesellschaft oder Kommanditgesellschaft auf Aktien kann nach den §§ 142, 143 als nichtig gelöscht werden, wenn die Voraussetzungen vorliegen, unter denen nach den §§ 275, 276 des Aktiengesetzes die Klage auf Nichtigerklärung erhoben werden kann. Das gleiche gilt für eine in das Handelsregister eingetragene Gesellschaft mit beschränkter Haftung, wenn die Voraussetzungen vorliegen, unter denen nach §§ 75, 76 des Gesetzes, betreffend die Gesellschaften mit beschränkter Hafung, die Nichtigkeitsklage erhoben werden kann.

Ein in das Handelsregister eingetragener Beschluß der Generalversammlung oder Versammlung der Gesellschafter einer der im Abs. 1 bezeichneten Gesellschaften kann gemäß den Vorschriften der §§ 142, 143 als nichtig gelöscht werden, wenn er durch seinen Inhalt zwingende Vorschriften des Gesetzes verletzt und seine Beseitigung im öffentlichen Interesse erforderlich erscheint.

In den Fällen der Abs. 1, 2 soll die nach § 142 Abs. 2 zu bestimmende Frist mindestens drei Monate betragen.

§ 159 [Vereinsregister]

Auf die Eintragungen in das Vereinsregister finden die Vorschriften der §§ 127 bis 130, 142, 143, auf das Vefahren bei der Verhängung von Zwangsgeld gegen Mitglieder des Vorstandes oder Liquidatoren eines eingetragenen Vereins finden die Vorschriften der §§ 127, 132 bis 139 entsprechende Anwendung.

§ 160 [Anhörung des Vorstands]

Im Falle des § 37 des Bürgerlichen Gesetzbuchs soll das Gericht vor der Verfügung, durch welche über das Verlangen, eine Mitgliederversammlung zu berufen, entschieden wird, soweit tunlich den Vorstand des Vereins hören. Gegen die Verfügung findet die sofortige Beschwerde statt.

§ 160a [Zurückweisung von Anmeldungen; Entziehung der Rechtsfähigkeit]

Gegen die Verfügung, durch welche die Anmeldung eines Vereins oder einer Satzungsänderung zur Eintragung in das Vereinsregister zurückgewiesen wird, findet die sofortige Beschwerde statt.

Die Verfügung, durch die dem Verein die Rechtsfähigkeit auf Grund des § 73 des Bürgerlichen Gesetzbuchs entzogen wird, ist dem Vorstand bekanntzumachen. Gegen sie findet die sofortige Beschwerde statt. Die Verfügung wird erst mit der Rechtskraft wirksam.

---

[11] In Bayern das Bayer. Oberste Landesgericht; in Rheinland-Pfalz das Oberlandesgericht Zweibrücken; in Brandenburg der Besondere Senat des BezG Potsdam.

§ 162 [Bescheinigungen über Vereins- und Güterrechtsregister]

Das Amtsgericht hat auf Verlangen eine Bescheinigung darüber zu erteilen, daß bezüglich des Gegenstandes einer Eintragung weitere Eintragungen in das Vereins- oder Güterrechtsregister nicht vorhanden sind oder daß eine bestimmte Eintragung in das Register nicht erfolgt ist.

4. Gesetz, betreffend die Erwerbs- und Wirtschaftsgenossenschaften (GenG)

Vom 1. Mai 1889 (RGBl. S. 55) i. d. Fassung der Bekanntmachung vom 20. Mai 1898 (RGBl. S. 810)

§ 63e [Verschmelzung von Prüfungsverbänden]

Ein Verband in der Rechtsform eines eingetragenen Vereins (aufgelöster Verband) kann sich mit einem anderen Verbande gleicher Rechtsform (übernehmender Verband) auf Grund von Beschlüssen der Mitgliederversammlung beider Verbände verschmelzen. Die Beschlüsse bedürfen unbeschadet weiterer Erschwerungen durch die Satzung einer Mehrheit von drei Vierteilen der erschienenen Mitglieder.

Für den Verschmelzungsvertrag ist die schriftliche Form erforderlich; die Vorschriften der §§ 310, 311 und 313 des Bürgerlichen Gesetzbuchs finden auf ihn keine Anwendung.

§ 63f [Eintragung der Verschmelzung]

Die Verschmelzung ist durch die Vorstände beider Verbände gemeinschaftlich ohne Verzug zur Eintragung in die Vereinsregister des Sitzes beider Verbände anzumelden. Der Anmeldung ist der zwischen den Verbänden abgeschlossene Vertrag in Urschrift oder in öffentlich beglaubigter Abschrift beizufügen. Die Verschmelzung darf nur eingetragen werden, wenn die Beobachtung der Vorschriften der Sätze 1, 2 und des § 63e nachgewiesen ist.

Mit der Eintragung der Verschmelzung in das Vereinsregister des Sitzes des aufgelösten Verbandes gilt dieser Verband als aufgelöst und sein Vermögen einschließlich der Schulden als auf den übernehmenden Verband übergegangen.

Von der Eintragung haben die Vorstände beider Verbände gemeinschaftlich ohne Verzug den Stellen Mitteilung zu machen, die zuständig sind, den Verbänden das Recht zur Bestellung des Revisors zu verleihen.

§ 63g [Schadensersatzpflicht der Vorstandsmitglieder bei Verschmelzung]

Eine Liquidation des aufgelösten Verbandes findet nicht statt. Die Vorschriften des § 45 des Bürgerlichen Gesetzbuchs finden keine Anwendung.

Die Mitglieder des Vorstandes beider Verbände sind als Gesamtschuldner zum Ersatz des Schadens verpflichtet, den die Gläubiger des aufgelösten und des übernehmenden Verbandes durch die Verschmelzung erleiden. Vorstandsmitglieder, die bei der Prüfung der Vermögenslage beider Verbände und bei dem Abschluß des Verschmelzungsvertrags die Sorgfalt eines ordentlichen Geschäftsmannes angewandt haben, sind von der Ersatzpflicht befreit.

§ 63h [Mitglieder des aufgelösten Verbandes]

Mit der Eintragung der Verschmelzung in das Vereinsregister des Sitzes des aufgelösten Verbandes gelten die Mitglieder dieses Verbandes als Mitglieder des übernehmenden Verbandes mit den aus dieser Mitgliedschaft sich ergebenden Rechten und Pflichten. Von der Eintragung hat der Vorstand unverzüglich die Mitglieder zu benachrichtigen.

Die Mitglieder des aufgelösten Verbandes haben das Recht, durch Kündigung ihren Austritt aus dem übernehmenden Verbande zu erklären. Auf das Recht zur Kündigung kann verzichtet werden. Die Kündigung hat spätestens bis zum Ablauf von drei Monaten zu erfolgen; die Frist beginnt mit dem Tage, an dem die Nachricht von der Eintragung der Verschmelzung (Abs. 1 Satz 2) dem Mitgliede zugeht. Im Falle der Kündigung gilt die Mitgliedschaft bei dem übernehmenden Verband als nicht erworben.

§ 63i [Verschmelzung mit Verband mit staatlich verliehener Rechtsfähigkeit]

Ein Verband, dessen Rechtsfähigkeit auf staatlicher Verleihung beruht, kann sich mit einem Verbande in der Rechtsform eines eingetragenen Vereins in der Weise verschmelzen, daß dieser Verband (übernehmender Verband) den anderen Verband (aufgelöster Verband) übernimmt.

Die Verschmelzung ist durch die Vorstände beider Verbände gemeinschaftlich ohne Verzug zur Eintragung in das Vereinsregister des Sitzes des übernehmenden Verbandes anzumelden. Im übrigen finden die Vorschriften der §§ 63e bis h Anwendung, die Bestimmungen der §§ 63f und 63h mit der Maßgabe, daß an die Stelle der Eintragung der Verschmelzung in das Vereinsregister des Sitzes des aufgelösten Verbandes die Eintragung in das Vereinsregister des Sitzes des übernehmenden Verbandes tritt.

5. Grundgesetz für die Bundesrepublik Deutschland (GG)

Vom 23. Mai 1949 (BGBl. S. 1)

Art. 9 [Vereinigungsfreiheit]

Alle Deutschen haben das Recht, Vereine und Gesellschaften zu bilden.

Vereinigungen, deren Zwecke oder deren Tätigkeit den Strafgesetzen zuwiderlaufen oder die sich gegen die verfassungsmäßige Ordnung oder gegen den Gedanken der Völkerverständigung richten, sind verboten.

Das Recht, zur Wahrung und Förderung der Arbeits- und Wirtschaftsbedingungen Vereinigungen zu bilden, ist für jedermann und für alle Berufe gewährleistet. Abreden, die dieses Recht einschränken oder zu behindern suchen, sind nichtig, hierauf gerichtete Maßnahmen sind rechtswidrig. Maßnahmen nach den Artikeln 12a, 35 Abs. 2 und 3, Artikel 87a Abs. 4 und Artikel 91 dürfen sich nicht gegen Arbeitskämpfe richten, die zur Wahrung und Förderung der Arbeits- und Wirtschaftsbedingungen von Vereinigungen im Sinne des Satzes 1 geführt werden.

Art. 21 [Parteien]

Die Parteien wirken bei der politischen Willensbildung des Volkes mit. Ihre Gründung ist frei. Ihre innere Ordnung muß demokratischen Grundsätzen entsprechen. Sie müssen über die Herkunft und Verwendung ihrer Mittel sowie über ihr Vermögen öffentlich Rechenschaft geben.

Parteien, die nach ihren Zielen oder nach dem Verhalten ihrer Anhänger darauf ausgehen, die freiheitliche demokratische Grundordnung zu beeinträchtigen oder zu beseitigen oder den Bestand der Bundesrepublik Deutschland zu gefährden, sind verfassungswidrig. Über die Frage der Verfassungswidrigkeit entscheidet das Bundesverfassungsgericht.

Das Nähere regeln Bundesgesetze.[12]

6. Handelsgesetzbuch (HGB)

Vom 10. Mai 1897 (RGBl. S. 219)

§ 1 [Mußkaufmann]

Kaufmann im Sinne dieses Gesetzbuchs ist, wer ein Handelsgewerbe betreibt.

Als Handelsgewerbe gilt jeder Gewerbebetrieb, der eine der nachstehend bezeichneten Arten von Geschäften zum Gegenstande hat:

1. die Anschaffung und Weiterveräußerung von beweglichen Sachen (Waren) oder Wertpapieren, ohne Unterschied, ob die Waren unverändert oder nach einer Bearbeitung oder Verarbeitung weiter veräußert werden;
2. die Übernahme der Bearbeitung oder Verarbeitung von Waren für andere, sofern das Gewerbe nicht handwerksmäßig betrieben wird;
3. die Übernahme von Versicherungen gegen Prämie;
4. Bankier- und Geldwechslergeschäfte;
5. die Übernahme der Beförderung von Gütern oder Reisenden zur See, die Geschäfte der Frachtführer oder der zur Beförderung von Personen zu Lande oder auf Binnengewässern bestimmten Anstalten sowie die Geschäfte der Schleppschiffahrtsunternehmer;
6. die Geschäfte der Kommissionäre, der Spediteure oder der Lagerhalter;
7. die Geschäfte der Handelsvertreter oder der Handelsmakler;
8. die Verlagsgeschäfte sowie die sonstigen Geschäfte des Buch- oder Kunsthandels;
9. die Geschäfte der Druckereien, sofern das Gewerbe nicht handwerksmäßig betrieben wird.

§ 2 [Sollkaufmann]

Ein handwerkliches oder ein sonstiges gewerbliches Unternehmen, dessen Gewerbebetrieb nicht schon nach § 1 Abs. 2 als Handelsgewerbe gilt, das jedoch nach Art und Umfang einen in kaufmännischer Weise eingerichteten Geschäftsbetrieb erfordert, gilt als Handelsgewerbe im Sinne dieses Gesetzbuchs, sofern die Firma des Unternehmens in das Handelsregister eingetragen worden ist. Der Unternehmer ist verpflichtet, die Eintragung nach den für die Eintragung kaufmännischer Firmen geltenden Vorschriften herbeizuführen.

§ 4 [Minderkaufmann]

Die Vorschriften über die Firmen, die Handelsbücher und die Prokura finden keine Anwendung auf Personen, deren Gewerbebetrieb nach Art oder Umfang einen in kaufmännischer Weise eingerichteten Geschäftsbetrieb nicht erfordert.

Durch eine Vereinigung zum Betrieb eines Gewerbes, auf welches die bezeichneten Vorschriften keine Anwendung finden, kann eine offene Handelsgesellschaft oder eine Kommanditgesellschaft nicht begründet werden.

---

[12] Gesetz über die politischen Parteien (Parteiengesetz) vom 24. 7. 1967 (BGBl. I S. 773) i. d. F. der Bekanntmachung vom 3. 3. 1989 (BGBl. I S. 327).

§ 13a [Gericht der Hauptniederlassung]

Ist eine Zweigniederlassung in das Handelsregister eingetragen, so sind alle Anmeldungen, die die Hauptniederlassung oder die Niederlassung am Sitz der Gesellschaft oder die eingetragenen Zweigniederlassungen betreffen, beim Gericht der Hauptniederlassung oder des Sitzes zu bewirken; es sind so viel Stücke einzureichen, wie Niederlassungen bestehen.

...

Das Gericht der Hauptniederlassung oder des Sitzes hat sodann seine Eintragung unter Angabe der Nummer des Bundesanzeigers, in der sie bekanntgemacht ist, von Amts wegen den Gerichten der Zweigniederlassungen mitzuteilen; der Mitteilung ist ein Stück der Anmeldung beizufügen. Die Gerichte der Zweigniederlassungen haben die Eintragung ohne Nachprüfung in ihr Handelsregister zu übernehmen.

§ 13c [Sitzverlegung im Inland]

Wird die Hauptniederlassung eines Einzelkaufmanns oder einer juristischen Person oder der Sitz einer Handelsgesellschaft im Inland verlegt, so ist die Verlegung beim Gericht der bisherigen Hauptniederlassung oder des bisherigen Sitzes anzumelden.

Wird die Hauptniederlassung oder der Sitz aus dem Bezirk des Gerichts der bisherigen Hauptniederlassung oder des bisherigen Sitzes verlegt, so hat dieses unverzüglich von Amts wegen die Verlegung dem Gericht der neuen Hauptniederlassung oder des neuen Sitzes mitzuteilen. Der Mitteilung sind die Eintragungen für die bisherige Hauptniederlassung oder den bisherigen Sitz sowie die bei dem bisher zuständigen Gericht aufbewahrten Urkunden beizufügen. Das Gericht der neuen Hauptniederlassung oder des neuen Sitzes hat zu prüfen, ob die Hauptniederlassung oder der Sitz ordnungsgemäß verlegt ist und § 30 beachtet ist. Ist dies der Fall, so hat es die Verlegung einzutragen und dabei die ihm mitgeteilten Eintragungen ohne weitere Nachprüfung in sein Handelsregister zu übernehmen. Die Eintragung ist dem Gericht der bisherigen Hauptniederlassung oder des bisherigen Sitzes mitzuteilen. Dieses hat die erforderlichen Eintragungen von Amts wegen vorzunehmen.

Wird die Hauptniederlassung oder der Sitz an einen anderen Ort innerhalb des Bezirks des Gerichts der bisherigen Hauptniederlassung oder des bisherigen Sitzes verlegt, so hat das Gericht zu prüfen, ob die Hauptniederlassung oder der Sitz ordnungsgemäß verlegt ist und § 30 beachtet ist. Ist dies der Fall, so hat es die Verlegung einzutragen.

§ 18 [Firma des Einzelkaufmanns]

Ein Kaufmann, der sein Geschäft ohne Gesellschafter oder nur mit einem stillen Gesellschafter betreibt, hat seinen Familiennamen mit mindestens einem ausgeschriebenen Vornamen als Firma zu führen.

Der Firma darf kein Zusatz beigefügt werden, der ein Gesellschaftsverhältnis andeutet oder sonst geeignet ist, eine Täuschung über die Art oder den Umfang des Geschäfts oder die Verhältnisse des Geschäftsführers herbeizuführen.

Zusätze, die zur Unterscheidung der Person oder des Geschäfts dienen, sind gestattet.

§ 30 [Unterscheidbarkeit der Firma]

Jede neue Firma muß sich von allen an demselben Ort oder in derselben Gemeinde bereits bestehenden und in das Handelsregister oder in das Genossenschaftsregister eingetragenen Firmen deutlich unterscheiden.

Hat ein Kaufmann mit einem bereits eingetragenen Kaufmanne die gleichen Vornamen und den gleichen Familiennamen und will auch er sich dieser Namen als seiner

Firma bedienen, so muß er der Firma einen Zusatz beifügen, durch den sie sich von der bereits eingetragenen Firma deutlich unterscheidet.

...

Durch die Landesregierungen kann bestimmt werden, daß benachbarte Orte oder Gemeinden als ein Ort oder als eine Gemeinde im Sinne dieser Vorschriften anzusehen sind.

§ 33 [Eintragung einer juristischen Person in das Handelsregister]

Eine juristische Person, deren Eintragung in das Handelsregister mit Rücksicht auf den Gegenstand oder auf die Art und den Umfang ihres Gewerbebetriebes zu erfolgen hat, ist von sämtlichen Mitgliedern des Vorstandes zur Eintragung anzumelden.

Der Anmeldung sind die Satzung der juristischen Person und die Urkunden über die Bestellung des Vorstandes in Urschrift oder in öffentlich beglaubigter Abschrift beizufügen. Bei der Eintragung sind die Firma und der Sitz der juristischen Person, der Gegenstand des Unternehmens und die Mitglieder des Vorstandes anzugeben. Besondere Bestimmungen der Satzung über die Befugnis des Vorstandes zur Vertretung der juristischen Person oder über die Zeitdauer des Unternehmens sind gleichfalls einzutragen.

Die Errichtung einer Zweigniederlassung ist durch den Vorstand unter Beifügung einer öffentlich beglaubigten Abschrift der Satzung anzumelden.

§ 34 [Anmeldung und Eintragung von Änderungen]

Jede Änderung der nach § 33 Abs. 2 Satz 2 und 3 einzutragenden Tatsachen oder der Satzung, die Auflösung der juristischen Person, falls sie nicht die Folge der Eröffnung des Konkurses ist, sowie die Personen der Liquidatoren und die besonderen Bestimmungen über ihre Vertretungsbefugnis sind zur Eintragung in das Handelsregister anzumelden.

Bei der Eintragung einer Änderung der Satzung genügt, soweit nicht die Änderung die im § 33 Abs. 2 Satz 2 und 3 bezeichneten Angaben betrifft, die Bezugnahme auf die bei dem Gericht eingereichten Urkunden über die Änderung.

Die Anmeldung hat durch den Vorstand oder, sofern die Eintragung erst nach der Anmeldung der ersten Liquidatoren geschehen soll, durch die Liquidatoren zu erfolgen.

Die Eintragung gerichtlich bestellter Vorstandsmitglieder oder Liquidatoren geschieht von Amts wegen.

Im Falle des Konkurses finden die Vorschriften des § 32 Anwendung.

§ 35 [Unterschriftszeichnung]

Die Mitglieder des Vorstandes und die Liquidatoren einer juristischen Person haben ihre Unterschrift zur Aufbewahrung bei dem Gerichte zu zeichnen.

7. Konkursordnung (KO)

Vom 10. Februar 1877 (RGBl. S. 351) i. d. F. der Bekanntmachung vom 20. Mai 1898 (RGBl. S. 612)

§ 102 [Zahlungsunfähigkeit]

Die Eröffnung des Konkursverfahrens setzt die Zahlungsunfähigkeit des Gemeinschuldners voraus.

Zahlungsunfähigkeit ist insbesondere anzunehmen, wenn Zahlungseinstellung erfolgt ist.

§ 207 [Aktiengesellschaft]

Über das Vermögen einer Aktiengesellschaft findet das Konkursverfahren außer dem Fall der Zahlungsunfähigkeit in dem Falle der Überschuldung statt.

Nach Auflösung einer Aktiengesellschaft ist die Eröffnung des Verfahrens so lange zulässig, als die Verteilung des Vermögens nicht vollzogen ist.

§ 208 [Antragsberechtigte bei Konkurs einer AG]

Zu dem Antrage auf Eröffnung des Verfahrens ist außer den Konkursgläubigern jedes Mitglied des Vorstandes oder jeder Liquidator berechtigt.

Wird der Antrag nicht von allen Mitgliedern des Vorstandes oder allen Liquidatoren gestellt, so ist derselbe zuzulassen, wenn die Zahlungsunfähigkeit oder Überschuldung glaubhaft gemacht wird. Das Gericht hat die übrigen Mitglieder oder Liquidatoren nach Maßgabe des § 105 Abs. 2, 3 zu hören.

§ 213 [Juristische Person, Verein]

Auf das Konkursverfahren über das Vermögen einer juristischen Person sowie eines Vereins, der als solcher verklagt werden kann, finden die Vorschriften der §§ 207, 208 entsprechende Anwendung.

8. Gesetz über die Kosten in Angelegenheiten der freiwilligen Gerichtsbarkeit (KostO)

Vom 26. Juli 1957 (BGBl. I S. 960)

§ 7 Fälligkeit der Kosten

Gebühren werden mit der Beendigung des gebührenpflichtigen Geschäfts, Auslagen sofort nach ihrer Entstehung fällig.

§ 8 Kostenvorschüsse

Bei Geschäften, die auf Antrag vorzunehmen sind, hat der zur Zahlung der Kosten Verpflichtete einen zur Deckung der Kosten hinreichenden Vorschuß zu zahlen. Bei Verrichtungen von Amts wegen kann ein Vorschuß nur zur Deckung der Auslagen erhoben werden. Auf die Verpflichtung zur Zahlung des Vorschusses finden die allgemeinen Vorschriften über die Zahlungspflicht Anwendung.

Bei Geschäften, die auf Antrag vorzunehmen sind, soll die Vornahme des Geschäfts davon abhängig gemacht werden, daß der Vorschuß gezahlt oder sichergestellt wird. Dies gilt nicht, wenn dem Antragsteller die Prozeßkostenhilfe bewilligt ist oder wenn eine etwaige Verzögerung einem Beteiligten einen nicht oder nur schwer zu ersetzenden Schaden bringen würde, oder wenn aus einem anderen Grund das Verlangen nach vorheriger Zahlung oder Sicherstellung der Kosten nicht angebracht erscheint, insbesondere wenn die Berichtigung des Grundbuchs oder die Eintragung eines Widerspruchs beantragt wird.

Gegen Anordnungen nach Absatz 2 ist auch wegen der Höhe des Vorschusses die Beschwerde nach §§ 19, 20, 21, 23, 24 Abs. 1, §§ 25, 30 des Gesetzes über die Angelegenheiten der freiwilligen Gerichtsbarkeit ... zulässig. Soweit in erster Instanz das Landgericht zuständig ist, entscheidet über die Beschwerde das Oberlandesgericht. Die Beschwerde ist auch statthaft, wenn der Beschwerdegegenstand einhundert Deutsche Mark nicht übersteigt. Das Verfahren über die Beschwerde ist gebührenfrei. Eine Kostenerstattung findet nicht statt.

§ 14 Kostenansatz, Erinnerung, Beschwerde

Die Kosten werden bei dem Gericht angesetzt, bei dem die Angelegenheit anhängig ist oder zuletzt anhängig war, auch wenn die Kosten bei einem ersuchten Gericht entstanden sind oder die Angelegenheit bei einem anderen Gericht anhängig war. Die Kosten eines Rechtsmittelverfahrens werden bei dem mit dem Rechtsmittel befaßten Gericht angesetzt.

Über Erinnerungen des Kostenschuldners und der Staatskasse gegen den Kostenansatz entscheidet das Gericht, bei dem die Kosten angesetzt sind.

Gegen Entscheidungen nach Absatz 2 ist die Beschwerde nach § 567 Abs. 2, 3, § 568 Abs. 1, §§ 569 bis 575 der Zivilprozeßordnung zulässig. Gegen die Entscheidung, die ein Landgericht als Beschwerdegericht trifft, ist die weitere Beschwerde statthaft, wenn sie das Landgericht wegen der grundsätzlichen Bedeutung der zur Entscheidung stehenden Frage zuläßt. Die weitere Beschwerde kann nur darauf gestützt werden, daß die Entscheidung auf einer Verletzung des Gesetzes beruht; §§ 550 und 551 der Zivilprozeßordnung gelten entsprechend. Für die weitere Beschwerde gilt § 567 Abs. 2 der Zivilprozeßordnung nicht.

Erinnerungen oder Beschwerden können in allen Fällen zu Protokoll der Geschäftsstelle oder schriftlich ohne Mitwirkung eines Rechtsanwalts eingelegt werden.

Das Verfahren über die Erinnerung und die Beschwerde ist gebührenfrei. Kosten werden nicht erstattet.

Der Kostenansatz kann auch im Verwaltungsweg berichtigt werden, solange nicht eine gerichtliche Entscheidung getroffen ist.

§ 15 Nachforderung

Kosten können wegen unrichtigen Ansatzes nur nachgefordert werden, wenn der berichtigte Ansatz vor Ablauf des nächsten Kalenderjahres nach endgültiger Erledigung der Angelegenheit dem Zahlungspflichtigen mitgeteilt ist. Ist innerhalb dieser Frist dem Zahlungspflichtigen davon Mitteilung gemacht, daß ein Wertermittlungsverfahren eingeleitet ist, so ist die Angelegenheit erst mit der Beendigung dieses Verfahrens endgültig erledigt.

§ 16 Nichterhebung von Kosten wegen unrichtiger Sachbehandlung

Kosten, die bei richtiger Behandlung der Sache nicht entstanden wären, werden nicht erhoben. Das gleiche gilt von Auslagen, die durch eine von Amts wegen veranlaßte Verlegung eines Termins oder Vertagung einer Verhandlung entstanden sind.

Die Entscheidung trifft das Gericht. Solange nicht das Gericht entschieden hat, können Anordnungen nach Absatz 1 im Verwaltungsweg erlassen werden. Eine im Verwaltungsweg getroffene Anordnung kann nur im Verwaltungsweg geändert werden.

§ 17 Verjährung

Ansprüche auf Zahlung von Kosten verjähren in vier Jahren nach Ablauf des Kalenderjahres, in dem der Anspruch fällig geworden ist.

Ansprüche auf Rückerstattung von Kosten verjähren in vier Jahren nach Ablauf des Kalenderjahres, in dem der Anspruch entstanden ist.

Auf die Verjährung sind die Vorschriften des Bürgerlichen Gesetzbuchs anzuwenden; die Verjährung wird nicht von Amts wegen berücksichtigt. Die Verjährung der Ansprüche auf Zahlung von Kosten wird auch durch die Aufforderung zur Zahlung und durch eine dem Schuldner mitgeteilte Stundung unterbrochen; ist der Aufenthalt des Kostenschuldners unbekannt, so genügt die Zustellung durch Aufgabe zur Post unter seiner letzten bekannten Anschrift. Bei Kostenbeträgen unter zwanzig Deutsche Mark wird die Verjährung nicht unterbrochen.

§ 18 Geschäftswert

Die Gebühren werden nach dem Wert berechnet, den der Gegenstand des Geschäfts zur Zeit der Fälligkeit hat (Geschäftswert).

...

§ 28 Anmeldungen zu einem Register, Eintragungen in ein Register, Beurkundung von Beschlüssen

Kommt die Feststellung eines Einheitswerts des Betriebsvermögens nicht in Betracht, so bestimmt sich bei Anmeldungen zu einem Register, bei Eintragungen in ein Register und bei der Beurkundung von Beschlüssen (§ 47), deren Gegenstand keinen bestimmten Geldwert hat, der Geschäftswert nach § 30 Abs. 2.

§ 30 Angelegenheiten ohne bestimmten Geschäftswert, nichtvermögensrechtliche Angelegenheiten

Soweit in einer vermögensrechtlichen Angelegenheit der Wert sich aus den Vorschriften dieses Gesetzes nicht ergibt und auch sonst nicht feststeht, ist er nach freiem Ermessen zu bestimmen; insbesondere ist bei Änderungen bestehender Rechte, sofern die Änderung nicht einen bestimmten Geldwert hat, sowie bei Verfügungsbeschränkungen der Wert nach freiem Ermessen festzusetzen.

In Ermangelung genügender tatsächlicher Anhaltspunkte für eine Schätzung ist der Wert regelmäßig auf 5000 Deutsche Mark anzunehmen. Er kann nach Lage des Falles niedriger oder höher, jedoch nicht unter 200 Deutsche Mark und nicht über eine Million Deutsche Mark angenommen werden.

In nichtvermögensrechtlichen Angelegenheiten ist der Wert nach Absatz 2 zu bestimmen ...

§ 32 Volle Gebühr

Die volle Gebühr bei einem Geschäftswert bis 500 Deutsche Mark beträgt 15 DM. Die Gebühr erhöht sich bei einem

Geschäftswert bis (Deutsche Mark)	für jeden angefangenen Betrag von weiteren (Deutsche Mark)	um (Deutsche Mark)
2000	500	3
10000	2000	14
100000	5000	10
10000000	20000	30
50000000	50000	33
100000000	100000	20
500000000	500000	15
über 500000000	1000000	15

Eine Gebührentabelle für Geschäftswerte bis 2000000 Deutsche Mark ist diesem Gesetz als Anlage beigefügt.[13]

[13] Hier im Anschluß an § 137 abgedruckt.

§ 33 Mindestbetrag einer Gebühr, Aufrundung

Der Mindestbetrag einer Gebühr ist 15 Deutsche Mark, Pfennigbeträge sind auf volle zehn Deutsche Pfennig aufzurunden.

§ 34 Rahmengebühren

Ist die Gebühr nur nach einem Mindest- und Höchstbetrag bestimmt, so ist die Gebühr im Einzelfall unter Berücksichtigung aller Umstände, insbesondere des Umfangs und der Bedeutung der Sache, nach billigem Ermessen zu bestimmen.

§ 36 Einseitige Erklärungen und Verträge

Für die Beurkundung einseitiger Erklärungen wird die volle Gebühr erhoben; unerheblich ist, ob die Erklärung von einer oder von mehreren Personen abgegeben wird.

Für die Beurkundung von Verträgen wird das Doppelte der vollen Gebühr erhoben.

§ 38 Besondere Fälle

...

Die Hälfte der vollen Gebühr wird erhoben

1. für jede besondere Beurkundung von Zustimmungserklärungen einzelner Teilnehmer zu einer bereits anderweitig beurkundeten Erklärung;

2.–6. ...

7. für die Beurkundung der Anmeldung zum Handelsregister und ähnlichen Registern sowie für die Aufnahme einer besonderen Verhandlung über die Zeichnung einer Firma oder Unterschrift.

...

§ 39 Geschäftswert

Der Geschäftswert bestimmt sich nach dem Wert des Rechtsverhältnisses, auf das sich die beurkundete Erklärung bezieht. Handelt es sich um Veränderungen eines Rechtsverhältnisses, so darf der Wert des von der Veränderung betroffenen Rechtsverhältnisses nicht überschritten werden, und zwar auch dann nicht, wenn es sich um mehrere Veränderungen desselben Rechtsverhältnisses handelt.

...

Bei der Beurkundung von Satzungen ist der Wert höchstens auf 10 Millionen Deutsche Mark anzunehmen.

§ 45 Beglaubigung von Unterschriften

Für die Beglaubigung von Unterschriften oder Handzeichen wird ein Viertel der vollen Gebühr, höchstens jedoch ein Betrag von 250 Deutsche Mark erhoben. Der Wert ist ebenso zu bestimmen, wie wenn die Erklärung, unter der die Unterschrift oder das Handzeichen beglaubigt wird, beurkundet würde.

...

§ 80 Eintragungen in das Vereinsregister

Für Eintragungen in das Vereinsregister werden erhoben
1. für die erste Eintragung des Vereins das Doppelte der vollen Gebühr;
2. für alle späteren Eintragungen die volle Gebühr;
3. für Löschung der Gesamteintragung die Hälfte der vollen Gebühr.

Werden auf Grund derselben Anmeldung mehrere Eintragungen der im Absatz 1 Nr. 2 bezeichneten Art vorgenommen, so wird die Gebühr nur einmal erhoben.

§ 86 Anmeldungen und Anträge

Für die Aufnahme von Anmeldungen zum Handels-, Vereins- und Güterrechtsregister werden Gebühren nach Maßgabe des Beurkundungsabschnitts besonders erhoben.

...

§ 87 Gebührenfreie Geschäfte des Registergerichts

Gebühren werden nicht erhoben

1. für die aus Anlaß eines Vergleichs- oder Konkursverfahrens von Amts wegen vorzunehmenden Eintragungen sowie für Eintragungen und Löschungen, die auf Ersuchen und Anordnung eines Gerichts, insbesondere des Vollstreckungsgerichts, erfolgen;

...

§ 89 Beglaubigte Abschriften, Bescheinigungen

Für die Erteilung beglaubigter Abschriften aus den in diesem Abschnitt genannten Registern wird eine Gebühr von 15 bis 35 Deutsche Mark erhoben; daneben werden die durch die Abschriften erwachsenen Schreibauslagen erhoben.

Das gleiche gilt für Bescheinigungen aus den genannten Registern.

Bescheinigungen nach § 66 Abs. 2 des Bürgerlichen Gesetzbuchs sind frei von Gebühren und Schreibauslagen.

...

§ 90 Registereinsicht

Für die Einsicht der in diesem Abschnitt genannten Register werden Gebühren nicht erhoben

§ 119 Verfahren bei Festsetzung von Zwangs- und Ordnungsgeld

In einem Verfahren nach den §§ 132 bis 139, 159 des Gesetzes über die Angelegenheiten der freiwilligen Gerichtsbarkeit wird in jedem Rechtszug das Dreifache der vollen Gebühr erhoben

1. für die Festsetzung des Zwangsgeldes;
2. für die Verwerfung des Einspruchs.

Die Gebühr wird nach dem festgesetzten oder angedrohten Betrag des Zwangsgeldes berechnet; sie darf den Betrag des Zwangsgeldes nicht übersteigen.

Jede Wiederholung der Festsetzung des Zwangsgeldes gilt als ein besonderes Verfahren.

Für die Androhung von Zwangsgeld werden Gebühren nicht erhoben.

...

§ 121 Ernennung und Abberufung von Vorstandsmitgliedern usw.

Soweit nicht in diesem Gesetz oder in sonstigen bundesrechtlichen Vorschriften ein anderes bestimmt ist, wird das Doppelte der vollen Gebühr erhoben für die Erledigung der im Bürgerlichen Gesetzbuch in dem Titel „Juristische Personen", im Handelsgesetzbuch, im Aktiengesetz, im Genossenschaftsgesetz oder im Gesetz, betreffend die Gesellschaften mit beschränkter Haftung, den Gerichten zugewiesenen Angelegenheiten (Ernennung und Abberufung von Vorstandsmitgliedern und Liquidatoren, Bestellung und Abberufung von Abschlußprüfern und Prüfern, Ermächtigung zur Berufung einer Hauptversammlung oder Generalversammlung oder zur Einsicht von Büchern) sowie für Entscheidungen und Anordnungen ähnlicher Art.

§ 129 Gesuche, Anträge

Gesuche und Anträge werden, soweit nichts anderes bestimmt ist, gebührenfrei aufgenommen.

§ 130 Zurückweisung und Zurücknahme von Anträgen

Wird in Fällen, in denen das Gericht nur auf Antrag tätig wird, ein Antrag zurückgewiesen, so wird, soweit nichts anderes bestimmt ist, die Hälfte der vollen Gebühr, höchstens jedoch ein Betrag von 65 Deutsche Mark erhoben.

Wird ein Antrag zurückgenommen, bevor über ihn eine Entscheidung ergangen ist oder die beantragte Handlung stattgefunden hat, so wird, soweit nichts anderes bestimmt ist, ein Viertel der vollen Gebühr, höchstens jedoch ein Betrag von 35 Deutsche Mark erhoben.

Der für die beantragte Verhandlung oder Entscheidung bestimmte Gebührensatz darf nicht überschritten werden.

Im Fall einer teilweisen Zurückweisung oder Zurücknahme ist die Gebühr nach dem Wert des zurückgewiesenen oder zurückgenommenen Teils, jedoch nur insoweit zu erheben, als die Gebühr für die Erledigung des ganzen Antrags die Gebühr für die teilweise Erledigung übersteigt.

Bei Zurückweisung oder Zurücknahme eines Antrags kann von der Erhebung von Kosten abgesehen werden, wenn der Antrag auf unverschuldeter Unkenntnis der tatsächlichen oder rechtlichen Verhältnisse beruht. § 16 Abs. 2 gilt entsprechend.

§ 131 Beschwerden, Anrufung des Gerichts gegen Entscheidungen anderer Behörden oder Dienststellen

Für das Verfahren über Beschwerden wird, soweit nichts anderes bestimmt ist, erhoben

1. in den Fällen der Verwerfung oder Zurückweisung die Hälfte der vollen Gebühr;
2. in den Fällen der Zurücknahme ein Viertel der vollen Gebühr; betrifft die Zurücknahme nur einen Teil des Beschwerdegegenstandes, so ist die Gebühr nur insoweit zu erheben, als sich die Beschwerdegebühr erhöht haben würde, wenn die Entscheidung auf den zurückgenommenen Teil erstreckt worden wäre.

Im übrigen ist das Beschwerdeverfahren gebührenfrei.

Der Wert ist in allen Fällen nach § 30 zu bestimmen.

. . .

§ 136 Schreibauslagen

Schreibauslagen werden erhoben für

1. Ausfertigungen oder Abschriften, die auf Antrag erteilt oder angefertigt werden;
2. Ausfertigungen und Abschriften, die angefertigt werden müssen, weil zu den Akten gegebene Urkunden, von denen eine Abschrift zurückbehalten werden muß,

zurückgefordert werden; in diesem Fall wird die bei den Akten zurückbehaltene Abschrift gebührenfrei beglaubigt;

3. Ausfertigungen und Abschriften jeder Art, wenn sachliche oder persönliche Gebührenfreiheit gewährt ist; Absatz 2 bleibt unberührt.

Frei von Schreibauslagen sind

1. bei Beurkundungen von Verträgen zwei Ausfertigungen oder Abschriften, bei sonstigen Beurkundungen eine Ausfertigung oder Abschrift;
2. für jeden Beteiligten eine vollständige Ausfertigung oder Abschrift jeder gerichtlichen Entscheidung und jedes vor Gericht abgeschlossenen Vergleichs; eine Ausfertigung ohne Entscheidungsgründe; eine weitere vollständige Ausfertigung oder Abschrift bei Vertretung durch einen Bevollmächtigten; eine Abschrift jeder Niederschrift über eine Sitzung.

Die Schreibauslagen betragen unabhängig von der Art der Herstellung an derselben Angelegenheit, in gerichtlichen Verfahren in demselben Rechtszug ... für die ersten 50 Seiten 1 DM je Seite und für jede weitere Seite 0,30 DM. Die Höhe der Schreibauslagen ist für jeden Kostenschuldner nach § 2 gesondert zu berechnen; Gesamtschuldner gelten als ein Schuldner.

...

Anlage (zu § 32)

Bei einem Geschäftswert bis ... DM	beträgt eine volle Gebühr ... DM	Bei einem Geschäftswert bis ... DM	beträgt eine volle Gebühr ... DM	Bei einem Geschäftswert bis ... DM	beträgt eine volle Gebühr ... DM
500	15	420000	740	1240000	1970
1000	18	440000	770	1260000	2000
1500	21	460000	800	1280000	2030
2000	24	480000	830	1300000	2060
4000	38	500000	860	1320000	2090
6000	52	520000	890	1340000	2120
8000	66	540000	920	1360000	2150
10000	80	560000	950	1380000	2180
15000	90	580000	980	1400000	2210
20000	100	600000	1010	1420000	2240
25000	110	620000	1040	1440000	2270
30000	120	640000	1070	1460000	2300
35000	130	660000	1100	1480000	2330
40000	140	680000	1130	1500000	2360
45000	150	700000	1160	1520000	2390
50000	160	720000	1190	1540000	2420
55000	170	740000	1220	1560000	2450
60000	180	760000	1250	1580000	2480
65000	190	780000	1280	1600000	2510
70000	200	800000	1310	1620000	2540
75000	210	820000	1340	1640000	2570
80000	220	840000	1370	1660000	2600
85000	230	860000	1400	1680000	2630
90000	240	880000	1430	1700000	2660
95000	250	900000	1460	1720000	2690
100000	260	920000	1490	1740000	2720
120000	290	940000	1520	1760000	2750
140000	320	960000	1550	1780000	2780
160000	350	980000	1580	1800000	2810
180000	380	1000000	1610	1820000	2840
200000	410	1020000	1640	1840000	2870
220000	440	1040000	1670	1860000	2900
240000	470	1060000	1700	1880000	2930
260000	500	1080000	1730	1900000	2960
280000	530	1100000	1760	1920000	2990
300000	560	1120000	1790	1940000	3020
320000	590	1140000	1820	1960000	3050
340000	620	1160000	1850	1980000	3080
360000	650	1180000	1880	2000000	3110
380000	680	1200000	1910		
400000	710	1220000	1940		

§ 137 Sonstige Auslagen

Als Auslagen werden ferner erhoben

1. Telegrafen- und Fernschreibgebühren;
2. Postgebühren für Zustellungen durch die Post mit Zustellugnsurkunde; dieselben Beträge werden auch für Zustellungen durch Justizbedienstete nach §§ 211, 212 der Zivilprozeßordnung erhoben;
3. Kosten, die durch öffentliche Bekanntmachung entstehen, mit Ausnahme der hierbei erwachsenen Postgebühren;

4.–5. . . .

6. die an Rechtsanwälte zu zahlenden Beträge;

7.–12. . . .

9. Gesetz über Preisnachlässe (Rabattgesetz)

Vom 25. November 1933 (RGBl. I S. 1011)

§ 4

Wer einen Barzahlungsnachlaß gewährt, muß den Nachlaßbetrag sofort vom Preis abziehen oder Gutscheine (Sparmarken, Kassenzettel, Zahlungsabschnitte) ausgeben, die in bar einzulösen sind. Der Umsatz an Waren oder Leistungen, von dem die Einlösung der Gutscheine abhängig gemacht wird, darf auf keinen höheren Betrag als fünfzig Deutsche Mark festgesetzt werden.

Gutscheine, die von einer Vereinigung nachlaßgewährender Gewerbetreibender (Rabattsparvereine und dergleichen) eingelöst werden, dürfen nur ausgegeben werden, sofern sich die Vereinigung alljährlich einer unabhängigen Prüfung durch einen sachverständigen Prüfer unterzieht. Die Prüfung muß sich auf die gesamte Geschäftsgebarung der Vereinigung während der Dauer des Geschäftsjahrs erstrecken, insbesondere darauf, daß die Einlösung der ausgegebenen Gutscheine gesichert ist. Der Prüfer muß einen schriftlichen Bericht erstatten, den die Vereinigung ihren Mitgliedern zugänglich zu machen hat. Die Vorschrift des Absatzes 1 Satz 2 findet keine Anwendung.

10. Verordnung zur Durchführung des Gesetzes über Preisnachlässe (Rabattgesetz)

Vom 21. Februar 1934 (RGBl. I S. 120)

§ 2 [Rechtsform der Vereinigungen]

Vereinigungen nachlaßgewährender Gewerbetreibender im Sinne des § 4 Abs. 2 des Rabattgesetzes müssen entweder rechtsfähige Vereine oder Genossenschaften im Sinne des Gesetzes über die Erwerbs- und Wirtschaftsgenossenschaften sein. Bei den Vereinen kann die Rechtsfähigkeit entweder auf der Eintragung in das Vereinsregister (§ 21 BGB) oder auf staatlicher Verleihung (§ 22 BGB) beruhen.

Vereinigungen Gewerbetreibender, bei denen die Gewährung von Barzahlungsnachlässen nicht den Hauptzweck bildet, müssen den Geschäftsbetrieb und die Kassenführung für die Gewährung der Barzahlungsnachlässe von dem übrigen Geschäftsbetrieb getrennt halten.

§ 3 [Vermögensverwaltung]

Die Vereinigungen haben die aus dem Verkauf der Gutscheine eingehenden Beträge als zweckgebundenes, ihnen zu treuen Händen anvertrautes Vermögen zu verwalten. Sie haben die Beträge zur Einlösung der ausgegebenen Gutscheine bereitzuhalten und zu verwenden. Die Beträge sind bei Sparkassen oder Banken sicher anzulegen; sie dürfen weder langfristig festgelegt noch zu wirtschaftlichen oder gewerblichen Zwekken (z. B. als Betriebsvermögen oder in Warenbeständen) angelegt werden.

§ 4 [Sorgfaltspflicht]

Die jeweiligen Kassen- und Gutscheinbestände sind sicher aufzubewahren und mit der Sorgfalt eines ordentlichen Kaufmanns zu verwalten. Die Unternehmungen (Sparkassen, Banken), denen die Beträge anvertraut werden, sind gleichfalls mit der Sorgfalt eines ordentlichen Kaufmanns auszuwählen.

§ 5 [Haftung des Vorstandes]

Der Vorstand der Vereinigung ist für die Erfüllung der im § 2 Abs. 2 und in den §§ 3 und 4 vorgeschriebenen Verpflichtungen verantwortlich. Er hat insbesondere jedes Verschulden bei der Verwaltung und Anlegung der anvertrauten Beträge oder bei der Auswahl der Unternehmungen, denen die Beträge anvertraut werden, zu vertreten.

§ 6 [Pflichtprüfung]

Die im § 4 Abs. 2 des Rabattgesetzes vorgeschriebene Pflichtprüfung hat sich auf die gesamte Geschäftsgebarung der Vereinigung während der Dauer des Geschäftsjahres, insbesondere darauf zu erstrecken, daß die Einlösung der ausgegebenen Gutscheine gesichert ist. Ferner ist darauf zu achten, daß den in den §§ 2, 3 und 4 dieser Verordnung aufgestellten Erfordernissen genügt ist und daß die sachlichen und persönlichen Unkosten möglichst niedrig gehalten werden und zu dem Geschäftsumfang und Aufgabenkreis der Vereinigung in einem angemessenen Verhältnis stehen.

Die Prüfung hat für jedes Geschäftsjahr besonders zu erfolgen. Als Geschäftsjahr gilt das Kalenderjahr.

Die Prüfer sind zur gewissenhaften und unparteiischen Prüfung und zur Verschwiegenheit verpflichtet.

§ 7 [Sachverständige Prüfer]

Sachverständige Prüfer im Sinne des § 4 Abs. 2 des Rabattgesetzes sind:

a) die öffentlich bestellten Wirtschaftsprüfer oder die Gesellschaften, *die in die bei der Hauptstelle für die öffentlich bestellten Wirtschaftsprüfer geführte Liste der zur Wirtschaftsprüfertätigkeit zugelassenen Gesellschaften eingetragen sind*[14];

b) die beeidigten Bücherrevisoren[15];

c) die Diplombücherrevisoren;

d) diejenigen, welche die Prüfung als Diplomkaufmann oder Diplomvolkswirt oder eine gleichartige Prüfung bestanden und mindestens ein Jahr lang im Prüfungswesen gearbeitet haben.

---

[14] Jetzt anerkannte Wirtschaftsprüfungsgesellschaften gemäß § 1 Abs. 3, §§ 27ff. Wirtschaftsprüferordnung vom 5. 11. 1975 (BGBl. I S. 2803).

[15] Jetzt vereidigte Buchprüfer gemäß §§ 128ff. Wirtschaftsprüferordnung vom 5. 11. 1975 (BGBl. I S. 2803).

§ 8 [Prüfungsverband]

Die Prüfung kann auch einem Prüfungsverband von Rabattsparvereinigungen oder einem Revisionsverband gewerblicher Genossenschaften (§ 54 des Genossenschaftsgesetzes) übertragen werden. In diesem Fall muß der Verbandsprüfer die Voraussetzungen zu a, b, c oder d des § 7 erfüllen oder eine mehrjährige Tätigkeit als Verbandsprüfer nachweisen. Der *Reichswirtschaftsminister* kann gegen die Übertragung der Prüfung an einen der in Satz 1 genannten Prüfungsverbände Einspruch erheben. Der Prüfungs- oder Revisionsverband haftet für einen durch eine Pflichtverletzung seines Verbandsprüfers etwa entstehenden Schaden.

Der *Reichswirtschaftsminister* kann die Vereinigungen zu einem Prüfungsverband zusammenschließen oder einzelne Vereinigungen an einen bereits bestehenden derartigen Verband anschließen, die Rechte und Pflichten der Mitglieder und die übrigen Rechtsverhältnisse des Verbandes regeln und ihn seiner Aufsicht unterstellen.

§ 9 [Prüfungsbericht]

Die Vereinigung hat den Bericht des Prüfers gem. § 4 Abs. 2 Satz 3 des Rabattgesetzes ihren Mitgliedern dadurch zugänglich zu machen, daß sie ihnen einen Abdruck übersendet oder die Urschrift oder Abschrift in ihren Geschäftsräumen mindestens einen Monat lang auslegt. Der Zeitraum, während dessen der Bericht ausliegt, ist den Mitgliedern schriftlich bekanntzugeben.

§ 10 [Mitteilungen an das Registergericht]

Ist die Vereinigung in das Vereins- oder Genossenschaftsregister eingetragen, so hat sie jeweils dem zuständigen Registergericht einen Abdruck des Prüfungsberichtes zu übersenden und mitzuteilen, wann die Prüfung stattgefunden hat. Das Registergericht hat darüber zu wachen, daß die Pflichtprüfung alljährlich stattfindet. Es kann nach Ablauf des Geschäftsjahres den Beteiligten unter Androhung eines Zwangsgeldes aufgeben, innerhalb einer bestimmten Frist den Bericht einzureichen. Die Vorschriften der §§ 132 bis 139 des Reichsgesetzes über die Angelegenheiten der freiwilligen Gerichtsbarkeit gelten entsprechend.

...

Vereinigungen im Sinne des Abs. 1 haben dem zuständigen Registergericht ... ihren Geschäftsbetrieb unverzüglich anzumelden.

11. Rechtsberatungsgesetz (RBerG)

Vom 13. Dezember 1935 (RGBl. I S. 1478

§ 1 [Behördliche Erlaubnis]

Die Besorgung fremder Rechtsangelegenheiten, einschließlich der Rechtsberatung und der Einziehung fremder oder zu Einziehungszwecken abgetretener Forderungen darf geschäftsmäßig – ohne Unterschied zwischen haupt- und nebenberuflicher oder entgeltlicher und unentgeltlicher Tätigkeit – nur von Personen betrieben werden, denen dazu von der zuständigen Behörde die Erlaubnis erteilt ist. ...

Die Erlaubnis darf nur erteilt werden, wenn der Antragsteller die für den Beruf erforderliche Zuverlässigkeit und persönliche Eignung sowie genügende Sachkunde besitzt *und das Bedürfnis nicht bereits durch eine hinreichende Zahl von Rechtsberatern gedeckt ist.*[16]

§ 7 [Berufsständische Vereinigungen]

Einer Erlaubnis bedarf es nicht, wenn auf berufsständischer oder ähnlicher Grundlage gebildete Vereinigungen oder Stellen im Rahmen ihres Aufgabenbereichs ihren Mitgliedern Rat und Hilfe in Rechtsangelegenheiten gewähren. Diese Tätigkeit kann ihnen jedoch untersagt werden.

§ 8 [Ordnungswidrigkeiten]

Ordnungwidrig handelt, wer
1. fremde Rechtsangelegenheiten geschäftsmäßig besorgt, ohne die nach diesem Artikel erforderliche Erlaubnis zu besitzen,
2. gegen ein Verbot nach § 7 Satz 2 verstößt oder
3. unbefugt die Berufsbezeichnung „Rechtsbeistand“ oder eine ihr zum Verwechseln ähnliche Bezeichnung führt.

Die Ordnungswidrigkeit kann mit einer Geldbuße bis zu zehntausend Deutsche Mark geahndet werden.

12. Rechtspflegergesetz (RPflG)

Vom 5. November 1969 (BGBl. I S. 2056)

§ 3 [Übertragene Geschäfte]

Dem Rechtspfleger werden folgende Geschäfte übertragen:
1. In vollem Umfange die nach den gesetzlichen Vorschriften vom Richter wahrzunehmenden Geschäfte des Amtsgerichts in
   a) Vereinssachen im Sinne der §§ 29, 37, 55 bis 79 des Bürgerlichen Gesetzbuchs und der §§ 159, 160 und 162 des Gesetzes über die Angelegenheiten der freiwilligen Gerichtsbarkeit,

   . . .

§ 5 [Vorlage an den Richter]

Der Rechtspfleger hat ihm übertragene Geschäfte dem Richter vorzulegen, wenn
1. er von einer ihm bekannten Stellungnahme des Richters abweichen will;
2. sich bei der Bearbeitung der Sache rechtliche Schwierigkeiten ergeben;
3. die Anwendung von nicht im Geltungsbereich dieses Gesetzes geltendem Recht in Betracht kommt;
4. zwischen dem übertragenen Geschäft und einem vom Richter wahrzunehmenden Geschäft ein so enger Zusammenhang besteht, daß eine getrennte Behandlung nicht sachdienlich ist.

Die vorgelegten Sachen bearbeitet der Richter, solange er es für erforderlich hält. Er kann die Sachen dem Rechtspfleger zurückgeben. Gibt der Richter eine Sache an den Rechtspfleger zurück, so ist dieser an eine von dem Richter mitgeteilte Rechtsauffassung gebunden.

---

[16] Nach dem Urteil des Bundesverwaltungsgerichts vom 10. Mai 1955 (NJW 1955, 1532 = BVerwGE 2, 85) ist die Bedürfnisprüfung mit Art. 12 Abs. 1 GG nicht vereinbar.

§ 9 [Selbständigkeit des Rechtspflegers]

Der Rechtspfleger ist bei seinen Entscheidungen nur dem Gesetz unterworfen. Er entscheidet, soweit sich nicht aus diesem Gesetz etwas anderes ergibt, selbständig.

§ 10 [Ausschließung und Ablehnung des Rechtspflegers]

Für die Ausschließung und Ablehnung des Rechtspflegers sind die für den Richter geltenden Vorschriften entsprechend anzuwenden. Über die Ablehnung des Rechtspflegers entscheidet der Richter.

§ 11 [Rechtsbehelfe]

Gegen die Entscheidung des Rechtspflegers ist vorbehaltlich der Bestimmungen des Absatzes 5 die Erinnerung zulässig. Die Erinnerung ist binnen der für die sofortige Beschwerde geltenden Frist einzulegen, wenn gegen die Entscheidung, falls sie der Richter erlassen hätte, die sofortige Beschwerde oder kein Rechtsmittel gegeben wäre.

Der Rechtspfleger kann, außer im Falle des Absatzes 1 Satz 2, der Erinnerung abhelfen. Erinnerungen, denen er nicht abhilft oder nicht abhelfen kann, legt er dem Richter vor. Der Richter entscheidet über die Erinnerung, wenn er sie für zulässig und begründet erachtet oder wenn gegen die Entscheidung, falls er sie erlassen hätte, ein Rechtsmittel nicht gegeben wäre. Andernfalls legt der Richter die Erinnerung dem Rechtsmittelgericht vor und unterrichtet die Beteiligten hiervon. In diesem Fall gilt die Erinnerung als Beschwerde gegen die Entscheidung des Rechtspflegers.

Gegen die Entscheidung des Richters ist das Rechtsmittel gegeben, das nach den allgemeinen verfahrensrechtlichen Vorschriften zulässig ist.

Auf die Erinnerung sind im übrigen die Vorschriften über die Beschwerde sinngemäß anzuwenden.

. . .

Das Erinnerungsverfahren ist gerichtsgebührenfrei. Eine Beschwerdegebühr wird nicht erhoben, wenn die Beschwerde vor einer gerichtlichen Entscheidung zurückgenommen wird.

13. Gesetz zur Regelung des öffentlichen Vereinsrechts (Vereinsgesetz)

Vom 5. August 1964 (BGBl. I S. 593)

Erster Abschnitt: Allgemeine Vorschriften

§ 1 Vereinsfreiheit

Die Bildung von Vereinen ist frei (Vereinsfreiheit).

Gegen Vereine, die die Vereinsfreiheit mißbrauchen, kann zur Wahrung der öffentlichen Sicherheit oder Ordnung nur nach Maßgabe dieses Gesetzes eingeschritten werden.

§ 2 Begriff des Vereins

Verein im Sinne dieses Gesetzes ist ohne Rücksicht auf die Rechtsform jede Vereinigung, zu der sich eine Mehrheit natürlicher oder juristischer Personen für längere Zeit zu einem gemeinsamen Zweck freiwillig zusammengeschlossen und einer organisierten Willensbildung unterworfen hat.

Vereine im Sinne des Gesetzes sind nicht
1. politische Parteien im Sinne des Artikels 21 des Grundgesetzes,
2. Fraktionen des Deutschen Bundestages und der Parlamente der Länder,
3. Religionsgemeinschaften und Vereinigungen, die sich gemeinschaftliche Pflege einer Weltanschauung zur Aufgabe machen, im Rahmen des Artikels 140 des Grundgesetzes in Verbindung mit Artikel 137 der deutschen Verfassung vom 11. August 1919.

Zweiter Abschnitt: Verbot von Vereinen

§ 3 Verbot

Ein Verein darf erst dann als verboten (Artikel 9 Abs. 2 des Grundgesetzes) behandelt werden, wenn durch Verfügung der Verbotsbehörde festgestellt ist, daß seine Zwecke oder seine Tätigkeit den Strafgesetzen zuwiderlaufen oder daß er sich gegen die verfassungsmäßige Ordnung oder den Gedanken der Völkerverständigung richtet; in der Verfügung ist die Auflösung des Vereins anzuordnen (Verbot). Mit dem Verbot ist in der Regel die Beschlagnahme und die Einziehung des Vereinsvermögens zu verbinden.

Verbotsbehörde ist
1. die oberste Landesbehörde für Vereine und Teilvereine, deren erkennbare Organisation und Tätigkeit sich auf das Gebiet eines Landes beschränken;
2. der Bundesminister des Innern für Vereine und Teilvereine, deren Organisation oder Tätigkeit sich über das Gebiet eines Landes hinaus erstreckt.

Die oberste Landesbehörde entscheidet im Benehmen mit dem Bundesminister des Innern, wenn sich das Verbot gegen den Teilverein eines Vereins richtet, für dessen Verbot nach Satz 1 Nr. 2 der Bundesminister des Innern zuständig ist. Der Bundesminister des Innern entscheidet im Benehmen mit den obersten Landesbehörden, die nach Satz 1 Nr. 1 für das Verbot von Teilvereinen zuständig gewesen wären.

Das Verbot erstreckt sich, wenn es nicht ausdrücklich beschränkt wird, auf alle Organisationen, die dem Verein derart eingegliedert sind, daß sie nach dem Gesamtbild der tatsächlichen Verhältnisse als Gliederung dieses Vereins erscheinen (Teilorganisationen).[17] Auf nichtgebietliche Teilorganisationen mit eigener Rechtspersönlichkeit erstreckt sich das Verbot nur, wenn sie in der Verbotsverfügung ausdrücklich benannt sind.

Das Verbot ist schriftlich abzufassen, zu begründen und dem Verein, im Falle des Absatzes 3 Satz 2 auch den Teilorganisationen, zuzustellen. Der verfügende Teil des Verbots ist im amtlichen Mitteilungsblatt des Landes bekanntzumachen, in dem der Verein oder, sofern sich das Verbot hierauf beschränkt, der Teilverein seinen Sitz hat; Verbote nach § 15 werden nur im Bundesanzeiger bekanntgemacht. Das Verbot wird mit der Zustellung, spätestens mit der Bekanntmachung im Bundesanzeiger, wirksam und vollziehbar. § 80 der Verwaltungsgerichtsordnung bleibt unberührt.

§ 5 Vollzug des Verbots

Soweit das Verbot nach diesem Gesetz nicht von der Verbotsbehörde selbst oder von den von ihr gemäß § 10 Abs. 3 und § 11 Abs. 3 beauftragten Stellen zu vollziehen ist, wird es von den von der Landesregierung bestimmten Behörden vollzogen.

Von einer anderen Verbotsbehörde erlassene Verbote oder Verfügungen nach § 8 Abs. 2 Satz 1 sowie Anordnungen oder Verfügungen über die Beschlagnahme, die Einziehung, Verwaltung oder Abwicklung des Vereinsvermögens sind im Land Berlin durch die zuständigen Berliner Landesbehörden zu vollziehen, wenn der Senat von

[17] Zum Begriff der Gliederung (Teilorganisation) s. BVerwG NJW 1989, 996.

Berlin die Ausdehnung des Verbots oder der Verfügung nach § 8 Abs. 2 Satz 1 auf das Land Berlin festgestellt hat. Die Feststellung ist im amtlichen Mitteilungsblatt des Landes Berlin bekanntzumachen.

Folgt dem Verbot eines Teilvereins, bevor es unanfechtbar geworden ist, ein den Teilverein einschließendes Verbot des Gesamtvereins, so ist von diesem Zeitpunkt an nur noch das Verbot des Gesamtvereins zu vollziehen.

§ 6 Anfechtung des Verbotsvollzugs

Wird eine Maßnahme zum Vollzug des Verbots angefochten und kommt es für die Entscheidung darauf an, ob das Verbot rechtmäßig ist, so hat das Verwaltungsgericht, wenn es die Rechtmäßigkeit des Verbots bezweifelt, das Verfahren auszusetzen, bis über das Verbot unanfechtbar entschieden ist, und dieses Ergebnis seiner Entscheidung zugrunde zu legen.

Widerspruch und Anfechtungsklage gegen Maßnahmen zum Vollzug des Verbots haben keine aufschiebende Wirkung.

§ 7 Unanfechtbarkeit des Verbots, Eintragung in öffentliche Register

Ist das Verbot unanfechtbar geworden, so ist sein verfügender Teil nochmals unter Hinweis auf die Unanfechtbarkeit im Bundesanzeiger und in dem in § 3 Abs. 4 Satz 2 genannten Mitteilungsblatt bekanntzumachen.

Ist der Verein oder eine Teilorganisation in ein öffentliches Register eingetragen, so sind auf Anzeige der Verbotsbehörde einzutragen

die Beschlagnahme des Vereinsvermögens und ihre Aufhebung,
die Bestellung und Abberufung von Verwaltern (§ 10 Abs. 3),
die Auflösung des Vereins, nachdem das Verbot unanfechtbar geworden ist, und
das Erlöschen des Vereins.

§ 8 Verbot der Bildung von Ersatzorganisationen

Es ist verboten, Organisationen zu bilden, die verfassungswidrige Bestrebungen (Artikel 9 Abs. 2 des Grundgesetzes) eines nach § 3 dieses Gesetzes verbotenen Vereins an dessen Stelle weiterverfolgen (Ersatzorganisationen), oder bestehende Organisationen als Ersatzorganisationen fortzuführen.

Gegen eine Ersatzorganisation, die Verein im Sinne dieses Gesetzes ist, kann zur verwaltungsmäßigen Durchführung des in Absatz 1 enthaltenen Verbots nur auf Grund einer besonderen Verfügung vorgegangen werden, in der festgestellt wird, daß sie Ersatzorganisation des verbotenen Vereins ist. Die §§ 3 bis 7 und 10 bis 13 gelten entsprechend. Widerspruch und Anfechtungsklage gegen die Verfügung haben keine aufschiebende Wirkung. Die für die Wahrung der öffentlichen Sicherheit oder Ordnung zuständigen Behörden und Dienststellen sind bei Gefahr im Verzug zu vorläufigen Maßnahmen berechtigt, die außer Kraft treten, wenn die Verbotsbehörde nicht binnen zweier Wochen die in Satz 1 bestimmte Verfügung trifft.

§ 9 Kennzeichenverbot

Kennzeichen des verbotenen Vereins dürfen für die Dauer der Vollziehbarkeit des Verbots nicht mehr

1. öffentlich, in einer Versammlung oder
2. in Schriften, Schallaufnahmen, Abbildungen oder Darstellungen, die verbreitet werden oder zur Verbreitung bestimmt sind,

verwendet werden. Ausgenommen ist eine Verwendung von Kennzeichen im Rahmen der staatsbürgerlichen Aufklärung, der Abwehr verfassungswidriger Bestrebungen und ähnlicher Zwecke.

Kennzeichen im Sinne des Absatzes 1 sind insbesondere Fahnen, Abzeichen, Uniformstücke, Parolen und Grußformen.

Diese Vorschriften gelten auch für die Verwendung von Kennzeichen einer Ersatzorganisation für die Dauer der Vollziehbarkeit einer Verfügung nach § 8 Abs. 2 Satz 1.

Dritter Abschnitt: Beschlagnahme und Einziehung des Vermögens verbotener Vereine

§ 10 Vermögensbeschlagnahme

Die Beschlagnahme (§ 3 Abs. 1 Satz 2) hat die Wirkung eines Veräußerungsverbots. Rechtsgeschäfte, die gegen das Veräußerungsverbot verstoßen, sind nichtig, es sei denn, daß der andere Teil weder wußte noch wissen mußte, daß der Gegenstand, auf den sich das Rechtsgeschäft bezieht, der Beschlagnahme unterliegt. Die Beschlagnahme erfaßt auch die Gegenstände, die der Verein einem Dritten zu treuen Händen übertragen hat oder die ein Dritter als Treuhänder für den Verein erworben hat. In den Fällen des Satzes 3 sind die Vorschriften zugunsten derjenigen, welche Rechte von einem Nichtberechtigten herleiten, entsprechend anzuwenden.

Aufgrund der Beschlagnahme können Sachen im Gewahrsam des Vereins und auf Grund besonderer Anordnung Sachen des Vereinsvermögens im Gewahrsam Dritter sichergestellt werden. Soweit es der Zweck der Sicherstellung erfordert, dürfen auch Räume betreten sowie verschlossene Türen und Behältnisse geöffnet werden. Die Anwendung unmittelbaren Zwanges ist ohne vorherige Anordnung oder Fristsetzung zulässig, wenn sonst die Sicherstellung gefährdet wäre.

Die Verbotsbehörde kann für das beschlagnahmte Vermögen Verwalter bestellen und abberufen. Die Verwalter unterliegen den Weisungen der Verbotsbehörde.

Die Vorstandsmitglieder sind verpflichtet, Auskunft über den Bestand und Verbleib des Vereinsvermögens zu geben. Auf Verlangen der Verbotsbehörde haben sie ein Verzeichnis des Bestandes vorzulegen und zu beeiden. Der Eid ist mit dem in § 260 Abs. 2 des Bürgerlichen Gesetzbuches bezeichneten Inhalt auf Ersuchen der Verbotsbehörde vor dem für den Wohnsitz des Eidespflichtigen zuständigen Amtsgericht zu leisten.[18]

Die Aufhebung der Beschlagnahme sowie der Aufschub und die Wiederherstellung ihrer Vollziehbarkeit haben keine rückwirkende Kraft.

§ 11 Vermögenseinziehung

Die Einziehung (§ 3 Abs. 1 Satz 2) wird im Fall des § 3 Abs. 2 Nr. 1 zugunsten des Landes, im Fall des § 3 Abs. 2 Nr. 2 zugunsten des Bundes angeordnet. Die Einziehung erfaßt auch die Gegenstände, auf die sich nach § 10 Abs. 1 Satz 3 die Beschlagnahme erstreckt, mit Ausnahme der vom Verein einem Dritten zur Sicherung übertragenen Gegenstände.

Mit Eintritt der Unanfechtbarkeit des Verbots und der Einziehungsanordnung erwirbt der Einziehungsbegünstigte das Vereinsvermögen und die nach Absatz 1 Satz 2 eingezogenen Gegenstände als besondere Vermögensmasse. Gegenstände, die einer Teilorganisation in der Rechtsform eines Vereins, einer Gesellschaft oder einer Stiftung gehört haben, bilden eine eigene Vermögensmasse. Der Verein und die von der Einziehung betroffenen Teilorganisationen erlöschen. Ihre Rechtsverhältnisse sind im Einziehungsverfahren abzuwickeln.

Der Bundesminister des Innern als Verbotsbehörde kann mit der Durchführung der Einziehung und mit der Abwicklung (§ 13) das Bundesverwaltungsamt oder eine andere Bundesbehörde beauftragen (Einziehungsbehörde). § 10 Abs. 3 gilt entspre-

---

[18] An die Stelle des Eides ist seit. 1. 7. 1970 die eidesstattliche Versicherung getreten.

chend. Die Beauftragung ist im Bundesanzeiger und in dem in § 3 Abs. 4 Satz 2 genannten Mitteilungsblatt zu veröffentlichen.

Die Verbotsbehörde kann von der Einziehung absehen, wenn keine Gefahr besteht, daß Vermögenswerte des Vereins von neuem zur Förderung von Handlungen oder Bestrebungen der in Artikel 9 Abs. 2 des Grundgesetzes genannten Art verwendet werden oder daß die Vermögensauseinandersetzung dazu mißbraucht wird, den organisatorischen Zusammenhalt des Vereins aufrechtzuerhalten, ferner, soweit es sich um Gegenstände von unerheblichem Wert handelt. Die Verbotsbehörde kann die Liquidatoren bestellen. § 12 Abs. 1 Satz 1 gilt sinngemäß für den Anspruch auf den Liquidationserlös.

§ 12 Einziehung von Gegenständen Dritter

Die Verbotsbehörde oder die Einziehungsbehörde zieht Forderungen Dritter gegen den Verein ein, wenn

1. sie aus Beziehungen entstanden sind, die sich nach Art, Umfang oder Zweck als eine vorsätzliche Förderung der verfassungswidrigen Bestrebungen des Vereins darstellen, oder
2. sie begründet wurden, um Vermögenswerte des Vereins dem behördlichen Zugriff zu entziehen oder den Wert des Vereinsvermögens zu mindern.

Hat der Gläubiger eine solche Forderung durch Abtretung erworben, so kann sie nur eingezogen werden, wenn der Gläubiger die in Satz 1 bezeichneten Tatsachen bei dem Erwerb kannte.

Sachen Dritter im Gewahrsam des Vereins werden eingezogen, wenn der Berechtigte durch die Überlassung die verfassungswidrigen Bestrebungen des Vereins vorsätzlich gefördert hat.

Rechte Dritter an den nach § 11 Abs. 1 oder nach § 12 Abs. 1 oder 2 eingezogenen Gegenständen bleiben bestehen. Sie werden eingezogen, wenn sie unter den in Absatz 1 bezeichneten Voraussetzungen begründet oder erworben worden sind.

Die nach den Absätzen 1 bis 3 eingezogenen Gegenstände gehen mit Eintritt der Unanfechtbarkeit des Verbots und der Einziehungsverfügung auf den Einziehungsbegünstigten über. Nicht vererbliche Rechte erlöschen.

Verfügungen des Vereins, die in den letzten sechs Monaten vor Erlaß des Verbots in der dem anderen Teil bekannten Absicht vorgenommen wurden, Gegenstände des Vereinsvermögens beiseite zu schaffen, sind dem Einziehungsbegünstigten gegenüber unwirksam. Ist zugunsten eines Vereinsmitglieds oder seiner in § 31 Nr. 2 der Konkursordnung genannten Angehörigen verfügt worden, so wird vermutet, daß diesen die in Satz 1 bezeichnete Absicht bekannt war.

§ 13 Abwicklung

Die Gläubiger, die ihre Forderungen innerhalb der von der Verbotsbehörde gesetzten Ausschlußfrist angemeldet haben, sind aus der besonderen Vermögensmasse zu befriedigen. Die Befriedigung von Forderungen, die im Falle des Konkurses Konkursforderungen wären, ist, soweit nicht eine Rechtsverordnung etwas anderes bestimmt, erst zulässig, wenn die Verwertung des eingezogenen Vermögens (§ 11 Abs. 1) eine zur Befriedigung aller Gläubiger ausreichende bare Masse ergeben hat. Forderungen, die innerhalb der Ausschlußfrist nicht angemeldet werden, erlöschen.

Zur Vermeidung unbilliger Härten kann die Verbotsbehörde oder die Einziehungsbehörde anordnen, daß ein nach § 11 Abs. 1 Satz 2 eintretender Rechtsverlust unterbleibt, oder von der Einziehung nach § 12 absehen.

Reicht das Vermögen nicht zur Befriedigung aller Ansprüche gegen die besondere Vermögensmasse aus, so findet auf Antrag der Verbotsbehörde oder der Einziehungsbehörde ein Konkursverfahren über die besondere Vermögensmasse statt. § 12 bleibt unberührt. Die von der Beschlagnahme (§ 3 Abs. 1 Satz 2) ab entstandenen Verwaltungsaufwendungen und die dem Verein nach dem Verbot durch die Inanspruchnahme von Rechtsbehelfen entstandenen Prozeßkosten gelten als Massekosten, die Verwaltungsschulden als Masseschulden. Der Konkursverwalter wird auf Vorschlag der Verbotsbehörde oder der Einziehungsbehörde vom Konkursgericht bestellt und entlassen. Die §§ 80, 87 bis 92, 101, 125 der Konkursordnung sind nicht anzuwenden.

Das nach Befriedigung der gegen die besondere Vermögensmasse gerichteten Ansprüche verbleibende Vermögen und die nach § 12 eingezogenen Gegenstände sind vom Einziehungsbegünstigten für gemeinnützige Zwecke zu verwenden.

Vierter Abschnitt: Sondervorschriften

§ 14 Ausländervereine

Vereine, deren Mitglieder oder Leiter sämtlich oder überwiegend Ausländer sind (Ausländervereine), können nach den Vorschriften dieses Gesetzes, abgesehen von den in Artikel 9 Abs. 2 des Grundgesetzes genannten Gründen, auch dann verboten werden, wenn sie durch politische Betätigung die innere oder äußere Sicherheit, die öffentliche Ordnung oder sonstige erhebliche Belange der Bundesrepublik Deutschland oder eines ihrer Länder verletzen oder gefährden.

Im übrigen bleiben Ausländervereinen gegenüber die gesetzlichen Vorschriften zur Wahrung der öffentlichen Sicherheit und Ordnung unberührt.

§ 15 Ausländische Vereine

Für Vereine mit Sitz im Ausland (ausländische Vereine), deren Organisation oder Tätigkeit sich auf den räumlichen Geltungsbereich dieses Gebietes erstreckt, gilt § 14 entsprechend. Zuständig für das Verbot ist der Bundesminister des Innern.

Ausländische Vereine und die einem ausländischen Verein eingegliederten Teilvereine, deren Mitglieder und Leiter sämtlich oder überwiegend Deutsche sind, können nur aus den in Artikel 9 Abs. 2 des Grundgesetzes genannten Gründen verboten oder in ein Verbot einbezogen werden.

§ 16 Arbeitnehmer- und Arbeitgebervereinigungen

Verbote nach § 3 Abs. 1 oder Verfügungen nach § 8 Abs. 2 Satz 1 gegen Vereinigungen, die den Schutz des Übereinkommens Nr. 87 der Internationalen Arbeitsorganisation vom 9. Juli 1948 über die Vereinigungsfreiheit und den Schutz des Vereinigungsrechts (Bundesgesetzbl. 1956 II S. 2072) genießen, werden erst wirksam, wenn das Gericht ihre Rechtmäßigkeit bestätigt hat. § 3 Abs. 4 und § 8 Abs. 2 Satz 3 und 4 sind nicht anzuwenden.

Die Verbotsbehörde legt dem nach § 48 Abs. 2 und 3, § 50 Abs. 1 Nr. 2 der Verwaltungsgerichtsordnung zuständigen Gericht ihre schriftlich abgefaßte und begründete Entscheidung vor. Das Gericht stellt sie der Vereinigung und ihren darin benannten nichtgebietlichen Teilorganisationen mit eigener Rechtspersönlichkeit (§ 3 Abs. 3 Satz 2) zu. Beteiligt am Verfahren sind die Verbotsbehörde, die Vereinigung und ihre in der Entscheidung benannten nichtgebietlichen Teilorganisationen mit eigener Rechtspersönlichkeit sowie die nach § 63 Nr. 3 und 4 der Verwaltungsgerichtsordnung Beteiligten.

Versagt das Gericht die Bestätigung, so hebt es in dem Urteil zugleich das Verbot oder die Verfügung auf.

Auf Antrag der Verbotsbehörde kann das Gericht die nötigen einstweiligen Anordnungen treffen, insbesondere die Beschlagnahme des Vereinsvermögens verfügen. Betätigungsverbote und Beschlagnahmeanordnungen hat das Gericht entsprechend § 3 Abs. 4 Satz 2 bekanntzumachen.

§ 17 Kapitalgesellschaften, Genossenschaften, Versicherungsvereine auf Gegenseitigkeit

Die Vorschriften dieses Gesetzes sind auf Aktiengesellschaften, Kommanditgesellschaften auf Aktien, Gesellschaften mit beschränkter Haftung, Genossenschaften und Versicherungsvereine auf Gegenseitigkeit nur anzuwenden,

1. wenn sie sich gegen die verfassungsmäßige Ordnung oder gegen den Gedanken der Völkerverständigung richten oder ihre Zwecke oder ihre Tätigkeit Strafgesetzen zuwiderlaufen, die aus Gründen des Staatsschutzes erlassen sind oder
2. wenn sie von einem Verbot, das aus einem der in Nummer 1 genannten Gründe erlassen wurde, nach § 3 Abs. 3 als Teilorganisation erfaßt werden, oder
3. wenn sie Erstzorganisation eines Vereins sind, der aus einem der in Nummer 1 genannten Gründe verboten wurde.

§ 18 Räumlicher Geltungsbereich von Vereinsverboten

Verbote von Vereinen, die ihren Sitz außerhalb des räumlichen Geltungsbereichs dieses Gesetzes, aber Teilorganisationen innerhalb dieses Bereichs haben, erstrecken sich nur auf die Teilorganisationen innerhalb dieses Bereichs. Hat der Verein im räumlichen Geltungsbereich dieses Gesetzes keine Organisation, so richtet sich das Verbot (§ 3 Abs. 1) gegen seine Tätigkeit in diesem Bereich.

Fünfter Abschnitt: Schlußbestimmungen

§ 19 Rechtsverordnungen[19]

Die Bundesregierung kann durch Rechtsverordnung mit Zustimmung des Bundesrates

1. Bestimmungen über den Vollzug des Verbotes, insbesondere die Durchführung der Auflösung eines Vereins, die Durchführung und Aufhebung der Beschlagnahme sowie die Verwaltung des Vereinsvermögens während der Beschlagnahme erlassen,
2. Bestimmungen über das Verfahren der Einziehung, die Ausschlußfrist (§ 13 Abs. 1 Satz 1), die vorzeitige Befriedigung von Gläubigern (§ 13 Abs. 1 Satz 2), die Anwendung des § 13 Abs. 2 oder die Berichtigung des Grundbuchs treffen und den Konkurs über die besondere Vermögensmasse in Anpassung an die besonderen Gegebenheiten bei der Einziehung näher regeln,
3. nähere Vorschriften über die Verwendung des eingezogenen Vermögens treffen,
4. Ausländervereine und ausländische Vereine einer Anmelde- und Auskunftspflicht unterwerfen, Vorschriften über Inhalt, Form und Verfahren der Anmeldung erlassen und die Auskunftspflicht näher regeln.

§ 20 Zuwiderhandlungen gegen Verbote

(1) Wer im räumlichen Geltungsbereich dieses Gesetzes durch eine darin ausgeübte Tätigkeit

1. den organisierten Zusammenhalt eines Vereins entgegen einem vollziehbaren Verbot oder entgegen einer vollziehbaren Feststellung, daß er Ersatzorganisation eines verbotenen Vereins ist, aufrechterhält oder sich in einem solchen Verein als Mitglied betätigt,

---

[19] Siehe DVO vom 28. 7. 1966 (BGBl. I S. 457).

2. den organisatorischen Zusammenhalt einer Partei oder eines Vereins entgegen einer vollziehbaren Feststellung, daß sie Ersatzorganisation einer verbotenen Partei sind (§ 33 Abs. 3 des Parteiengesetzes), aufrechterhält oder sich in einer solchen Partei oder in einem solchen Verein als Mitglied betätigt,
3. den organisatorischen Zusammenhalt eines Vereins oder einer Partei der in den Nummern 1 und 2 bezeichneten Art unterstützt,
4. einem vollziehbaren Verbot nach § 18 Satz 2 zuwiderhandelt oder
5. Kennzeichen einer der in den Nummern 1 und 2 bezeichneten Vereine oder Parteien während der Vollziehbarkeit des Verbots oder der Feststellung verbreitet oder öffentlich oder in einer Versammlung verwendet,

wird mit Freiheitsstrafe bis zu einem Jahr oder mit Geldstrafe bestraft, wenn die Tat nicht in den §§ 84, 85, 86a oder 129 des Strafgesetzbuchs mit Strafe bedroht ist. In den Fällen der Nummer 5 gilt § 9 Abs. 1 Satz 2, Abs. 2 entsprechend.

(2) Das Gericht kann von einer Bestrafung nach Absatz 1 absehen, wenn
1. bei Beteiligten die Schuld gering oder deren Mitwirkung von untergeordneter Bedeutung ist oder
2. der Täter sich freiwillig und ernsthaft bemüht, das Fortbestehen der Partei oder des Vereins zu verhindern; erreicht er dieses Ziel oder wird es ohne sein Bemühen erreicht, so wird der Täter nicht bestraft.

(3) Kennzeichen, auf die sich eine Straftat nach Absatz 1 Nr. 5 bezieht, können eingezogen werden.

§ 21 Zuwiderhandlungen gegen Rechtsverordnungen

Ordnungswidrig handelt, wer vorsätzlich oder fahrlässig einer Vorschrift einer nach § 19 Nr. 4 erlassenen Rechtsverordnung zuwiderhandelt, wenn die Rechtsverordnung für einen bestimmten Tatbestand auf diese Bußgeldvorschrift verweist.

Die Ordnungswidrigkeit kann mit einer Geldbuße bis zu zweitausend Deutsche Mark geahndet werden.

14. Gesetz über Versammlungen und Aufzüge (Versammlungsgesetz)

I. d. F. der Bekanntmachung vom 15. November 1978 (BGBl. I S. 1790)

Abschnitt I. Allgemeines

§ 1

Jedermann hat das Recht, öffentliche Versammlungen und Aufzüge zu veranstalten und an solchen Veranstaltungen teilzunehmen.

Dieses Recht hat nicht,
1. wer das Grundrecht der Versammlungsfreiheit gem. Art. 18 des Grundgesetzes vewirkt hat,
2. wer mit der Durchführung oder Teilnahme an einer solchen Veranstaltung die Ziele einer nach Art. 21 Abs. 2 des Grundgesetzes durch das Bundesverfassungsgericht für verfassungswidrig erklärten Partei oder Teil- oder Ersatzorganisation einer Partei fördern will,
3. eine Partei, die nach Art. 21 Abs. 2 des Grundgesetzes durch das Bundesverfassungsgericht für verfassungswidrig erklärt worden ist, oder
4. eine Vereinigung, die nach Art. 9 Abs. 2 des Grundgesetzes verboten ist.

§ 2

Wer zu einer öffentlichen Versammlung oder zu einem Aufzug öffentlich einlädt, muß als Veranstalter in der Einladung seinen Namen angeben.

Bei öffentlichen Versammlungen und Aufzügen hat jedermann Störungen zu unterlassen, die bezwecken, die ordnungsmäßige Durchführung zu verhindern.

Niemand darf bei öffentlichen Versammlungen oder Aufzügen Waffen oder sonstige Gegenstände, die ihrer Art nach zur Verletzung von Personen oder zur Beschädigung von Sachen geeignet und bestimmt sind, mit sich führen, ohne dazu behördlich ermächtigt zu sein. Ebenso ist es verboten, ohne behördliche Ermächtigung Waffen oder die in Satz 1 genannten Gegenstände auf dem Weg zu öffentlichen Versammlungen oder Aufzügen mit sich zu führen, zu derartigen Veranstaltungen hinzuschaffen oder sie zur Verwendung bei derartigen Veranstaltungen bereitzuhalten oder zu verteilen.

§ 3

Es ist verboten, öffentlich oder in einer Versammlung Uniformen, Uniformteile oder gleichartige Kleidungsstücke als Ausdruck einer gemeinsamen politischen Gesinnung zu tragen.

Jugendverbänden, die sich vorwiegend der Jugendpflege widmen, ist auf Antrag für ihre Mitglieder eine Ausnahmegenehmigung von dem Verbot des Absatzes 1 zu erteilen. Zuständig ist bei Jugendverbänden, deren erkennbare Organisation oder Tätigkeit sich über das Gebiet eines Landes hinaus erstreckt, der Bundesminister des Innern, sonst die oberste Landesbehörde. Die Entscheidung des Bundesministers des Innern ist im Bundesanzeiger und im gemeinsamen Ministerialblatt, die der obersten Landesbehörden in ihren amtlichen Mitteilungsblättern bekanntzumachen.

§ 4 (aufgehoben)

Abschnitt II. Öffentliche Versammlungen in geschlossenen Räumen

§ 5

Die Abhaltung einer Versammlung kann nur im Einzelfall und nur dann verboten werden, wenn

1. der Veranstalter unter die Vorschriften des § 1 Abs. 2 Nr. 1 bis 4 fällt, und im Falle der Nummer 4 das Verbot durch die zuständige Verwaltungsbehörde festgestellt worden ist,
2. der Veranstalter oder Leiter der Versammlung Teilnehmern Zutritt gewährt, die Waffen oder sonstige Gegenstände im Sinne von § 2 Abs. 3 mit sich führen,
3. Tatsachen festgestellt sind, aus denen sich ergibt, daß der Veranstalter oder sein Anhang einen gewalttätigen oder aufrührerischen Verlauf der Versammlung anstreben,
4. Tatsachen festgestellt sind, aus denen sich ergibt, daß der Veranstalter oder sein Anhang Ansichten vertreten oder Äußerungen dulden werden, die ein Verbrechen oder ein von Amts wegen zu verfolgendes Vergehen zum Gegenstand haben.

§ 6

Bestimmte Personen oder Personenkreise können in der Einladung von der Teilnahme an einer Versammlung ausgeschlossen werden.

Pressevertreter können nicht ausgeschlossen werden; sie haben sich dem Leiter der Versammlung gegenüber durch ihren Presseausweis ordnungsgemäß auszuweisen.

§ 7

Jede öffentliche Versammlung muß einen Leiter haben.

Leiter der Versammlung ist der Veranstalter. Wird die Versammlung von einer Vereinigung veranstaltet, so ist ihr Vorsitzender der Leiter.

Der Veranstalter kann die Leitung einer anderen Person übertragen.

Der Leiter übt das Hausrecht aus.

§ 8

Der Leiter bestimmt den Ablauf der Versammlung. Er hat während der Versammlung für Ordnung zu sorgen. Er kann die Versammlung jederzeit unterbrechen oder schließen. Er bestimmt, wann eine unterbrochene Versammlung fortgesetzt wird.

§ 9

Der Leiter kann sich bei der Durchführung seiner Rechte aus § 8 der Hilfe einer angemessenen Zahl ehrenamtlicher Ordner bedienen. Diese dürfen keine Waffen oder sonstigen Gegenstände im Sinne von § 2 Abs. 3 mit sich führen, müssen volljährig und ausschließlich durch weiße Armbinden, die nur die Bezeichnung „Ordner" tragen dürfen, kenntlich sein.

Der Leiter ist verpflichtet, die Zahl der von ihm bestellten Ordner der Polizei auf Anfordern mitzuteilen. Die Polizei kann die Zahl der Ordner angemessen beschränken.

§ 10

Alle Versammlungsteilnehmer sind verpflichtet, die zur Aufrechterhaltung der Ordnung getroffenen Anweisungen des Leiters oder der von ihm bestellten Ordner zu befolgen.

§ 11

Der Leiter kann Teilnehmer, welche die Ordnung gröblich stören, von der Versammlung ausschließen.

Wer aus der Versammlung ausgeschlossen wird, hat sie sofort zu verlassen.

§ 12

Werden Polizeibeamte in eine öffentliche Versammlung entsandt, so haben sie sich dem Leiter zu erkennen zu geben. Es muß ihnen ein angemessener Platz eingeräumt werden.

§ 13

Die Polizei (§ 12) kann die Versammlung nur dann und unter Angabe des Grundes auflösen, wenn

1. der Veranstalter unter die Vorschriften des § 1 Abs. 2 Nr. 1 bis 4 fällt, und im Falle der Nr. 4 das Verbot durch die zuständige Verwaltungsbehörde festgestellt worden ist,
2. die Versammlung einen gewalttätigen oder aufrührerischen Verlauf nimmt oder unmittelbare Gefahr für Leben und Gesundheit der Teilnehmer besteht,
3. der Leiter Personen, die Waffen oder sonstige Gegenstände im Sinne von § 2 Abs. 3 mit sich führen, nicht sofort ausschließt und für die Durchführung des Ausschlusses sorgt,

4. durch den Verlauf der Versammlung gegen Strafgesetze verstoßen wird, die ein Verbrechen oder von Amts wegen zu verfolgendes Vergehen zum Gegenstand haben, oder wenn in der Versammlung zu solchen Straftaten aufgefordert oder angereizt wird und der Leiter dies nicht unverzüglich unterbindet.

In den Fällen der Nummern 2 bis 4 ist die Auflösung nur zulässig, wenn andere polizeiliche Maßnahmen, insbesondere eine Unterbrechung, nicht ausreichen.

Sobald eine Versammlung für aufgelöst erklärt ist, haben alle Teilnehmer sich sofort zu entfernen.

Abschnitt III. Öffentliche Versammlungen unter freiem Himmel und Aufzüge

§ 14

Wer die Absicht hat, eine öffentliche Versammlung unter freiem Himmel oder einen Aufzug zu veranstalten, hat dies spätestens 48 Stunden vor der Bekanntgabe der zuständigen Behörde unter Angabe des Gegenstandes der Versammlung oder des Aufzuges anzumelden.

In der Anmeldung ist anzugeben, welche Personen für die Leitung der Versammlung oder des Aufzuges verantwortlich sein sollen.

§ 15

Die zuständige Behörde kann die Versammlung oder den Aufzug verbieten oder von bestimmten Auflagen abhängig machen, wenn nach den zur Zeit des Erlasses der Verfügung erkennbaren Umständen die öffentliche Sicherheit oder Ordnung bei Durchführung der Versammlung oder des Aufzuges unmittelbar gefährdet ist.

Sie kann eine Versammlung oder einen Aufzug auflösen, wenn sie nicht angemeldet sind, wenn von den Angaben der Anmeldung abgewichen oder den Auflagen zuwider gehandelt wird oder wenn die Voraussetzungen zu einem Verbot nach Absatz 1 gegeben sind.

Eine verbotene Veranstaltung ist aufzulösen.

§ 16

Öffentliche Versammlungen unter freiem Himmel und Aufzüge sind innerhalb des befriedeten Bannkreises der Gesetzgebungsorgane des Bundes oder der Länder sowie des Bundesverfassungsgerichts verboten.

Die befriedeten Bannkreise für die Gesetzgebungsorgane des Bundes und für das Bundesverfassungsgericht werden durch Bundesgesetz, die befriedeten Bannkreise für die Gesetzgebungsorgane der Länder durch Landesgesetze bestimmt.[20]

Das Weitere regeln die Bannmeilengesetze des Bundes und der Länder.

§ 17

Die §§ 14 bis 16 gelten nicht für Gottesdienste unter freiem Himmel, kirchliche Prozessionen, Bittgänge und Wallfahrten, gewöhnliche Leichenbegängnisse, Züge von Hochzeitsgesellschaften und hergebrachte Volksfeste.

§ 17a

(1) Es ist verboten, bei öffentlichen Versammlungen unter freiem Himmel oder bei Aufzügen Schutzwaffen oder Gegenstände, die als Schutzwaffen geeignet und dazu

---

[20] Bannmeilengesetz vom 6. 8. 1955 (BGBl. I S. 504), geändert durch Gesetz vom 28. 5. 1969 (BGBl. I S. 449).

bestimmt sind, Vollstreckungsmaßnahmen eines Trägers von Hoheitsbefugnissen abzuwehren, mit sich zu führen.

(2) Es ist auch verboten, an einer solchen Veranstaltung in einer Aufmachung, die geeignet und den Umständen nach darauf gerichtet ist, die Feststellung der Identität zu verhindern, teilzunehmen.

(3) Absätze 1 und 2 gelten nicht, wenn es sich um Veranstaltungen im Sinne des § 17 handelt. Die zuständige Behörde kann weitere Ausnahmen vom Verbot der Absätze 1 und 2 zulassen, wenn eine Gefährdung der öffentlichen Sicherheit oder Ordnung nicht zu besorgen ist.

(4) Die zuständige Behörde kann zur Durchsetzung der Verbote der Absätze 1 und 2 Anordnungen treffen. Sie kann insbesondere Personen, die diesen Verboten zuwiderhandeln, von der Versammlung oder dem Aufzug ausschließen.

§ 18

Für Versammlungen unter freiem Himmel sind § 7 Abs. 1, §§ 8, 9 Abs. 1, §§ 10, 11 Abs. 2, §§ 12 und 13 Abs. 2 entsprechend anzuwenden.

Die Verwendung von Ordnern bedarf polizeilicher Genehmigung. Sie ist bei der Anmeldung zu beantragen.

Die Polizei kann Teilnehmer, welche die Ordnung gröblich stören, von der Versammlung ausschließen.

§ 19

Der Leiter des Aufzuges hat für den ordnungsgemäßen Ablauf zu sorgen. Er kann sich der Hilfe ehrenamtlicher Ordner bedienen, für welche § 9 Abs. 1 und § 18 gelten.

Die Teilnehmer sind verpflichtet, die zur Aufrechterhaltung der Ordnung getroffenen Anordnungen des Leiters oder der von ihm bestellten Ordner zu befolgen.

Vermag der Leiter sich nicht durchzusetzen, so ist er verpflichtet, den Aufzug für beendet zu erklären.

Die Polizei kann Teilnehmer, welche die Ordnung gröblich stören, von dem Aufzug ausschließen.

§ 20

Das Grundrecht des Artikels 8 des Grundgesetzes wird durch die Bestimmungen dieses Abschnitts eingeschränkt.

Abschnitt IV. Straf- und Bußgeldvorschriften

§ 21

Wer in der Absicht, nicht verbotene Versammlungen oder Aufzüge zu verhindern oder zu sprengen oder sonst ihre Durchführung zu vereiteln, Gewalttätigkeiten vornimmt oder androht oder grobe Störungen verursacht, wird mit Freiheitsstrafe bis zu drei Jahren oder mit Geldstrafe bestraft.

§ 22

Wer bei einer öffentlichen Versammlung oder einem Aufzug dem Leiter oder einem Ordner in der rechtmäßigen Ausübung seiner Ordnungsbefugnisse mit Gewalt oder Drohung mit Gewalt Widerstand leistet oder ihn während der rechtmäßigen Ausübung seiner Ordnungsbefugnisse tätlich angreift, wird mit Freiheitsstrafe bis zu einem Jahr oder mit Geldstrafe bestraft.

§ 24

Wer als Leiter einer öffentlichen Versammlung oder eines Aufzuges Ordner verwendet, die Waffen oder sonstige Gegenstände, die ihrer Art nach zur Verletzung von Personen oder Beschädigungen von Sachen geeignet und bestimmt sind, mit sich führen, wird mit Freiheitsstrafe bis zu einem Jahr oder mit Geldstrafe bestraft.

§ 25

Wer als Leiter einer öffentlichen Versammlung unter freiem Himmel oder eines Aufzuges
1. die Versammlung oder den Aufzug wesentlich anders durchführt, als die Veranstalter bei der Anmeldung angegeben haben, oder
2. Auflagen nach § 15 Abs. 1 nicht nachkommt,

wird mit Freiheitsstrafe bis zu sechs Monaten oder mit Geldstrafe bis zu einhundertachtzig Tagessätzen bestraft.

§ 26

Wer als Veranstalter oder Leiter
1. eine öffentliche Versammlung oder einen Aufzug trotz vollziehbaren Verbots durchführt oder trotz Auflösung oder Unterbrechung durch die Polizei fortsetzt oder
2. eine öffentliche Versammlung unter freiem Himmel oder einen Aufzug ohne Anmeldung (§ 14) durchführt, wird mit Freiheitsstrafe bis zu einem Jahr oder mit Geldstrafe bestraft.

§ 27

Wer bei öffentlichen Versammlungen oder Aufzügen Waffen oder sonstige Gegenstände, die ihrer Art nach zur Verletzung von Personen oder Beschädigung von Sachen geeignet und bestimmt sind, mit sich führt, ohne dazu behördlich ermächtigt zu sein, wird mit Freiheitsstrafe bis zu einem Jahr oder mit Geldstrafe bestraft. Ebenso wird bestraft, wer ohne behördliche Ermächtigung Waffen oder sonstige Gegenstände im Sinne des Satzes 1 auf dem Weg zu öffentlichen Versammlungen oder Aufzügen mit sich führt, zu derartigen Veranstaltungen hinschafft oder sie zur Verwendung bei derartigen Veranstaltungen bereithält oder verteilt.

§ 28

Wer der Vorschrift des § 3 zuwiderhandelt, wird mit Freiheitsstrafe bis zu zwei Jahren oder mit Geldstrafe bestraft.

§ 29

Ordnungswidrig handelt, wer
1. an einer öffentlichen Versammlung oder einem Aufzug teilnimmt, deren Durchführung durch vollziehbares Verbot untersagt ist.

1a. bei einer öffentlichen Versammlung unter freiem Himmel oder einem Aufzug Schutzwaffen oder Gegenstände, die als Schutzwaffen geeignet und dazu bestimmt sind, Vollstreckungsmaßnahmen eines Trägers von Hoheitsbefugnissen abzuwehren, mit sich führt,

1b. an einer öffentlichen Versammlung unter freiem Himmel oder einem Aufzug in einer Aufmachung, die geeignet und den Umständen nach darauf gerichtet ist, die Feststellung der Identität zu verhindern, teilnimmt,

2. sich trotz Auflösung einer öffentlichen Versammlung oder eines Aufzuges durch die zuständige Behörde nicht unverzüglich entfernt,
3. als Teilnehmer einer öffentlichen Versammlung unter freiem Himmel oder eines Aufzuges einer vollziehbaren Auflage nach § 15 Abs. 1 nicht nachkommt,
4. trotz wiederholter Zurechtweisung durch den Leiter oder einen Ordner fortfährt, den Ablauf einer öffentlichen Versammlung oder eines Aufzugs zu stören,
5. sich nicht unverzüglich nach seiner Ausschließung aus einer öffentlichen Versammlung oder einem Aufzug entfernt,
6. der Aufforderung der Polizei, die Zahl der von ihm bestellten Ordner mitzuteilen, nicht nachkommt oder eine unrichtige Zahl mitteilt (§ 9 Abs. 2),
7. als Leiter oder Veranstalter einer öffentlichen Versammlung oder eines Aufzuges eine größere Zahl von Ordnern verwendet, als die Polizei zugelassen oder genehmigt hat (§ 9 Abs. 2, § 18 Abs. 2), oder Ordner verwendet, die anders gekennzeichnet sind, als es nach § 9 Abs. 1 zulässig ist, oder
8. als Leiter den in eine öffentliche Versammlung entsandten Polizeibeamten die Anwesenheit verweigert oder ihnen keinen angemessenen Platz einräumt.

Die Ordnungswidrigkeit kann in den Fällen des Absatzes 1 Nr. 1 bis 5 mit einer Geldbuße bis zu tausend Deutsche Mark und in den Fällen des Absatzes 1 Nr. 6 bis 8 mit einer Geldbuße bis zu fünftausend Deutsche Mark geahndet werden.

§ 30

Gegenstände, auf die sich eine Straftat nach § 27 oder § 28 oder eine Ordnungswidrigkeit nach § 29 Abs. 1 Nr. 1a, 1b oder 3 bezieht, können eingezogen werden.

15. Versicherungsaufsichtsgesetz (VAG)

Vom 6. Juni 1931 (RGBl. I S. 315)

§ 1

(1) Der Aufsicht nach diesem Gesetz unterliegen Unternehmen, die den Betrieb von Versicherungsgeschäften zum Gegenstand haben und nicht Träger der Sozialversicherung sind (Versicherungsunternehmen).

(2) ...

(3) Der Aufsicht nach diesem Gesetz unterliegen nicht

1. Personenvereinigungen, die ihren Mitgliedern, ohne daß diese einen Rechtsanspruch haben, Unterstützungen gewähren, insbesondere die Unterstützungseinrichtungen und Unterstützungsvereine der Berufsverbände;

...

16. Gesetz über das Bundesverfassungsgericht

I. d. F. der Bekanntmachung vom 11. August 1993 (BGBl. I S. 1473)

§ 43 [Parteiverbot: Antragsberechtigte]

Der Antrag auf Entscheidung, ob eine Partei verfassungswidrig ist (Artikel 21 Abs. 2 des Grundgesetzes), kann von dem Bundestag, dem Bundesrat oder von der Bundesregierung gestellt werden.

Eine Landesregierung kann den Antrag nur gegen eine Partei stellen, deren Organisation sich auf das Gebiet ihres Landes beschränkt.

§ 44 [Vertretung der Partei]

Die Vertretung der Partei bestimmt sich nach den gesetzlichen Vorschriften, hilfsweise nach ihrer Satzung. Sind die Vertretungsberechtigten nicht feststellbar oder nicht vorhanden oder haben sie nach Eingang des Antrags beim Bundesverfassungsgericht gewechselt, so gelten als vertretungsberechtigt diejenigen Personen, die die Geschäfte der Partei während der Tätigkeit, die den Antrag veranlaßt hat, zuletzt tatsächlich geführt haben.

§ 45 [Vorverfahren]

Das Bundesverfassungsgericht gibt dem Vertretungsberechtigten (§ 44) Gelegenheit zur Äußerung binnen einer zu bestimmenden Frist und beschließt dann, ob der Antrag als unzulässig oder als nicht hinreichend begründet zurückzuweisen oder ob die Verhandlung durchzuführen ist.

§ 46 [Entscheidungen über Verfassungswidrigkeit einer Partei]

Erweist sich der Antrag als begründet, so stellt das Bundesverfassungsgericht fest, daß die politische Partei verfassungswidrig ist.

Die Feststellung kann auf einen rechtlich oder organisatorisch selbständigen Teil einer Partei beschränkt werden.

Mit der Feststellung ist die Auflösung der Partei oder des selbständigen Teiles der Partei und das Verbot, eine Ersatzorganisation zu schaffen, zu verbinden. Das Bundesverfassungsgericht kann in diesem Fall außerdem die Einziehung des Vermögens der Partei oder des selbständigen Teiles der Partei zugunsten des Bundes oder des Landes zu gemeinnützigen Zwecken aussprechen.

17. Zivilprozeßordnung (ZPO)

Vom 30. Januar 1877 (RGBl. S. 83) i. d. F. der Bekanntmachung
vom 12. September 1950 (BGBl. I S. 455, 533)

§ 17 [Allg. Gerichtsstand juristischer Personen usw.]

Der allgemeine Gerichtsstand der Gemeinden, der Korporationen sowie derjenigen Gesellschaften, Genossenschaften oder anderen Vereine und derjenigen Stiftungen, Anstalten und Vermögensmassen, die als solche verklagt werden können, wird durch ihren Sitz bestimmt. Als Sitz gilt, wenn sich nichts anderes ergibt, der Ort, wo die Verwaltung geführt wird.

...

Neben dem durch die Vorschriften dieses Paragraphen bestimmten Gerichtsstand ist ein durch Statut oder in anderer Weise besonders geregelter Gerichtsstand zulässig.

§ 22 [Besonderer Gerichtsstand der Mitgliedschaft]

Das Gericht, bei dem Gemeinden, Korporationen, Gesellschaften, Genossenschaften und andere Vereine den allgemeinen Gerichtsstand haben, ist für die Klagen zuständig, die von ihnen gegen ihre Mitglieder als solche oder von den Mitgliedern in dieser Eigenschaft gegeneinander erhoben werden.

§ 50 [Parteifähigkeit]

Parteifähig ist, wer rechtsfähig ist.

Ein Verein, der nicht rechtsfähig ist, kann verklagt werden; in dem Rechtsstreit hat der Verein die Stellung eines rechtsfähigen Vereins.

§ 57 [Bestellung eines Vertreters für Prozeßunfähige]

Soll eine nicht prozeßfähige Partei verklagt werden, die ohne gesetzlichen Vertreter ist, so hat ihr der Vorsitzende des Prozeßgerichts, falls mit dem Verzuge Gefahr verbunden ist, auf Antrag bis zu dem Eintritt des gesetzlichen Vertreters einen besonderen Vertreter zu bestellen.

Der Vorsitzende kann einen solchen Vertreter auch bestellen, wenn in den Fällen des § 20 eine nicht prozeßfähige Person bei dem Gericht ihres Aufenthaltsortes verklagt werden soll.

§ 171 [Zustellung bei prozeßunfähigen Personen]

Die Zustellungen, die an eine Partei bewirkt werden sollen, erfolgen für die nicht prozeßfähigen Personen an ihre gesetzlichen Vertreter.

Bei Behörden, Gemeinden und Korporationen sowie bei Vereinen, die als solche klagen und verklagt werden können, genügt die Zustellung an die Vorsteher.

Bei mehreren gesetzlichen Vertretern sowie bei mehreren Vorstehern genügt die Zustellung an einen von ihnen.

§ 256 [Feststellungsklage]

Auf Feststellung des Bestehens oder Nichtbestehens eines Rechtsverhältnisses, auf Anerkennung einer Urkunde oder auf Feststellung ihrer Unechtheit kann Klage erhoben werden, wenn der Kläger ein rechtliches Interesse daran hat, daß das Rechtsverhältnis oder die Echtheit oder Unechtheit der Urkunde durch richterliche Entscheidung alsbald festgestellt werden.

Bis zum Schluß derjenigen mündlichen Verhandlung, auf die das Urteil ergeht, kann der Kläger durch Erweiterung des Klageantrags, der Beklagte durch Erhebung einer Widerklage beantragen, daß ein im Laufe des Prozesses streitig gewordenes Rechtsverhältnis, von dessen Bestehen oder Nichtbestehen die Entscheidung des Rechtsstreits ganz oder zum Teil abhängt, durch richterliche Entscheidung festgestellt werde.

§ 416 [Beweiskraft von Privaturkunden]

Privaturkunden begründen, sofern sie von den Ausstellern unterschrieben oder mittels notariell beglaubigten Handzeichens unterzeichnet sind, vollen Beweis dafür, daß die in ihnen enthaltenen Erklärungen von den Ausstellern abgegeben sind.

§ 550 [Begriff der Gesetzesverletzung]

Das Gesetz ist verletzt, wenn eine Rechtsnorm nicht oder nicht richtig angewendet worden ist.

§ 551 [Absolute Revisionsgründe]

Eine Entscheidung ist stets als auf einer Verletzung des Gesetzes beruhend anzusehen:

1. wenn das erkennende Gericht nicht vorschriftsmäßig besetzt war;

2. wenn bei der Entscheidung ein Richter mitgewirkt hat, der von der Ausübung des Richteramts kraft Gesetzes ausgeschlossen war, sofern nicht dieses Hindernis mittels eines Ablehnungsgesuchs ohne Erfolg geltend gemacht ist;
3. wenn bei der Entscheidung ein Richter mitgewirkt hat, obgleich er wegen Besorgnis der Befangenheit abgelehnt und das Ablehnungsgesuch für begründet erklärt war;
4. wenn das Gericht seine Zuständigkeit oder Unzuständigkeit mit Unrecht angenommen hat;
5. wenn eine Partei in dem Verfahren nicht nach Vorschrift der Gesetze vertreten war, sofern sie nicht die Prozeßführung ausdrücklich oder stillschweigend genehmigt hat;
6. wenn die Entscheidung auf Grund einer mündlichen Verhandlung ergangen ist, bei der die Vorschriften über die Öffentlichkeit des Verfahrens verletzt sind;
7. wenn die Entscheidung nicht mit Gründen versehen ist.

§ 735 [Vollstreckung gegen nichtrechtsfähigen Verein]

Zur Zwangsvollstreckung in das Vermögen eines nicht rechtsfähigen Vereins genügt ein gegen den Verein ergangenes Urteil.

18. Einkommensteuergesetz (EStG)

I. d. F. der Bekanntmachung vom 7. September 1990
(BGBl. I S. 1898)

§ 10b Steuerbegünstigte Zwecke

Ausgaben zur Förderung mildtätiger, kirchlicher, religiöser, wissenschaftlicher und der als besonders förderungswürdig anerkannten gemeinnützigen Zwecke sind bis zur Höhe von insgesamt 5 vom Hundert des Gesamtbetrags der Einkünfte oder 2 vom Tausend der Summe der gesamten Umsätze und der im Kalenderjahr aufgewendeten Löhne und Gehälter als Sonderausgaben abzugsfähig. Für wissenschaftliche, mildtätige und als besonders förderungswürdig anerkannte kulturelle Zwecke erhöht sich der Vomhundertsatz von 5 um weitere 5 vom Hundert.

Mitgliedsbeiträge und Spenden an politische Parteien im Sinne des § 2 des Parteiengesetzes sind bis zur Höhe von insgesamt 60000 Deutsche Mark und im Fall der Zusammenveranlagung von Ehegatten bis zur Höhe von insgesamt 120000 Deutsche Mark im Kalenderjahr abzugsfähig. Sie können nur insoweit als Sonderausgaben abgezogen werden, als für sie nicht eine Steuerermäßigung nach § 34g gewährt worden ist. Spenden an eine Partei oder einen oder mehrere ihrer Gebietsverbände, deren Gesamtwert in einem Kalenderjahr 40000 Deutsche Mark übersteigt, können nur abgezogen werden, wenn sie nach § 25 Abs. 2 des Parteiengesetzes im Rechenschaftsbericht verzeichnet worden sind.

Als Ausgabe im Sinne dieser Vorschrift gilt auch die Zuwendung von Wirtschaftsgütern mit Ausnahme von Nutzungen und Leistungen. Ist das Wirtschaftsgut unmittelbar vor seiner Zuwendung einem Betriebsvermögen entnommen worden, so darf bei der Ermittlung der Ausgabenhöhe der bei der Entnahme angesetzte Wert nicht überschritten werden. In allen übrigen Fällen bestimmt sich die Höhe der Ausgabe nach dem gemeinen Wert des zugewendeten Wirtschaftsguts. Aufwendungen zugunsten einer zum Empfang steuerlich abzugsfähiger Zuwendungen berechtigten Körperschaft sind nur abzugsfähig, wenn ein Anspruch auf die Erstattung der Aufwendungen durch Vertrag oder Satzung eingeräumt und auf die Erstattung verzichtet worden ist. Der Anspruch darf nicht unter der Bedingung des Verzichts eingeräumt worden sein.

Der Steuerpflichtige darf auf die Richtigkeit der Bestätigung über Spenden und Mitgliedsbeiträge vertrauen, es sei denn, daß er die Bestätigung durch unlautere Mittel oder falsche Angaben erwirkt hat oder daß ihm die Unrichtigkeit der Bestätigung bekannt oder infolge grober Fahrläsigkeit nicht bekannt war. Wer vorsätzlich oder grob fahrlässig eine unrichtige Bestätigung ausstellt oder wer veranlaßt, daß Zuwendungen nicht zu den in der Bestätigung angegebenen steuerbegünstigten Zwecken verwendet werden, haftet für die entgangene Steuer. Diese ist mit 40 vom Hundert des zugewendeten Betrags anzusetzen.

19. Abgabenordnung (AO)

I. d. F. der Bekanntmachung vom 16. März 1976
(BGBl. I S. 613)

§ 51 Allgemeines

Gewährt das Gesetz eine Steuervergünstigung, weil eine Körperschaft ausschließlich und unmittelbar gemeinnützige, mildtätige oder kirchliche Zwecke (steuerbegünstigte Zwecke) verfolgt, so gelten die folgenden Vorschriften. Unter Körperschaften sind die Körperschaften, Personenvereinigungen und Vermögensmassen im Sinne des Körperschaftsteuergesetzes zu verstehen. Funktionale Untergliederungen (Abteilungen) von Körperschaften gelten nicht als selbständige Steuersubjekte.

§ 52 Gemeinnützige Zwecke

Eine Körperschaft verfolgt gemeinnützige Zwecke, wenn ihre Tätigkeit darauf gerichtet ist, die Allgemeinheit auf materiellem, geistigem oder sittlichem Gebiet selbstlos zu fördern. Eine Förderung der Allgemeinheit ist nicht gegeben, wenn der Kreis der Personen, dem die Förderung zugute kommt, fest abgeschlossen ist, zum Beispiel Zugehörigkeit zu einer Familie oder zur Belegschaft eines Unternehmens, oder infolge seiner Abgrenzung, insbesondere nach räumlichen oder beruflichen Merkmalen, dauernd nur klein sein kann. Eine Förderung der Allgemeinheit liegt nicht allein deswegen vor, weil eine Körperschaft ihre Mittel einer Körperschaft des öffentlichen Rechts zuführt.

Unter den Voraussetzungen des Absatzes 1 sind als Förderung der Allgemeinheit anzuerkennen insbesondere:

1. die Förderung von Wissenschaft und Forschung, Bildung und Erziehung, Kunst und Kultur, der Religion, der Völkerverständigung, der Entwicklungshilfe, des Umwelt-, Landschafts- und Denkmalschutzes, des Heimatgedankens,
2. die Förderung der Jugendhilfe, der Altenhilfe, des öffentlichen Gesundheitswesens, des Wohlfahrtwesens und des Sports. Schach gilt als Sport,
3. die allgemeine Förderung des demokratischen Staatswesens im Geltungsbereich dieses Gesetzes; hierzu gehören nicht Bestrebungen, die nur bestimmte Einzelinteressen staatsbürgerlicher Art verfolgen oder die auf den kommunalpolitischen Bereich beschränkt sind,
4. die Förderung der Tierzucht, der Pflanzenzucht, der Kleingärtnerei, des traditionellen Brauchtums einschließlich des Karnevals, der Fastnacht und des Faschings, der Soldaten- und Reservistenbetreuung, des Amateurfunkens, des Modellflugs und des Hundesports.

§ 53 Mildtätige Zwecke

Eine Körperschaft verfolgt mildtätige Zwecke, wenn ihre Tätigkeit darauf gerichtet ist, Personen selbstlos zu unterstützen,

1. die infolge ihres körperlichen, geistigen oder seelischen Zustandes auf die Hilfe anderer angewiesen sind oder
2. deren Bezüge nicht höher sind als das Vierfache des Regelsatzes der Sozialhilfe im Sinne des § 22 des Bundessozialhilfegesetzes; beim Alleinstehenden oder Haushaltsvorstand tritt an die Stelle des Vierfachen das Fünffache des Regelsatzes. Dies gilt nicht für Personen, deren Vermögen zur nachhaltigen Verbesserung ihres Unterhalts ausreicht und denen zugemutet werden kann, es dafür zu verwenden. Bei Personen, deren wirtschaftliche Lage aus besonderen Gründen zu einer Notlage geworden ist, dürfen die Bezüge oder das Vermögen die genannten Grenzen übersteigen. Bezüge im Sinne dieser Vorschrift sind
   a) Einkünfte im Sinne des § 2 Abs. 1 des Einkommensteuergesetzes und
   b) andere zur Bestreitung des Unterhalts bestimmte oder geeignete Bezüge,
   die der Alleinstehende oder der Haushaltsvorstand und die sonstigen Haushaltsangehörigen haben. Unterhaltsansprüche sind zu berücksichtigen. Zu den Bezügen zählen nicht Leistungen der Sozialhilfe und bis zur Höhe der Leistungen der Sozialhilfe Unterhaltsleistungen an Personen, die ohne die Unterhaltsleistungen sozialhilfeberechtigt wären.

§ 54 Kirchliche Zwecke

(1) Eine Körperschaft verfolgt kirchliche Zwecke, wenn ihre Tätigkeit darauf gerichtet ist, eine Religionsgemeinschaft, die Körperschaft des öffentlichen Rechts ist, selbstlos zu fördern.

(2) Zu diesen Zwecken gehören insbesondere die Errichtung, Ausschmückung und Unterhaltung von Gotteshäusern und kirchlichen Gemeindehäusern, die Abhaltung von Gottesdiensten, die Ausbildung von Geistlichen, die Erteilung von Religionsunterricht, die Beerdigung und die Pflege des Andenkens der Toten, ferner die Verwaltung des Kirchenvermögens, die Besoldung der Geistlichen, Kirchenbeamten und Kirchendiener, die Alters- und Behindertenversorgung für diese Personen und die Versorgung ihrer Witwen und Waisen.

§ 55 Selbstlosigkeit

Eine Förderung oder Unterstützung geschieht selbstlos, wenn dadurch nicht in erster Linie eigenwirtschaftliche Zwecke – zum Beispiel gewerbliche Zwecke oder sonstige Erwerbszwecke – verfolgt werden und wenn die folgenden Voraussetzungen gegeben sind:
1. Mittel der Körperschaft dürfen nur für die satzungsmäßigen Zwecke verwendet werden. Die Mitglieder oder Gesellschafter (Mitglieder im Sinne dieser Vorschriften) dürfen keine Gewinnanteile und in ihrer Eigenschaft als Mitglieder auch keine sonstigen Zuwendungen aus Mitteln der Körperschaft erhalten. Die Körperschaft darf ihre Mittel weder für die unmittelbare noch für die mittelbare Unterstützung oder Förderung politischer Parteien verwenden.
2. Die Mitglieder dürfen bei ihrem Ausscheiden oder bei Auflösung oder Aufhebung der Körperschaft nicht mehr als ihre eingezahlten Kapitalanteile und den gemeinen Wert ihrer geleisteten Sacheinlagen zurückerhalten.
3. Die Körperschaft darf keine Person durch Ausgaben, die dem Zweck der Körperschaft fremd sind, oder durch unverhältnismäßig hohe Vergütungen begünstigen.
4. Bei Auflösung oder Aufhebung der Körperschaft oder bei Wegfall ihres bisherigen Zwecks darf das Vermögen der Körperschaft, soweit es die eingezahlten Kapitalanteile der Mitglieder und den gemeinen Wert der von den Mitgliedern geleisteten Sacheinlagen übersteigt, nur für steuerbegünstigte Zwecke verwendet werden (Grundsatz der Vermögensbindung). Diese Voraussetzung ist auch erfüllt, wenn

das Vermögen einer anderen steuerbegünstigten Körperschaft oder einer Körperschaft des öffentlichen Rechts für steuerbegünstigte Zwecke übertragen werden soll.

Bei der Ermittlung des gemeinen Werts (Absatz 1 Nr. 2 und 4) kommt es auf die Verhältnisse zu dem Zeitpunkt an, in dem die Sacheinlagen geleistet worden sind.

Die Vorschriften, die die Mitglieder der Körperschaft betreffen (Absatz 1 Nr. 1, 2 und 4), gelten bei Stiftungen für die Stifter und ihre Erben, bei Betrieben gewerblicher Art von Körperschaften des öffentlichen Rechts für die Körperschaft sinngemäß, jedoch mit der Maßgabe, daß bei Wirtschaftsgütern, die nach § 6 Abs. 1 Ziff. 4 Sätze 2 und 3 des Einkommensteuergesetzes aus einem Betriebsvermögen zum Buchwert entnommen worden sind, an die Stelle des gemeinen Werts der Buchwert der Entnahme tritt.

§ 56 Ausschließlichkeit

Ausschließlichkeit liegt vor, wenn eine Körperschaft nur ihre steuerbegünstigten satzungsmäßigen Zwecke verfolgt.

§ 57 Unmittelbarkeit

Eine Körperschaft verfolgt unmittelbar ihre steuerbegünstigten satzungsmäßigen Zwecke, wenn sie selbst diese Zwecke verwirklicht. Das kann auch durch Hilfspersonen geschehen, wenn nach den Umständen des Falles, insbesondere nach den rechtlichen und tatsächlichen Beziehungen, die zwischen der Körperschaft und der Hilfsperson bestehen, das Wirken der Hilfsperson wie eigenes Wirken der Körperschaft anzusehen ist.

Eine Körperschaft, in der steuerbegünstigte Körperschaften zusammengefaßt sind, wird einer Körperschaft, die unmittelbar steuerbegünstigte Zwecke verfolgt, gleichgestellt.

§ 58 Steuerlich unschädliche Betätigungen

Die Steuervergünstigung wird nicht dadurch ausgeschlossen, daß

1. eine Körperschaft Mittel für die Verwirklichung der steuerbegünstigten Zwecke einer anderen Körperschaft oder für die Verwirklichung steuerbegünstigter Zwecke durch eine Körperschaft des öffentlichen Rechts beschafft,
2. eine Körperschaft ihre Mittel teilweise einer anderen, ebenfalls steuerbegünstigten Körperschaft oder einer Körperschaft des öffentlichen Rechts zur Verwendung zu steuerbegünstigten Zwecken zuwendet,
3. eine Körperschaft ihre Arbeitskräfte anderen Personen, Unternehmen oder Einrichtungen für steuerbegünstigte Zwecke zur Verfügung stellt,
4. eine Körperschaft ihr gehörende Räume einer anderen steuerbegünstigten Körperschaft zur Benutzung für deren steuerbegünstigte Zwecke überläßt,
5. eine Stiftung einen Teil, jedoch höchstens ein Drittel ihres Einkommens dazu verwendet, um in angemessener Weise den Stifter und seine nächsten Angehörigen zu unterhalten, ihre Gräber zu pflegen und ihr Andenken zu ehren,
6. eine Körperschaft ihre Mittel ganz oder teilweise einer Rücklage zuführt, soweit dies erforderlich ist, um ihre steuerbegünstigten satzungsmäßigen Zwecke nachhaltig erfüllen zu können,
7. a) eine Körperschaft höchstens ein Viertel des Überschusses der Einnahmen über die Unkosten aus Vermögensverwaltung einer freien Rücklage zuführt,
   b) eine Körperschaft Mittel zum Erwerb von Gesellschaftsrechten zur Erhaltung der prozentualen Beteiligung an Kapitalgesellschaften ansammelt oder im Jahr des Zuflusses verwendet; diese Beträge sind auf die nach Buchstabe a in demselben Jahr oder künftig zulässigen Rücklagen anzurechnen,

8. eine Körperschaft gesellige Zusammenkünfte veranstaltet, die im Vergleich zu ihrer steuerbegünstigten Tätigkeit von untergeordneter Bedeutung sind;
9. ein Sportverein neben dem unbezahlten auch den bezahlten Sport fördert.

§ 59 Voraussetzung der Steuervergünstigung

Die Steuervergünstigung wird gewährt, wenn sich aus der Satzung, dem Stiftungsgeschäft oder der sonstigen Verfassung (Satzung im Sinne dieser Vorschriften) ergibt, welchen Zweck die Körperschaft verfolgt, daß dieser Zweck den Anforderungen der §§ 32 bis 55 entspricht und daß er ausschließlich und unmittelbar verfolgt wird; die tatsächliche Geschäftsführung muß diesen Satzungsbestimmungen entsprechen.

§ 60 Anforderungen an die Satzung

Die Satzungszwecke und die Art ihrer Verwirklichung müssen so genau bestimmt sein, daß auf Grund der Satzung geprüft werden kann, ob die satzungsmäßigen Voraussetzungen für Steuervergünstigungen gegeben sind.

Die Satzung muß den vorgeschriebenen Erfordernissen bei der Körperschaftsteuer und bei der Gewerbesteuer während des ganzen Veranlagungs- oder Bemessungszeitraums, bei den anderen Steuern im Zeitpunkt der Entstehung der Steuer entsprechen.

§ 61 Satzungsmäßige Vermögensbindung

Eine steuerlich ausreichende Vermögensbindung (§ 55 Abs. 1 Nr. 4) liegt vor, wenn der Zweck, für den das Vermögen bei Auflösung oder Aufhebung der Körperschaft oder bei Wegfall ihres bisherigen Zweckes verwendet werden soll, in der Satzung so genau bestimmt ist, daß auf Grund der Satzung geprüft werden kann, ob der Verwendungszweck steuerbegünstigt ist.

Kann aus zwingenden Gründen der künftige Verwendungszweck des Vermögens bei der Aufstellung der Satzung nach Absatz 1 noch nicht genau angegeben werden, so genügt es, wenn in der Satzung bestimmt wird, daß das Vermögen bei Auflösung oder Aufhebung der Körperschaft oder bei Wegefall ihres bisherigen Zweckes zu steuerbegünstigten Zwecken zu verwenden ist und daß der künftige Beschluß der Körperschaft über die Verwendung erst nach Einwilligung des Finanzamts ausgeführt werden darf. Das Finanzamt hat die Einwilligung zu erteilen, wenn der beschlossene Verwendungszweck steuerbegünstigt ist.

Wird die Bestimmung über die Vermögensbindung nachträglich so geändert, daß sie den Anforderungen des § 55 Abs. 1 Nr. 4 nicht mehr entspricht, so gilt sie von Anfang an als steuerlich nicht ausreichend. § 175 Abs. 1 Nr. 2 ist mit der Maßgabe anzuwenden, daß Steuerbescheide erlassen, aufgehoben oder geändert werden können, soweit sie Steuern betreffen, die innerhalb der letzten zehn Kalenderjahre vor der Änderung der Bestimmung über die Vermögensbindung entstanden sind.

§ 62 Ausnahmen von der satzungsmäßigen Vermögensbindung

Bei Betrieben gewerblicher Art von Körperschaften des öffentlichen Rechts, bei staatlich beaufsichtigten Stiftungen, bei den von einer Körperschaft des öffentlichen Rechts verwalteten unselbständigen Stiftungen und bei geistlichen Genossenschaften (Orden, Kongregationen) braucht die Vermögensbindung in der Satzung nicht festgelegt zu werden.

§ 63 Anforderungen an die tatsächliche Geschäftsführung

Die tatsächliche Geschäftsführung der Körperschaft muß auf die ausschließliche und unmittelbare Erfüllung der steuerbegünstigten Zwecke gerichtet sein und den Bestimmungen entsprechen, die die Satzung über die Voraussetzungen für Steuervergünstigungen enthält.

Für die tatsächliche Geschäftsführung gilt sinngemäß § 60 Abs. 2, für eine Verletzung der Vorschrift über die Vermögensbindung § 61 Abs. 3.

Die Körperschaft hat den Nachweis, daß ihre tatsächliche Geschäftsführung den Erfordernissen des Absatzes 1 entspricht, durch ordnungmäßige Aufzeichnungen über ihre Einnahmen und Ausgaben zu führen.

Hat die Körperschaft Mittel angesammelt, ohne daß die Voraussetzungen des § 58 Nr. 6 und 7 vorliegen, kann das Finanzamt ihr eine Frist für die Verwendung der Mittel setzen. Die tatsächliche Geschäftsführung gilt als ordnungsgemäß im Sinne des Absatzes 1, wenn die Körperschaft die Mittel innerhalb der Frist für steuerbegünstigte Zwecke verwendet.

20. Einkommensteuer-Durchführungsverordnung (EStDV)

I. d. F. vom 24. Juli 1986 (BGBl. I S. 1239)

§ 48 Förderung mildtätiger, kirchlicher, religiöser, wissenschaftlicher und der als besonders förderungswürdig anerkannten gemeinnützigen Zwecke

Für die Begriffe gemeinnützige, mildtätige, kirchliche, religiöse und wissenschaftliche Zwecke im Sinne des § 10b des Gesetzes gelten die §§ 51 bis 68 der Abgabenordnung.

Gemeinnützige Zwecke der in Absatz 1 bezeichneten Art müssen außerdem durch allgemeine Verwaltungsvorschrift der Bundesregierung, die der Zustimmung des Bundesrates bedarf, allgemein als besonders förderungswürdig anerkannt worden sein.

Zuwendungen für die in den Absätzen 1 und 2 bezeichneten Zwecke sind nur dann abzugsfähig, wenn

1. der Empfänger der Zuwendungen eine juristische Person des öffentlichen Rechts oder eine öffentliche Dienststelle (z. B. Universität, Forschungsinstitut) ist und bestätigt, daß der zugewendete Betrag zu einem der in Absatz 1 oder Absatz 2 bezeichneten Zwecke verwendet wird, oder
2. der Empfänger der Zuwendungen eine in § 5 Abs. 1 Nr. 9 des Körperschaftsteuergesetzes bezeichnete Körperschaft, Personenvereinigung oder Vermögensmasse ist und bestätigt, daß sie den zugewendeten Betrag nur für ihre satzungsmäßigen Zwecke verwendet.

Die Bundesregierung kann mit Zustimmung des Bundesrates durch allgemeine Verwaltungsvorschrift Ausgaben im Sinne des § 10b des Gesetzes als steuerbegünstigt auch anerkennen, wenn die Voraussetzungen des Absatzes 2 oder des Absatzes 3 nicht gegeben sind.

21. Einkommensteuer-Richtlinien (EStR)

I. d. F. der Bekanntmachung vom 10. 11. 1990
(BStBl. I Sondernummer 4/1990)

111. Ausgaben zur Förderung mildtätiger, kirchlicher, religiöser und wissenschaftlicher Zwecke und der als besonders förderungswürdig anerkannten gemeinnützigen Zwecke im Sinne des § 10b Abs. 1 EStG

Ausgaben (Spenden, Mitgliedsbeiträge) zur Förderung mildtätiger, kirchlicher, religiöser und wissenschaftlicher Zwecke und der als besonders förderungswürdig anerkannten gemeinnützigen Zwecke sind unter den Voraussetzungen des § 48 EStDV abzugsfähig, Mitgliedsbeiträge und sonstige Mitgliedsumlagen jedoch nur dann, wenn die diese Beträge erhebende Einrichtung ausschließlich Zwecke verfolgt, die sie selbst unmittelbar zum Empfang steuerbegünstigter Zuwendungen berechtigen. Wegen der Zulässigkeit des sog. Listenverfahrens bei der Zuwendung von Durchlaufspenden wird auf das BMF-Schreiben vom 3. 1. 1986 (BStBl. I S. 52) und die entsprechenden Erlasse der obersten Finanzbehörden der Länder hingewiesen. Gemeinnützige Zwecke im engeren Sinne (dazu gehören nicht religiöse oder wissenschaftliche Zwecke) sind nur dann steuerbegünstigt, wenn sie allgemein als besonders förderungswürdig anerkannt sind. Die in der Anlage 7 aufgeführten gemeinnützigen Zwecke sind allgemein als besonders förderungswürdig anerkannt. Für religiöse und wissenschaftliche Zwecke, die zu den gemeinnützigen Zwecken im weiteren Sinne gehören, bedarf es einer besonderen Anerkennung – ebenso wie für mildtätige und kirchliche Zwecke – nicht. Spenden, die mit der Auflage geleistet werden, sie an eine bestimmte natürliche Person weiterzugeben, sind nicht abziehbar. Als Spenden oder Mitgliedsbeiträge bezeichnete Ausgaben, die bei wirtschaftlicher Betrachtung das Entgelt für eine Leistung der empfangenden Körperschaft darstellen, sind nicht nach § 10b Abs. 1 EStG abziehbar (BFH-Urteil vom 1. 4. 1960 – BStBl. III S. 231). Schulgeld, das Eltern für die Unterrichtung ihrer Kinder an einer Privatschule zahlen, ist nicht – auch nicht teilweise – als Spende abziehbar (BFH-Urteil vom 25. 8. 1987 – BStBl. II S. 850).

Nach § 48 Abs. 4 EStDV können ausnahmsweise Zuwendungen als steuerbegünstigt im Sinne des § 48 Abs. 1 EStDV anerkannt werden, auch wenn die Voraussetzungen des § 48 Abs. 2 oder 3 EStDV nicht gegeben sind. Auf Grund dieser Ermächtigungsvorschrift sind Zuwendungen an

1. den deutschen Alpenverein e. V., München,
2. die Arbeitsgemeinschaft Deutsches Schleswig e. V., Flensburg,
3. die Deutsche Olympische Gesellschaft e. V., Frankfurt a. M.,
4. die Gesellschaft für den Zivilschutz in Berlin e. V., Berlin,
5. den Deutschen Aero-Club e. V., Frankfurt a. M.,
6. den Bund für Umwelt und Naturschutz Deutschland e. V. (BUND), Bonn,
7. den Deutschen Bund für Vogelschutz e. V., Bundesgeschäftsstelle Bonn/Kornwestheim,
8. die Gesellschaft der Freunde der Berliner Philharmonie e. V., Berlin-Halensee,
9. den Weißen Ring – Gemeinnütziger Verein zur Unterstützung von Kriminalitätsopfern und zur Verhütung von Straftaten e. V., Mainz,
10. die Arbeitsgemeinschaft Staat und Gesellschaft e. V., Tübingen,
11. den Deutschen Verein für öffentliche und private Fürsorge e. V., Frankfurt a. M.,
12. die Vereinigung Deutscher Gewässerschutz e. V., Geschäftsleitung Bad Godesberg,
13. den Kulturkreis im Bundesverband der Deutschen Industrie, Köln,

14. den Deutschen Heimatbund e. V., Bonn,
15. den Deutschen Naturkundeverein e. V., Stuttgart,
16. den Deutschen Naturschutzring e. V., Bonn,
17. die Deutsche Gesellschaft für Photographie e. V., Köln,
18. die Bundesvereinigung Deutscher Blas- und Volksmusikerverbände e. V., Stuttgart,
19. den Verband deutscher Gebirgs- und Wandervereine e. V., Stuttgart,
20. die Deutsche Gesellschaft für Volkskunde e. V., Marburg,
21. den Verein Greenpeace e. V., Hamburg,
22. den Verein Naturschutzpark e. V., Stuttgart,
23. das Internationale Design-Zentrum Berlin e. V., Berlin,
24. die Deutsche Gartenbau-Gesellschaft (DGG) e. V., Bonn,
25. den Südschleswigschen Verein e. V., Flensburg,
26. den Familienbund der Deutschen Katholiken e. V. – Bundesgeschäftsführung –, Bonn,
27. den Deutschen Familienverband e. V., Bonn,
28. den Deutschen Schutzverband gegen Wirtschaftskriminalität e. V., Frankfurt am Main,
29. den Deutschen Sängerbund e. V., Sitz Stuttgart, Bundesgeschäftsstelle Köln,
30. den Verein Pro Honore, Verein für Treu und Glauben im Geschäftsleben e. V., Hamburg,
31. den Verband der Reservisten der Deutschen Bundeswehr e. V., Bonn,
32. den Weserbund e. V., Bremen,
33. den Deutschen Rat für Landespflege, Bonn,
34. die Kulturstiftung der Länder, Berlin,
35. den Deutschen Sportbund e. V., Frankfurt (Main), und die Landessportbünde,
36. die Stiftung Deutsche Sporthilfe, Frankfurt (Main),
37. den Deutschen Kanal- und Schiffahrtsverein Rhein-Main-Donau e. V., Nürnberg,
38. den Deutschen Allgemeinen Sängerbund e. V., Frankfurt am Main,
39. den Touristenverein „Die Naturfreunde", Bundesgruppe Deutschland e. V., Stuttgart,
40. den Ausschuß für Fragen der Wiedervereinigung Deutschlands – Unteilbares Deutschland e. V., Bonn,
41. die Bayerische Einigung e. V., München,
42. die Schutzgemeinschaft Deutscher Wald – Bundesverband e. V., Bonn,
43. den Verband Deutscher Oratorien- und Kammerchöre e. V., Neuss,
44. die Arbeitsgemeinschaft für Umweltfragen e. V., Bonn,
45. die Stiftung zum Schutze gefährdeter Pflanzen, Bonn,
46. den Deutschen Literaturfonds e. V., Darmstadt,
47. den Verein der Freunde der Nationalgalerie, Berlin,
48. den Kunstfonds e. V., Bonn,
49. die Gesellschaft der Freunde von Bayreuth e. V., Bayreuth,
50. die Stiftung Ostdeutsche Galerie, Regensburg,
51. den Rat für Formgebung/Deutscher Design-Rat, Frankfurt am Main,
52. die Stiftung „Wald in Not", Mainz,
53. den Verein zum Schutz der Bergwelt e. V., München,
54. den Verein zur Förderung des Israel-Museums in Jerusalem e. V., Berlin,
55. das Bischöfliche Hilfswerk MISEREOR e. V., Aachen,

als steuerbegünstigt anerkannt worden. Die Berechtigung zum Empfang steuerbegünstigter Zuwendungen erstreckt sich nicht auf etwaige Untergliederungen der in Satz 2 aufgeführten Körperschaften und Einrichtungen, auch wenn sie selbst als gemeinnützig anerkannt sind. Mitgliedsbeiträge und sonstige Mitgliedsumlagen, die nicht der anerkannten Körperschaft selbst zustehen, sondern zur Weiterleitung an eine Untergliederung oder einen nachgeordneten Verein entgegengenommen werden, sind nicht begünstigt (BFH-Urteil vom 28. 4. 1987 – BStBl. II S. 850).

Ausgaben für steuerbegünstigte Zwecke sind nur dann abzugsfähig, wenn sie einer in § 48 Abs. 3 Nr. 1 und 2 EStDV bezeichneten Körperschaft oder Einrichtung zugewendet werden.

Empfänger der Zuwendungen im Sinne des § 48 Abs. 3 Nr. 1 EStDV können nur inländische juristische Personen des öffentlichen Rechts oder inländische öffentliche Dienststellen sein (BFH-Urteil vom 11. 11. 1966 – BStBl. 1967 III S. 116).

Der Steuerpflichtige hat dem zuständigen Finanzamt nachzuweisen, daß die erforderlichen Voraussetzungen für den Abzug der Ausgaben als Sonderausgaben erfüllt sind. Der Nachweis muß sich nach § 48 Abs. 3 EStDV darauf erstrecken, daß

1. der Empfänger der Zuwendungen zu den begünstigten Körperschaften usw. gehört und
2. die Zuwendungen für die begünstigten Zwecke verwendet werden.

Für den Nachweis können die in der Anlage 8 enthaltenen Muster von Bestätigungen des Empfängers der Zuwendungen als Anhalt dienen. Auf das BFH-Urteil vom 11. 9. 1956 (BStBl. III S. 309) wird hingewiesen. Bei Sachspenden müssen aus der Spendenbestätigung der Wert und die genaue Bezeichnung der gespendeten Sache im Sinne des § 10b Abs. 3 EStG ersichtlich sein (BFH-Urteil vom 22. 10. 1971 – BStBl. 1972 II S. 55).

Die Spendenbestätigung muß grundsätzlich von mindestens einer durch Satzung oder Auftrag zur Entgegennahme von Zahlungen berechtigten Person unterschrieben sein. Als Nachweis reicht eine maschinell erstellte Spendenbestätigung ohne eigenhändige Unterschrift einer zeichnungsberechtigten Person aus, wenn das zuständige Finanzamt dies der Empfängerkörperschaft nach Prüfung des angewandten Verfahrens genehmigt hat. Das Finanzamt darf die Genehmigung nur erteilen, wenn

1. die Spendenbestätigungen dem Muster in Anlage 8 entsprechen,
2. auf der Spendenbestätigung zusätzlich die Angaben über die Verfügung aufgedruckt sind, mit der der Nachweis durch maschinell erstellte Spendenbestätigungen ohne eigenhändige Unterschrift genehmigt worden ist (Finanzamt, Datum und Aktenzeichen der Verfügung),
3. eine rechtsverbindliche Unterschrift beim Druckvorgang als Faksimile eingeblendet wird,
4. die Formulare für die Spendenbestätigungen von der Körperschaft unter Verschluß gehalten werden,
5. das Verfahren gegen unbefugten Eingriff gesichert ist,
6. das Buchen der Zahlungen und das Erstellen der Spendenbestätigugnen verbunden sind und die Summen abgestimmt werden können und
7. Aufbau und Ablauf des bei der Spendenbestätigung angewandten maschinellen Verfahrens und deren Ergebnisse für die Finanzbehörden innerhalb angemessener Zeit prüfbar sind (§ 145 AO); dies setzt eine Dokumentation voraus, die den Anforderungen der Grundsätze ordnungmäßiger Speicherbuchführung (BMF-Schreiben vom 5. 7. 1978 – BStBl. I S. 250 – und die entsprechenden Erlasse der obersten Finanzbehörden der Länder) genügt.

Soweit diese Voraussetzungen noch nicht geprüft werden können, ist ihre Erfüllung bei der Genehmigung des Verfahrens zur Auflage zu machen.

Für den Nachweis genügt der Zahlungsbeleg der Post oder eines Kreditinstituts, wenn

1. die Zuwendung zur Linderung der Not in Katastrophenfällen innerhalb eines von den obersten Finanzbehörden der Länder im Benehmen mit dem Bundesminister der Finanzen zu bestimmenden Zeitraums auf ein für den Katastrophenfall eingerichtetes Sonderkonto einer juristischen Person des öffentlichen Rechts, ei-

ner öffentlichen Dienststelle oder eines Spitzenverbandes der freien Wohlfahrtspflege einschließlich seiner Mitgliedsorganisationen eingezahlt worden ist oder

2. die Zuwendung den Betrag von 100 DM nicht übersteigt und
   a) der Empfänger eine juristische Person des öffentlichen Rechts, eine öffentliche Dienststelle, eine Religionsgemeinschaft, ein Spitzenverband der freien Wohlfahrtspflege einschließlich seiner Mitgliedsorganisationen, der Deutsche Sportbund einschließlich der Landessportbünde oder die Stiftung Deutsche Sporthilfe ist
   oder
   b) der Empfänger eine andere steuerbegünstigte Körperschaft ist, die steuerlich wirksame Spendenbescheinigungen ausstellen darf, und der Verwendungszweck der Zuwendung und die Angaben über die Freistellung der Körperschaft von der Körperschaftsteuer nach § 5 Abs. 1 Nr. 9 KStG auf dem vom Empfänger hergestellten Einzahlungsbeleg aufgedruckt sind.

Ist der Empfänger der Spende eine inländische juristische Person des öffentlichen Rechts, eine inländische öffentliche Dienststelle oder ein Spitzenverband der freien Wohlfahrtspflege einschließlich seiner Mitgliedsorganisationen und geht aus der Spendenbestätigung der Verwendungszweck der Spenden hervor, so kann im allgemeinen davon ausgegangen werden, daß die Spenden für steuerbegünstigte Zwecke verwendet werden. Das gilt auch dann, wenn der Verwendungszweck im Ausland verwirklicht wird. Wird die Spende an eine andere inländische Körperschaft gegeben, so muß die Verwendung der Spende im Zweifelsfall – insbesondere wenn der Verwendungszweck im Ausland verwirklicht wird – geprüft werden.

Anlage 7
(Zu Abschnitt 111 Abs. 1)

Verzeichnis der allgemein als besonders förderungswürdig im Sinne des § 10b Abs. 1 EStG anerkannten Zwecke

Die nachstehend aufgeführten gemeinnützigen Zwecke sind als besonders förderungswürdig anerkannt:

1. Die Förderung der öffentlichen Gesundheitspflege, insbesondere die Bekämpfung von Seuchen und seuchenähnlichen Krankheiten; dies gilt auch für Krankenhäuser im Sinne des § 67 AO;
2. die Förderung der Jugendpflege und Jugendfürsorge;
3. die Förderung des Sports, wenn der Empfänger der Zuwendung eine juristische Person des öffentlichen Rechts oder eine öffentliche Dienststelle ist;
4. die Förderung kultureller Zwecke, wenn der Empfänger der Zuwendung eine juristische Person des öffentlichen Rechts oder eine öffentliche Dienststelle ist.
   Förderung kultureller Zwecke ist die ausschließliche und unmittelbare Förderung der Kunst, die Förderung der Pflege und Erhaltung von Kulturwerten sowie die Förderung der Denkmalpflege.
   a) Die Förderung der Kunst umfaßt die Bereiche der Musik, der Literatur, der darstellenden und bildenden Kunst und schließt die Förderung von kulturellen Einrichtungen, wie Theater und Museen, sowie von kulturellen Veranstaltungen, wie Konzerte und Kunstaustellungen, mit ein.
   b) Kulturwerte sind Gegenstände von künstlerischer und sonstiger kultureller Bedeutung, Kunstsammlungen und künstlerische Nachlässe, Bibliotheken, Museen, Archive sowie andere vergleichbare Einrichtungen.
   c) Die Förderung der Denkmalpflege bezieht sich auf die Erhaltung und Wiederherstellung von nach den jeweiligen landesrechtlichen Vorschriften anerkann-

ten Baudenkmälern. Die Anerkennung ist durch eine Bescheinigung der nach Landesrecht zuständigen oder von der Landesregierung bestimmten Stelle nachzuweisen;

5. die Förderung der Erziehung, Volks- und Berufsbildung einschließlich der Studentenhilfe;
6. die Förderung des Küstenschutzes, wenn der Empfänger der Zuwendung eine juristische Person des öffentlichen Rechts oder eine öffentliche Dienststelle ist;
7. die Förderung der Heimatpflege und Heimatkunde, wenn der Empfänger der Zuwendungen eine juristische Person des öffentlichen Rechts oder eine öffentliche Dienststelle oder eine Vereinigung von außerhalb des Bundesgebiets beheimatet gewesenen Personen ist;
8. die Zwecke der Spitzenverbände der freien Wohlfahrtspflege (Arbeiterwohlfahrt, Diakonisches Werk der Evangelischen Kirche in Deutschland, Deutscher Caritasverband, Der Paritätische Wohlfahrtsverband, Deutsches Rotes Kreuz, Zentralwohlfahrtsstelle der Juden in Deutschland), ihrer Unterverbände und der diesen Verbänden angeschlossenen Einrichtungen und Anstalten;
9. unbesetzt;
10. die Förderung der Fürsorge für politisch, rassisch oder religiös Verfolgte, für Flüchtlinge, Vertriebene, Kriegsopfer, Kriegshinterbliebene, Kriegs- und Körperbeschädigte und Blinde, für Kriegsgefangene, ehemalige Kriegsgefangene, die sich noch im Ausland befinden, und Heimkehrer, ferner die Förderung der Kriegsgräberfürsorge, des Suchdienstes für Vermißte und der Altersfürsorge;
11. die Förderung der Rettung aus Lebensgefahr (Rettung Ertrinkender und Schiffbrüchiger, Bergwacht und ähnliches);
12. die Förderung internationaler Gesinnung, der Toleranz auf allen Gebieten der Kultur und des Völkerverständigungsgedankens;
13. Feuerschutz, Arbeitsschutz, Katastrophenschutz, Zivilschutz und Unfallverhütung;
14. die Errichtung von Ehrenmalen für Kriegsofper, Gedenkstätten für Katastrophenopfer und Gedenkstätten für ehemalige KZ-Häftlinge;
15. unbesetzt;
16. die Förderung des Tierschutzes;
17. die Bekämpfung der Tierseuchen;
18. die Förderung des Naturschutzes und der Landschaftspflege im Sinne des Bundesnaturschutzgesetzes und der Naturschutzgesetze der Länder, wenn der Empfänger der Zuwendungen eine juristische Person des öffentlichen Rechts oder eine öffentliche Dienststelle ist;
19. die Förderung der Verbundenheit der Bevölkerung von Berlin (West) mit der Bevölkerung im übrigen Bundesgebiet, wenn der Empfänger der Zuwendungen eine juristische Person des öffentlichen Rechts oder eine öffentliche Dienststelle ist;
20. die Förderung der Wiedervereinigung in Frieden und Freiheit, wenn der Empfänger der Zuwendungen eine juristische Person des öffentlichen Rechts oder eine öffentliche Dienststelle ist;
21. die Förderung der Tierzucht, der Pflanzenzucht, der Kleingärtnerei, des traditionellen Brauchtums einschließlich des Karnevals, der Fastnacht und des Faschings, der Soldaten- und Reservistenbetreuung, des Amateurfunkens, des Modellflugs und des Hundesports, wenn der Empfänger der Zuwendung eine juristische Person des öffentlichen Rechts oder eine öffentliche Dienststelle ist;
22. die Förderung der Entwicklungshilfe, wenn der Empfänger der Zuwendungen eine juristische Person des öffentlichen Rechts oder eine öffentliche Dienststelle ist;
23. Verbraucherberatung;
24. der Umweltschutz, soweit die Reinhaltung von Luft und Wasser, die Bekämpfung des Lärms, die Abfallbeseitigung, die Verringerung der Strahlenbelastung

durch kerntechnische Anlagen und die Verbesserung der Sicherheit kerntechnischer Anlagen gefördert werden, wenn der Empfänger der Zuwendung eine juristische Person des öffentlichen Rechts oder eine öffentliche Dienststelle ist;

25. die Förderung der Fürsorge für Strafgefangene und ehemalige Strafgefangene;
26. die Förderung der Gleichberechtigung von Männern und Frauen, wenn der Empfänger der Zuwendung eine juristische Person des öffentlichen Rechts oder eine öffentliche Dienststelle ist.

Stichwortverzeichnis

Die Zahlen bedeuten die Randnummern

48,- / 812714